음식과 신앙

제2판

이 책은 식사의 의미를 가늠하기 위한 포괄적인 신학적 틀을 제시한다. 다양한 신학, 철학, 인류학의 통찰을 기반으로, 오늘날의 산업화된 식품 경제에서 일어나는 식품 생산과 소비 습관을 평가하는 새로운 방식을 제시한다. 주로 채식 및 기아와 연관된 관심사들에 중점을 두는 책들과는 달리, 이 책은 그 범위를 넓혀 식사의 성례전적 성격, 환대의 중요성, 죽음과 희생의 의미, 영감을 주고 방향을 제시하는 자리인 성만찬, 식사 기도의 중요성, 천국에서의 식사 가능성을 다룬다. 책 전체에서 식사는 사람들 사이에, 사람과 동료 피조물들 사이에, 사람과 지구 사이에 신의를 드러내는 방식으로 제시된다. 《음식과 신앙》은 식사가 경제적, 도덕적, 영적으로 깊은 의미가 있음을 보여 준다.

전체적으로 개정된 이번 판에서는 새로운 서론과 두 개의 새로운 장을 추가했고 각주를 업데이트했다. 추가된 내용들은, 과학 분야의 인체 내 미생물 생태계 혁명과 인류세(人類世, 인류가 지구 온난화 및 생태계에 상당한 영향력을 미치기 시작한 이후의 시대_옮긴이)의 위압적인 도전에 대한 논의를 통해, 피조물의 구성원 됨과 환대라는 핵심 개념에 깊이를 더한다.

음식과
신앙

Food and Faith
by Norman Wirzba

First edition ⓒ Norman Wirzba 2011
Second edition ⓒ Cambridge University Press 2019
All rights reserved.

This Korea translation copyright ⓒ 2025 by Viator Inc., Seoul, Republic of Korea.
This Korean translation of *Food and Faith* is published by arrangement with Cambridge University Press through rMaeng2, Seoul, Republic of Korea.

이 한국어판은 알맹2를 통하여 Cambridge University Press와 독점 계약한 비아토르에 있습니다.
신 저작권법에 의해 한국 내에서 보호를 받는 저작물이므로 무단전재와 무단복제를 금합니다.

음식과 신앙

FOOD AND FAITH

식사의 신학

노먼 위즈바
김명희 옮김

비아토르

잉그리드와 알렉스 위즈바에게

차례

서문_ 스탠리 하우어워스 — 8
머리말 — 11
감사의 글 — 25

서론: 음식을 먹는 당신은 누구인가? — 28
1. 신의의 문제 — 49
2. 음식에 대한 신학적 사고 — 89
3. 식사의 '뿌리': 동산에서 함께하는 삶 — 145
4. 유배 중의 식사: 음식 세계의 역기능 — 208
5. 죽음을 통한 삶: 희생적 식사 — 277
6. 성찬 예절: 사귐을 향한 식사 — 338
7. 식사 기도 — 408
8. 천국에서의 식사? 완벽한 사귐 — 463
에필로그: 인류세 세계에서의 신실한 식사 — 502

인명 찾아보기 — 530
주제 찾아보기 — 536
성경 찾아보기 — 542

그리스도의 죽음과 부활로
가능해진 식사

서문

고백하건대, 나는 이 책을 읽으며 습득한 내용의 상당 부분을 별로 알고 싶지 않았다. 사실은 좀 고통스러웠다. 노먼 위즈바는 이 책에서 하나님의 선한 창조 세계를 붕괴시키려는 우리의 수그러들 줄 모르는 욕망 같은 것을 다룬다. 하지만 위즈바는 온화한 사람이며, 그가 쓴 책 역시 참 아름답다. 그가 설명해야 하는 대부분의 내용들이 끝없이 추악하다는 점을 생각하면, 그가 이룬 이러한 성취는 결코 작은 것이 아니다. 덕분에 우리는 여전히 하나님의 은혜로 감사의 삶을 사는 법을 배울 수 있음을 알게 되었다.

이 책을 읽으며 느낀 고통은 계속 무지에 머물고 싶은 욕망에서 기인한다. 나는 내 매일의 식습관이 동물을 잔인하게 취급하는 일과 연루되어 있음을 알고 싶지 않다. 내가 배운 식습관이 땅의 지속적 황폐화에 기여한다는 사실을 알고 싶지 않다. 내가 먹는 음식이 생산되는 방식이 먹거리를 구하기도 힘든 이들에게 부당한 짐을 지운다는 것을 알고 싶지 않다. 사실 나는 이러한 현실을 막연하게 '알았지만', 위즈바는 내게 그 현실을 인정할 것을 요구하며 그것에 주목하게 했다. 인정한다는 것은 몹시 고통스러운 일일 수 있다.

우리는 이 책 곳곳에 스며 있는 놀랍도록 겸손한 저자의 태도에 속아서는 안 된다. 철학적이고 신학적인 깊이를 가진 이 책의 강점은, 주로 그 자체에 주의를 집중시키지 않는 위즈바의 '방식'과 관련이 있다. 그는 우리 삶의 아주 평범한 측면, 곧 식사에 주의를 집중시킴으로써 삶의 근본적 특성을 인정하게 만든다.

간단히 말해, 그는 우리가 살기 위해 먹지만 먹으려면 무엇인가를 죽여야 함을 상기시킨다. 따라서 "식사는 날마다 피조물의 죽을 수밖에 없는 운명을 상기시킨다." 거듭 말하지만, 나는 이 책을 읽기 전부터 그것을 '알고' 있었다. 그러나 지금 그는 우리 삶이 생명체의 죽음을 필요로 함을 인정할 수밖에 없게 만든다. 왜냐하면 우리 존재가 그러하기 때문이다(피조물들은 서로 긴밀하게 묶여 있는 것이다). 이 사실을 이해하면 우리가 희생을 통해 살아감을 인정할 수밖에 없다.

내가 알고 싶지 않던 것을 알 수밖에 없게 된 것은, 식사로 이루어지는 존재론적 책임이 신학적 표현을 요구한다는 점을 보여 준 그의 방식 때문이다. 과거에 어떤 회의론자가 "내가 왜 도덕적인 사람이 되어야 하죠?"라고 질문하면, 나는 "먹는 거 좋아하세요?"라고 답했다. 그것은 '도덕성'이 우리 삶의 가장 기본적 측면과 분명히 구별되어야 한다는 전제에 맞섬으로써 상대의 질문에 이의를 제기하는 대답이었다. 그러나 나는 위즈바의 글을 읽고 나서야, 이 대답이 "내가 왜 하나님을 믿어야 하죠?"라는 질문에 대해서도 타당할 수 있음을 깨달았다.

'환경 위기'와 관련된 이슈들에 신학적 관점을 제시하려는 시도들은 '하나님'을 억지로 끌어와 간극을 메우려 하는 경우가 자주 있다. 그 '간극'이 뉴턴의 것과 다를 수 있겠지만, 결과는 종종 물리학이 제 역할을 다한 후 하나님께 어떤 역할을 맡기려는 뉴턴의 시도와 유사하다. 위즈바는 우리의 신학적 확신들이 '설명'이 아니라 오히려 삶을 가능하게 해 주는 본질적 조건을 구성하는 것임을 보게 해 줌으로써 그 덫을 피했다. 구체적으로 말해서, 그는 우리가 하나님에 대해 이야기해야 한다면, 티끌에 대해 이야기하는 법을 아는 편이 더 나음을 보게 해 준다.

우리는 티끌에 대해 이야기하는 법을 알아야 할 뿐 아니라, 우리가 희생을 통해 살아가고 있음을 인식해야 한다. 그래서 우리가 성찬이라는 적절한 이름으로 부르는 식사가 이 책의 중심이 된다. 그리스도의 죽음과 부활로 가능해진 이 식사에 참여함으로써, 우리의 죽을 수밖에 없는 운명과 화해하는 것이 어떤 의미인지 상상할 수 있기 때문이다. 그리고 그렇게 화해함으로써 우리가 창조 세계라 부르는 선물과의 사귐에 대한 소망을 갖는다.

놀라운 지식으로 가득한 이 책을 읽는 사람은 누구든 저자의 노고에 감사하리라 확신한다. 그를 통해, 우리가 먹는 방식과 삼위일체 하나님께 드리는 예배가 얼마나 구체적으로 연결되어 있는지를 보게 될 것이기 때문이다.

스탠리 하우어워스
듀크 대학교 신학대학원
길버트 로우 기독교 신학 석좌교수 및 명예교수

식사를 중요하게 여겨야 할 이유

머리말

몇 년 전 어느 온화한 가을 저녁, 노스캐롤라이나 시더 그로브의 아나돗 커뮤니티 가든Anathoth Community Garden에서 기억에 남을 만한 식사를 했다. 100명쯤 되는 사람들이 공동체 연회를 위해 모였다. 몇 가지 음식은 시더 그로브 연합감리교회의 요리사들이 준비했지만, 나머지는 여러 사람이 조금씩 싸 온 음식이었다. 그중에는 내가 먹어 본 것 중 가장 신선하고 맛있는 녹색 채소, 토르티야, 살사 소스, 닭고기도 있었다. 배경에서는 태양이 천천히 우리 뒤의 지평선 쪽으로 기우는 동안 동쪽의 거대한 뇌운 위로 쌍무지개가 걸쳐 있었다. 아이들은 비눗방울을 불고 그것을 잡으러 뛰어다녔다. 블루그래스 밴드의 라이브 음악에 맞춰 춤을 추는 이들도 있었다. 훌륭한 음식 맛, 웃고 노래하는 소리, 싱싱한 꽃과 수확물의 향기, 친구와 이웃의 포옹, 서늘한 가을밤의 감각이 모두 어우러져 천국을 맛보는 것 같았다.

내가, 혹은 그 누구든 이 식사를 중요하게 여겨야 할 이유가 있을까? 여기서 천국을 불러들이는 것은 좀 과도하지 않은가? 어쨌든 그 저녁은 지나갔고, 신체적 감각들은 더 이상 내게 유효하지 않다. 아무리 많이 혹은 잘 먹는다 해도 나는 다른 모든 동식물과 마찬가지로 죽고, 우리가 나왔던 곳이자 날마다 우리를 먹여 주는 흙으로 돌아갈 것이다. 그러나 그 밤과 그곳에서의 사귐이, 불완전하더라도 정말 삶이 궁극적으로 어떠해야 하는지를 언뜻 보여 준 것이라면?

이 책에서 나는 식사에 대한 신학적 설명, 즉 식사의 직접적 의미와 궁극적 의미를 가늠하는 틀을 전개한다. 셀 수 없이 많은 방법으로 음식과 식사를 설명할 수 있지만, 기독교적 관점에서 음식이 무엇이고 왜 식사가 중요한지는 선물과 희생, 환대와 사귐, 돌봄과 축하로 이루어진 하나님의 삼위일체적 삶의 측면에서 가장 잘 이해할 수 있다. 삼위일체 신학은 모든 실재가 사귐, 곧 선물을 주고받는 것이라고 주장한다. 신학자들이 '페리코레시스*perichoresis*'라는 용어로 설명하는 삼위일체의 사랑, 곧 자기 안에 다른 존재를 위한 공간을 만드는 행위가 그 근원이자 유지 수단이기 때문이다. 이는 창조 세계 안에 있는 그 무엇도 그 자체로, 혼자, 자기 힘으로 존재하지 못함을 의미한다. 피조물의 특징은 처음부터 끝까지 양육이라는 선물을 받아야 한다는 것이다. 예수 그리스도로부터 영감을 받고 성령으로부터 능력을 받은 우리는 우리 가정을 환대의 장소로 바꾸고 자신을 타자들의 양육자로 바꿀 기회를 갖는다. 최상의 모습일 때 식사는 타자들을 위한 공간을 만드는 나눔과 환영의 행동이다. 자신의 자리에서 서로를 환대하며 사는 법을 배우는 것은, 날마다 생명을 창조하고 유지하고 채우시는 하나님의 영원한 환대에 참여하는 길이다.

이러한 신학적 관점에 따르면, 우리는 음식의 시작과 끝이 하나님께 있다는 관점을 갖고 음식을 감지하고 받아들이고 맛보고 나서야 음식을 진정으로 이해할 수 있다. 그 하나님은 창조 세계를 부양하시고 그 세계와 사귐을 누리시고 그 세계를 궁극적으로 화해시키시는 분이다. **음식은 영양가 있고 맛있게 만들어져 서로를 위해 주어지는 하나님의 사랑이다.** 따라서 식사라는 일상적 행위는, 이 주어진 삶 안에서 매일 책임감을 가지고 감사하는 마음으로 행동할 것을 요청한다. 먹는 순간마다 전제로 주어지고 또 분명히 드러나는 신적 삶과 교감할 것을 요청한다.

음식이 그저 적절한 양과 비율로 적절히 다양하게 섭취해야 하는 영양분 꾸러미에 지나지 않는다고 확신하는 사람들은 이런 주장을 소화하기가 어려울 것이다. 이런 시각에 따르면, 음식은 기본적으로 기계와 유사한 우리 몸이 계속 최적의 수준에서 작동하도록 하는 데 필요한 연료다. 어떤 음식이 다른 음식보다 맛있을 수는 있지만, 거기에 경탄이나 경외를 불러일으킬 만한 것은 거의 없다. 과거의 사람들은 음식을 먹기 전에 식사 기도를 했을지 모르지만, 오늘날 교양 있는 사람들은 음식이 우리가 통제하는 제조품일 뿐이라는 가르침을 받는다.

이는 음식에 대한 너무도 빈약한 묘사다. 분명 빵을 물질 성분들(물, 소금, 이스트, 밀가루)의 결합체라고 말할 수 있지만, 음식을 이런 수준으로 격하시키는 것은 개봉한 편지를 무작위의 표시들로 뒤덮인 한 장의 종이에 지나지 않는다고 판단하는 것과 같다. 인생을 바꿀 만한 의미를 전달하며 응답을 요청하는 '사랑해요!'라는 문구를 읽지 않고, 한 장의 종이에 담긴 부호들만 흘끗 볼 뿐이다.

마찬가지로 우리도 식탁 앞에서 무작위로 모여 있는 영양소만 볼 뿐, 그 안에 분명하게 드러나는 하나님의 은혜를 망각할 수 있다.

음식이 하나님의 공급하심과 돌보심을 표현하는 기본적이고 지속적인 하나의 수단임을 잊을 수 있다. 식사는 하나님과의 소통에 참여하는 행위다. 영원한 주인이신 하나님은 이렇게 말씀하신다. '너를 사랑한다. 네가 잘 돌봄 받기를 바란다. 내 삶의 기쁨을 너와 나누고 싶다.' 시편 기자는 104:10-15에서 그것을 이렇게 표현한다.

> 여호와께서 샘을 골짜기에서 솟아나게 하시고
> 산 사이에 흐르게 하사
> 각종 들짐승에게 마시게 하시니…
> 그가 가축을 위한 풀과
> 사람을 위한 채소를 자라게 하시며
> 땅에서 먹을 것이 나게 하셔서
> 사람의 마음을 기쁘게 하는 포도주와
> 사람의 얼굴을 윤택하게 하는 기름과
> 사람의 마음을 힘 있게 하는 양식을 주셨도다.

하나님을 의식하며 식량을 재배하고 먹는다는 것은, 서로 음식을 나눔으로써 태고로부터 삶을 나누셨던 하나님과 협력한다는 의미다. 또 하나님이 창조 세계를 돌보는 방식에 뿌리와 지향점을 두는 삶의 방식과 의미의 틀에 참여한다는 의미다.

종이 위의 표시들이 (적절한 지성과 공감력과 상상력만 있다면) 실제로 다양한 의미를 전달하는 단어임을 알게 되려면, 교육 즉 특정 공동체와 전통 내에서의 교리 교육이 필요하다. 때로 그 의미들은 피상적이거나 일시적인 흥밋거리에 그치고 만다. 그러나 그 의미가 심오해서 인격적인 변화를 일으키는 경우들도 있다. 좋은 독자가 된다는 말의 의미 중 하나는, 바로 그 차이를 안다는 것이다. 읽는 법을 배운다 해도, 게으르거나 부주의하거나 무관심할 가능성은 항상 존재한다. 단어들을 보지만 실제로 그 단어들을 소화하지 않았을 수 있다. 단순히 시어 읽는 법을 알지 못해 시를 묵살하는 사람이 얼마나 많은가?

마찬가지로 식사를 하는 사람들도 다양한 음식을 먹지만, 그것을 우리를 돌보시는 하나님의 사랑으로서 음미하지 못할 수 있다. 신학적 이해를 가지고 먹는 일은, 음식을 세상을 향한 하나님 사랑이 풍부한 영양소를 통해 드러난 것으로 '읽는' 능력을 전제한다. 그것은 하나님이 만드심으로 새로이 관계 맺게 된 동료 피조물들을 경외하는 자세로 세상에 있는 것이다. 이러한 자세는, 동산지기이신 하나님(창 2:8)이 피조물을 돌보고 부양하는 그분의 형상으로 우리를 빚어 가시도록 허용하는 영성 형성 과정을 수반한다. 사람들은 매일의 먹는 행위를 통해, 서로를 의지하고 하나님을 의지하는 피조물로서의 상태를 인식하고 탐구할 기회를 얻는다. 사람들은 식품을 생산하고 소비하는 일을 할 때, 먹거리가 풍부한 하나님의 동산을 경작하고 지키는 이들이 됨으로써(창 2:15) 우리가 어디에 있고 누구인지 배울 기회를 얻는다. 이러한 지속적인 교리 교육이 없다면, 음식이라는 선물과 식사의 은혜를 훼손하고, 함께하는 건강하고 유쾌한 삶에 필요한 생태적·문화적 조건을 약화시킬 위험이 있다.

속도, 편리함, 싼 가격이 음식 소비의 가장 중요한 특징이 된 선진 산업 사회에서 식사가 무심하고 무책임한 행위가 되는 것은 그리 놀라운 일이 아니다. 모든 사람이 음식을 씹어 삼키지만, 전 세계 농경지와 식물 군락의 광범위한 파괴나, 공장에서 생산되는 수십억 마리의 닭, 양, 돼지, 소의 비참한 상황을 잘 이해하고 공감하며 먹는 사람은 상대적으로 적다. 오늘날 식품을 다루는 일은 보통 외관, 가용성, 가격을 관리하는 것에서 크게 벗어나지 않는다. 세계 경제에서 식품은, 다른 상품과 마찬가지로 기업의 이윤 추구, 저렴한 가격에 대한 소비자의 욕구, 정치권의 권력 추구에 부응하는 하나의 상품이다. 이런 상황에서 음식은 더 이상 하나님의 은혜로 언급되지 않는다. 식사는 더 이상 소속, 책임, 감사를 공유하는 구성원이 되는 일로서 삶을 경험하는 기회가 되지 못한다.

식사의 신학이 도움이 될 수 있을까? 나는 이 책의 신학적 설명이, 음식을 새롭게 바라보고 맛보게 해 주고, 또 이 신학적 비전이 식량을 재배하고 나누는 방식에 영향을 미치기를 바란다. 시편 기자는 "여호와의 선하심을 맛보아 알[라]"(시 34:8)고 우리를 초청한다. 우리가 음식을 우리 손에서 나온 산물로 격하시키거나 그것을 권력과 이윤의 목적을 위한 상품으로 바꾸는 한, 창조 세계의 선함과 즐거움뿐만 아니라 하나님이 그 풍미를 즐거워하시는 모습도 진정으로 깨달을 수 없다. 음식은 생명을 기르고, 나누고, 축하하기 위한 목적으로 모든 피조물에게 주어진 하나님의 선물이다. 하나님의 이름으로 하는 식사는, 사귐을 이루시는 하나님의 영원한 사랑이 땅에서 실현되는 일이다.

이 책을 읽는 방법

이 책을 식사의 신학이라 부를 때 두 가지를 유념해야 한다. 첫째, 이는 **유일한** 식사 신학이라기보다는 **하나의** 식사 신학이다. 구성 신학의 실천으로서 내가 하고 있는 일이 특정한 기독교적 관점을 대변하는 신학적인 '그림'을 제시한다는 점은 분명하다. 그리고 이는 그릴 수 있는 유일한 그림이 아니다. 식사의 깊이와 신비로움을 보건대, 다른 그리스도인들이나 다른 신앙 전통을 대변하는 이들은 음식을 다르게 보고 맛볼 것이다. 나는 피조물의 구성원 됨membership의 범위와 의미를 좀 더 이해하기 쉽게 설명하는 방식으로 동산, 죄, 희생, 성찬, 환대, 화해, 사귐 같은 신학적 주제를 전개한다. 그러나 이 주제들에 대해 내가 전개하는 내용은 완벽하지 않기에, 다른 사람들이 식사와 음식에 대한 우리의 이해를 넓히는 방식으로 다르게 설명해 주기를 요청한다.

둘째, 이는 신학 작업이다. 명쾌하게 발전시킨 '식사의 윤리'가 아니다. 그렇다고 해서 윤리적 이슈나 실제적 관심사가 이 작업에서 빠져 있다는 말은 아니다.[1] 사실, 서식지와 동물의 복지, 농부와 식품 관련 종사자들이 내 뇌리에서 떠난 적은 없다. 그러나 나는 과학자(영양학, 화학, 생물학, 생태학 분야)**와 사회과학자**(인류학, 사회학, 정치학, 젠더학, 역

---

1 신학 및 철학 분야에서 이론과 실천의 관계에 대한 활발한 논의가 이루어지고 있다. 생각이 실제적인 실천으로 변화되는 다양한 방식에 대해서는, *Practicing Theology: Beliefs and Practices in Christian Life*, ed. Miroslav Volf and Dorothy C. Bass (Grand Rapids: William B. Eerdmans, 2002)와 *Transforming Philosophy and Religion: Love's Wisdom*, ed. Norman Wirzba and Bruce Ellis Benson (Bloomington: Indiana University Press, 2008)을 보라.

사학, 경제학 분야)의 연구, 식사에 대한 형식주의 윤리학의 전제가 되는 예술가와 철학자들의 연구에 대한 세밀한 분석은 제시하지 않았다. 이런 주제들이 중요하긴 하지만, 나는 유전공학이나 식품 특허, 지역 및 세계 무역 협정의 정의에 초점을 맞추지 않는다. 그러나 내가 신학적인 방식으로 말하는 내용들이 이러한 주제들을 이해하는 데 약간의 실마리를 던져 주기를 바란다.

채식주의라는 주제도 나의(그리고 점점 더 많은 사람의) 머릿속을 차지하고 있지만 이 책에서 자세히 다루지 않는다. 주된 이유는 스티븐 웹Stephen Webb, 데이비드 그루멧David Grumett, 레이첼 무어스Rachel Muers, 마이클 노스콧Michael Northcott 같은 신학자들이 그 주제를 자세히 다루어 왔고 연구가 계속 진행되고 있기 때문이다.[2] 이 논의의 복잡한 요소들을 따라가는 데 관심 있는 독자들이 구할 수 있는 자료는 이미 풍부하다. 이 책은 (채식주의를 고려할 때 필수적인 주제인) 죽음, 희생, 자기 내어줌, 감사 등에 관한 질문들이 전개되는 더 폭넓은 신학적 맥락을 다룸으로써 그 논의에 기여할 것이다.

나는 오늘날 식사의 신학이 특히 중요하다고 믿는다. 왜냐하면 현재 전 세계의 식품 생산과 유통, 소비의 상당 부분을 결정하는 시장의 힘이 생명을 무시하고 병들게 하고 파괴하고 있기 때문이다.

---

2   Stephen Webb, *Good Eating* (Grand Rapids: Brazos Press, 2001)과 David Grumett and Rachel Muers, *Theology on the Menu: Asceticism, Meat and Christian Diet* (London: Routledge, 2010), 그리고 그들이 공동으로 편집한 *Eating and Believing: Interdisciplinary Perspectives on Vegetarianism and Theology* (London: T&T Clark, 2008)를 보라. 특히 마지막 책은 성경, 역사, 철학, 신학의 관점을 아우르는 인상적인 모음집이다. 유대교의 고찰로는, Richard Schwartz, *Judaism and Vegetarianism* (New York: Lantern Books, 2001)을 보라.

식물과 동물 피조물이 '천연자원'이나 '생산 단위'로 전락한 이때, 사람들이 생명의 신성한 차원에 대한 감각을 회복하고 그럼으로써 음식을 귀한 선물로 받아들이는 법을 배우는 일은 매우 중요하다. 그리스도인들은 이러한 작업을 해 나가면서 다른 종교와 토착 전통에서 많은 것을 배울 수 있다. 나는 이 책을 통해, 그들의 경전과 신학 전통 안에도 우리에게 나누어 줄 깊은 통찰과 영감의 원천이 깃들어 있음을 보여 주고자 한다.

나는 이 판^{edition}에서 서론과 신의에 관한 첫 장, 그리고 신실한 식사에 관한 에필로그를 추가했다. 또 여러 장에서 특정 주제들을 더 자세히 설명하고 각주를 업데이트했다. 서론을 쓴 까닭은, 식사의 경험이 인간이 어떤 존재인지에 대한 우리의 이해를 수정할 것을 요청하기 때문이다. 우리는 사람이 타자와 떨어져 분리되고 독립적으로 존재한다고 추정하는 경우가 아주 많다. 그렇다면 우리는 특정한 방식으로 타자와 관계 맺기로 결정하는 개인들인 셈이다. 그러나 이는 심각한 오류다. 인간을 접촉하고 맛보는 존재로 여긴다면, 우리는 절대 혼자였던 적이 없고 단독으로 존재할 수 없음을 알게 된다. 인체 내 미생물군집^{microbiome}에 관한 최근 연구는, 우리 몸이 처음부터 줄곧 음식을 먹음으로써 수많은 미생물을 키우는(그리고 이 미생물들도 우리를 키운다) 환대의 장소임을 보여 준다. 이러한 통찰을 고려할 때 무엇보다 중요한 질문은, 우리가 생리학적으로 다른 이들에게 의존할 때 그와 동시에 우리가 의존하는 이들을 인정하고 존중하고 존경하는 일종의 신의를 실천하는지 여부다. 먹는 행위는 다른 이들과 가장 깊은 수준의 친밀한 관계를 맺으며 존재하는 일이다. 먹는 행위는, 우리가 다른 이들과 공유하는 공동 운명으로 묶여 있음을 아는 일이다. 이 공유한 운명이 선하고 아름다운 것이 되려면, 상호 양육과 안녕을 증진하는 형태의 신의를 함양하는 법을 배워야 한다. 이것이 1장에서 다루는 내용이다.

2장에서는 왜 식사가 도덕적이고 신학적인 이슈인지 탐구한다. 또 음식을 상품으로 축소하며 설명하는 근대의 방식이 어떻게 음식에 대한 우리의 사고를 피상적 수준으로 떨어뜨렸는지를 검토한다. 또 음식의 탈맥락화 및 식사의 산업화에도 초점을 맞춘다. 내가 말하는 음식의 탈맥락화란, 사회가 음식을 생태계와 생산의 맥락에서 분리하는 것을 뜻한다. 그리고 식사의 산업화란 시장 논리와 기계 논리가 먹는 행위에 개입하는 것을 뜻한다. 나는 이러한 전개가 음식에 대한 영적으로 빈약한 이해를 낳으며, 이는 식사를 '영성 훈련'으로 생각하기 시작하면 바로잡을 수 있다고 주장한다.

3장에서는 동산에서 인류가 갖는 정체성과 소명을 기술함으로써 식사에 대한 생태학적 맥락과 피조물의 맥락을 전개한다. 나는 동산이 지구 생명체의 번성에 필수불가결하다고 주장한다. 동산과 그것이 구현하는 지구-생물-화학적 과정들은 수많은 생명의 배고픔이 충족되는 곳이기 때문이다. 비유적으로든 말 그대로든 식사는 토양에 뿌리를 둔다. 동산은 인간의 구성원 됨과 책임의 폭과 깊이를 보고, 냄새 맡고, 듣고, 만지고, 맛보기 시작하는 실제적인 장소다. 나는 동산 관리자 교육을 다루고, 어떻게 그 교육이 음식을 영적으로 깊이 이해할 수 있는 애정과 주의력의 발달로 이어질 수 있는지를 설명한다. 그러나 음식만이 동산이 내는 중요한 수확물이 아니다. 특별한 감수성을 지닌 사람이 양성되는 것도 똑같이 중요한 수확이다. 나는 인간이 동산을 가꾸는 최고의 모습은, 하나님과 그리스도를 세상을 가꾸고 돌보시는 동산 관리자의 원형으로 이해하는 데서 영감을 받고 형성됨을 보여 주면서 이 장을 마무리한다.

4장에서는 자연 서식지와 경제와 몸에서 나타나는 식사의 오작동을 설명한다. 나는 여기서 유배라는 은유를 사용하여, '죄악된' 식사를 '구성원 됨의 불안'으로, 자신이 그 일부로 속해 있는 창조 세계의 구성원으로서 책임을 환영하고 받아들이기를 거부하는 것으로 묘사한다. 먹는 행위는 타자들의 삶 속으로 매우 긴밀하게 들어가는 일이다. 또 생명의 성장뿐 아니라 그것의 죽음에도 관여하는 일이며, 생태학적·경제적·생리학적 차원에서 이루어지는 이러한 관여에는 큰 대가가 따른다. 이 장에서 나는 사람들이 이러한 일에 따르는 책임을 받아들일 수 없거나 받아들이려 하지 않기 때문에 여러 종류의 섭식 장애가 발현된다고 설명한다. 여기서 우리는 생태계와 농지의 황폐화, 국제 무역 협정 및 소비자 경제학의 불의와 파괴적인 경향, 건강을 해치는 오늘날의 마케팅과 식습관, 거식증과 폭식증 같은 섭식 장애의 이슈들을 논의한다.

5장에서는 값비싼 대가가 필요한 피조물의 삶의 특성을 고찰한다. 무엇인가를 먹으려면 다른 어떤 것이 죽어야 하고, 대부분은 먹힘으로 죽는다. 죽음은 식사의 변함없는 공범이다. 죽음은 그저 삶의 끝이 아니라 삶의 전제 조건이다. 이 장에서는 이 죽음을 어떻게 묘사해야 하는지를 검토하며, 나는 죽음을 개인의 생물학적 기능의 중단으로만이 아니라 구성원 됨의 중단으로 이해하는 것이 가장 좋다고 주장한다. 그런 다음 희생 제사가 피에 굶주린 하나님을 달래기 위한 폭력적 행동으로 오해받는 경우가 많다는 주장을 펼치고, 희생 제사의 감성이 이 주제와 어떻게 관련될 수 있는지 고찰한다.

나는 노아의 이야기를 가지고, 오히려 자신을 내어주고 섬기는 것을 통해 생명의 소생을 강조하는 희생 제사 이야기를 전개한다. 더 나아가 그 자체로 희생 제사로 이해되는 성찬이 이 특정 이슈를 조명하기 위해 어떻게 해석될 수 있는지 숙고한다. 그리고 희생 제사 감성이 채식주의, 그리고 잔치와 금식이라는 쌍을 이루는 관행에 대한 우리의 생각에 어떤 영향을 줄 수 있는지를 보여 주며 이 장을 마무리한다.

6장에서는 기독교의 성찬을 생명의 사귐을 이해하는 열쇠로 보는 해석을 제시한다. 성찬 식사가 죄성을 치유하는 까닭은, 모든 식사 공동체를 세우는 구성원들을 회복시키기 때문이다. 나는 성찬이 하나님의 삼위일체적 삶에 참여하고 그것을 표현하는 공동체적 존재 방식을 만들어 낸다는 시각을 전개한다. 우리가 '생명의 떡'(요 6장)이신 예수님을 먹을 때 식사가 변혁되는 일이 일어난다. 왜냐하면 바로 여기서 우리가 그분의 삶 안으로, 그리고 세상에서 그분이 존재하는 방식 안으로 들어가기 때문이다. 다시 말해 그리스도의 사역은 각 영혼의 구원보다는, 사람들을 참되고 풍성하고 영원한 부활 생명으로 이끄는 것과 관련이 있다. 죄악된 식사는 삶을 비하하고 파괴하는 반면, 성찬 식사는 삶을 존중하고 북돋아 준다. 우리가 오늘날의 식품 경제를 비판하고 더 건강한 음식 문화를 만들기 위해 애쓴다면, 그 무엇보다 중요한 섬김과 환대와 공동체 의식을 창조할 수 있을 것이다.

7장에서는, 식사를 삶과 죽음을 공유하는 구성원 됨에 참여하는 일로서 깊이 이해하는 것은 감사와 축하로 끝나야 한다고 주장한다. 특히 나는 '식사 기도'의 깊은 영적·실제적 의미를 숙고한다. 나는 먼저 우리의 식사 문화가 감사를 모르는 상태가 되어 버린 이유를 고찰한 다음, 감사가 무엇이고 어떻게 가장 잘 표현할 수 있는지를 살펴본다. 나는 식사 기도가 사실 아주 정치적인 행동이라고 주장한다. 음식에 대해 감사 기도를 드리는 일은, 오늘날의 식량 체계로 인해 해체된dis-membered 구성원 됨을 치유하거나 재구성하는re-membering 일에 삶을 헌신하는 것을 전제하기 때문이다. 그리고 식사 기도는 우리가 자신과 세상을 하나님께 드릴 때 완료됨을 보여 주며 이 장을 마무리한다.

　식사가 그렇게 많은 죽음을 전제한다면, 과연 천국에서도 식사를 할까? 8장에서는 먼저 우리가 생각하는 천국의 의미를 고찰함으로 이 질문을 다룬다. 내가 설명하는 천국은 이 세상에서 벗어나 서로 공유하던 구성원 됨에서 해방되는 것이 아니라, 삶이 온전해지도록 성령께서 관계를 변화시키시는 것이다. '천국에 있다'는 것은, 모든 관계가 오로지 하나님 사랑의 능력을 힘입는 방식으로 어떤 장소에 있는 것이다. 음식이 영양가 있게 만들어진 하나님의 사랑이라면, 식사가 이 사랑이 세상으로 확대되는 주요한 수단의 하나라면, 식사가 (아마도 어떤 변화된 방식으로) 천국에서 하나님의 사랑을 나누고 즐기는 것을 돕는 역할을 하리라는 생각은 타당하다. 식사가 이생에서도 내세에서도 중요한 이유는, 그것이 사귐을 이루시는 영원한 하나님의 삶을 (지금은 불완전하지만 그때는 완벽하게) 실현하는 일이기 때문이다.

　에필로그는 우리를 다시 신의의 문제로 데려가서, 인류세Anthropocene의 현 순간에 우리에게 가장 필요한 일은 상호 양육을 증진하고 건강에 대한 포괄적 비전에 기여하는 방식으로 우리의 자리 안에서 서로 '함께하는' 법을 배우는 것이라고 주장한다. 꾸준히 파괴되고 황폐화되는 세상에서, 어떤 양육이 필요하고 어떤 치유가 가능한지를 분명히 하며 함께 움직이는 법을 배우는 일보다 더 긴급한 과제는 없다. 그리스도인들은 이것이 바로 성령의 사역이며, 성령이야말로 세상에서 피조물의 삶을 아름답고 완전하게 만들고자 일하시는 하나님의 능력임을 이해하고 있다. 다시 말해, 우리를 양육하는 세상을 양육하도록 우리를 준비시키는 분은 바로 성령이시다.

감사의 글

이 책이 태어나는 것을 가능하게 했을 뿐 아니라 더 좋은 책이 되도록 도와준 친구들과 기관들에 감사를 표하게 되어 영광이다. 루이빌 연구소의 짐 루이스와, 〈신앙인 교육과 형성을 위한 발파라이소 프로젝트〉의 도로시 배스는 보조금 형태로 넉넉한 재정 지원을 해 주었다. 레스브리지 대학교, 플로리다 대학교, 데이비드슨 칼리지, 미들베리 칼리지, 로욜라 칼리지, 예일 신학대학원, 캐나다 메노나이트 대학교, 노팅엄 대학교, 아우구스타나 칼리지, 마스힐 칼리지, 퍼먼 대학교, 호프 칼리지, 웨스턴 신학교, 트랜실베이니아 대학교, 로욜라 메리마운트 대학교, 듀크 신학대학원의 동료들은 아이디어들을 검증하고 명확히 할 수 있는 자리를 마련해 주었다. 또 몇몇 교회들이 문을 열어 환대와 좋은 대화를 제공해 주었다. 〈종교, 자연, 문화 연구 저널 *Journal for the Study of Religion, Nature, and Culture*〉의 편집자 브론 테일러는, 결국 여섯 개의 장이 될 이 자료들을 출판해 주었다. 케임브리지대학교출판부의 에릭 크레이언은 이 프로젝트에 일찍부터 관심을 가지고, 초판이 출판되는 데 가장 귀중한 도움을 주었다. 베아트리체 렐은 제2판을 준비하면서 꾸준한 격려와 지혜로운 편집상의 조언을 해 주었다. 나를 대신해 출판사에서 이 책의 출간을 옹호해 준 베아트리체에게 감사한다.

또 이 책의 초고 일부 혹은 전체를 읽고 귀중한 조언을 해 준 친구들에게도 감사를 표하고 싶다. 프레드 반슨, 스티븐 보우마-프레디거, 브라이언 브록, 제이슨 비아시, 엘렌 데이비스, 스탠리 하우어워스, 주디스 헤이호, 윌리스 젠킨스, 랜디 매독스, 오티스와 모니카 모스, 새러 미서, 마이클 노스콧, 세레니 트록슬러, 매튜 윌런이 그들이다. 특히 이 책의 서문을 써 달라는 내 요청을 기꺼이 받아들여 준 스탠리에게 감사한다. 색인을 준비해 준 네이션 허쉬버거에게도 깊은 감사를 전한다. 이렇게 많은 친절과 지혜와 분별력을 지닌 이들과 함께한 것은 특권이자 기쁨이다. 그럼에도 이 책에 남아 있는 실수들은, 명백히 내가 그들의 훌륭한 조언에 충분히 귀 기울이지 못한 탓이다.

이 책을 쓰는 일은 나를 겸손하게 만들었다. 아주 단순한 시도(식사에 대한 신학적 설명이 가능하다면 그것은 어떤 형태일지를 규명하려는 시도)로 시작한 일을 통해, 나는 내가 하는 식사가 화해와 친교를 이루시려는 하나님의 바람에 거의 미치지 못함을 깨달았다. 나는 신학적인 음식 담당 경찰을 자처할 입장이 아니다! 나는 그저 음식을 먹는 자들인 우리 모두가 먹는 일에서 더 자비롭고 너그러워지기를 소망하며 이 책을 내놓을 뿐이다.

인생에서 최고의 선물 중 하나는 가족들의 애정 어린 지원을 받는 것이다. 나는 아내 그레첸과 우리 아이들 에밀리, 애나, 벤저민, 루크로부터 상상할 수 없을 정도로 분에 넘치는 선물을 받았다. 또 나를 양육하는 일은 부모님이신 잉그리드 위즈바와 알렉스 위즈바로부터 시작되었다. 어머니는 내게 가장 기억에 남는 맛있는 음식을 해 주셨고, 아버지는 내가 아는 가장 너그러운 접대자셨다. 그분들의 사랑과 모범에 감사한다. 이 책을 그분들께 바친다.

음식을 먹는
당신은 누구인가?

서론

인간의 몸은 하나의 거대한 생태계다. 사실 몸은 지구 전체와 더 유사하다.…미생물의 시각에서 보면 나는 지속성 있고 살아 있는 격자 구조물(안팎 모두에서)이다. 어마어마한 수의 미생물이 그 위에 매달려 기어오르고 성장한다.…나는 그들의 고향이다.…나는 내가 생각하던 내가 아니다. 당신도 마찬가지다. 우리는 모두 다른 생명체들을 위한 생태계의 집합체다.[1]

내가 음식 연구에 관심이 있다고 말하면, 대개 얼마 지나지 않아 누군가가 "당신이 먹는 것이 바로 당신이다"라는 말을 건넨다. 이 유명한 말은 여러 의미를 가지고 있는데, 어떤 사람들에게 이것은 건강에 대한 경고 같은 역할을 한다. 즉, 쓰레기 같은 음식을 먹으면 머지않아 자신이 쓰레기처럼 느껴진다는 말이다. 그러나 건강에 좋고

1　David R. Montgomery and Anne Biklé, *The Hidden Half of Nature: The Microbial Roots of Life and Health* (New York: W. W. Norton & Company, 2016), 126.

영양가 있는 음식을 먹으면, 곧 자신만이 실현할 수 있는 가능성들을 더 의식하고 주의를 기울이게 된다는 느낌이 들 것이다. 다른 사람들에게 이것은 자신의 정체성을 나타내는 말이다. 사람이 가치 있게 여기는 것은 정체성을 반영한다. 만약 지역에서 생산한 유기 농산물을 먹는다면, 이는 환경에 대한 관심을 최우선으로 여기는 사람이라는 의미일 수 있다. 또 음식을 조리하고 먹는 다양하고 매력적인 민족 전통들 가운데서 당신이 어떤 특정한 조리법을 찾아냈다면, 그것은 그 조리법을 탄생시킨 작업 및 기술 전통에 동질감을 느끼고 싶다는 욕구를 나타낼 가능성이 있다.

"당신이 먹는 것이 바로 당신이다"라는 문장은 근본적으로 당신이 당신 너머의 세상과 연결되어 있다는 의미를 전달한다. 마이클 폴란Michael Pollan처럼 그 문구를 수정하여 "당신이 먹는 것이 먹은 것들도 바로 당신이다"라고 말한다면, 그 연결의 범위가 확장되어 훨씬 더 복잡해진다. 이제 당신의 접시에 담긴 계란을 낳은 닭의 먹이가 된 모든 동식물도 중요하다. 그리고 물론, 그것들이 그전에 무엇을 먹었든 그것도 중요하다.[2] 다시 말해, 한 입 베어 무는 것은 그저 어떤 것 하나를 베어 무는 것이 아니다. 당신은 깨물고 씹을 때마다 당황스러울 정도로 다양하고 깊이 있는 세상에 연루되고 그 세상 속에 놓이게 된다. 당신은 당신 자신이 되기 위해 타자들이 필요하다. 그들을 제외하고 자신과 삶을 이해할 가능성은 없다. 증거가 필요한가? 식사를 중단해 보라. 그러면 오래지 않아 **타자들에 대한** 굶주림

---

2 Michael Pollan, *In Defense of Food: An Eater's Manifesto* (New York: Penguin Books, 2008), 167.

을 느끼게 될 것이다. 타자들에게 완전히 저항해 보라. 그러면 당신은 죽을 것이다. 식사는 당신이 절대 혼자가 아님을 매일 확인해 준다. 그것은 당신을 키우고 당신을 숲, 밭, 수로, 헛간, 정원, 나비, 벌, 닭, 정원사, 농부, 요리사 등과 연결해 주는 피조물들에게 주의를 기울일 필요가 있다는 의미다.

그런데 음식을 먹는 '당신'은 누구인가? '존재하기' 위해 먹어야만 하는 이는 어떤 부류의 존재인가? 이를테면 **보는 것**이나 **만지는 것**에 대비되는, 타자들을 먹는 행위는 어떤 점에서 인간에 대해 다르게 생각하도록 도전하는가? 차이점은 우리가 선택하는 감각적 지각 방식에 있다.

서구 사상의 역사를 간략하게 살펴보면, 먹는 것과 맛보는 것은 일반적으로 자기 발견과 자기반성을 위한 감각적 진입 지점으로 선호되지 않았음을 알 수 있다. 특히 앎을 의미하는 라틴어 '사페레^{sapere}'에 '맛보다'라는 뜻도 있음을 기억하면 조금 놀라운 사실이다. 철학자들과 신학자들은 세상을 이해하는 방편으로 맛보는 것보다는 보는 것을 선호하는 경향이 있었다. 시각과 연관된 은유는 우리의 개념적 틀에 아주 깊이 박혀 있다. 지혜에 대한 추구를 깨달음^{enlightenment}에 대한 추구, 혹은 '비시오 데이^{visio Dei}'(하나님을 보는 것)로 묘사되는 영적 성취에 대한 추구로 여긴 것을 생각해 보라. 그래서 한나 아렌트^{Hannah Arendt}는 "형식 철학에서는 처음부터 사고를 **보는 것**과 관련지어 생각했다"고 매우 적절하게 지적했다.[3] 다른 사람의

---

3   Hannah Arendt, *The Life of the Mind* (New York: Harcourt, Brace & Company, 1971), 110. 데카르트에서 푸코에 이르는 현대 철학자들에게서 보는 것과 생각하는 것이 어떻게 함께 작동하는지를 자세하게 다룬 책으로는, *Modernity and the*

관점을 '보는' 것은 마음의 '눈'이다. 물론 사람들은 때로 생각에 대해 '곱씹는다'고 말하기도 하지만, 어쨌든 마음의 '입'으로 어떤 생각을 '맛본다'고 말하는 것은 조금 이상하게 여긴다.

그러나 보는 것을 전형적인 철학적 자세로 격상시키는 일은, 사람들이 세상에서 스스로를 이해하고 자리매김하는 방식에 심오하고 실제적인 영향을 미친다. 시각은 주체와 객체 사이의 안전한 거리를 전제하는 감각이다. 한스 조나스^{Hans Jonas}가 말하듯이, "[시각으로] 얻는 것은 객관성의 개념, 있는 그대로의 사물 자체는 내게 영향을 미치는 사물과 구별된다는 개념이며, 이 거리로부터 '테오리아_{theōria}'와 이론적 진리에 대한 전체 개념이 생겨난다."[4] 시각은 보는 사람의 독립성과 자유를 확고히 한다. 다른 사람을 볼 때, 보는 사람은 보이는 대상과 직접적 관계를 맺을 필요가 없기 때문이다. 객관성은 인식자의 개인적 자유, 정서적 분리를 전제한다. 시각을 청각 같은 감각보다 우위에 두는 것은 다른 사람의 영향을 받지 않는 거리, 분리, 자유 때문이다. 다른 사람의 말을 듣는다는 것은, 이미 적어도 어느 정도는 상대방에게 노출되어 그에게 좌우될 수 있다는 뜻이기 때문이다.

보는 것을 사고의 모델로 삼을 때, 실제적이고 아마도 불가피한 결과는 개인과 타인을 자립적 실체(혹은 라이프니츠의 용어로 '모나드')로 보

Hegemony of Vision, ed. David Michael Levin (Berkeley: University of California Press, 1993)]을 보라.

[4] Hans Jonas, "The Nobility of Sight", in *The Phenomenon of Life: Toward a Philosophical Biology* (New York: Harper & Row, 1966), 147. 조나스는 이 글 앞부분에서 시각을, 보는 사람과 보이는 것 사이의 인과관계가 없는 감각 능력이라 말한다. "나는 나만의 자립성을 가지고 그 자체로 자립성을 가진 [대상을] 파악한다"(146).

는 개념이다. 어떤 사람을 볼 때, 그의 피부와 그것이 전달하는 형태 및 윤곽은 그를 별개의 존재로 명시하는 경계임이 분명해 보인다. 피부는 벽처럼 외부의 침범으로부터 보호해 주는 단단한 표면이며, 이 얇은 막이 내부에 있는 자기와 바깥 세계를 구분해 준다. 피부는 당신이라는 이야기를 전개할 수 있게 해 주는 영혼이나 유전자 코드, 정보 패턴이 담긴 일정하지 않은 모양의 봉투와 같다. 진정한, 혹은 본질적인 당신은 내부에 있다. 당신의 모습, 다른 사람이 보는 것은, 당신을 담은 별개의 몸에서 일어나는 일의 특징이다.

당신이 자립적인 존재라는 생각은 심오하고 광범위한 함의를 가진다. 예를 들어, 그 생각이 어떻게 개인의 자유라는 개념을 세상에서 아무 제한 없이 돌아다니는 사람들의 당당한 능력으로 여기게 되었는지를, 또 정치의 영역에서 얼마나 다양한 해방의 이상을 지원하고 있는지를 숙고해 보라. 인간 삶의 목표는 단순히 자율적 autonomous이 되는 것, 즉 자신autos에게서 행동의 법칙nomos을 끌어내는 것만이 아니다. 더 중요한 목표는 자신이 있는 자리나 함께 있는 존재와 상관없이 원하는 삶을 스스로 선택할 수 있는 것이다. 그것을 '자연권'으로 여긴(*Leviathan* I, xiv) 토머스 홉스를 생각해 보라. 자연권의 내용은 각 사람이 "자신의 본성을 보존하기 위해 원하는 대로 자신의 힘을 사용할 자유가 있다"는 것이다. 홉스가 의미하는 자유는, '사람이 원하는 대로 할 수 있는 힘'을 가로막는 외부의 방해가 없는 상태. 사람들이 그들 자신이 되려면, 자연이나 전통 혹은 심지어 (트랜스휴머니스트의 꿈에 동의한다면) 자신의 육체와 같은 외부의 제약으로부터도 해방되어야 한다. 사람들은 그들 자신을 독립적이며 홀로 있는 개인들로 생각해야 한다. 타자와 관계 맺기로 선택할 수는 있지만, 그 관계가 자신이 본질적으로 누구인지에 대한 정의를 내리지는 못한다.

사람을 자립적 존재로 특징짓는 것은 충분하거나 정직하다고 볼 수 있는가? 사람을 시각이 아니라 촉각을 통해 생각한다면 어떻게 될까?

아리스토텔레스는 《영혼론》이라는 책에서 접촉 현상을 최초로 철학적으로 다루면서, 우리가 촉각을 통해 세상의 사물들을 식별하게 된다(이를테면, 뜨겁거나 차갑거나 단단하거나 부드럽다는 식으로)고 말했다. 접촉 행위는 그 실행 자체를 통해, 접촉하는 사람과 접촉되는 대상을 구별할 수 있게 해 준다. 그러나 접촉은 그저 사람이 타자**에게** 하는 행위가 아니다. 다른 사람과 접촉하는 행위는 그들에 **의해** 접촉되는 것이기도 하다. 우리는 피부를 통해 타자의 존재를 느끼고 그 감각에 의해 변화된다. 접촉은 우리 안에 반응을 불러일으킨다. 접촉하는 존재가 된다는 것은(아리스토텔레스는 우리가 항상 무언가에 접촉하고 있다고, 심지어 잘 때도 그렇다고 주장했다), 자신을 결코 혼자 있거나 분리된 존재로 생각할 수 없다는 의미다. 리처드 커니Richard Kearney의 표현대로, "촉각을 사용한다는 것은, 간격을 가로질러 타자들에게 노출되고, 다른 체화된 존재들 **사이에서** 감성을 처리하고, 간청에 응답하고, 자기 위치를 아는 것이다."[5] 접촉 현상은, 피부란 닫힌 컨테이너 안에 있거나 벽 뒤에 갇혀 있기보다 타자의 현존과 타자의 영향에 **열려 있는** 사람에 대해 증언하는 물리적 증거라고 가르친다. "눈을 감고, 귀를

---

5   Richard Kearney, "The Wager of Carnal Hermeneutics", *Carnal Hermeneutics*, ed. Richard Kearney and Brian Treanor (New York: Fordham University Press, 2015), 19.

닫고, 콧구멍과 입술을 막을 수 있을지 몰라도, 우리는 항상 접촉하고 접촉되고 있다. 온전한 삶이란 계속해서 비바람에, 존재에, 생명에, 타자들에게 노출되어 살아가는 것이다. 머리부터 발끝까지 고통과 즐거움, 행복과 슬픔, 선과 악에 영원히 주의를 기울이고 그것에 익숙해지는 것이다."[6]

접촉은 우리가 타자들과 함께하는 세상에 연루되어 있음을 시사한다. 우리는 단독으로 서 있거나 심지어 스스로 일어서기보다는, 타자들과 반응하는 관계를 맺으며 살아간다는 조건을 통해서만 있는 그대로의 우리가 된다. 우리는 자립적 실체가 아니다. 타자들이 주는 여러 형태의 양육, 영향, 도움, 저항, 영감이 차단되면 우리는 곧 죽고 말 것이기 때문이다. 팀 잉골드Tim Ingold가 설명하듯이, 그것은 "피부란 침투할 수 없는 경계가 아니라 침투가 가능하여 섞이고 혼합되는 영역이라는 [의미다.] 그 흔적은 실가닥들처럼 다시 나타날 수도 있고 그렇지 않을 수도 있다.…우리는 유기체들이 관계들로 얽혀 있다고 생각하기보다는, 모든 생명체가 그 자체로 얽히고설켜 있다고 여겨야 한다."[7] 피부는 유기체들 간의 구별은 가능하게 하지만, 벽처럼 우리를 타자들과 분리시키지는 않는다. 침투가 가능한 피부는 타자들과의 관계와 양육이 이루어지도록 그들이 통과할 수 있는 체나 그물망 같은 것이다. 잉골드는 **관계에 얽힌** 유기체와 **그 자체로 얽힌 상태로 존재하는** 유기체를 구분한다. 전자는 거의 독립적 존재로서 (자발적으로) 관계 맺기로 선택하는 유기체를 암시하기 때문

---

6 앞의 책, 24.

7 Tim Ingold, *Being Alive: Essays on Movement, Knowledge and Description* (London: Routledge, 2011), 87.

이다. 이는 오류다. 생명은 헤아릴 수 없이 많은 발달 선이 얽히고 서로 침투하는 그물망이다. 독립적 존재라는 개념이 의심스러운 것은, 각각의 유기체는 그 자체의 관계를 통해 **구성되기** 때문이다. '존재'하는 것은 '관계 속에 있는 것'이다.

타자들과의 얽힘이 불가피함을 보기 위해서는 멀리 갈 필요 없이 배꼽을 보면 된다. 여기, 때로 우리를 타자들과 분리시킨다고 이해되는 바로 그 피부에서, 우리는 각 인간의 몸이 타자들 및 그들의 필요와 밀접하게 관련되어 있다는 오해의 여지 없는 증거를 찾아낸다. 여기서 우리는 '나'가 자신의 삶을 지배하거나 책임진다고 주장할 수 있기 전에 먼저 어머니의 양육을 받고 유익을 얻었음을 발견한다.

배꼽에 대해 생각하는 것은 쉽지 않은 문제다. 배꼽은 폐쇄성과 타자에 대한 의존성 사이의 긴장을 드러내기 때문이다. 철학자 장 뤽 낭시Jean-Luc Nancy는 이렇게 말한다. "손상되지 않은 피부는 생명을 보호하고 유지하지만, 그렇게 하기 위해 그 자체를 묶어야 한다. 잘린 탯줄에 매듭을 지어야 한다."[8] 이렇게 묘사되는 배꼽은, 몸을 별개이자 자기 것으로 확립하는 "소유권propriation['자신의 것으로 만들다'를 의미하는 라틴어 *propriatio*에서 나온]에 대한 서명 혹은 직인", 용기 몸체의 덮개와 같다. 배꼽은 우리가 '완전히 별개'의 존재로 형성됨을 보여 준다. 배꼽은 타자에 대한 본래의 의존성을 봉쇄하는 덮개이기 때문이다. 그러나 또 '흉터'이기도 하다. 우리와 어

---

[8] Jean-Luc Nancy, "Rethinking Corpus", in Kearney and Treanor, *Carnal Hermeneutics*, 77.

머니를 연결한 태반에 연결된 탯줄을 잘랐음을 상기시키기 때문이다. 배꼽은 우리의 기원이 타자들에게 있음을 상기시킨다.

앤 오번Anne O'Byrne은 탯줄에 대한 성찰에서, 탯줄을 우리가 유한하고 완성되지 않았으며 결코 원래 그대로의 순수한 존재가 아니라는 표지로 해석한다. "우리는 세상에 나올 때 출생의 상처 자국을 얻는다. 우리는 모든 인간 및 거의 모든 포유류와 탯줄 흉터를 공유한다. 그것은 우리의 첫 번째 흉터, 모든 흉터의 어머니다."[9] 낭시처럼 오번도 배꼽을, 몸이 '전적으로 내 것'이면서 동시에 '전적으로 다른 이와 얽힌' 것임을 상기시키는 것으로 해석한다. 그러나 그것은 흉터이기도 하다. 왜 '흉터'라는 표현을 쓰는가?

흉터의 간단한 의미는, 부상이나 상처에 뒤이은 치료 작업이 있었음을 증명한다. 그렇게 흉터는 파열이 일어남과 **함께**, 몸을 봉쇄함으로써 파열을 치료하려 한 과정을 나타낸다. 흉터는 한때 그곳에 있었던 조직의 모든 특성을 완전히 회복하지는 못하므로(예를 들어, 흉터의 피부 조직은 자외선에 대한 저항력이 낮고, 체모나 땀샘이 자랄 수 없다), 시행된 치료는 영속적인 취약함의 표지이자, 자기의 수많은 기획에 생기를 불어넣는 자율과 자립에 대한 꿈에 지속적인 도전이 된다. "우리 몸 한가운데의 주름진 부분이 우리가 다른 사람의 몸에서 시작되었음을 기억하는 장치라면, 자율성은 주어진 것이 아니라 성취한 것이다. 우리는 누군가에 의해 세상에 태어났다. 자의로 태어나지 않았다. 우리가 자기나 세상을 인식하기도 전에 타자들이 우리를 존재하

---

9 Anne O'Byrne, "Umbilicus: Toward a Hermeneutic of Generational Difference", in Kearney and Treanor, *Carnal Hermeneutics*, 184.

게 하기 위해 행동을 취했다."[10] 우리 각자는 우리를 낳은 이전의 결합과 이전 세대들이 이미 존재하고 있는 세상으로 들어간다. 우리가 혼자서 무언가를 할 수 있기 전에 이미 다른 사람이 우리를 먹였다. 배꼽은 자립하는 독립적인 인간에 대한 생각이 속임수임을 명백히 보여 주는 표지다.

촉각으로 지각되는 세상은 시각으로 지각되는 세상보다 훨씬 더 골치 아프고, 훨씬 더 가까이 있는 세상이다. 그곳은 분리되고 독립된 객체들이 사는 곳이 아니라, 오히려 자발적인 참여와 친밀함이라는 규율 아래 역동적으로 움직이는 복잡한 관계의 장이다. 이 친밀함의 강도는 가장 원시적인 형태의 접촉이 맛있게 먹는 행위임을 인정할 때 특별하게 다가온다. 다른 피조물을 먹을 때, 당신은 그것과 단순히 접촉만 하는 것이 아니라 그것을 당신 '안으로' 가져가 소화하고 내부에서 통합한다. 성적 결합에 필적하는 친밀함으로 그 타자의 몸과 당신의 몸이 '한 몸이 된다.' 그 타자는 당신과 거리를 두거나 나란히 있지 않다. 오히려 당신이 먹은 타자가 당신을 키우고 그럼으로써 안쪽에서 당신을 소생시키고 당신에게 생기를 되찾아 주고 새로운 활력을 준다. 식사는 결코 당신이 하나가 아님을 날마다 확인하는 일이다. 위장을 염두에 두고 생각하고 입을 통해 세상과 자신을 지각하면, 어떤 피조물도 결코 혼자가 아님을 알게 된다.

이 때문에 오늘날 일부 과학자들은 개별 유기체라는 개념이, '생명의 전체 단위'를 뜻하는 그리스어에서 온 '홀로바이온트 holobiont'(한 개체와 그 개체에 공생하는 미생물을 함께 묶어서 생각하는 개념—역주)라

---

10   앞의 책, 192.

는 개념으로 대체되어야 한다고 주장한다. 이 익숙하지 않은 말은 생명의 공생하는 특징을 강조하기 위해, 그리고 유기체는 절대 자기 폐쇄적이지 않다는 개념을 강화하기 위해 개발되었다. 공생은 유기체가 다른 유기체와 밀접한 접촉을 하며 살아간다는 개념이다. 생명체는 이러한 접촉이 없으면 소멸한다. 훨씬 더 중요한 것으로, 이러한 접촉이 없으면 그들은 애초에 존재할 수조차 없다. 조직, 기관, 유기체의 기원은, '공생 발생symbiogenesis'이라는 과정의 결과이기 때문이다. 이는 함께하는 삶의 다양성, 심지어 서로의 **내부에** 있는 삶의 다양성으로부터 다양한 생명 형태가 나오는 과정을 말한다. 린 마굴리스Lynn Margulis는 그것을 이렇게 말한다.

> 생명체는 깔끔한 정의를 거부한다. 그들은 싸우고, 먹고, 춤추고, 짝짓기를 하고, 죽는다. 공생은 모든 크고 익숙한 생명체의 창조성을 바탕으로 새로운 것을 만들어 낸다. 그것은 항상 어떤 이유를 가지고, 다양한 생명체를 하나로 합친다. 종종 굶주림은 포식자와 먹이를, 또는 입과 광합성 박테리아나 희생된 해조류를 결합한다. 공생 발생은 크고 더 복잡한 실체를 만들기 위해 서로 다른 개체들을 결합한다.…이것들은 더 크고 폭넓은 차원의 통합으로 '새로운 개체'가 된다. 공생은 주변적이거나 드물게 일어나는 현상이 아닌, 자연스럽고 흔한 현상이다. 우리는 공생하는 세상에서 살고 있다.[11]

11　Lynn Margulis, *Symbiotic Planet: A New Look at Evolution* (New York: Basic Books, 1998), 9.《공생자 행성》(사이언스북스).

우리가 공생하는 세상에서 살고 있음을 인정하는 것은, **생명체가 언제나 공동체였음**을 인정하는 일이다. **하나의 홀로바이온트로서** 각 유기체는 "숙주와 지속되는 공생 집단 모두로 이루어지기"[12] 때문이다.

홀로바이온트 같은 용어의 사용은, 유기체가 결코 단독으로 존재하지 않음을 인정하는 것이다. 당신은 스스로를 분리하거나 개체화하려 하는 순간 소멸한다. 여기서 숙주 **더하기** 공생자라는 표현이 숙주가 다른 생명체와 얽히기 전에 존재한다는 의미로 여겨진다면, 약간의 오해가 발생할 수 있다. 도나 해러웨이Donna Haraway는 말한다.

> 생물들은 관계에 선행하지 않는다.…나는 공간이나 시간의 범위에 상관없이 공생하는 집합체라는 의미로 홀로바이온트라는 용어를 사용한다. 이는 경쟁이나 협력으로만 이해되는 상호작용을 하는 기존의 제한적인 단위들(유전자, 세포, 유기체 등)로 구성된 생물학적 독립체라기보다는, 동적인 복합 체계에서 내부적으로 활동하는 다양한 관계들의 집단에 더 가깝다.[13]

말하자면, 숙주는 먼저 생겨나거나 미리 만들어진 다음 다른 개체와 관계를 맺는 것이 아니다. '숙주'가 존재한다는 것은 그것이 이미 공

---

[12] Scott F. Gilbert, Jan Sapp, and Alfred I. Tauber, "A Symbiotic View of Life: We Have Never Been Individuals", *The Quarterly Review of Biology* 87:4 (December 2012), 327–328.

[13] Donna J. Haraway, *Staying with the Trouble: Making Kin in the Chthulucene* (Durham, NC: Duke University Press, 2016), 60.《트러블과 함께하기》(마농지).

생 관계에 있다는 뜻이기 때문이다. 공생은 숙주를 구성한다. 이는 다소 역설적인데, 숙주가 항상 다른 존재에 의해 이미 영향을 받으며 키워지고 있었다는 말이다.

공생 발생이 어떻게 작동하는지 이해하기 위해서는, 미생물의 생명의 뿌리에 주의를 기울이는 것이 도움이 된다. 생명에 대한 이해에서 미생물이 가지는 중요성은 최근에서야 주목을 받게 되었다. 마굴리스는 생명의 정의에 대한 질문을 받고, **생명은 박테리아**라고 말했다. 모든 유기체가 그 자체로 살아 있는 박테리아가 아니더라도, 박테리아와 그 다양한 융합체의 후손이기 때문이다. "박테리아는 처음부터 지구상에 살았고 계속해서 지구를 지배해 왔다."[14] 모든 생명체는 박테리아가 수행하는 대사 활동에 의존한다. 박테리아가 없으면 광합성, 소화, 분해 같은 성장과 부패의 여러 과정들은 존재하지 않을 것이다. 다시 말해, 박테리아가 없으면, 먹을 수도 없고 생명도 없다.

이전의 과학자들은 미생물 세계가 생명에 대한 이해에 매우 중요하다는 사실은 고사하고, 다양한 미생물 세계가 존재한다는 것조차 명확하게 알 수 없었다. 그것을 인지하는 기술과 장비가 부족했기 때문이다. 그러나 이제 그것을 인지하는 우리는, 유기체가 함께 사는 많은 종들의 합성물이며, 그들의 관계로 인해 유기체의 정확하거나 본질적인 정체성에 대해 확신을 가지고 말하기가 어려움을 깨닫고 있다. 박테리아와 그들의 숙주의 통합은 아주 밀접하고, 살기

14　Lynn Margulis and Dorion Sagan, *What Is Life?* (Berkeley: University of California Press, 1995), 90.

위해 서로에게 의존하는 것은 아주 본질적이므로, 보통 한 종이 어디에서 시작되고 다른 종이 어디에서 끝나는지 밝히기가 어렵다.

미생물은 생물학 분야(가장 기본적으로는 생명체들을 별개의 종류로 구분하는 분류학 같은 분야)들을 이끈 아주 많은 전제에 이의를 제기하기에, 미생물 연구가 적지 않은 논란과 어려움을 야기하고 있다는 것은 놀랄 일이 아니다. 우선 우리는 지구 전체는 고사하고 우리 몸에 살고 있는 다양한 미생물을 확인하는 일도 거의 시작조차 못 하고 있고, 미생물이 수행하는 여러 가지 일들을 이해하지 못하고 있다. 그러나 이 분야의 선도적 연구자이자 미국 국립 과학 아카데미 회원인 마거릿 맥폴-응아이Margaret McFall-Ngai에 따르면, "미생물은 우주의 중심이다.…이제 우리는 미생물들이 생물권을 아주 다양하게 만들고, 동물과 밀접한 관계를 맺고 살고 있으며, 동물학이 미생물과의 상호작용을 통해 형성되었음을 안다. 내 생각에 이는 다윈 이후 생물학에서 일어난 가장 중요한 혁명이다."[15]

미생물 혁명은 여러 면에서 개별 유기체라는 개념에 이의를 제기한다.[16] **해부학적으로**, 과학자들은 여러 부분이 하나의 일관된 생명 형태를 나타내는 통합된 전체가 유기체라는 믿음을 오랫동안 견지했다. 그런데 이런 시각은, 다양한 종에 속한 유기체들의 몸에 다른 종들이 서식할 뿐 아니라 그 유기체들이 그 다른 종에게 의지하는 것을 볼 때 더 이상 유지될 수 없다. 흔한 예로, 소를 생각해 보

---

15 에드 영Ed Yong이 *I Contain Multitudes: The Microbes within Us and a Grander View of Life* (New York: Ecco, 2016), 20에 인용.

16 이어지는 설명은, Gilbert, Sapp and Tauber, "A Symbiotic View of Life"에 나오는 아주 명확한 해설을 요약한 것이다.

자. 소는 식물을 소화시킬 수 있는 소화관 공생자들(여러 미생물 중에서도, 셀룰로오스를 소화시키는 박테리아와 혐기성 진균)의 복잡한 생태계가 거하는 반추위 없이는 살 수 없다. 소는 그 미생물군집과 별개로 생각할 수 없다. **발생학적으로**, 오랫동안 유기체는 태어나서 죽을 때까지 여러 단계의 성장을 거치는 동안에도 줄곧 동일성을 유지한다는 전제가 있었다. 그런데 많은 경우 공생자들이 숙주 유기체가 생애 주기를 끝마치도록 돕는 데 결정적인 역할을 하기 때문에, 이러한 입장은 더 이상 지속될 수 없다. 예를 들어, 신생아는 상대적으로 균이 없는 자궁에서 양육되지만, 장이 제대로 발달하려면 소화기관에 미생물이 서식해야 한다. 신생아는 질 입구를 통과해 나올 때, 그 몸이 엄마 몸에 서식하던 수백만의 미생물을 받아들임으로써 하나의 개체에서 하나의 군집으로 바뀐다.[17] **생리학적으로**, 우리는 이제 일부 유기체에서 그 개체의 여러 부분들 사이의 분업이 다른 종들에게 '위탁'되는 현상을 발견했다. 예를 들어, 우리는 벚나무 깍지벌레의 아미노산 합성을 위해서는 두 미생물과 그 숙주의 공동 작업이 필요하다는 점을 이해하게 되었다. 이 '이질적인' 박테리아가 없다면 그 벌레는 정체성을 유지할 수 없다. **유전학적으로**, 하나의 유전자/하나의

---

17 대부분의 동물 종이 미생물 없이는 생존할 수 없기 때문에, 출산 환경에 종종 미생물 캡슐이나 액체를 뿌린다. 그리고 갓 태어난 새끼는 동료를 핥거나 그들의 배설물 혹은 그에 상응하는 미생물이 풍부한 다른 것을 섭취해야 한다. 코알라의 성장을 생각해 보라. "새끼 코알라는 6개월이 되면 엄마의 젖을 끊고 유칼립투스 잎으로 옮겨 간다. 그러나 그 전에 먼저 엄마의 엉덩이에 코를 비빈다. 엄마는 그에 응하여, 팹pap이라 불리는 분비액을 방출하고 새끼는 그것을 삼킨다. 팹에는 새끼 코알라가 단단한 유칼립투스 잎을 소화하도록 해 줄 박테리아가 배설물보다 40배 이상 담겨 있다. 이 첫 식사를 하지 않으면, 이후의 모든 식사를 소화하기 힘들 것이다"(Yong, *I Contain Multitudes*, 149-150).

유기체 모델은 거의 존재할 수 없음이 분명해졌다. 숙주가 변화하는 환경에서 살아남을 수 있도록 미생물 공생자들은 '이차적인 유전 체계'를 제공한다. 다시 말해, 게놈은 고정되어 있지 않다.[18] 이력과 환경적 요인들은 가장 기본적인 세포 차원에서 홀로바이온트에 영향을 미쳐, 숙주와 공생체가 유전적으로 통합되게 한다.[19] **면역학적으로**, 우리는 건강한 유기체의 면역 체계는 병원균의 침입을 막는 벽을 유지하고 있다고 오랫동안 추정해 왔다. 바이러스, 박테리아, 곰팡이는 그냥 내버려두면 건강을 해칠 위협적인 타자요 적이다. 그러나 최근 연구들이 보여 주듯이, 숙주의 면역 체계는 적어도 어느 정도는 상주하는 생물군에 의해 만들어진다. 무엇보다 건강한 생물군은 '우호적인' 미생물과 그렇지 않은 미생물을 구분하고 몸을 보호

---

18 잉골드는 "신다원주의는 죽었다"고 주장한다. 그러나 그는 진화론의 발달 이론에 반대하는 것도 아니고, DNA나 RNA, 아미노산, 염색체, 단백질의 존재에 이의를 제기하는 것도 아니다. 그가 반대하는 것은, 이러한 것들에 대한 신다원주의의 해석이다. "진화는…돌연변이, 재조합, 복제, 전염성 형질의 선택에 달려 있지 않다. 진화는 오히려 삶의 과정이다. 그리고 이 과정의 중심에 개체발생이 있다. 표현형 형태의 개체발생 출현을 설명하지 못하는 것은, 전체적인 신다원주의 패러다임의 아킬레스건이다." "게놈에 대해 알면 알수록, 그것이 안정을 위한 닻 역할을 할 가능성은 없어 보인다. 사실 유기체 형태의 복제 가능성이 게놈같이 유동적이고, 불안하고, 역전위에 의해 변형되기 쉽고, 유기체의 다양하고 이질적인 미생물 공생체와 잡다한 것들을 주고받기 쉬운 것에 기인한다고 보기는 어렵다"[Tim Ingold, "Prospect", in *Biosocial Becomings: Integrating Social and Biological Anthropology*, ed. Tim Ingold and Gisli Palsson (Cambridge: Cambridge University Press, 2013), 1, 6, 11].

19 이는 신다원주의 가설의 기본적인 특징, 곧 유기체의 발달이 신체의 발달을 기록하거나 산출하는 (안정적이고, 미리 형성된) 유전자 패턴으로 환원될 수 있다는 생각은 근본적으로 잘못되었다는 의미다. 그것은, 고대에 몸이 질료*hyle*와 형상*morphe*으로 구성되어 형상이 몸의 형태와 질서를 담당한다고 전제한 아리스토텔레스의 실수의 좀 더 최근 버전일 뿐이다. 우리 안에 있는 수많은 미생물은 우리의 유전자와 형상의 완전한 동일성에 대한 어떤 생각도 불안정하게 만든다.

하기 위해 일한다. 그리고 그 일하는 방식을 우리는 이제 겨우 이해하기 시작했다.[20] 그리고 **진화론적으로**, 개체 선발이라는 개념은 집단 선택으로 대체되어야 한다는 것이 분명해지고 있는데, 이 '집단'은 동일 종 구성원의 집합이 아니라 여러 종의 집합인 홀로바이온트로 이해해야 한다. 적응하여 살아남는 개별 유기체는 없다. 애초부터 독립적인 단일 유기체란 없기 때문이다.[21] "우리 몸은 각기 다른 종들이 공유하는 관계를 통해 해부학적, 생리학적, 면역학적, 발생학적 기능이 진화한 홀로바이온트로 이해되어야 한다. 따라서 통합된 종들의 군집을 품은 홀로바이온트는 자연 선택의 단위가 되는데, 이 자연 선택이라는 진화 메커니즘에는 지금까지 거의 탐구되지 않은

---

20 율라 비스Eula Biss는 예방 접종에 대해 성찰하면서, 몸의 건강은 다른 병원균이 들어오지 못하도록 그 자체를 봉쇄한다고 해서 이루어지는 것이 아니라고 언급한다. 몸을 일종의 자기 폐쇄적인 청결 상태로 유지하려는 노력은 잘못이다. 부모가 가축과 세균으로부터 자녀를 보호하려고 시도할 때나, 집안 환경을 가능한 한 살균 상태로 만들려고(항균 비누와 유독한 청결 제품을 엄청나게 써서) 노력할 때처럼 몸의 청결을 추구하는 행동은, 사실 몸을 위험에 빠뜨린다. 왜 그런가? 건강은 개별적으로 보호받는 몸이 갖는 특성이 아니기 때문이다. "우리는 피부가 아니라 그 너머에 있는 것의 보호를 받는다.…면역은…개인 계좌인 만큼 공통 신탁이기도 하다. 집단 면역에 의지하는 우리는 건강을 이웃에게 빚지고 있다. 면역은 공유 공간, 즉 우리가 함께 돌보는 정원이다"[*On Immunity: An Inoculation* (Minneapolis: Graywolf Press, 2014), 25, 163]. 《면역에 관하여》(열린책들).

21 잉골드는 생물사회학적 존재라는 측면에서 생명에 관심을 기울이면 우리가 이해하고 있는 진화 개념이 근본적으로 수정된다고 주장한다. 그러한 변화는 "인간성을 주어진 고정된 조건이 아니라 관계적 성취로 생각하도록 요구한다. 그것은 진화를 계통에 따른 변화가 아니라, 생명 형태들(인간과 비인간)이 출현하고 유지되는 관계의 매트릭스 전체의 발달이 일어나는 것으로 생각하도록 요구한다. 그리고 이러한 생명 형태들을, 유전적으로나 문화적으로 설정된 것이 아니라, 발달 체계의 역동적인 자기 조직 과정에서 출현한 새로운 결과물로 생각하라고 요구한다. 이러한 새로운 생각은…21세기 인간 과학에 일어난 중요한 패러다임 전환이며, 이것은 다윈의 패러다임이 20세기 인간 과학에 미친 영향력에 필적하거나 더 클 수 있다"("Prospect", 20).

복잡성이 암시되어 있다."[22]

과학자들은 건강한 인체에 사는 미생물 종들을 분류하고 나열하는 데 힘을 쏟았던 인간 미생물군집 프로젝트Human Microbiome Project의 결과를 출판하면서, 우리 개개인 안에 수백조 개의 박테리아와 그 박테리아가 나타내는 온갖 유전자의 다양성과 복잡성이 존재한다고 언급했다(소화관에만 백조 개). 미생물 대 인간 유전자의 비율은 최소한 130 대 1이다. 이는 '개별성'이 안정적으로 주어진 것이기보다는 새롭게 출현하는 역동적 과정이라는 의미다. 당신이 어떤 사람인가 하는 것은, 당신 내부와 주변의 다원적 생태계의 특징이다. "개체가 군집으로, 그리고 군집 안에서 출현한다는 이 개념은 다른 생물학적 유기체들에 대해 어떻게 행동해야 하는지 다시 생각하도록 도전한다."[23]

어떤 이들은 이런 식의 미생물을 통한 생명의 묘사가 불편할 것이다. 이것이 인간성에 대한 많은 소중한 전제들에 의문을 제기하기 때문이다. 인간의 필요와 의존의 정도에 대한 관심뿐 아니라 자기의 순결, 자율성, 주권의 문제도 중요한 쟁점이다. 만약 사람이 몸 안팎에 있는 다양하고 건강한 미생물의 존재 없이는 성장하거나 건강해질 수 없다면, 그들 자신과 세상 속에서의 처신에 대해 생각하는 방식이 바뀌어야 한다. 당신은 이전보다 훨씬 더 당신 자신을 **이미** 타자들이 **거주하는** 곳으로, 타자를 키우고 그들에게 키워지는 **숙주**로

---

22 Gilbert, Sapp, and Tauber, "A Symbiotic View of Life", 334.

23 Gregory W. Schneider and Russell Winslow, "Parts and Wholes: The Human Microbiome, Ecological Ontology, and the Challenges of Community", *Perspectives in Biology and Medicine* 57:2 (Spring 2014), 208-223, 209.

생각해야 한다. 당신은 피부라는 벽 뒤에서 안전하게 보호받는 존재가 아니다. 더 정확하고 정직한 설명은 당신이 침투 가능하고, 타자가 서식하고, 타자의 삶에 취약한 존재라는 것이다. 이것이 식사의 경험이 우리에게 가르치는 바다. 미생물 세계에 관심을 가지면, 이전에는 상상도 할 수 없던 방식으로 우리가 얼마나 타자를 필요로 하는지 알 수 있다. 삶은 항상 이미 누군가와 함께하는 삶이다. 인간적이고 피조물다운 삶의 기술은, 이 함께함 안에서 공감하고 환대하며 책임감 있게 행동하는 법을 아는 것이다.[24]

우리가 우리다운 피조물이 되어 가고 become 또 그렇게 존재하려면, 항상 수많은 타자와 함께 되어 가고 함께 존재해야 한다. 당신은 절대 하나였던 적이 없다. 당신은 항상 움직이는 다수다. 잉골드는 타당한 이유로, 우리가 누구**인지**에 초점을 맞추는 고정된 정체성에서 벗어나서, 우리가 무엇을 **하는가**와 우리에게 무엇이 **행해지는**

---

[24] 미생물 건강의 실제적인 필요성은 인체에 국한되지 않는다. 몽고메리Montgomery와 비클레Biklé가 주장하듯, 인간의 장내 미생물군집과 토양 내 미생물군집 사이에는 유사점이 존재한다. 우리가 빈약한 식단으로 인간의 소화관 내 미생물군집에 손상을 입힐 수 있는 것처럼, 제초제와 살충제로 토양의 미생물군집을 공격함으로써, 또 토양에 퇴비와 유기 식품을 제공하지 않음으로써 토양과 식물의 건강을 파괴할 수 있다. "토양과 뿌리와 근권根圈을 묶어 주는 생물학 및 과정은 장 점막 내벽 및 관련 면역 조직에서 일어나는 과정을 잘 보여 준다. 장은 인간 몸의 근권으로, 우리 몸에서 특별히 선택된 엄청나게 풍부한 미생물이 서식하는 자리다. 소화관의 세포들이 장내 미생물과 상호작용한다면, 잘린 뿌리 세포는 토양 미생물을 상대한다. 인간 세계와 식물 세계는 미생물과의 소통과 교류라는 공통된 주제를 공유한다"(*The Hidden Half of Nature*, 244). 이러한 통찰이 농업에 실제적으로 함의하는 바는 엄청나다. 이제 식품 생산은, 토양 미생물과 뿌리에서부터 음식을 먹는 사람들과 그들의 인체 내 미생물군집에 이르기까지 음식을 먹는 모든 이를 향한 환대의 실천으로 이해되어야 하기 때문이다. 몽고메리는 *Growing a Revolution: Bringing Our Soil Back to Life* (New York: W. W. Norton & Company, Inc., 2017)에서 이것이 실제적으로 농업에 함의하는 바를 전개한다.

가로 주의를 돌려야 한다고 주장한다. 이 장에서 묘사하고 있는 것처럼, 미생물 및 다른 피조물들과 **함께하는 것**은, 우리가 자립적이거나 스스로 방향을 정하는 존재가 아니라는 의미다. 유전자, 분자의 차원에서도 공생하는 삶은, 우리가 항상 주고받고, 행동하고 행동을 당하고, 먹고 먹히고, 접촉하고 접촉되고, 영향을 주고받는 입장에 있다는 의미다. 이 때문에 인간을 human *being*(인간 존재)보다는 human *becoming*(인간 되기)으로 지칭하는 편이 나을 것이다. 특히, 전자가 단일하고 자립적이고 자율적 유기체라는 의미라면 말이다. 자궁에서 나오는 사람은 "개별적이고 미리 형성된 독립체가 아니라, 움직임과 성장의 궤적이다." 우리가 누구인지, 심지어 우리가 무엇인지는, 우리가 타자들과 끊임없이 변화하며 역동적으로 얽힌 상태의 특징이다. "인간^{human becoming}은 공동생활이라는 도가니 속에서, 계속 그들의 길을 연마하고, 협력자들의 길을 안내한다. 그렇게 함으로써 그들은 일종의 태피스트리를 짠다. 그러나 생명 자체처럼 그 태피스트리는 절대 완벽하지 않고 절대 완성되지 않는다. 그것은 항상 진행 중인 작품이다."[25]

이제 우리는 "당신이 먹는 것이 바로 당신이다"라는 문장이, "당신이 먹는 것이 먹은 것들도 바로 당신이다"를 너머 더 수정되어야 함을 알 수 있다. 우리는 또한 항상 "당신을 먹는 것이 바로 당신이다"라고, 또 "당신 안에 있는 것이 먹은 것이 바로 당신이다"라고 말해야 한다. 자기 삶의 이야기를 좀 더 정확하게 설명하고자 한다면 말이다. 당신은 그저 당신 자신만을 위해 먹지 않는다. 당신은 수십

---

25 Ingold, "Prospect", 8.

억의 작은 생명체들을 위해서도 먹는다. 그들은 굶주림을 통해 당신을 먹이고, 당신을 먹고, 당신에게서 받아먹는다. 당신은 이미 항상 당신 안팎 세상에 대한 숙주인 동시에, 타자들 역시 당신을 위해 숙주가 되어 준다. 이는 당신 삶의 장소와 시간이 상상하기 힘든 환대와 나눔과 공생 발생의 형태를 통해 만들어진다는 의미다.

어떤 종류의 식사가 이러한 태고의 헤아릴 수 없는 환대를 가장 잘 증언하고 존중하는가? 우리는 이제 어떻게 식품을 재배하고 채집해야 하는가, 혹은 준비하고 나누어야 하는가? 누구를 초대해야 하는가? 어떻게 감사해야 하는가?

신의의 문제   1

세상의 농부들은 괴력이 아니고는 해결할 수 없는 과업에 맞닥뜨려 있다. 더 소수의 인력, 더 적은 물, 더 높은 기온, 더 잦은 가뭄, 홍수, 폭염, 더 좁은 땅이라는 조건 아래서, 두 배의 곡물, 육류, 바이오 연료를 생산해야 하는 것이다. 그리고 그들은 모든 생명체가 의존하는 숲이나 대양, 토양, 꽃가루 매개체, 기후를 망가뜨리지 않으면서 그 과업을 수행해야 한다. 이는 지금껏 인류가 직면한 것 중 가장 큰 공동 허들이다.[1]

다른 무엇보다, 식사야말로 사람들을 세상에 **뿌리내리게** 하는 활동이다. 다르게 말하면, 과일을 따고 사냥을 하고 곡물과 채소를 재배하고 가축을 기르고 식품을 가공하고 유통시키고 요리를 하고 나누어 먹는 활동들이, 우리를 미세한 차원부터 대기권에 이르는 삶의

---

[1] Joel K. Bourne, Jr., *The End of Plenty: The Race to Feed a Crowded World* (New York: W. W. Norton & Company, 2015), 158.

광대하고 역동적인 구조 안에 **심어** 준다. 식사는 우리가 이 세상에 속해 있고 매일 그 세상에 의존하고 있으며 그 세상 없이는 살 수 없음을 규칙적이고 직관적으로 상기시킨다. 사람들이 하는 온갖 일 중에서, 서로를 필요로 하며 영양분을 공급하는 세상을 필요로 하는 강력한 친밀함을 식사만큼 명확하게 전달하는 것은 없다. 그러면 우리의 최우선순위는 우리를 양육하는 세상을 양육하는 것이어야 한다.

그런데 그런 일은 일어나지 않는다.

전 세계 사회들의 지배적인 식품 경제는 세상에 영양분을 공급하는 대신, 토양에서 그 영양분을 채굴하고 미생물과 유기체를 죽이고 담수 시스템을 고갈 및 오염시키고 대기를 온난화시키며 수천 종의 동식물을 멸종으로 몰아가고 있다. 10억에 가까운 사람들이 여전히 먹을 것이 충분하지 않고, 수백만 이상의 사람들이 먹을 것을 구할 돈이 없다. 산업적 방식으로 전례 없는 양의 열량이 생산되고 있음에도, 이러한 열량의 소비는 지구와 그곳에 사는 (특히 가난한) 많은 사람들을 병들게 하고 있다. 게다가 경작 가능한 땅 구석구석까지, 그리고 담수 한 방울까지 상품화하고 구매하려는 제국주의적 경쟁, 그리고 모든 생명체를 이윤이나 개인적인 편의를 위해 조작할 수 있는 생산 단위로 바꾸려는 욕망은, 사람들이 지구 및 그곳의 생명들과 전쟁을 하고 있음을 암시한다. 이는 사람이 이길 수 있는 전쟁이 아니다. 여러 측면에서, 또 그야말로 문자 그대로 지배적인 식품 경제는 사람들이 스스로를 다 먹어 치우게 만들고 있다.

식사는 항상 사람들이 세상에 자리를 잡는 가장 실제적이고 친밀한 방식이었다. 이는 논의의 여지가 없다. 우리가 먹는 모든 음식은 우리가 세상에서 적절한 자리매김이라고 생각하는 것이 어떤 모습인지를 증언한다. 우리는 사람들이 먹이 그물과 식량 체계 안에서 자신을 **어떻게** 자리매김하는지, 그리고 식품을 생산하고 소비하는 구체화된 관습이 시간이 지나면서 어떻게 달라지는지를 인식해야 한다. 사람들은 이렇게 달라지는 자리매김을 통해, 그들이 음식에 대해 무엇을 믿는지, 세상에서 타자들 사이에 그들이 차지하는 자리에 대해 어떻게 생각하는지, 그들이 삶과 관련하여 무엇을 소중히 여기는지를 전달한다. 식사는 우리를 가장 친밀한 타자들과 함께 삶과 죽음의 드라마 속 참여자가 되게 한다. 그러나 다양한 마음-몸 이원론과 그것들이 추구하는 초자연적 영성들은, 사람들이 그들을 먹이는 동료 피조물들 및 장소에 책임감과 친밀함을 가지기보다는 보통 거기서 도피하거나 벗어나는 편을 선호함을 보여 준다.

예를 들어, 오늘날 값싸고 편리한 음식을 먹고자 하는 보편적 욕구는, 사람들이 많은 생각과 노력을 하거나 기술과 자제력을 발휘하지 않고도 세상에서 살 수 있어야 한다는 믿음을 보여 준다. 이러한 욕구를 표현하는 사람들에게 악의가 있지는 않다. 그들은 그저 여러 선택지들 사이에서 이리저리 다니며 (얼마간) 자유로운 주권자로서, 자신의 (종종 미디어가 조작한) 입맛에 맞는 물품은 뭐든 잡아채는 고객으로서 자신의 역할을 하며 살 뿐이다. 그 결과 세상은, 사람들이 간편하게 신용카드를 긁고 필요한 것은 무엇이든 점유하려고 이따금 들어가는 하나의 거대한 창고나 슈퍼마켓 같아 보인다. 더 소박하고 덜 열성적으로 세상과 관계 맺는 일은 상상하기 어렵다. 음식 구매 경험은 아주 흔해져서, 우리는 구매자가 된 인간과 가게가 된 세상이라는 이러한 자리매김이 실제로 얼마나 새로운 것인지를 잊어버렸다.

물론 필요한 식품을 사러 지역 시장에 가는 식품 구매의 역사는 오래된 것이다. 그러나 최근 특히 '선진' 경제가 보여 주는 변화는, 슈퍼마켓의 창안과 그 슈퍼마켓이 사람들에게 필요한 음식을 공급하는 지배적이고 심지어 없어서는 안 될 장소로 부상했다는 것이다. 슈퍼마켓이 갑자기 사라진다면, 많은 사람에게 식사는 불가능하지는 않더라도 근본적으로 다른 일이 될 것이다.

식량을 구하고 재배하는 것을 주업으로 삼았던 수없이 많은 사람과 비교해 보면, 오늘날의 슈퍼마켓은 식사를 전례 없이 편리하고 무지한 행위로 만들었다. 마이클 룰먼 Michael Ruhlman이 언급하듯이, "먹을 것을 사냥하고 채집하고 보존하고 함께 다루고 간수하고 이후 그것을 더 큰 공동체와 공유하던 부족들은, 수천 년 후 교외에 따로 떨어져 살며 일주일에 한 번 3,700평방미터 정도의 한 매장에서 식품을 쟁여 집으로 가져와 자기들끼리 먹는 가정들로 바뀌었다."[2] 이 매장들에는 대부분 보기 좋게 포장된 온갖 종류의 엄청난 양의 식품이 있기 때문에, 구매자들은 그 식품의 원산지가 어딘지, 어떻게 재배되고 생산되었는지, 오랫동안 계속 그곳에 있을지에 대해 거의 알 필요가 없다. 이제 소비자들이 식품이 말 그대로 '그 가게 산 產'이 아님을 안다고 해도, 그 말의 실제 의미는 알지 못한다. 증거가 있는가? 필요한 공간과 씨앗, 재고, 보급품이 주어진다 해도, 직접 식품을 재배하라는 요청을 받으면 대부분이 굶어 죽을 것이다.

---

2   Michael Ruhlman, *Grocery: The Buying and Selling of Food in America* (New York: Abrams Press, 2017), 15. 룰먼의 말에 따르면, 온라인 음식 구매와 문 앞까지 배달하는 서비스가 훨씬 대중적이 되어 감에 따라 슈퍼마켓의 상승세는 이제 끝나 가고 있다. 이는 편리함, 선택의 자유, 싼 가격에 대한 구매자의 요구를 더 강력하게 예증하는 발전이다.

내 요지는, 슈퍼마켓 문을 닫고 사람들을 땅으로 돌려보내야 한다는 것이 아니다. 그보다 나는 사람들이 먹는 음식과 관련하여 그들이 새롭게 위치한 자리에 대해 경고하고자 한다. 이전에는 사람들이 그렇게 많이 즐기면서 그렇게 조금 알고 적게 신경을 썼던 적이 없었다. 이전에는 사람들이 무엇을 먹을지 그렇게 많은 선택권을 가졌던 적이 없었다. 이전에는 식품 공급이 그렇게 손쉽고 오만한 일이었던 적이 없었다. 슈퍼마켓에 가는 것은 마술 쇼에 가는 것과 비슷하다. 모자에서 토끼와 꽃이 나오듯, 상자에서 계속 음식이 나온다. 우리는 그 모든 일이 어떻게 일어나는지 알지 못하지만 그것을 아주 좋아한다. 그렇게 마술처럼 우리 앞에 나타나는 진열품들 앞에 서 있다는 것, 그리고 (충분한 자금이 있다면) 그것을 집에 가져갈 수 있다는 것은 분명 신나는 일이다. 그러나 어느 날 상자 안으로 손을 뻗었는데 꺼낼 음식이 없다면 어떨까?

인류세 세계에서의 식사는, 다소 안정적이고 믿을 수 있는 농사를 가능하게 했던 지구-생물-생태계적 과정이 더 이상 존재하지 않는 새로운 환경에서 하는 식사다. 서두에 인용한 조엘 본 Joel Bourne 의 글이 암시하듯, 증가하는 인구를 위해 식품을 재배하는 일은 지금까지 어떤 인류가 직면했던 것과도 다른 도전을 던진다. 문제는 단지 식품을 어떻게 재배할 것인가에 대한 기술적 측면이 아니라, 더 근본적으로 붕괴되고 예측 불가능한 세상에서 사람들이 먹는 자들로서 스스로를 어떻게 자리매김할 것이냐다. 앞으로 보게 되겠지만 인류세 세계의 출현은, 인간이 세상을 장악하는 일(주로 안락함, 편리함, 이익을 위해)이 최우선이라는 자기 이해의 발전을 나타낸다. 문명이 '발전하고' '진보하기' 위해서는 그 안에 있는 사람들이 공간과 생명체를 돌보아야 하는 매일의 실제적인 요구들에서 벗어나야 한다. 언젠가 칼 마르크스$^{Karl\ Marx}$가 했던 유명한 말처럼, 그들은 '농촌 생활의 우매함'³에서 해방되어야 한다.

우리는 진보와 해방에 대한 이러한 서술에 도전할 필요가 있다. 확실히 선진 경제와 기술은 많은 혜택을 가져오고, 어마어마한 열량을 생산했다. 그 장점과 가치를 부정하는 것은 어리석고 은혜를 모르는 일일 것이다. 그러나 고갈되고 붕괴된 생태계, 폐허가 된 밭, 오염된 물, 학대당한 생명체들, 종의 멸종, 지역사회 착취, 모든 병들고 굶주린 먹는 이들을 무시하는 것은 순진하고 심지어 무모한 일이다. 이는 경제 성장 과정에서 숨겨지고 무시된 '외부 효과'들이다. 현재 우리가 살고 있는 행성이 사람이 거주할 수 없는 곳이 되어 가기 때문에 만약 여유가 있다면 다른 행성에서 집을 구해야 한다는 말을 들으며 계속 내리막길을 갈 것인가? 이는 터무니없는 질문이 아니다. 기후 변화는 이미 일부 섬과 해안 지대를 살 수 없는 곳으로 만들고 있다. 해수면이 높아지고 빙하가 녹고 기상 이변이 몰아치면서, 수천만 명의 사람이 집과 전통적으로 음식과 물을 제공하던 공급원을 잃을 것이다.

편안하게 자기 방식대로 살고자 하는 욕망에 기인한 완벽한 통제의 꿈은 위험하고 파괴적인 환상임이 밝혀졌다. 우리에게 필요한 것은, 우리를 양육하는 장소와 생명체를 소중히 여기겠다는 헌신 없이는 불가능한 공감과 돌봄을 배우는 일이다. 이 일을 위해서는, 자

---

3   Karl Marx and Frederick Engels, *The Communist Manifesto* (New York: International Publishers, 2014), 8.《공산당 선언》.

신을 먹이는 생명체들을 존중하려고 애쓰면서 때로는 성공하고 때로는 실패하기도 했던 이전 사람들의 지혜가 필요할 것이다. 내가 수렵인과 채집인, 농부와 기술자의 역사로 잠시 눈을 돌리는 것은, 시계를 되돌리거나 원주민과 농업 공동체의 역사를 낭만화하기 위해서가 아니다.[4] 오히려 수많은 '진보'의 기반이 된 (집단 학살, 노예 제도, 강탈, 생태계 파괴 같은) 파괴적이고 폭력적인 토대를 인식하는 더 나은 위치로 나아가려는 것이다.[5] 앞으로 나아가려면 과거에 대한 정직함

---

4   근대의 진보를 비판하는 순간 향수에 대한 비난은 불가피하다. 분명, 과거에 대한 이상화와 허위 진술을 피하는 일은 중요하다. 그것은 현재의 우리에게 필요한 (종종) 고통스러운 지혜를 주지 않기 때문이다. 그러나 과거라는 이유만으로 과거를 무시하거나 과거로부터 배울 것이 거의 없다고 추정하는 것 역시 어리석다. 중요하게 언급할 말은, '향수nostalgia'라는 단어는 비교적 최근(17세기)에 스위스-독일어에서 나온 것으로, 스위스 용병들이 고향을 떠나 있을 때 느낀 향수병이라는 질병을 가리킨다는 사실이다. 고향에 대한 애정은 너무 강렬해서, 고향에서 쫓겨나면 입원hospitalization이 필요할 수도 있다. 건강과 환대hospitality, 고향을 떠나는 고통과 귀환의 아픔의 복잡한 관계들에 대한 논의로는, 바르바라 카생Barbara Cassin의 *Nostalgia: When Are We Ever at Home?* (New York: Fordham University Press, 2016)을 보라. 오늘날 향수라는 감정에 대한 (특히 학문적인) 조롱 대부분이 장소에 대한 신의를 거부하는 것은 아닌지, 또 흔히 어떤 장소에 대한 추하고 폭력적인 역사에 대한 책임을 받아들이기를 거절하는 것은 아닌지 질문해 봐야 한다. 그러한 조롱은 많은 교수의 삶에 나타나는 뿌리내리지 못함을 반영할 뿐 아니라, 토착적인 삶의 방식에 드러나는 장소에 대한 지혜를 저버리고 육체적·영적 건강을 위해 뿌리박는 일의 중요성을 부인한다(원주민들이 강제로 그들의 땅에서 쫓겨났을 때 병들어 죽는 일이 자주 있었음을 기억하라).

5   진보를 낳은 폭력적 기반은 많은 이들에게 보이지 않는다. 진보의 역사들은 대부분 그 폭력을 마주한 이들의 관점에서 기록되지 않기 때문이다. 이 때문에 토착민과 전통을 지키는 사람들의 목소리를 듣고 그 목소리에 주의를 기울이는 일은 아주 중요하다. 이는 새로운 땅을 정복하는 이들이 거의 시도하지 않았던 일이다. 이 맥락에서, 유럽인 이주자들의 '문명화된' 특성에 의문을 제기한 라코타의 원로 댄의 감정을 생각해 보라. "내게는 땅이 살아 있었다. 돌을 옮기는 일은 땅을 바꾸는 것이었다. 동물을 죽이는 일은 땅에서 그것을 탈취해 가는 것이었다. 존중이 있어야 했다. 우리는 이 사람들에게서 존중을 보지 못했다. 그들은 나무를 베고 동물들에게 총을 쏘았다. 또 시끄러운 소리를 냈다. 그들은 야생인처럼 보였다. 그들은 땅에 부담이 되었고 시끄러웠다.…당신네 사람들은 땅의 신성함을 알지 못했다.…최악은 우리의 말을 절대 듣

이 필요하다. 서로와 장소들을 더 잘 돌보고 더 신실하게 대할 수 있게 할 그들의 통찰과 관행을 되찾으려면, 그들을 조롱하고 종종 제거해 버렸던 역사적 정황 역시 알아야 한다.

왜 신의를 지켜야 하는가?

이 장에서는 사람들이 먹이 그물 안에서 스스로를 어떻게 자리매김하는지 설명함으로써, 사람들이 음식과 자신을 이해해 온 몇 가지 방식을 살펴보려 한다. 식사가 세상 속에 있는 사람들을 타자와 이어 준다면, 사람들은 이 이어짐을 어떻게 이해하고 받아들였을까? 그 엮임은 단단한가, 느슨한가? 그물이 해어지거나 찢어지면 문제가 되는가? 다시 말해, 식품을 재배하고 채집하고 소비하는 다양한 방식은 우리가 서로를 필요로 함을 인정하고, 그런 다음 장소와 타자가 우리에게 제공하는 양육을 존중하고, 나아가 소중히 여기는가?

앞으로 주장하겠지만, 식사는 우리가 항상 이미 타자들과 관계 맺고 있음을 매일 확인하는 일이다. 죽을 때도 우리는 절대 혼자가

지 않았다는 것이다. 당신들은 우리 땅에 들어와 그 땅을 빼앗고 우리가 설명하려고 할 때 듣지도 않았다"[Kent Nerburn, *Neither Wolf nor Dog: On Forgotten Roads with an Indian Elder* (Novato, CA: New World Library, 1994), 47, 49-50]. 진보에 대한 서술의 핵심적인 문제는 그들이 무엇을 생략하느냐다. 북미 정착 과정을 서술하면서 왜 이곳을, 텅 빈 야만적인 땅이었는데 몇몇 용감한 백인들의 투지 넘치는 위업으로 서서히 문명화되고 번영하게 되었다고 말하는가? 이 서술은 수 세기 동안 다양한 부족이 그곳이 지속 가능하도록, 돌봄과 창의성을 촉진하는 방식으로 살고 있었다는 사실을 무시한다.

아니다.[6] 이는 우리가 관계를 맺을지 여부는 전혀 문제가 되지 않는다는 의미다. 어떻게 관계를 맺느냐만이 중요하다. 먹는 일은, 우리 존재being가 항상 무수히 많은 방식으로 타자와 함께 되어 가는 것becoming임을 아는 일이다. 특히 세상 전반의 먹이 그물이 찢기고 있는 시기에 다른 무엇보다 중요한 질문은, 사람들이 그들을 양육하는 세상을 양육하는 신실한 먹는 자들이 되게 해 줄 공감력과 기술을 개발할 수 있느냐다.

신실한 먹는 자가 되려면, 양육의 원천을 돌봄과 감사와 축하의 초점으로 삼지 않으면 오랫동안 잘 먹을 수 없음을 인식해야 한다. 밭, 하천 유역, 농작물, 가축, 농부, 요리사, 친구, 손님에 대한 신의는 건강하고 번영하는 삶을 유지하는 데 아주 중요하다. 밭이 훼손되고 물이 오염되고 동료 피조물들이 학대받는 한, 사람들은 알든 모르든 자신이 그것들을 소중하게 여기지 않으며 그것들에 대한 책임을 받아들이지 않아도 된다는 메시지를 전달하는 셈이다. 신의를 저버리는 것(나는 이것을 이혼 욕구라 부르고자 한다)은 결국 삶의 붕괴로 이어진다. 우리를 먹이고 우리에게 영감을 불어넣는 그물망의 풀림을 용납하기 때문이다. 배신은 단순히 이런저런 관계를 끊거나 떠나 버리는 선택이 아니다. 오히려 살고 있는 장소와 서로로부터 항상 양육

---

6 각각의 몸은, 살아 있을 때는 소화 과정과 개인의 건강에 필수적인 수십억 개 미생물의 숙주다. 죽을 때도 이 소화 과정은 계속되고 결국 부패된 몸은 타자들의 음식으로 바뀐다. 그러므로 '나'의 단일성은 환상이며, 우리 모두는 동물원이라고 말하는 쪽이 더 진실하다. 체내 미생물의 중요성에 대한 방대한 문헌들 중 도움이 되는 입문서로는, Ed Yong, *I Contain Multitudes: The Microbes within Us and a Grander View of Life* (New York: Ecco, 2016); David R. Montgomery and Anne Biklé, *The Hidden Half of Nature: The Microbial Roots of Life and Health* (New York: W. W. Norton & Company, 2016)를 보라.

을 필요로 하고 그 양육을 받는 이들이라는 우리 인간성을 위조하는 것이다. 또 궁극적으로 공동생활의 복과 필요를 부인하는 일이다.

신의는 인간의 필수적인 경험이며, 또한 여러 형태로 표현된다. 부모-자식 관계를 생각해 보라. 아기는 그를 보호하고 돌보는 데 전념하는 부모가 없다면 살 수 없을 것이다. 자궁 안에 있는 동안에도 태아는 탯줄로 엄마와 긴밀하게 묶여 있고, 탯줄은 아이가 고유한 생명체로 자유롭게 성장하도록 영양을 제공한다. 출산 이후 부모는 아이에게 음식을 먹이고 옷을 입히고 가르치고 새로운 환경에 적응시키는 데 전념한다. 이 모든 것의 목표는 아이가 사회와 세상에서 책임 있는 역할을 할 수 있게 하려는 것이다. 다양한 사랑과 돌봄의 행동으로 입증되는 이러한 부모의 신의가 없다면, 아이는 잘 자라기는커녕 살아남기도 어려울 수 있다.

부모는 태어날 특정한 아이를 선택하지는 못하지만, 아이를 가질지 여부는 선택하는 경우가 많다. 그러나 아이는 부모를 선택하지 못한다. 아이는 도움이 필요한 존재가 되기로 선택한 것이 아니다. 심지어 세상에 존재하기로 선택하지도 않았다. 그렇더라도 아이는 어떤 시점에 이르면, 타자에 대한 신의를 지킬 것인가 하는 질문을 다루어야 한다. 아이는 부모에 대한 책임을 받아들일 것인가? 아이를 양육하는 세상의 안녕을 위해 헌신할 것인가? 신실한 가족 구성원이자 친구, 동료, 시민이 될 것인가? 이러한 질문들은 일회성이 아니다. 매일, 죽을 때까지 답해야 하는 질문이다. 그 질문들에 어떤 답을 하느냐에 따라 그들의 관계와 공동체의 건강이 결정될 것이다.

놓치거나 잊지 말아야 할 사실은, 사람은 인생길을 가는 내내 타자들의 양육을 받기 때문에 성장하고 발전한다는 것이다. 부모, 형제자매, 확대 가족, 이웃, 친구, 교사, 코치, 요리사, 농부 등(목록은 끝이 없다)의 돌봄이 없으면, 삶은 심히 쇠약해지거나 종말을 맞는다. 이 방대한 돌봄과 신의가 나타나는 모습을 볼 때, 우리는 비로소 왜 겸손한 자세와 감사의 실천이 그렇게 기본적인 인간의 특성이 되는지 알 수 있다. 인간의 삶에서 정직이란 그가 받고 있고 계속 받게 될 돌봄에 주의를 기울이고 감사한다는 전제에서 나오는 것이라면, 인간의 선함과 아름다움은 사람이 자신을 양육해 주는 세상에 보이는 신의에서 드러난다.

신의의 문제는 **있는 그대로의** 세상과 **우리가 바라는** 세상 사이의 간격에서, 혹은 **우리에게 보이는 그대로의** 사람들과 **우리가 바라는** 사람들 사이의 간격에서 생겨난다. 소리를 꽥꽥 지르는 아이를 마주한 부모를 생각해 보라. 그 부모는 아이가 소리를 지르지 않기를 바랄 가능성이 크다. 그 소리가 절실하게 필요한 잠을 방해하거나, 마음먹은 일을 완수하지 못하게 하기 때문이다. 그러나 아이는 분명 괴로운 상태다. 이때 부모는 무엇을 해야 하는가? 아이가 소리를 덜 지르고 좀 더 고분고분해지기를 바라며 좌절감에 빠져 떠나는 쪽을 택할 수도 있다. 그러나 떠나 버리는 것은 아이에 대한 신의를 저버리는 일이다. 반면 신의를 택한다는 것은, 괴로워하는 아이에게 주의를 기울이고 그 아이를 받아주는 쪽을 택하는 것이다. 그것은 오로지 아이가 자기 능력을 최대로 발휘하는 것을 목표로 아이의 불편함을 덜어 주기 위해 애쓰는 것이다. 신실한 부모는 다른 아이를 바라지 않는다. 오히려 그 부모는 각각의 독특한 아이에게 고유한 잠재력의 실현을 수월하게 해 줄 환경을 조성해 주고자 한다. 신실한 부모는 더 좋은 부모가 되기 위해 더 주의를 기울이고 인내하고 유연해지고 숙련되는 법을 배우면서 스스로 노력한다. 사랑하는 사람의 유익을 구하는 사랑이야말로 그러한 신의를 가능하게 해 주는 힘이다.

다양한 관계에서 비슷한 분석을 할 수 있다. 친구 관계에서, 갑자기 혹은 서서히 어려워지거나 아주 궁핍해진 친구에게 왜 신경을 쓰는가? 운동경기를 할 때 팀 동료가 허우적거리거나 뒤처지면 왜 그를 붙잡아 주는가? 교육 현장에서 나머지 학생들의 학습 속도를 늦추는 학생에게 왜 가외로 관심을 기울이는가? 각각의 경우, 친구나 팀 동료나 반 친구가 다른 사람이었다면, 문제가 덜 심각했다면, 좀 더 자신의 번영을 위한 자산이나 보완책이 되어 주었다면 얼마나 좋았을까 아쉬워하며 떠나려는 유혹을 받을 수 있다. 그러나 신실한 사람들은 이 유혹에 저항한다. 그 사람들을 포기하면 결국 사회, 운동, 학업 분야가 약화될 것을 알기 때문이다. 그들은 그러한 포기는 사랑의 상실을 나타냄을 안다.

어떤 사람들은 결혼 관계에서 신의의 정점을 본다. 행복한 결혼생활을 하는 각 배우자는 상대방의 번영을 그들이 제어하고 지속해야 할 목표로 삼는다. 상대방의 삶에 대한 신의와 반응 능력 response-ability은, 그들 자신의 삶의 방향을 잡아 주고 그 삶을 빚어 가는 주요하고 생기를 주는 성향이 된다. 사랑의 반응을 보이는 법을 배우는 데는, 시간, 인내심, 많은 긍휼이 필요하다. 사랑은 자신이 사랑하는 이의 잠재력과 아픔을 아는 능력을 요구하는 힘들고 엄격한 훈련이기 때문이다. 그들은 언제 행동해야 하는지, 언제 듣고 배워야 하는지, 언제 사과해야 하는지, 언제 그저 비켜서야 하는지 알아야 한다.

사람은 돌봄에 따르는 필요 요건을 거부하거나 외면하려는 유혹을 날마다 받는다. 왜냐하면 배우자는 우리가 그들에게 갖는 기대(혹은 환상)에 항상 부응하거나 부합하지는 않는 독특한 사람이기 때문이다. 사람은 실패하고 실망시킨다. 이 때문에 결혼 생활이 시작되기 전에 서로에게 신실하고 끝까지 함께하겠다고, "오늘부터 좋을 때나 나쁠 때나, 부유할 때나 가난할 때나, 아플 때나 건강할 때나, 죽음이 우리를 갈라놓을 때까지 사랑하고 소중히 여기며 영원히 함께하겠다"고 약속하는 서약이 선행된다. 이 서약으로 두 사람은 '한 몸'이 되지만, 각 사람이 상대방 속으로 사라지거나 상대방에게 제압당하거나 통제된다는 의미는 아니다. 진정한 신의는 절대 상대방을 학대하는 결과를 초래하지 않는다. 친밀한 연합을 낳는 사랑은, 배우자 각자가 혼자일 때보다 더 나은 존재가 되게 해 주는 사랑이다. 각자 자기 몸 안에 품은 상대를 향한 사랑은, 영감을 주고 영양분을 주고 기운을 북돋는 힘이다. 부부의 사랑은 창조적이고 또한 생식력이 있어서, 새 생명을 낳고 그 사랑이 없었다면 실현되지 않았을 일을 실현한다. 그것은 상대방을 환대하고 그를 위한 공간을 만들고 그런 다음 그가 잠재력을 실현하도록 양육하는 사랑이기 때문이다. 행복한 결혼 생활에서 각 배우자는 혼자일 때보다 더 나은 존재가 된다.

    이혼은 이러한 서약이 깨졌다는 신호다. 이혼을 해도 자녀 양육비 지급이나 대출 감면 같은 계약 방식으로 상대방과의 관계가 여전히 지속될 수도 있다. 가족을 위해 예의를 지키고 호의적인 관계를 지속할 수도 있다. 그러나 사랑과 신의를 보이고자 하는 마음은 더 이상 활발하지 않다. 돌봄에 대한 약속은 사라지지는 않는다 해도 약화되고, 당사자들이 합의한 조건에 동의하는 계약상 합의로 대체된다. 계약 관계에서는 돈이 사람을 연결하는 힘으로서 사랑을 대신한다. 사람들은 일종의 이점을 확보하기 위해 모인다. 서로를 돌보고 아끼는 마음이, 유용성과 수익성에 대한 관심으로 대체된다.

이 모든 것이 식사와 무슨 관련이 있는가?

내 주장은, 오늘날의 지배적인 식량 체계를 볼 때 이제 우리의 존재 방식을 규정하는 것이 바로 이러한 이혼 상태라는 것이다. 우리는 세상 '속에서' 타자들과 '함께' 살지만, 쇼핑이 생계를 보장하는 주요한 수단이라는 것은, 우리 역시 깊이 연루되거나 헌신하거나 책임을 지고 싶어 하지 않는다는 뜻이다. 식사는 언약적 문제라기보다는 계약적 문제다. 필요한 음식을 살 돈이 있는 사람은, 식품 재배에 필요한 공감이나 기술, 미덕을 함양할 필요가 없다. 쇼핑은 쉽고, 걱정할 것이 없다. 그러나 식물을 재배하고 동물을 기르는 일은, 그들의 필요를 돌아보기 위해 애써야 하기 때문에 어렵다. 동물은 보통 까다롭고 비협조적인 성향이 있으며 식물은 기분 내킬 때 자라고, 둘 다 끊임없이 병에 걸리고 죽기 쉽다. 돌보는 법을 배우고 좌절과 무력함 가운데서도 헌신을 유지하는 방법을 찾으려면, 공동체에서 길러지는 사랑과 신의가 필요하다. 물러나 다른 누군가에게 그 일을 맡기는 편이 훨씬 쉽다. 여러 측면에서 산업적인 식사 방식은 땅과 그곳의 수많은 피조물에 대한 신의가 깨졌음을 보여 준다. 사람들은 훨씬 황폐화된 땅과 지역사회에서 더 많은 식품이 생산되리라는 일종의 마법을 믿고 있다.

여기서 중요한 점은, 사람들은 그들을 먹이는 피조물들과 계속 관계를 맺고 있다는 것이다. 식사는 매일 그 사실을 확인하는 행위다. 그러나 이 관계의 성격으로 인해, 더 이상 신의와 사랑이 그들의 마음에 생기를 불어넣지 못한다. 조금 다르게 표현하자면, 우리를 타자 및 장소와 이어 주는 관계와 식사의 특징은 **언약**이라기보다는 **계약**에 더 가깝다. 편리함, 효율성, 안락함, 적당한 가격에 대한 욕구가 지배적인 계약 말이다. 언약 관계는 당사자들이 서로의 번영에 헌신한다고 전제하는 반면, 계약 관계는 기본적으로 자신의 필요와 이익을 확보하는 것과 관련이 있다.[7]

세상에서 타자들과 계약적으로 존재하는 방식은, 선물과 은혜로 주어진 삶의 특성을 존중하는 언약적 존재 방식과 근본적으로 다르다. 여기서 중요한 것은, 타자 및 장소와 계약적으로 관계 맺는 방식이 개발되어야 했다는 점이다. 그 방식은 필연적인 것도 아니었고, 우리가 누구인지를 정의하고 타자와 관계 맺는 법을 확립하며 항상 우리에게 주어져 있던 것도 아니었다. 다음과 같은 마르셀 에나프Marcel Hénaff의 묘사를 숙고해 보라.

우리는 근대 경제의 전체적인 거대한 움직임, 곧 현재의 전 세계적 생산 체계가, 신을 제거하고 선물과 빚을 없애는 최종적이고도 가장 급진적인 방법이 아닌지 질문해야 할 것 같다. 우리는 세상 및 서로와의 관계를 가시적이고 수량화할 수 있는 상품 관리로 축소하기

---

[7] 오늘날 식량 체계에서 이익 추구는, 몇몇 세계 최대 금융 기관의 '식품 선물先物' 소유에서 가장 명확하게 나타난다. 현재 밀 같은 주요 식품의 가격 책정에 수십억 달러가 투기되고 있다. "기본 식용 곡물 가격이 턱없이 올라 수백만 명의 아이들이 끼니를 거르는 동안, 월 스트리트와 런던의 선물 거래자들은 엄청난 수익을 올리고 있었다"(Bourne, *The End of Plenty*, 140). 금융업자들이 투기를 통해 보통 인위적으로 가격을 올리면, 수백만 명의 사람이 굶주리고 폭동을 일으키게 된다. 이런 상황에서 음식은 생명의 원천이자 생명의 연결고리가 아닌 수익의 원천이다.

위해, 시장에 의한 가격 책정과 통제에서 벗어나지 못하도록 하기 위해, 생산하고 교환하고 소비하는 것 같다. 그러면 값을 매길 수 없다는 개념 자체가 사라지고, 상업 영역 외에는 아무것도 남지 않을 것이다. 결국 물질적인 무죄가 성취될 것이다. 잘못이나, 죄, 선물, 용서는 더 이상 없고, 오직 계산 실수, 긍정적이거나 부정적인 대차대조표, 합의된 기한에 따른 지불만 남을 것이다.[8]

에나프가 묘사하는 것은, 관계가 시작되고 유지는 방식에서의 변화다. 근대 이전의 전통적이고 토착적인 문화에서는 선물 교환이 사유물의 축적과 관련이 있기보다는, 오히려 사람들이 서로 조화를 이루고 상대방의 필요를 인식하는 상호 유대를 확립하고 유지하는 것과 관련이 있었다. 선물을 주는 행위는 그저 빚을 갚거나 재산을 교환하는 행위가 아니었다. 오히려 함께하는 삶에 필수적인 일원이라 여겨지는 다른 사람과의 관계를 확립하고 지속하고 존중하라는 초대였다. 분명 계약적 세상에도 관계가 존속하지만 그것은 도구화되어 버렸고, 전혀 다른 목적을 위해 존재한다. 그 관계들에 부족한 것은 **함께하는** 삶의 유익에 대한 전반적인 감각이다. 그 관계들이 무시하는 것, 그래서 소중하게 여기지 못하는 것은, 함께하는 삶을 가능하게 해 주는 신의와 사랑이라는 미덕이다.

산업화된 소비 사회에서 산다는 것은, 사람들이 배우자뿐 아니라 가족과 공동체 그리고 날마다 그들을 먹이는 지구-생태-생물-

---

8   Marcel Hénaff, *The Price of Truth: Gift, Money, and Philosophy* (Stanford: Stanford University Press, 2010), 20-21.

동물학적인 삶의 원천과도 이혼할 수 있다는 의미다. 이런 표현은, 결혼이나 우정의 특징인 신의의 방향이 사람뿐 아니라 다른 피조물들과 그들이 거주하는 장소로도 향할 수 있음을 전제한다. 도시와 교외에 사는 독자들은 이런 식의 표현을 이상하다고 느끼겠지만, 사실은 그렇지 않다. 수 세기 동안 농부들은 보통 밭과 동물 돌보는 일을 'husbandry'(농사), 즉 주의력과 인내심, 신의, 애정의 기술이 지속적으로 활용되는 예술로 묘사했다.[9] 한편 수렵인과 채집인들은 동료 피조물과의 결혼에 대해, 또 피조물끼리의 결혼에 대해 흔히 이야기하곤 했다.[10]

---

[9] 우리 시대 가장 유명한 농부인 웬델 베리는 그것을 이렇게 말한다. "전통적 의미에서 **훌륭한** 농부인 남자는 농부husbandman이자 남편husband, 자식을 낳는 아버지이자 땅의 풍성함을 보존하는 자이지만, 또한 산파이자 어머니 같은 존재다. 그는 생명의 양육자다. 그의 일은 가정적이다. 그는 가정에 묶여 있다"[*The Art of the Commonplace: The Agrarian Essays of Wendell Berry*, ed. Norman Wirzba (Washington, DC: Counterpoint, 2002), 111].

[10] 한 예로, 아마존 강 상류에 사는 아추아르족 사람들에 대한 필리프 데스콜라의 설명을 생각해 보라. 이 부족 출신의 한 사냥꾼이 이렇게 말한다. "우리가 먹으려고 죽이는 모든 생명체는 우리 같은 사람이다.…'완벽한 사람'인 우리는 우리가 숲에서 죽이는 이들을 존경해야 한다. 말하자면 그들도 결혼을 통해 우리의 친족이 되기 때문이다. 그들은 그들의 친족 가운데서 함께 살아간다. 그들이 하는 그 무엇도 우연이 아니다. 그들은 자기끼리 이야기하고, 우리가 하는 말을 듣는다. 그들은 적절한 방식으로 근친결혼을 한다"[*Beyond Nature and Culture*, trans. Janet Lloyd (Chicago: University of Chicago Press, 2013), 4]. 물론 결혼에 대한 모든 묘사가 동일하지 않고, 모든 원시 사회에서 동물과의 관계를 묘사하는 데 결혼이라는 범주를 사용하지도 않는다. 그러나 아추아르족이 보여 주는 바는, 사람들이 배우자와 인간 공동체를 넘어서는 생명체들과 친족 관계로 존재할 수 있다는 것이다. 이는 동물(결혼에 의한 친족)과 식물(혈통에 의한 친족)까지 확대되는 관계다. 친족으로 이해되는 동물을 먹는 문제에 대해 이해를 돕는 논의로는, 카를루스 파우스투Carlos Fausto의 "Feasting on People: Eating Animals and Humans in Amazonia", *Current Anthropology* 48:4 (August 2007), 497-530을 보라. 파우스투는 고기를 먹는 것이 그것을 먹는 사람들 사이에 친족의 유대감을 형성하는 데 도움이 되었다고 언급한다. 먹은 동물들도 사람으로 여겨졌으므로, 그 동물들을 먹을 때 그들의 특성을 띨 위험이 있었다. 그

이혼 상태가 된다는 것은, 돌보고 소중히 여기는 일을 최우선으로 여기지 않는 방식으로 세상에서 타자들과 함께 사는 것이다. 이는 모든 사람이 갑자기 악의적이고 무정한 야수가 된다는 의미가 아니다. 사랑하고 소중히 여기는 사례는 여전히 남아 있다. 그러나 현재 많은 사람이 활동하고 있는 경제, 대부분의 식량이 재배되고 유통되는 실제적인 방법, 이러한 다양한 움직임을 협상하는 정치는, 타자를 양육하는 일을 핵심으로 여기지 않는다. 그 이유는 오늘날의 지배적이고 점점 세계화되어 가는 식품 경제가, 소비자들은 그들이 먹는 음식의 산지나 생산 조건에 대해 거의 알지 못하는 익명의 식품 경제이기 때문이다. 우리는 웬델 베리Wendell Berry를 따라, 이를 하룻밤 즐기는 경제라 부를 수 있다. 우리는 무지의 베일을 쓰고 어둠 속에서 만나 즐거운 시간을 기대하며 돈을 지불하고, 책임을 지지 않고, 질문하지 않는다.[11]

이혼을 위한 오랜 준비

사람들은 어떻게 그들을 양육해 주는 것을 양육하는 일을 더 이상 최우선으로 삼지 않는 이혼 상태에 이르게 되었는가? 어떻게 관

런 결과를 바랄 때도 있었지만, 그렇지 않을 때도 있었다. 끓이든 굽든 육류를 조리하는 것은, 그것을 비인격화된 대상으로 바꾸는 데 중요한 역할을 했다. "요리용 불은 육식성 식사를 식인 식사가 되지 않도록 하는 가운데 사람들이 서로 친족이 되게 해 준다"(513).

11 Wendell Berry, "The Whole Horse", in *The Art of the Commonplace*, 236.

심과 신의와 존중이 시들해졌는가?

결혼을 하려면 서로에게 현존해야 한다. 서로를 받아들이고, 관심을 기울이고, 만날 수 있는 위치에 있어야 한다. 이는 시간과 겸손과 훈련을 필요로 한다. 그러나 또한 배우자와 함께하는 삶을 살며 세상을 창조하고 생계를 꾸릴 수 있도록 에너지와 활동을 경제적으로 조직할 필요도 있다. 다시 말해, 결혼은 함께하는 삶의 행복을 바라며 서로에게 맞추는 사람이 되게 한다. 그러나 그러한 행복이 이루어지려면, 그들의 결혼 생활이 이루어지고 의존하는 더 광범위한 경제적·사회적 세계의 행복도 추구해야 한다. 행복한 결혼 생활은, 그 자체의 환대하는 사랑으로 형성되어 주변 세상을 환영하며 그 세상에 영양분을 공급하기 위해 바깥으로 확장되는 가정을 만든다. 이러한 묘사가 옳다면, 상대 배우자를 넘어 그들을 양육해 주는 공동체와 생명체들을 받아들이고 양육하는 일로 확장되는 것이 부부의 사랑이 가진 본질이다. 결혼이나 가정은 자기 폐쇄적인 공간으로 존재하지 않기 때문이다. 그러면 또한 이혼은 이러한 구체적 연결의 단절과 양육하고 환대하는 사랑의 포기를 암시한다는 결론에 이르게 된다. 사람들은 배우자에게 주의를 기울이고 시간을 내주고자 하는 마음이 줄어들 때 이혼의 길로 들어선다.

우리는 인간 문화가, 신의가 얼마간 실현될 수 있는 실제적이고 형이상학적인 조건들을 얼마나 성공적으로 조성할 수 있는지를 살펴볼 필요가 있다. 이어지는 나의 주장은, 사냥하고 채집하는 사회에서 쇼핑객으로 가득한 오늘날의 도시로 이행한 길고 우회적인 궤적은 이혼하는 습관과 사고방식의 점진적 증가를 입증한다는 것이다. 우리는 이 역사에서, 함께하는 생명체들 및 그들이 움직이는 장소에 대한 관심과 애정이 점점 사라지는 것을 목격할 수 있다. 삶에 영양을 공급하는 맥락을 **돌보기**보다는 **통제**하고자 하는 욕망이 우세해졌다.

인간과 세상의 이혼은 갑작스럽게 거침없이 완벽하게 이루어진 사건이 아니었다. 이는 사람들이 다른 데로 관심을 돌리고 애정의 범위를 줄이는 방식으로 서로에 대해, 그리고 장소들 안에 자리 잡음으로써 서서히, 보통 악의 없이 진행되었다. 인류 역사를 간단히 훑어보면, 이혼 욕구가 충분하지 않거나 이해되지 않아도, 결국 사람들은 자신을 먹이는 생명체와 장소들에 대한 불만족과 분리를 일으키는 길로 들어서게 됨을 알 수 있을 것이다.

수렵인과 채집인의 세상은 대부분의 인간 역사를 규정하는 세상이지만, 오늘날 대부분의 사람에게는 아주 이질적이다. 온전한 수렵-채집 사회는 거의 남아 있지 않다. 그 사회는 그들의 생활 방식을 야만적이고 미개하다고 여긴 사람들이 (질병 혹은 폭력적 공격을 통해) 밀어내고 근절시켰다. 고고학적 증거와 인류학자들의 현장 연구 덕분에, 이제 우리는 수렵인과 채집인의 삶의 특징이 물질의 결핍과 끊임없고 폭력적인 투쟁이 아니라, 상대적인 풍요, 사회적 평등, 개인적인 자유임을 안다.[12]

---

12   이러한 관점의 변화를 일으킨 시기는 흔히 1966년 시카고 대학에서 열린 학회로 거슬러 올라간다. 거기서 리처드 볼쉐이 리Richard Borshay Lee를 필두로 한 인류학자들은, 수렵-채집을 하는 이들은 병에 덜 걸리고, 다양한 식사를 하고, 갈등이 덜하고, 여가와 창의적인 일에 시간을 훨씬 많이 쓴다고 주장했다. 그 학회 참석자 중 하나인 마셜 살린즈Marshall Sahlins는 그가 배운 사실에 매혹되어, 그 주제에 대한 책 중 가장 많이 팔리고 획기적인 작품이 된 *Stone Age Economics* (New York: de Gruyter, 1972)를 썼다.

선진 도시 경제가 존재하는 오늘날, 왜 수렵-채집 사회를 거론하는가? 그것은 세상에 존재하는 그들의 실제적인 방식, 그들이 구체화한 자리매김, 그런 방식들이 사람들을 타자 및 장소와 이어 주는 관계에 대해 말하는 바를 간략하게나마 숙고하기 위해서다. 사냥에 성공하려면 사냥꾼들에게는 어떤 습관과 공감 능력이 있어야 할까? 이 질문에 답하기 위해 우리는 칼라하리 원주민 중 마지막 위대한 사냥꾼 중 하나인 치크아에를 살펴보려 한다. 그의 삶에 주의를 기울이면, 실제적으로 땅과 생명체들에게 신의를 지키는 삶이 어떤 모습인지 알 수 있다. 내 목표는 모든 사냥꾼을 성자로 제시하려는 것도 아니고, 모든 사냥꾼이 치크아에의 감성을 가지고 있다고 주장하려는 것도 아니다. 그보다 나는 독특하고 교훈적인 방식으로 신의를 실현하는 생활 방식을 보는 창을 열어 보고자 한다.

칼라하리에서 사냥을 하려면 동물들의 자취를 읽는 법을 알아야 한다. 땅에 울창한 덤불이 있고 언덕이 없다는 사실은 사냥꾼들이 멀리까지 시야를 확보하지 못한다는 의미다. 그들은 보이는 자취를 해석하는 법을 알아야 한다. 치크아에와 함께 시간을 보낸 인류학자 제임스 수즈먼James Suzman은 이렇게 말했다.

> 훌륭한 추적자가 되려면, 환경과의 지속적인 육체적 대화에 참여하는 일과 궁극적으로 자취를 남긴 동물들에게 자신을 투사하는 능력이 필요하다. 자취에는 시처럼 문법과 박자, 어휘가 있다.…추적은 흔적의 행간을 읽고 흔적을 남긴 동물의 기분, 형편, 의도를 추론하는 능력을 필요로 했다. 그렇게 하려면, 평생의 경험과, 자취를 남긴 동물에 대한 상세한 지식이 필요했다.[13]

수즈먼은 치크아에를 따라다니며, 그가 손가락과 손으로 동물들의 움직임을 나타내는 것을 발견하고 깜짝 놀랐다. 그의 손은 마치 추적하고 있던 동물들을 그림으로 그리는 것 같았다. 수즈먼에게는 아주 척박하고 심지어 죽은 장소처럼 보였던 곳이 그에게는 완전히 살아 있는 영감의 원천이었다. 동물들의 삶이 어떻게든 그의 상상력과 몸 안으로 들어와, 내부로부터 그에게 생기를 불어넣었다. "그는 겉보기에는 사소한 희미한 자국, 흠집, 꼬인 풀줄기를 가지고 그들의 움직임과 동기를 상세히 묘사했다. 그는 그 동물들이 어디로, 왜 가고 있었고 무엇을 하고 있었고 이전에 어디에 있었는지를 설명했다. 또 그들의 성별과 크기를 일러 주고, 건강한지, 굶주려 있는지, 신경이 과민한지, 불안해하는지 아닌지를 내게 이야기해 주었다."[14] 치크아에는 수즈먼은 결코 알 수 없는 방식으로 그 장소와 그 생명체 곁에 머물렀고 그들에게 접근할 수 있었다. 그가 오랜 세월 연마한 추적과 사냥 습관에는, 내가 생명체 및 그 장소와의 친밀한 언약적 관계의 특징으로 묘사했던 것이 반영되어 있다. 치크아에는 사냥한 동물들과 공감하며 그의 존재와 몸을 그들에게 맞추는 법을 배웠다. 그것은 그들을 향한 존중을 나타내는 조율이었다. 자신이 사냥한 동물들과 그들이 이동한 장소들에 대한 상세하고 정서적인 지식, 즉 다중 감각의 조율이 없다면 치크아에는 자신이 굶어 죽

---

13   James Suzman, *Affluence without Abundance: The Disappearing World of the Bushmen* (New York: Bloomsbury, 2017), 167.

14   앞의 책, 168. 수즈먼은 치크아에가 "개별 종들의 특이점에 대해 길게 이야기하고, 습관, 식단, 피부색, 성별 행동, 이빨, 새끼 대하는 법, 지방 함량, 즉 의미 있는 모든 것에 따라 종들의 그룹을 지었다"(169)고 전한다.

을 것임을 알았다.¹⁵ 치크아에의 사냥 방식은, 사람, 사냥감, 장소를 잇는 유대가 깊이 인식되고 존경받고 존중받는 함께하는 삶을 증언한다.

치크아에의 삶에 영향을 미치고 유지시킨 수렵 문화는 대개 과거의 유물이다. 완신세^Holocene(지질시대의 최후 시대로 1만 년 전부터 현재까지의 시대—역주)로 알려진 시기인 지난 몇 천 년 동안 사람들은 세상에서 농업을 중심으로 한 존재 방식을 실험했다. 기상 조건은, 물론 시간과 장소에 따라 변화하는 경향이 있긴 하지만 계절의 규칙성에 의존한 다양한 농경 사회의 발전에 이상적이었다. 그래서 그 사회는 발전했다. 전 세계에서 사람들이 점진적으로 토지를 경작했고, 관개 시설을 개발했으며, 식물 종들을 재배하고 동물 종들을 사육했고, 이 모두가 사회적이고 정치적으로 새로운 삶의 형태를 낳았다.¹⁶ 그

---

15 수즈먼은 치크아에와 그 같은 사냥꾼들의 목표가 동물과 그들의 즉각적인 감각 세계를 아는 것이라고 언급한다. "그 동물이 무엇을 보는지, 무슨 냄새를 맡는지, 무슨 소리를 듣는지 말이다. 그들은 무릎을 굽히고 어깨를 구부리고 손에 활을 든 채 조용히 움직이며, 쫓는 자와 쫓기는 자의 시각으로 그들 주변 세상을 경험한다"(앞의 책, 172).

16 농경 사회와 그 관행(식물 재배와 동물 사육 같은)의 발전, 그리고 그것과 국가와 같은 정치적 실체의 관계에 대한 최근 평가로는, James C. Scott, *Against the Grain: A Deep History of the Earliest States* (New Haven: Yale University Press, 2017)를 보라. 저자는 인간의 '진보'를, 안정성 없는 수렵과 채집에서 안정된 농경 사회로의 점진적이지만 꾸준한 상승으로 보는 표준적 내러티브는 오해의 소지가 있다고 설득력 있게 주장한다. "식물 재배와 동물 사육은 어느 정도의 정착 생활을 가능하게 해 주었고, 이는 가장 초기의 문명과 국가와 그 문화적 업적의 기반이 되었다. 그러나 소량의 작물, 몇 종 안 되는 가축, 철저하게 간소화된 조경 등 그 유전적인 기반은 아주 빈약하고 취약했으며, 배제된 자연의 탈환에 맞서 지속적인 방어를 해야 했다. 그와 동시에 도무스^domus(집)는 멀리서 전혀 자급자족을 할 수 없었다. 말하자면, 배제된 자연으로부터 지속적인 보조금, 곧 연료와 건물을 위한 목재, 생선, 패류나 갑각류, 삼림지대의 목초지, 작은 사냥감, 들나물, 과일, 견과 등이 필요했다. 흉년일 때 농부들은 수렵-채집인들이 의지했던 도무스 너머의 각종 자원에 의지했다"(112). 농경 사회는 처

러고 나서 다시 이런 형태들은, 사람이 거주하는 곳의 비옥함을 해치고, 또 농사를 짓도록 인구를(종종 노예들을) 통제함으로써 (일부) 사람들을 번영하게 하는 경제 구조와 법 제도를 확립했다. 느리지만 확실하게, 각 지역의 토지는 생태적 한계와 가능성보다는 경제적 혹은 정치적 계산에 굴복하지 않을 수 없었다. 한 가지 실례를 들자면, 로마 제국의 야망을 충족시키기 위해 방대한 토지가 노예들이 일하는 곡물 밭*latifundium*으로 전환되었다. 생산의 극대화를 목표로 한 이러한 관리 방식은 서서히 토양을 (많은 노예와 함께) 죽음에 이르게 했다. 그 토지는 이제 폐허가 되어, 사람들은 '미개척' 지역으로 이동하는 것 외에는 선택의 여지가 없었다.[17]

수렵-채집에서 농경 사회로의 변화는, 인간의 감성과 공감의 점진적이지만 심오한 변화를 나타낸다. 앞에서 보았듯이, 수렵인이나 채집인이 되려면 생계를 유지하기 위한 엄청난 지식과 폭넓고 다양한 기량이 있어야 했다. 새, 동물, 물고기의 이동과 선호도를 예리하게 관찰하는 것 외에도, 다양한 종류의 식물이 언제 열매를 맺는지 (혹은 언제 이 귀중한 식량을 동물 경쟁자에게 잃을 위험이 있는지)에 대한 정확한 지식을 가지고 있어야 했다. 이렇게 상세하면서도 광범위하고 포괄적인 이해가 없으면 사람들은 번영할 수 없었다. 사람들은 수렵과 채집을 통해 인간의 삶과 세계의 삶이 불가분하게 뒤얽혀 있음을 깊이 이해했다.[18] 그들은 잘 살기 위해, 그들의 몸을 그들 가운데서 움

음부터 질병과 공격에 아주 취약했다.

17 고대 농업 관행의 파괴성에 대해서는 David R. Montgomery, *Dirt: The Erosion of Civilizations*, 2nd edition (Berkeley: University of California Press, 2012)이 아주 전문적으로 들려준다.

직이는 몸들에게 (거의 결혼과 유사한 수준으로) 맞춰야 했다. 어떤 의미에서 그들은 영양적인 면에서의 성과를 극대화하기 위해 그들이 의지하는 식물과 동물의 삶 속으로 들어가, 그들의 시각에서 세상을 감지하고 느껴야 했다.

반면 농업 관행은 처음에는 잠정적이고 소규모였지만, 지식, 기술, 공감의 폭을 상당 부분 좁히는 결과를 낳았다. 한두 가지 작물의 경작과 몇몇 종의 새와 포유류 사육을 전문으로 하다 보니 훨씬 덜 복잡한 상상력이 전제되고 요구된다. 분명 이러한 농업 감성은, 오늘날의 전형적인 식품 구매자에게서 목격되는 단순화된 생각보다는 훨씬 더 광범위하고 복잡하다. 그러나 요점은 동일하다. 농업 관행은 "자연 세계에 대한 우리의 관심과 실제적 지식의 축소, 식단의 축소, 공간의 축소, 그리고 아마도 의례적 삶의 폭의 축소"[19]를 보여 준다. 나아가 농업으로의 이행은 인간의 태도가 새로워졌음을 입증한다. 즉, 사람들이 생명의 원천들에 대해 더 많은 통제력을 발휘할 수 있도록 그 원천들이 분류되고 정돈될 수 있다. "경작한 밭에서 자라는 원치 않는 식물들은 잡초가 되었고, 농부의 곡물을 아주 좋아하거나 그의 가축을 잡아먹는 원치 않는 동물들은 해충으로 선언되었다. 농업 공동체가 자연/야생 세계와 인간/문화 세계를 개념적으로 분리한 방식은 아주 널리 퍼져 있어서, 오랜 기간 사회인류학자들은

---

18 최근 연구와 고고학적 증거는, 토착민들이 그들의 환경을 조작하지 않았다는 가정은 실수일 것이라고 제안한다. 원주민들이 그들의 땅을 때로는 과격하게(삼림 벌채의 경우처럼) 바꾼 여러 가지 방식을 묘사한 글로는, Charles C. Mann, *1491: New Revelations of the Americas before Columbus*, 2nd edition (New York: Vintage, 2011)을 보라.

19 Scott, *Against the Grain*, 92.

그것을 보편적인 것이라고 믿었다."²⁰ 타자를 더 잘 통제하려는 목표로 타자 앞에 자리를 잡는 것은 언약 관계가 흐트러졌다는 신호다.

완신세 그리고 그 시대가 낳은 농업 사회는, 사람들이 스스로를 생태계의 과정들과 분리되었고 심지어 거기서 벗어났다고 묘사할 수 있는 형태의 상상력을 가능하게 했다. 키케로가《신들의 본성에 관하여 On the Nature of the Gods》(II, 152)에서 언급하듯이, 인간의 독창성과 공학 기술 역량은 '자연 세계 내의 제2세계', 곧 인간의 욕망과 야망을 만족시키기에 적합하도록 만든 세계를 가능하게 했다. 이 '제2세계', 우리가 가장 흔히 문명의 성장, 훨씬 세련된 기술의 발달, 지구에서의 인간 발자국의 꾸준한 확장과 연관 짓는 이 세계는, 문화가 그 문화를 육성하는 장소를 희생시키면서 번창할 수 있다는 수상한 가설에 기초하고 있다. 이는 경제적 성공이 생태계의 악화를 전제로 할 수 있다는 절망적인 관념에 기초하고 있다. 그리고 결국 자신들을 양육하는 세상을 양육하는 일이 필요하다고 생각하지 않는 사람들을 낳는다. 이 제2세계는 기술적 정교함과 경제력에도 불구하고, 자연 세계와 교전 중이고, 장소와 그곳의 생명체들이 한때 소유했던 어떤 온전성이나 신성함도 근절하거나 무시할 마음을 먹고 있다. 또 인간과 지구의 유대가 파괴되었고, 우리를 양육하는 생명체들을 양육하는 신의의 실천이 줄어들었다는 메시지를 전달한다.

'제2세계'의 건설은 그 세계가 의존하는 자연 세계의 극적인 변화를 초래했다. 오늘날 지구상의 강이나 습지 중에서, 우리가 바꾸거나 물을 빼내거나 댐을 만들거나 수송로를 변경하지 않은 것은

---

20   Suzman, *Affluence without Abundance*, 213.

거의 없다. 산업 및 농업 공정에서 오염 물질이 대기 속으로, 또 하천 유수로 배출되면서, 대양의 화학적 성질과 온도 자체가 변화되었다. 땅이 개간되고 숲이 벌목되고 산이 폭파 및 채굴되고 도시가 확장되면서, 이제 지표면의 75퍼센트가 우리 인간에게 진압되었다. 이제 인간과 그들이 사육하는 동물이 지구상 포유류 생물량biomass의 90퍼센트를 차지한다. 이에 반해 천 년 전에는 그 비율이 단 2퍼센트였다. 더욱이 가축화의 의미 자체가 종들의 과격한 조작, 심지어 종의 발명을 의미하는 것으로 바뀌었다. 우리의 지구 개조가 너무도 깊고 폭이 넓어서, "마치 외계인들이 거대한 망치와 레이저 조각칼을 들고 나타나서 모든 대륙을 그들에게 더 적합하도록 다시 조각하기 시작한 것 같다. 우리는 풍경을 다른 형태의 건축물로 변화시켰다. 지구를 우리의 모래놀이 상자로 만들었다."[21]

지구시스템 과학자들은, 이제 지구상의 인간 존재가 너무도 통제적이고 지배적인 존재가 되었기에 우리 시대를 완신세라고 부르는 것이 더 이상 정확하지 않다고 주장한다. 우리는 인류세, 곧 인간의 야망과 권력과 지배력이, 세포 차원에서부터 지구의 전반적인 기후에 이르기까지 지구 곳곳과 모든 삶의 과정에 영향을 미치고 심지어 결정하는 시대에 들어섰다. 확실히 지각판 이동, 광합성, 탄소 순환, 날씨 같은 자연 과정은 여전히 진행 중이다. 그러나 인류세로 들어갔다는 것은, 자연 과정의 효과가 더 이상 인간의 활동과 떨어져 이해될 수 없는 시대에 들어갔다는 말이다. 예전에는 인간 경제가

---

21 Diane Ackerman, *The Human Age: The World Shaped by Us* (New York: W. W. Norton & Company, 2014), 11.

자연의 잠재력과 한계에 의해 확고히 억제되었다면, 지금은 상황이 역전되었다. 너무도 방대하고 깊게 성장한 산업 경제가 한때 '자연' 과정으로 여겨졌던 것을 결정하고 지시하게 되었다. 인류세에 '제2세계'는 '자연'을 그 자체 안에 흡수하는 총체적인 세계가 됨으로써 '바깥'이라는 개념을 쓸모없게 만들었다. 그 세계의 형태 및 그 세계 삶의 대부분의 성격이 이제 (일부) 사람들이 결정한 것에 의존한다. 브뤼노 라투르Bruno Latour가 주장했듯이 이 상황은 세계 역사에서 완전히 새로운 것이다. 우리는 단순히 잠시 후면 상황이 '정상' 상태로 돌아올 '위기' 상황에 있는 것이 아니다. 오히려 세상 및 그곳의 생명체들과의 관계가 근본적으로 변화된 '돌연변이'의 시기를 살고 있다.[22]

인류세 시대가 언제 시작되었는지에 대해서는 적지 않은 논란이 있다. 그 용어를 만들었다고 널리 인정받는 노벨상 수상 화학자 파울 크뤼첸Paul Crutzen은 산업혁명, 특히 증기 기관을 발명한 날을 공식적인 시작으로 보아야 한다고 주장했다. 그때가 광범위한 화석 연료의 연소(이는 지구를 서서히 데우는 대기 속 온실 가스의 축적으로 이어졌다)가 시작된 때이기 때문이다. 다른 이들은 대가속화Great Acceleration 시기로도 묘사되는 제2차 세계대전 직후로 보아야 한다고 주장한다. 이때가 전 세계적으로 소비율이 폭발적으로 증가한 시기이기 때문이다.[23] 어떤 날짜를 선택하든, 인류세가 지구의 새 시대를 나타내는

---

[22] Bruno Latour, *Facing Gaia: Eight Lectures on the New Climatic Regime* (Cambridge: Polity Press, 2017), 8.

[23] 이 역사에 대한 더 상세한 설명으로는, J. R. McNeill and Peter Engelke, *The Great Acceleration: An Environmental History of the Anthropocene since 1945*

것은 분명하다. 이는 인류 역사와 지질학 역사가, 역사학자 디페시 차크라바티Dipesh Chakrabarty가 '지오스토리geostory'라 부른 나눌 수 없는 움직임으로 병합된 시대다.[24] 인류세에는 완신세에 확립된 소위 자연/문화와 생태/경제의 분리가 무너졌다.

인류세는 또한 인류의 새로운 상황을 반영하고 있다. 지금 세상을 규정하고 결정하는 인간anthropos은 누구이며, 우리는 사람들이 타자들과 함께하는 세상 속에서 스스로를 자리매김하는 방식에 대해 어떻게 생각해야 하는가? 우리가 음식을 확보하는 방식에 대한 성찰은 이 질문들에 답하는 데 도움이 될 수 있을까?

인류세 세계의 농업

20세기 초반 유럽 대부분 지역에서 여전히 전쟁이 맹위를 떨치고 있었을 무렵, 미국에서는 삶의 의미와 가치를 두고 또 다른 전쟁이 시작되고 있었다. 직접적으로 사람을 겨냥하거나 거대한 진흙투성이 전쟁터에서 싸우지는 않았지만, 그럼에도 생명에 맞선 느리고 체계적인 공격의 시작이었다. 이 전쟁의 무대는 솜므 강이나 뵈르됭 전장이 아니라, 오히려 대평원과 중서부 주들의 농경지였다. 더 정확히 말해 그것은 땅 자체를 겨냥한, 따라서 살기 위해 땅에 의존하는 모든 생명체를 겨냥한, 악의적이지 않지만 그럼에도 치명적인 군

(Cambridge, MA: The Belknap Press of Harvard University Press, 2014)를 보라.

24 Dipesh Chakrabarty, "The Climate of History: Four Theses", *Critical Inquiry* 35:2 (Winter 2009), 197–222.

사 행동이었다. 이 전쟁에는 대포와 탄환이 거의 등장하지 않았지만, 철조망, 중장비, 유독성 화학 물질은 분명히 등장했다. 유럽의 전쟁들과 마찬가지로, 이는 인류를 영광스럽고 번창하는 미래로 이끌겠다고 약속하는 현수막으로 장려되었다.

전쟁으로서의 농업? 생명의 붕괴에 관여하는 식사?

오늘날 식품 및 농업 체계 내에서 일어나고 있는 붕괴는 1920년대에 갑자기 시작되지 않았다. 땅과 동물, 사람을 공격하는 형태는 오래전부터 있었고, 특히 노예 제도의 만행에 의존하는 농업의 맥락에서 두드러졌다. 새롭고도 매우 중요한 점은, 20세기 초반에 모든 다양한 농업 환경을 보편적으로 겨냥한 전체주의적 생산 방식이 가시화되고 장려되고 적용되고 있었다는 것이다. 합리적 경영과 효율적 생산이라는 표현으로 전달되는 이러한 산업 체계는 전통적인 농부들의 환영을 받지 못했다. 그들은 그들의 생활 방식, 심지어 삶 자체가 공격받고 있음을 알았기 때문이다. 그 체계가 시행되기 위해서는 다수의 교육자, 재배자, 공급자, 자본가, 정치인, 먹는 사람들이 지지해야 했다. 그리고 성공하려면 사람들이 농장, 가축, 농사, 농부, 음식을 근본적으로 다른 방식으로 생각해야 했다. 그것은 땅이나 그곳의 생명체들에 대한 신의를 거의 장려하지 않는 방식이었다.

삶을 붕괴시키는 체계의 이러한 성격과 그 철학적 전제, 이상, 목적은, 분명 아주 무해한 기관으로 여겨졌던 미국농공학회American Society of Agricultural Engineers(ASAE)의 출현으로 더 선명하게 가시화되었다. 1907년에 창립된 ASAE는 힘든 육체 노동, 소규모 생산, 낮은 산출량, 작물과 가축의 다각화로 특징지어진 암흑기로부터 농업을 끌어내기 위해 설립되었다. 20세기 전환기의 미국 농업 환경을 보면, 서로 상당히 다른 방식으로 일하는 농장들이 어지럽게 모여 있는 모습이었다. 농장이 더 효율적이고 생산적이 되려면 농장과 농부가 변해야 했다. 둘 다 더 합리적이고 표준화된 생산 관리 아래 두어야 했고, 그렇게 되려면 공학의 원리와 도구를 농업에 적용해야 했다.

ASAE의 목표는, 산출량을 극대화하고 생산을 표준화하고 노동을 기계화하는 공장으로 농장을 새롭게 만드는 것이었다. ASAE의 초기 회장 E. B. 맥코믹McCormick은 1917년 연설에서 다음과 같이 말했다. "경제적 의미에서 농장은 산업 공장일 뿐이다. 노동자와 기계가 고용되고 자본이 투자된다."[25] 그 분야의 또 다른 선도자이자 ASAE 회장이었던 레이먼드 올니Raymond Olney도 같은 해 〈기계화 농업Power Farming〉이라는 학술지에 쓴 "농장 발전소: 공장이라는 개념The Farm Power House: A Factory Idea"이라는 논문에서 비슷하게 말했다.

> 농장을 공장이라 부르는 데 반대하는 사람은 없을 것이다. 그것은 공장이다. 토양과 씨앗은 원자재이고, 태양, 공기, 수분, 동력, 기구들의 작용을 통해 이 원자재로부터 다양한 완제품이 제조된다. 농장 공장의 완제품이 곡물, 삼림, 채소, 과실, 가축, 축산물 아닌가?[26]

---

25 E. B. McCormick, "President's Annual Address", in the *Transactions of the ASAE* 11 (1917). Deborah Fitzgerald, *Every Farm a Factory: The Industrial Ideal in American Agriculture* (New Haven: Yale University Press, 2003), 89에 인용.

26 Raymond Olney, "The Farm Power House: A Factory Idea", *Power Farming* (November 1917), 7. Fitzgerald, *Every Farm a Factory*, 109에 인용.

농부가 땅 및 그곳 생명체들의 남편이라는 개념은 농업에 대한 이같은 묘사에 전혀 담겨 있지 않다.

맥코믹과 올니의 정서는, 20세기 초반에 나타나고 있던 새로운 문화적 감성, 그 자체의 논리로 보자면 생명의 신성한 가치를 약화시키는 감성을 반영하고 있다. 그것은 근본적인 모순에 기반한 감성이다. 생명체를 기계로 격하시켜 그 생명체의 **붕괴**를 요구하는 운영 및 생산 논리가 생명체의 **양육**이라는 결과를 낳을 수는 없기 때문이다.

효율적 생산과 최대의 산출량을 위해서는 살아 있는 생명체를 **마치 죽은 것처럼** 다루어야 했다. 18세기에 시계를 필두로 한 여러 가지 기계의 발명이 세상을 기계적으로 보게 만든 것처럼, 20세기 헨리 포드의 자동차 공장을 필두로 한 공장들의 창안 역시 일을 규칙화되고 표준화되고 고도로 관리되는 것으로 보게 했고, 그것이 사회와 경제의 여러 부문들에 적용되었다.[27] 공장이 산업적 생산 체계의 모델이 되었다. 데보라 피츠제럴드Deborah Fitzgerald가 묘사하듯이, 이러한 산업 체계는 사회를 근본적으로 변혁시켰고 이제 농업에 체계적으로 적용되어야 했다.

운영의 적시성, 대규모 생산 현장, 기계화, 생산물의 표준화, 전문화, 처리 속도, 노동력의 규칙화, 성공은 무엇보다 '효율성' 개념에 기반을 두고 있다는 믿음 등, 이 모든 원리는 고작 최근에 와서 성공적이

---

27 기계공학자로 훈련받은 프레더릭 윈슬로 테일러Frederick Winslow Taylor는 1911년에 처음 출간된 아주 영향력 있는 책 *The Principles of Scientific Management*에서, 이러한 공장의 시각에 대해 분명한 철학적 설명을 해 주었다.

라 선언된 공장과 기업에서 도출되었다.…하지만 단 하나의 혁신이 혁명적 상황을 만들어 낸 것은 아니었다. 오히려 각각의 혁신이, 변화를 만들어 낸 동시에 그것을 유지시킨 기술적·사회적·사상적 관계의 매트릭스 내에 자리 잡고 있었다. 몇 가지 예를 들자면, 각각의 혁신은 다른 기술들, 신용 제도, 수송 체계, 가족 관계, 과세 표준, 입법적 지원에 달려 있었다.[28]

최종 결과는 완전히 탈바꿈한 사회, 그리고 삶에 대한 이해의 엄청난 변화였다. 다양하고 유기적인 생명체들의 세상이, 최첨단의 경영 및 조종 도구를 적용해야 하는 균일하고 기계적인 왕국으로 개조되고 있었다. 삶 자체의 복잡성과 신비가, 기술적 문제로 해결되어야 하는 공학적 문제로 전락하고 있었다(놀랄 것도 없이, ASAE는 결국 그 이름을 미국농생물공학회American Society of Agricultural and Biological Engineers로 변경했다).[29]

---

28 Fitzgerald, *Every Farm a Factory*, 5. "1920년대부터 농부들과 그 가족들은 새로운 일련의 기회 및 제약과 맞서 싸워야 했는데, 그 대부분은 새로운 산업형 생산 체계에서 나온 것이었다. 현대의 대량 생산 공장과 산업 회의실로 대표되는 이러한 체계는, 자본, 원자재, 수송망, 통신 체계, 새로 훈련된 기술 전문가들을 연결했다. 상호적으로 연결되고 종종 불규칙적으로 뻗어 나가는 이러한 생산과 소비 체계는, 트랙터, 포장도로, 은행 신용, 이주 노동, 상품 시장 같은 좀 더 인식 가능한 산업화의 구성 요소들을 위한 격자판 역할을 했다"(3).

29 2005년 ASAE는 회원들의 열렬한 투표로 그 이름을 미국농생물공학회로 변경했다. 회장 제리 윌리Jerry L. Wille는 이렇게 말했다. "지난 100여 년간 이 전문 분야는 진화하고 확대되었다. 우리의 공학 기술은 전체 식품 및 섬유 사슬 그리고 모든 농업 및 생물학적 체계를 다룬다. 그래서 이제 우리 전문 학회 이름은 그러한 너비와 깊이를 대변하고 묘사할 것이다." 윌리는 새로운 감성을 표명한 것이 아니었다. ASAE 회원인 오하이오 주립대학교의 교수 C. O. 리드Reed는 이미 1937년에 농공학이 다른 부류의 공학과 구별된다고 공표했다. "그것은 생물공학이기 때문이다"(둘 다 ASABE의

이것이 중요한 이유는, 조종할 수 있는 기계의 일부로 전락한 세상은 근본적으로 생명이 없는 세상이기 때문이다. 여전히 생물이나 생명체에 대해 이야기할 수는 있겠지만, 이 존재들이 합리적 경영과 기술적 조종의 견지에서 이해되는 순간은 생명체로서 그들의 온전성이나 신성함이 훼손되는 순간이기도 하다.[30] 젖소는 존중과 돌봄을 받아야 할 생명체이기보다는, 생산을 극대화하기 위해 관리되어야 하는 고기와 우유 생산 기계로 전락한다. 농부들은 다양한 유형의 동식물에 공감하며 일하는 숙련된 장인으로 칭송받기보다는, 가능한 한 가장 낮은 임금으로 하찮은 일을 하는 비숙련 노동자로 전락한다. 결국 기계가 그들을 대체할 수 있고 대체할 것이다. 한편 밀이나 옥수수 같은 식물은 수확량을 늘리기 위해 변형시킬 수 있는 기계 줄기로 전락할 수 있다. L. J. 플레처Fletcher는 1928년에 쓴 논문 "농업의 기계화Mechanization of Agriculture"에서 이렇게 썼다. "식물에 기계적인 변화를 주는 일은 완전히 현실적이고 가능하다. 만약 어떤 식물의 현재 형태가 재배나 수확 과정에 기계적 동력을 사용하는 데 지장을 준다면, 우리는 그 식물을 변형시킬 수 있다."[31] 그리고 토양

웹사이트에서 인용. www.asabe.org/media/67573/timeline_reverse.pdf). 생명이 있는 체계가 기계적 체계로 환원됨으로써 필요 혹은 욕구에 따라 조작될 수 있다.

30 Jeffrey P. Bishop, *The Anticipatory Corpse: Medicine, Power, and the Care of the Dying* (Notre Dame: University of Notre Dame Press, 2011)은, 이러한 기계적인 체계가 의학계를 서서히 장악함으로써 인간이 생명과 기능 연장이 주요 관심사인 환자로 전락했음을 보여 준다. 이제 질보다는 양적 측면이 인간 생명의 가치를 결정하게 되었다.

31 L. J. Fletcher, "Mechanization of Agriculture", *Farm Implements News* 49 (September 13, 1928), 22-23. Fitzgerald, *Every Farm a Factory*, 104에 인용. 플레처의 글이 농기계 학술지에 실린 것은, 초기부터 ASAE의 목표가 농기계의 확산과 연관이 있었기 때문으로 예상된다. 농기구 상인들은 농촌 공학화의 주요 기여자이자

자체는 어떤가? 토양은 특히 질소, 칼륨, 인 등 식물 생장의 연료가 되는 요소들을 담고 있는 용기 혹은 창고일 뿐이다.

기계는 생명 앞에서 굴복하지도 생명을 존중하거나 사랑하지도 않는다. 대신 기계가 대변하는 산업 논리의 지시를 더 잘 수행할 수 있도록, 생명체를 조작 가능한 단위로 환원시킨다. 소, 농부, 식물, 토양 등 모든 것이 기계의 주인이 설정한 목표를 달성하기 위해 필요한 만큼 다시 만들어지고 소모될 수 있다. 놀랄 것도 없이, 소, 농부, 밭을 이런 기계적인 방식으로 취급하면 금세 탈진하거나 착취당하거나 쉽게 버려진다. 이런 체계에서 생산되는 식품의 일차적 목표는 생명의 양육이나 먹는 이들의 건강이 아니다. 가장 중요한 것은 식품의 생산과 소비를 효율성과 표준화, 운송 가능성, 수익성에 대한 관심에 따라 결정되는 기계적인 활동으로 재구성하는 일이기 때문이다. 농업이 경작의 예술에서 공학의 과학으로 변화면서 생명의 훼손과 파괴가 나타난다.

***

산업형 농업의 초기 시절을 간단히 살펴보는 작업은, 세상 속에서 인간의 자리를 규정하게 된 근본적 특성을 이해하는 데 도움이 된다. 우리가 경험하는 세상, 우리가 필연적으로 매여 있는 세상은, 더 이상 우리 안에 신의를 지키고 돌보고 아끼는 성향을 일깨우는 살아 있는 세상으로 인식되지 않는다. 왜냐하면 마음대로 조작하고 주문

촉진자였다.

할 수 있는 다양한 부분들로 구성된, 분리되고 죽은 세상으로 여겨지기 때문이다.

이러한 사고방식은 농업에만 국한되지 않았다. 예를 들어, 르 코르뷔지에Le Corbusier의 모더니즘 디자인에서 볼 수 있듯이, 도시 계획과 건축은 집을 '그 안에서 살기 위한 기계'로 재해석함으로써 동일한 공장 논리와 기계 논리를 따랐다. 최고의 설계는 장소가 '백지 상태'라는 전제로 시작되고, 엔지니어들은 동선과 공간 배치의 효율성을 극대화하기 위해 그 위에 건물을 세운다. 결국 실현되지 못한 르 코르뷔지에의 부아쟁 계획Plan Voisin은 파리 중심부 지역 재건을 위한 아이디어로, 그 전제는 이전에 그곳에 무엇이 있었든 불도저로 밀어 망각되게 할 수 있다는 것이었다. 그리고 그가 계획한 초고층 아파트 단지는 모두 정밀한 기하학적 그리드에 따라 배열되었는데, 사람들은 모두 동일하며 각각은 전체 기계에 들어맞는 기계적이고 표준화된 일부라고 전제했다. 놀랄 것도 없이, 모더니즘의 이상에서 영감을 받아 증가하는 (보통 가난한) 도시 인구를 가장 효율적인 방식으로 수용하기 위해 건설된 그 임대주택 단지는 결국 무너뜨려야 했다. 그것은 인간성을 말살시키고 사기를 꺾는, 인간 생명의 신성함과 특이성에 대한 공격임이 드러났다.[32]

여기서 간단히 기술한 산업 논리는, 오랜 시간에 걸쳐 만들어진 성향, 곧 우리가 지구와 그곳의 생명체들과 이혼하고 심지어 호전적인 상태에서 살 수 있다고 전제하는 성향의 실제적 실현이다. 이 논

---

32 합리주의적 모더니즘 건축이 공간에서 분리된 추상적 인간을 전제함을 나타내는 표현에 대해서는, Murray A. Rae, *Architecture and Theology: The Art of Place* (Waco: Baylor University Press, 2017), 159-167를 보라.

리는 몇 가지 기본 전제, 곧 세상은 죽은 것이고, 자연과 문화는 분할할 수 있으며, 따라서 자연 자체가 무한히 다양한 부분이나 물체로 분할 가능하다는 전제를 기초로 한다. 이는 수렵-채집인과 전통적인 농부에게는 아주 낯선 사고방식이다. 필리프 데스콜라Philippe Descola는 이러한 새로운 철학적 방향을 다음과 같이 묘사한다. "그러나 자연은 더 이상 이질적인 것들이 통합적으로 정리된 것이 아니라, 자율적 법칙의 지배를 받는 물체들의 영역이 되었다. 이를 배경으로 인간의 자의적 활동은 다면적인 매력을 발휘할 수 있었다."[33]

자연이 독립적으로 분리된 영역으로, 인간이 중요하게 여기는 드라마만 상연하는 무대로, 혹은 원하는 것은 무엇이든 얻어낼 수 있는 거대한 창고로 이해된다면, 사람들 역시 스스로를 문화의 독립된 영역 안에서 움직이는 자율적이고 자립적인 존재로 생각할 수 있다.[34] 다시 말해, 세상 속 존재로서 인간에 대한 이러한 새로운 개념

---

[33] Descola, *Beyond Nature and Culture*, xv. *We Have Never Been Modern* (Cambridge, MA: Harvard University Press, 1993)으로 시작해서, *The Politics of Nature: How to Bring the Sciences into Democracy* (Cambridge, MA: Harvard University Press, 2004) 같은 다수의 책에서 발전된 라투르의 작업은, 자연과 문화가 분리되었다는 근대의 믿음은 실제로 속임수라고 주장한다. 문화는 절대 자연과 분리되지 않는다. 근대인들이 행한 일은, 정치 과정에서 물리적 장소 전반과 비인간 생명체 대부분을 배제하기 위해 특정 방식으로 '행위 주체'의 범위를 묘사한 것이다. 우리는 장소들 안에서 줄곧 타자들과 얽혀 있었음에도 말이다. 라투르는 이제 우리의 정치 과정을 일깨워 이 구체화된 생생한 현실을 의식할 때라고 주장한다.

[34] 클리포드 기어츠Clifford Geertz는 다음과 같이 이러한 분리를 간결하게 표현했다. "내가 지지하는 문화의 개념은…본질적으로 기호학적 개념이다. 나는 막스 베버와 마찬가지로 인간은 직접 엮은 의미의 거미줄에 매달린 동물이라고 믿으며, 문화를 그러한 거미줄로 여긴다"[*The Interpretation of Cultures* (New York: Basic Books, 1973), 5]. 이러한 영향력 있는 견해를 따르면, 인간의 일은 사회의 머릿속에 구축된 문화의 의미와 가치를 적용하고, 그런 다음 그것들을 그렇게 하지 않으면 의미와 가치가 전혀 없는 세상에 적용하는 것이다.

은, 동시에 인간 자신에 대한 새로운 개념을 수반한다. 그것은 곧, 사람들이 자연에서 완전히 해방되었으며, 그 흐름과 요구에서 면제되었고, 그들이 직접 만든 세상으로 도피할 자유를 얻었다는 개념이다.

인도의 소설가 아미타브 고시Amitav Ghosh는 인류세를 초래한 문화적 힘에 대한 예리한 분석에서, 인간의 자유에 대한 새로운 개념은 사람들을 그들이 사는 생태적 맥락에서 벗어나게 하고 그것을 의식하지 못하게 하는 근대성 안에서 발전한다고 주장한다. 실제로 "자연으로부터의 독립은 자유 자체를 규정하는 특징 가운데 하나로 여겨졌다. 환경의 족쇄를 벗어 던진 사람만이 역사적 주체성을 타고난 사람으로 여겨졌다."[35] 근대의 저자들이 종종 묘사하듯, 이러한 종류의 역사적 주체성이 부족한 이들, 즉 수렵-채집인, 농부, 소작인, 여자, 노예 같은 사람들(노동으로 땅에 매인, 삶의 물질적 환경/제약에 매인 사람들)은 전혀 인간일 수 없었다.

특히 자유에 대한 이러한 근대적 개념은 속임수, 환경에 대한 고의적인 외면, 심지어 공격적인 맹목에 기초한다. 이는 인간의 이미지를 근본적으로 육체와 땅에서 분리되고 땅을 떠나 떠돌며 절대 그 안에 있지 않는 존재로 만드는 개념이다. 라투르는 다음과 같은 언급으로 고시의 논평에 찬성했다. "우리에게는 **인간**을 근대화하고 해방시키는 사회과학은 있지만, 새로이 발견한 애착의 대상을 명료화

---

[35] Amitav Ghosh, *The Great Derangement: Climate Change and the Unthinkable* (Chicago: The University of Chicago Press, 2016), 119. 고시는 계속해서 말한다. "자유는 물질적 삶의 제약들을 '초월하는' 길로 보이게 되었다. 즉, 인간의 마음, 정신, 감정, 의식, 내면의 새로운 영역을 탐구하는 길로 보이게 되었다. 자유는 전적으로 인간의 마음과 몸과 욕구에 거주하는 양적인 것이 되었다"(120).

하는 과업에 파묻힌 **지구인**에게 어떤 종류의 사회과학이 필요한지에 대해서는 최소한의 희미한 아이디어도 없다."[36]

고시와 라투르가 묘사하는 해방은 관념이 아니다. 오늘날 산업형 농업과 식품 생산 체계는, 땅에 그들의 뿌리가 있다는 모든 표시를 제거한 식품에서 이러한 감성을 반영하고 있다. 소일렌트Soylent(미국 소일렌트사에서 판매하는 식사 대용 음료—역주) 같은 '식품food product' 개발이 보여 주듯이, 식사를 기계 같은 몸이 생존하는 데 필요한 화학적 영양소를 음료 한 모금으로 섭취할 수 있는 엄격하게 조작된 일로 생각하면 어떻게 될까? 한 병으로 완벽한 영양분을 섭취할 수 있다. 소일렌트 경영진은 '접시에서 음식을 제거'함으로써, 바쁜 사람들이 식품 생산, 준비, 섭취, 설거지에 신경 써서는 안 된다고 가정한다. 그들은 자유롭게 그들이 선택한 삶을 살아야 한다.[37] 이런 종류의 '식품'은 사람들이 자신이 만든 세상을 살아간다는 환상을 영속화한다. 인간의 독창성과 기술력은 사람들이 어떤 식품을 원하든 '주문 생산'을 가능하게 만들고 있다. 미래에 우리에게 필요한 것은, 실험

---

36 브뤼노 라투르가 2007년 영국 사회학 협회에서 한 강의 "A Plea for Earthly Sciences"에서(www.bruno-latour.fr/sites/default/files/102-BSA-GB_0.pdf). 철학자 페터 슬로터다이크Peter Sloterdijk에게서 차용한 '명료화explicitation'라는 단어는, 사람들이 그들의 생존을 가능하게 해 주는 물질적/생태적 환경의 취약성을 좀 더 인식하게 되는 과정을 가리킨다. 공기, 물, 땅 그리고 한때 배경 혹은 무대로 격하되었던 모든 생물물리학적 과정이 이제 표면화되고 '명료'해진다. 우리가 그들의 종말에서 우리 자신의 멸종을 감지하기 때문이다.

37 사람들을 땅에 대한 모든 관심이나 돌봄에서 자유롭게 하려고 설계된 식품이, 지구를 구하는 방편으로도 홍보되는 것은 아이러니하다. "음식은 우리 시간만 낭비하는 것이 아닙니다. 소일렌트는 모두 식물성이므로, 동물성보다 물이 덜 들고 이산화탄소를 덜 배출합니다. 또 냉장고에서 며칠 혹은 몇 주 지나 버려지는 과일, 야채와 달리 유통기한이 1년이라 음식물 쓰레기를 줄여 주고, 냉장 보관을 요하지 않습니다"(www.soylent.com을 보라).

실, 3D 프린터, 적절한 소프트웨어 프로그램뿐이고, 엔지니어들이 우리가 아직 상상하지 못하는 식품을 설계할 것이다. 이보다 더 오만하고 단절된 형태의 식사가 있을 수 있을까?

사람과 땅 사이의 그리고 사람과 생명체들 사이의 결별은, 식품 생산이 공학적 위업이 되고 식사가 기계적 행위가 될 때 완료된다. 이렇게 발전해 가는 가운데 사람들이 하는 식사는, 세상에 더 깊이 뿌리내리고 세상과 연결되기보다는 그들이 매일 의존하는 땅과 생명체들을 보지 못하게 하는 효과를 낼 것이다. 보지 못하는 일이 문제가 되는 까닭은, 보지 못하는 것을 사랑할 수 없기 때문이다. 우리는 신성한 가치가 있다고 믿지 않는 것을 소중히 여기거나 보호할 수 없다.

세상, 다른 생명체, 동료 인간들에 대한 신의는, 산업 공정과 계량경제학적 사고를 규정하는 객관화와 상품화에 저항하는 법을 배우기를 요구한다. 우리가 먹는 음식과 그것을 재배하는 장소는 신성한 선물이다. 그것들은 우리가 돌보고 축하할 만한 가치가 있다. 우리가 이제 살펴봐야 하는 내용은, 식사의 신학이 어떻게 하나님이 주신 세상을 감사하며 살아가도록 해 주고, 또 그곳에서 태곳적부터 영원히 양육하시는 하나님의 사랑을 증언하는 환영과 환대의 자세를 취하도록 도와주는가 하는 것이다.

음식에 대한
신학적 사고

2

우리는 살기 위해 매일 생명체의 몸을 쪼개고 그 피를 흘려야 한다. 알면서, 사랑스럽게, 능숙하게, 경건하게 한다면 그것은 성례다. 모르면서, 탐욕스럽게, 서투르게, 파괴적으로 하면 그것은 신성모독이다. 우리는 그러한 신성모독을 저지르며 스스로 영적이고 도덕적인 외로움에 빠지고, 다른 이들을 결핍에 빠트린다.[1]

먹는 행위는 여전히 신체 기능을 유지하는 것 이상의 일이다. 사람들은 그 '이상의 일'이 무엇인지 이해하지 못할지 모르지만 그럼에도 그것을 기념하고 싶어 한다. 그들은 여전히 성례적 삶에 굶주리고 목말라 있다.[2]

---

1. Wendell Berry, "The Gift of Good Land", in *The Gift of Good Land: Further Essays Cultural and Agricultural* (New York: North Point Press, 1981), 281.
2. Alexander Schmemann, *For the Life of the World: Sacraments and Orthodoxy* (Crestwood, NY: St. Vladimir's Seminary Press, 1963), 16.

하나님은 왜 모든 생명체가 먹어야 하는 세상을 창조하셨을까?

이는 특히 음식을 찾고, 재배하고, 수확하는 데 깊이 관여하는 사람들을 겸손하게 하며, 심지어 두려움을 주기까지 하는 질문이다. 식사는 무의미하거나 하찮은 활동이 아니다. 그것은 삶 자체의 수단이며 동시에 죽음의 수단이기도 하다. 어떤 생명체가 살기 위해서는 보이고 보이지 않는 무수한 타자들이 죽어야 하는데, 그들은 보통 잡아먹히는 방식으로 죽는다. 우리가 아는 삶이란 죽음에 **의존하고 죽음을 필요로 하는데**, 이는 죽음이 그저 삶의 정지가 아니라 그 전제 조건이라는 의미다. 죽음은 식사의 확고한 공범이다. 또한 각 생명체의 생물학적 종결이다. 우리가 (생명의 보존을 위해) 얼마나 많이 얼마나 잘 먹든, 언젠가는 죽는다는 사실을 없앨 수 없다.[3] 식사, 심지어 채식주의자의 식사도 그렇게 많은 죽음과 연루된다면 왜 먹는가? 식사가 날마다 우리의 필요와 죽을 수밖에 없는 운명을 떠올린다면 왜 먹는가?

우리는 모든 생명체를 절대 한 입도 먹지 않는, 스스로 생존하고 먹지 않는 존재로 상상함으로써 죽음을 먹는 현실에서 도피를 시도할 수 있을 것이다. 하지만 그렇게 되면 소속과 교제가 없고 아무런 맛도 없는 외로운 세상, 음식을 입수하고 준비하고 나누는 데 수반되는 다채로운 즐거움이 없는 세상을 상상해야 한다. 식사는 너무

---

3   이 책에서 나는 식사가 원래 하나님의 선한 창조 세계의 일부라고 전제한다. 타락 이후 식사의 성격이 달라지긴 했지만, 그 자체가 타락한 창조 세계의 결과나 표지는 아니다. 성경은 타락 이전의 식사가 죽음을 수반했을지에 대해 분명히 언급하지 않는다. 창세기 2-3장은 우리가 본래 불멸하는 존재가 아니며 끊임없이 생명을 선물로 받아야 한다고 암시한다(아담과 하와는 생명나무에 접근하여 영원히 살지 못하도록 동산에서 쫓겨난다). 죽음의 의미, 그리고 죽음과 음식의 관계는 4장에서 논의한다.

복잡해서 가늠하기 어려운 '자연의 성찬'이라는 형태를 통해 사람들을 서로와, 다른 생명체 및 세상과, 그리고 하나님과 연결한다.[4] 식사는 우리에게 은혜로운 환대의 세계, 곧 처음부터(그리고 토양을 통해 계속) 죽음을 흡수하고 새로운 생명을 위한 공간을 마련하는 창조 세계를 소개한다. 식사는 매일 일어나는 삶과 죽음의 드라마에 우리를 참여시킨다. 그것은 우리의 이해를 넘어서는 방식으로 다른 생명의 번성을 위해 어떤 생명이 희생되는 드라마다. 또 모든 피조물이 생명의 영양과 활력을 위해 서로와 하나님을 절실하게 필요로 함을 확인해 주는, 모든 피조물의 구성원 됨을 확립한다.

음식은 우리를 겸손하게 만들어 주는 거룩한 신비다. 피조물은 식사를 할 때마다, 생명을 주지만 대가가 필요한 하나님의 방식에 참여한다. 그것은 창조 세계를 아주 맛있는 선물인 동시에, 상호 의존의 필요와 고통과 도움을 공유하도록 하나님이 정하신 구성원들로 이루어진 곳으로 인정하는 방식이다. 사람들은 식탁으로 올 때마다 위장이라는 명백한 증거를 통해, 자신이 스스로 생존하는 신이 아님을 입증한다. 그들은 햇빛, 광합성, 분해, 토양 비옥도, 물, 벌과 나비, 닭, 양, 소, 정원사, 농부, 요리사, 낯선 사람, 친구(목록은 끝이 없다)와 같은 하나님의 무수한 좋은 선물에 의존하는, 무한하고 죽을 수밖에 없는 피조물이다. 식사는 우리가 은혜로 충만한 세상, 관심 갖

---

4   세르게이 불가코프Sergei Bulgakov는 *Philosophy of Economy: The World as Household* (New Haven: Yale University Press, 2000)에서 이렇게 말한다. "생물과 무생물의 경계는 실제로 음식에서 제거된다. 음식은 자연의 성찬, 곧 세상의 살을 섭취하는 것이다. 나는 음식을 먹을 때 일반적으로 세상 물질을 먹고, 그렇게 하면서 진정 실제적으로 내 속에서 세상을, 세상 속에서 나 자신을 발견하고 나는 그 일부가 된다"(103).

고 돌보고 축하할 가치가 있는 축복 받은 창조 세계에 참여하고 있음을 상기시킨다. 식품 판매원들의 말과 달리, 실제로 '값싼' 혹은 '간편한' 음식 같은 것은 없다. 진짜 음식, 피조물의 건강과 즐거움의 원천인 음식이 소중한 까닭은, 그것이 온 창조 세계를 향한 하나님의 양육과 사랑이 표현되는 근본적인 수단이기 때문이다.

성경의 지혜 문헌 저자인 예수아 벤 시라는 우리가 함께 사는 세상이 경외심을 불러일으키고 두려움을 유발하는 곳임을 누구보다 더 잘 이해했다. 창조 세계는 놀랍고 매력적이다. 얼마나 맛이 좋은지 생각해 보라. 그러나 창조 세계는 사납고 낯설기도 해서, 우리가 조심하려고 온 힘을 다함에도 불구하고 우리를 독살하거나 죽일 수 있다. 예수아 벤 시라는 창조 세계가 어마어마한 구성원들로 이루어져 있다고 말했다. 그 안에서 각 피조물은 타자의 필요를 돌보기 위해 지음 받고, 하나님은 눈과 비 그리고 생명을 주는 태양의 빛을 내려보내신다. 그럼에도 창조 세계는 우박, 농작물을 시들게 하는 열기, 낯선 바다 괴물이 인간의 안전과 권리를 위협하는 위험한 곳이다. 하나님은 "산을 삼키고 황야를…말려 버린다"(집회서 43:21). 이 세상과 이 삶을 누가 이해할 수 있을까? 창조 세계의 방대함과 경이로움 앞에서 사람들은 항상 더 많은 할 말이 있지만, "아무리 많은 말로도 다 이야기할 수 없[다]"(43:27)고 인정할 수밖에 없다. 혹은 식사를 하는 동안 이해할 수 없는 신비 속으로 들어가면서, 더듬거리는 찬사를 보내며 그저 침묵에 빠져 버리기도 한다. 벤 시라는 욥을 연상시키는 방식으로, 생명이 스스로 이해하지 못하는 너무도 많은 것에 의존하며 살고 있는 이 세상을 신실하게 대할 자원과 지혜를 어디서 찾을 수 있을지 궁금해한다.

현대의 삶의 특징과 그 속도 때문에, 사람들은 음식의 신비를 인지하거나 그것을 하나님의 유지시키는 돌보심의 표지나 귀한 선물로 받아들이기가 쉽지 않다. 음식에 대한 정보는 아주 많지만, 오늘날 음식을 먹는 사람들 대부분은 지금까지 세상에 살았던 이들 중 가장 무지한 사람들이다. 이는 음식을 재배하고, 보존하고, 준비하는 데서 나오는 감성, 상상력, 이해심이 부족하기 때문이다. 정원과 부엌에서 일하면서 개발되는 주의력이나 기술을 얻지 못하기 때문에, 필수적 지식과 애정, 통찰력 역시 가질 수 없다. 실제로 너무 많은 사람이 음식이 어디에서 생겨나는지, 혹은 장기적 차원에서 건강하고 풍성한 음식을 얻기 위해 (생태적 측면뿐 아니라 문화적 측면에서도) 실제로 무엇이 필요한지 알지 못한다. 그 결과 그들은 웬델 베리가 이 소비자 시대의 엄청난 미신 중 하나라 불렀던 "돈이 음식을 낳는다"[5]는 미신을 영속화할 위험이 있다.

오래전 아리스토텔레스는 우리가 무언가를 깊이 알려면 그것을 그 자체가 되게 하는 '4원인'을 설명할 수 있어야 한다고 주장했다.[6] 이 고대의 견해에 따르면, 음식이 무엇인지 이해하기 위해서는 (1) 식품에 포함된 물질적 요소와 생태학적 맥락을 자세히 설명하고 그 질에 대해 이야기할 수 있어야 하고(질료인), (2) 상이한 식품들을 구별하고 그 차이가 왜 중요한지 설명하고(형상인), (3) 동식물의 성장에 기여하는 수많은 지구-생물-화학적 과정, 그리고 원재료를 맛있

---

5   Wendell Berry, "In Distrust of Movements", in *Citizenship Papers* (Washington, DC: Shoemaker & Hoard, 2003), 48.

6   아리스토텔레스는 *Physics* II, 3권과 7권에서 '4원인'을 설명하고, 다시 *Metaphysics* I, 2-3권에서 그것을 지혜의 특징으로 묘사한다.

는 음식으로 변화시켜 주는 음식 문화와 요리법을 이해하고(작용인), (4) 수많은 생태학적·생리학적·사회적 목적에 대한 설명을 통해 왜 식사가 중요한지 말할 수 있어야 한다(목적인).

아리스토텔레스의 설명이 도움이 되는 이유는, 우리가 음식에 대해 생각할 때 생각할 것이 얼마나 많은지를 보여 주기 때문이다. 그의 설명은 음식에 대해 이해하기 위해서는 그 생산과 준비에 가능한 한 밀접하게 관여해야 함을 입증한다. 이렇게 실제적으로 관여하지 못할 때, 우리는 음식을 얻는 데 필요한 여러 요건과 비용, 제품에 붙은 가격표를 훨씬 넘어서는 비용을 이해하지 못할 것이다. 특정한 식품의 생산과 수확에 따라오는 건강상의 이점(우리와 동료 피조물들이 얻는)을 알지 못할 것이다. 또 밭과 물이 보호받고, 동물들이 인도적으로 취급되고, 노동자들이 안전하게 일하며 생활임금을 받는, 공정하고 지속 가능한 체계를 지지할 수 없을 것이다. 음식을 깊이 알기 위해서는 **무엇이** 있는지, **어떻게** 그곳에 있게 되었는지, **무엇을** 위해 있는지, 우리가 특정 방식으로 그것을 먹는 일이 **왜** 중요한지 알아야 한다.

식사는 방대하고 복잡하고 서로 얽힌 삶과 죽음의 드라마에 연루되는 일이며, 우리는 그 안에 있는 많은 등장인물 중 하나일 뿐이다. 식사를 아무리 혼자 할지라도, 냄새 맡고 씹고 삼키는 모든 활동은 우리를 방대한 국제 무역 네트워크에 연결하고, 그럼으로써 우리 자신을 훨씬 넘어서는 생물물리학적·사회적 세계와 연결한다. 무엇이든 씹는 순간 우리는 지역적이고 지리학적인 역사와 생화학적 과정에 참여하게 되는데, 그 다양성과 복잡성 때문에 그것을 상상하고 이해하려는 그 어떤 강력하고 철저한 시도도 무력해진다. 식사에 대해 숙고하거나 말하는 순간 우리는 음식 문화와 문화적 금기는 물론 도덕적 곤경과 영적 탐구에까지 연루된다. 한 생태학자의 격언을 수정하자면, '우리는 결코 음식을 단순히 먹기만 할 수 없다.'

음식은 우리를 지구, 동료 피조물, 사랑하는 사람과 손님들, 그리고 궁극적으로 하나님과 연결시키는 관계에 관한 것이다. 우리가 먹는 방식은, 우리가 함께 살고 의존하는 피조물들을 소중하게 여기는지 아닌지를 보여 준다. 먹는 행위는, 피조물 됨의 신비를 맛보고 또 그 신비와 씨름하는 일이다. 의식적인 식사를 할 때, 우리는 밭, 정원, 숲, 강 유역의 선함을, 그리고 씨앗과 동물을 맛있는 음식으로 키워 낸 이들의 기량을 축하한다. 또 온갖 선하고 온전한 선물을 주시는 분인 하나님을 인정하고 그분께 영광을 돌린다. 또 한편으로 우리 자신의 오만, 권태, 은혜에 대한 무지를 바로잡는 법을 배운다. 식사는 자신이 어디에 있고 누구와 함께 있는지에 대한 더 깊은 이해를 발전시키도록 사람들을 초대함으로써, 그들의 식사가 신성모독적 행동이 아닌 성례가 될 수 있게 한다. 우리는 음식과의 사려 깊고 신학적인 관계를 통해, 식사가 우리를 창조 세계의 구성원이 되게 하고 그곳에서 날마다 생명에게 복을 주고 생명을 먹이시는 하나님을 발견하게 하는 가장 친밀하고 즐거운 방식 중 하나임을 알 수 있다.

음식의 세계에 이름을 붙이고 서술하기

음식에 대해 생각하는 방식은, 우리가 그 안에서 음식을 먹는 세상에 이름을 붙이고 서술하는 방식에 달려 있다. 음식은 그냥 생기는 것도 아니고 모든 것이 음식도 아니다. 음식은 그것이 등장하는 더 넓은 맥락에서 의미를 얻는, 선택되고 이름이 붙여지는 실체다. 이름 붙이기의 의미를 이해하기 위해서 어떤 식물을 '잡초'나 '꽃' 혹은 '과일'이라 부르는 것의 차이를 생각해 보라. 이러한 이름들은 각각 아주 다른 효과를 내는 일련의 성향과 반응을 수반한다. 즉, 사람들은 잡초는 **뽑고**, 꽃은 **바라보고**, 과일은 **맛본다**. 우리가 무언가에 이름을 붙이고 서술하는 방식은, 우리가 그것들과 관계 맺는 방식에 큰 영향을 미친다.

우리는 세상에 어떤 이름을 붙여야 할까? 그리 간단하지는 않지만 아주 흔한 한 가지 방식은 세상을 '자연'의 영역으로 묘사하는 것이다.[7] 이 단어에는 아주 많은 의미가 부여된다. 우리가 자연 세계를 어떻게 생각하느냐는 우리가 속한 시기와 문화에 달려 있기 때문이다. 어떤 사람들에게 자연은 인간의 책략 및 문화와 동떨어진 세계를 가리킨다. 그러면 그것의 원초적인 형태는, 사람들이 가끔 찾아가기는 하지만 머무르리라 예측되거나 권장되지는 않는 황야다.[8] 다

---

7   레이먼드 윌리엄스Raymond Williams는 *Keywords: A Vocabulary of Culture and Society* (New York: Oxford University Press, 1976)에서 자연은 "아마도 가장 복잡한 단어일 것"이라고 말했다(219). 이는 사물의 본질적인 특질, 사물 안에서 작용하는 내재적 힘, 사물 자체의 물질 영역을 포괄한다. 여기서 만약 세 번째 측면에만 초점을 맞춘다면, 자연 세계는 비교적 유순하고 생명을 주는 어머니 같은 대자연으로부터, 테니슨Tennyson의 '인정사정 봐 주지 않는 자연'이라는 극악무도한 경기장에 이르기까지, 다양하고 심지어 모순적인 방식으로 묘사될 수 있음을 곧 알게 될 것이다.

8   주목할 중요한 점은 황야라는 단어가 아주 '부자연스럽다'는 것이다. 이는 광범위한 문화적 역사가 있기 때문이다. 미국 상황에서 그 용어를 사용해 온 역사를 탁월하게 요약한 William Cronon, "The Trouble with Wilderness; Or, Getting Back to the Wrong Nature", in *Uncommon Ground: Rethinking the Human Place*

른 사람들에게 자연은 인간 행동의 무대, 곧 연료와 음식을 얻는 데 필요한 천연자원들(목재, 기름, 물 등)을 찾을 수 있는 곳이다. 이러한 시각에서는 자연이 거대한 창고나 저장소 같은 것과 비슷하다. 자연은 그 자체로 존재하지만, 그 핵심 기능과 가치의 주요 원천은 인간의 필요와 욕구를 충족시키는 능력이다. 또 다른 사람들에게 자연은, 문화의 가식과 왜곡이 드러나고 교정될 수 있는 정화의 장소다. 이런 시각에 따르면 사람들은 인간의 선한 삶에 필수적인 것이 무엇인지 발견하기 위해 자연으로 간다.

자연을 묘사하는 데 사용된 과학 역시 시대마다 아주 다양했다. R. G. 콜링우드Collingwood는 고전적 연구인 《자연에 대한 생각*The Idea of Nature*》에서, 그리스의 자연과학은 세상에 정신 즉 '누스*nous*'가 스며든다고 이해했다고 말했다. 때로 신적인 것으로 묘사되는 정신의 존재가 우리가 보는 규칙성과 질서를 설명해 주었다. 여기서 온 세상은 그 내부에 지성의 원리가 있는 유기체와 비슷하다. 그러나 16세기와 17세기부터, 세상을 기계로 보는 명확히 근대적인 과학관이 나타났다. 즉 세상에는 그 자체의 지성과 가치가 없다. 이해되고 조종되는 자연법칙에 따라 작동하기는 하지만, 세상의 지성과 존재 이유는 전적으로 그 외부에 있다. 인간이 할당한 목적 외에는 어떤 목적이나 의미도 없다. 18세기 말엽에는 세상의 모델을 유기체나 기계

---

in Nature, ed. William Cronon (New York: W. W. Norton, 1996)을 보라. 이 책은 '황야'가, 자연을 '미개척지'이자 '숭고한' 영역으로 서술하는 방식을 뒷받침함을 보여 준다. 따라서 황야는 예배에 영감을 주는 대성당이자, 길들이고 진압해야 할 악한 영역의 역할을 할 수 있다. 좀 더 확대된 상세한 논의로는, 로더릭 내쉬Roderick Nash의 *Wilderness and the American Mind*, 4th edition (New Haven: Yale University Press, 2001)을 보라.

가 아니라, 역사 발전의 사회적 과정으로 본 하나의 과학관이 발전했다. 이 모델의 핵심은, 사회의 구성원 및 제도와 마찬가지로 자연의 요소들이 계속 변화하고 이동하고 있다는 개념이다. 자연은 역동적이며, 고정되어 있지 않다. 시간이 지나도 본질적으로 동일하다는 의미에서 '자연적인' 것은 없다.[9]

조금 더 최근에는 일부 과학자들이 자연 자체의 지성 개념에 의문을 제기한 것을 볼 수 있다. 노벨상 수상 물리학자 스티븐 와인버그Steven Weinberg는, 의미 없는 세상을 낳는 과학적 연구가 제공하는 '다소 오싹한' 그림을 보여 준다.

> 우리는 자연 안에서 우리 앞에 펼쳐지는 삶에 대한 어떤 의미도 찾지 못할 뿐 아니라, 도덕 원칙의 객관적 근거도 찾지 못하고, 아낙시만드로스와 플라톤에서 에머슨에 이르는 철학자들이 상상한 것 같은, 우리가 도덕법이라고 생각하는 것과 자연법 사이의 관련성도 찾지 못한다. 우리는 심지어 우리가 가장 귀하게 여기는 감정들 곧 아내와 남편과 자녀에 대한 사랑조차, 수백만 년이 지나는 동안 우연한 돌연변이에 영향을 주는 자연 선택의 결과인 뇌의 화학적 과정으로 인한 것임을 알게 된다.[10]

온 우주, 그리고 그것에 대해 생각하고자 하는 정신이 우연한 움직임의 결과라면, 세상에 의미나 가치가 있다는 결론은 신뢰할 수 없

---

9 R. G. Collingwood, *The Idea of Nature* (New York: Oxford University Press, 1960).

10 Steven Weinberg, "Without God", *New York Review of Books* 55:14 (September 25, 2008). www.nybooks.com/articles/archives/2008/sep/25/without-god/.

다. 임의적인 세상은 감탄을 불러일으키지 않는다. 또 우연한 정신은 우리의 존경을 받지 못한다. 와인버그의 시각에서는 세상과 그 생명에 대한 어떤 것도 신성하지 않다. 우리는 "무언가를 숭배하는 습관에서 벗어날" 때 결국 세상과 우리 자신에 대해 정직해질 것이다.

이렇듯 자연에 대한 몇 가지 서술을 간단히 탐구해 보면, 세상의 의미나 중요성에 대한 설명이 자동적으로 제공되는 것은 아님을 알 수 있다. 우리는 세상 속에 있는 자신을 발견하지만, 세상이 왜 중요하고 왜 존재하는지 그 이유까지 우리에게 주어지지는 않는다. 세상의 의미와 목적은 세상과의 상호작용에서 찾아야 하며, 살펴보았듯이 그 의미들은 현저하게 다를 수 있다. 어떤 이들에게 세상은 그 온전성이 훼손될 수 있는 유기체다. 다른 이들에게 세상은 그 가치가 전적으로 도구적이기에 마음대로 조작할 수 있는 기계다. 한편 또 다른 이들에게는 의미와 가치라는 개념이 허구이므로 진지하게 여겨지지 않는다. 세상에 대한 각각의 서술은 우리 안에서 다양한 종류의 기대와 책임을 불러일으킨다. 우리는 존중, 공경, 자제를 보여줄 수도 있고, 소유권과 통제권과 이익을 계산할 수도 있고, 혹은 그저 권태를 느끼고 편안하게 무감각해질 수도 있다. 우리가 어떤 서술에 따라 사느냐는, 음식에 대해 생각하는 방식과 음식을 공급하는 세상과 관계 맺는 방식에 결정적인 의미가 있을 것이다.

신학적 설명은 세상을 '창조 세계'로 이름 붙이고 서술한다.[11] 세

---

11 나는 *From Nature to Creation: A Christian Vision for Understanding and Loving Our World* (Grand Rapids: Baker Academic, 2015)에서, '자연으로서의' 세상과 '창조 세계로서의' 세상에 대한 서술의 차이를 전개한다.

상을 자연으로 대하는 과학적 서술에 꼭 반대하는 것은 아니지만, 세상을 창조 세계로 서술하는 방식은 세상의 구성원들에 대한 묘사와 세상의 움직임의 의미에 대한 이야기가 항상 세상의 근원이자 유지자이자 끝이신 하나님과 관련되어 표현되어야 한다는 의미를 내포한다.[12] 창조 세계로 이해된 세상은 무작위적 우연도 아니고, 우리가 의미를 부여하기를 기다리는 무가치한 상태도 아니다. 오히려 세상은 하나님이 아닌 존재가 존재하고 번성하도록 공간을 만드시는 하나님의 환대하는 사랑의 구체적인 표현이다. 음식이 신학적으로 이해되면 물질로 환원되지 않는다. 그것은 만족스럽고 맛있게 만들어진 하나님의 공급과 양육이다. 음식은 영양가 있고 맛이 좋게 만들어진 하나님의 사랑이다. 식사는 삶이 우리에게 선물로 다가옴을 날마다 상기시켜 준다.

창조 교리는 자신과 세상과 그 안에서 우리의 자리(그리고 책임)를 어떻게 생각하는지에 대해 광범위한 함의를 가진 풍성한 가르침이다. 그 교리는 세상이 어떻게 시작되었는지, 세상이 도대체 왜 존재하는지, 왜 그런 특성이 있는지, 세상이 온전하고 완벽하다는 것은 어떤 의미일 수 있는지를 다룬다. 기독교의 방식으로 서술하자면, 창조 세계는 성부, 성자, 성령 삼위일체의 삶과 밀접하게 연관된다.[13]

---

[12] 나는 *The Paradise of God: Renewing Religion in an Ecological Age* (New York: Oxford University Press, 2003)에서 창조 세계가 가진 성격의 여러 측면을 전개했다.

[13] 창조가 삼위일체의 행위라는 개념은 기독교 사상에서 오랜 역사를 가지고 있다. 그 뿌리는 예수 그리스도를 그분을 통해 세상이 존재하게 된 말씀으로 언급하는 성경 구절(요한복음의 도입부처럼)에 있다. 이레나이우스(*Against Heresies* 5.28.4)는 하나님을 말씀과 영이라는 '두 손'으로 창조하신 분으로 묘사했다. 대 바실리오스 같은 다른 이들은, "여호와의 말씀으로 하늘이 지음이 되었으며 그 만상을 그의 입 기운으로 이루었도다"라는 시편 33:6을 언급했다. 삼위일체의 창조가 통합된 행위로 제시되기는

창조 사건은 (이신론자들이 추정하듯) 오래전 태초에 일어난 일로만 국한될 수 없다. 하나님의 창조성이 발휘되는 장소 및 하나님의 창조 작업이라고 부를 수 있는 창조는 계속되고 있다. 하나님의 삶이 계속되고 있기 때문이다. 더 나아가 피조물의 삶은 어떤 의미에서 하나님의 삶에 참여하는 것이다. 피조물에게 생기를 주는 하나님의 임재(성령 혹은 호흡)만이, 피조물이 그들이 나온 먼지로 돌아가지 않게 해 주기 때문이다(시 104:29).

세상을 창조 세계라고 이름 붙이고 창조 세계를 삼위일체의 방식으로 서술하면, 세상의 움직임은 항상 성부, 성자, 성령 사이의 '움직임'의 견지에서 이해되고 평가되어야 한다.[14] 우리는 삼위일체를 묵상하고 그림으로써 거기서 작동하는 신적 관계의 성격과 의미를 어렴풋이 감지할 때, 오늘날 우리 세상을 구성하고 있는 일상적 관계를 평가하는 데 필요한 관점을 얻는다. 한스 우르스 폰 발타사르 Hans Urs von Balthasar가 말했듯이, 하나님이 세상을 창조하셨다면 하나님은 삼위일체 사랑을 창조된 생명의 기초이자 목표로서 전달하신다. "하나님 존재의 영역에서 영원한 사랑의 생명력과 자유는, 피조물이 존재하고 발달하는 영역에서 사랑의 최상의 모습이 어떠할 수

하지만, 삼위의 존재는 구별을 허용한다. 이레나이우스는 그것을 이런 식으로 제시한다. 즉 성부가 계획을 세우고 명령하고, 성자가 행하고 창조하고, 성령이 영양분을 공급하고 증대시킨다. 그러나 세 다른 신을 상상하지 않으려면, 이러한 구분이 엄격하게 이해되어서는 안 된다.

14 강조할 점은, 하나님의 영원한 삼위일체적 삶은 항상 우리에게 신비라는 것이다. 그리스도인이 하나님의 삶에 대해 이해한다고 어떤 주장을 하든, 그것은 이스라엘의 증언과 성육신하신 성자 안에서 우리에게 주신 하나님의 계시에 의존한다. 예수 그리스도는 하나님의 형상 혹은 초상이므로(골 1:15), 우리가 하나님의 삶을 들여다보는 '창문'이다. 그러나 우리의 보는 능력은 우리 안에 있는 죄의 세력 때문에 제한된다.

있는지를 보여 주는 원형이 된다."[15] 여기서 발타사르가 의지하는 것은, 삼위 가운데서 작동하는 사랑을 세상을 창조하고 유지하고 구속하는 동일한 사랑으로 이해하는 신학 전통이다.[16] 이는 피조물의 삶이 무엇이고 어떤 의미이고 어떤 목적이 있는지 알고자 한다면, 삼위 하나님의 삶을 들여다보아야 한다는 의미다.

미로슬라브 볼프Miroslav Volf는 삼위일체의 관계를 쉽게 혹은 직접적으로 사회적 프로그램으로 옮길 수 있다는 생각은 오해임을 올바르게 상기시킨다. 우리가 살고 있는 세상은 타락했다. 죄가 원래 온전하고 선하고 아름다웠던 피조물의 관계를 왜곡시키고 망가뜨렸다. 우리 '사랑'의 상당 부분은 사실 소유하고 통제하려는 우상숭배적 욕구다. 그러나 주목할 점은, 죄가 이 세상의 관계들을 수없이 해체해 놓았지만, 하나님이 세상에 임재하시는 것을 완전히 막을 힘은 없다는 것이다. 하나님은 세상을 유지시키는 숨 혹은 영으로 세상에 항상 임재하시며, 피조물을 온전한 삶으로 이끄신다. 하나님은 나사

---

15 Hans Urs von Balthasar, *Theo-Drama—Theological Dramatic Theory: Volume V: The Last Act*, trans. Graham Harrison (San Francisco: Ignatius Press, 1998), 79-80.

16 발타사르는 토마스 아퀴나스를 인용한다. "따라서 성부는 성자인 그분의 말씀과 성령인 그분의 사랑으로 창조를 행하신다. 위격들의 발현으로 피조물이 만들어졌고, 그것은 존재의 속성, 즉 지식과 의지의 속성을 포함하게 되었다"(앞의 책, 62). 그리고 보나벤투라를 인용한다. "하나님이 이미 그분의 본성에 따라 아들을 낳지 않으셨다면, 그분의 뜻에 따라 창조 세계를 낳을 수 없었을 것이다"(앞의 책, 64). 발타사르는 그들의 입장을 이런 말로 요약한다. "지상의 모든 생성becoming은 하나님 안에서 일어나는 영원한 '사건happening'의 반영이다. 반복해서 말하지만, 그것은 영원한 존재 혹은 본질과 동일한 것이다"(앞의 책, 67). 삼위일체의 사랑의 움직임을 '생성'이 아니라 '사건'으로 묘사하는 것이 중요하다. 하나님의 삶은 우리 삶과는 전혀 다르게, 결핍이나 불안을 허용하지 않기 때문이다. 삼위일체는 충만한 삶, 평화로운 삶이다. 그러나 자신을 내어주고 사귐을 받아들이는 영원한 움직임이기 때문에 비활성이 아니다.

렛 예수의 인격을 통해 피조물의 육신을 취하셔서, 우리 육체가 하나님의 삶을 알고 그 삶에 참여할 수 있게 하셨다. 그러므로 우리는 볼프와 함께, 삼위일체가 구체적인 행동 계획을 제시하지는 않지만 피조물들의 관계가 어떠해야 하는지에 대한 비전의 윤곽을 제시한다고 결론 내려야 한다. 성자의 증언, 성령의 인도, 교회의 양육은 개인들이 혼자서는 성취할 수 없는 새로운 삶을 가능하게 해 준다.

예수님의 삶과 성령의 능력을 고려할 때 분명해지는 것은, 피조물의 관계의 목표는 **사귐**communion에서 성취된다는 사실이다. 죄의 권세 아래서 삶은 분열, 고립, 폭력적 파괴의 양상으로 빠질 수 있지만, 삼위일체의 증언은 삶이 평화와 사랑의 사귐으로 그 충만함에 이른다는 것이다. 삼위일체의 세 위격은 마치 각기 자신의 세력과 영향력을 펼칠 영역을 주장하는 세 작은 신처럼 서로 화려하게 고립되어 존재하지 않는다. 오히려 성부, 성자, 성령은 철저한 평등과 연합 속에서 서로와 **함께** 존재한다. 대 바실리오스는 '함께'라는 단어의 사용을 주장했는데, 이는 그 단어가 위격들의 사귐^{koinonia}을 가장 잘 증언해 준다고 믿었기 때문이다.[17] 삼위일체 안에는 종속이나 계급이 없다. 오히려 세 분은 완벽한 상호 관계를 이루며 서로 삶을 공유한다. 그 위격들은 서로 구별되면서도 항상 서로 안에 거한다. 이러한 상호 내재는 그 자체 안에 타자를 위해 '공간을 만드는' 것을 뜻하는 '페리코레시스'로 묘사된다.

'페리코레시스'는 급진적인 가르침이다. 이는 위격들이 처음에

---

17 바실리오스와 사귐의 동인으로서 성령의 능력에 대한 내 이해는 데니스 에드워즈 Denis Edwards의 *Breath of Life: A Theology of the Creator Spirit* (Maryknoll, NY: Orbis Books, 2004), 16-30에 기초한 것이다.

개별적으로 존재하다가 어느 순간 서로와의 관계로 들어가는(그래서 관계가 선택적인 일이 되는) 것이 아님을 암시한다. 삼위일체의 삶은, 관계성이란 훨씬 깊은 것이어서 단순히 현실을 표시하기보다 **구성한다**는 사실을 보여 준다. 볼프는 신적 위격들이 "단순히 상호 의존적이고 외부에서 서로에게 영향을 미치는 것이 아니라, **인격적으로** 서로의 **내부**에 있다"[18]고 지적한다. 다시 말해, 참된 실재의 핵심은 상호 내재, 즉 내 안에 있는 타자와 타자 안에 있는 나 자신이다. 타자들이라는 선물을 **통해** 참된 삶이 이루어진다. 우리의 식사 경험이 확증하듯이, 살아 있는 존재가 독재(자기 발생적이고 스스로 생존하는 삶)를 시도하면, 모든 양육을 거부함으로써 스스로 죽음을 초래한다.

'페리코레시스'는 침해가 아닌 상호 침투를 말한다. 예수님이 "아버지께서 내 안에 계시고 내가 아버지 안에 있[다]"(요 10:38)고 말씀하실 때, 그것은 그들의 존재가 서로의 내부에서 용해되어 소멸한다는 의미가 아니었다. 오히려 예수님과 하나님은 서로의 **안에 있는** 서로의 존재 때문에 그들 자신이시다. "예수님과 아버지의 관계는 주인과 종속된 자(혹은 종)의 관계가 아니라, 한쪽의 의지가 자연스럽게 다른 쪽과 맞추어지는 완벽한 우정 혹은 동반자 관계다. 여기서 순종은 완벽한 사귐에서 나온다(요 15:15)."[19] 실재에 대한 삼위일체적

18　Miroslav Volf, "'The Trinity Is Our Social Program': The Doctrine of the Trinity and the Shape of Social Engagement", *Modern Theology* 14:3 (July 1998), 409.

19　Kathryn Tanner, *Christ the Key* (Cambridge: Cambridge University Press, 2010), 186. 태너는 성부-성자 관계의 특징인 '완벽한 사귐'을 올바르게 강조했다. 그러나 '맞추어짐'이라는 표현은 오해의 소지가 있을 수 있다. 한때 맞추어지지 않은 두 독립적인 삶의 영역이 있었는데 서서히 맞추어졌음을 암시한다면 말이다. 여기서 우리는 삼위일체를 생각할 때 핵심적인 난제 중 하나를 만나는데, 곧 세 위격의 구별됨과 연합을

관점, 관계의 영감과 목표에 대한 이 서술은, 자기가 된다는 것이 무엇을 의미하는지에 대한 인상적인 묘사로 귀결된다. "자기는 타자를 위한 공간을 만들고 타자에게 공간을 내어줌으로써 형성된다. 그리고 타자 안에 거주하며 풍요로워지고 또 그 풍요를 자신 안에 거주하는 타자와 공유함으로써, 타자가 문을 닫을 때 스스로를 재점검하고 문을 두드리며 그에게 도전함으로써 형성된다."[20] 따라서 인격적인 피조물이 된다는 것은, 처음부터 환대와 사귐으로 형성되고 환대와 사귐 안으로 부름받는 존재가 되는 것이다. 삼위일체적 창조란, 삶은 끊임없이 서로를 공유하고 받아들이며 영원히 자신 안에 타자가 머물 '공간을 만드는' 것을 기반으로 한다는 의미다. 삶은 소유물이기보다는 선물, 자신을 내어주고 사랑을 받는 움직임이다.

우리는 삼위일체에 관한 이 간단한 설명에서 매우 실존적이고 실제적인 의미를 발견한다. 삼위일체는 결코 추상적이고 불가사의한 교리가 아니다. 삼위일체는 세상과 그 안에서 우리의 자리를 재고하게 만든다. **세상은 왜 존재하는가?** 타자가 존재하고 번성하도록 '공간을 만들어 주는' 것이 하나님 사랑의 본질이기 때문이다. 하나님은 그분의 환대의 표현으로서, 그리고 사람들이 타자에게로 환대를 확장하도록 초대받는 장소로서 세상을 창조하신다. **세상의 특징은 무엇인가?** 세상은 개인들이 아니라, 서로에게 합류할 때 삶이 가능해지는 구성원들로 이루어진다. 구성원이 되는 일은 선택 사항이 아니다. 우리가 경험하는(가장 명백하고 실제적인 요소인 식사를 통해) 관계들

유지해야 한다는 것이다.

20 Volf, "'The Trinity Is Our Social Program'", 410.

이 우리를 구성하고, 양육하고, 영감을 주고, 충족시킨다. **이 세상과 이 삶의 목표는 무엇인가?** 구성원 됨으로부터 사랑과 평화가 있는 깊은 사귐으로 나아가는 것이다. 우리는 관계들을 부담이나 위협으로 보기 때문에, 구성원 됨을 왜곡하고 붕괴시키는 방식으로 살아간다. 그러나 우리 삶이 삼위일체의 삶에 좀 더 온전히 참여한다면, 우리 역시 사귐의 완성인 천국의 영역으로 옮겨 가게 될 것이다.

이제 우리는 창조에 대한 삼위일체적 설명이 음식에 대한 우리의 생각을 변화시킨다는 사실을 알게 되었다. 음식은 사랑의 선물이다. 우리는 서로 음식을 나눔으로써 이 세상과 함께 하나님의 환대하는 방식에도 참여한다. 식사는 단지 하나님의 사랑을 **상기시키는** 행위가 아니다. 그것은 오히려 우리가 그 안에 **잠기고**, 자신을 내어 주시는 하나님의 삶에 **참여하는** 것이다. 하나님이 알려 주시는 방식의 식사는, 생명을 창조하고 존중하시는 하나님의 방식을 타자와 장소로 **확장하는** 일이다. 이는 하나님이 절대 우리와 멀리 계시지 않는다는 의미다. 오히려 하나님은 소화라는 내장의 경험과 몸이 유지되는 경험을 하고 있는 우리와 가까이 계신다.

창조 세계의 모든 것과 마찬가지로 음식도 반드시 존재해야 할 필요는 없다. 음식이 존재하고 또 그것이 큰 기쁨을 가져다줄 가능성이 있다는 사실은, 하나님이 지루함 때문이 아니라 기쁨으로 세상을 만드셨다는 표지다. 이 진리를 이해하면, 우리는 로버트 패러 캐폰Robert Farrar Capon이 제안한 건배사를 외치고 싶을 것이다.

근본적으로 영원히 불필요한 세상을 위해. 마음에 놀라움을, 지성에 신비를 회복하기 위해. 전혀 기대하지 않았던 선물인 포도주를 위해. 믿기지 않는 유산인 버섯과 아티초크를 위해. 우리로서는 생각지도 못한 예사롭지 않은 신맛과 도수 높은 술을 위해. 그리고 필요하지 않은 모든 존재를 위해.…우리는 자유롭다. 필요한 것은 아무것도 없다. 모든 것은 기쁨을 위한 것이다. 회계 담당자는 대차대조표와 씨름하고, 술꾼은 팁에 신경 쓴다. 하지만 하나님은 별난 분이시다. 그분에게는 이유가 아니라 **사랑**이 있다. 경례![21]

음식을 선물이자 하나님의 사랑과 기쁨에 대한 선언으로 받아들이는 것이, 음식을 신학적인 방식으로 받아들이는 것이다.

창조에 대한 삼위일체적 설명은 먹는 방식도 변화시킨다. 살기 위해 먹는 것은 분명 사실이지만, 삼위일체에서 영감을 받은 식사는 우리가 삶을 공유하고 증진하기 위해 먹는다는 의미다. 궁극적이고 신학적인 의미에서 식사는 칼로리 섭취로 환원할 수 없다. 오히려 식사는 환대를 확장하고, 자신의 삶을 공유함으로써 타자들이 생명을 발견하도록 공간을 마련하는 일과 관련이 있다. 자신을 내어주고, 다른 사람의 안녕을 위한 책임을 받아들이고, 자신의 삶을 타자들을 양육하는 일로 바꾸는 것, 이런 것들이 성령이 능력 주시는 삶의 표지다. 다시 말해, 식사는 사귐으로 들어오고 서로 화해하라는 초대다. 식탁에서 하나님과 함께 먹는 것은, 창조 세계의 구성원들을 치유하고 축하하려는 목적으로 먹는 것이다.

식사 신학의 중심 되는 과제는, 우상숭배를 경계하도록 돕는 일

---

21 Robert Farrar Capon, *The Supper of the Lamb: A Culinary Reflection* [New York: Modern Library, 2002(1967)], 85-86.

이다. 여기서 우상숭배는 인간의 능력을 확대하고 활성화하려는 노력으로 간단히 묘사할 수 있다. 식사의 목표는 음식이나 우리 자신을 숭배하는 것이 아니다. 통제, 효율, 편리라는 현대의 우상에게 식품 생산과 소비를 바치는 것도 아니다. 우리의 역사가 충분히 보여주듯이, 식사가 우상숭배가 될 때 결과적으로 목도하게 되는 것은, 망가지고 파괴된 서식지, 비참한 동물들, 불안정하고 학대당하는 노동자, 불공정한 무역 협정, 외롭게 먹는 자들이다. 무엇보다 중요한 우리의 과제는 음식이 독점적인 소유물이나 권력의 도구로 변하는 것에 반대하는 증언을 하는 것이다. 이는 음식이 감사히 받고 너그럽게 나누어야 하는 선물이라는 의식을 회복하는 일이다.

빵이라는 선물?

빵은 오랫동안 근동과 서구 문화의 마음과 삶의 중심에 있었다. 여러 세대를 지나는 동안 사람들은 빵을 양식과 연결했고, 빵을 구할 수 있는 상태를 좋은 시절 및 식량 안보와 연결했다. 사실 성공한 문화와 쇠퇴한 문화 이야기는, 곡물 밭의 운명에 대한 설명 없이는 완성되지 않는다. 빵의 부재, 심지어 빵의 부족에 대한 두려움만으로도 굶주림을 중단시키기 위한 폭동을 야기하거나 군대를 불러들이기에 충분했다. 어쨌든 프랑스 소작농들의 바스티유 습격을 생각하면서 빵을 달라는 그들의 외침을 기억하지 않을 사람이 있을까? 혹은 나폴레옹이 빵이 부족하여 광기와 포악에 시달리던 군인들을 퇴각시킨 일을 잊을 수 있을까? 오랜 세월 동안 많은 이들의 마음속

에서는, 빵 없이는 그야말로 생명이 없었다.[22]

우리들 대부분은 더 이상 이렇게 빵과 양식의 이러한 밀접한 환유적 동일시를 당연하게 여기지 않지만(그러한 연결은 이제 우리의 관심과 지갑을 놓고 경쟁하는 수만 개의 식품으로 인해 약해졌다), 우리가 돈을 bread 라고 언급할 때나 임금 노동자를 가정의 breadwinner(밥벌이하는 사람)로 언급할 때 여전히 우리의 상상력 속에 존재한다. 우리에게 주어진 다양한 선택지와 앳킨스 다이어트가 추천하는 것들(!)과 상관없이, 빵은 삶의 필수품이자 여전히 생물학적·사회적 삶을 유지하는 기본 성분 가운데 하나다. 갓 구운 빵 냄새는, 자리에 앉아 편안하게 몇 조각 먹고 싶은 마음을 불러일으키기에 충분하다. 눈에 보이고 향이 좋고 만질 수 있는 따뜻한 빵 한 조각은 나눔과 우정 companionship을 불러일으킨다('친구companion'라는 단어는 '함께'를 뜻하는 라틴어 com과 '빵'을 뜻하는 panis에서 온 것으로, '빵을 나누는 사람'이다). 빵은 영양분을 공급하는 것에 더하여, 가정과 환대와 교제, 함께하는 삶을 나타낸다. 성찬에서 그리스도의 몸인 빵을 받을 때, 그것을 통해 살찌워진 우리는 하나님의 공동체적 삶 속으로 들어간다.

어떤 점에서 빵은 철저하게 인간적인 음식이다. 레온 카스Leon Kass가 말하듯이, "인간man은 빵을 먹음으로 인간human이 된다."[23] 대부분의 과일, 야채, 고기와 달리, 빵 한 조각을 준비하기 위해서는 자

---

22 문제 되는 요소도 있지만 서구 문화에서 빵의 의미에 대한 매력적인 이야기를 들려주는 책으로, H. E. Jacob, *Six Thousand Years of Bread: Its Holy and Unholy History* (New York: Lyons Press, 1944)를 보라.

23 Leon R. Kass, *The Hungry Soul: Eating and the Perfecting of Our Nature* (Chicago: University of Chicago Press, 1999), 122.

연환경의 꽤 철저한 변형과 상당한 인지적·사회적 발달이 필요하다. 우리의 위장은 날것의 상태나 살짝 익힌 곡물을 먹지 못한다. 빵을 얻기 위해 사람들은 곡물을 가루로 변화시키고, 가루를 반죽으로 바꾼 다음, 먹을 만하게 만들기 위해 적정 온도에서 적정 시간 그 반죽을 굽는다. 그리고 곡물 수확은, 경작과 식품 저장에 관한 많은 탁월한 기술을 배운 농업 사회를 전제한다. 빵을 만드는 일은, 더 이상 그저 음식을 채집하지 않고 어떤 공유된 목적이나 목표를 위해 땅의 선물을 변화시키고자 창의적이고 과학적으로 일하는 특정 문화를 필요로 한다.

한 조각의 빵은 적어도 네 가지 주요한 내러티브 혹은 역사를 전달한다. 그것은 곧, (1) 다양한 식물 생장을 돕고 효모 포자, 소금, 설탕, 물을 생산하는 자연 과정에 대한 내러티브, (2) 인간의 식물 재배, 곡물과 열기에 대한 많은 실험, 곡물 경제의 발전에 대한 농업적 내러티브, (3) 자신들의 주거지와 서로와의 관계를 환대가 가능한 새로운 방식으로 제어할 수 있다는 생각에 이른 인간 자체의 변화에 대한 도덕적/철학적 내러티브, (4) '생명의 빵'이신 예수님께 초점을 맞추는 신학적 내러티브다.[24] 이는 한 조각의 빵이 무엇**인가**를 온전히 숙고하려면, 특정 조각을 훨씬 넘어 모든 식사에 반영되는 물질적·생물학적·사회적·신적 원천들을 포함하는 데까지 나아가야 한다는 의미다.

이렇게 많은 생태학적·문화적 깊이를 가진 '단순한' 음식은 필연적으로 빵의 전반적 의미에 중요성을 더하는 많은 부차적 줄거리

---

24 이 네 번째 내러티브에 대한 대부분의 논의는 5장에서 다룬다.

를 전제한다. 그중 일부를 이야기하려 할 때 우리는 모든 빵이 의존하는 땅, 토양, 물로 시작해야 한다. 토양과 물과 햇빛이 없으면 빵은 있을 수 없다. 곡물이든 아니든 모든 식물은 이 생명을 주는 모체에 의존하기 때문이다.

토양을 먼지에 불과한 것으로 치부하면 유기질 토양이 생명을 양육하는 데 없어서는 안 되는 환경(일종의 태반)임을 잊기 쉽다. 토양은 우리 삶의 많은 부분을 가능하게 한다. 건강한 좋은 토양은 죽어 있지 않고 생명으로 가득하다. 죽음은 그 안에서 부패되어 새 생명으로 다시 나타난다. 이는 수십억 개의 박테리아와 미생물들의 놀라울 정도로 복잡한 보이지 않는 작업 때문이다. 그들의 작업이 없으면 우리 세상은 시체들과 죽음의 악취에 압도될 것이다. 토양은 우리가 이해하기 시작조차 하지 못한 경이이자 신비다. 토양은 우리가 반드시 선택할 필요가 없는 생명체(잡초!)를 포함한 지구 생명체들이 말 그대로 자라나는 환대의 '식탁'이다. 웬델 베리는 타당한 이유로 토양을 그리스도와 유사하게 묘사한다.

가장 본이 되는 특성은 표토의 특성이다. 그 수동성과 자비심 그리고 그 평화로움에서 나오는 예리한 에너지는 무척 그리스도 같다. 표토는 경험과 계절의 흐름을 통해 증가한다. 성장하는 것들이 그것에서 나오고 그것으로 돌아간다. 야망이나 공격성 때문이 아니다. 표토는 죽어서 그곳으로 들어가는 모든 것으로 인해 풍성해진다. 역사나 기억으로서가 아니라, 풍성함, 새로운 가능성으로서 과거를 보존한다. 그 비옥함은 항상 죽음으로부터 가능성을 구축하며 죽음은 그 과거가 미래로 들어가는 다리 혹은 터널이다.[25]

수천 년 동안 사람들은 땅의 열매를 찾아다니고 채집하며 살았다. 환경에 약간 변화를 주긴 했지만 그들은 땅에 많은 영향을 미치지 않았다. 그러다가 1만 년쯤 전에 새로운 형태의 문화, 동식물을 길들이고 재배하는 문화가 서서히 나타났다. 바로 농업이다.[26] 그 모든 것이 어떻게 일어나게 되었는지는 꽤 매력적이고 복잡한 이야기지만, 이 새로운 삶의 방식의 핵심에는 경작이 있다. 결국 빵을 만들게 될 곡물을 재배하기 위해, 인간은 토양을 조작하는 법을 배워야 했다.

우리는 경작을 완전한 축복으로, 번영과 평화의 표지로 생각하는 데 익숙하다. 우리는 더 좋은 시절이 오면 칼을 쳐서 보습을 만들 것이라고 선언하는(사 2:4; 욜 3:10; 미 4:3) 예언자들을 떠올린다. 그러나 우리는 토양을 개조하며, 말 그대로 땅을 거꾸로 뒤집으면서 엄청난 파괴적 잠재력 또한 폭발시켰다. 농업이 시행되기까지 걸린 충분한 시간을 보건대, 사람들은 땅을 서서히 약화시킴으로써 상대적으

25　Wendell Berry, *The Long-Legged House* (New York: Harcourt, Brace and World, 1969), 204.

26　인류 역사에서 농업 혁명 이야기는, 농업이 어떻게 발달했고 왜 농업이 다양한 지역들과 일단의 사람들에게 의존하는 특정 형태들을 갖게 되었는지 등과 관련해 복잡성과 다면성을 가진다. 탁월한 조사를 한 책으로는, 그레이엄 바커Graeme Barker의 *The Agricultural Revolution in Prehistory* (Oxford: Oxford University Press, 2006)를 보라. 사람들은 그저 어느 날 일어나 밀 키우기와 빵 굽기에 전념하게 된 것이 아니었다. 이러한 기본적인 주식을 생산하기 위해 수많은 압력(기후, 지형, 초목, 인구)과 결정(지위, 안정, 전통, 실험에 대한)이 합해져야 했다. 인간의 상상력과 심리학에서 의미 있는 변화(이를테면, 정령 신앙에서 벗어나는 변화)가 일어나야 했다. 농업으로의 움직임은, 사람들이 헌신된 농부들이 되기 전 수 세기 동안 소규모 경작과 수렵, 채집을 결합하면서 보통 서서히 점진적으로 다양하게 적용된 움직임이었다. 농업의 발달에 기여한 여러 요소들에 대한 최근의 평가로는, James C. Scott, *Against the Grain: A Deep History of the Earliest States* (New Haven: Yale University Press, 2018)를 보라.

로 생명력 없는 광활한 지역을 만들었다('비옥한 초승달 지대'가 이제 대부분 사막 풍경임을 기억하라). 웨스 잭슨Wes Jakson은 타당한 이유로, 경작을 '전 지구적 질병'의 징후라고 지적한다. 그리고 경작의 발명은 "생명의 기원보다 훨씬 빠르게 지구를 변화시킨, 지구상에 나타난 가장 의미심장하고 폭발적인 사건이다."[27]

따라서 생태학적으로 볼 때, 곡물 생산과 빵의 발명은 거의 유익하지 않거나 도덕적으로 부적절한 사건이다. 농업의 대성공을 이루기 위해 사람들은 시간이 지나면서 우리 지구를 극적으로 변화시킨 관행을 시작해야 했다. 경작을 위한 공간을 만들기 위해 숲의 나무를 베고 습지에서 물을 빼내야 했다. 대초원의 풀들과 그 풀을 먹고 살던 물소와 늑대 개체군이 빠르게 사라졌다. 원주민들은 그들의 땅과 그 땅을 터전으로 살던 삶의 방식을 잃어야 했다. 야생에 사는 각종 생물, 동식물이 서식지를 잃고 결국 멸종되었다. 실제로 야생과 황야라는 개념 자체가 새로운 시각에서 나타나고 제시되었다.[28]

곡물 농업의 영향은 절대 자연 세계에 국한되지 않았다. 사람들이 수렵-채집의 삶에서 농경 생활이라는 더 정착되고 조직화된 삶

27　Wes Jackson, *New Roots for Agriculture*, New edition (Lincoln: University of Nebraska Press, 1985), 2.

28　Stephen Greenblatt, "Towards a Poetics of Culture", in *The New Historicism*, ed. H. Aram Veeser (New York: Routledge, 1989)는 요세미티 국립공원을 방문한 일을 묘사한다. 그곳에서 그는 "당신은 황야에 들어가고 있습니다"라고 알리는 표지판을 마주친다. 그 표지판에는 행동 규칙 목록도 명시되어 있었다. 따라서 "황야는 규칙의 강화로 표시되며", "그 경계를 확고히 하는 공식적 표현으로 보호되는 동시에 소멸된다. 자연적인 것이 인공적인 것과 대립되는데, 그러한 대립을 무의미하게 만드는 수단을 통해 그렇게 된다"(9). 근대 이전 황야의 의미를 다룬 책으로는, Max Oelschlaegger, *The Idea of Wilderness: From Prehistory to the Age of Ecology* (New Haven: Yale University Press, 1993)를 보라.

의 방식으로 옮겨 감으로써, 사회 구조, 경제 양식과 우선순위, 종교적 상상력이 변화되었다. 관리되는 밭에서 수확하는 곡물을 통제하고 저장하고 분배하기 위해 기술적인 수단을 개발하면서, 사실상 인간과 땅의 관계에 대한 새로운 이해가 서서히 등장했다.[29] 식량 공급원이 점점 자신의 통제와 설계 안으로 들어올 때 사람들은 그것에 대해 어떻게 생각하게 될까? 수렵-채집인들도 다양한 수준에서 그들의 환경을 개조하고 관리했지만, 농업 전문가들은 인류에게 새로운 길을 제시한다.

이러한 발달 과정에는 항상 도덕적·신학적 모호함이 있었다. 한편으로 농업은 인구 성장을 이루고 점점 세련된 문화를 가져왔다. 또 항상 실현되지는 않았지만, 동물을 경제 단위가 아닌 존중과 돌봄을 받아야 할 온전한 생명체로 다루는 돌봄 축산animal husbandry 기술의 개선을 가능하게 했다. 그리고 토양 비옥도와 식물의 건강을 저하시키기보다 향상시키는 지속 가능한 토지 관리 관행을 가능하게 만들었다. 다른 한편으로, 농업은 세계 동식물 다양성의 파괴와 토양 및 물의 양적 축소의 원인이 되기도 했다. 또 밭과 숲, 강 유역의 선물을 착취하고 황폐화하는 문화를 조장한다.

이러한 모호한 상태는 미국의 농업이 발달해 온 이야기에서 쉽

---

29 *Against the Grain: How Agriculture Has Hijacked Civilization* (New York: North Point Press, 2004)에서 리처드 매닝Richard Manning은 농업의 발달이 대부분 땅과 물의 황폐화, 팽창주의적이고 식민주의적인 사고방식, 더 나쁜 식단과 인간 건강의 저하로 귀결되는 생태학적·사회적 재난이라고 주장한다. 저자의 시각에서 농업은 사람들을 자연에서 내쫓고, 줄어드는 자원을 통제하고자 하는 엄청난 싸움으로 서로 등을 돌리게 한다. 농업, 특히 산업형 농업은 분명 수많은 형태의 파괴와 타락을 일으키기 쉽다. 농사가 항상 그래 왔거나 그럴 필요가 있었는지는 또 다른 문제다.

게 관찰된다. 곡물 재배의 성공은 자연 및 문화 환경의 급진적이고 때로는 잔혹한 변화를 필요로 했다(수천만 명의 북미 원주민들을 폭력적으로 몰아내고 살상한 일과 수많은 농업 부문에서 농부들이 노예에게 의존했던 것을 떠올려 보라).[30] 농부들은 서부로 이동하면서 철도를 놓고, 생산한 밀을 다시 동부의 세인트루이스와 시카고 같은 성장하는 도시로 운송했다. 밀을 재배하기 위해서는 대초원을 갈아엎고 숲을 제거하고 습지에서 물을 빼내야 했다.[31] 도시를 건설하기 위해서는 자원이 지속적으로 유입되어야 했다. 이러한 도시들의 외관과 냄새는 (가축 수용소, 대형 곡물 창고, 기차역, 부두가 입증하듯이) 곡물 무역의 직접적 영향을 받았다. 밀 무역의 변천으로 직업과 사업이 생겨나고 또 사라졌다. 곡물이 점점 더 시장성이 높은 상품으로 여겨지게 되면서, 곡물을 출현시킨 자연 과정 및 농업 과정과의 어떤 강력한 연관성도 일절 사라졌다. 윌리엄 크로논William Cronon은 그것을 이렇게 묘사한다. "'체인지'[시카고 거래소]에서 거래되는 곡물 창고 증권은 인류의 가장 오래된 식품 가운데 하나를 변형시켜, 그 물리적 정체성을 모호하게 만들고 그것을 상징적인 자본의 세계로 옮겨 놓았다."[32]

---

30 로렛 서보이Lauret Savoy는 *Trace: Memory, History, Race, and the American Landscape* (Berkeley: Counterpoint, 2015)에서 미국의 풍경이 그 안에서 살던 사람들과 생명체들에게 가한 폭력을 어떻게 입증하는지에 주의를 집중시킨다.

31 농업 기술의 악용과 문화적 오만이 대초원 생태계의 천연의 비옥함을 약화시킨 역사는, 도널드 워스터Donald Worster의 *Dust Bowl: The Southern Plains in the 1930s* (New York: Oxford University Press, 1982)를 보라.

32 William Cronon, *Nature's Metropolis: Chicago and the Great West* (New York: W. W. Norton, 1991), 120. 다이애나 헨리케스Diana Henriques는 "New Threats to Farmers: The Market Hedge", *New York Times*, April 21, 2008에서, 오늘날의 농부는 수입과 지출의 균형을 맞추기 위해 밭과 시카고의 파생 시장 모두에서 일한다고 묘사한다. 토양에 투자하는 것으로는 충분하지 않으며 헤지와 선물, 옵션에도 투

자본의 세계는 빵뿐 아니라 각종 식품 생산에 극적인 영향을 미쳤다. 식품 품목은 생태계 삶의 깊이 있고 다양하고 다층적인 이야기를 나타내거나 선물로서의 삶을 증언하기보다는, 점점 가격 및 수익성과 관련된 고려 사항으로 축소되었다. 식품 통제가 자본주의의 일차적인 우선순위이고, 최상의 방법은 식품 품목을 그 식품의 자연적·문화적 고향과 분리하는 것이다. 이제 추상화되고 고립된, 오늘날 수천 개의 '부가가치가 붙은' 상품으로 조작되고 재결합될 수 있는 성분과 영양소로 축소된(최대로 가공된 식품의 성분 목록을 보라. 토양에서 얻는 생생한 과일처럼 식품으로 인지되는 것들이 거의 없다는 사실에 깜짝 놀랄 것이다) 매장 진열대 위의 음식은, 포장재의 한 특징이 되고 또 편리한 상품이 된다. 다시 말해, 음식의 의미, 가치, 진짜 비용이 급격히 축소되거나 간소화되어, 결국 사람들은 빵 한 조각과 토양 미생물, 식물, 농부의 삶 사이의 어떤 연관성도 잊어버린다. 사람들은 이제 빵 한 조각을 먹으며, 그 빵을 존재하게 한 농업 공동체나 생태계의 이웃을 상상하거나 그들에게 공감할 수 없다. 사람들은 가게에서 빵 한 조각을 구입하면서도, 그것이 토양과 강 유역 파괴에 기대고 있는지 혹은 토착 문화의 소실과 오늘날 노동자들의 열악해진 삶에 기대고 있는지에 대해서는 알지 못할 수 있다.

우리는 지금 많은 이들에게 빵의 의미가 경영진 사무실에서 계산되는 것 혹은 생명공학자의 연구 계획에 기여하는 것으로 심각하게 제한되고 축소된 시기를 살고 있다. 곡물이 일차적으로 특허로 표현되고 빵이 매장 진열대 공간을 기준으로 표시될 때, 우리는 삶

자해야 한다.

의 기적적인 선물, 토양과 광합성의 신비, 농촌의 관행과 우선순위, 지역 제과점의 전통과 조리법과 구전 지식, 가정의 오븐에서 나오는 환대의 경험에서 멀리 떨어져 있음을 알게 된다. 돌봄, 인내, 주목, 꾸준한 노동, 공동의 책임, 나눔, 축하에서 영감을 받아 온 빵 이야기들이, 이제 점점 경쟁, 통제, 효율, 편리, 이익의 이야기들로 다시 쓰이고 있다. 너무나 자주 황폐화된 땅과 공동체를 전제하는 이야기들로 말이다.

 빵 생산에 반영되는 일부 요소와 과정들에 대한 이 간단한 서술에 익숙해지는 일이 중요한 까닭은, 빵 이야기를 배움으로써 빵이 담고 있는 다양하고 깊은 의미들을 볼 수 있기 때문이다. 빵은 수많은 (인간과 비인간) 타자들의 삶 사이를 순환하며 그들의 생명 혹은 파괴에 기여한 삶과 역사를 가지고 있다. 빵을 만드는 방식, 나누고 유통하는 방식에는 심오한 도덕적·영적 의미가 있다. 모든 빵 조각이, 빵을 가능하게 하는 사회적·생태적 관계를 **어떻게** 설정하느냐에 대한 결정을 전제하기 때문이다. 빵은 생명의 근원과 구성원을 존중하는 방식으로 먹을 수도 있고, 또 그렇게 먹지 않을 수도 있다.

 이렇게 조사해 나가는 과정은 또한 인간의 빵 생산과 소비가 하나님의 화해시키는 공동체적 삶을 증언하는지 여부를 묻게 한다. 우리는 빵의 역사를 추적하면서, 다양한 순간에 우리의 주된 관심사가 빵에 반영되는 요소들(토양, 물, 밀, 노동자)을 통제하는 것이었음을 확인한다. 빵 문화는, 빵 혹은 그것을 먹는 자들에게 항상 호의적이지는 않았다. 토양은 충분히 영양분을 공급받지 못했고, 물은 보호받거나 보존되지 않았고, 밀은 선물로 받아들여지지 않았고, 노동자와 농부는 공정한 처우를 받지 못했다. 빵이 나눔과 우정의 기회가 되기보다는 종종 탐욕과 착취와 전쟁을 불러일으켰다. 빵이 상품으로 환원될 때, 사귐의 증거이자 영감이 되는 능력은 손상된다.

빵이 그런 식으로 인식되어서는 안 된다. 빵은 교제의 근원이자 화해된 삶으로의 초대일 수 있다. 나중에 살펴보겠지만, 이것이 정확히 '생명의 빵'이신 예수님이 제공하시는 것이다. 이 빵을 먹는다는 것은, 밀을 재배하고 빵 한 조각을 준비하는 다른 방식, 토양과 물을 황폐화하지 않음으로써 그것을 존중하는 방식, 농부와 농장 일꾼들을 존경하고 공정한 보수를 주는 방식, 씨앗이라는 선물을 타자와 값없이 공유하고 전해 주는 방식, 발아의 은혜를 끈기 있게 기다리고 기뻐하는 방식에 참여하는 일이다. 이렇게 사귐을 만들어 내는 빵은 환상이나 마술이 아니다. 빵은 그것을 상품이 아니라 하나님의 선물로 받아들이는 신앙 공동체가 매일 준비하고 먹는 것이다.[33]

근대성과 음식의 운명

특정 음식이 항상 다양한 역사에 얽혀 있음을 인식한다면, 문화의 우선순위와 관습과 그 경제의 변화에 따라 그것들에 의해 생산되

---

[33] 한 예로, *Green Sisters: A Spiritual Ecology* (Cambridge, MA: Harvard University Press, 2007), 특히 5장을 검토해 보라. 새러 맥팔랜드 테일러Sarah McFarland Taylor는 가톨릭의 '환경 친화적 수녀들'이 빵을 재배하고 준비하고 나누는 다른 방식에 대해 어떻게 본을 보여 주는지 묘사한다. 그들에게 곡물 재배와 빵 굽는 일은 우리를 토지와 서로와 하나님과 연결해 주는 성찬의 행위다. "식사는 땅과 물과 해가 인간의 몸이 되고 변형되는 행위다. 음식이 사랑과 기도, 생각과 행동으로 전환되는 것은…참으로 거룩한 신비다"(175).

는 음식의 의미 역시 변화하리라는 점이 분명해진다. 빵은 밀을 재배하고 가루로 간 다음 빵을 굽는 농부와, 가게에서 정기적으로 빵을 구매하지만 밭을 본 적이 없고 빵을 굽지도 않는 교외 거주자들에게 서로 다른 의미를 지닐 것이다. 최종 결과물(외양과 향기와 맛)은 아주 유사할지 모른다. 그러나 그 의미는 전혀 다를 것이다.

의미 차이의 한 부분은 그 식품을 어떤 틀에 넣고 어떤 상표를 붙이느냐로 설명할 수 있다. 마케터와 광고 책임자는 포장과 정형화된 매체 전략을 통해 빵에 특정한 느낌이나 분위기를 부여한다. 예를 들어, '장인이 만든' 빵이라 칭함으로써 일찍 일어나 공들여 만들고 굽는 자작농의 전원적 이미지를 떠올리게 한다. 모든 성분이 당연히 천연 혹은 유기농으로 여겨지며, 생산 관행은 소규모 농촌 마을의 가치를 반영한다고 생각된다. 빵 생산과 직접적인 연관성이 많지 않은 소비자들은, 다른 이들이 자신이 사는 음식에 대해 들려주는 이야기들에 점점 더 의존한다. 쇼핑객들은 직접 경험하고 자신이 먹는 음식의 의미에 기여하기보다는 사람들이 즐기는 의미를 구매하는 처지로 전락하곤 한다.

조금 더 중요하고 결정적인 요인은, 사물의 의미가 근대에 일어난 실제적 삶의 변화에 의해 달라진 방식과 관련이 있다. 특히 우리는 도시화, 산업주의, 세계 시장 등을 주도한 힘이, 사람들이 세상과 관계 맺고 그 세상을 이해하는 방식에 어떻게 영향을 미쳤는지 고려해야 한다. 지난 몇 세기와 몇 십 년 동안, 사람들이 먹는 것과 그것을 재배하고 먹는 방식이 크게 변화되었다. 우리는 경제 및 문화 생활에서 이 실제적인 변화가 음식의 의미를 어떻게 변화시켰는지 인식해야 한다.

이탈리아 보사Bosa 공동체의 역사에 주의를 기울여 보면, 빵의 중요성과 의미가 어떤 식으로 변화되었는지 관찰할 수 있다.³⁴ 기억할 수 있는 한, 빵은 그 지역의 주요 식품이었다. 빵은 상품이 아니라, 공동체의 과업이자 생명, 안전, 안녕의 상징이었다. 보사 사람들이 항상 서로와 함께하는 것을 즐기지는 않았을지 모르지만, 빵을 제조할 때 그들은 서로가 필요하고 서로 의존해 있음을 깨달았다. 그래서 빵은 공동체적이고 의례적인 축하를 받을 만했다. 빵이 그 공동체의 일을 규정해 주었다. 빵은 곡식의 성장과 제분으로 시작되지만 또 굽고 나누는 과정으로 나아갔다. 빵을 식탁 위에 놓는 데 필요한 광범위한 사회적·업무적 관계 때문에, 빵을 먹는 일이 가족과 공동체의 삶을 형성했다. 타작과 빵 굽는 일이 공동체의 남녀들을 묶어 주었고, 남편과 아내, 젊은이와 노인의 노동이 서로를 보완해 주었다. 이 사회에서 빵의 의미는 깊고 넓었다.³⁵

---

34 이어지는 설명은 Carole Counihan, "Bread as World: Food Habits and Social Relations in Modernizing Sardinia", in *Food and Culture: A Reader* (New York: Routledge, 1997), 283-295에 기초한 것이다.

35 보사 지역 주민들이 경제, 사회, 지리, 종교의 차원을 결합하여 빵에 대한 응집력 있는 상징적·실제적 이해를 이룬 방식은, 기본적인 식품에 의존하는 다른 문화에도 반영되어 있다. 아프리카산 대형 영양羚羊을 주요 식품으로 의지한 칼라하리 부시맨들을 생각해 보라. 이 영양은 도보로 쫓아가 잡을 수 있는 상당한 크기의 얼마 안 되는 포유동물 중 하나였기 때문에 아주 중요했다. 음식을 얻는 소중한 원천인 남성 사냥꾼들의 삶은, 성공적인 사냥을 하는 데 집중되었다. 풀에 불을 붙이는 까닭은 그 이후 곧 자라는 신선한 녹색 풀로 영양을 유혹하기 위해서였다. 여자들은 첫 초경 의식에서 영양처럼 차려 입고 춤을 추었다(또한 말랐거나 굶은 여자는 월경을 하지 못함을 인정했다). 칼라하리의 구전 설화, 미술, 음식, 의례에는 특별히 영양이 포함되어 있었다. 칼라하리 사람들의 생존에 영양이 필수적이라고 이해했기 때문이다. 이 영양에 대한 그들의 이해와 인식은 깊이가 있었다. 영양은 그저 고기 한 조각을 나타내는 것이 아니었다. 그것은 칼라하리 사람들의 전반적인 인생 주기 안에서 필수적인 구성원이었다. 영양은 한 종족의 기량과 예술적 기교를 행사할 기회이자 자양분의 원천으로 이

제2차 세계대전 후 보사의 식품 경제와 그 음식 문화도 극적으로 변화되었다. 정부 정책(값싼 곡물 수입이 허용되고, 정부에서 지급하는 연금과 급여가 인상되었다)의 변화와 농업의 자본화(비싼 기계와 석유화학적 수단의 투입, 수많은 소규모 농지의 축소) 때문에, 그 지역에서 밀과 여타 식품의 재배가 거의 중단되었다. 다른 소비재들과 함께 식품 역시 상대적으로 멀리 떨어진 곳에서 수입되었다. 이제 빵은 좀 더 싸고 편리하게 익명으로 가게에서 구입할 수 있었다. 빵 경제와 함께 사라진 것은, 공유 작업의 전통과 관습, 그리고 빵을 서로 나누고 가난한 사람들을 돕는 일이었다. 빵은 복잡한 사회적·지리적·문화적 상징이 되기보다는 생산품으로 축소되었다. 빵을 공동체적으로 축하하는 일이 사라지면서 식사 역시 변화되었다. 인터뷰에 참여한 보사 사람들은 물론 독립과 편안함, 소비자 생활의 편리함을 즐기고 있었다. 더 이상 일찍 일어나 열심히 일하고 개인적인 일에 다른 사람이 깊게 관여하는 일이 없어졌다. 그러나 그들은 점점 더 혼자 식사를 하고 있었다. 캐롤 쿠니한Carole Counihan의 결론은 강력하다.

자본주의적 생산 및 교환 방식은 사회적 관계의 세분화를 초래한다. 생계형 밀과 빵 생산 방식에서는 남자들과 여자들이 도움을 받기 위해 서로 의지하고, 노동과 생산품의 상호 교환 없이는 생계를 꾸려 나갈 수 없다. 그러다 자본 집약적 농지에 밀 생산이 집중되고 이

해되었다. 현실적이고 실제적인 의미에서 칼라하리 사람들은 영양과 별개로 그들 자신을 이해할 수 없었다. 영양은 (그들의 뱃속뿐 아니라) 그들의 전반적인 존재 방식 안에 들어와 있었다. 칼라하리와 영양의 관계에 대한 묘사는, *The Old Way: A Story of the First People* (New York: Picador, 2006), 30-39에서 엘리자베스 마셜 토머스 Elizabeth Marshall Thomas의 설명을 보라.

윤을 내기 위해 임금 노동자들로 운영하는 몇몇 제과점에 빵 생산이 집중되면서, 사회적 상호 의존은 감소한다. 빵 구입은 점점 비인격적인 화폐 교환을 통해 일어난다. 빵 등의 식품을 지속적으로 주고받는 일은 과거 사람들을 서로 묶어 주었고 생존 보장에 너무 중요했지만, 생계형 생산의 소멸과 함께 사라졌다.[36]

모든 형태의 삶에 어려움이 있음을 알면, 생계형 마을 생활을 낭만화하고 싶은 유혹이 생긴다. 그러나 보사의 역사가 보여 주는 바는, 사회적 관계의 성격은 물론 음식 자체의 의미 역시 산업 경제의 변화에 의해 근본적으로 달라진다는 것이다. 어떤 측면에서, 보사 사람들의 식사는 철저하게 단순화되었다. 이제 그들은 이전에 곡물을 재배하고 빵 덩이를 나누기 위해 함께 일하면서 가졌던 복잡한 지식과 헌신 없이도 빵을 먹을 수 있다. 그 음식이 어디에서 생겨나는지 어떻게 생산되었는지 전혀 모른 채 그것을 섭취할 수 있다. 세계 경제에서 음식은 항상 어디에서든 판매할 준비가 된 것으로 여겨지기 때문이다.

보사 공동체의 실례가 중요한 까닭은, (1) 전 세계적으로 진행되고 있는(진행되었던) 경제 발전을 보여 주기 때문이고, (2) 사람들과 그들의 음식을 공급하는 사회 및 생태 환경 사이에 일어난 깊은 단절을 보여 주기 때문이다. 보사 사람들은 땅 및 서로와 분리되면서, 자신에 대해서도 근본적으로 새로운 방식으로 생각하기 시작했다.

---

36 Counihan, "Bread as World", 293. '생계형 생산'의 소멸에 대한 우려가 중요한 까닭은, 그것이 사람들을 한데 모으는 능력을 나타내기 때문이다(반면 과도한 풍성함은 종종 사람들을 떼어 놓는 기회다).

일을 공유하고 서로를 양육하면서 묶여 있던 지역 및 공동체의 구성원이 아닌 자율적인 익명의 소비자로 말이다. 이러한 근본적인 변화로 인해, 사실상 식품 생산에 관여하며 생명 유지에 전념하는, 생명을 주는 장소에 속해 있는 구성원들로서 사람을 의미 있게 이해할 가능성이 사라졌다. 그러나 식품 생산과 관련된 지역의 요구에서 벗어나 자율적으로 먹는 이들이 되려는 욕망은 역설적인 결과를 초래한다. 해외 시장과 국제 무역 협정의 흥망성쇠에 완전히 의존하는 것이다.

식품 소비자들이 식사를 가능하게 해 주는 사회 및 생태 환경과 실제적으로 연결되지 못하면, 다양한 종류의 불의가 일어날 가능성이 극적으로 커진다. 현재 우리는 우리와 멀리 떨어져 있고 대개 우리에게 보이지 않는 세계 교역망 내에서 대부분의 식품 소비를 하기 때문에, 또 여러 무역 협정과 국제 대출 협정은 각 나라에 수출을 위한 상품을 생산하도록 요구하기 때문에, 우리가 먹는 것이 밭과 동물과 노동자들에게 해를 끼치는 방식으로 생산될 가능성이 상당히 높다. 결국 식품 생산자들은 재배하고 싶지 않은 것을, 해롭게 여겨지는 방식으로 재배해야 하는 상당한 압박에 직면할 것이다.

빵을 예로 들자면, 제2차 세계대전 이후 (밀 생산국들이) 주로 식량 원조를 밀로 함으로써 빵을 국제적인 주식으로 만들도록 압력을 가했던 것을 생각해 보라. 한국 같은 나라에서는 아이들이 빵 먹는 법을 배워야 했다. 한국인들은 자국을 '쌀 종주국'으로 생각하는데도 말이다. 좀 더 최근에는 아프리카 국가들이 유전자 조작 밀을 받아들이라는 큰 압력을 받았다. 유전자 변형 생물^{GMO} 씨앗이 아프리카의 밭을 오염시키고 전통적인 품종들을 손상시키면, 그 씨앗의 특허권을 가지고 그 씨앗을 기를 비료와 제초제 투입을 관리하는 다국적 기업을 의지하게 되리라는 우려에도 불구하고 말이다.[37] 이러한 사례들에서 쟁점이 되는 것은, 사람들(특히 남반구 저개발국과 개발도상국에 사는 이들)이 스스로 무엇을 재배하고 먹을지를 결정할 수 있느냐다. 현재 국제 무역 및 원조 협정은 세계 음식의 상당 부분에 대해 재배와 소비를 지시한다. 식량 주권과 식량 민주주의, 곧 사람들이 그들이 생산하고 소비하는 음식을 통제하고 책임진다는 생각은 세계에서 서서히 사라지고 있다.

오늘날 세계적 식생활의 두 가지 결정적 특징은 주목할 필요가 있다. 곧 음식의 상품화와 식습관의 산업화다. 여기서 말하는 음식의 상품화란, 많은 사람이 먹는 음식을 먼 곳으로부터 수입하는 슈퍼마켓에서 구매한다는 의미다.[38] 그 음식이 어디로부터 어떻게 그

---

[37] 한국이 어떻게 수입 밀에 의존하게 되었는지에 대한 이야기는, 라지 파텔Raj Patel의 *Stuffed and Starved: The Hidden Battle for the World Food System* (Brooklyn: Melville House, 2007), 261-262를 보라. 또한 146-153쪽에서는 아프리카 농업이 생명공학을 의지하도록 압박한 배후의 정치에 대해 논의한다. GMO 식량 원조의 복잡성에 대한 논의로는, Peter Sandøe and Katherine Hauge Madsen, "Agriculture and Food Ethics in the Western World: A Case of Ethical Imperialism?", in *Ethics, Hunger and Globalization: In Search of Appropriate Policies*, ed. Per Pinstrup-Andersen and Peter Sandøe (Dordrecht: Springer, 2007), 201-214를 보라. 아프리카 국가들이 심히 두려워하는 한 가지는, 식량 원조로 GMO 씨앗을 받아들이면 전통적인 비 GMO 품종을 유럽 시장(GMO 작물에 대한 저항으로 유명한)에 판매하는 능력이 위태로워질 수 있다는 것이다.

[38] 대부분의 사람이 슈퍼마켓을 당연하게 여긴다는 점은, 그들의 기본 전제가 음식은 상품이며 먹는 이들은 주로 소비자라는 말이다. 우리는 고기, 과일, 야채 그리고 우리의 식료품 저장실을 채우는 많은 건조 식품들을 판매하는 대형 슈퍼마켓이 상대적으로 새롭고 국지적인 현상임을 잊고 있다. 개발도상국에 사는 많은 사람은 그 규모와 다양함을 기적 같은 것으로 여길 것이다. 다양한 종류의 시장과 정육점은 마을과 도시에 오랫동안 존재해 왔지만, 대형 슈퍼마켓의 역사는 100년도 되지 않는다. 이 시기 이전에는 대부분의 사람이 그들이 먹는 음식의 일부를 생산하는 데 직접 관여했

슈퍼마켓에 도착하는지, 그 음식을 생산하는 회사는 어디인지, 어떤 생산 관행이 있는지, 그 음식을 재배한 공동체, 땅, 동물의 상태는 어떤지, 그 음식 안에는 어떤 성분이 있는지, 이 모든 것은 대개 알려지지 않는다. 음식을 상품으로 받아들인다는 말은, 음식에 반영되는 많은 사회적·생태적 요소들에 대한 소비자의 이해와 인식이 상당히 피상적이라는 의미다. 분명 구매자들은 그 음식이 어디에서 나오는지 문의할 수 있지만, 회사들(그리고 미국 농림부)은 다양한 이유로 완전 공개를 반대한다. 그 최종 결과는 식품을 구성하는 관계들의 깊이와 폭에 대한 감각이 줄어든 채로 먹는 것이다. 사람들은 빵을 볼 때, 바로 앞에 있는 빵 덩이 외 다른 것은 거의 보기 어렵다. 이렇게 음식에 대한 좁아진 상상력은 종종 공감과 돌봄(예를 들어, 밭과 농부들에 대한)이 좁아지는 현상을 초래한다.

음식의 상품화는 식품 생산 관행의 산업화와 함께 간다. 즉 이전에 무생물 제조에 적용되던 비즈니스 논리가 이제 음식에 적용되는 것이다. 폴 로버츠Paul Roberts는 그러한 변화를 다음과 같이 묘사했다.

2번 황옥수수나 BSCB(뼈가 없고 껍질이 없는 닭가슴살) 같은 원료는 이제 여느 상품처럼 취급된다. 비용이 가장 낮은 곳에서 생산되어 수요가 가장 높은 곳으로 운송되고, 목재나 주석, 철광석에 사용되는 것과 같은 계약, 선물, 기타 수단들을 통해 관리된다. 식품 가공 회사들은 다른 대량 제조업체와 동일한 기술과 비즈니스 모델을 이용한다. 자동차와 가전제품의 원가를 낮추는 지속적인 기술 발전과 훨씬

다고 추정할 수 있다.

큰 규모의 생산은, 의류와 화장품에서 볼 수 있는 끊임없는 제품 혁신의 경우처럼 이제 식품 사업에서도 표준이 되었다.…중요한 것은, 현대 식품 부문의 성공이 음식을 다른 소비재처럼 작동하도록 만드는 능력에 있다는 점이다.[39]

로버츠가 묘사하고 있는 것은, 대량 생산과 효율성 및 이윤 중심의 엄격한 자본주의 논리를 음식에 적용하는 모습이다. 음식이 영양, 신선도, 맛의 질을 높이려는 목표보다는, 수송성, 긴 유통기한, 외관의 균일성을 목적으로 생산된다. 문제는, 음식이 분명 어떤 경제 내에서도 중요한 역할을 하지만 공'산품'이나 회계 장부로 환원될 수 없다는 점이다. 음식은 생태적·사회적 실재다. 또 문화적으로도 깊은 의미가 있다.[40] 이러한 사실을 무시하는 태도는 먹는 이들을 해롭게 한다(대다수가 먹는, 많이 가공된 고지방의 달고 인공적인 맛이 나는 음식은 건강에 해롭다고 잘 알려져 있다). 또 우리가 먹는 것도 해롭게 한다.

이러한 해로움은 가금류 생산에 산업적이고 실용적인 논리를 적용한 과정을 살펴볼 때 더 잘 이해할 수 있다. 지난 몇 십 년 동안 다른 고기의 지방과 콜레스테롤 함량에 대한 우려가 점점 커지면서 닭고기 섭취가 급증했다. 이렇게 늘어나는 수요를 충족시키기 위해 양계 사업장은 보통 대규모 건물에 수만 마리의 닭을 수용한다. 이 닭들은 대개 낮의 빛을 절대 볼 수 없다. 자유롭게 쪼아 대며 밖으로

---

39 Paul Roberts, *The End of Food* (Boston: Houghton Mifflin, 2008), xiv.

40 문화적 의미의 여러 층을 이해하기 위해서는, 쌀이나 옥수수 생산을 중심으로 발전해 온 문화가 이제 수입된 밀을 먹는 문화로 바뀌면서 생겨나는 모든 현상을 상상해 보라.

돌아다니지도 못한다. 산란닭들은 움직일 공간이 거의 없는 여러 층으로 쌓인 철제 우리에 갇혀 있다. 바닥에 있는 닭들은 위에 있는 닭들이 분비하는 배설물 비를 계속 맞는다. 이것은 닭들에게 큰 스트레스를 주는 환경이다. 어떤 경우에는 서로 다치게 하거나 죽이지 않도록 부리 끝을 자르기도 한다. 닭들은 스테로이드와 항생제를 꾸준히 먹어야 하는데, 그러지 않으면 도축 가능한 체중이 될까지 자라지 못하거나 살아남지 못할 것이기 때문이다. 이 닭들을 '돌보는' 이들 자체도 대개 처참한 조건에서 일하므로, 가금류 관련 노동자들과 가공업자들의 이직률은 극도로 높다. 한편 이러한 양계 사업장의 주인들은, 대규모 생산업체의 지시에 의존하고 있어 자기 땅에서 일하는 농노로 전락하고 말았다.[41]

이러한 닭 공장들을 보면서, 살아 있는 새가 육류 생산 기계로 변한 것을 보지 않기는 어렵다. 그리고 닭에게 일어난 일은 다른 동물들에게도 일어나고 있다. 소, 돼지, 양, 염소, 칠면조, 거위, 닭은 존중과 돌봄을 받아야 할 온전한 피조물로 여겨지기보다, 그저 경제단위로 환원된다.[42] 이윤을 내기에 급급한 나머지 일부 동물들은 아주 빠르게(어떤 경우는 정상 속도의 거의 두 배로) 자라도록 유전적으로 조작되어, 몸이 부담을 못 이겨 극도로 쇠약해진다. 그 동물 자체는 진지하게 여겨지지 않는 것이다.[43] 그 동물이 하나님의 선물이라는 생각

---

41 닭고기의 산업화 이야기는 스티브 스트리플러Steve Striffler의 *Chicken: The Dangerous Transformation of America's Favorite Food* (New Haven: Yale University Press, 2005)에서 가져온 것이다.

42 오늘날 육류 생산 산업의 잔혹함을 설명한 글로는, Jonathan Safran Foer, *Eating Animals* (New York: Little, Brown, 2009)를 보라.

43 Craig Holdrege and Steve Talbott, "The Cow: Organism or Bioreactor?", in

은 끼어들 여지가 없다.

산업적 생산 논리는 채소와 과일에도 적용되었다. 감자튀김을 생각해 보라. 산업형 감자, 즉 모양과 크기가 균일한 감자(사람들은 획일적으로 긴 직사각형 튜브 모양의 감자튀김을 원한다)를 재배하기 위해서 재배자들은 먼저 밭을 '청소'해야 한다. 그것을 위해 그들은 제초제를 여러 번 뿌려 토양 속이나 표면의 모든 생명체를 완벽하게 죽인다. 그러나 감자를 이러한 잿빛의 생명 없는 흙에서 자라게 하려면 비료를 많이 주어야 한다. 따라서 감자 재배자들은 아주 치명적인 독극물 관리자로 전락하여, 제초제와 비료를 뿌린 후 며칠 동안은 신경계의 심각한 손상을 염려하여 밭에 들어가지 않는다. 모든 독극물과 비료 유출수가 정확히 어디에 축적되는지, 혹은 결국 어디로 흘러가는지는 알기 어렵다.[44] 그러나 바다와 하구에 '데드 존 dead zone'이 점점 많아지고 있다는 사실은 우리가 밭에 뿌리는 것이 그곳에만 머물지는 않음을 보여 준다.

식사는 이러한 상품화되고 산업화된 방식을 따를 필요가 없다. 사람들이 그들이 섭취하는 것에 더 깊이 주의를 기울이고 그것에 대한 책임을 받아들이는 곳에서는 그런 일이 일어날 수 있다. 이런 종류의 식사가 어떤 모습이고 무엇을 수반하지를 보기 위해, 조엘 살

Beyond Biotechnology: The Barren Promise of Genetic Engineering (Lexington: University Press of Kentucky, 2008). 크레이그는 만약 산업적인 소고기 생산자들이 소들을 주의 깊게 살펴본다면 그들이 소를 먹이는 방식이 소의 본성에 어긋남을 알게 될 것이라고 말한다. 소는 되새김질을 하는데, 이는 소들이 풀을 먹어야 한다는 뜻이다. 사실상 치아 구조에서부터 위장에 있는 네 개의 방에 이르는 모든 것이, 소는 초원에 있어야 함을 보여 준다.

44 감자와 오늘날 감자 산업에 대한 서술로는, Michael Pollan, *The Botany of Desire: A Plant's-Eye View of the World* (New York: Random House, 2001), 4장을 보라.

러틴Joel Salatin의 폴리페이스 농장Polyface Farm의 사례를 생각해 보아야 한다.[45] 살러틴의 닭들은 어두운 헛간에 비좁게 갇혀 있지 않는다. 쇠약함을 방지하려는 목적으로 억지로 먹이고 항생제를 투입하지도 않는다. 산업용 닭이 통상적으로 겪는 스트레스와 불안은, 닭들이 그렇게 살아서는 안 됨을 나타낸다. 이 때문에 살러틴의 닭들은 바깥의 풀밭에서 살며, 종종 소 떼를 따라다니곤 한다. 닭들은 풀밭과 소똥 사이를 자유롭게 돌아다니며 벌레와 유충을 찾는다. 또 그렇게 밭을 누비고 다니며 소들의 분뇨를 흩고 또 자기 분뇨를 남김으로써 살러틴의 토양이 비옥해지는 데 기여한다. 그 닭들의 식사 역시 벌레 개체수를 억제하여 살러틴의 소들을 더 건강하고 행복하게 살게 한다(이 소들은 파리를 때려잡는 데 시간을 쓸 필요가 없다). 그 최종 결과는 건강한 동물, 생기 넘치는 토양, 그리고 기막히게 좋은 달걀이다.

버지니아에 있는 이 농장이 아주 특별해진 까닭은, 살러틴이 의도적으로 그의 동물들을 생명체로 존중하려고 애썼기 때문이다.[46] 이들은 사업 계획을 맞추도록(분명 그러한 계획에 영향을 주기는 하지만) 혹은 산업용 조립/분해 라인에서 육류 용량을 극대화하도록 강요당하는 '사물'이나 경제 단위가 아니다. 이들은 그 자체의 온전성을 가진 생명체이기 때문에 살러틴의 관심과 공감이 필요하다. 살러틴은 그의

---

45 폴리페이스 농장에 대한 내 설명은 직접적인 관찰과 살러틴과의 대화에 기초한 것이다. Michael Pollan, *The Omnivore's Dilemma: A Natural History of Four Meals* (New York: Penguin Press, 2006)에서도 좀 더 자세한 설명을 찾아볼 수 있다.

46 살러틴이 전통 품종 닭을 기르지 않은 것에 대해 프랭크 리즈의 비판을 받은 일도 주목해야 한다. Foer, *Eating Animals*, 113에서 살러틴의 닭을 산업용 조류라고 한 리즈의 비난과, 개비 우드와의 인터뷰에서 살러틴이 간단하게 응답한 내용을 보라. 후자는 2010년 1월 31일 자 *The Observer* (www.guardian.co.uk/lifeandstyle/2010/jan/31/food-industry-environment)에 실려 있다.

농장에서 일어나는 삶과 죽음의 드라마, 토양과 햇빛, 벌레와 미생물, 닭과 토끼, 돼지와 소에 관한 드라마에 주의를 집중하려고 노력한다. 그는 땅과 각각의 동물들에게는 존중해 주어야 할 특별한 필요와 한계와 잠재력이 있음을 안다. 그리고 그의 에너지와 농부로서 그의 일이 그들의 안녕과 밀접한 관련이 있음을 이해한다. 닭에게 필요한 것은 소에게 필요한 것과 다르다.

살러틴의 농장은 산업용 생산 시설이 아니다. 그곳에 있는 모든 생명체는 역동적이고 끊임없이 진화하는 관계 속에서 살아간다고 여겨진다. 동물들은 획일적인 생산물이 아니고, 풀밭도 모두 똑같지 않다. 각각 그들만의 장단점이 있다. 훌륭한 농부는 건강과 생식력과 만족을 최대로 얻을 수 있도록 생명체들을 서로 연결해 주는 법을 안다. 농장은 많은 생명체들이 공생하는 방식으로 함께 살아가는 구성원들이 있는 곳이다. 겨울에 살러틴의 헛간에 오래 머물다 보면 어떻게 그런 일이 일어나는지 볼 수 있다. 보통 액체 배설물이 무릎까지 차 올라온 상태로 서 있을 수밖에 없는 대형 가축 사육장들의 소들과 달리, 살러틴의 소 떼는 (농장의 목초지에서 나오는) 옥수수와 우드칩이 계속 공급되는 따뜻하고 건조한 헛간에서 지낸다. 봄에 소들을 목초지로 내보내면, 돼지들을 들여보내 발효된 옥수수를 파헤쳐 먹을 것을 찾게 한다. 돼지들의 파헤치기는 먹이와 큰 즐거움을 제공하는 것 외에도, 헛간 바닥에 공기가 통하게 하여 상상할 수 있는 가장 훌륭한 퇴비를 만들어 낸다. 그다음 이 퇴비는 무성하고 고도로 비옥한 밭에 뿌려진다(처음 구입했을 때 이 농장의 토양은 침식되고 있었고 유기물이 전혀 없었다). 아이다호의 일부 감자 밭들과는 달리, 살러틴의 토양은 건강하고 살아 있고 성장하고 있다. 그 토양은 (웨스 잭슨이 사용했던 유비를 쓰자면) 살충제로 내리친 다음 비료를 가지고 생명 유지 장치를 설치한 것이 아니었다.

폴리페이스 농장이 주목할 만한 곳이 된 까닭은, 살러틴이 자신이 돌보는 다양한 형태의 생명체들에게 주의를 기울이고 그들의 교차 지점에서 배우는 일을 자기 일로 삼았기 때문이다. 그는 가능한 한 많이 알고 정확하고 세심할 수 있도록 공감의 범위를 확대했다. 그의 일과 그의 농장이 완벽하지는 않지만, 우리 모두를 먹이는 생명의 원천을 이해하고 보완하려는 지속적인 노력을 보여 준다.[47] 살러틴은 음식을 먹을 때 은혜와 아름다움뿐만 아니라 모든 생명체의 연약함과 고통도 **염두에 둔다**. 음식은 익명의 획일적이고 값싼 생산물이 아니라, 각 구성원이 타자들과 깊은 관계를 맺는 복잡한 구성원 됨의 결과이며 최종적으로 그것이 주는 **선물**이다. 살러틴의 농장은 식품 공장이 아니다. 그곳은 건강하고 지속 가능한, 유기적이고 살아 있는 전체다. 각 구성원의 성공이 다른 각각의 구성원의 안녕을 전제하고 증진하기 때문이다.

살러틴의 고도로 생산적인 농장이 보여 주는 바는, 오늘날의 산업형 식량 체계가 필수적이거나 불가피한 것은 아니라는 사실이다.[48] 우리는 음식의 깊은 의미를 인정하고 모든 먹이 그물의 다양한

---

47 살러틴의 농장은 산업형 농업이라는 사막에 있는 오아시스 같아서, 개별 소비자들이 그의 생산물을 구매하려면 보통 먼 거리를 운전하고 가야 한다. 이는 비효율적인 유통과 화석 연료 낭비의 원인이 된다. 이 경우 문제는, 폴리페이스 농장 자체가 아니라 그러한 농장의 부족과 효율적 구매를 위한 지역 유통 센터의 부족에 있다.

48 산업형 농업의 지지자들은 보통 그들의 방법만이 세상을 먹이기에 충분할 만큼 생산적이라고 말한다. 살러틴의 농장은 다른 다양한 소규모 사업체와 함께, 그것이 사실이 아님을 보여 준다. 산업형 농업이라는 아주 값비싼 방법(비싼 비료와 살충제, 화석 연료, 장비, 기계)과 그 파괴적 효과(토양 침식, 수분 고갈과 오염, 종의 소멸)는 산업형 농업이

구성원들을 양육하고 존중하는 방식으로 식품을 생산하고 먹을 수 있다. 음식이 상품화되고 식사가 산업화되면, 우리는 세상을 구매와 개인적 편리를 위해 존재하는 가게나 음식점으로 변화시킬 위험이 있다. 삶의 사회적·생태적 원천을, 사업 계획을 극대화하기 위해 악용할 수 있는 사물로 변화시킬 위험이 있다. 점점 분명해지고 있는 사실은, 이 위험과 연관해 개인의 건강, 사회적 안녕, 생태의 회복력을 위해 지불해야 할 비용이 지대하다는 것이다.

'영성 훈련'으로서의 식사

에릭 슐로서Eric Schlosser의 《패스트푸드의 제국Fast Food Nation》(에코리브르)이 지속적으로 기여하는 한 가지는, 현대의 엄청난 양의 식사에 자비나 예술이 없음을 보여 주는 것이다.[49] 많은 패스트푸드가 개인의 건강에 나쁘고, 그것을 공급하는 노동자들에게 나쁘고, 그 이름으로 길러지고 도살되는 동물들에게 나쁘고, 그것을 재배하는 생태계에 나쁘다. 그러나 이러한 사실 외에도 빠르고 값싸고 편리한 음식에 대한 발상이 암시하는 바는, 식사가 하나님께 영광을 돌리거나 창조 세계에 감사하거나 그 안에서 그들의 구성원 됨에 대한 책임을 받아들이는 행동이라고 전제되지 않는다는 것이다. 식사란 그저 효율과 가격 측면에서 판단해야 할 기계적인 행동인가? '바쁘게

지속 가능하지 않음을 보여 주고 있다.
[49] Eric Schlosser, *Fast Food Nation: The Dark Side of the All-American Meal* (New York: Houghton Mifflin, 2001).

움직이면서 간단히 때우는' 행위는, 식사가 지속적 관심과 성찰을 불러일으키고 그럼으로써 식품 네트워크에 대한 더 세심한 주의와 삶의 선물들에 대한 더 규칙적인 축하로 우리를 이끌어야 한다는 믿음이 부재함을 말해 준다.

빠른 식사는 현대 문화를 추동하고 결정하는 좀 더 보편화된 속도의 한 증상일 뿐이다. 통상적으로 일과 사회생활을 특징짓는 미친 듯한 속도는, 축하하고 책임지는 삶을 사는 데 필수적인 주목과 대화와 감사의 훈련을 방해하기 쉽다. 성찰의 기술을 획득하지 못한 사람들은, 신중하게 검토한다면 결코 용납할 수 없거나 잘못된 것으로 판명될 우선순위와 관행에 전념한다. 혹은 자신이 어디에 있는지 보거나 경험하지 못함으로써, 삶의 신비와 은혜에 민감해질 기회를 박탈당하고 만다.

성찰하지 않는 삶으로의 유혹은 그다지 새로운 것이 아니다. 이미 고대에 소크라테스는 대중문화의 관습과 궤적이 영혼의 방치와 약화를 초래하므로 그것들에서 벗어나라고 외쳤다. 소크라테스가 보기에 성찰하지 않는 삶은 결핍, 욕망, 두려움, 환상의 축적으로 이어져 결국 질투와 절망과 전쟁으로 귀결된다. 그는 타락한 삶으로 이어지는 그러한 유혹에 저항하는 법을 배울 수 있도록 철학적 삶을 요청했다. 그렇다고 어떤 기관에 들어가 그 철학적 가르침이나 방식을 배우라고 요구한 것은 아니다. 그가 가장 원한 것은, 동료 아테네인들이 정말 중요한 것에 관심을 가지는 법을 배우는 일이었다. 그는 사람들이 깊은 성찰과 면밀한 대화로 얻는 통찰력을 통해 인격적으로 변화되기를 원했다.

피에르 아도 Pierre Hadot 는 소크라테스의 철학 방식을 '영성 훈련'

으로 묘사했다. 이런 종류의 훈련은 세네카가 아니라 사람들 안에 삶의 **방식** 혹은 삶의 **기술**을 함양하는 것과 관련이 있다. 영성 훈련의 효과는,

> 구체적인 태도와 결단력 있는 생활양식을 [만들어 내는 것이다.] 이는 전 존재와 연관된다. 철학적인 행동은 단지 인식의 차원에만 머물지 않고, 자기와 존재의 차원에 자리 잡고 있다. 그것은 우리가 더 온전한 존재가 **되게** 하고 우리를 더 낫게 만드는 과정이다.…그것은 개인을 무의식으로 어두워지고 염려로 잔뜩 지친 거짓된 삶의 상태에서, 자의식과 세상에 대한 정확한 시각과 내적 평안과 자유에 이르는 진정한 삶의 상태로 끌어올린다.[50]

영성 훈련의 목표는 더 질서 잡히고, 신중하고, 성찰하고, 자유롭고, 주의를 기울이고, 닿을 수 있고, 책임 있는 삶을 살 수 있게 해 주는 습관을 함양하는 것이다. 이러한 기술을 함양한 헬레니즘 철학 학파들에 따르면, 너무 많은 사람이 두려움이나 염려, 소외, 무분별, 오만을 드러내는 방식으로 살아간다. 그러므로 사람들에게 필요한 것은, 그들이 현재 어떻게 생각하며 살고 있는지 직시하는 실제적인 습관과, 그들의 마음과 욕구를 세상에 대한 진리에 더 일치시키는 전략이었다.

식사를 영성 훈련으로 묘사하는 것은 꽤 유익하다. 먹기 위해 식

---

[50] Pierre Hadot, *Philosophy as a Way of Life: Spiritual Exercises from Socrates to Foucault* (Oxford: Blackwell, 1995), 83.

탁에 모이는 사람들의 목적은 그저 영양분을 몸에 퍼 넣는 것이 아니다. 함께하는 식사는 세상과 서로에게 더 주의를 기울이고 현존하는 법을 배우는 기회여야 한다. 식사는 정기적으로 하는 것이므로, 사람들이 자신의 두려움과 염려를 분명히 표현하고 나아가 식탁에서 분명히 나타나는 많은 양육과 도움의 원천을 확인하는 법을 배우는 훈련장일 수 있다. 우리는 서로의 도움으로, 더 완전히 인간다운 삶에 기여하는 대화와 성찰과 감사의 기술을 훈련할 수 있다. 우리는 함께 식사함으로써 세상을 발견하고 그 세상을 평가하고 반응하는 법을 배운다. 또 자신이 그 안에서 책임 있는 구성원이 되도록 요구하는 생활 공동체의 일부임을 보기 시작한다. 그러나 이러한 목표를 이루려면 사람들이 '슬로푸드'의 궤도 안으로 이동하여, 정신없이 서두르고 무지에 빠지지 않는 일상의 생활양식을 채택하는 일이 필요할 것이다.[51]

식사가 영성 훈련이 된다는 것은 그저 서로와 세상에 더 주의를 기울이게 된다는 말이 아니다. 사람들은 여기서 더 나아가 영적 깊이를 가지고 세상을 보고 받아들이고 맛볼 기회를 얻을 것이다. 이는 특히 성찬 식탁의 영향을 받는 사려 깊은 식사를 촉진하는 세심한 관심을 가질 때, 음식이 궁극적으로 하나님의 은혜에 뿌리를 두

---

[51] 슬로푸드 운동은, 패스트푸드 문화의 낭비, 건강 악화, 파괴성, 무지, 은혜를 모르는 태도에 대한 저항으로 이탈리아에서 시작되었다. 슬로푸드는 단지 식사 속도를 늦추는 것이 아니다. 조금 더 자세히 말하자면, 슬로푸드는 음식을 먹는 이들, 음식, 식품 노동자들, 우리에게 음식을 주는 밭과 동물을 존중하는 삶에 대한 포괄적인 접근법을 개발하는 것과 관련이 있다. 슬르푸드 창립자가 쓴 명쾌한 개관으로는, Carlo Petrini, *Slow Food Nation: Why Our Food Should Be Good, Clean, and Fair* (New York: Rizzoli Ex Libris, 2007)를 보라.

고 있다는 이해로 나아갈 가능성이 있다는 뜻이다. 그러나 이러한 가능성으로 나아가기 위해서는, 서두르지 않으면서도 새로운 방식으로, 주의를 기울이지 않으면 우리를 피해 가는 깊이의 차원에 열려 있는 방식으로 식사를 바라볼 필요가 있다.

음식의 신학적 의미에 대한 깊은 이해와 감각을 가지고 먹는다는 것은 어떤 의미인가? 우리에게 필요한 것은, 생명이 취약하고 그것이 선물임을 느끼는 감각, 한입 한입에 담긴 세상의 능력과 은혜를 느끼는 미각이다. 우리의 식사에서 좀처럼 고려되지 않는 것은, 우리 삶을 지속시키는 데 꼭 필요한 수단인 음식이 생명의 근원 그 자체는 아니라는 진리다. 사려 깊게 사과를 베어 문다는 것은, 사과가 우리에게 영양분을 공급할 때도 사과에게는 그 자체를 넘어서는 양육자가 있음을 깨닫는 것이다. 식사가 아주 즐거운 일 중 하나일 수 있지만, 우리는 다시 먹어야 함을 알기에 그것은 본질적으로 귀찮은 일이다. 식사는 우리의 삶을 가능하게 하지만 음식 그 자체가 삶의 '생기'는 아니다. 식사는 타자와 사귐을 가지도록 우리를 초대하지만 또 모든 생명의 근원이자 유지자를 발견하고 그분과 사귀는 일로도 초대한다.

식사를 영성 훈련으로 묘사하면서 나는 음식의 '영화spiritualization'를 지지하지는 않음을 강조하고자 한다. 사려 깊은 식사를 한다고 해서 음식이 더 천상적이고 덜 물질적인 것이 되지는 않는다. 오히려 식사에 대한 신학적 접근은, 이 세상과의 수많은 생태적·사회적 관계를 **통해** 세상의 창조자와 유지자**에게로** 뻗어 나가는 맥락 안에서 음식을 지각할 수 있게 한다. 그러한 신학적 깊이에 대한 관심을 가지고 음식에 다가가는 것은, 음식의 근원이 하나님께 있기 때문에 음식이 귀중하다는 사실을 인정하는 것이다. 이러한 신학적 접근에 무엇이 포함될 수 있는지 들여다보기 위해, 표도르 도스토예프스키가 《카라마조프가의 형제들 The Brothers Karamazov》에서 제시한 조시마 장로의 매력적인 표현을 살펴보자.

> 하나님이 다른 세상에서 씨앗을 가져와 이 땅에 뿌리고 정원을 가꾸셔서 움틀 수 있는 것은 다 움텄지만, 자라는 것은 다른 신비로운 세계들과 접촉하고 있다는 느낌을 통해서만 살고 또 살아 있는 것이 된다. 만약 그대 안에서 그 느낌이 약해지거나 소실되면, 그대 안에서 자란 것 역시 죽을 것이다. 그러면 그대는 생명에 무관심해질 뿐 아니라 생명을 미워하게 될 것이다. 내 생각은 그렇다.[52]

많은 이들이 이런 표현에서, 기이하고 이상하며 심지어 공상 같고 터무니없다는 인상을 받을 것이다. '다른 신비로운 세계들'은 무엇을 의미하며, 왜 생명의 정원에 있는 '씨앗'이 그 세계 너머의 세계와 접촉하고 있음을 인정하는 것이 중요한가?[53]

---

[52] Fyodor Dostoyevsky, *The Brothers Karamazov*, trans. David Magarshack (New York: Penguin Books, 1958), Book 6:3:g, 377.

[53] 세르게이 불가코프는 초기 작품인 *Philosophy of Economy*에서, 세상을 물리적 실재로만 이해하고 전용하는 경제적 사고와 관행을 애도한다. 이 시각에는, 모든 곳에서 작동하는 신성한 원리와 섭리인 소피아 Sophia가 세상에 스며들어 있다는 인식이 없다. 또 만물에 침투하여 생명과 질서를 가져다주는 '로고스 logos'와 인간의 추론 및 관행을 연결하는 더 큰 목표에 경제 활동이 기여할 수 있다는 가능성에 대한 감각이 없다. 불가코프는 조시마 장로를 연상시키는 어조로 "생명은 오로지 창조주가 뿌린 그 씨앗이 불멸하기 때문에 살아남는다"(152)고 말한다. 그 씨들이 불멸하는 것이 아니라면 세상은 붕괴되어 죽음에 이를 것이다. 불가코프에 따르면 "경제 활동의 목적은 생명의 씨앗을 변호하고 퍼뜨리는 것, 자연을 부활시키는 것이다. 이는 소피아가

도스토예프스키는 우리가 어떤 세계에 살면서 영적으로는 그것에 대해 죽어 있을 수 있음을 이해하기를 원했다. 왜냐하면 우리는 세상(과 우리의 음식)을 그 자체로 죽은, 그래서 본질적으로 온갖 선과 아름다움이 전무한 물질적 실체 혹은 다양한 화학적 영양소로 이루어진 것으로 보기 쉽기 때문이다. 이러한 시각에서는 세상이 임의적이고 우연적인 것들의 모음에 지나지 않는다. 이는 낙원과 영적 의미가 없는 세상이다. 그 안에서 사람들은 '물질적인 것들과 물질적인 습관의 압제'(370) 아래서 살아간다. 그들은 깊이 사랑하지 않고, 따라서 '사물 안의 신적 신비'(375)를 감지할 수 없다. 세상은 겉모습이 나타내는 것에 지나지 않는다. 그 안에 혹은 그 너머에 우리의 마음을 사로잡는 초월성은 없다. 그에 내포된 의미는, 우리가 마주하는 것이 무엇이든(밭, 닭, 농부, 식당 종업원, 심지어 온 나라들까지) 실용주의적인 혹은 수익상의 목표에 기여하는 사물 혹은 도구로 자유롭게 변화시킬 수 있다는 것이다.

로완 윌리엄스Rowan Williams 역시 다른 많은 이들처럼,[54] 그러한

우주를 진리 안에 있는 존재로 회복시키기 위해 우주 안에서 하는 행동이다"(153). 소피아는 경험적 실재를 하나님의 영역과 연결하면서 세상의 구성원들을 조화로운 전체와 연결한다. 이러한 연결은 무엇보다 성찬에서 일어난다. 엔젤 멘데스 몬토야 Angel F. Méndez Montoya가 요약하듯이, "불가코프에게는 성찬의 거룩한 음식이 치유하는 사귐communion이다. 사람들은 이미 하나님의 은혜를 입은 세상의 살을 자연적으로 섭취함으로써 이를 기대한다. 그것은 인간을 우주와의 사귐, '형이상학적 공산주의metaphysical communism'의 삶으로 통합시키는 것이다. 성찬이 사람을 하나님과의 더 깊은 사귐으로 나아가게 하는 것처럼 말이다." Montoya, *Theology of Food: Eating and the Eucharist* (Oxford: Wiley-Blackwell, 2009), 96.

[54] 예를 들어, 필립 셰러드Philip Sherrard의 *The Rape of Man and Nature: An Inquiry into the Origins and Consequences of Modern Science* (Ipswich: Golgonooza Press, 1987)와 세이예드 호세인 나스르Seyyed Hossein Nasr의 *Religion and the Order of Nature* (New York: Oxford University Press, 1996)를 보라.

문제들을 세상에서 신성함이 떠난 것으로 묘사한다. "신성함이 없는 세상은 단순히 마법의 영향에서 벗어난 세상이라기보다, 어떤 깊이에 대한 감각, 다시 말해 우리가 마주하는 것이 우리가 지각하는 세계의 일부가 되기 전에 이미 상호 관계 집합체의 일부라는 감각을 빼앗긴 세상이다." 이는 사물이 주로 자아의 욕망을 만족시키는 능력의 측면에서 의미를 갖는 평평하고 지루한 세계다. 사물은 우리가 **그렇게 여기는** 바로 그것**이다**. 자체의 온전성도 없고, 신성한 핵심이나 중심도 없다. 생명체는 중요하고 의미 있는 더 큰 세상을 보여 주는 초상icon이기보다는, 사람들의 열망, 소망, 두려움, 계획을 반영한 우상idol으로 축소된다(혹은 앞서 말했듯, 음식은 산업 공정에 기여하고 사업 계획을 만족시키는 품목으로 축소된다). 이러한 깊이 없는 세상에서는 타자들과 지속적이고 의미 있는 관계를 맺기가 아주 어렵다. "우리는 그것[즉, 세상]을 오직 개인적 의지와 연관된 것으로, 따라서 궁극적으로 그 의지의 목적을 성취하는 수단으로만 여기고 있다."[55] 우리가 타자와 관계를 맺고 있다는 사실과 그 방법은, 근거가 거의 없고 시시각각 변할 수 있는 선택의 결과다.

도스토예프스키는 실용주의적인 혹은 경제적인 계산으로 축소되는 세상을 두려워했다. 그러한 세상에는 **생명체**는 없고 오직 사물만, 지속적 의미가 없는 **사물**만 있기 때문이다. 이것이 음식이나 다른 무엇을 소중히 여긴다는 것이 거의 말이 안 되는, 스티븐 와인버그가 말하는 무의미한 세상이다. 사물은 맛있어 보이지 않거나 그다

---

55 Rowan Williams, *Dostoevsky: Language, Faith, and Fiction* (Waco: Baylor University Press, 2008), 229.

지 기뻐할 만한 것이 못 된다. 우리 시대와 더 공명하는 표현으로 말하자면, 우리는 모두 차갑고 일반적으로 불친절하고 용서가 없는 우주에서 살아남고 적응하려고 분투하는 물질적인 몸이다. 우리의 생존 여부는 행운이나 우수한 간계의 결과다. 그러나 우리의 운명이 어떠하든, 우리의 분투나 세상을 너무 심각하게 받아들이지 않는 것이 최선이다. 우리는 "심각한 것이 없는, 다시 말해 그 무엇도 **중요하지 않고**, 예기치 않은 지평을 열어 주거나 깊이를 드러내지도, 정처 없는 개인으로서 [우리가] 제시하는 것보다 더 큰 내러티브를 제시하지도 않는"[56] 세상에 살기 때문이다. 신성함이 없다면, 예배뿐 아니라 감사나 책임 또한 그 진지함과 의미를 잃을 것이다. 신학적 혹은 도덕적 깊이가 없는 세상에서는, 다른 사람이나 세상에 대한 폭력을 폭력적인 것으로, 심지어 신성모독적인 것으로 이해하는 일도 불가능하다. 훼손될 만한 의미 있는 것이 없기 때문이다. 동일하게 중요한 것은, 인간이 애정과 신의를 바칠 만한 의미 있는 것 역시 없다는 점이다. 세상, 그리고 그 안에서 먹는 자들과 식품 생산 영역은 더 이상 선물이나 복이 되지 못한다. 모두 야만적이고 침묵하는 실재로 전락했기 때문이다.

이 세상이 다른 세상들과의 신비로운 연결을 통해 살아 있다는 조시마 장로의 주장은, 창조 세계의 깊이를 암시하는 도스토예프스키의 방식이다. 사물은 절대 그저 그 표면이나 물질적인 구조에 의해 소진되는 '사물'이 아니라는 것이 그의 깨달음이다. 사물의 진실과 의미는 그것들 너머에 혹은 그 안쪽 더 깊은 곳에 있으며, 그 온

---

56 앞의 책, 193.

전성, 가치, 영적 의미의 실현으로서 우리 안에 자리 잡고 있다. 음식은 삶의 생기를 전달하거나 증언하기에, 물질적인 것으로 축소될 수 없다. 브루스 폴츠Bruce Flotz는 이를 우리에게 '얼굴'을 나타내는 세상이라 묘사한다. "자연은 여기서 얼굴을 나타내고, 내면의 삶을 표현한다. 왜냐하면 동시에 그 자연이, 삶의 모든 반향이 향해 있고 모든 생명 자체가 비롯되는 먼 곳을 향해 급진적이고도 열광적으로 나아가는 존재로 드러나기 때문이다."[57] 우리가 보는 것은 결코 그저 보이는 것 자체가 아니라, 존재를 존재하게 하는 신비롭고 보이지 않는 (신성한) '실재'다. 다시 말해, 생명체에 대한 응시는 그 생명체의 표면에 멈추지 않고, 그것을 넘어 생명체가 의존하는 동시에 그 생명체의 근원인 창조주에게로 확장된다. 세상 만물을 존재하게 한 로고스는 또한 각 사물 안에 있는 생명과 빛이기도 하다(요 1:1-5).

식사를 영성 훈련으로 변화시키는 것은, 음식과 세상이 얼굴을 가지고 있음을 인지할 수 있는 실제적인 조건과 습관(주목, 대화, 성찰, 감사, 정직한 회계)을 함양하는 일이다. 우리가 창조 세계의 얼굴을 만나고 받아들이게 되면, 개인적 자유에 대해 의문이 제기될 수 있다. 이제 우리는 우리가 하는 일에 책임이 있고, 우리 앞의 신성함을 존중

---

[57] Bruce V. Foltz, "Nature's Other Side: The Demise of Nature and the Phenomenology of Givenness", in *Rethinking Nature: Essays in Environmental Philosophy*, ed. Bruce V. Foltz and Robert Frodeman (Bloomington: Indiana University Press, 2004), 334. 폴츠는 얼굴 없는 세상과의 대조를 명확하게 설명한다. "바깥쪽만 있는 것, 순수한 외면성은 표면일 뿐이다. 그것은 평면, 표피다. 그것은 순수한 확장이다. 그것은 얼굴을 나타낼 수 없다. 마주해야 할 내면이 없기 때문이다. 그리고 내면이 없기 때문에 그것은 엄격하게 바깥이라고 말할 수도 없다. 그것은 끊임없는 피상성, 모든 것을 포괄하는 피상성이다. 단지 표면이 아니라 하찮은 것, 무리수, 그냥 거기 있고 그 이상은 없는 것이다"(331).

하는지 아닌지에 대해 설명해야 하기 때문이다.[58] 무가치하고 무작위적인 실체들의 모음은 훼손될 수 없지만, 선물이나 복은 훼손될 수 있다. 우리가 세상을 깊이 있게 보고 그 재능과 아름다움의 특징을 인식하기 위해서는, 우리 자신이 영적 존재가 되어야 한다. 즉 '씨앗들'을 가진, 혹은 야만적이고 물질적인 실재의 영역을 넘어서는 의미의 세상을 보는 영적 감수성을 가진 존재가 되어야 한다. 사귀는 능력이 있어야 하며, 단지 집합체가 아닌 공동체 속으로 들어가 그 가치를 볼 수 있어야 한다. 세상의 영적 깊이를 인식하지 못하면, 우리 자신이 영적 존재가 되지 못하면, 생명에 무관심해지고 심지어 무의미하고 잔인한 사건으로서 삶을 증오하게 되는 일이 불가피하다.[59]

이를 이야기하는 또 다른 방식은, 영적으로 훈련된 사람은 **기도**의 습관을 기른다고 말하는 것이다. 그러한 기도 안에서 타자들의 세상은 하나님 안에 있는 그 생명의 측면에서 이해되고 받아들여진다. 생활양식은 빠르게 형성되지 않는다. 오히려 사람의 삶은, 그곳에 있는 중요한 것에 관심의 초점을 두는 느린 영적 수련의 길을 따

---

58 도스토예프스키가 영적 깊이가 있는 세계를 묘사함으로써 서로에 대한 책임과 형제애의 필요성 또한 강조하게 된 것은 우연이 아니다. 우리의 최고의 소명은, 서로를 섬기는 이가 되는 것이다. 다른 사람의 얼굴에서 초월적 깊이를 보는 이러한 사고는 좀 더 최근에 에마뉘엘 레비나스의 철학 작업에서 전개되었다. 특히 *Totality and Infinity: An Essay on Exteriority* (Pittsburgh: Duquesne University Press, 1969)를 보라.

59 몇몇 다른 이들처럼 필립 셰러드는 *Human Image: World Image: The Death and Resurrection of Sacred Cosmology* (Ipswich: Golgonooza Press, 1992)에서, 우리가 자신을 어떻게 생각하느냐가 주변 세상을 어떻게 생각하느냐를 결정한다고 주장했다. "우리는 사물이 비인간적이고 신에게 버림받았다고 보기 때문에, 우리 행성을 비인간적이고 신에게 버림받은 것으로 대하고 있다. 그리고 우리가 사물을 이런 식으로 보는 까닭은, 이것이 기본적으로 우리 자신을 보는 방식이기 때문이다"(2).

른다.[60] 사람들은 주의를 기울이는 연습을 통해, 이제 자신의 세상을 소속의 장소로 받아들일 수 있다. 그들은 삶을 멋지고 신비롭지만 또 무섭고 이해할 수 없는 것으로 경험할 수 있다. 그들은 성찰하고 감사하는 삶의 기술을 연습하면서, 그들에게서 삶의 물질성이나 자연성을 박탈하기보다 오히려 평범한 삶의 사건들이 "모든 생명의 생명이신 하나님 앞에 찬양과 감사의 표시"[61]가 되게 하는 행동에 헌신할 가능성이 높다. 사람들은 기도하는 법을 배우면서, 세상에 대한 지각과 수용이 하나님 임재를 향해 열리도록 변화된다.

> 언약 신학에는 그저 단순한 세상이나 있는 그대로의 사실 같은 것은 없다. 언제나 당면한 구체적 순간에 대한 경탄과 의무가 있을 뿐이다. 그곳에서는 하나님의 무한한 생명의 선물이 우리 손에 주어진다. 지금 여기에 있는 것을 듣고 행할 수 있도록. 신학은 자연을 바꾸는 것이 아니라 오히려 영적 자각을 통해 그것에 대한 반응을 변화시킨다. 물리적 사실성은 여전하지만 동시에 변모되고 있다.[62]

음식은 더 이상 연료나 상품으로 명시되지 않는다. 식사는 하나님의 복에 참여하고 그 복을 나누는 일이 된다.

사람들이 부엌과 식탁에서 주목과 성찰이라는 영적 훈련을 함

---

60 이 주제에 대한 상세한 설명으로는, 내가 쓴 글 "Attention and Responsibility: The Work of Prayer", in *The Phenomenology of Prayer*, ed. Bruce Ellis Benson and Norman Wirzba (New York: Fordham University Press, 2005), 88-100를 보라.

61 Michael Fishbane, *Sacred Attunement: A Jewish Theology* (Chicago: University of Chicago Press, 2008), 119.

62 앞의 책, 123.

으로써 기도하며 먹는 법을 배운다면, (만지고 냄새 맡고 맛보고 봄으로써) 어떻게 음식의 모든 조각이 그들 자신을 넘어 식물과 동물, 밭과 숲, 농부와 요리사의 세계로 이끄는지 깨닫기 시작할 것이다. 식사는 우리가 혼자 살 수 없음을 입증한다. 식품을 재배하는 일은 우리가 생명을 창조하지 않음을 상기시킨다. 음식은 우리를 창조 세계의 구성원들 그리고 하나님과 연결시킨다. 사려 깊은 식사는, 식탁 없는 인간의 교제는 없으며, 부엌 없는 식탁은 없으며, 정원 없는 부엌은 없으며, 생존력 있는 생태계 없는 정원은 없으며, 생명을 생산하는 힘이 없는 생태계는 없으며, 하나님께 근원을 두지 않는 생명은 없음을 우리에게 상기시킨다.

음식에 대한 신학적 이해는, 삶의 구성원들의 범위와 성격을 분별하고 그것들 안에서 적절하게 존중하며 살아가는 방법을 찾으라고 도전한다. 피조물이 된다는 것은, 서로 공유하는, 그리고 항상 주어지는 삶을 기뻐하고 또 분투하면서 타자들과 연결된 구성원이 되는 일이다. 피조물이 된다는 것은, 타자들의 도움과 양육으로부터 유익을 얻고, 그 보답으로 다시 도움과 양육의 근원이 되는 것이다. 살고자 한다면, 우리는 결코 공유된 삶에서 벗어나지 못한다. 식사는 날마다 그 사실을 확인하는 일이다.

우리의 식사가 성찬(이것이 의미하는 바와 수반하는 내용은 5장에서 볼 수 있다)이 되는 한, 우리는 구성원 됨을 사귐으로 변화시킬 기회를 가진다. 하나님은 그분 형상으로 지어진 피조물들에게, 환대하고, 세상과 화해하는 그리스도의 방식에 참여하고, 정의롭고 자비롭게 먹고, 그렇게 함으로써 먼저 창조 세계를 존재하게 하시고 날마다 유지시키시는 하나님의 환대에 참여하라고 요청하신다.

식사의 '뿌리':
동산에서 함께하는 삶

3

'태초에' 만들어진 하나님의 동산은 과거가 아니라 소망하는 미래이며, 현재는 우리의 일터로서 우리 주변 모든 곳에 있다.[1]

동산 없는 역사는 황무지일 것이다.[2]

인간이 자연과 공유하는 것, 우리가 자연에 요구하는 것과 의탁하는 것, 우리가 갈망하고 거부하는 것, 이 모든 것이 노래와 시 혹은 음악과 철학, 신화와 종교가 될 수 있다. 그러나 그것이 조금이라도 눈에 보이기 원한다면, 이 가시적 세상에서는 조만간 동산이 되어야 한다. 그리고 (그저 생각할 수 있고 이해할 수 있는 상태와 별개로) 가시성을 성취하고자 하는 것은 저항할 수 없는 충동이다. 그것은 인류의 온갖

---

1 Nicholas Lash, *Believing Three Ways in the One God: A Reading of the Apostle's Creed* (Notre Dame: University of Notre Dame Press, 1992), 124.

2 Robert Pogue Harrison, *Gardens: An Essay on the Human Condition* (Chicago: University of Chicago Press, 2008), x.

창조의 충동처럼, 구조를 만들어 내고자 하는 원초적 충동의 고유한 부분이다.[3]

성경이 인간의 첫 드라마의 장소를 동산으로 정한 것은 우연이 아니다. 에덴동산은 말 그대로 '기쁨의 동산'으로, 인류의 원초적 본향이자 영원히 생성되고 있는 본향이다. 이곳은 우리가 공동으로 영양분과 영감과 교훈과 소망을 얻는 장소이며, 사람들이 눈, 혀, 코, 귀, 손가락, 발가락으로 하나님의 은혜를 처음 맛보고 충분히 느끼는 곳이다. 이곳에서 우리는 우리가 세상이라는 선물의 수혜자이자, 하나님이 만드셨고 하나님을 의지하는 피조물임을 배운다. 사람들은 식물과 동물들 사이에서 그리고 토양과 물과 기후의 다양한 조건 속에서 허기, 복, 필멸, 무지, 상호 의존의 영향을 받는 것이 어떤 의미인지 발견한다. 동산을 "경작하며 지키라"(창 2:15)는 명령을 받은 사람들은 여기서 그들의 가장 근본적인 정체성과 소명을 얻는다. 어디에 살든 우리의 기쁨과 건강뿐 아니라 기술과 이해력은, 어느 정도는 동산 본향에 대한 책임과 그 동산의 가능성에 의해 형성되어야 한다. 동산이 중요한 까닭은, 우리를 토양과 물 그리고 피조물들 및 하나님과 이어 주는 관계들, 그 뿌리에 양육과 먹이는 일이 놓여 있는 관계들의 복잡한 배열을 이곳에서 특히 분명히 보기 때문이다.

동산은 생명을 생산하는 '자연의' 힘과 인간의 삶이 만나는 세상의 축소판이다. 동산은 다양한 수준의 사육이 일어나는 곳이긴 하지만, 생명이 가진 풍부한 자연 그대로의 은혜로 작동될 때 가장 회

---

3   Rudolf Borchardt, *The Passionate Gardener* (Kingston, NY: McPherson, 2006), 32.

복력이 좋다. 우리가 먹고 마시고 숨 쉬려면 필연적으로 동산에서 일어나는 지구물리학적·생화학적 과정에 매여 있어야 한다는 사실을 이해하기 위해 반드시 동산 가꾸는 전문가가 될 필요는 없다. 전문가가 아니더라도 누구든 건강한 동산(어디에 있든)을 지키고 키우며 훌륭하게 동산을 가꾸는 일에 공감하고 헌신해야 하기 때문이다. 삶의 건강과 배부름은 동산이 구현해 내는 발아와 열매에 달려 있다.

    동산이 세상의 축소판이라고 해서, 전 세계가 동산이라거나 동산만이 음식을 얻는 유일한 장소라는 말은 아니다. 수렵-채집 사회와 어촌 공동체의 오랜 역사는 사람들이 다양한 방법으로 땅과 물을 통해 양육될 수 있음을 분명히 보여 준다. 자연 시스템 농업부터 산업 생명공학에 이르기까지 농업에서의 다양한 실험은, 사람들이 아주 다양한 방식으로 음식의 원천에 접근할 수 있음을 보여 준다. 내가 이 장에서 동산에 집중하는 까닭은, 루돌프 보르하르트$^{Rudolf\ Borchardt}$가 이 장 서두의 발문에서 제시했듯, 이곳이 우리를 양육하는 세상에 구조를 부여하려는 인간의 욕구가 가장 뚜렷이 보이는 장소이기 때문이다. 동산이 중요한 까닭은, 야생이기도 하고 문명화되기도 한, 인간적이면서도 비인간적인 세상 속 자신의 '자리'에서 일하는 우리에게 기본적이고 특히 친숙한 장소이기 때문이다. 동산은 우리가 스스로 거의 통제하지 못하는 생명의 창조된 힘에 의존함을 드러낸다. 심지어 그 생명에 인간적 형태를 부여하고자 하는 우리의 욕망이 드러날 때도 그렇다.[4] 동산지기가 된다는 것은, 가장 근본적

---

4   내가 동산에 대해 하는 말 대부분은 농장에도 적용할 수 있다. 어떤 면에서 농장은, 동산을 가꾸는 통찰과 관행이 더 넓은 토지에서 일어나도록 확장된 것이다. 어디까지가 동산이고 어디서부터가 농장인지를 명시하는 일은 무척 어렵다. 각각이 아주

인 인간의 과업 중 하나에 참여하는 일이다. 그것은 곧 다른 피조물들 및 하나님과 함께하는 삶을 인간의 피조물 됨으로 이해하려는 노력이다. 다르게 말해, 동산은 문화가 형성되는 주요하고도 실제적인 현장이다.

여기서 중세 초기 영어 용례에서 'culture'(문화)라는 단어가 땅 한 구획을 가리켰음을 떠올리면 도움이 될 것이다. 더 구체적으로 그것은 **경작된**cultivated 땅 한 구획을 가리켰다(라틴어 '쿨투라'cultura'는 '토지 경작'을 뜻한다). 이것은, 문화인의 표지가 토양과 식물과 동물과 같은 대상을 가꾸는 법을 이해하고 아는 것이었음을 암시한다. 동산을 가꾸는 일이 근본이 되는 이유는, 거기서 우리 자신과 타자를 먹이는 법을 발견하기 때문이다. 우리는 거기서 우리가 필연적으로 의지하는 땅과 서로를 보살피는 법을 배운다. 식품 생산을 황폐화하거나 약화시키는 관행에 빠지지 않으려면, 그것을 가능하게 하는 동산을 가꾸는 통찰력을 가져야 한다. 사람들이 수동적으로 땅에 거주하는 일이 가능하긴 하겠지만, 특정한 작은 구획의 땅을 인간의 굶주림과 욕망, 예술 욕구를 충족시키는 곳으로 바꿈으로써 땅과 함께 일하고 땅으로부터 배우고 땅을 변화시킬 때 가장 문화적인 상태로 나아가게 된다. 오랜 기간 지속 가능한 문화는, 사람들이 최소한의 생계를 유지하는 데 필요한 기술과 애정을 인식하고 정련하도록 준비시킬 것이다. 때로 사람들이 마치 땅의 한계를 무시하거나 넘어설 수

다양한 형태를 취하면서도 유사한 관리 원칙을 가질 수 있기 때문이다. 내가 이 장에서 동산을 특별하게 다루는 까닭은, 창조 세계를 집으로 변경하려는 인간의 노력이 창조 세계의 생명력과 은혜를 약화시킬 수 있음을 인정하는 가운데 그 노력을 평가할 수 있는 이상적인 장소이기 때문이다.

있다는 듯 행동할지 모르지만, 진정으로 생존 가능한 문화는 주어진 주거지의 잠재력과 인간의 욕망을 조화롭게 통합하는 법을 배우는 문화다.[5]

이는 동산 가꾸기가 재미 삼아 하는 행동이나 선택적인 일, 혹은 느긋한 취미로 축소되지 않는다는 의미다. 동산은 기본적으로 경치 좋고 좋은 향이 풍기는 휴양지가 아니다. 동산을 가꾸는 일은, 삶의 복잡성과 깊이를 더 자세히 인식하면서 세상에서 생각하고 느끼고 행동하는 데 필수적인 '상상'을 우리 안에 창조해 낸다. 동산은 사람들이 생명의 창조성과 상호 의존성을 발견하고 배우는 집약적이고 집중적인 장소다. 우리가 좋은 동산지기라면, 인간과 비인간의 함께 하는 삶을 건고하게 하면서 하나님의 창조성으로 일하는 데 헌신할 것이다. 그러나 형편없거나 무모하게 동산을 가꾼다면, 어쩔 수 없이 세상을 초토화시키고 말 것이다.

살아 있다는 것(즉 먹는다는 것!)은 생명을 주는 동산의 방식의 수혜자가 되었다는 뜻이다. 물론 우리 대다수가 땅과 동식물로부터 우리를 점점 더 분리시키는 형태의 집에서 살고 있지만, 근본적이고 피할 수 없는 우리의 본향은 식구들을 먹이고 유지시키는 땅이다. 우리는 먹음으로써 살아간다. 이는 그 뿌리가 변함없이 동산의 토양으로 뻗어 나가는 음식을 통해 산다는 의미다. 우리는 음식을 한 입 먹을 때마다, 말 그대로 생명의 기초가 동산에서 함께 사는 무수한 유

---

[5] 재레드 다이아몬드 Jared Diamond는 문화가 땅에 공감하는 방식으로 땅과 제휴하지 못하면 문화에 어떤 일이 일어나는지에 대한 유용한 요약을 제시한다. *Collapse: How Societies Choose to Fail or Succeed* (New York: Viking, 2005)를 보라. 《문명의 붕괴》(김영사).

기체와 여러 과정들의 성장과 죽음, 다양성과 취약성에 달려 있다는 것을 위장의 확실한 증거로 확인한다.

삶에서 우리의 자리 찾기

"존재한다는 것은 장소 안에 있는 것이다."[6] 피타고라스 학파 철학자 테렌툼의 아르키타스Archytas of Terentum가 말한 이 고대의 격언은, 장소가 무언가가 존재하는 우선적 조건임을 나타낸다. 무언가에 대해 의미 있게 말하기 위해서는 그것을 장소라는 맥락 안에 둘 수 있어야 한다. 어떤 장소에서 완벽하게 벗어나는 것은 불가능하다. 무엇이든 장소의 측면에서 모양새를 갖추고 정의 내려지기 때문이다. 자신이 있는 장소를 온전히 이해하지 못해서 때로 쫓겨났거나 길을 잃었다는 느낌이 들 수도 있지만, 우리는 절대 장소 **없이** 건강할 수 없다. 살아 있다는 것은, 문자적으로 또 비유적으로 우리를 먹이는 장소의 수혜자가 되었다는 것이다. 난민의 삶과 유배 생활이 심히 피폐한 까닭은, 사람과 땅 사이를 연결하며 생명을 주고 생계수단을 제공하는 관계가 단절되었기 때문이다. 또 장소에 몸을 의탁하려는, 그리고 그렇게 자신을 내어줌으로 의미 있는 정체성과 세상을 발견하고 만들어 내려는 시도를 막기 때문이다.

---

6   Edward S. Casey, *Getting Back into Place: Toward a Renewed Understanding of the Place-World* (Bloomington: Indiana University Press, 1993), 14. 장소의 의미와 중요성에 관한 내 생각은, 이 책과 그 자매판 *The Fate of Place: A Philosophical History* (Berkeley: University of California Press, 1997)를 통해 이루 헤아릴 수 없을 정도로 풍성해졌다.

장소는 삶의 가능성에 대한 한계이자 조건이다. 여기서 한계가 하는 일은 가능한 관계의 범위를 명시하는 것이므로, '한계'를 부정적으로 이해해서는 안 된다. 누구든 전반적인 집에 사는 것이 아니라 항상 특정한 집에 사는 것처럼, 전반적인 음식을 먹지 않고 항상 특정한 음식을 먹는다. 특정하고 구체적인 관계가 필수적인 까닭은, 사람이 그러한 관계들 안에서 성장하기 때문이다. 토양, 미생물, 식물, 벌레, 동물, 어머니, 교사, 친구와의 특정한 관계가 없는 인간의 삶은 상상도 할 수 없다. 함께 있는 사람들이나 우리의 그릇에 담긴 음식이 항상 좋지는 않을지 모르지만, 그들과 그 음식은 우리가 함께 살아가는 삶에 없어서는 안 될 **원천**이므로 완전히 부정할 수는 없다.

이는 **실체**보다는 **관계**가 존재의 구성 요소라는 의미다. 오래전 실체에 대한 아리스토텔레스의 이론은, 무언가를 독특한 것으로 정의하려면 먼저 그것을 다른 모든 것과 분리시켜야 한다고 주장했다. 이것이 그의 유명한 동일률이 되었는데, 이는 여전히 우리가 세상을 보는 방식에 강력한 영향력을 행사하는 원리다. 이 관점에서는 사물이 먼저 개체로 존재하고, 그런 다음 아마도 선택적으로 타자들과 관계를 맺는다. 따라서 이런 추정을 따르는 과학자와 사회과학자, 인문주의자는 사람과 생물이 먹어야만 한다는 점과 그들의 먹는 행위가 그들을 자리매김하고 정의한다는 점을 잊어버리기가 상대적으로 쉽다.

동산을 가꾸는 삶과 에덴동산에 대한 성경 이야기는 근본적으로 다른 전제에서 출발한다. 즉, 인간*adam*은 토양*adamah*과 하나님이 토양을 통해 가능하게 만드신 생명과의 관계 때문에 그 자신이 되고 또 **존재한다**. 피조물들은 서로에게서 고립되거나 분리되어 존재할 수 없고, 절대 그렇게 존재하도록 의도되지 않았다. 친족 관계와 조화, 상호성과 친밀함이 함께하는 건강한 삶의 규칙이 되어야 한다.[7] 삼위일체의 공동체적 삶이 세상 창조의 기반임을 떠올린다면, 이러한 동산을 가꾸는 통찰력은 우리에게 그리 놀라운 일이 아니다. 아무리 왜곡되었을지라도, 지상에서의 생성은 사귐을 만들어 가시는 하나님의 영원한 삶이 반영된 것이다. 삼위일체의 가르침에서 영감을 받은 카파도키아 교부들은 여기서 관계론적 존재론을 발전시켰다. "인간은 타자성을 통해 **정의된다**. 다른 존재, 하나님, 동물, 창조세계와의 관계로만 정체성이 생겨나는 존재다."[8] 우리가 누구인지는, 이성이든 언어든 영혼이든 이런저런 종의 특성으로 표현되지 않는다. 우리는 타자들에게 **반응하고**, 그들을 **받아들이고**, 다시 우리 자

---

7   윌리엄 브라운William Brown은 J 문서 창조 이야기에 관한 주석에서, 사귐과 우정을 향한 움직임이 피조물, 타자, 하나님과 함께하는 성공적인 인간 삶의 전반적 궤적이라고 주장한다. 분리와 소외는 타락한 세상의 표지다. *The Seven Pillars of Creation: The Bible, Science, and the Ecology of Wonder* (New York: Oxford University Press, 2010), 79-91를 보라.

8   John D. Zizioulas, *Communion and Otherness: Further Studies in Personhood and the Church* (London: T&T Clark, 2006), 39. 카파도키아 교부들은, 하나님의 삼위일체적 삶이 존재와 인간성이 본질적으로 관계적인 것임을 새롭게 이해하도록 했다고 주장했다. 존재는 고립되어 존재한 다음 관계로 들어가는 것이 아니다. 그들은 항상 처음부터 이미 관계 가운데 있다. 지지울라스는 *Being as Communion: Studies in Personhood and the Church* (Crestwood, NY: St. Vladimir's Seminary Press, 1985)에서는 이렇게 말한다. "어떤 존재도 아리스토텔레스의 τόδε τί와 같이 그 자체로 개체로 생각될 수 없다. 하나님은 사귐의 결과로 존재하시기 때문이다. 이는 고대 세계에서 존재를 '존재하게' 하는 것은 사귐이라는 사실을 처음으로 주장한 것이다. 그것 없이는 아무것도, 하나님조차도 존재하지 않는다"(17). 인간에 대한 정의에서 관계성의 중요성을 철학적으로 잘 전개한 또 다른 해설로는 크리스토스 야나라스Christos Yannaras의 *Person and Eros*, trans. Norman Russell (Brookline, MA: Holy Cross Orthodox Press, 2007)을 보라.

신을 **줄** 때만 존재하고 우리 자신이 된다. 삶의 성격은 항상 세상에 대한 우리의 반응을 **통해** 정의된다. "우리가 무엇을 하든 하지 않든, 어디에 있든, 우리는 항상 요청받고 요구받으며, 우리의 첫 시선처럼 이미 우리의 첫 말은 그 요청이 일어난 곳에서 우리가 보내는 응답이다."[9] 삶은 세상의 '요청'이나 초대에 반응하면서 이루어진다.

체화embodiment에 대해 생각해 보는 일은, 관계 안에 존재하기가 선택 사항이 아님을 이해하는 가장 분명한 방법 가운데 하나다. 모리스 메를로 퐁티Maurice Merleau-Ponty가 말하듯이, "세상은 내가 생각하는 것이 아니라 내가 사는 곳이다. 나는 세상에 열려 있다."[10] 그가 말하는 열려 있음은, 가장 기본적으로 시각, 청각, 촉각, 후각, 미각이라는 우리의 감각을 통해 일어난다. 감각은 상황이나 장소를 발견하는 일, 그것에 열려 있고 그것에서 영감을 받는 일과 관련이 있다. 에드워드 케이시Edward Casey는 "내 몸은 계속 **나를 장소로 데려간다**. 그것은 행위자이자 수단이고, 장소 안의 존재에 대한 발화자이자 증인이다"[11]라고 말한다. 장소가 그저 몸을 담고 있는 것이 아니라, 오히려 장소의 요소들이 수용적이거나 저항하는 몸 안으로 계속 들어온다. 중요한 의미에서, 단지 우리 몸이 세상으로 들어가는 것이 아니다. 음식이든, 향기든, 소리든, 어루만짐이든, 이미지든, 세상 역시 이 같은 감각들의 상호작용을 통해 우리 안으로 들어온다.[12] 우리는 특

---

9   Jean-Louis Chrétien, *The Call and the Response* (New York: Fordham University Press, 2004), 14-15.

10 Maurice Merleau-Ponty, *Phenomenology of Perception* (London: Routledge, 1962), xvi-xvii.

11 Casey, *Getting Back into Place*, 48.

정 지역에서 나는 음식을 재배하고 먹음으로써, 더 상세한 이해와 공감을 가지고 우리 삶의 장소에 거주할 수 있다. 배고픔과 고통뿐 아니라 만족과 환희라는 기본적인 경험들의 근원과 방향은, 그것들을 불러일으키는 장소에서 발견된다. 사람이 어떤 장소에서 난민이나 이방인이 되어 장소를 만드는 관계들의 폭과 깊이에 적절하고 바른 안목으로 반응할 수 없다면, 건강하고 의미 있는 인간 삶의 가능성도 줄어든다.

포스트모던적 삶의 본질적인 특징 중 하나는, 사람들이 인류학자 마르크 오제Marc Augé가 '비장소non-places'라 칭했던 것 안에서 산다는 것이다. "장소를 관계적이고, 역사적이고, 정체성과 관련된 것으로 정의할 수 있다면, 관계적이거나 역사적이지 않고 정체성과 관련된 것으로 정의할 수 없는 공간은 비장소일 것이다."[13] 여기서 오제는 깊은 관계나 타자들을 향한 수용적인 열림 같은 것들을 막는 실생활의 몇 가지 특징, 곧 비인격적인 쇼핑, 끊임없는 이동성, 획일적인 주택 같은 특징을 염두에 두고 있다. 우리는 삶의 점점 더 많은 부분을 교통수단 안에서, 가게와 호텔과 비행기 안에서, 전자기기 화면이나 현금 인출기 앞에서 보낸다. 우리는 과도하게 분주하기 때

---

12 "따라서 내 몸이 다른 존재의 무언의 간청에 반응하면, 그 결과로 그 존재는 더 많은 탐구를 불러들이는 어떤 새로운 측면이나 차원을 내 감각에 드러내며 반응한다. 이러한 과정에 의해 내 감각하는 몸은 서서히 이 다른 존재의 방식, 즉 이 돌이나 나무나 식탁의 **방식**에 맞춘다. 그 타자가 내 방식과 감성에 맞추듯이 말이다. 이런 방식으로 가장 단순한 것이 내게 세상이 될 수 있고, 반대로 그 사물이나 존재가 **내** 세상에 더 깊이 자리매김하게 된다"[David Abram, *The Spell of the Sensuous: Perception and Language in a More-Than Human World* (New York: Vintage, 1996), 52].

13 Marc Augé, *Non-Places: An Introduction to Supermodernity*, 4th edition (London: Verso, 2008), 63.

문에, 이 세상에서 실질적 접촉이 거의 없다. 어쩌다 속도를 늦추면, 공무원과 점원의 비인격적 응시나 상투적 반응을 접하거나, 판에 박힌 팝업 광고와 옥외 광고판을 어쩔 수 없이 보게 된다. 타자들과의 접촉을 시도하더라도 결국 사전에 녹음된 익명의 목소리에 닿을 뿐이고, 우리에게 걸려 오는 전화는 보통 컴퓨터에서 생성된다. 이 상황의 최종 결과는, 우리 감각이 약해지는 것이다. 그렇게 무수한 익명성 앞에서 우리의 감정은 시들어 버린다. 우리는 세상에 민감해지고 반응하는 능력을 서서히 잃는다. 어떤 장소와 상호작용을 하며 깊고 지속적인 접속을 하기보다는, 갈수록 어떤 장소를 늘 지나가지만 거의 그 안으로 들어가지는 않는 승객이 된다. "비장소를 지나는 승객은 세관, 도로 요금소, 체크아웃 카운터에서만 자신의 정체성을 되찾는다. 그러는 동안 그는 타자들과 동일한 규범에 순종하고 동일한 메시지를 받고 동일한 간청에 응답한다. 비장소의 공간은 독특한 정체성이나 관계를 만들어 내지 않고, 오로지 고독과 유사성만 만들어 낸다."[14]

---

14 앞의 책, 83. 포스트모던 시대 이전에 좋은 글을 쓴 독일의 사회학자이자 철학자 게오르그 짐멜Goerg Simmel은, 근대의 도시화가 사람들을 서로 및 그들의 장소와 이어 주는 감각을 죽이는 효과가 있다고 말했다. 근대화된 도시들의 속도, 자극, 익명성, 그리고 돈 및 다른 비인격적 형태의 통화에 대한 의존은, 짐멜이 1903년에 '무감각한 시각'이라 불렀던 것, 즉 오늘날 감각 과부하라 묘사할 수 있는 것을 만들어 냈다. 이러한 발전의 위험은, 그것이 사람들 안에 조성한 무관심한 태도다. 사물과 사람과 장소가 여전히 존재하지만 그 가치와 의미가 약화되었다. "무감각한 이들에게 그들은 사랑받을 만하지 않은 동질적이고 균일하고 회색빛인 사람으로 보인다. 이러한 심리는 완벽한 화폐 경제에 대한 정확한 주관적 성찰이다. 돈은 모든 다양한 사물의 자리를 차지하고, 그것들 사이의 모든 질적 차이를 가격 차이로 표현하는 지경에 이르렀다. 무색에다 무관심한 특성을 가진 돈은, 모든 가치의 공통분모가 될 수 있는 정도만큼 모든 것을 무섭도록 평평하게 만들어 버린다. 돈은 사물의 핵심, 그 특성, 특정한 가치와 독특함과 비길 데 없는 것을, 수선이 불가능할 정도로 파낸다"(Georg Simmel,

사람이 어떤 장소로 깊이 들어가지 못하게 스스로를 억누르거나 그 길이 막히면 방향 감각을 잃게 된다. 방향 감각 상실은, 사람이 어느 방에 있어야 할지 알지 못하는 경우처럼 단지 위치 측면에서만 일어나지 않는다. 그것은 **어떤 사람이 되어야 하고 무엇을 해야 하는지**가 근본적으로 왜곡되는 상태로 더 깊이 들어가기도 한다. 삶이 이루어지는 장소를 더 이상 알지 못하는 상태의 직접적 결과인 도덕적·영적 이탈dislocation에 대한 토착 문화의 설명을 잠시 생각해 보자.[15] 그 문화에서 장소는 결코 단순한 어떤 위치가 아니다. 장소는 그곳에서 일어난 일과 그 역사로부터 배워야 할 것에 대해 말해 주는 이름으로 알려진다. 그러므로 장소의 이름을 잃는 것은, 그 장소에서 행동하는 법에 대한 도덕적·영적 지침을 잃는 것이다.

이와 마찬가지로 사람들이 대대로 땅에 남아 있는 전통적인 농업 사회에서는, 특정 장소에 대한 독특한 지식을 공동체에 물려준다. 그 지역의 공동체적 기억을 찾아보면, 어떤 관행이 땅을 훼손하거나 위태롭게 하고 어떤 관행이 치유와 비옥함을 가져오는지 알게 된다. 여기서도 장소는 절대 단순한 위치가 아니다. 그곳은 인간이 땅과 맺은 관계가 기억되고, 중요한 교훈이 전해지는 잘 알려진 공간이다. 토착 문화든 농업 사회든 그것들이 들려주는 교훈에서 드러나는 것은, 땅이 도덕적·영적 지형학이라는 개념이다. 토양, 식물,

---

"The Metropolis and Mental Life", www.blackwellpublishing.com/content/bpl_images/content_store/sample_chapter/0631225137/bridge.pdf, 14).

15 벨던 레인Beldon Lane은 *Landscapes of the Sacred: Geography and Narrative in American Spirituality* (Baltimore: Johns Hopkins University Press, 2001)에서 "우리 언어에는 이주라는 단어가 없다. 떠난다는 것은 사라져서 다시는 보이지 않는 것이다"(260)라고 말한 나바호족 작가 폴린 화이트싱어Pauline Whiteshinger를 인용한다.

동물은 단지 물건이나 상품이 아니며 오히려 실제적이고 도덕적인 의미로 가득 차 있다.

지성은 단독적인 뇌에 국한된 개인적 역량이 아니다. 사람들이 이 세상에서 책임감 있게 행동하는 데 필요한 지성은, 특정 장소와의 정신적·육체적 상호작용을 통해 형성된다. 이 때문에 지성은 우리가 사는 곳과 우리가 함께 살아가는 공동체로 확장되고 또 그곳으로부터 얻는 것이다. 장소들과 그곳에서 집단적으로 습득된 지혜를 알지 못하면, 상세한 이해의 가능성을 잃을 것이다. 이해하지 못하면, 인간의 행동은 사람을 양육하는 삶의 과정들과 보조를 맞추지 못하고, 또 어쩌면 그 반대 방향으로까지 파괴적으로 치달을 것이다. 토착 문화의 관점에서 볼 때, 사람들이 그들이 사는 장소에 해를 끼치는 것은 그들이 그 장소로부터 지성과 이해력을 얻어 내지 못한다는 사실을 보여 주는 가장 명확한 지표다. 장소에 해를 끼치면 그들 자신에게도 해가 된다.[16] 이 때문에 토착민들이 대대로 살던 땅에서 쫓겨난 것은 너무도 심각한 비극이다. 사람들이 어떤 땅을 잃는 것은 단순한 일이 아니다. 그들은 그들의 **장소**를 잃음으로써 그들의 자양분과 지성, 삶의 방향의 원천 또한 잃는다.[17]

---

16 케이시는 나바호족의 관점을 인용한다. "화답하지 않으면서, 먼저 그 장소의 삶의 일부가 되지 않으면서 땅에서 얻어 내려는 것은, 신성한 균형을 무너뜨리고 결국 병들어 가는 일이다"(*Getting Back into Place*, 35).

17 이 주제를 탁월하게 전개한 글로는, 키스 바소Keith Basso의 *Wisdom Sits in Places: Landscape and Language among the Western Apache* (Albuquerque: University of New Mexico Press, 1996)를 보라. 이 주제를 신학적으로 다룬 글로는, 윌리 제닝스Willie Jennings의 *The Christian Imagination: Theology and the Origins of Race* (New Haven: Yale University Press, 2010)를 보라. 또 비판 이론 내의 역사주의적 경향이 어떻게 장소에 대한 이해의 도전을 받고 있는지 검토한 글로는, 에드워드 소자

식물학자이자 포타와토미족 원주민인 로빈 키머러Robin Kimmerer 는 《향모를 땋으며Braiding Sweetgrass》(에이도스)에서, 땅에 대한 체화된 애착의 상실을 문화적·정신적 황폐화의 한 형태로 묘사한다. 그의 말에 따르면, 사람이 땅에서 분리되거나 땅을 돌보는 기술을 발전시키지 못하면(가장 기본적으로 음식을 재배하고 수확하는 면에서), 땅에 대한 공감과 애정을 함양해야 할 주요한 근거를 잃는다. 땅을 사랑하지 않으면, 땅이 음식과 아름다움을 제공하며 다시금 사랑을 돌려준다는 사실을 알게 되는 경험 역시 놓친다. 너무나 적절하게도, 그는 사람이 사랑이 없는 장소에서 잘, 혹은 평화롭게, 혹은 감사하며 살 것이라 기대할 수 있는지 질문한다. 우리 사회의 불행이나 공격적 행동, 무감각과 지루함, 목적 없는 방황이, 우리가 사는 장소들과 분리되어 사랑받지 못한다고 느끼는 데서 기인하는 경우가 얼마나 많은가? 사랑을 느끼고자 하는 욕구는 깊고 심원한 욕구다. 동산은 땅이 그 거주민들에게 주는 사랑을 발견할 수 있는 곳이다. "당신이 땅을 사랑한다는 사실을 알게 되면, 당신은 변화될 것이다. 또한 땅을 옹호하고 보호하고 경축할 수 있게 될 것이다. 그러나 땅이 당신에게 사랑을 되돌려 준다고 느끼면, 그 느낌은 관계를 일방통행에서 신성한 유대로 변화시킬 것이다."[18]

우리의 집단적인 방향 감각 상실에 대한 또 다른 묘사는, 오늘

Edward Soja의 *Postmodern Geographies: The Reassertion of Space in Critical Social Theory* (London: Verso, 1989)를 보라.

[18] Robin Wall Kimmerer, *Braiding Sweetgrass: Indigenous Wisdom, Scientific Knowledge, and the Teachings of Plants* (Minneapolis: Milkweed Editions, 2013), 124-125.

날 많은 사람이 그들이 있는 장소에 **거주하는** 법을 모른다는 것이다. 우리를 키우고 먹이는 많고 다양한 생태계들을 꾸준하고도 체계적으로 파괴해 온 과정을 밝히기 위해 역사학자들이 제시하는 증거는 압도적이다. 농업은 인간의 문화를 토양과 식물과 동물의 필요와 잠재력에 맞게 조율함으로써 땅과 사람의 건강을 함께 증진시키는 예술이 되기보다는, 우리 세상을 침식시키고 고갈시키고 해롭게 하는 산업적 세력으로 변화되었다.[19] 로버트 해리슨Robert Harrison은 서구의 상상력에서(그리고 공공 정책에서) 숲이 차지하는 자리에 대한 광범위한 조사를 마무리하면서 다음과 같이 말한다. "서구 문명은 사회적이고 문화적인 모든 차원에서 이탈의 제도를 장려하기로 결정했다."[20] 한때 '문화적인 삶'의 특징이었던 토양**과** 인간성을 가꾼다는 개념은 기억에서 사라졌다. 사람은 동산을 가꾸는 피조물로서 동산인 이 세상을 돌보고 유지한다는 시각, 그리고 그것을 통해 자신의 정체성과 소명을 깨닫는다는 시각은 이제 우리에게 일반적이지 않다.

거주한다dwell는 것은 어떤 장소에 가정을 꾸리는 것을 의미한다. 가정을 꾸리려면 보통 집을 지어야 하지만, 더 근본적인 것은 어떤 집을 짓든 그것에 영향을 미치는 태도와 방향이다(분명 가정을 보살피거나 유지하는 데 도움이 되지 않는 건물 형태가 있으므로). 마르틴 하이데거 Martin Heidegger는 거주의 성격에 대한 깊이 있는 논문에서, 건물은 그저 거주의 **수단**이 아니라 언제나 이미 거주 자체의 표현이라고 말했

---

19 산업형 농업의 영향을 요약한 글로는, *The Fatal Harvest Reader*, ed. Andrew Kimbrell (Washington, DC: Island Press, 2002)를 보라.

20 Robert Pogue Harrison, *Forests: The Shadow of Civilization* (Chicago: University of Chicago Press, 1992), 198.

다. 건물은 어떤 형태든 우리가 타자들에게 하는 반응의 특징을 표현해 준다. 건축 또는 동산 설계는, 우리가 세상에 열려 있고, 그 가능성에 주의를 기울이며, 우리 존재를 먹이는 인간 및 비인간과의 관계에 충실했는지에 대한 구체적인 진술이다.[21]

하이데거는, 진정한 건물은 장소를 이루는 구성원들과의 세심한 관계를 발전시키는 사람들에게 달려 있다고 말한다. 그는 건물에 해당하는 독일어를 언급하며 이렇게 말한다. "'바우엔*bauen*'이라는 오래된 단어는 사람은 **거주하는** 한 **존재한다**는 뜻을 전달하지만, **또한** 아끼고 보호하는 것, 보존하고 돌보는 것, 특히 땅을 경작하는 것, 포도나무를 재배하는 것도 의미한다. 그러한 건물은 저절로 열매 맺는 성장 과정을 돌본다."[22] 진정한 건물은 인간이 풍경에 주는 부담도 아니고, 세상을 희생시키고 인간의 욕구를 만족시키는 것도 아니다. 오히려 삶의 구성원들이 이루는 관계망을 사려 깊고 친절하게 수용하는 곳이다. 진정한 거주지는 장소에 대한 꾸준한 신의에서 생겨난다. 그 결과는 우리의 존재와 교차하는 많은 타자들을 '거주하게 하는 것'이다. 이런 이유로 하이데거는 "건물의 본질은 거주하게 하는 것"[23]이라고 말한다.

---

21 데이비드 오어David Orr는 *The Nature of Design: Ecology, Culture, and Human Intention* (New York: Oxford University Press, 2004)에서 기술적인 활동을 넘어서는, 생태학적이고 문화적으로 풍성한 지식을 갖춘 디자인 이해를 옹호한다. 건축과 도시 설계에서 장소와 그 중요성을 다루는 또 다른 작품으로는, 필립 베스Philip Bess의 *Till We Have Built Jerusalem: Architecture, Urbanism, and the Sacred* (Wilmington: ISI Books, 2006)를 보라.

22 Martin Heidegger, "Building Dwelling Thinking", in *Basic Writings*, rev. edition, ed. David Farrell Krell (San Francisco: Harper, 1993), 349.

23 같은 책, 361. 하이데거는 거주하는 일을 위해 시인들의 가르침이 필요하다고 주장

안식일 지향

장소, 체화, 거주에 대한 이러한 예비적 성찰이 필요한 것은, 우리 삶이 부적절한 길로 빠지기가 얼마나 쉬운지를 보여 주기 때문이다. 우리는 어떤 장소에 있으면서도 우리가 **어디에** 있는지 또는 **어떻게** 그곳에 있는지 알지 못할 수 있다. 또 실제로 그 장소들이 얼마나 필수적인지 이해하지 못하기 때문에 장소들을 저버리거나 비하할 수도 있다. 문제는 우리가 어떤 장소에서 살지 말지가 아니라, 어떻게 사느냐다. 적절한 거주 '방법'에 대한 분명한 신학적 해설을 전개하기 위해, 이제 나는 잠시 창조에 대한 성경의 가르침으로 돌아갈 것이다. 그 가르침이 인간이 삶의 구성원으로서 어떻게 살아야 하는지를 구체적으로 다루기 때문이다. 특히 창조의 절정이면서 또 어떤 장소에서 함께 사는 우리 삶이 어떤 모습이어야 하는지에 대한 본보기인 안식일 실천에 초점을 맞출 것이다.

창조 교리는 보통 세상의 기원에 관한 교리로서 제시된다. 성경의 관점에서 보면 기원 이야기가 중요하긴 하지만, 훨씬 더 중요한 것은 세상의 성격에 대한 더 큰 관심이다. 고대의 우주 기원론들을

한다. 시인들이 우리가 하는 일에 희망적이고 엄청난 기운을 주기 때문이 아니라, 그들이 세상을 **진실하게 대하는** 한, 우리를 서로와의 또 장소들과의 **호의적인** 관계로 이끌기 때문이다. 호의는 거주하는 법을 아는 마음의 척도다. "…Poetically Man Dwells…", in *Poetry, Language, Thought* (New York: Harper & Row, 1971), 227-229를 보라. 하이데거가 그 자신의 삶과 철학 작업에서 이 호의를 실현했는지 여부는 다른 문제다. 나는 "Love's Reason: From Heideggerian Care to Christian Charity", in *Postmodern Philosophy and Christian Thought*, ed. Merold Westphal (Bloomington: Indiana University Press, 1999)에서, 어떤 측면에서 그렇지 않았다고 주장한다.

조사해 보면, 그 사람들의 생각에서 기원의 역학에 대한 과학적 해설이 가장 중요한 것은 아니었음이 분명해진다. 사람들은 그들이 당시에 발견한 세상에 대해, 세상이 어떻게 확고하게 **존재하는지**에 대해, 따라서 인간이 어떻게 살아야 하는지에 대해 무언가를 말하고 싶어 했다. 세상이 어떻게 존재하는지 아는 일은, 어느 정도는 세상의 토대에 대한 생각에 달려 있다. 예를 들어, 세상이 폭력으로 시작되어 투쟁으로 진행되다가 죽음으로 끝난다고 묘사하는 메소포타미아 창조 이야기들이 있다. 이 같은 이야기에 동의한다는 것은, 사람들이 세상과 그 안에서의 삶을 폭력적인 투쟁으로 보는 데 집중한다는 뜻이다. 이렇듯 창조 이야기는 도덕적 혹은 영적 지형, 그것을 지지하는 사람들에게 삶을 살아가는 데 필요한 방향을 제시하는 형이상학적 지도를 그려 준다.

유대 이야기에 확고한 기반을 둔 기독교의 창조 이야기는, 폭력보다는 평화에 기반을 두고 마무리되는 세상을 이야기한다. 하나님은 피조물을 위협과 멸망에서 구해 내고 그들이 풍성하고 생산적인 삶을 지향하게 하는 구속적 말씀과 사역을 통해 창조하신다. "하나님은 검이 아니라 말씀으로 창조하신다."[24] 사람들은 이 창조 이야기에 주의를 기울임으로써 삶이 무엇인지, 어떻게 삶을 하나님이 주시는 선물로 받아들이고 또 그 삶을 예배의 표현으로서 살아내야 하는지를 배운다. 여기서 사람들은 그들이 처한 장소의 성격과 의미를

---

24 Brown, *The Seven Pillars of Creation*, 44. "하나님은 창조의 요소들**을 가지고** 일하신다. 그 요소들을 넘어서거나 맞서지 않으시고, 그 요소들을 무시하신 것은 더더욱 아니다. 그것은 하나님이 '힘을 실어 주는 환경'으로 사용하신 요소들이다. 창조는 어느 정도의 자유 없이는 수행되지 않는 협동적 모험이다"(45).

발견할 뿐 아니라 이 장소들에서 사는 법에 대한 방향을 알게 된다.

창세기 1장을 읽으면 인간이 창조의 절정이자, 하나님이 창조하신 모든 것 가운데 가장 중요한 피조물이며 다른 모든 피조물이 인간을 위해 존재한다고 결론지으려는 유혹을 받기 쉽다. "생육하고 번성하여 땅에 충만하라. 땅을 정복하라. 바다의 물고기와 하늘의 새와 땅에 움직이는 모든 생물을 다스리라"(창 1:28)는 하나님의 명령은, 쉽게 사람이 창조 세계에 대해 그들이 원하는 거의 모든 것을 할 수 있다는 뜻으로 해석된다. 사람이 하나님의 창조 세계의 청지기이므로 정복과 소유를 규제해야 한다는 생각이 가끔 언급될지는 모르지만, 전반적인 생각은 창조 세계는 인간이 가능하면 편안하고 편리하게 거주하도록 하기 위해 존재한다는 것이다.[25] 이런 시각에서는, 창조 세계 안에 있으면 그것을 자신의 이익을 위해 사용할 수 있다.

이는 아주 문제가 많은 해석이다. 그 이유를 알기 위해서는 처음으로 돌아가야 한다. 하나님은 창조하시는 6일 동안 말씀으로 세상을 존재하게 하시고 그 세상에 질서를 부여하신다. 빛이 어둠과 분리되고, 하늘이 물과 분리된다. 무수한 식물 및 동물 종과 함께 뭍이 드러난다. 하나님이 규칙적으로 좋다고 선언하시는 모습은 영광스러운 장면이다. 여기서 하나님의 사랑은 타자들이 번성하고 자기 모습이 되도록 공간을 만드시는 환대로서 구체적으로 드러나게 된다. 보고 만지고 듣고 냄새 맡고 맛볼 수 있는 피조물들 안에서 처음으로 신적 생명이 표현된다. 이 모든 선과 아름다움 앞에서 무엇을 해

---

25 나는 *The Paradise of God* 4장에서, 이 청지기 모델을 창조의 도덕적·영적 지형에 대한 더 광범위한 설명 안에 놓고 더 철저하게 비판한다.

야 할까? 하나님은 처음으로 '안식일^{Shabbat}'의 시작을 알리신다.

하나님의 창조 사역의 절정은 인간 창조(혹은 독점적으로 정의된 인간 욕망의 충족)가 아니라 안식일 경험이다.[26] 안식일은 정신없이 서두르거나 강박적인 삶 가운데서 일어나는 선택적 유예의 시간이 아니라 모든 존재의 목표다. 창조 세계는 비로소 안식일에 자신이 온전히 되어야 할 모습이 되기 때문이다. 안식일은 진정한 즐거움으로 이해되는 낙원으로의 초대다. 안식일 경험을 통해, 창조의 깊은 의미가 각 피조물이 하나님이 주신 잠재력을 실현하는 자유라는 사실이, 또 그 자유 안에서 하나님께 예배를 돌려 드리는 자유라는 사실이 밝혀진다. 하나님이 새로이 만드신 창조 세계 안에서 쉬고 즐거워하셨으므로, 피조물 역시 그들 각자의 쉼과 즐거움을 누릴 수 있다. 아브라함 요수아 헤셸$^{Abraham\ Joshua\ Heschel}$은 그것을 이렇게 표현했다. "안식일은…휴전이나 막간 정도가 아니다. 안식일은 인간과 세상이 이루는 의식적이고 심오한 조화, 만물에 대한 공감, 아래에 있는 것과 위에 있는 것을 연합시키는 정신에 참여하는 일이다."[27]

성경은 하나님이 일곱째 날을 복되게 하시고 거룩하게 하셨다고 말한다. "이는 하나님이 그 창조하시며 만드시던 모든 일을 마치시고 그날에 안식하셨음이니라"(창 2:3). 하나님의 안식은, 하나님이

---

26 나는 *Living the Sabbath: Discovering the Rhythms of Rest and Delight* (Grand Rapids: Brazos Press, 2006)에서, 안식하는 삶의 의미와 실제적인 함의를 전개했다. 위르겐 몰트만은 *God in Creation: A New Theology of Creation and the Spirit of God* (Minneapolis: Fortress Press, 1993)에서 "유대교와 기독교의 모든 창조 교리의 목표와 완성은 안식일 교리여야 한다"(276)고 말한다.

27 Abraham Joshua Heschel, *The Sabbath: Its Meaning for Modern Man* (New York: Farrar, Straus and Giroux, 1951), 31-32.《안식》(복있는사람).

창조 사역으로 피로해지실 수 있다는 의미에서의 피로와 아무 관련도 없다. 오히려 생명을 주시는 하나님의 사역에 따라오는 큰 기쁨과 평안, 최고의 즐거움과 만족과 관련이 있다. 사람들은 안식일을 생각할 때 탈진의 측면에서 생각하는 경향이 있다. 안식은 휴식, 곧 삶의 힘겨운 속도에서 탈출하는 시간이라고 말이다. 그러나 하나님께 안식은 생명 속으로 완전히 들어가시는 것, 그리고 거기 있는 아름다움과 선과 가까이 있으면서 그것을 기뻐하시는 것으로 이해하는 것이 가장 좋다. 인간이 쉬지 못하고 계속 정신없이 다른 장소나 더 나은 공동체를 찾으려 애쓰는 것과는 정반대로, **하나님은 그 어디에도 이보다 나은 곳이 없기 때문에 안식하신다**. 하나님은 그분이 계신 곳이 하나님의 사랑과 관심과 사역의 장소이고, 그 외에 다른 가실 만한 곳이 없기 때문에 쉬신다. 안식은 삶에서 잠시 벗어나는 것이 아니라, 삶과의 깊은 결속을 방해하는 쉬지 못하는 상태를 끝내는 것이다. 사람들은 안식일을 준수함으로써 그들의 쉬지 못하는 상태가 실제로 얼마나 파괴적인지 깨닫게 된다.

안식일에 대한 이러한 관점은, 장소에 대한 우리의 지향이 어떠해야 하는지에 대해 전혀 다른 그림을 제시한다. 신학적으로 이해하면, 장소 안에 제대로 있다는 것은 그곳에 온전히 존재하며 그 장소의 선물을 받아들이는 것이다. 안식일 지향은 하나님 사랑의 구체적 표현인 선함과 은혜에 주의를 기울이고 그것에 신실하라고 가르친다. 안식일은 우리가 머무는 장소란 맛있게 만들어진 하나님의 기쁨이며 우리가 그것을 **맛보아야** 한다고 가르친다. 하나님의 돌보심과 창조 세계의 선함과 아름다움을 마주할 때 자연스러운 반응은 넘쳐나는 기쁨이어야 한다. 사람들은 축하하고 예배하고 싶은 마음으로 가득해야 한다. 삶의 목적을 위해 창조 세계를 소비하는 것이 적절하긴 하지만, 그것은 항상 온 창조 세계가 하나님의 첫 안식일의 표지인 기쁨을 경험해야 한다는 더 큰 관심사를 지향해야 한다.

안식일 준수는 창조 세계의 아름다움, 선함, 좋은 맛을 즐기시는 하나님의 즐거움에 참여할 때 진실할 수 있다. 하나님은 적절한 안식일 실천이 어떠해야 하는지에 대한 본보기를 세워 놓으신다.[28] 안식하며 거주하는 일은, 좀 더 유리한 세상과 좀 더 상냥한 친구들을 쉬지 않고 찾는 일을 포기하고 대신 하나님 사랑의 구체적 표현으로서 주어진 장소와 공동체를 끌어안을 때 가능해진다. 안식일 식사는, 더 이국적인 음식이나 더 황홀한 식사 경험을 쉬지 않고 찾는 일을 포기하고 대신 현재의 장소와 계절을 존중하며 애정을 가지고 준비한 간단한 식사에 전념할 때 가능해진다. 이런 포용을 통해서만 사람들은 쉬는 것과 거주하는 것이 정말 무슨 의미인지를 경험할 수 있다.

칼 바르트 Karl Barth는 창조의 왕관이자 절정인 안식일의 의미를 돌아보며, 하나님의 안식일에 참여하는 일은 사람들을 철저히 변화시킨다고 말했다. 참된 쉼은 우리가 우리 자신과 세상을 창조하는

---

[28] 니콜라스 래쉬는 하나님에 대한 믿음의 표현이 의견 표현에까지 이르지는 않는다는 중요한 말을 했다. 믿음을 고백한다는 것은 어떤 면에서는 약속하고 삶을 헌신하는 것이다. "하나님을 '믿는' 법을 배우는 일은, 모든 것을 하나님이 보시는 방식으로 보는 법을 배우는 일이다. 즉 무한한 이해와 관심과 배려를 쏟을 가치가 있는 것으로 보는 것이다"(*Believing Three Ways in the One God*, 22). 그러므로 창조주 하나님에 대한 믿음은 사람들을 세상 밖으로 꺼내지 않고 세상에 더 깊이 관여하게 한다. 안식일 실천은 이러한 관여가 어떤 모습인지를 보여 주는 첫 단서다. 예수 그리스도 안에서 이루어진 하나님의 사역은, 세상에서 기쁨을 누리는 일은 세상의 고통과 아픔을 다루고 완화하는 데 헌신하는 일과 함께 가야 함을 보여 준다. 하나님의 형상으로 창조된 사람은 세상을 하나님이 소중히 여기시는 것처럼 소중히 여길 책임이 있다.

것이 아니라 하나님의 선하심에서 오는 은혜로 살아감을 깨달을 때만 가능하다.

> 안식일을 기념하라는 명령, 따라서 우리의 모든 지식과 일과 자유의지, 심지어 우리의 모든 자의적 굴복과 소극성, 모든 자의적 정지와 쉼을 중단하고 삼가라는 명령은, 자기 이해의 바탕 위에서는 오직 인간 본성과 존재의 희생으로만 여겨지는 것을 인간에게 요구한다. 사실 인간은 마치 생명이 죽음에 저항하듯 그것에 저항한다.… 그 명령은 하나님에 대한 믿음 안에서만 자신을 알라고, 선택된 포기가 아니라 이렇게 부과된 포기를 통해서만 의지를 발휘하고 일하고 스스로를 표현하라고, 실제로 이 포기를 바탕으로 그 모든 것 안에서 담대히 새로운 피조물, 새로운 사람이 되라고 요구한다.[29]

바르트는 여기서 인간 본성의 '희생'을 말하는데, 이는 사람들이 종종 깊은 불안과 두려움 때문에 스스로 세상을 획득하고 소유하려는 경향이 있기 때문이다. 사람들은 자력으로 더 좋거나 적절하거나 수익성 있는 세상을 설계할 수 있다고 생각하면서 하나님의 은혜를 거부하는 쪽을 택한다.[30] 바르트가 보기에 사람들은 세상에 더 깊이 들

---

29 Karl Barth, *Church Dogmatics*, III.4 (Edinburgh: T&T Clark, 1960), 57-58.
30 1946년 여름 칼 바르트는 한때 본 대학교 자리였던 돌무더기 가운데서 강의하면서, "믿음에 가장 큰 방해가 되는 것은 거듭 말하지만 우리 인간 마음의 교만과 불안이다. 우리는 은혜로 살려 하지 않는다. 우리 안의 무언가가 그것에 힘차게 저항한다. 우리는 은혜를 받아들이고 싶어 하지 않으며 기껏해야 자신에게 은혜를 베푸는 편을 선호한다"[*Dogmatics in Outline* (New York: Harper & Row, 1959), 20]고 말했다. 우리는 세상을 인간의 의지와 욕망에 복종시키는 정치적 폭력이, 세상을 유전적으로 개량하려는 노력에서 유사한 방식으로 반복되고 있지 않은지 돌아보아야 한다.

어가고 세상에 더 책임감 있고 신실하게 거주하기 위해 다시 만들어져야 한다. 사람들은 이해하고 기뻐하면서 창조 세계의 구성원으로 살 수 있도록 변화되기 위해, 감각 능력과 일상의 실천이 필요하다. 그들은 세상을 선물로 받아들일 수 있기 위해 다시 만들어져야 한다.

강조할 중요한 점은, 성경에서 인간의 변화를 위한 교육이 이루어지는 장소가 동산이라는 것이다. 가게나 광산과는 달리, 동산은 특별한 종류의 일과 거주를 요구하는 곳이다. "여호와 하나님이 그 사람을 이끌어 에덴동산에 두어 그것을 경작하며 지키게 하시고"(창 2:15). 낙원 같은 상태에서의 인간 삶은 아주 호화롭고 안락한 삶(즉, 수고나 이해 없이 그저 과일을 따는 상태)이 아니라, 우리가 어디에 있고 누구와 함께 있는지 깊이 알 수 있도록 주목하고 실제적으로 훈련하는 삶이다. 따라서 인간의 필요와 욕구는 특정 장소의 잠재력과 한계에 의해 형성된다. 아담은 먹기 위해 그저 쇼핑을 하기보다는 동산을 가꾸어야 했다. 음식은 단지 캐내는 '자원'이나 구매하는 상품이 아니다. 아담은 그의 일과 동산 가꾸는 훈련에서 비롯되는 통찰력으로, 자신이 먹고 있는 것에 깊이 감사하며 먹을 수 있다. 에덴동산을 낙원, '기쁨의 동산'으로 경험할 수 있게 해 주는 것이 바로 이 감사다. 아담은 하나님의 선물을 **맛봄**으로써, 그의 손과 발, 눈, 귀, 코, 혀로 충분히 느낌으로써 동산에서 바르게 사는 것이 무슨 의미인지 배운다.[31] 그는 동산에 몰두함으로써 그가 어디에 있는지 알고 **또한** 사

---

31 분별과 이해에 해당하는 라틴어 단어 사피엔티아 *sapientia*가 어원적으로 '맛보다'라는 뜻의 사페레 *sapere*와 연결되어 있음을 기억해야 한다. 맛보기는 깊고 상세한 지식을 생성하는 직접적인 접촉을 가능하게 한다.

랑하게 된다. 그는 동산에 헌신하고 동산으로부터 배우고 자신의 실수를 바로잡겠다고 결단함으로써, 그가 있는 곳에서 올바르고 적절하게 살 수 있게 된다. 동산을 따라 흐르는 생명 속으로 아담을 깊이 끌어들이는 세심하고 주의를 기울이는 작업이 없었다면, 그는 세상이 아주 맛있고 또 건강과 기쁨의 근원이 되는 곳임을 알지 못했을 것이다. 이렇듯 일과 이해와 돌봄과 기쁨은 체화된 필요를 통해 불가분하게 서로 얽혀 있다. 그리고 이러한 미각의 충족은 결국 아담에게 하나님의 사랑을 알려 준다.[32]

아담이 발견하는 하나님의 사랑은 추상적이지 않고 체화되어, 음식을 직접 맛보며 확인할 수 있다. 앞으로 보겠지만, 동산에서의 삶 특히 타락하고 죄악된 삶은 끝없이 분투해야 하는 삶이기에 고통이 따르지 않을 수 없다. 동산이라는 본향과 그것을 가꾸는 일이 아담이 그가 어디에 있으며 어떻게 살지를 배우는 데 필수적이었던 것처럼, 창조 세계의 구성원으로 들어가 그 안에서 살고 먹는 우리에게도 마찬가지다.

동산지기 교육

우리는 동산에 대해 감상적이 되어, 삶의 생산력과 아름다움에

---

[32] 래쉬는 하나님의 사랑이 우정과 기쁨으로 형성된다는 토마스 아퀴나스의 논평을 언급하며, "하나님은 '기뻐하심으로' 창조 세계에 생명을 불어넣으신다"고 쓴다. 그러므로 이 사랑에 반응하는 일은, 만물이 아주 맛있음을 발견하는 데 전념하는 것이다. 그것은 모든 피조물을 하나님의 관점에서 보고 받아들이는 법을 배우는 일이다 (*Believing Three Ways in the One God*, 74-75).

대한 아주 낭만적인 생각으로 동산에 들어가고 싶은 유혹이 생긴다. 바로 여기서 나의 동산 가꾸기 교육이 시작되었다. 처음으로 딸기 재배를 시도하면서 나는 무척 낙담되는 경험을 했다. 딸기가 감미롭고 짙은 빨간색으로 바뀌어 거의 익었다고 생각한 바로 그때, 이웃의 개미와 민달팽이도 같은 결론에 이르렀음을 알게 된 것이다. 그들은 내 딸기 밭으로 옮겨 와 편하게 자리를 잡고 먹기 시작했다. 나는 이 침입한 해충을 제거하기로 결심하고 근처 화원에 가서 해충 관리 방법들을 알아보았다. 그리고 진열된 다양한 병들 가운데서 한 제품을 고른 뒤 집으로 돌아와 작업을 시작하려고 했다. 하지만 다행히도 나는 부착된 경고문을 먼저 읽었다. "반려동물이나 어린아이는 도포한 구역 근처에 며칠 동안 오지 못하게 하십시오. 제품이 직접 닿은 옷가지는 태우십시오." 이 독을 내 딸기에 뿌리고 며칠 후에 먹으려 했다니!

    나는 이런 일에 준비되어 있지 않았다. 농장에서 자란 나는 농부들이 잡초와 벌레를 제거하기 위해 정기적으로 심한 유독성 제초제와 농약을 사용한다는 것을 알았다(그들은 직접적인 접촉과 흡입을 방지하기 위해 방호복을 입고 마스크를 착용해야 한다). 그러나 내 딸기 밭 경험은 달랐다. 농장에서는 가축이나 멀리 사는 익명의 사람들을 위해 농작물을 재배했으므로 식품의 안전이나 품질에 대해 정말 그렇게 심각하게 느끼지는 않았다. 이는 모든 익명 경제의 구차한 변명이자, 오늘날 산업형 농업이 작동되는 전제다. 그러나 그 딸기는 내가 가족과 함께 먹으려던 것이었다. 이 개인적인 상황에서 내가 선택한 '해충 관리' 방법은 갑자기 아주 달라 보였다. 그것은 관리 방법이 아니라 오히려 죽음을 일으키는 독이었다. 당황하고 좌절한 나는 그저 개미와 민달팽이가 아주 질 좋은 딸기를 맛있게 먹는 것을 지켜보았다.

이 경험으로 나는 동산 가꾸기에 대한 생각을 전체적으로 다시 하지 않을 수 없었다. 나는 아주 순진하게, 그림 같은 작은 텃밭에서 과일과 채소를 키우면 내가 가지런히 줄을 맞춘 대로 꾸준히 멋지게 자랄 테고, 수확기가 되면 그 과일을 따서 맛있게 먹으리라 생각했다. 내 계산에는 바위처럼 단단한 흙이나 잡초, 해충, 비협조적인 날씨, 굶주린 토끼와 새, 이웃집 개, 길 잃은 축구공을 위한 자리는 없었다. 나는 나 자신을 동산을 완벽하게 관리하는 동산지기로 상상했고, 내 동산을 아주 많은 노력이나 공부나 인내 없이도 원했던 상품들을 얻을 수 있는 곳으로 상상했다. 무의식적으로 내 동산을, 시어스Sears가 말하는 '좋은 가격에 보장된 풍족한 삶'을 고통 없이 편안하게 누릴 수 있는 가게로 생각하게 되었다. 그러나 동산 가꾸기의 현실은 나를 곧바로 나 자신의 무지와 태만 그리고 기꺼이 폭력을 쓰려는 나의 성향에 직면하게 해 주었다.

동산 가꾸기는 결코 단순히 동산에 대한 것이 아니다. 그것은 인간의 성격을 드러내고, 우리 자신과 창조 세계를 어떻게 여기는지 입증하는 일이다. 동산은 우리가 피조물이 되는 기술을 배우고 훈련할 수 있는 가장 직접적이고 실제적인 장소다. 이곳에서 우리는 우리가 자연 세계, 다른 피조물, 그리고 궁극적으로 창조주와 어떻게 관계 맺고 있는지를 구체적이고 실제적으로 볼 수 있다. 우리는 우리가 일하고 또 경축하면서 이러한 관계들을 존중하려 하는지, 아니면 경멸하고 학대하려 하는지를 발견한다. 우리가 동산을 가꾸는 시기와 방법은 세상에 적응하는 방식에 대한 생각을 표현한다. 우리는 식품을 생산하고 소비하는 수많은 방식을 통해, 창조 세계를 하나님이 주신 선물로 감사하며 겸손하게 받아들이는 능력이 있는지 혹은 그렇지 못한지 입증하기도 한다.

오늘날은 동산 가꾸기를 근본적인 소명으로 여기는 것은 고사하고 취미로 여기는 사람조차 소수다. 우리는 밀 재배와 빵 생산이 이루어지는 곳에서 땀 흘려 일해야 하는 부담에서 자유로워진 것에 안도감을 갖는다. 탈농업 시대에 살고 있다고 생각하는 다수의 사람들은 이제 그들 자신을 동산지기로 상상할 능력이 없다. 하나님께 영광을 돌리고 하나님의 사랑과 환대의 표현인 창조 세계를 경축하는 그런 동산지기는 말할 것도 없다. 우리는 하나님이 에덴을 **창설하신**(창 2:8) 첫 동산지기셨음을 잊었고, 우리가 (무엇보다도) 동산 가꾸기를 통해 이 세상에서 지속적으로 하나님의 '형상'이 되도록 부름받았음을 잊었다.

동산지기 하나님은 아주 매력적인 이미지다(이 장 끝부분에서 다시 이 주제를 다룰 것이다). 이는 하나님의 창조적 활동이 근본적으로 타자들이 존재하고 번성하도록 '공간을 만드는 것'과 관련이 있음을 이해하게 해 준다.[33] 동산을 가꾸는 일은 타자들을 환영하고 그들의 안녕에 초점을 두는 환대의 한 형태다. 창세기에서 하나님의 성품은, 타자들의 삶이 그 자체의 모습이 될 수 있게 하는 사랑으로 드러난다. 따라서 동산 가꾸기는 잠재적으로 하나님의 사역을 강력하게 입증하고 또 확장하는 일이다. 동산지기가 하는 일이 생명이 뿌리를 내리고 자랄 수 있는 상태를 조성하는 것이기 때문이다. 가장 좋은 동산지기는, 보살피는 피조물들에 대해 세심하고 끈기 있는 공감을 지닌 사람이다. 하나님이 항상 온 창조 세계에 보여 주시는 그런 공감 말이다. 물론 결정적인 차이는 하나님은 동산을 자라게 하신다는 것이다. 동산지기로서 사람이 할 수 있는 최선은, 그들의 능력과 이해력 너머에서 비롯되는 그러한 성장을 지원하는 것이다. 하나님의 형상으로 창조된 인간이 가진 최고의 소명은, 하나님이 먼저 세상을 가꾸시면서 보여 주신 환대를 증언하는 일이다.

동산 가꾸기는 우리를 겸손하게 만드는 어려운 작업이다. 그 일은 관심과 인내, 그리고 날씨와 다양한 생장대와 지형의 특성은 물론 토양과 식물과 동물의 생태에 대한 어마어마한 양의 상세한 지식을 요구한다. 또 각 동산의 변화하는 필요와 한계와 가능성에 대응할 때, 날과 계절의 일정이 전적으로 우리에게 달려 있지 않음이 당연히 전제된다. 예를 들어, 라즈베리가 익을 때 휴가를 가거나, 토마토와 후추가 이미 땅속으로 썩어 들어간 10월의 더 시원한 날까지 살사 소스 만드는 일을 연기하는 것은 좋지 않은 생각일 것이다. 물을 주고 잡초를 뽑는 시기와 기간은 우리가 아니라 식물이 정한다. 요컨대 동산 가꾸기는 우리가 창조 세계의 구성원 됨에 묶여 있음을 드러낸다. 동산이 우리의 필요를 충족시키는 것이 지속 가능하려면, 우리가 먼저 동산을 돌보고 지켜야 한다(창 2:15).

동산을 효과적으로 잘 가꾸려면, 감탄과 공감의 마음으로 인간의 삶을 동산에서 지속되는 삶에 가깝게 일치시켜야 한다. 그렇게 하려면 특정한 작은 땅에 대해 알고 그 잠재력을 이해한 다음 그것

---

33 나는 *The Paradise of God*에서 이 논지를 전개했다. 이 이슈들을 더 자세히 해석학적으로 다루는 글로는, 테렌스 프레타임Terence E. Fretheim의 *God and World in the Old Testament: A Relational Theology of Creation* (Nashville: Abingdon Press, 2005); 특히 2장을 보라. 이 책이 창조주이신 하나님에 대한 몇 가지 이미지를 묘사하긴 하지만, 창세기 2:8의 증언에도 불구하고 하나님의 창조성을 동산 가꾸기의 측면에서 묘사하지는 않는다.

과 함께 조화롭게 일하는 것이 필요하다(어떤 토양, 지방, 기후에서 잘된다고 해서 다른 곳에서도 무조건 잘될 수는 없다). 동산 가꾸는 일은, 가장 중요한 중심인 자신을 권좌에서 몰아내고 대신 동산을 구성하는 많은 구성원들을 튼튼하게 만들고 유지시키는 다양한 형태의 섬김을 수행하는 일이다. 그것은 근대와 탈근대적 삶의 대대적 목표인 개인의 자율성을 포기하고, 대신 돌보고 책임지는 상호 의존의 삶을 사는 것이다. 이것이 동산을 "경작하며 지키라"는 성경의 명령이 의미하는 바다. 우리가 창조 세계 구성원들을 튼튼하게 하는 데 헌신하며 동산 가꾸기를 잘 해낸다면, 개인적인 자아와 야망은 서서히 시야에서 사라지고 하나님의 복과 영광이 빛을 발할 것이다. 또 동산 가꾸기의 현실을 보완하기 위해 일정과 욕구를 조정하는 법을 배우면서 동산을 잘 보살피면, 삶은 번성하고 좋은 냄새와 맛을 낼 기회를 얻을 것이다.

그러나 기회는 보장이 아니다. 동산 가꾸기를 통해 얻는 가장 힘겨운 교훈 중 하나는, 성공은 항상 질병과 죽음의 위협 아래 있다는 것이다. 동산지기가 옳다고 여기는 모든 일(적절한 토양 준비, 충분한 수분, 적합한 시설 관리와 보호)을 한다 해도, 항상 재앙이 끼어들 가능성이 있다. 훌륭한 동산지기는 바로 재앙으로부터 도망치지 않는 사람이다. 마이클 폴란은 그것을 이렇게 말한다.

내가 아는 기량이 뛰어난 모든 동산지기는 놀랍게도 실패에 대해 편안하다. 물론 실패가 행복하지는 않을 것이다. 하지만 그들은 분노하거나 좌절하는 대신, 수년간 당연한 듯 피다가 갑자기 꽃을 피우지 못하는 모란에 상당한 흥미를 느끼는 듯 보인다. 그들은 적어도 동산에서는 실패가 성공보다 목소리가 더 크다는 사실을 안다.

이 말이 동산지기가 성공보다 실패를 **더 많이** 맞닥뜨린다는 뜻은 아니다(몇 년간은 그렇겠지만). 실패가 그의 토양, 날씨, 현지 해충의 식성, 땅의 성격에 대해 더 많은 것을 알려 준다는 말이다. 동산지기는 당근이 잘 자라면 아무것도 배우지 못한다. 그 성공이 이전의 실망을 배경으로 얻어진 것이 아니라면 말이다. 완벽한 성공은 벙어리지만, 재난은 웅변가다. 적어도 듣는 법을 배우는 동산지기에게는 그렇다.[34]

동산 가꾸기에 대한 우리의 관심이 쇠퇴한 것은, 실패에 대한 두려움과 상실에 대한 조바심 때문일까? 우리 문화는 재난의 웅변을 들으라고 권하는 경우가 거의 없다. 우리 중에 우리 자신의 취약함, 연약함, 무지에 직면하는 법을 아는 사람은 거의 없다. 우리는 땅과 그곳의 생명체들에게 헌신하는 삶에서 비롯되는 겸손humility을 피하는 것처럼, 흙의 풍성한 유기층인 부엽토humus를 피한다. 우리는 인정하고 싶은 것 이상으로, 우리가 가졌다고 믿는 힘과 계략보다는 선물과 신비로 살아간다는 진실에 저항한다.

겸손은 자기 비하나 자기 혐오와 관련이 없다.[35] 겸손은 오히려 우리가 삶을 위해 많은 타자들, 심지어 타자들의 희생에 의존함을 깨닫는 것이다. 우리는 우리 존재를 먹이는 선물의 막대함과 다양함을 찬찬히 살펴보기 시작할 때, 우리를 위해 스스로 만든 조건에서

---

34 Michael Pollan, *Second Nature: A Gardener's Education* (New York: Delta, 1991), 143-144.

35 나는 "The Touch of Humility: An Invitation to Creatureliness", in *Modern Theology* 24:2 (April 2009), 225-244에서 피조물의 겸손이라는 주제를 전개했다.

혼자 살 수 있다는 생각이 얼마나 부적합하고 정직하지 못한지도 알게 된다. 필요와 상호 의존이 인간의 조건을 정의한다.[36] 우리가 살아 있다는 것은, 감사하든 그렇지 않든 항상 쏟아지는 선물을 이미 받았다는 표지다. 진짜 생명체가 되는 일은, 겸손과 감사로 이 선물들을 받는 법을 아는 것을 전제한다.

동산 가꾸는 일은, 우리의 필요와 무력함을 받아들이도록 돕는 교리 교육의 한 형태로 묘사할 수 있다. 로버트 해리슨은 여러 시대에 걸쳐 수행된 농산 가꾸기의 의미에 대한 광범위한 탐구에서 이렇게 말한다. "돌봄은 그 행동하는 힘의 한계에 끊임없이 맞닥뜨리고, 날씨, 병충해, 기생충, 설치류 같은 현상 앞에서 그 자체의 무능과 본질적 수동성을 끊임없이 상기하게 된다." 동산 가꾸기는 특정한 양을 투입하면 바라는 생산량을 올리리라 확신할 수 있는 기계적이고 예측 가능한 방식으로 나아가지 않는다. 동산은 분투, 놀라움, 깊은 신비의 장소이자, 우리가 종종 침묵과 경외감으로 낮아지는 장소다. 독초와 육식동물의 존재는, 동산지기들이 세상은 개인적 욕망을 충족시키기 위해 존재하지 않음을 알고 쉴 새 없이 경계하고 조심해야 한다는 사실을 증언한다. 우리가 이런저런 결과를 원한다 해도, 결국 동산이 제공하는 것을 겸허히 받아들여야 한다. "에덴에서의 추

---

36 앞 장에서 언급했던 보사의 한 시민은 다음과 같이 상호 의존으로부터의 탈출을 표현했다. "옛날 우리가 집에서 함께 식사할 때는 이웃집에 들러야 했고, 이것이 의존의 한 형태였다. 오늘날 우리는 이미 만들어진 빵을 사기 때문에, 이러한 의존은 끝났고 우리는 자기 집에서 자유롭게 식사한다"(Counihan, "Bread as World", 289). 이 여성은 자기 집에 있는 물건들을 보는(따라서 다른 사람들에게 알릴 수 있는) 사람들을 들이지 않는 것이 기뻤다고 계속해서 말했다. 그러나 간과해서는 안 될 것은, 자신의 집에서 누리는 자유는 곧 외롭고, 고립되고, 상품 경제에 휘둘릴 자유로 바뀔 수 있다는 것이다.

락은 수치심에 빠진 것만큼 무력함의 겸손에 빠진 것이었다."[37]

그것이 끝이 아니다. 우리는 자신의 오만과 동산 가꾸기의 예측 불가능성과 실패뿐 아니라, 모든 동산이 **불가피하게** 어마어마한 양의 식물과 동물의 죽음을 전제한다는 사실에도 직면해야 한다. 우리 문화는 죽음을 부정하라고 권하지만, 동산은 어떤 생물이든 잠시 동안만 산다는 사실, 무언가가 살려면 타자들이 (대부분은 먹힘으로써) 죽어야 한다는 사실을 계속 상기시킨다. 죽음의 광경과 냄새는 그야말로 피할 수 없다. 씨앗은 새 생명으로 싹 튼 다음 (바라건대) 다 자라서 열매를 맺고, 결국 죽어 땅으로 돌아간다. 토양은 죽음을 담는 항구적으로 열려 있는 저장소라고 말할 수 있다. 땅속 깊은 곳에서 수많은 박테리아, 미생물, 곰팡이, 곤충 등이 생명을 죽음으로 흡수하고 죽음을 다시 생명의 조건으로 되돌리는 미친 듯한 먹이 사냥을 하고 있다. 모든 동산지기들처럼 이러한 땅을 대면하고 그곳에 손을 담그는 일은, 우리가 땅에서 왔으며 언젠가 땅의 환영을 받고 죽음으로 들어가리라는 것을 지나치도록 상기시킨다. "너는 흙이니 흙으로 돌아갈 것이니라"(창 3:19). 이것은 우리를 두려움뿐 아니라 복수심을 느끼게 한다. "땅은 우리의 죽음이 있는 곳이기 때문에 우리는 그것에 복수하고자 하는 충동을 느낀다.…자연을 다룰 때 드러나는 우리의 파괴성은, 우리의 유한함과 근본적 한계를 받아들이기를 완고하게 거부하는 데서 나오는 것 같다."[38]

---

37   Robert Pogue Harrison, *Gardens: An Essay on the Human Condition* (Chicago: University of Chicago Press, 2008), 28.

38   Robert P. Harrison. "Toward a Philosophy of Nature", in *Uncommon Ground: Rethinking the Human Place in Nature*, ed. William Cronon (New York: W.

동산지기의 관점

동산지기와 동산지기가 아닌 이들은 다른 두 종류의 세상에서 살아간다. 혹은 좀 더 정확하게 말하자면, 그들은 공유하는 세상을 다른 방식으로 차지한다. 동산지기들은 다르게 **보기** 때문이다. 그들은 다른 모든 사람과 같은 눈을 가졌지만, 동산을 가꾸는 훈련은 특별한 감성과 그들 장소에 대한 좀 더 상세한 이해를 갖게 하는 독특한 형태의 시각을 고취한다. 그들이 보는 방식은, 그들이 사는 삶의 종류, 하루의 패턴, 동료 피조물들과 맺는 관계의 성격을 보여 준다. 달리 말해, 동산 가꾸기는 더 깊은 감성과 이해를 통해 생명의 취약함과 활력에 관여하고 그것을 이해할 수 있도록 오감 능력과 욕구를 훈련시킨다. 동산지기는 특별한 상상력을 소유한다.

동산지기 훈련은 삶의 보폭을 교정하는 일로 시작한다. 동산지기의 삶에서 타이밍은 동산지기가 아니라 동산에 의해 정해진다. 많은 이들의 삶의 특징인 정신없이 서두르는 속도에 반대되는 '동산 시간'은, 계절과 매일의 날씨, 생체시계, 노력과 피로의 신체 리듬에 맞춰지는 훨씬 느린 시간이다. 그리고 그것에 틀을 부여하는 것은, 타자들 안에서 하나님의 사랑과 은혜를 볼 수 있도록 그들의 일정에 맞추어 그들과 함께하는 데 헌신하는 안식일 감성이다. 동산 가꾸는 일은 그야말로 몰아붙이거나 서두를 수 없다. 싹이 틀 때와 꽃이 피고 열매를 맺을 때는, 우리의 조급한 욕구는 거의 고려되지 않는 성

W. Norton, 1995), 436. 해리슨은 *The Dominion of the Dead* (Chicago: University of Chicago Press, 2003)에서 이 주제를 전개했다.

장 일정에 따라 결정된다. 중국의 유교 철학자 맹자는 우리의 성급함을 바로잡아야 할 필요를 다음과 같이 포착했다.

> 송나라에서 온 사람처럼 되고 싶지는 않을 것이다. 어떤 송나라 사람이 있었는데, 작물이 느리게 자라는 것이 걱정되어, 성장 속도를 높이려고 그것을 휙 잡아당겼다. 그 멍청한 남자는 집으로 돌아와 가족들에게 이렇게 말했다. "작물들을 늘여 놓고 왔더니 오늘은 너무 피곤하군." 아들이 보러 뛰어나갔지만, 그것들은 이미 시들어 있었다.[39]

속도를 늦추어야 하는 필요는 느림 자체를 위한 것이 아니다. 오히려 동산지기가 추구하는 것은, 볼 필요가 있는 모든 것을 상세하게 볼 수 있게 해 주는 타이밍과 속도다. 사람들은 삶의 구성원들에게 자신을 더 잘 맞출 수 있도록 속도를 늦추어야 한다. 타자들을 알지 못하면 그들의 필요에 주의를 기울일 수 없다. 또 먼저 속도를 늦추고 진득하게 그들과 함께 살지 않으면 타자들을 알 수도 없다. 서두르다 보면 삶에 영향을 미치는 많은 삶의 과정들을 간과하거나 과소평가할 것이다. 자신의 장소에서 일어나고 있는 일의 일부조차 보지 못하고 인식하지 못하면, 우리는 파괴적이 될 뿐 아니라 공동의 일과 기쁨과 만족을 위한 강력한 영감도 빼앗길 것이다.

올바르고 정직하게 보는 것을 방해하는 근본적 장애물은, 인간

---

[39] Michael Steinberg, *The Fiction of a Thinkable World: Body, Meaning, and the Culture of Capitalism* (New York: Monthly Review Press, 2005), 129에 인용.

의 주체성을 고립되고 추상적인 것으로 보는 시각이다. 아이리스 머독Iris Murdoch은 "건조함에 맞서Against Dryness"라는 유명한 글에서, 근대 철학과 문학의 동향이 세상을 완력으로 취하는 노골적이고 독자적인 의지를 가진 존재로서 인간을 보는 시각을 권장했다고 말했다. 사람들은 스스로를 "고립되어 자유롭게 선택하는 자, [그들이] 조사하는 모든 것의 군주"로 생각한다(이와 병행하여, 우리가 우리 자신을 고립되어 자유롭게 소비하는 자, 조사하는 모든 것을 쇼핑하는 고객으로 생각한다는 표현도 가능할 것이다). 여기서는 사람들이 깊은 문화적 전통과, 타자의 몸에 대한 신체적 애착을 포함하는 삶의 경험이라는 복잡한 배경 가운데서 살아간다는 사실에 대한 인식이 거의 없다. 머독은 우리에게 주목의 기술과 어휘가 필요하다고 말한다.[40]

주목이 중요한 까닭은, 그래야만 구체적 장소와 시간에 깊이 몰입한 존재로 자기 정체성을 재구성할 수 있기 때문이다. 세심한 주목을 하지 못하면, 불가피하게 우리 자신을 세상에서 길을 잃고 깊은 소속감이 없는 존재로 경험할 수밖에 없다. '비장소'에서 살면, 동료 피조물들이 문자적으로 또 비유적으로 우리 삶에 들어와 있음을 지각하지 못한다. 사람들은 함께하는 삶에 대한 공유된 내러티브와 실천보다는 개인적인 자기 묘사가 만들어 낸 신화를 따라 사는 편을 선호하는 경우가 아주 많다. 로완 윌리엄스는 그러한 상황을 간단명료하게 묘사한다. "타자를 위해 타자 안에 존재하는 기술들은 사라졌고, 불신과 폭력만 남아 있다."[41]

---

40 Iris Murdoch, "Against Dryness", in *Existentialists and Mystics: Writings in Philosophy and Literature*, ed. Peter Conradi (New York: Penguin Books, 1998), 290-293.

좀 더 주의를 기울이면 아주 중요한 결과를 얻을 수 있다. 우리는 세상을 우리가 원하는 대로가 아닌, 있는 그대로에 더 가깝게 보기 시작할 것이다. 주의를 기울인다는 것은, 당황스러울 정도로 다양한 방식으로 우리와 접촉하고 우리를 먹이고 우리에게 반응하는 세상 속에 우리가 항상 이미 있음을 아는 것이다. 또 우리가 우리의 방식을 강요하는 데 심히 열중한 나머지 얼마나 자주, 얼마나 쉽게 타자들을 방해하는지를 아는 것이다. 주의를 기울이는 기술은 근본적으로 기꺼이 세상을 사랑하는 마음을 나타낸다. 주의를 기울이는 훈련은 우리 앞에 놓인 것이 스스로 말하게 하도록 파괴적인 야망과 자아를 제거하는 훈련이다. 그것은 타자들과 **맞서기**보다는 **함께** 일하고자 하는 욕구를 나타낸다.[42] 가장 깊이 있고 집약적인 형태의 주목은 일종의 기도이며, 세상의 진리와 온전성 그리고 하나님의 은혜

---

41 Rowan Williams, *Lost Icons: Reflections on Cultural Bereavement* (Edinburgh: T&T Clark, 2000), 175.

42 웬델 베리는 농부가 농장과 맞서기보다는 농장에서 사는 법을 배울 때 일어나는 변화를 이렇게 묘사한다. "누군가가 농장을 사서 이주를 하면서, 어떤 새로운 일이 일어나기 시작한다. 생각이 행동으로 바뀌기 시작한다. 진실이 표면적 현실에 침범하기 시작한다. 그의 일은 그 사람의 비전에 의해 규정될지 모르지만, 어느 정도는 그 일이 초래하고 드러내는 문제들에 의해서도 규정된다. 그리고 일상의 삶과 일과 문제가 서서히 그 비전을 바꾼다. 내가 보기에, 장소에 대한 초기의 비전은 어느 정도 부과된 것이었음이 드러나는 것 같다. 그러나 그의 시각이 분명하다면 또 그가 계속 머무르며 일을 잘 해낸다면, 그의 사랑은 서서히 실제로 있는 그대로의 장소에 반응하고, 그의 비전은 서서히 실제로 그 안에 있는 가능성들을 그려 낸다. 비전, 가능성, 일, 삶, **모두**가 상호 교정을 통해 변화된다.…그러면 더 나은 목적을 위해 일하고, 실수를 덜 하게 된다. 적어도 자신이 어디에 있는지 알기 때문이다. 그래서 인간은 가장 높은 수준의 두 가지 가능성을 실현하게 된다. 곧, 원하는 바가 자신이 가진 것과 일치할 수 있고, 또 자신의 지식이 자신이 아는 바에 대한 존중을 불러일으킬 수 있다"["People, Land, and Community", in *The Art of the Commonplace: The Agrarian Essays of Wendell Berry*, ed. Norman Wirzba (Washington, DC: Counterpoint, 2002), 187].

가 빛을 발하도록 하는 실천이 된다.[43]

주의를 기울이지 않는 더 흔한 한 가지 형태는, 자연의 과정과 관계들로부터 배우거나 그 자연스러운 흐름을 내버려두려 하지 않는 데서 광범위하게 나타난다. 산업형 식품 생산은, 동산지기들과 농부들에게 농약의 무분별한 사용을 통해 자연보호 조치를 무시하거나, 화석 연료에서 추출한 비료의 과도한 사용을 통해 성장을 가속화하도록 요구한다. 우리는 삶을 가능한 한 쉽고 이득이 되도록 만들기 위해, 단일 재배를 하면서 해충과 질병의 침입에 아주 취약하게 만들고, 꾸준히 일하며 식물과 동물과 서식지와 공감하는 관계로부터 어렵게 얻는 지혜 대신 기계의 기술과 동력을 쓴다. 우리가 깨닫지 못하는 점은, 창조 세계의 에너지 흐름과 구성원들을 계속 방해하면 전체의 건강 역시 손상시킬 수밖에 없다는 것이다. 출생, 성장, 죽음이라는 생명의 과정은 표현할 수 없을 정도로 복잡하다. 우리의 과제는 그 과정들을 뒤엎거나 붕괴시키는 것이 아니라, 가능한 한 해를 덜 입히도록 가능한 한 많이 배우는 것이다. 이 때문에 인내와 자제가 동산 가꾸는 일의 두드러진 미덕이다.

전문 동산지기는 동산에서 일어나고 있는 일에 주의를 기울이는 법을 안다. 그는 특정 식물이 언제 물을 머금고 있는지 혹은 물 부족에 시달리는지 안다. 그는 작물의 수확이 임박한 시기를 알고 있으므로, 적절한 보호 조치를 취한다. 과실수가 특히 해충 침입의

---

43 시몬 베유는 *Gravity and Grace* (London: Routledge, 1963)에서 "전적으로 순수한 주목이 기도다"(106)라고 말한다. 나는 "Attention and Responsibility: The Work of Prayer", in *The Phenomenology of Prayer*, ed. Bruce Ellis Benson and Norman Wirzba (New York: Fordham University Press, 2005), 88-100에서 이러한 통찰을 전개했다.

영향을 받기 쉬운 때와 가지치기가 필요할 때를 안다. 또 각각의 식물이 다양한 시기에 다양한 필요가 있음을 안다. 이런 종류의 철저함과 이해력을 갖추는 데는 동산지기의 공감과 열중이 담긴 많은 시간이 필요하다. 위대한 체코 작가 카렐 차페크 Karel Čapek는 이렇게 말했다. "동산지기는 그가 가진 모든 것을 시험하고, 알기 위해 배우고, 충분히 인식하기 위해 1,100년이 필요하다."[44] 관찰할 것이 너무 많기 때문에 한 생애로는 충분하지 않다. 훌륭한 돌봄은 시행착오를 통해 공동체적으로 학습되며, 끈질긴 관찰과 상세한 공감을 통해 얻어진다.

동산의 시간은 삶의 복잡함과 깊이에 대한 감수성을 갖게 할 수 있다. 사람들은 동산을 볼 때 식물들만 보는 것이 아니라 식물을 살아 있게 하는 지구-생물-화학적 과정의 역사도 본다. 동산지기는 생명의 연약함과 활력을 인식하며, 한 입 먹을 때마다 은혜의 맛, 삶의 분투와 성공에 대한 기억, 아직 가능한 삶에 대한 소망을 음미할 가능성이 높다. 동산지기는 겨울에도 많은 생명이 어두운 땅속에서 보이지 않게 계속 살아가고 있음을 발견한다. 차페크는 실제로 10월이 봄의 첫 달이라고 말했다. 건강한 생명의 뿌리가 항상 땅속에 박혀 있다는 것은 잘 준비된 좋은 토양을 전제하기 때문이다. 가을에는 식물이 더 이상 위쪽으로 자라지는 않지만, 생명이 아래쪽으로 자란다. "우리는 자연이 쉰다고 말하지만 자연은 미친 듯이 일하고 있다. 가게 문을 닫고 셔터를 내렸을 뿐이다. 그러나 그 뒤에서는 계속 새로운 상품들을 꺼내고 있어서 선반들이 가득 차 하중 때문에 구부러

---

44 Karel Čapek, *The Gardener's Year* (New York: Modern Library, 2002), 116.

질 정도다. 이것이 진짜 봄이다. 이때 하지 않는 일은 4월에도 하지 않을 것이다."[45]

동산의 실제 작업 상당 부분이 땅 밑에서 일어나고, 우리가 도울 수는 있지만 통제할 수는 없는 과정의 결과이기 때문에, 동산지기는 무엇보다 토양 돌보는 법을 배워야 한다. 동산 가꾸기에서 최우선순위는 (퇴비와 거름 도포를 통해) 건강하고 기름진 토양을 만드는 것이다. 그런 토양 없이 건강한 식물이나 동물이 있을 수는 없기 때문이다. 이러한 수고는 토양에서 무언가를 취하기보다는 돌려줌으로써 시작된다. 20세기의 가장 위대한 농업인 중 한 명인 앨버트 하워드 경Sir Albert Howard은 그 작업을 반환의 법칙Law of Return이라고 언급했다. 이는 동산지기와 농부가 계속해서 토양에 유기물을 복원시키는 작업이다.[46] 우리 시대는 노상강도처럼 토양을 인출 제한이 없는 고갈되지 않는 은행으로 대하고 있다.[47] 다양한 동산 관리와 농업 관행을 통해 토양은 영양분이 침출되고 고갈되면서, 그 복합적인 구조가 파괴된다. 우리는 유독성 농약으로 토양과 그 안의 미생물을 죽인 다음 화석 연료에서 추출한 비료로 되살리고 먹이는 일을 반복한다. 우리는 토양이, 더 많은 생명이 자랄 수 있도록 삶과 죽음이 헤아리기 힘든 복잡한 춤에 합류하는 복합적 매트릭스라는 사실을 잊어버린다.[48] 진짜 동산지기는 미생물과 벌레, 박테리아와 곰팡이 사이에

---

45 앞의 책, 107.

46 하워드의 두 명저, *The Soil and Health: A Study of Organic Agriculture* [Lexington: University Press of Kentucky, 2006(초판은 1947년)]와 *An Agricultural Testament* (New York: Oxford University Press, 1943)를 보라.

47 이 역사에 대한 명료한 설명으로는, David Montgomery, *Dirt: The Erosion of Civilizations* (Berkeley: University of California Press, 2007)를 보라.

일어나는 이러한 춤을 존중한다. 그곳이 모든 것이 시작되고 돌아오는 곳이기 때문이다. 이 때문에 차페크는 진짜 동산지기는 식물보다는 토양을 경작한다고 주장했다. "그는 땅에 묻혀서 산다. 그는 퇴비 더미에 기념비를 세운다. 만약 그가 에덴동산에 들어갔다면 흥분하여 코를 쿵쿵거리며 '선하신 주님, 부엽토라니요!'라고 말했을 것이다."⁴⁹ 사람들이 잘 먹고 계속 그렇게 잘 먹기 위해서는, 그들을 먹이는 토양을 먹이는 일을 최우선으로 여겨야 한다.

지각은 우리가 지각하는 것을 해석하도록 돕는 공동체와 전통은 물론 훈련과 기술을 요하는 복합적인 예술이다. 우리에게 주목과 초점만 부족한 것이 아니다.⁵⁰ 우리는 무엇을 찾아야 할지 모르고, 우리 앞에 놓인 것의 중요성을 인지하는 기술을 함양하는 수습 기간이 부족하다. 중요성과 의미를 감지하는 일은 단순하게 혹은 자동적으로 일어나지 않는다. 진정한 지각은 우리를 이름 붙이기와 평가의

---

48 David R. Montgomery and Anne Biklé, *The Hidden Half of Nature*는 과학자들이 토양과 인간의 몸 안에서 이루어지는 미생물들의 복잡한 삶을 재발견하고 있음을 설명한다. 토양의 건강과 인간의 건강은 토양과 동물 생물군계의 양성에 달려 있다. David R. Montgomery, *Growing a Revolution*은 농업이 어떻게 토양의 건강과 비옥도에 대규모로 기여할 수 있는지 보여 준다.

49 Čapek, *The Gardener's Year*, 23.

50 나는 여기서 주목을 강조하기는 하지만, 그렇다고 해서 세상을 받아들이는 중요한 수단인 흘깃 보는 일의 중요성을 무시하지는 않는다. 다음과 같은 에드워드 케이시의 말은 분명 옳다. "흘깃 보는 일은 보는 방법 중 하나다. 또한 그것은 다른 종류의 시각적 지각에 기여한다. 이러한 지각은 탐험을 위해, 알려진 세상의 외곽 주변부로 갑자기 돌진하기 위해, 또 우리의 윤리적·인식론적 기관 바로 아래로 향하는 숙련된 통찰력 때문에 그에 의존한다. 사실, 흘깃 보는 일이 필수적으로 보이지는 않을지라도 우리는 그것 없이 지낼 수 없다. 그것은 모든 지점에서 지각과 뒤섞여 있고 사실상 분리될 수 없다. 아주 의도적인 응시는 흘깃 바라보는 일들로 이루어진다. 그것은 어느 방향에서든 응시에 구멍을 뚫고, 모험적 시선이라는 신성한 공기를 불어넣는다"[*The World at a Glance* (Bloomington: Indiana University Press, 2007), xii].

전통과 관행에, 그리고 우리 삶에 영감을 주고 질서를 부여하는 언어와 행동 형태에 관여하게 만들기 때문이다. 성공적인 동산 가꾸기의 열쇠는, 동산지기가 동산이 가르쳐야 하는 것을 배우기 위해 가까이 있는 것이다. 똑같이 중요한 것으로, 동산지기는 앞서 일했거나 같이 일하고 있는 동료 동산지기들로부터도 배워야 한다. 지각과 일을 공유하고 그것이 요리법 및 함께 먹는 전통과 결합되면, 지각이 정확성과 의미를 지닐 수 있는 환경이 조성된다. 다시 말해, 동산지기 공동체와 동산 가꾸기 전통은 우리가 정확성뿐 아니라 목적을 가지고 지각할 수 있게 해 준다. 이렇게 **주목의 형식**을 만들어 내지 못하면 우리는 유익을 끼치기는커녕 끊임없이 해를 끼칠 것이다.

해리슨은 인류가 생명을 보살필지 아니면 계속 책임과 일과 진정한 기쁨이 없는 소비자의 꿈을 좇을지 결정해야 하는 진짜 갈림길에 서 있다고 주장했다. 오늘날 우리는 에덴을 재창조하려고 시도하면서 오히려 창조 세계를 공격하는 역설적인 삶을 살고 있다.

우리의 광란은 근본적으로 목표가 없지만 투지가 넘치기 때문에, 우리는 광란이 게으름을 피우며 정점에 달할 때까지 계속해서 광란을 이어 가는 것을 주된 목적으로 하는 목표를 세운다. 만약 현재 우리가 지구 자원 전체를 끊임없이 접근 가능하게, 끊임없이 사용할 수 있게, 끊임없이 처분 가능하게 만들려 하고 있다면, 그것은 끊임없는 소비가 끝없는 생산의 가장 가까운 목표이기 때문이다.[51]

---

51 Harrison, *Gardens*, 165.

우리가 인식에 실패하는 까닭은, 소비자의 광란이 우리를 세상에서 가장 무지하고 파괴적이고 피상적인 먹는 자가 되도록 훈련시키기 때문이다. 소비자들이 음식을 깊이와 의미가 있는 것이 아닌 상품으로 인지하는 한, 삶의 기적 같은 선물은 신용카드 긁기의 지루함으로 축소된다. 그러나 동산 가꾸기가 가르치는 바는, 인간의 행복은 결코 단순히 우리가 소비하는 것과 관련이 있지 않다는 것이다. 오히려 인간의 행복은, 우리가 동산에 제공하는 서비스, 부엽토를 만들고 식물을 키우고 그럼으로써 함께 나누고 즐기는 삶을 구축하는 서비스와 불가분하게 묶여 있다. 사람이 자신의 욕구와 일을 동산에서 일어나는 늘 새로운 삶의 과정들과 연결할 때, 삶의 기쁨이 커진다. 장소와 친밀한 관계를 맺을 때, 비로소 우리는 이 세상에 소중히 여길 것이 얼마나 많은지를 보게 될 것이다.

또한 그 친밀함은 하나님에 의해 유지되는 더 큰 전체의 구성원으로서 세상에서 우리 자리에 대한 새로운 인식을 키우도록 도울 것이다. 우리는 구성원으로서 우리를 먹이고 유지시키는 그 전체의 구성원들에게 의존한다. 구성원 됨에 대한 의식이 자라면, 사람이 삶과 가치의 원천이 아니라는 사실 역시 분명해질 것이다. 가치는 우리를 양육하는 구성원들이 이루는 풍성한 관계의 특징이다. 우리가 받는 가장 큰 유혹 가운데 하나는, 우리가 혼자 산다고 생각하려는 것이다. 그리고 이 유혹은 절망(우리가 소속되지 않았다거나 중요하지 않다는 느낌)이나 오만(우리만이 중요하다는 가정)으로 이어질 수 있다. 동산 가꾸는 일은 말 그대로 우리를 먹이는 식물과 동물이라는 더 큰 실재에게로 우리를 데려감으로써 이 두 가지 위험을 처리한다. 이때 얼굴은 얼굴에, 입은 과실에, 손은 흙에, 콧구멍은 꽃을 향해 있다. 동산에서 일하는 우리는, 단지 머리로만이 아니라 손과 위장으로 우리가 창조 세계의 구성원들임을 안다.

창조 세계가 **구성원들로 이루어져 있음**을 몸으로 이해하는 일은 아주 중요하다. 여러 가지 이유로 우리는 우리가 '생명'이라 부르는 속성이, 분리된 유기체의 특징이라 믿게 되었다. 이는 우리를(그리고 창조 세계를) 많은 곤경에 처하게 하는 잘못된 믿음이다. 문제는 우리가 개별 유기체들에 초점을 맞추면 창조 세계 도처를 순환하며 우리를 묶어 주는 구성원들과 은혜를 잊어버린다는 점이다. 유기체들은 그들의 모든 움직임을 위해 생기를 불어넣고 생명을 주는 환경에 의존한다.

우리는 우리가 다른 생명**체**들에 둘러싸인 독립된 생명**체**라고 배웠지만, 그렇지 않다. 세상의 실체는, 유기체들이 구성 요소이며 그것 없이는 어떤 생명체도 존재할 수 없는 생태계다. 가장 큰 생태계, 행성 혹은 생태권Ecosphere은 생명을 하나의 요소로 가지는 지역 경관과 수경 생태계로 구성되어 있다. 하늘 아래 땅 위에 사는 우리 인간은 대초원 경관들 안에, 대륙의 생태계 안에, 생태권 안에 있다. 각각 모두가 건강해야 우리가 건강하다.[52]

우리가 생태계와 분리된 곳 혹은 그 너머가 아니라 생태계 **안에** 산다는 생태학자 스탠 로우Stan Rowe의 주장은, 우리 자신에 대해 가진

---

52 Stan Rowe, *Home Place: Essays on Ecology*, rev. edition (Edmonton, Alberta: NeWest Press, 2002), 23-24. 만약 로우가 신학자였다면 생명을 부여하는 더 크고 포괄적인 환경, 곧 하나님의 창조하고 유지하시는 삶을 덧붙이고 싶었을 것이다.

시각을 완전히 바꾼다. 우리는 생태계 외부에 살다가 자유롭게 선택한 시간에 그 생태계에 들어갈 수 있는 것이 아니다. 생태계가 항상 미생물, 음식, 물, 공기의 형태로 이미 우리 안에 있듯이, 우리도 항상 이미 생태계 안에 있다. 로우는 식사가 항상 우리를 동산 안에 두고 또 동산을 우리 안에 두기 때문에 우리에게 동산 밖의 삶이 없음을 가르치는 동산의 시각을 반영한다. 사람을 다른 피조물과 분리하기 위해 우리가 그리는 개념적 선은 어떤 측면에서는 아주 중요하긴 하지만, 그 선은 먹고 마시고 숨 쉬는 일상의 일들로 인해 계속 혼선이 일어나고 흐릿해진다. 우리가 창조 세계와 분리되어 있고 따라서 우리가 원할 때 창조 세계와 관계 맺기로 선택할 수 있다고 믿는 것은 오만일 뿐 아니라 잘못된 믿음이다. 우리는 먹기 때문에, 피조물들이 항상 이미 우리 **안에** 있는 것과 마찬가지로 우리 역시 확고하게 창조 세계 **안에** 있다. 그러므로 우리를 유지시키는 창조 세계의 많은 구성원들을 인식하고 인정하며 거기서 책임 있게 사는 법을 배워야 한다.

이 때문에 로우는 '환경'이라는 단어를 빼고 '본향'으로 대체하자고 주장한다. 본향은 삶의 구성원들이 단지 우리를 둘러싸고(환경이라는 단어가 암시하듯) 있다기보다는, 수많은 차원에서 우리 존재에 영감을 주고 우리 존재와 상호 침투하는 관계임을 조금 더 명확히 전달한다. 창조 세계는 우리의 집, 우리를 양육하고 유지시키는 거처일 뿐 아니라, 책임과 축하가 있는 장소이기도 하다. 창조 세계는 우리의 생명을 유지시키는 집으로서 더 기꺼이 우리의 애정과 돌봄을 불러일으킨다. 잠시 우리의 유익을 위해 이용하는 길가의 모텔과는 달리, 집은 우리 삶의 뿌리가 더 깊어지는 장소이므로 그것 없이 살 수 없다. 집은 모텔이 하지 못하는 방식으로 애정을 불러일으킨다.

이제 우리는 동산 가꾸기가 두 가지 현상학적 회심, 곧 지각과 행동이라는 두 측면의 변화를 가능하게 함을 알 수 있다. 첫째, 동산 가꾸기는 세상을 물건과 상품 영역 너머의 세상, 하나님에 대한 찬양을 요청하는 세상으로 볼 수 있는 더 깊은 시각을 부여한다. 둘째, 동산 가꾸기는 단순히 부분들의 총합을 넘어 구성원 됨을 이루고 있는 이 세상에 개입할 수 있게 한다. 이 통합적이고 상호 의존적인 세상에서 우리는 타자들과 생명과 죽음을 공유한다. 도덕적·영적 삶을 살 수 있는 구성원들인 우리는 양육자이자 축하하는 자이자 증인이라는 특별한 역할 또한 수행한다. 바꿔 말하면, 살아 있는 모든 생물이 먹지만, 우리는 동산을 가꾸고 잔치를 베풀고 환대할 수 있는 특권을 지닌 이들이다. 우리는 감사를 표하고, 식사에 믿음과 소망과 사랑을 반영할 수 있는 이들이다.

동산지기 교육은 우리가 돌봄의 필요와 요구에서 절대 면제되지 않음을 깨달음으로 시작된다. 그것은 우리에게 생명을 주는 곳에 대한 지속적인 관심과 책임을 통해 형성되며, 함께하는 삶의 은혜를 시인하는 찬양으로 끝난다. 동산 가꾸기는 누구도 제외되지 않는 필수 교육이다.[53] 중요한 것은, 우리 삶이 말 그대로 땅에서 나오며 양

---

53 이 주장은 교과 과정과도 연관된다. 학교 프로그램에는 다른 가르침과 함께 동산을 가꾸는 통찰력도 들어 있어야 한다. 이는 학생들이 자신들이 어디에서 왔으며, 무엇에 의존하고, 어떤 책임들을 마음에 두어야 하는지를 기억하고 인식하게 하기 위함이다. 우리는 이미 학생들이 과학자가 되리라는 전제 없이 상당한 분량의 과학을 가르친다. 비슷한 방식으로 학생들이 일류 동산지기가 되는 쪽으로 나가지 않더라도 학생들을 동산 가꾸기 교육에 참여시켜야 한다. 동산을 가꾸는 통찰력과 공감력은 우리가 어디에 살든 무엇을 하든 상관없이 우리 머리와 마음에 있어야 한다.

육과 축하를 받을 만한 선물이라는 깨달음이다. 우리가 먹고 마시는 한, 구조와 질서와 아름다움을 추구하는 한, 삶을 각각의 장소가 가진 잠재력에 맞추어야 한다.

경건한 동산 가꾸기

동산 가꾸는 일은 생명을 키우는 실제적인 과업일 뿐 아니라, 항상 영적인 활동이다. 동산 안에서는 아름답고 맛있고 심지어 거룩한 것을 위한 공간을 만들고자 하는 시도가 이루어진다. 따라서 동산을 가꾸는 모든 행동이, 창조 세계 및 하나님과 관계 맺는 방식, 언제나 도덕적이고 신학적인 결정을 일깨우는 방식을 전제하고 구체적으로 표현한다. 동산의 구성원 자격은 주어지는 것이지만, 우리가 그 구성원으로서 우리의 자리를 찾아가는 **방식**은 그렇지 않다. 신학적으로 이해하자면, 우리 목표는 신실한 동산지기, 삶과 죽음의 과정 가운데서 조화롭게 일하며 그 일을 통해 세상에서 생명을 창조하시는 하나님 임재를 증언하는 동산지기가 되는 것이다. 이는 동산지기가 채소와 꽃과 과일을 재배할 뿐 아니라 그 자신이 아름답고 호감 가고 건강한 무언가가 되어 가는 영적 경작 과정을 경험하고 있다는 의미다. 보살피고 예배하는 신실한 인간은 동산의 가장 중요한 작물 가운데 하나다.[54]

---

54 전국적인 공동체 텃밭의 성장은, 구성원 됨을 확립하고 사람들 사이와 사람과 땅 사이의 관계를 화해시키는 동산의 잠재력에 대한 증거다. 노스캐롤라이나 시더 그로브에 있는 시더 그로브 연합감리교회에서, 교회 사역의 연장이자 하나님의 치유하시

채소들이 그렇듯이, 우리는 인간을 대상으로 하는 경작이 쉽게 혹은 항상 바랐던 열매를 맺으리라 추정할 수 없다. 동산지기들이 그저 동산에 머무르며 동산 가꾸는 일을 한다고 해서, 자동적으로 도덕적이 되지는 않는다. 동산지기들도 다른 모든 사람처럼 옹졸하고, 조바심 내고, 파괴적일 수 있다. 오만하고 뻔뻔하게 하나님의 은혜보다 자신을 드러낼 수 있다. 이러한 통찰은 동산에서의 삶보다는 광야에서의 삶을 드높인 이스라엘 전통에 잘 담겨 있다. 신명기는 하나님이 '젖과 꿀이 흐르는' 새로운 땅에서 양식을 공급하신다고 기록한다. 이 땅은 이집트 땅 같지 않다.

> 거기에서는 너희가 파종한 후에 발로 물 대기를 채소밭에 댐과 같이 하였거니와, 너희가 건너가서 차지할 땅은 산과 골짜기가 있어서 하늘에서 내리는 비를 흡수하는 땅이요, 네 하나님 여호와께서 돌보아 주시는 땅이라. 연초부터 연말까지 네 하나님 여호와의 눈이 항상 그 위에 있느니라(신 11:10-12).

이 구절은 최고의 동산지기이자 농부이신 하나님을(하나님은 계속해서 땅을 '돌보아 주신다') 아주 매력적으로 묘사할 뿐 아니라, 우리 손으로 삶을 꾸려 나가고 스스로 그것을 통제하려는 유혹에 대해 경고한다. 이집트의 역사가 보여 주듯, 사람이 생명의 힘을 장악할 때 그들의

고 먹이시는 삶에 대한 증언으로서 공동체 텃밭을 만든 일에 대한 설명으로는, 프레드 반슨Fred Bahnson의 "A Garden Becomes a Protest: The Field at Anathoth", in *Orion Magazine* (July/August 2007), www.orionmagazine.org/index.php/articles/article/312/를 보라.

힘은 언제나 억압적이고 폭력적이 된다(이집트의 위대함의 기초는 친절과 자비가 아니었다). 이스라엘 백성은 달라야 한다.

그들은 하나님의 능력과 영광, 곧 곡물과 풀, 포도주, 기름을 생산하는 땅을 적시는 비에서 분명히 드러나는(11:14-15) 그 능력을 증언해야 한다. 한 백성으로서 그들은 하나님이 그들을 먹이시고(광야에서의 만나와 메추라기 이야기를 떠올려 보라), 그들이 식품 생산을 위해 어떤 일을 하든 항상 하나님의 원초적이고 유지시키시는 사역에 의존함을 기억해야 한다. 신명기의 주장은 이스라엘 백성이 음식과 관련하여 아무 일도 하지 말아야 한다는 것이 아니라(그들은 곡식을 재배하고 가축을 키울 것이다) 그들이 하는 일이 항상 하나님을 드러내고 하나님께 영광이 되게 해야 한다는 것이다. 생명, 그리고 동산을 성공적으로 가꿀 가능성은 절대 우리에게서 나오지 않는다. 그것은 하나님의 선물이자 은혜다.[55]

사람을 영적으로 경작해야 한다는 말은, 제초와 거름주기 같은 동산 가꾸기 활동을 우리에게도 적용해야 한다는 의미다. 건강하고 강해지도록 특정한 양육이 필요한 것은 식물만이 아니다. 사람도 양육이 필요하다. 동산에서 탐스러운 생명을 밀어내는 잡초는 우리 마음속에도 뿌리를 내리고 하나님의 영광을 증언하는 미덕과 욕구를 몰아낼 수 있다. 시기, 오만, 성급함 같은 특성은 끌어내고, 하나님과 창조 세계에 대한 사랑이 뿌리내릴 수 있게 해야 한다. 우리는 먼저 우리가 하나님과 서로에게 의지하는 피조물임을 배우고 나서 그에

---

[55] 신명기의 이 구절을 알려 주고, 이 장에서 그 구절이 가지는 중요성을 이해하도록 도와준 동료 스티븐 채프먼Stephen Chapman에게 감사를 전한다.

따라 행동할 필요가 있다. 교회가 해야 하는 대부분의 일은, 구성원들을 그리스도 안에 있는 하나님의 생명에 접붙여(롬 11:17-24), 하나님의 치유하고 먹이고 화해시키시는 삶을 드러내고 타자들에게 확장하는 건강하고 온전한 구성원들이 되게 하는 일이다.

그리스도인들의 경우 진정한 삶의 형태와 성격은 예수 그리스도의 인격 안에 구현되어 있다. 그분이 피조물 가운데서 임재하신 것에 대해 생각하는 한 가지 방식은, 그분이 이 땅의 동산과 우리 삶을 경작하기 위해 오셨다고 보는 것이다. 죄의 역사는, 우리의 동산에 잡초와 나쁜 열매가 들끓게 되었고 우리가 동산을 가꾸는 관행이 불의하고 무익해졌음을 보여 준다. 복음서들은 예수님을 그분의 양 떼를 돌보시는 목자로 언급하지만, 그분의 동산을 깨끗하게 하셔서 풍성한 열매를 맺도록 인도하기 위해 오신 동산지기로 생각하는 것도 유익하다. 예수님이 직업적 의미에서 동산지기였다는 직접적인 증거는 없다.[56] 그러나 분명한 것은, 그분이 세계 역사의 대부분의 사람들처럼 동산 가꾸기의 실제를 깊이 이해하고 있었다는 사실이다. 흔히 그분의 메시지와 하나님 나라를 전달하는 수단이 되었던 수많은 원예 이미지를 달리 어떻게 설명해야 할까? 예수님은 그분

---

[56] 나는 요한복음에서 예수님이 부활하신 곳이 동산이라는 점, 그리고 20:15에서 마리아가 부활하신 주님을 동산지기로 여겼다는 것(어쩌면 우리는 에덴동산이 첫 창조의 장소인 것처럼 겟세마네 동산을 '새 창조'의 장소로 이해해야 할지도 모른다)은 우연이 아니라고 주장한다. 복음서들에 따르면, 동산은 예수님이 제자들과 자주 다니셨던 곳이며(18:2), 겟세마네 동산은 영적 분별의 중요한 장소였다(마 26:36; 막 14:32). 예수님의 사역 대부분은 동산지기가 하는 일의 종류와 정확히 들어맞는다(먹이기, 치료하기, 주목하기, 돌보기 등). 사실 바울이 언급한 '성령의 열매'(갈 5:22-23), 곧 사랑, 희락, 화평, 오래 참음, 자비, 양선, 충성, 온유, 절제는 동산 가꾸기의 시각에서 이해될 때 더 정확하고 실제적인 의미가 있다.

을 따르는 이들에게 그들 자신보다는 하나님을 신뢰하라고, 들의 백합화에서 배우라고, 하나님의 선물들을 감사히 받으라고 조언하신다(마 6:25-33).

특히 하나님이 첫 동산지기셨음을 기억하면 예수님이 동산지기였다는 생각은 매우 타당하다. "여호와 하나님이 동방의 에덴에 동산을 창설하시고 그 지으신 사람을 거기 두시니라. 여호와 하나님이 그 땅에서 보기에 아름답고 먹기에 좋은 나무가 나게 하시니"(창 2:8-9). 하나님은 세상을 창조하고는 그냥 내버려두시는 분이 아니다. 오히려 하나님은 동산지기처럼 돌보고 토양을 유지시키고 거기에 생명을 불어넣으심으로써 세상을 보살피신다.

> 땅을 돌보사 물을 대어
> 심히 윤택하게 하시며
> 하나님의 강에 물이 가득하게 하시고
> 이같이 땅을 예비하신 후에
> 그들에게 곡식을 주시나이다.
> 주께서 밭고랑에 물을 넉넉히 대사
> 그 이랑을 평평하게 하시며
> 또 단비로 부드럽게 하시고
> 그 싹에 복을 주시나이다.
> 주의 은택으로 한 해를 관 씌우시니
> 주의 길에는 기름방울이 떨어지며(시 65:9-11).

하나님은 계속해서 그분의 동산 창조 세계에 계시면서, 물을 주고 먹이고 잡초를 뽑고 가지치기도 하신다. 하나님은 생명의 비옥함을 기뻐하시는 만큼 그 생명의 질병이나 죽음에 깊은 슬픔을 표현하신다. 하나님은 동산의 삶을 방해할 수 있는 위험을 계속해서 지켜보고 경계하신다. 하나님은 동산이 계획대로 열매를 맺지 못할 때에도 신실하시다.

하나님이 지속되는 생명의 근원과 유지자로서 창조 세계에 항상 강력하게 임재하신다는 것은 성경의 중요한 가르침이다. 한 예를 들자면, 시편 104편은 하나님이 샘이 솟아나게 하시고 풀을 자라게 하시는 분이라고 말한다. 하나님은 산과 나무에 물을 주시고 각종 들짐승이 마시게 하신다. 최고의 동산지기이신 하나님은 땅에서 먹을 것이 나게 하신다. 여기서 창조 세계 전반의 생명력과 다양성은 하나님의 계속되는 세심한 사역의 열매로 묘사된다. 하나님은 모든 생명의 숨 사이로 다니시는 숨이다. 하나님이 이러한 신적 창조의 숨을 멈추신다면, 만물은 죽어 땅의 먼지로 돌아갈 것이다. 다시 말해, 하나님의 지속적인 임재가 계속해서 '지면'을 창조하고 유지시키고 새롭게 한다. 하나님은 분명 창조 세계의 야생성을 기뻐하시지만(욥 38-39장), 여러 면에서 하나님과 창조 세계의 관계는 동산지기와 그의 동산의 관계와 비슷하다는 것 역시 분명하다. 사람들은 하나님의 동산 가꾸기 작업에 참여함으로써, 생명을 만들어 내시는 하나님의 방식을 감지하고 인식할 자리에 놓이게 된다. 만약 우리에게 동산을 가꾸시는 하나님의 삶의 표지들인 호기심, 인내, 돌봄, 주의력, 애정, 견고함, 기쁨, 슬픔에 대한 감성이 없다면, 하나님이 생명의 근원이심을 알기란 무척 힘들 것이다.[57]

인간의 과제는 세상에서 하나님의 의도를 반영하는 삶을 사는 것이다. 이것이 바로 하나님의 형상으로 만들어졌다는 말의 의미다. "사람은, 그 육체 안에서 온 창조 세계의 맥박이 공명하고 울리며, 그 마음 안에서 창조 세계가 의식을 갖고, 그 상상력과 의지를 통해 하나님이 죄가 상처 입히고 불화하게 만든 모든 것을 치유하고 화해시키고자 하시는 소우주다."[58] 다르게 말하면, 우리는 창의적인 동산 가꾸기 작업을 하면서 하나님의 창조하시고 유지시키시는 본성을 세상에 비추고 확장할 기회를 가진다.

하나님은 어떻게 동산을 가꾸시는가? 종종 하나님을 그분의 나라 이스라엘을 가꾸시는 분으로 묘사하는 성경에서 아이디어를 얻을 수 있을 것이다. 예언자 이사야의 말을 숙고해 보라.

그날에 너희는
아름다운 포도원을 두고 노래를 부를지어다!

---

[57] 이 주장은 많은 사람이 하나님에 관한 이야기가 추상적이고 정형화되어 버렸다고 믿는 시대에 특히 중요하다. 하나님에 대해 이 모든 말을 하는 동기는 무엇인가? 그 동기는 당황하거나 지루해하는 자아의 개인적인 불안을 넘어서는 것인가? 사람들이 정기적으로 예배하고, 매우 정서적이고 호들갑스러운 노력으로 받는 신들은 우상이나 소원 성취의 대상을 넘어서는가? 동산 가꾸는 일은 하나님의 존재의 증거도 아니고 믿음의 보증서도 아니다. 그러나 동산을 가꾸는 삶은 우리를 창조 세계의 근원과 행동과 신비로 더 가까이 이끈다. 토머스 머튼은 다음과 같이 썼을 때, 창조 세계와의 더 깊은 친밀함이 하나님 임재에 대한 감각으로 이어짐을 인식하고 있었다. "우리는 전적으로 투명한 세상에서 살고 있고, 하나님은 항상 그것을 통해 빛나고 계신다. 이는 그저 우화나 멋진 이야기가 아니라 진실이다.…하나님은 모든 곳에서, 모든 것 안에서, 즉 사람들 안에서, 물질들 안에서, 자연 안에서, 사건들 안에서 자신을 나타내신다.…당신은 하나님 없이 존재할 수 없다. 그것은 불가능하다. 그저 불가능하다"["A Life Free from Care", in *Thomas Merton: Essential Writings*, ed. C. M. Bochen (Maryknoll, NY: Orbis Books, 2000), 70].

[58] Vigen Guroian, *Inheriting Paradise: Meditations on Gardening* (Grand Rapids: William B. Eerdmans, 1999), 7.

나 여호와는 포도원지기가 됨이여

때때로 물을 주며

밤낮으로 간수하여

아무든지 이를 해치지 못하게 하리로다.

나는 포도원에 대하여 노함이 없나니

찔레와 가시가 나를 대적하여 싸운다 하자.

내가 그것을 밟고 모아 불사르리라.

그리하지 아니하면 내 힘을 의지하고

나와 화친하며

나와 화친할 것이니라.

후일에는 야곱의 뿌리가 박히며

이스라엘의 움이 돋고 꽃이 필 것이라.

그들이 그 결실로 지면을 채우리로다(사 27:2-6).

이 구절은 좋은 포도를 맺지 못한 포도원을 언급했던 5장의 노래를 기반으로 하고 있다. 그 포도원은 파괴되고 황폐해졌으며, 비가 내리지 않고 엉겅퀴와 가시만 자란다. 이사야가 생각하기에, 이스라엘 족속은 정의와 자비라는 아름다운 식물을 생산하도록 부름받은 동산이다. 그러나 이스라엘이라는 동산은 오히려 소수 부자들의 손에 자원이 집중되는 불의, 세상을 하나님의 선물로 여기지 않는 백성의 오만, 악을 선으로 선을 악으로 칭하는 이들의 속임수를 낳았다.

무릇 만군의 여호와의 포도원은

이스라엘 족속이요

그가 기뻐하시는 나무는
유다 사람이라.
그들에게 정의를 바라셨더니
도리어 포학이요
그들에게 공의를 바라셨더니
도리어 부르짖음이었도다(사 5:7).

    이스라엘의 동산은 생명을 질식시키는 잡초들이 들끓고 있었고, 이스라엘의 동산 가꾸기는 매력적이고 건강한 과실을 생산하는 하나님의 동산 가꾸기 관행에서 벗어났다. 토질이 나쁘고, 잘못된 영감을 받아 일하는 이스라엘은 좋은 열매를 생산할 수 없다.

    27장에서는 장면이 바뀐다. 하나님이 동산지기 일을 인계받으셔서 극적으로 다른 결과를 낳는다. 가뭄이 풍부한 물로 대체되고, 하나님이 가시와 엉겅퀴(이제 이스라엘의 적들로 이해되는)와 싸워 이기시고, 동산 자체가 평화의 장소가 된다. 하나님의 진노는 사라지고, 야곱의 땅은 더 이상 황무지가 아니다. 한 국가로서 그곳은 아름다움과 생명을 주는 열매로 가득하다.[59] 하나님이 동산지기가 되심으로, 적절한 경계와 돌봄이 복원되어 악화시키고 파괴시키는 세력을 주시하고 제거하실 수 있었다. 하나님은 동산 안의 생명이 해를 입지 않도록 밤낮으로 동산을 지키신다. 에덴동산을 연상시키는 분위기 속에서, 하나님이 그 동산에 임재하시며 그곳에서 활동하셔서 창조

---

59   이 두 구절에 대한 도움이 되는 주석으로는, 브레버드 차일즈Brevard S. Childs의 *Isaiah* (Louisville: Westminster John Knox Press, 2001)를 보라.

세계 전체가 다시 하나님의 첫 안식일의 특징인 기쁨과 즐거움을 나타낼 수 있다. "후일에는 야곱의 뿌리가 박히며 이스라엘의 움이 돋고 꽃이 필 것이라. 그들이 그 결실로 지면을 채우리로다"(27:6).

이 구절과 이와 비슷한 다른 구절들에서, 이스라엘은 하나님이 심으신 포도나무 혹은 동산으로 언급된다.[60] 동산이 좋은 열매를 맺는 것은, 이스라엘이 얼마나 하나님의 바람을 따라 동산 가꾸는 일을 해내느냐에 달려 있다. 형편없는 동산 가꾸기, 구성원들의 필요에 주의를 기울이지 않거나 다른 구성원들의 유익을 위해 일부 구성원들을 착취하는 동산 가꾸기는 어쩔 수 없이 동산의 붕괴를 가져올 것이다. 이스라엘 백성에게 그 붕괴는 은유가 아니었다. 그들은 버려진 고아와 과부, 착취하는 불의한 경제, 파괴되고 황폐해진 풍경, 마지막으로 유배를 통해 그것을 직접 목격했기 때문이다. 그 땅의 황폐함은 황폐한 믿음의 가장 분명한 표지였다.[61] 국가의 회복과 신앙의 갱신은 결국 땅을 돌보는 차원에서 실행되었을 것이다. 예언자 예레미야가 묘사하듯, 그 국가의 소망은 하나님의 보호와 공급과 돌보심에 대한 증거 역할을 할 아나돗의 동산에서 찾아야 했다. 이는 소망의 동산이 될 것이다. 하나님이 세우신 동산 가꾸기의 원리, 곧

---

60 시편 80:8-9은 또 다른 예다. "주께서 한 포도나무를 애굽에서 가져다가/ 민족들을 쫓아내시고 그것을 심으셨나이다./ 주께서 그 앞서 가꾸셨으므로/ 뿌리가 깊이 박혀서 땅에 가득하며." 또한, 호세아 14:4-7을 참고하라.

61 엘렌 데이비스는, 농업과 동산 가꾸는 일의 맥락에서 드러난 이스라엘의 신앙에 대해 탁월한 설명을 제시한다. 그는 이스라엘의 종교가 보통 추정되는 것보다 땅의 필요에 훨씬 잘 대응했고, 이러한 대응은 그들이 하나님을 어떻게 이해했느냐와 밀접하게 관련되어 있었음을 명확하게 보여 준다. *Scripture, Culture, and Agriculture: An Agrarian Reading of the Bible* (Cambridge: Cambridge University Press, 2009)을 보라.

한결같은 사랑, 세심한 신의, 주목하는 돌봄이 기초가 될 것이기 때문이다. 하나님은 백성에게 이렇게 말씀하신다. "내가 기쁨으로 그들에게 복을 주되 분명히 나의 마음과 정성을 다하여 그들을 이 땅에 심으리라"(렘 32:41).

요한복음에서는 예수님이 "나는 참 포도나무요 내 아버지는 농부라"(요 15:1)라고 말씀하실 때 이 하나님의 동산 가꾸기라는 주제가 새로운 방식으로 부각된다. 여기서 예수님은 이전에 이스라엘을 표현했던 용어를 수정하여 자신에게 적용하신다. 예를 들어, 요한복음에서 포도나무는 생명의 근원으로 명시된다(히브리어 본문들은 하나님을 그 근원으로 언급한다). 사람이 열매 맺는 아름다운 삶을 살려면, 참 포도나무이신 그리스도께 직접 접붙여져야 한다. 이 변화의 효과는 하나님과 하나님 백성을 더 친밀하게 연합시키는 것이다. 우리는 포도나무가 가지에 연결된(15:4) 것과 같은 강도로, 그리스도께서 우리 안에 거하시듯 그리스도 안에 거해야 한다(우리는 5장에서 이 중요한 주제로 돌아갈 것이다). 가지는 포도나무에서 떨어지면 말 그대로 생명이 없고 생명을 갖기 위한 시도조차 할 수 없다. 그러나 접붙여지면 가지는 참 생명을 안다. 생명의 신적 근원이 그것을 계속 먹이고 양육하기 때문이다.

이것이 너무나 매력적인 이미지인 까닭은, 우리가 얼마나 하나님께 의존하는 존재인지뿐만 아니라, 하나님이 그리스도 안에서 우리에게 드러내신 참 생명에 우리 삶을 일치시키고 조율하는 것이 얼마나 중요한지를 전해 주기 때문이다. 인간의 삶은 포도나무이신 그리스도로부터 자라나야 한다. 그래야만 세상에서 계속되는 하나님의 돌보심의 대행자가 될 수 있다. 하나님이 우리에게 영감을 주고 먹이지 않으시면(하나님이 우리를 가꾸지 않으시면), 우리는 하나님의 속성을 나타낼 수 없다.

포도나무라는 요한의 표현은 예수님을 생명의 떡(6:35)으로, 또 생수의 근원(4:14)으로 언급하는 구절들과 대조할 필요가 있다. 이 물을 마시고 이 떡을 먹는 사람들은 참 생명이 무엇인지 경험한다. 그러나 떡과 물은 밖에서 안으로 들어가야 한다. 반면 포도나무는 실제로 가지의 '바깥'에 있지 않다. 가지와 포도나무는 하나가 어디에서 끝나고 다른 하나가 어디에서 시작하는지 정확히 집어내기 어려울 정도로 이음매 없이 연결되어 있다. 여기서 우리는 사람이 '이마고 데이*imago Dei*'라는 말의 의미가 얼마나 깊어지고 강화되는지 볼 수 있다. 실제로 포도나무에 주목하지 않으면서 가지를 볼 수는 없기 때문이다. 가지는 그 존재 자체가 포도나무의 양육과 목표를 자동적으로 반영한다. 만약 사람이 그리스도라는 포도나무에 접붙여진 가지로서 그분으로부터 영감과 자양분을 끌어온다면, 그의 삶은 (당연히 혹은 불가피하게) 그리스도의 삶을 증언할 것이다. 레이먼드 브라운Raymond Brown은 요한이 제자들에게 약간의 거리를 두거나 추상적이고 상투적으로 예수님을 믿는 것으로는 충분하지 않음을 보여 주고 있음을 지적하면서, 이러한 변화가 중요하다고 주장한다. 진정으로 따르는 이가 되려면 예수님을 사랑해야 한다. 우리가 알기로 참된 생명의 특징인 친밀함의 강도를 표현하는 가장 좋은 어휘가 사랑이기 때문이다.[62] 사랑은 구성원들을 하나로 묶는 가장 기본적인 힘

---

62 Raymond E. Brown, *The Gospel According to John(xiii-xxi)* (Garden City, NY: Doubleday, 1970), 672.

이다. 예수님 안에 거하는 일은, 사람이 그리스도의 경작과 가지치기에 저항하기보다는 그것을 환영할 수 있게 해 줄 것이다. 사랑은 개인적인 야망을 내려놓을 수 있게 하여, 타자들을 그 자체로 하나님의 선물로 겸손히 받아들이고 섬길 수 있게 해 준다.

요한은 이 마지막 담화에서, 기계적인 암기나 두려움으로 과제를 수행하는 무지한 종이 되기보다는 그리스도를 가까이에서 따르는 자들이 되라고 초청하고 있다. 진정한 추종자는 성부의 의도와 삶을 안에서부터 아는, 예수님의 사랑받는 친구다. 그들이 예수님께 접붙여진다면(가장 기본적으로는 먹이고 치유하고 용서하고 화해시키시는 그리스도의 사역을 이어 감으로써), 하나님이 창조의 첫날부터 해 오신 생명을 증진시키는 일을 세상 속에서 계속 이어 갈 것이다. 그들은 하나님이 하시듯 창조 세계를 가꿀 것이다. 예수님은 모든 가지를 열매 맺게 하실 수 있는 포도나무다. 그리스도께서 우리 안에 거하시지 않았다면, 요한복음 15:16이 말하는 대로 그분이 우리를 택하시지 않았다면, 우리는 존재하지도 않았을 것이다. 사람이 그분으로부터 영감과 영양분을 끌어오는 한, 창조 세계의 동산들은 자라고 번성할 것이다.

그러나 분명한 사실은, 사람이 그리스도 '안'에 있지 않는 쪽을, 혹은 그분께 동산 가꾸는 일을 맡기지 않는 쪽을 선택할 수 있다는 것이다. 우리는 무익하게도, 스스로 자라는 가지가 되려 함으로써 창조 세계와 공동체의 구성원 됨을 거부할 수 있다. 항상 동산으로부터 생명을 얻기에 동산에 대한 책임을 다하고 그 책임을 받아들여야 한다는 것을 부인할 수 있다. 그 결과는 명백하다. 우리는 어떤 열매도 맺지 못할 뿐 아니라 아무것도 할 수 없을 것이다. 파괴와 황폐함이 뒤따를 것이다. "사람이 내 안에 거하지 아니하면 가지처럼 밖에 버려져 마르나니, 사람들이 그것을 모아다가 불에 던져 사르느니라"(15:6).

그리스도 안에 있는 삶에 대한 이러한 신학적 해설이 중요한 까닭은, 삶의 의미와 목표에 대해 깊이 생각할 수 있게 해 주기 때문이다. 우리가 창조 세계의 훼손과 파괴의 다양한 역사를 통해 알듯이 (그리고 다음 장에서 보겠지만), 모든 동산 가꾸기가 그리스도의 사역을 반영하거나 존중하지는 않는다. 두려움에서든, 불안과 오만에서든, 우리는 삶을 소진하거나 허비하는 경향이 있다. 이 모든 파괴 앞에서, 진정한 혹은 완전한 삶이 어떤 것인지(복음이 '풍성한 삶' 혹은 '부활 생명'이라 부르는 것이 무엇인지) 배워야 할 필요가 더욱더 긴급해졌다. 우리는 하나님의 선한 창조 세계를 치유하고 유지시키고 경축할 동산지기가 되도록 우리를 구비시킬 일종의 영적 경작 과정을 통과해야 한다.

그리스도께서 참 포도나무시라면, 모든 생명의 존재는 그분 덕분이고 그분 사랑의 결과다.[63] 우리가 복음서의 설명을 통해 알 수 있는 사실은, 이 사랑이 아주 희생적이라는 것이다. 그 사랑이 순결한 이유는 시기, 두려움, 미움, 조작, 절망, 오만의 흔적이 모두 씻겼기 때문이다. 예수님을 따르는 자가 된다는 것은 이 사랑에 참여하고 그 사랑과 연합하는 것이다.

---

63 요한복음은 만물을 존재하게 하시고 만물에게 생명을 주시는 영원한 말씀이신 예수님에 대한 설명으로 시작한다. 예수님이 주시는 생명은 참되고, 풍성하고, 영원한 부활 생명이므로 폭력적이거나 억압적이거나 착취하는 '생명' 같은 것과는 대조된다. 예수님은 또한 여러 종류의 생명들의 차이를 볼 수 있게 해 주시는 '빛'이시다 (요 1:4-5).

그렇게 이루어진 연합은 값싼 것이 아니다. 그 비유는 포도나무의 정화에 대해 이야기하며 예수님의 죽으심을 떠올리고, 그럼으로써 필연적으로 예수님 안에 거하는 이들의 죽음을 암시한다. 두 죽음, 곧 예수님의 죽음과 제자들의 죽음은 떼어 놓을 수 없다. 따라서 첫 번째 개화, 즉 신적 사랑의 영역으로의 돌파 이전에 한 형태의 죽음이 있다.[64]

우리는 요한복음이 더 풍성한 삶의 서곡인 죽음을 묘사하기 위해 모든 동산지기에게 익숙한 이미지를 사용함을 기억해야 한다. "내가 진실로 진실로 너희에게 이르노니, 한 알의 밀이 땅에 떨어져 죽지 아니하면 한 알 그대로 있고 죽으면 많은 열매를 맺느니라"(12:24). 생명을 주는 일이 없다면 동산의 삶은 멈출 것이다(우리는 4장에서 이 주제로 돌아갈 것이다).

희생과 자기 내어줌의 언어는, 하나님의 동산 가꾸는 방식에 참여하고자 하는 이들에게 놀라운 것이어서는 안 된다. 왜냐하면 그리스도께서 끝없이 내어주시는, 하나님 본성의 화신이기 때문이다. 그리스도는 하나님의 삼위일체적 삶에 나타나는 '영원한 케노시스'를 드러내 보이심으로, "하나님이 상대에게 그분의 사랑을 주고 그 안에서 그분의 사랑을 실현하고자 하신다"[65]는 것을 보여 주신다. 하

---

64 Thomas L. Brodie, *The Gospel According to John: A Literary and Theological Commentary* (New York: Oxford University Press, 1993), 481-482.

65 Rowan Williams, "Creation, Creativity and Creatureliness: The Wisdom of Finite Existence." 원래 옥스퍼드에서 한 이 강연은 www.archbishopofcanterbury.org/997?q=creation+creatureliness에 실려 있다. '영원한 케노시스'는 Sergius Bulgakov, *The Lamb of God* (Grand Rapids: William B. Eerdmans, 2008), 99

나님이 처음 에덴동산을 창조하신 것은, 하나님이 아닌 것이 존재하고 번성하도록 '공간을 만드신' 행위였으며, 그것은 지금도 계속되고 있다. 로완 윌리엄스는 우리가 하나님의 삶을 비춰 주는 자기 부인과 자기 비움을 실천할 때, 서로와 세상을 개인의 소유보다는 하나님의 선물로 받아들일 수 있게 된다고 말한다.

실제적인 관점에서 볼 때, 여기서 말하는 사랑은 동산지기가 물러서는 법을 배울 때 동산에서 그 자체를 드러낸다. 동산 가꾸기는 동산지기에게 주의를 집중시키는 것과는 관련이 없다. 오늘날 수많은 업무 전략들의 경로와는 반대로, 신실한 동산 가꾸기는 자신을 높이는 일과 무관하다. 그것은 오히려 자기 망각과 같은 것이다. 차페크는 다음의 글에서 그렇게 자신을 잊는 것에 대해 묘사한다.

이제 진짜 동산지기를 알아보는 법을 알려 주겠다. 그는 "나를 보러 와야 해. 내 정원을 보여 줄게"라고 말한다. 그리고 나서 당신이 그저 그를 기쁘게 해 주려고 가면, 다년생 식물들 가운데 어딘가에서 그의 엉덩이가 튀어나온 것을 발견하게 된다. 그는 어깨 너머로 당신에게 "곧 갈게"라고 소리친다. "이 장미를 심을 때까지만 기다려 줘." 당신은 "괜찮아"라고 친절하게 대답한다. 잠시 후 분명 그 식물을 다 심었을 그가 일어나 당신의 손을 더럽히고 환대의 미소를 지으며 말한다. "와서 봐. 작은 정원이야. 그런데… 잠깐 기다려 봐." 그러더니 작은 풀을 뽑기 위해 화단 쪽으로 몸을 숙인다. "같이 가. 무살라 패랭이꽃을 보여 줄게. 눈이 번쩍 뜨일 거야. 어머나, 여기를

에 나온 것이다.

파 주는 걸 깜빡했네!" 그는 이렇게 말하며 땅을 들쑤시기 시작한다. 15분쯤 지나자 그는 다시 깨끗이 정리하고서 말한다. "아, 윌슨 초롱꽃을 보여 주고 싶었어. 가장 좋은 초롱꽃이거든… 잠깐만, 이 참제비고깔을 묶어 줘야 해.…"[66]

하나님께 영감을 받은 진짜 동산지기의 호기심과 기쁨과 헌신은, 너무 작아서 주의를 기울이지 못할 것은 없고, 너무 하찮아서 축하할 수 없는 생명은 존재하지 않는다는 사실을 보여 준다. 하나님이 그러셨듯, 동산지기들은 동산에서 안식일 휴식을 취하고, 동산의 안녕에 헌신하며, 그들이 존재할 다른 장소는 없고 그들이 행할 다른 일은 없음을 안다. 우리가 동산을 잘 가꿀 때, 피조물들은 양육을 받고 먹이를 얻고, 세상은 복으로 받아들여지고, 하나님이 영광을 받으신다.

---

66 Čapek, *The Gardener's Year*, 7-8.

유배 중의 식사: 음식 세계의 역기능

4

자진해서 다른 몸을 학대하는 것은 자진해서 자신의 몸을 학대하는 것이다. 지구를 훼손하는 것은 자기 자녀들을 훼손하는 일이다. 땅을 경멸하는 것은 그 열매를 경멸하는 것이고, 그 열매를 경멸하는 것은 그것을 먹는 자들을 경멸하는 것이다. 모르는 사이에 전체의 건강이 깨진다.[1]

우리가 사는 세상에서 식품 경제를 위협하는 것은 이제 단순하지 않다.…순차적으로, 심지어 동시다발로 다가오는 식품 관련 재앙들은 더할 수 없이 나쁜 상황의 연속인 것 같다. 이는 식량 안보를 유지하는 우리의 능력에 근본적인 변화를 가져온다.[2]

거식증 환자의 몸은 '나는 필요를 느끼지 않는다'고 말하는 듯하다.

---

[1] Wendell Berry, *The Unsettling of America: Culture and Agriculture* (San Francisco: Sierra Club Books, 1977), 106.

[2] Paul Roberts, *The End of Food* (Boston: Houghton Mifflin, 2008), 301.

또 '자기를 지배하는 힘'을 말한다. 그리고 우리 문화는 놀랍도록 짧은 기간에, 말 그대로 몸을 지배하는 힘이 파급 효과를 가져온다는 생각을 하게 되었다. 그것은 몸을 지배하는, 삶을 지배하는, 주변의 사람들을 지배하는, 난폭해진 세상을 지배하는 힘이다.[3]

불의와 불화와 혼란의 표지들을 나타내 보이는 오늘날의 세계적인 산업적 식품 문화는 유배된 문화다. 우리는 **실제로** 무엇을 먹어야 하는가? 모든 사람이 먹을 충분한 음식이 생산되고 있는 때에 왜 많은 사람이 **아직도** 충분히 먹을 것을 얻지 못하는가? 왜 그렇게 많은 '음식'이 유해한가? 우리의 토양은 얼마나 오래 식량을 재배할 수 있을까? 현재 우리 대양과 삼각주에는 왜 500개에 달하는 '데드 존'이 있는가? 건강한 음식의 전형적 상징인 시금치가 우리를 아프게 하거나 심지어 죽이게 될까? 이런 질문들은 식품 생산과 소비가 우리를 세상과 연결하고 서로 연결되게 하는 건전한 수단이기보다는, 많은 경우 논쟁과 건강 악화와 파괴의 현장이 되고 있음을 드러낸다.

유배 중이라는 말은 단지 우리가 부적절한 장소에 있다는 의미가 아니다. 즉 그것은 장소와 물류의 문제만을 의미하지 않는다. 그것은 도덕적·영적 분별의 문제이고, 우리의 존재 방식과 태도가 어디서도 조화로운 상태로 나타나지 않음을 의미한다. 내가 앞으로 사용하게 될 유배라는 단어는, 어떤 장소에서 평화롭게, 지속 가능하게, 기뻐하며 살 수 없음을 나타낸다. 우리가 있는 **장소**와 우리와 함

---

[3] Marya Hornbacher, *Wasted: A Memoir of Anorexia and Bulimia* (New York: Harper-Flamingo, 1998), 85.

께 있는 **이들**을 알지 못하거나 사랑하지 못하면, 우리는 서로의 번영과 기쁨을 촉진하는 방식으로 사는 **법**을 알지 못한다. 좀 더 구체적으로, **식사를 통해** 창조 세계를 생명을 주는 집으로 여기는 구성원으로서 공감하며 살아가는 법을 알지 못한다. 결과적으로 우리는 지금 산업적이고 전지구적인 식품 생산과 식사가 창조 세계의 전반적 건강을 약화시키고 있는 상황에 직면해 있다. 유배 중이라는 것은, 점점 환대가 사라지고 살 만하지 않은 세상에 있다는 말이다.

선진국에 사는 이들은 음식에 대해 많은 생각을 할 필요가 없다. 슈퍼마켓에 가면 먹음직스럽고 비교적 저렴한 식품이 아주 많다. 어떤 종류든 선반이 비어 있는 경우는 거의 없다. 이 풍성함은 대부분 노먼 볼로그Norman Borlaug의 작업과 연관된 녹색혁명에 기인한다. 농업 분야에서 일어난 이 혁명으로, 1950년대와 1990년대 사이의 옥수수, 밀, 쌀 생산량은 거의 두 배가 되었다. 이러한 기록적인 생산량을 달성하기 위해서 농부들은 새로이 개발된 품종의 종자들을 사용하는 동시에 관개를 늘리고 비료와 살충제를 도포했다.[4] 수작업으로 다양한 식품을 재배하던 작은 농장들이, 중장비를 써서 한 가지 작물을 재배하는 대규모 농장으로 대체되었다. 대체로 녹색혁명은 생산과 효율의 성공 스토리로 묘사되었다. 볼로그는 1970년에 노벨 평화상을 수상했다.

이 혁명으로 모든 것이 잘되지는 않았다. 문제는 세계 인구가 계속 증가하는 것만이 아니다(일부 식량 분석가들은 다시 두 배의 수확량이 필요하

---

4   바츨라프 스밀Vaclav Smil은 세계 인구 증가는 합성 비료(특히 질소)의 발명 없이는 불가능했을 것이라고 설명했다. *Enriching the Earth: Fritz Haber, Carl Bosch, and the Transformation of World Food* (Cambridge, MA: MIT Press, 2000)를 보라.

다고 말한다). 더 깊은 문제는 이 혁명이 사실은 '녹색'이거나 지속 가능한 것이 아니라는 점이다. 이를테면, 녹색혁명은 '갈색'혁명이라고도 해야 한다. 비료와 살충제를 살포하기 위해, 그리고 재배되는 어떤 상품에든 물을 대고 경작하고 수확하고 수송하고 처리하는 장비를 쓰기 위해, 화석 연료를 과도하게 사용했기 때문이다. 우리는 석유와 가스를 연소하는 일이 대기에 영향을 미치지 않는 것처럼 말해서는 안 된다. 밀, 옥수수, 쌀 품종들이 생산 최대치에 도달할 조짐을 시사하면서, 꾸준히 증가하던 산출량이 정체되거나 감소하고 있다는 점 또한 분명히 알릴 필요가 있다. 생태적 지표들, 곧 기후 변화, 토양 침식과 독성화, 물의 고갈과 오염, 질병 추이 같은 요인들을 추가하면, 미래에 산출량이 극적으로 증가하리라는 희망은 비현실적으로 보인다.[5] 일부 사람들은 생명공학과 고도로 생산적인 종자 품종의 유전자 개발을 농업의 최고 희망으로 지적하지만, 오늘날 재배되는 대부분의 유전자 변형 종자는 산출량을 증가시키기보다 제초제 사용을 견디기 위한 것이다.[6] 고갈되고 붕괴되고 유독한 행성에

---

[5] 한때 녹색혁명 성공의 상징으로 여겨졌던 인도의 펀자브는 이제 (담수 고갈과 토양 악화로 인해) 농업의 재앙인 흙먼지 지대가 되어 가고 있다. 인도의 농부들은 동일 산출량을 달성하기 위해 30년 전보다 세 배가 많은 비료를 사용하는 한편, 곤충들은 살충제에 대한 내성이 커졌다. 농부의 부채 및 자살과 함께 암 발생 비율이 극적으로 커졌다. 이에 대해 좀 더 보려면 www.npr.org/templates/story/story.php?storyID=102893816에서, National Public Radio가 전하는 뉴스 보도 시리즈를 보라. 과학자들은 이제 녹색혁명이 생태학적 원리에 맞추어 그 자체의 '녹색화'를 시행해야 한다고 제안한다. 데이비드 틸먼David Tilman의 "The Greening of the Green Revolution", *Nature*, 396 (November 19, 1998), 211-212를 보라. 또한 Joel K. Bourne, *The End of Plenty: The Race to Feed a Crowded World* (New York: W. W. Norton & Company, Inc., 2015), 77-97에서 인도의 녹색혁명 유산에 대한 평가를 보라.

[6] 국제 농업 지식, 과학, 기술 평가The International Assessment of Agricultural Knowledge,

서 재배되는 '수퍼-종자'에 희망을 두는 일은, 공상이 아니라면 적어도 비현실적이다.

산업형 농업의 대가와 한계에 대한 성찰은, 식품을 항상 구할 수 있고 값도 쌀 것이라는 희망이 얼마나 순진한지를 보여 준다. 대부분 가난한 농부들이 특허받은 종자와 비싼 화석 연료에서 추출한 품목에 의존하게 만드는 것은 해결책이 아니다.[7] 토양 비옥도, 담수 가용성, 종 다양성의 전반적인 **감소**를 대가로 수확량을 증가시키는 방식은 해결책이 아니다.[8] 깔때기를 통과하듯 재화가 훨씬 적은 수의 사람들과 기업으로 쏠리게 함으로써 '탐욕혁명'이라 불리곤 하는 것을 낳는 영농 조직과 경제는 해결책이 아니다.[9] 세계 전역의 식량 민주주의를 약화시키고 더 나아가 극소수의 대형 기업을 중심으로 세계의 식량 공급을 통합하는 것,[10] 혹은 남반구 저개발국에서 북쪽 국

Science and Technology for Development(IAASTD)는, 유전자 변형 종자의 가능성과 문제점에 대한 적지 않은 논쟁 후에(몬산토Monsanto와 신젠타Syngenta가 논쟁에서 철수했다), 이 기술의 사용은 환경과 사람의 건강에 상당히 유해한 영향을 미칠 수 있다고 결론 내렸다. 생명공학은 세계 10억 명의 가난한 사람들에게 더 많은 식량을 제공하지 못했다. 게다가 종자 특허권은 사용료를 낼 수 없는 소규모 농부들을 위험에 빠뜨렸다. IAASTD 보고서의 개요는, www.agassessment.org/docs/SR_Exec_Sum_280508_English.htm를 보라.

7   세계 전역에서 농부들이 농사를 위한 종자, 비료, 제초제 같은 품목 때문에 쌓인 부채에 허덕이다가 밭에 살포하는 살충제를 이용해서 자살하고 있는 경향에 대한 언론 기사로는, Raj Patel, *Stuffed and Starved: The Hidden Battle for the World Food System* (Brooklyn: Melville House, 2007) 2장을 보라.

8   생태계 파괴와 생물 다양성 상실에 대한 상세한 설명으로는, 새천년 생태계 평가 Millennium Ecosystem Assessment의 보고서, www.millenniumassessment.org/en/index.aspx를 보라.

9   Bourne, *The End of Plenty*, 73-74.

10 '식량 민주주의'라는 개념은 *The Paradox of Plenty: Hunger in a Bountiful World*, ed. Douglas H. Boucher (Oakland, CA: Food First Books, 1999)와 식량개발

가들로 자원을 빼돌림으로써 세계의 가난한 이들을 빈곤하고 자급자족할 수 없는 상태에 두는 국제 무역 협정을 수립하는 것은 해결책이 아니다.[11] 현대 사회의 많은 사람이 식품 생산과 가용성에 대해 생각할 필요가 없어진 것은 분명한 사실이지만, 이러한 무지의 결과로 우리는 땅과 동물과 사람 모두를 붕괴시키고 있는 식량 체계를 용납하고 지지하게 되었다. 우리는 음식이 어떻게 재배되고 좋은 음식을 계속 풍성하게 공급하기 위해 무엇이 필요한지(생태학적으로뿐 아니라 문화적으로)에 대한 실제적인 이해에서 단절됨으로써, 스스로 유배 상황에 처하게 되었다. 그것은 우리의 식사와 식품 생산 관행이 소외와 건강 악화, 불의를 촉발시키는 상황이다.

식품과 연관된 혼란은 생산 측면에만 국한되지 않는다. 자주 전국을 휩쓸곤 하는 여러 종류의, 종종 서로 모순되는 다이어트 열풍을 생각해 보라. 붉은 고기에 대한 무서운 경고는 대중적인, 주로 고기를 먹지 않는 다이어트로 이어진다. 또 수천 년간 주요 식품이었던 빵이 적으로 선언된다. 한편 정부는 과일과 야채로 이루어진 식단이 건강에 유익함을 공포하면서도, 고과당 옥수수 시럽이 가득한

정책연구소Institute for Food and Development Policy에서 설명한다. 우리 경제의 다양한 식품 분야에서 어떻게 공급의 통합이 일어나고 있는지를 보여 주는 최근 도표로는, www.nfu.org/wp-content/2007-heffernanreport.pdf에서 메리 헨드릭슨Mary Hendrickson과 빌 헤퍼넌Bill Heffernan이 쓴 보고서를 보라.

11 마틴 코어Martin Khor, 월든 벨로Walden Bello, 반다나 시바Vandana Shiva, 닷 키트Dot Keet, 새러 러레인Sara Larrain, 오론토 더글라스Oronto Douglas를 비롯한 제3세계 활동가들이 세계 무역 협정과 국제 통화 정책의 효과를 어떻게 보고 있는지에 대한 논의로는, *Views from the South: The Effects of Globalization and the WTO on Third World Countries*, ed. Sarah Anderson (Mitford, CT: Food First Books and International Forum on Globalization, 2000)을 보라.

탄산음료와 사탕으로 우리의 가게와 학교를 채우는 식품 부문에 엄청난 보조금을 지급한다. 사람들이 무엇을 혹은 어떻게 먹어야 하는지를 모르는 것은 당연하다. 마이클 폴란은 이러한 상황을 식품과 관련한 미국의 역설로 묘사했다. "전혀 건강하지 않은 사람들이 건강하게 먹는 개념에 사로잡혔다."[12] 붕괴된 땅, 허약한 몸, 대규모 혼란은 음식의 세계에서 우리가 처한 불편한 상황을 나타낸다.

우리는 세상에서 가장 무지하고 혼란스러운 먹는 자들이므로, 우리의 유배 상황을 이해하기는커녕 문제로 규정하기도 어렵다. 마케팅 전문가들은 건강하지 못한 음식이 정상적인 음식이라고 확신시키기 위해 아주 열심히 일해 왔다(막연하게 불행하고 기능상 아픈 사람들로부터 엄청난 돈을 벌어들일 수 있으니 말이다). 음식의 출처 혹은 음식이 생산되는 생물물리학적이고 사회경제적인 상황들을 모르면, 더 공정하고 건강하고 지속 가능한 식량 체계를 지지하기가 어려워진다. 음식이 상품으로, 우리가 소비자로 전락할 때 우리의 주된 관심사는 불가피하게 음식이 저렴하고 편리하고 풍부하게 공급되는 것이다. 유배 중 식사가 편리하고 식품 경제의 불의하고 파괴적인 차원이 숨겨지고 무시되기 쉽다는 점으로 인해, 우리는 음식의 공급처를 잊어버리거나 심지어 무시하면서 유배 상태를 선호하는 법을 배울 가능성이 있다.

오늘날의 유배 상태를 묘사할 때 강조할 중요한 점은, 이 상태가 단지 개인적 선택의 문제가 아니라는 것이다. 줄리 거스만Julie

---

12 Michael Pollan, *The Omnivore's Dilemma: A Natural History of Four Meals* (New York: Penguin Press, 2006), 3.

Guthman은 《무게 측정 Weighing In》이라는 중요한 연구서에서, 사람들이 지역 농산물과 유기농 음식을 먹으면 개인적인 건강과 농지 및 생태계의 건강이 자연스럽게 따라올 것이라고 주장한 음식 운동의 지도자들을 비판했다. 그들의 이러한 권고가 실패한 까닭은, 건강에 해로운 음식으로 (특히 가난한) 몸을 파멸시키는 정치 체제와 경제 구조에 주의를 기울이지 않았기 때문이다. 그 권고는 특히 미국 농업법을 통한 정부 정책이 사실상 상품(음식이 아닌)의 성장과 작은 농장의 폐쇄를 보장한 것에 주의를 기울이지 않는다. 우리의 유배 상황을 바로잡으려면, 특정 음식과 특정 종류의 식사를 만들어 내고 유통하고 추천하는 체계와 구조를 다루어야 한다. 경제적 불의를 바로잡아야 하고, 건강한 음식과 건강한 신체, 건강한 땅에 이르는 최적의 방법이 가난과 소득 불평등을 없애는 것임을 인식해야 한다.[13]

동산으로부터의 유배

주목할 중요한 점은, 인간이 저지른 첫 범죄가 먹는 범죄라는 것이다. 아담과 하와는 선악을 알게 하는 나무의 열매, 하나님이 명확하게 먹지 말라고 하신 한 나무의 열매를 먹었기 때문에 에덴동산에서 추방당했다. 동산에서 적절한 방식으로 먹고 살기를 거부한 이러

---

13 Julie Guthman, *Weighing In: Obesity, Food Justice, and the Limits of Capitalism* (Berkeley: University of California Press, 2001). 거스만은 우리의 식량 체계가 불평등과 건강 악화를 낳는 정치경제학의 일부라고 주장한다. 그리고 개인들이 다르게 먹도록 교육하는 일로는 충분하지 않다. '과식증의 정치경제학'은, 그 체계를 영속화하는 법과 정책을 바꾸기 위해 일하는 사람들에 의해 정면으로 다루어져야 한다.

한 행동을 우리는 어떻게 이해해야 할까? 왜 사람들은 동산이 구체적으로 제시한 한계와 요구와 기쁨에 저항하는 걸까?

선악에 대한 지식은, 사람들이 경계를 표시하고 이해하는 가장 오래되고 만연한 방식 중 하나다. 경계를 넘는 일은 악을 행하는 것이다. 반면 경계를 지키는 것은 옳은 일을 하는 것이다. 경계가 없다면 그는 신이다. 우리는 하나님의 피조물이므로 분명 유한하고 타자들의 도움이 필요하다. 이는 우리가 양육의 구성원으로서, 삶을 가능하게 할 뿐 아니라 동산을 섬기고 보호하는 책임 또한 우리에게 부여하는 구성원 됨을 따라, 그리고 그 안에서 살아간다는 뜻이다(창 2:15). 이를 아는 까닭은 우리가 먹어야 하는 존재이고 한 입 먹을 때마다 우리의 생계와 삶을 위해 타자들에게 의존함을 증명하기 때문이다. 먹는 피조물인 우리는 우리에게 영양분을 공급하는 동산이 허용하고 요구하는 바에 따라 살아야 한다. 먹는 행위는 우리에게 근본적인 법칙, 곧 잘 먹기 위해 사람은 자신을 양육하는 땅을 양육해야 한다는 사실을 알려 준다.

선악을 알게 하는 나무 열매를 먹으라는 유혹, 그리고 그것을 먹**음으로써** 경계의 개념을 **없앨** 가능성은 너무도 크다. 아담과 하와는 금지된 열매를 먹으면 한계가 없어지고 누구에게도 책임을 해명할 필요가 없는 신처럼 되리라 믿으며 그 열매를 먹는다. 그들의 행동에서 우리는, 우리 역사 대부분을 주도했고 계속 영감을 불어넣는 꿈의 상징적인 표현을 발견한다. 그것은 곧 책임지지 않고 동산 집에서 살 수 있다는 꿈, 끊임없이 취하면서 생태계와 서식지의 수용 역량을 초과할 수 있다는 꿈, 자제하지 않고 많은 대가나 노력 없이 먹을 수 있다는 꿈, 기술이 만든 가상 낙원에 삶으로써 무력함을 극복하고 죽음을 막을 수 있다는 꿈이다. 우리가 깨닫지 못하는 사실은, 이런 종류의 꿈이 우리를 영원한 유배 상태에 묶어 둔다는 점이다.

우리를 피조물로 규정하는 필요와 양육을 공유하는 구성원 됨을 부인하고 그에 동반되는 책임을 거부할 때마다, 우리는 다시 아담과 하와와 같이 금지된 나무의 매혹적인 열매를 잡으려고 손을 내미는 셈이다. 이 나무는 언젠가 우리가 피조물이기를 중단하고 신의 삶을 살 가능성으로서 우리 꿈에 여전히 박혀 있다. 우리가 이해하지 못하는 사실은, 신처럼 살고자 하는 한 스스로를 동산에서 추방하게 된다는 것이다. 우리를 몰아내는 하나님은 필요하지 않다. 우리는 자진해서 필사적으로 우리가 가질 수 없는 삶, 곧 한계가 없고 걱정이 없는 삶을 찾아간다. 그동안 우리 발 아래 있는 양육과 즐거움의 땅은, 우리의 불안한 방식이 낳은 방치와 파괴로 고통을 당한다. 우리가 잠시 성공할 수 있을지는 모르지만, 창조 세계를 돌보는 일을 거부하면서 그것이 장기적으로 생명을 주는 본향이기를 기대할 수는 없다.

하나님이 가능하게 해 주시는 풍성하고 맛있는 삶을 누리려면, 먼저 동산지기 하나님의 제자 혹은 수습생이 되어야 한다.[14] 아마도 이 때문에 예언자 예레미야는 유배의 아픔과 유배지를 잘 아는 사람들에게, 소망의 표지로 텃밭을 만들고 그 성읍의 평안을 구하라고

---

14 니콜라스 래쉬는 이러한 삶을 제자도, 하나님의 사랑이 우리 모든 사랑의 질서를 잡고 빚어 가시는 삶으로 묘사한다. "제자도는 우리가 기독교라 부르는 학교에서 창조주를 향한 경의의 표현으로서 피조물에 대한 예의를 드러내는 법을 배우는 일이다" ["Creation, Courtesy and Contemplation", in *The Beginning and the End of "Religion"* (Cambridge: Cambridge University Press, 1996), 173].

강권했을 것이다(렘 29:5-7). 사람이 선한 일, 창조주께 영광을 돌리고 창조 세계 구성원들의 필요와 그들의 양육을 인정하는 일에 주의를 기울이고 훈련하는 한, 그는 생명을 주시는 하나님의 방식에 참여하게 된다. 그러나 핵심은, 선한 삶과 건강한 가정에 대한 인간의 소망이 피조물 됨을 인정하고 삶의 구성원들을 받아들이는 것에 달려 있다는 점이다. 유배에서 빠져나오는 길은, 돌보시고 생명을 창조하시는 하나님의 일에서 영감과 인도를 받는 길이다.

식사는, 모든 식사에 전제되는 작업 및 나눔과 함께, 창조 세계 구성원의 범위와 깊이를 이해하고 인식하기 위한 우리가 아는 가장 근본적인 수단이다. 우리는 식품 생산에 관여하고 지성과 공감 능력을 가지고 먹을 때, 세상에서 우리의 자리에 대해 배운다. 우리의 창조 세계가 형언할 수 없을 정도로 복잡하고, 광대하고, 깊은 먹이 그물이며, 타자들이 다양한 지점에서 영감과 양육의 원천으로서 우리와 교차함을 발견한다. 우리는 이 먹이 그물을 손상시키거나 고갈시키거나 파괴하는 일부 형태의 삶이 얼마나 부절적한지를 알고 감지하기 시작한다. 또 어떤 기술과 관행은 생명을 증진시키기에 칭찬받아야 한다고 판단한다. 아담이 하나님의 동산을 보살필 때야말로 피조물로서 삶을 누리는 것이 무슨 의미인지 배우는 시간이었음을 기억하라. 그는 자신이 있는 곳에 소속되어 집에 있다는 것이 무엇인지를 위장을 통해 경험했다.

아담은 동료 피조물들을 보살피는 책임에서 실패했고, 그의 실패로 우리는 모두 유배지로 들어간다. 우리는 늘 창조 세계의 유익을 해치고 약화시키는 관계 유형으로 '추락한다.' 디트리히 본회퍼 Dietrich Bonhoeffer는 우리의 상황을 다음과 같이 분명하게 묘사했다.

"타락…은 반란이다.…피조물이 창조주가 되려 하는 것이다. 그것은 피조물 됨의 말살이다. 그것은 변절이며, 피조물 됨을 유지하는 데서 추락하는 것이다.…단지 도덕적 실수가 아니라 피조물에 의한 창조 세계의 파괴다."[15] 이를 표현하는 다른 방식은, 타락한 상태에서 사람들은 **구성원 됨의 불안**을 겪는다고 말하는 것이다. 우리는 타자들에게 속해 있음을, 우리가 그들을 필요로 하는 것처럼 그들도 우리를 필요로 함을, 서로를 돌보기 위해 애써야 함을 알지만, 책임이나 선물을 견뎌 낼 수 없다. 우리는 상호 의존적 필요가 생길 가능성과 그것이 부과할 의무 앞에서 달아난다. 그리고 필요와 책임을 거부할 때 소속의 기쁨 또한 빼앗김을 깨닫지 못하고, 혼자 설 수 있다고 생각하는 편을 선호한다. 구성원 됨을 부인하면 우리는 완전히 길을 잃게 된다.

물론 진실은 누구도 홀로 설 수 없다는 것이다. 그러한 시도는 예외 없이 실패한다. 그것은 또 굶어 죽는 일이기도 하다. 우리 각자는, 모든 살아 있는 유기체로 구성되고 그 사이를 순환하는 다양한 먹이 그물을 통해 '피조물 됨에 묶여' 있다. 식사는 우리가 타자들을 필요로 하며 또한 그들에게 영향을 받음을 매일 확인하는 일이다. 우리는 잘 먹을 때, 삶의 증진을 위해 서로에게 주어진 하나님의 선물에 대한 책임을 존중하고 받아들인다. 우리는 창조 세계의 구성원들을 향해 더 깊이 더 공감적으로 움직인다. 그러나 유배 중에 먹을 때는 혼자, 그리고 매우 폭력적으로, 깊은 연결이나 애정 없이 먹으며, 음식과 서로를 단지 물체와 위협으로 혹은 우리의 힘과 통제와

---

15 Dietrich Bonhoeffer, *Creation and Fall* (New York: Macmillan, 1959), 76.

편리를 위한 수단으로 경험한다.

　성경은 식사와 책임에서의 이런 위기를 죄의 특징으로 묘사한다. 죄는 방향 감각을 잃은 삶이자 오도된 욕망이다. 전통적인 해설에 따르면, 최초의 죄는 교만이며, 죄인들이 자신을 마땅한 정도보다 더 생각하는 순진하고 오만한 성향이다. 아담과 하와는 상호 의존적 필요로 서로 결합된 피조물들 사이에서 살기보다는 자기 방식대로 살고자 했다. 이 때문에 아담과 하와는 금지된 열매를 먹자마자 수치심을 느꼈다. 수치는 우리의 자유가 잘못되었음을 깨닫는 일이다. 그것은 어떤 결정이 하나님과 다른 사람의 자유를 침해하기 때문에 다른 사람 앞에서 정당화될 수 없다는 고통스러운 지식이다. 우리는 스스로를 부끄러워할 때, 우리의 욕구가 우리 삶을 구성하고 풍요롭게 하는 구성원들과의 신의를 깨뜨렸음을 이해하게 된다.

　본회퍼는 아담과 하와의 수치가 그들이 한계를 가진 피조물이고 또 그 한계를 넘어섰다는 인식이라고 말했다. 그들은 한계를 넘어섬으로써 더 이상 한계를, 피조물의 연합으로 모든 것을 단결시키시는 하나님의 은혜로 인식할 수 없다. 한계란 우리가 상호 의존이라 부르는 것이며, 우리가 타자들과의 관계를 통해 구성되고 유지됨을 아는 지식이다. 그런데 어떤 종류의 한계든 이제 하나님의 진노, 미움, 질투로 인식된다. 그들은 이제 타자들이 위협으로 보이기 때문에 사랑으로 관계를 맺을 수 없다. 창조 세계의 구성원 됨이 깨지고 죽음이 이전에 알려지지 않은 성격을 띠게 된다. 이런 식으로 이해하면, 우리는 벌거벗은 상태를 가리겠다는 아담과 하와의 욕구를 이해할 수 있다. "벌거벗음은 연합과 이해의 본질이자, 타자를 위해 존재하는 것의 본질, 객관성의 본질이다. 그리고 자신의 권리를 가지고 나를 제한하는 피조물로서 타자를 인식하는 것의 본질이다.…
벌거벗음은 무죄다."[16] 아담과 하와는 어떤 의미에서 하나님처럼 되려고 했지만, 그들의 노력이 재난이었음을 이내 알게 되었다. 그들이 유일하게 의지한 것은 숨는 것이었다.

동산 이야기를 이렇게 해석하면 우리는 이제 죄가 우리의 피조물 된 상태와 피조물로서의 소명에 대한 반역의 한 형태임을 알 수 있다. 하나님이 만드신 창조 세계를 외면하고 자신이 만든 세계를 선호할 때, 섬기고 돌보는 겸손한 삶을 거부하고 편리와 자기 미화의 삶을 선호할 때, 우리는 동시에 세상과 그 안에서 일하시는 생명의 하나님으로부터 우리 자신을 분리시킨다. 우리는 생명을 주시는 하나님의 능력을 비틀고 왜곡하여, 그것이 우리 자신의 두려움, 야망, 허영심이라는 아주 좁은 영역에 기여하게 한다. 우리는 이러한 소외의 몸짓으로 우리 자신과 다른 피조물들에게서 존재하고 번성하는 능력을 빼앗는다. 우리는 서서히 온 세상, 심지어 우리 자신의 몸까지도 유배의 장소로 만든다.

이를 표현하는 또 다른 방식은, 죄가 관계에 대한 거부이자 타자들의 안녕에 대한 책임의 거부라고 말하는 것이다. 다음과 같은 래쉬의 표현을 숙고해 보라. "만물은 하나님의 지식과 사랑의 표현으로, 하나님이라는 절대적 관계(영원한 발화, 무궁무진한 증여)의 유한한 굴절로서 존재한다. 죄는 안전을 향한 헛된 추구로 관계를 거부하고 스스로 울타리를 두르는 것이다."[17] 물론 우리의 추구는 안전에 대한

---

16 앞의 책, 78-79. 본회퍼는 이후 작품에서, "수치는 원래의 연합이 회복되는 곳에서만 극복할 수 있다"고 말한다[Bonhoeffer, *Works: Vol. 6, Ethics* (Minneapolis: Fortress Press, 2005), 306].

것만은 아니다. 때로 우리는 그저 게으르거나 화가 나 있거나, 오만하거나 지루해하거나 두려워한다. 우리가 죽을 것이고, 타자들의 죽음을 통해 살며, 죽어 가는 이들을 돌보아야 한다는 것을 아는 일은 섬뜩한 깨달음일 수 있다. 이는 각종 자기 기만과 아첨뿐 아니라, 오만과 타자들에 대한 비난도 유발한다. 허버트 맥케이브 Herbert McCabe 는 그 점에 대해 다음과 같이 간결하게 말한다.

> 모든 죄의 뿌리는 두려움이다. 자신이 아무것도 아니라는 아주 깊은 두려움이다. 따라서 자신을 대단한 존재로 만들려는, 자신에 대해 숭배할 수 있는 자기 미화적 이미지를 구축하려는, (환상 속의) 자기를 믿으려는 충동이다. 내 생각에 모든 죄는 현실적이 되는 데 실패하는 것이다. 그저 쾌락을 향한 유치한 탐욕에서 나오는 것처럼 보이는 단순히 육체적인 일상적 죄조차도, 자신이 정말로 중요한지에 대한 불안, 필사적으로 자기 확신을 얻으려는 불안에 가장 깊은 기원이 있다.[18]

많은 사람이 피조물의 세계에서 겪는 유한함, 무력함, 취약함뿐 아니라 구성원 됨과 선물 또한 견디기 어려워한다. 그래서 자신이 만든 더 통제되고 편리하고 편안한 세상, 자기 방식대로 삶을 경험할

---

17 Lash, *Believing Three Ways in the One God*, 101. 죄는 생명을 만들고 유지시키는 창조의 방식들에서 구체화되는 하나님의 사랑을 거부하는 것이다. 이 때문에 "죄가 하나님의 호흡을 완전히 꺼 버리고 성령을 소멸한다"(115)고 말할 수 있다.

18 Herbert McCabe, *God, Christ and Us*, ed. Brian Davies (London: Continuum, 2003), 17-18.

수 있는 세상을 건설하여 그리로 도망갈 수밖에 없다고 느낀다.

그러나 우리의 거주는 두렵고 파괴적일 필요가 없다. 우리는 이탈과 불만이라는 유배 형태, 곧 살펴볼 생태학적·경제학적·생리학적 방식에 반영되는 형태를 따라 살아갈 필요가 없다. 하나님은 자비와 돌봄, 신의와 사랑이 충만한 구성원의 삶으로 인간을 부르신다. 창조 세계에 거주하는 일은, 우리 가운데 거하셨으며 그 거하심으로 용서와 평화와 기쁨의 길을 보여 주신 하나님으로부터 영감을 받아야 한다. 우리는 여기서 처음 창조 세계를 존재하게 하신 하나님의 사랑과 기쁨을 상기할 필요가 있다. "하나님은 '기뻐하심으로' 창조 세계에 생명을 불어넣으신다. 하나님의 생명의 말씀을 듣고 마음에 새기는 일은, 만물이 '아주 맛있음'을 발견하는 것, 하나님의 빛 안에서 서로를 기뻐하는 것이다."[19]

생태학적 유배

우리가 지구 역사상 근본적으로 새로운 시기에 들어갔음을 인식하기는 쉽지 않다. 사람들은 자연 과정이 수천 년간 지속되고 있었으므로 앞으로도 수천 년 동안 같은 식으로 지속되리라 믿고 싶어 하고, 그렇게 생각하도록 훈련받았다. 자연의 방식은 확실하고, 그 선물은 무한하며, 인간의 공격을 흡수하는 능력은 끝이 없다. 사람이 하는 어떤 일도 지구의 방대한 자원과 능력을 위협할 수 없다. 그

---

[19] Lash, *Believing Three Ways in the One God*, 74-75.

래서 우리는 순진하게, 때로는 필사적으로 소망한다. 삶은 항상 그랬던 대로 유지되고 계속될 것이다.

그러나 이 '소망'은 무지하면서 또 위험하다. 무지한 까닭은, 세계의 생태계들이 위기에 처했고 일부는 붕괴 직전임을 보여 주는 많은 증거에도 불구하고 그 소망이 유지되기 때문이다. 또 그것이 위험한 까닭은, 우리가 눈이 멀어 있어서 파괴를 정지시킬 수 있고 일부의 경우 역전시킬 수도 있는 정치적·경제적·개인적 변화를 만들어 내지 못하기 때문이다.

생태계는 가장 기본적으로 식량 체계로, 영양분의 에너지가 한 생명체에서 다른 생명체로 흘러가는 곳이다. 생태계가 고통을 받거나 붕괴되면 거기에 포함된 먹이 사슬도 그렇게 된다. 그렇다면 지구의 엄청난 지역들이 죽어 가고 있거나 심각한 고통 가운데 있음을, 우리의 식품을 생산하는 서식지들이 (종종 우리의 식품 생산 기술들의 결과로) 급속도로 고갈되고 붕괴되고 있음을 발견하는 일은 얼마나 고통스러운가. 주위에서 창조 세계의 구성원들이 사라지고 있다. 종들이 정상 속도보다 천 배 빠르게 멸종되고 있고, 그 결과로 다음 100년 안에 지구상 종들의 무려 절반이 급격하게 줄어들거나 완전히 사라질 것이다.[20] 붕괴의 대부분은 믿기지 않을 만큼 극적으로 성장한 세계 경제의 직접적인 결과다. 제임스 구스타브 스페스James Gustave Speth는 1950년 7조 달러 규모의 경제를 이룩하는 데 인류 역사 전체

---

20 오늘날의 멸종 양상과 속도가 이전의 멸종 사건들과 얼마나 다른지에 대해 더 알아보려면, 엘리자베스 콜버트Elizabeth Kolbert의 *The Sixth Extinction: An Unnatural History* (New York: Henry Holt and Company, 2014)를 보라. 《여섯 번째 대멸종》(쌤앤파커스).

가 걸렸다고 말한다. 오늘날 경제는 10년마다 그만큼의 규모로 성장한다.[21]

경제는 땅과 물에 심각한 타격을 가하지 않고는 이런 속도로 성장할 수 없다. 선도적인 환경 역사학자 J. R. 맥닐McNeill은 이러한 타격을 아주 구체적인 지표들로 기록했다. 1800년부터 1990년까지 에너지 사용량은 75배 증가했고, 석탄 생산량은 500배 증가했다. 인구는 1820년 10억에서 오늘날 70억이 넘게 성장했다(그리고 오늘날 시민들의 전반적인 식욕이 200여 년 전보다 훨씬 크다는 사실을 기억하라). 세계 GDP(국내총생산)는 1500년부터 1990년까지 100배 이상 증가했다. 세계 담수 사용량은 1700년 110세제곱 킬로미터에서 2000년에 5,190세제곱 킬로미터로 거의 50배로 뛰었다. 그리고 채굴이든 농업이든 그로 인해 훼손된 토양은 사실상 20억 헥타르, 대략 미국과 캐나다를 합한 크기의 구역에 이르렀다. 소비에서의 성장 대부분은 유럽과 북미에 집중되었지만, 제2차 세계대전 이후로 전 세계 국가, 특히 인도와 아시아의 경제가 폭발적으로 성장했다.[22]

오늘날 생태계 붕괴의 범위와 규모는 창조 세계 구성원들이 망가지고 있다는 가장 분명한 표지 중 하나다. 많은 생물 종이 생명을 주고 배를 채워 주는 거처를 찾기가 점점 더 어려워지고 있다. 확실히 지난 200년 동안 경제와 농업 부문에서 이루어진 발전으로 수백

---

21 James Gustave Speth, *The Bridge at the Edge of the World: Capitalism, the Environment, and Crossing from Crisis to Sustainability* (New Haven: Yale University Press, 2008), x.《미래를 위한 경제학》(모티브북).

22 J. R. McNeill, *Something New under the Sun: An Environmental History of the Twentieth-Century World* (New Haven: Yale University Press, 2000), 특히 1장.

만 명의 사람이 끊임없는 기아의 위협과 그에 수반되는 사회적·개인적·심리적·육체적 영향에서 빠져나올 수 있게 되었다. 성장하는 세계 경제와 그 안에서 성장한 국제적인 식량 체계(방대한 무역로, 식품을 보존하고 저장하는 새로운 기법, 새로운 식물 품종, 막대한 양의 비료와 살충제, 기계의 발명, '자유' 무역 위에 세워진 체계)는 이전 어느 때보다도 많은 칼로리를 제공해 주었다. 그러나 막대한 생산의 생태학적 대가는 엄청나게 크고, 이러한 일시적인 '성공'은 미래의 가능성들을 약화시키고 있다.[23]

몇 가지 핵심적인 환경 지표들을 검토해 보면, 구성원 됨에 대한 인간의 불안은 아담이 절대 예상할 수 없던 방식으로 전개되었음이 분명해진다.[24] 이를 확인하기 위해 우리는 지구의 대기, 삼림, 토양, 물, 어장, 유전적 다양성을 간략하게 검토할 것이다. 우리의 주요한 관심은 이 영역들에서 일어난 생태학적 붕괴가 식량의 지속 가능성과 안전성에 얼마나 심각한 영향을 미치는지 살펴보는 것이다.

대기

대기의 중요성은 우리가 숨을 참는 순간 분명해진다. 공기는 우리 몸을 순환하며 음식 에너지를 연소시킴으로 생명의 움직임을 가

---

23 폴 로버츠의 *The End of Food*는 식사와 농업과 세계 경제의 상호 관계에 대한 최고의 설명을 제공하며, 이 장 곳곳에 영향을 미쳤다. 조엘 본 역시, 최근 책 *The End of Plenty*를 통해 붕괴된 세상에서 농부들이 직면하는 도전과 기회를 기록하는 탁월한 작업을 했다.

24 수많은 과학 및 환경 단체가 지구의 붕괴를 기록하고 있다. 이어지는 설명은 대부분, 월드워치 연구소Worldwatch Institute, 관심을 가진 과학자 모임Union of Concerned Scientists, 유엔 새천년 생태계 평가, 농업 및 무역 정책 연구소Institute for Agriculture and Trade Policy의 연구 결과를 참조한 것이다. 간결한 최근의 요약은 Speth, *The Bridge at the Edge of the World* 1장에서 볼 수 있다.

능하게 한다. 우리는 숨을 쉴 때, 주변의 숨 쉬는 모든 생명체와 삶을 공유한다. 대기 내 원소 농도는 생명체가 번성할 수 있도록 정확히 조정되며, 이 원소는 주로 질소(78퍼센트), 산소(21퍼센트), 소량의 아르곤, 훨씬 적은 양의 이산화탄소(0.035퍼센트), 네온, 헬륨, 메탄, 수소, 오존 등이다. 가장 중요한 것은 균형이 유지되는 일이다. 생명체를 죽이는 가장 단순한 한 가지 방법은 숨을 쉬지 못하게 하거나 유기체가 숨 쉬게 하는 구성 요소를 (아주 약간이라도) 바꾸는 것이다.

1960년대에 환경 의식 같은 것이 등장했을 때는 보통 대기가 전면에 놓였다. 당시의 관심사는 오염과 공기의 질이었다. 그러나 좀 더 최근의 주요한 관심사는 대기 중으로 방출되는 전례 없는 이산화탄소의 양이다. 사람들이 석탄, 석유, 천연가스 같은 화석 연료나 나무를 가지고 탄소를 연소시키면서, 대기 중 이산화탄소 농도를 급격하게 변화시켰다.[25] 이러한 전개는, 이산화탄소가 열을 빠져나가지 못하게 하는 기체이기 때문에 아주 중요하다. 지구에서 열이 방출될 때 이산화탄소 분자는 그것을 되돌려 보냄으로써 지구 표면 전체 온도를 상승시킨다. 지구가 따뜻해지고 온난화의 결과로 기후 양상이 변하면(더 강한 폭풍, 예측 불가능한 비), 식량 체계가 붕괴된다. 가뭄이나 너무 많은 열기, 혹은 홍수로 초목이 죽는다. 대양이 따뜻해지고, 해류가 교란되고, 산호초가 백화되어 죽으면서 어종이 감소한

---

[25] 인간들이 지구의 기후를 얼마나 변화시켰는지를 분명하게 다룬 책으로는, 윌리엄 루디먼William F. Ruddiman의 *Plows, Plagues, and Petroleum: How Humans Took Control of the Climate* (Princeton: Princeton University Press, 2005)를 보라. 이제 기후 변화와 지구 온난화를 다룬 문헌들은 방대하게 나와 있다. 최근의 평가로는, 조셉 롬Joseph Romm의 *Climate Change: What Everyone Needs to Know* (Oxford: Oxford University Press, 2015)를 보라.

다. 동물들은 열기, 그리고 더 따뜻한 상황에서 잘 퍼지는 병을 옮기는 벌레들의 확산으로 고통을 겪는다. 식물들이 온도가 조금이라도 상승해서 스트레스를 받으면 농업 생산성이 떨어진다(온도가 1도 상승할 때마다 밀, 쌀, 옥수수 수확량이 10퍼센트씩 감소하는 것으로 추산된다).[26]

기후 변화에 따라오는 역효과를 정확히 예측하기는 불가능하다.[27] 사회들이 지역 특유의 변화에 대응하기 위해 사회, 정치, 경제, 농업, 기술의 측면에서 어떤 변화가 필요할지는 우리가 완벽하게 예상할 수 없다. 그러나 우리가 아는 바는, 이미 인간의 침략과 서식지 상실로 인한 스트레스를 받고 있는 동식물 종들이 앞으로 훨씬 큰 고통을 겪으리라는 것이다. 예측 불가능한 기상 주기는 비교적 안정된 기후 조건과 온대 지방에 적응한 식물들을 위태롭게 할 것이다. 빙하와 산악 눈덩이들이 녹으며, 담수 공급이 줄어들고 관개 농업이 중단될 것이다. 해수면 상승은 해안 지대와 섬을 침식시키거나 완전히 침수시킴으로써, 해양 개발 지역에 정착한 사람들 중에서 수백만 명의 난민을 만들어 낼 것이다. 이 모든 일이, 인구가 여전히 성장하고 있고 따라서 특히 더 많은 음식이 필요한 상황에서 일어날 것이다. 이전에는 인류가 그러한 불길한 생태 변화나 붕괴의 가능성에 맞닥뜨렸던 적이 없었다.

---

26 레스터 브라운Lester R. Brown의 *Outgrowing the Earth: The Food Security Challenge in an Age of Falling Water Tables and Rising Temperatures* (New York: W. W. Norton, 2004)를 보라.

27 이 문제들을 최근에 가장 철저히 다룬 글로는, 기후 변화에 관한 정부간 협의체 Intergovernmental Panel on Climate Change의 보고서들, 특히 실무단 II 보고서 "Impacts, Adaptation and Vulnerability"가 있다. www.ipcc.ch/~ipccreports/ar4-wg2.htm에서 볼 수 있다.

삼림

현재 우리가 사는 땅 대부분(북미의 절반 이상, 유럽, 브라질, 아시아, 인도네시아의 대부분)이 한때 삼림으로 덮여 있었음을 상상하기란 쉽지 않다. 삼림은 생명체의 유지와 보존에 필수적인 역할을 한다. 삼림은 셀 수 없이 많은 동식물 종의 서식지다.[28] 여기서 많은 생명체가 필요로 하는 다양한 형태의 식량과 섬유질이 생성된다. 나무는 지구의 폐와 같아서 이산화탄소를 들이마시고(그리고 탄소를 격리하여) 우리 모두가 필요로 하는 산소를 배출한다.

지난 몇 세기 동안, 그러나 지난 몇 십 년 동안은 훨씬 더 극적으로, 사람들은 농사와 광산 채굴과 도로 건설을 위해, 또 목재, 종이, 섬유에 대한 필요를 충족시키기 위해 나무를 베어 넘어뜨렸다. 열대 지방의 삼림 벌채 속도는 초당 1에이커가 손실될 정도로 높았고 현재 대략 세계 삼림의 3분의 1이 사라졌다. 이는 토질 안정화, 수분 유지와 유수량 안정화, 기후 조절, 질병 완충, 생물 다양성 보호 등 삼림이 제공하는 수많은 '생태계 서비스'[29]를 볼 때 기념비적 비율로 발생한 비극이다. 삼림이 사라지면 땅은 침식의 힘에 노출되는 한편, 식물이 생장할 때 흡수되고 저장되는 태양의 열에너지가 줄어든다(석탄은 식물에 저장된 다음 수천 년 후에 사용되는 태양 에너지로 이해할 수 있다).

---

28 식량원으로서의 삼림에 대한 고전적인 책은 러셀 스미스Russell Smith의 *Tree Crops: A Permanent Agriculture* (New York: The Devin-Adair Company, 1950)이다.

29 생태계 서비스는 생명, 특히 인간 생명을 먹이고 번성할 수 있게 하는 서식지에서 진행되는 과정과 조건을 가리킨다. 노먼 마이어스Norman Myers의 "The World's Forests and Their Ecosystem Services", in *Nature's Services: Societal Dependence on Natural Ecosystems*, ed. Gretchen C. Dailey (Washington, DC: Island Press, 1997), 215-235를 보라.

후자의 논점이 특히 중요한 까닭은, 초목은 햇빛을 처리하고 반사하여 증발 작용, 운량 형성, 그리고 강우를 촉진하기 때문이다. 따라서 삼림 벌채는 강우를 줄이는 원인이 되고, 이는 초목이 줄어들고 결국 사막을 증가시키는 결과를 초래한다.

삼림 벌채는 약간의 나무를 손실하는 문제가 아니다. 이는 음식과 에너지 흐름의 대규모 파괴와 관련이 있다. 이는 셀 수 없이 많은 종의 서식지 상실 및 멸종과 관련되는 것으로, 그 종들 대다수는 우리가 인식하기는커녕 마주한 적도 없다. 이는 세계 기후 시스템의 변화와 관계된 것이다. 삼림은 지구 생태계 건강에 너무도 필수적인 역할을 하기 때문에, 그것 없이 생존 가능한 미래를 기대할 수는 없다.

토양

토양은 인간 사회의 농업혁명이 시작된 이래로 대략 만 년 동안 공격당하고 있다. 경솔하게 토지를 변경하고, 토양을 유지시키는 근원을 말 그대로 뒤집어엎은 우리는 엄청난 파괴적 잠재력을 방출했다. 농업 관행이 이루어진 오랜 시간 동안 사람들은 세상을 서서히 침식하여 상대적으로 생명체가 없는 광대한 구간을 만들었다. 유엔의 추산에 따르면, 대략 중국 크기만 한 지역이 다양한 정도의 사막화로 고통받고 있는 한편(그렇지 않았으면 세계 식량 생산의 5분의 1을 차지했을 땅), 매년 네브라스카 주 크기의 지역이 작물 생산을 위해 훼손되거나 도시 확산으로 유실된다.

문제는 단지 토양 침식이 아니다. 토양의 질도 중요한 문제인데, 산업형 농업 기술은 핵심적인 토양 구조를 손상시켜 지속적인 식물 생장을 가로막는다. 예를 들어, 과도한 관개는 토양을 물에 잠기게 하여 물속의 무기 원소들을 떠오르게 만든다. 그리고 물이 증발하면 토양은 염분을 함유하게 되어 기본적으로 생명체가 살 수 없다. 게다가 중장비를 사용하는 산업형 기업식 농업이 토양을 다짐으로써 물이 흡수될 수 없고(침식이 더 악화되며), 뿌리가 자랄 수 없고, 미생물이 번성하지 못하게 된다. 단기간에 토양 비옥도와 작물 생산량이 현저하게 줄어든다.

토양 비옥도를 상승시키기 위해 선호되는 방법은 엄청난 양의 화석 연료에서 추출한 비료, 특히 질소를 살포하는 것이었다. 그러나 토양 과학자들이 꾸준한 비료 살포의 효과를 연구함에 따라, 흙이 단지 질소와 칼륨과 인을 보관하는 생명 없는 화학적 저장소가 아님이 분명해지고 있다.[30] 좋은 토양, 건강하고 생생한 식물 생장이 가능한 토양은 유기물과 미생물의 복잡한 결합에 의존한다. 토양의 풍성한 부엽토에서 영양소들이 서로 순환한다. 죽은 유기체들은 더 많은 생명을 위한 기반이 된다. 토양물리학자 대니얼 힐렐 Daniel Hillel 은 그것을 다음과 같이 묘사한다.

> [토양은] 광물 입자, 유기 물질, 기체, 영양소 들의 풍부한 혼합으로, 이는 필수적인 물이 주입될 때 생명체의 시작과 유지를 위한 비옥한 기본 물질을 이룬다. 따라서 토양은 그 자체의 물질, 물, 태양 에

---

30 새로운 연구는 합성 질소의 사용이 토양 유기 물질의 양과 질을 저하시킨다고 주장한다. www.grist.org/article/2010-02-23-new-research-synthetic-nitrogen-destroys-soil-carbon-undermines-/를 보라. 또한 토양의 건강과 농업에 대한 책 David R. Montgomery, *Growing A Revolution: Bringing Our Soil Back to Life* (New York: W. W. Norton & Company, Inc., 2017)를 보라.

너지를 활용하는, 스스로 조절되는 생물학적 공장이다.…토양은 또한 우리 지구의 주요한 정화 및 재생의 매개체 역할, 사실상 '살아 있는 필터' 역할을 한다. 거기서 환경을 더럽힐 수 있는 병원균과 독소가 무해하게 되고 영양분으로 바뀐다.[31]

오늘날의 산업형 농업 기술들은 이러한 토양의 과정들을 단축시켜 작물 수확량 유지를 훨씬 더 어렵게 만든다. 그리고 생산성 제고를 위해 훨씬 많은 비료가 살포됨으로써, 질소 함량이 많은 어마어마한 양의 비료가 지하수와 개울들로 흘러넘치거나 침출되어, 물속 생명을 죽이고 물을 마실 수 없게 만든다. 결국 질소가 강화된 물은 해안 지대에 축적되어 거대한 '데드 존'을 만들어 낸다. 이러한 데드 존들은 물속 생명체를 질식시키거나 산소 수치를 심하게 낮추어 어류의 생식 능력을 심하게 손상시킨다.

우리 문화는 인간과 토양의 관계가 얼마나 필수적인지를 가르쳐 주지 않았다. 그러나 식량이 전적으로 필요하다는 사실 그리고 토양의 모든 영양분이 토양 안에서 끊임없이 복원되는 죽은 동물들과 식물 잔재에서 나온다는 사실을 기억한다면, 우리가 흙에서 와서 흙으로 돌아간다는 말이 단지 은유가 아님을 인식할 수 있다. 우리가 섭취하는 모든 음식에 토양이 포함되어 있다. "죽음이 생명으로 바뀌고, 성장하여 생명을 먹여 살리고 다시 죽어, 지하 작업장으로 돌아와 생명으로 회복된다."[32]

---

31 Daniel Hillel, *Out of the Earth: Civilization and the Life of Soil* (London: Aurum Press, 1991), 23-24.

32 David Suzuki, *The Sacred Balance: Discovering Our Place in Nature*

물과 어장

지구 표면의 거의 75퍼센트가 물로 덮여 있다. 또 아기가 태어날 때 그 신체의 75퍼센트가 물이다. 물의 흐름은 우리 세상 어디에나 있고 심지어 외견상 마른 것처럼 보이는 곳에도 있다. 수로는 지구의 순환계다. 내린 비는 토양으로 들어가 증발하거나, 식물이 빨아들이거나 동물이 먹는다. 물의 흡수와 증발은, 동맥, 정맥, 모세혈관 체계처럼 모든 생체 조직을 순환하는 거대한 물 순환을 형성한다. "물은 하늘에서 바다와 땅으로 끊임없이 순환하며, 순환을 이어가기 전에 잠시 모든 생명체 속에 머문다. 생명체 전체를 단지 물의 변화를 위한 수단으로 볼 수도 있다."[33]

물은 지구상 어디에나 있지만, 인간이 사용할 수 있는 담수의 비율은 매우 낮다. 세계 물의 97퍼센트 이상은 바다에 있고 우리는 그 짠물을 먹을 수 없다. 또 다른 2퍼센트는 빙하와 빙원에 갇혀 있어서, 지상 생물(그리고 민물의 수생 생물)이 함께 쓰도록 남겨진 물은 1퍼센트 미만이다. 그럼에도 사람들이 필요로 하는 물은 균등하게 분배되지 않는다. 아프리카와 아시아 지역은 대규모로 인구가 증가하고 있음에도 불구하고 물이 너무 적은 반면, 상대적으로 인구가 적은 캐나다는 부피상으로 지구 담수의 거의 20퍼센트를 보유하고 있다. 그러나 물은 어디에 있든 고갈되거나 전용되거나 낭비되거나 오염되고 있다.

담수 인출의 거의 70퍼센트가 농업용이다. 이는 "농업은 목이

(Vancouver: Greystone Books, 1997), 80.

33 앞의 책, 62.

마른 사업"³⁴이라는 의미다. 식량 생산 증대의 필요가 지속되면서, 더 엄청난 양의 물이 필요할 것이다. 물은 그저 그곳에 있지 않다. 빙하가 감소하고 있고, 지하 대수층이 매우 빠른 속도로 고갈되고 있으며, 세계의 많은 주요 하천(콜로라도 강, 나일 강, 갠지스 강, 황하)이 바다에 다다르기 전에 주기적으로 말라 버린다. 현재 세계 주요 하천의 거의 60퍼센트에 댐이 건설되거나 심하게 세분화된다. 이는 주로 전력 생산을 위해서나 농업 및 여가를 위한 저수지를 조성하기 위해서다. 아주 많은 수로가 전용되거나 그곳에 댐이 건설되었기 때문에, 물의 흐름에 의존하는 어마어마한 삼림, 밭, 강 유역/습지가 손상된다. 이러한 물 스트레스는 항상 정치 무대에서 다루어지고, 2025년까지 세계 인구의 65퍼센트가 물 스트레스를 받는 국가에서 살 것으로 예상된다. 이 모든 일은, 2050년까지 전 세계적인 물 수요가 두 배가 될 것을 내다보는 상황에서 일어날 것이다. 물 부족은 생태학적·농업적 재앙의 원인이 될 뿐 아니라(녹색혁명은 관개에 심각하게 의존한다), 사람들이 목이 마르고 굶주리고 필사적이 됨에 따라 폭력적 충돌과 강제 이주를 초래할 것이다.³⁵

우리가 걱정해야 할 것은 담수 체계만이 아니다. 원양 어업 역시 심한 곤경에 빠져 있다. (일부에서 75퍼센트로 추산하는) 많은 어장에 어류가 고갈되었다. 과학자들은 현재의 추세가 계속되면 2050년까지 모

---

34 Bourne, *The End of Plenty*, 205.

35 Speth, *The Bridge at the Edge of the World*, 32-33. 스페스의 논의는 이 부분을 쓰는 데 아주 유용했다. 또한 Fred Pearce, *When the Rivers Run Dry: Water—The Defining Crisis of the Twenty-First Century* (Boston: Beacon Press, 2007); Peter H. Gleick, *The World's Water 2006–2007: The Biennial Report on Freshwater Resources* (Washington, DC: Island Press, 2006)를 보라.

든 상업적 원양 어업이 붕괴될 것이라고 예측한다. 그러나 스페스가 지적하듯이, 바다의 문제는 남획에만 국한되지 않는다. 해안 오염, 맹그로브 말살, 산호초 백화(지구 온난화로 인한) 역시 파괴적인 피해를 가져오고 있다. 많은 사람에게 생선은 주요한 식량원이며, 양식은 주요한 삶의 수단이다. 사람들이 오랫동안 계속 생선을 먹고자 한다면, 그 필요를 충족시키기 위해 다양한 형태의 지속 가능한 수산 양식이 빠르게 발전해야 할 것이다.[36]

유전적 다양성과 온전성

오늘날 전형적인 식단의 식물 다양성 검사는 유전자 풀이 극적으로 축소했음을 보여 준다. 식량농업기구[FAO]에 따르면, 인간은 대략 3만 종의 식물을 먹을 수 있다. 어떤 시기에는 1만 종 정도를 먹었다. 오늘날 세계 전역의 식단에 150종류의 식물이 등장하지만, 네 가지 식물(옥수수, 밀, 쌀, 콩)만이 식물 칼로리와 단백질 대부분(60퍼센트)을 제공한다.[37] 같은 종 내에도 보통 수백 가지 품종의 옥수수나 감자, 사과가 있지만, 우리는 아주 적은 비율만을 적극적으로 재배하고 거래한다. 예를 들어, 안데스 산맥 농부들은 3천 품종 이상의 감자를 재배한다. 그것들은 온갖 모양과 색상으로 이루어져 있으며 독특한 맛과 향이 있다. 미국에서는 7천 품종 이상의 사과가 한 번 이상 재배된 적이 있다(이 중에서 6천 종은 현재 완전히 없어졌다). 이러한 다양성은 우리의 밭이나 대형 슈퍼마켓에 반영되지 않는다. 우리 농작물

---

36 Bourne, *The End of Plenty*, 165-181는 이러한 노력들 중 일부를 묘사한다.
37 www.fao.org/docrep/004/v1430e/V1430E04.htm/July 12, 2018

의 유전적 다양성의 75퍼센트는 지난 세기에 사라졌다. 이유가 무엇일까?[38]

산업형 농업이 이익을 얻으려면 동식물 종의 균질화가 전제되며, 이는 두 가지 주요한 방식으로 일어난다. 첫째, 농부들은 최대한의 효율성을 얻으려면 단일 재배를 해야 한다고 배운다.[39] 이는 대규모 밭에 한 작물만 심는다는 의미다. 많은 농부들이 동일한 작물 품종들을 쓰며 이같이 한다. 이러한 관행의 배후에 놓인 이론은 간단하다. 즉 대형 기계를 사용할 때 한 가지 식물을 수확하는 것이 훨씬 수월하고 비용 효율이 높다는 것이다(콤바인은 완두콩, 밀, 옥수수를 동시에 수확할 수 없다. 그 작물들은 각각 다른 시기에 다른 방식으로 수확되기 때문이다). 물론 농부가 대형 기계의 동력에 의지하지 않는다면, 같은 지역에서 여러 가지 작물을 재배할 수 있다(익은 것을 따고 나머지는 나중을 위해 남겨 두면서, 그리고 상이한 식물의 특질들에 맞게 일꾼들의 손재주를 이용하면서). 둘째, 종자 판매가 어떤 품종들(주로 동일 회사의 농약 제품과 제휴되어 자라도록 제작되는 품종들)만 취급하는 아주 소수의 회사들로 넘어갔다. 자신들의 종자를 보

---

38 세계적인 산업형 농업과 유전적·문화적 다양성에 위협이 되는 현상에 대한 격렬한 비판으로는, Vandana Shiva, *Stolen Harvest: The Hijacking of the Global Food Supply* (Cambridge, MA: South End Press, 2000)를 보라.

39 단일 재배 농업이 실제로 식량 생산에 더 효율적인지에 대한 활발한 논의가 있다. 산업적·화학적 관행의 지속 가능성, 다수의 산업형 농업이 가축을 위해서나 산업용으로(예를 들어, 옥수수는 용도가 다양하다) 상품을 생산한다는 사실 등, 많은 변수가 고려될 필요가 있다. 다양한 작물을 가까이에서 나란히 재배하는 집약적 형태의 농업은 훨씬 많은 식량을 지속적으로 생산할 수 있다. 탄소/땅 발자국을 더 적게 남기면서 산업형 농업을 초과하는 비율로 식량을 재배하는 농부들의 선명한 실례로, Masanobu Fukuoka, *The One-Straw Revolution* (New York: New York Review Books, 1978); Joel Salatin, *The Sheer Ecstasy of Being a Lunatic Farmer* (Swoope, VA: Polyface, 2010)를 보라.

유하고 있다가 다른 농부들과 거래하던 아주 오래된 관행은 사라졌다. 농업이 대규모 기업식 농업으로 변화되면서 종자가 파생되는 유전자 풀이 현저하게 줄어들었다.[40]

가축과 관련해서도 유사한 과정이 진행된다. 미국인들은 매년 대략 4억 마리의 칠면조를 먹는다. 많은 칠면조 품종이 존재하긴 하지만, 사람들이 먹는 칠면조의 99퍼센트는 단일 품종에서 나온다. 선택된 칠면조는 흰넓은가슴종Broad-Breasted White인데, 이는 흰색 살코기가 가득하기 때문이다. 또 이 칠면조는 혹독한 대규모 감금 상태에서 살아남도록 사육되었다(홀로 두면 이들은 너무 무거워져서 걷거나 먹이를 찾거나 짝짓기를 할 수 없다).[41] 칠면조와 관련된 내용은 소, 돼지, 닭, 양, 염소에게도 적용된다. 여러 시대를 거쳐 많은 품종이 존재하긴 했지만, 오늘날 그 일부만이 사육된다. 그 품종들은 산업적 생산 기술을 견뎌 낼 수 있다는 이유로 선택된다.

먹는 자들로서 우리가 이런 것들에 관심을 가져야 하는 까닭은, 단일 재배 농업이 중앙 집권화되고 통제되는 식품 경제를 반영할 뿐 아니라 질병과 해충의 침입에도 아주 취약하기 때문이다. 건강한 생태계에는 다양한 종이 혼합되어 있다. 다양한 식물들은 서로 가까이

---

40 농업의 산업화와 상업적 통합에 대한 이야기는 Pollan, *The Omnivore's Dilemma*가 탁월하게 들려준다. 산업형 농업 기술의 장기적인 생존 능력에 대한 평가로는 프레드 커셴먼Fred Kirschenmann의 "The Current State of Agriculture: Does It Have a Future?", in *The Essential Agrarian Reader: The Future of Culture, Community, and the Land*, ed. Norman Wirzba (Lexington: University Press of Kentucky, 2003), 101-120을 보라.

41 칠면조 산업에 대한 간단한 분석으로는, 바버라 킹솔버Barbara Kingsolver의 *Animal, Vegetable, Miracle: A Year of Food Life* (New York: HarperCollins, 2007), 6장과 19장을 보라.

있음으로써 유익을 얻는다. 예를 들어, 질소를 고정하는 콩과식물은 스스로 질소를 고정할 수 없는 곡물들을 먹인다. 또 다른 종들은 해충을 억제하는 특성을 가지고 있기 때문에 소중하다. 더욱이, 혼합 재배는 농부나 동산지기가 수확을 완전히 실패할 가능성이 훨씬 덜하다는 의미다. 즉, 한두 가지 작물이 실패해도 다른 작물들은 특정한 적응적 자질 때문에 살아남을 것이다. 따라서 종의 다양성은 식량 안보의 핵심이다. 세계의 수많은 선도적인 식량 옹호자들이 "종자의 미래에 대한 선언Manifesto on the Future of Seed"의 초안을 작성한 것은 이 때문이다. "다양성은 안전을 위한 최고의 방식이다. 다양화는 만 년이 넘는 시간 동안 농업 혁신과 생존을 이끌어 온 가장 성공적이고 널리 퍼진 전략이다. 이는 변화하는 환경 조건과 인간의 필요에 성공적으로 적응하는 기회와 선택을 증가시킨다."[42] 세계가 한두 가지 작물만 심는다면, 단 하나의 해충이나 질병의 공격만으로도 전 세계가 식량 재앙에 빠지고 말 것이다.

오늘날 식량 공급의 균질화에 대해 제기되는 두 번째 중요한 문제는, 종의 유전자 조작과 관련된다. 생명공학은 과학과 산업에서 가장 빨리 성장하는 분야 중 하나가 되었다. 중요한 것은 새로운 종의 개발뿐 아니라 그것에 대한 통제 능력이기 때문이다(몬산토는 특허권을 통해, 상업적 유전자 조작 식물 형질 전체의 90퍼센트를 관리한다). 한 회사가 한 종자의 유전자 코드에 대한 특허권을 소유하면, 농부들이 종자를 저장하고 공유하는 일은 불법이다.[43] 이제 모든 종자는 물론 그것을 재

---

42 *Manifestos on the Future of Food and Seed*, ed. Vandana Shiva (Cambridge, MA: South End Press, 2007), 91.
43 엘렌 데이비스는 종자의 특허권은 관대하신 하나님의 값없는 공급에 대한 직접적

배하기 위해 필요한 비료와 제초제도 구매해야 한다. 이러한 현실을 고려할 때, 주요 식품 회사들이 뜻밖의 소득을 올리는 반면 농부들의 소득은 꾸준히 감소하고 있다는 것은 놀랄 일이 아니다.

모든 유전자 변형에 반대하는 것은 어리석은 일일 것이다. 농부들은 수 세기 동안 가축과 식물의 품종을 개선하기 위해 이종 교배를 활용해 왔기 때문이다. 농부들은 전통적으로 그들의 작물과 가축 떼에서, 더 강하고 더 생산적이고 더 영양분이 많고 더 맛있는, 혹은 더 아름다운 특성을 가진 개체를 선택해 왔다. 오늘날 유전자 변형을 심히 불길하게 만드는 것은, 여러 문제들 중에서도 '유전자 오염 물질'을 자연 서식지 안으로 방출하여 시간을 통해 먹이 사슬의 회복력을 유지하는 정교하게 조정된 균형을 무너뜨릴 조짐이 있다는 것이다. 유전공학자들은 보통 종들이 발달하고 적응하는 다양하고 복잡한 환경을 인식하지 못한다.[44] 생태계는 수백만 년에 걸쳐 발달하며 그 안정성과 회복력은 헤아릴 수 없이 복잡한 상호작용의 특징이다. 우리는 유전적으로 새로운 물질, 특히 자체적으로 발달하지 못하는 물질을 내놓을 때(수많은 유전자 설계가 종의 장벽을 뛰어넘는다), 보통 어떤 역효과가 있을지 알지 못한다. 수퍼-연어를 기르는 일이 더 수익성이 있을지 모르지만, 우리는 이 연어가 다른 수생 생물들의 균형과 안정성을 위협할 방법을 모두 알지는 못한다.

인 모욕이라고 주장했다. *Scripture, Culture, and Agriculture: An Agrarian Reading of the Bible* (New York: Cambridge University Press, 2009), 42-65를 보라.

44 이 문제들에 대한 통찰력 있는 논의로는 Craig Holdrege and Steve Talbott, *Beyond Biotechnology: The Barren Promise of Genetic Engineering* (Lexington: University Press of Kentucky, 2008)을 보라.

일부 형태의 유전공학에 나타나는 또 다른 주요한 문제는 제초제 사용의 확대다. 예를 들어, 오늘날 유전자 변형 식물 대다수는 제초제 살포를 견뎌 내도록 설계된다(영양과 품질은 보통 생명공학 연구와 발전의 주 요인이 아니다). 몬산토의 '라운드-업-레디Round-up-Ready' 종자들이 적절한 사례. 라운드업 제초제는 이 제초제의 살포를 견디도록 설계된 콩이나 옥수수 외 모든 작물을 죽인다. 이러한 유전자 변형 식물의 위험은, 이 식물들이 보통 다른 야생 식물과 교차 수분을 하여 제초제에 내성이 있는 해충들을 생산하고, 따라서 이를 억제하기 위한 더 치명적인 독이 필요하다는 것이다. 한편 유전적으로 변형된 형질들이 전통 품종을 재배하는 농부들의 밭으로 '흘러든다.' 그렇게 되면 농부들은 점점 더 커지는(그리고 값비싼) 독성과의 싸움에 말려들고, 밭과 시내와 동물들이 그 영향을 받는다.

식품 부문이 소수 거대 기업의 수중으로 통합되는 현상은, 생태학적으로도 심각하게 우려되는 점이지만, 세계적으로 식품 민주주의와 식품 안보에 위협이 되기도 한다. 우리의 세계적인 식량 체계가 그들이 장려하는 적은 품종의 식물과 동물에 의존해야 하는가? 종자, 식품의 유전자 코드에 대해 누군가가 특허권을 갖고 소유하고 관리해야 하는가? 생명공학적 발명의 비용을 감당할 수 없는 전 세계 가난한 농부들에게는 어떤 말을 할 수 있을까?

* * * * *

생태학적 붕괴에 대한 이 간단한 개관은, **자급자족**을 원하는 인간이 그들을 유지시키는 구성원들을 공격하는 모습을 보여 준다. 우리는 종종 하나님의 선물을 경솔하고 공격적으로 비축함으로써, 구성원 됨의 불안을 거듭 입증한다. 우리는 마치 우리를 먹이는 서식지와 유기체들이 약해지고 죽을 때도 자신은 번성할 수 있는 듯 행동한다. 우리는 생태학적 기억상실증에 걸려, 자연이라는 이웃을 저버리고 그들을 보살피는 책임을 다하지 못했다. 기막히게 아름답게 지어진 세상에서 하나님의 기쁨을 공유할 기회를 빼앗긴 우리는 이제 아프고 유독한 세상을 통해 먹고 있음을 깨닫는다. 이러한 상황은 단지 우연히 일어난 것이 아니다. 이는 유배의 조건을 촉진하고 강화하는 정치적 우선순위, 사회 제도, 경제 패턴에 반영된, 잘 계획되고 재정 지원을 받은 개발이었다.

경제적 유배

아주 광범위한 의미로 이해되는 경제는, 사람들이 가정^{oikos}을 이루기 위해 행동과 장소를 구조화하는 법이나 규율^{nomos}을 가리킨다. 생태는 서식지^{oikos}가 살아 있고 기능하는 전체가 될 수 있도록 서식지 내에서 작동되는 질서와 양식^{logos}을 가리킨다. 이 두 용어의 어원은, 인간 경제가 어떤 창조된 장소에서든 그곳에 함의된 잠재력과 한계를 계속 염두에 두는 일이 필수적임을 나타낸다. 경제는 추상적으로 존재하지 않는다. 경제는 특정 하천 유역, 숲, 밭 그리고 그곳에 사는 생명체들에게 의존한다. 간단히 말해서, 곡물을 공급하는 밭이 없다면, 우유를 생산하는 소가 없다면, 우유를 치즈로 바꿔 주는 일꾼이 없다면 식품 경제는 있을 수 없다. 경제적 '성공'이 소와 사람이 의존하는 '오이코스'의 붕괴를 전제하면, 지속 가능한 경제는 있을 수 없다.

우리가 창조된 세상에 대해 생각할 때 흔히 하듯, 경제 활동의 맥락이 어떻게 극적으로 변했는지 강조하는 것이 중요하다. 과거 우리의 주 관심사는 우리에게 땅과 천연자원을 개발할 충분한 노동, 기술, 투자 자본이 없었다는 것이었다면, 오늘날 상황은 증가하는 노동력과 급증하는 금융 기관들의 욕구를 충족시킬 충분한 자원이 없다는 것이다. 이는 인간 경제가 생태학적 맥락에 얼마나 어울리는가 하는 질문이 아주 중요하다는 의미다. 창조 세계가 모든 부분을 뒤덮고 스며 있고 생명을 주는 방대한 구성원들로 이루어져 있고, 이 구성원들이 우리가 이해하기는커녕 거의 인식조차 하지 못하는 규칙과 힘의 지배를 받는다는 점을 기억한다면, 상당한 주의와 자제와 겸손을 가지고 경제를 구조화해야 한다. 우리 야망의 장기적인 성공이 창조 세계와 제휴하는 실천에 달려 있기 때문이다. 제휴가 중요한 까닭은, 삶의 원천이 우리 안에 있지 않고 우리를 구성하고 유지시키는 하나님이 주신 창조 세계에 있기 때문이다. 사람들은 처음부터 그곳에 있던 모든 좋은 것을 그저 빌리거나 수정할 뿐이다. 웬델 베리는 이러한 요지를 분명하게 말했다. "인간 경제가 좋은 경제가 되려면, 대경제와 조화롭게 어울려야 하고 대경제와 일치해야 한다. 그것은 어떤 중요한 면에서 대경제의 유사물이어야 한다."[45]

오늘날의 세계적인 자유 시장 경제는 다양한 방식으로, 우리가 창조 세계의 더 큰 경제를 무시하고 폄하하고 말살함으로써 집의 경

---

45 Wendell Berry, "Two Economies", in *The Art of the Commonplace*, 223.

험을 스스로 박탈하게 한다. (1) 우리가 어디에 있는지 보고 올바로 해석하는 것을 막는 삶의 양식을 권장함으로써, 그리고 (2) 습관과 성향 때문에 어디에서든 공감, 애정, 책임, 기쁨을 누리며 살기가 어려운 사람들의 집단을 형성함으로써 말이다. 역설적이게도 집에서 우리를 오랫동안 잘 살게 해 주리라 여겼던 경제적 규율과 관행이, 이제 우리를 영원히 유배 상태에서 살게 만든 원인이 된다.

먼저, 우리 경제는 어떻게 우리가 어디에 있는지 보고 인식하지 못하게 만드는가? 여러 면에서 오늘날 소비자 경제의 성공은 소비자들의 부주의에 달려 있다. 자신이 쇼핑을 하면서 내리는 결정이 세계 생태계 붕괴에 기여하는 정도를 인식하는 사람은 거의 없다. 이러한 생태계 붕괴가 장기적인 식품의 안전과 지속 가능성을 끔찍할 정도로 위태롭게 할 가능성이 있음을 이해하는 사람은 더 소수다. 현재 빠른 온난화와 변덕스러운 기후라는 맥락에서 일어나는 토양 침식, 수질 오염 및 고갈, 삼림 벌채, 종과 서식지 상실의 속도는, 우리가 필요로 하는 식품을 재배할 수 있을 가능성을 현저히 낮춘다. 이러한 현실에도 불구하고 자신들의 체제를 옹호하는 경제학자들과 정치 지도자들은 계속해서 '성장 경제'가 필요하다고 표명한다. 현재의 경제 기계economic machine의 가속도가 우리의 집단적 파멸을 재촉할 뿐이라는 사실을 의식하지 못한 채 말이다.[46] 폴 로버츠는 과잉 생산(따라서 땅의 기반을 파괴하는)을 권장하는 미국의 농장과 식량 정책에 대해 이야기하면서, 우리의 경제 전략은 "10대 아들의 자동

---

46 허먼 데일리는 허드슨 연구소에서 제시한 논평에서, 선도적인 경제학자들이 기본적인 생태학적 현실을 이해하지 못함을 언급했다. 그는 노벨상 수상자 토머스 셸링 Thomas Schelling의 말을 인용한다. "선진국에서는 국민소득의 어떤 요소도 기후의

차에, 터보 과급기를 달아 주고 브레이크를 더 큰 보험 증권으로 대체하는 것과 아주 비슷하다"고 말한다.[47]

이러한 성장 슬로건 배후의 열광이 어떻게 그렇게 강해졌는지를 다루려면, 사람들이 생각하는 '진보'가 무엇을 의미하고 수반하는지에 대한 아주 길고 복잡한 이야기를 해야 한다. 그러나 근대 경제학 이론의 기원을, 그러고 나서 더 구체적으로 오늘날의 식량 경제를 들여다보면, 우리의 집단적 실명이 어떻게 전개되는지 좀 더 분명히 볼 수 있다.

지속 가능한 식량 경제에서는, 재배자들이 결코 그들의 생계가 달린 땅, 물, 가축, 일꾼을 지치게 하거나 훼손하지 않는다. 이러한 생태계적·사회적 한계를 위반하는 것은 그들의 안녕을 위험에 빠트리는 일이기 때문이다. 그러나 그렇게 조심하기 위해서는, 농부들이나 동산지기들이 그들이 사는 땅에 대해 잘 알아야 한다. 상세하고 끈기 있게 주목하지 않으면 자신의 노동의 효과를 평가할 수 없다. 그리고 실제로 언제 어디서 남용이 일어나고 있는지를 보거나 그것을 바로잡기 위해 조치를 취할 수 없다. 그들은 경제 생활의 질서를 잡기 위해 그들이 **어디에** 있으며 그들의 장소가 무엇을 허용하는지 알아야 한다. 그들은 주변에서 작동하고 있는 더 광범위한 생태계를 염두에 두고 그들의 일과 우선순위를 조절해야 한다.

영향을 거의 받지 않는다. 농업이 사실상 기후의 영향을 받는 경제의 유일한 부문이며, 이는 국민소득의 아주 적은 비율에만(미국에서 3퍼센트) 기여한다. 기후 변화로 농업 생산성이 대폭 감소하면, 생활비가 1-2퍼센트 상승하고, 그때는 일인당 소득이 두 배가 되어 있을 때다." www.hudson.org/files/documents/BradleyCenter/Transcript_2008_06_30_Rural_Philanthropy.pdf를 보라.

47 Roberts, *The End of Food*, 121.

식량 경제의 근대화는 꾸준히 효과를 발휘하여 장소에 대한 우리의 관심을 약화시켜 왔다. 이는 성장 경제의 최우선되는 관심사가, 비용은 가능한 한 낮게 유지하면서 생산을 늘리는 것이기 때문이다. **장소와 공동체의 잠재력을 보호하고 그 한계를 존중하는 역동적인 경제 활동**으로 정의할 수 있는 지속 가능성은, 고전파 경제학자들에 의해 진보의 장애물로 그저 묵살되었다.[48] 그들의 시각에서는 성장으로만 부족을 극복할 수 있다. 허먼 데일리(Herman Daly)가 말하듯, 근대 경제학 이론에서는 사람들이 경제 기계를 먹이는 천연자원과 노동에서 눈을 돌려 최대의 교환과 효율에 초점을 맞추는 결정적 변화가 일어나야만 했다. 이러한 변화는 붕괴된 서식지와 폐허가 된 지역사회 같은 생태적·사회적 비용의 외재화(그리고 망각)를 가능하게 했다.[49] 광범위하게 말해서, 근대 정치 관행은 생산자와 소비자로서 우리의 경제적 결정이 항상 장소 안에서, 장소의 견지에서 일어나고 있다는 것과, 크든 작든 모든 경제는 항상 우리에게 원천을 제공하는 창조된 세상의 더 큰 경제의 하위 집합이라는 것을 무시하거나 거부하라고 권한다.[50]

---

48 Donald Worster, *The Wealth of Nature: Environmental History and the Ecological Imagination* (New York: Oxford University Press, 1993)은, 애덤 스미스가 "자연의 경제를 전적으로 무시하고"(214) 그의 입장을 발전시켰다고 논평했다.

49 Herman E. Daly, *Beyond Growth: The Economics of Sustainable Development* (Boston: Beacon Press, 1996)는 이렇게 쓴다. "지속 가능한 개발의 전체적인 개념은, 경제적 하위 조직은 생태계가 영속적으로 유지시키거나 지원할 수 있는 규모를 넘어서 성장해서는 안 된다는 것이다"(28).

50 기억할 중요한 점은, 성장이라는 근대적 개념을 창안하기에 앞서, 더 큰 자연적 맥락뿐만 아니라 경제 패턴과 우선순위를 형성하고 규제하는 도덕적 맥락이 수 세기 동안 존재해 왔다는 것이다. 욕구는 정의와 중용에 대한 관심으로 제한되어야 했다. 욕구가 제한될 수 없다는 개념은 널리 죄로 규탄받았다. 성장 경제에 자리를 양보하

목표가 꾸준한 성장이고 최고의 생산성과 효율성이 그 수단이라면, 장소의 적재 용량이 무시되는 것은 시간문제일 뿐이다. 다시 소농들을 생각해 보라. 그들이 땅과 가축을 건강하고 생산적으로 유지하는 데 헌신하고 있다면, 한계를 존중할 것이다. 그 농부들은 목초지가 소 열 마리만 먹일 수 있음을 알 것이다. 열다섯 마리나 스무 마리를 먹이면 그 목초지가 서서히 고갈되고 파괴된다는 사실을 알 것이다. 만약 그렇게 된다면, 훼손된 목초지를 만회하기 위해서 농부들은 화석 연료에서 추출한 비료를 살포함으로써 스테로이드를 주거나, 그냥 떠나서 아직 고갈되거나 훼손되지 않은 새로운 땅에서 시작할 것이다. 어느 쪽이든 결과는 똑같다. 생산량 증대를 위해 장소의 온전성, 그 잠재력과 가능성은 부인된다. 경제학자들이 거의 깨닫지 못하는 사실은, 이러한 인위적인 생명 유지 및 이전 관행이 무한정 지속될 수는 없다는 것이다. 이동할 새로운 장소들은 바닥났고, 우리가 있는 장소는 독성 과부하로 고통당하고 있다.

'비교 우위' 이론은 성장 경제를 국제 무대로 가지고 갔다. 19세기 경제학자 데이비드 리카도 David Ricardo가 처음 만든 이 이론에 따르면, 각 국가에서 먼저 그들의 생산 활동을 전문화한 다음 다른 국가와 교역을 하면 경제 성장이 극대화된다(애덤 스미스는 전문화가 효율성을 낳는다고 주장했다). 만약 브라질에서 이탈리아보다 소고기를 더 싸게 생산할 수 있다면, 이탈리아 사람들은 소고기 생산을 그만두고 대신 그들이 더 효율적으로 생산할 수 있는 상품에 에너지와 자원을 집

기 위해 일어나야 했던 도덕적 감성 변화에 대한 여전히 유용한 논의로는 R. H. 토니 Tawney의 *Religion and the Rise of Capitalism* (New Brunswick: Transaction, 1998, 초판은 1926)을 보라.

중해야 한다. 마찬가지로 브라질도 다른 나라에서 더 효율적으로 생산되고 있는 상품의 생산을 그만두어야 한다. 최대 효율이 확산되면 생산성의 규모는 증가하는 반면, 그 생산성에 대한 비용(소비자들에게 부과되는)은 내려갈 것이다.

세계적인 효율의 확산은, 보통 단일 재배 작물 생산과 대규모 정부 계획 및 개입과 함께 일어난다. 그러나 제임스 스콧(James C. Scott)이 보여 주었듯이, 이 단순화된 동시에 고도로 통제된 경제 구조는 훨씬 덜 생산적임이 밝혀졌다. 이 구조는 지역적 적응, 복잡성, 다양성, 독창성을 허용하지 않기 때문이다. 근대적 산업형 농업은 공산주의와 대규모 자본주의 모두에 종속되어 있다. 그것은 폭력과 파괴에 의존한다. 스콧은 효율화 기술을 통해 농장의 생산을 증대시키고자 한 소련의 노력에 대해 이야기하면서 다음과 같이 말한다.

그러나 집산화를 배우는 평범한 학생조차 놀랄 만한 점은, 기계, 기반 시설, 농경법 연구에 막대한 투자를 했음에도 **각각의** 높은 근대적 목표에서는 대체로 실패했다는 사실이다. 역설적이게도, 전통적인 정치적 수완의 영역에서는 성공을 이루었다. 국가는 충격적인 비효율, 부진한 수확량, 생태계의 파괴와 씨름하는 중에도 용케도 빠른 산업화를 밀어붙이기에 충분한 곡물을 손에 넣었다. 국가는 또한 엄청난 인적 희생을 치르며, 농촌 인구로부터 조직적이고 공적인 반대가 제기될 수 있는 사회적 기반도 없앴다. 반면에, 시장을 위해 고품질 상품을 재배하는, 생산적이고 효율적이며 과학적으로 진보된 대규모 농장에 대한 비전을 실현하는 국가의 역량은 사실상 전무했다.[51]

세계무역기구WTO의 최근 노력들도, 다국적 기업들의 중앙 집권화 및 통합 추진과 결합될 경우 소련의 집산화에서 목격할 수 있는 것과 정확히 똑같은 결과를 초래함을 어렵지 않게 볼 수 있다. "대규모 자본주의도 국가와 마찬가지로, 균질화, 획일성, 그리드, 투지 넘치는 단순화를 시행하는 대행자다. 차이는 자본주의자의 경우 단순화에 대한 대가를 지불해야 한다는 것이다."[52]

추상적으로는 비교 우위 이론이 특히 식량 체계에 관한 한 모두에게 유리한 상황을 초래하는 듯 보인다. 그 이론을 따르는 체계는 더 많고 저렴한 식품을 생산한다. 그러나 이러한 접근에서 비롯되는 문제는 이런 종류의 성장 정책의 영향을 받는 특정 장소와 공동체에 주의를 기울이기 시작할 때 드러난다. 한 예로, 커피 생산을 고려해 보라. 세계은행이 옹호하는 성장 모델에 따르면, 가장 효율적으로 커피를 재배할 수 있는 나라들만이 커피를 재배해야 한다. 커피 시장은 매우 크기 때문에 몇몇 나라가 가장 큰 계약을 따 내기 위해 경쟁할 테고, 기회는 가장 낮은 가격을 제시한 생산자들에게 돌아갈 것이다. 그러나 가장 낮은 가격으로 커피를 재배하려면, 환경보호와 노동자의 안전과 보상은 최소한으로 유지하도록 지시해야 할 것이다. 새로운 경쟁자가 더 저렴한 제품(보통 정부의 가격 지원이나 대외 투자에 의해 더 싸게 만들어진 제품)을 가지고 시장에 들어오면, 오래된 생산자는 다른 상품을 더 저렴하게 생산하는 것을 고려해야 한다.

예를 들어, 페루와 콜롬비아 사람들은 비교 우위 이론으로 인해

---

51 James C. Scott, *Seeing Like a State: How Certain Schemes to Improve the Human Condition Have Failed* (New Haven: Yale University Press, 1998), 217.

52 앞의 책, 8.

그들의 안녕이 전적으로 불리한 상황에 처했다. 베트남이 국제 시장에서 커피를 더 저렴하게 팔 수 있었기 때문에,[53] 페루와 콜롬비아 사람들은 코카인 생산을 위해 코카나무 재배에 매달림으로써 심각한 사회 문제를 초래했다. 그들은 그저 판매할 다른 상품을 찾아야 했다고 주장할 수 있을지 모른다. 그러나 경제, 특히 생태계의 현실과 사회 전통을 진지하게 생각하는 경제는 하룻밤 사이에 바뀔 수 없다. 밭이나 과수원, 공장을 개발하는 데는 몇 년이 걸리고, 그러는 동안 기회는 종종 한 국민이나 국가를 스쳐 지나간다. 그런데 이러한 불행은 경제적인 면에서 쉽게 정당화될 수 있다. 경제학자 브링크 린지Brink Lindsey는 "창조적인 파멸은 시장 과정의 핵심에 있다. 그것은 시장의 실패가 아니다"[54]라고 주장한다. 다르게 말하면, 사람들은 성장 개념을 위해 공동체와 장소가 파괴되리라고 예상해야 한다. 경제적 정상 상태의 중심에 유배가 있다.

식품 시장과 무역 협정의 범위가 확장되어 세계 대부분의 나라를 포함하게 되면서, 파괴의 가능성은 극적으로 커졌다. 위험은 무

---

53 베트남의 커피 생산 성공은 진공 상태에서 일어난 일이 아니라, 대외 투자와 정부 정책에 기인한 것이다. 그 이야기는 Roberts, *The End of Food*, 157-160를 보라.

54 Stephen A. Marglin, *The Dismal Science: How Thinking Like an Economist Undermines Community* (Cambridge, MA: Harvard University Press, 2008), 233에 인용. 마글린은 또한 한때 세계은행의 수석 경제학자이자 하버드 대학교의 학장이었던 로렌스 서머스Lawrence Summers의 유출된 메모를 인용한다. 그는 메모를 통해 경제적 효율과 성장 논리는 장소의 파괴를 요구한다는 생각을 보여 주었다. "건강을 해치는 오염이 일어나야 한다면 그것은 비용이 가장 적게 드는 나라, 즉 가장 낮은 임금을 지급하는 나라에서 일어나야 한다. 임금이 가장 낮은 나라에 많은 양의 유독성 폐기물을 투기한다는 경제 논리는 흠잡을 데 없으며, 우리는 그것을 직시해야 한다"(37). 이런 종류의 경제 논리는, 착취를 막기 위한 재원을 가지고 있지 않다면 어느 곳도 안전하지 않음을 시사한다.

역 자체에 있지 않다. 식품은 수 세기 동안 국경을 넘나들어 왔기 때문이다.[55] 더 중요한 것은, 전 세계적 식품 생산이 다국적 기업들의 이윤 추구에 대한 관심과 묶여 있을 가능성이다.[56] 이런 일이 일어나면 땅, 물, 광물, 에너지, 유전적 다양성은 물론 수많은 형태의 사회적 자본이 통합되고 소수의 엘리트들에 의해 관리된다. 가난한 사람들은 세계 경제 안으로 들어갈 수 없으므로 쉽게 버려지고 잊히거나 자선과 구호 활동의 대상이 된다.

세계 기아의 정치학과 경제학은 엄청나게 복잡하다.[57] 그러나 명확해지고 있는 바는, 시장의 세계화는 그야말로 인권을 보호하는 책임 있는 통치 방식과 나란히 가야 한다는 것이다. 유엔 식량농업기구는 기아에서의 해방과 충분한 음식을 얻을 권리는 모두가 누려야 하는 기본 인권이라고 말했다. 자문단은 이렇게 조언한다. "국제사회는 그 기관들과 조직들을 통해, 공평하지 않은 경쟁의 장에서 세계화의 부정적인 결과를 상쇄하고, 모두에게 동등한 기회를 주는 조

55　*Food and Globalization: Consumption, Markets and Politics in the Modern World*, ed. Alexander Nützenadel and Frank Trentmann (Oxford: Berg, 2008)에 실린 글들을 보라. 때로 식품 무역은 제국의 권력과 연결되었지만, 전 세계에 정착하는 이주자들의 이동과 연결되기도 했다. 다시 말해, 지역의 식품 경제 보존과 세계에 식품 시장을 개방하는 일 사이의 갈등은 아주 오래되었다.

56　세계적인 식품 생산의 지정학과 정치경제학에 대한 유용한 요약으로는, Peter Atkins and Ian Bowler, *Food in Society: Economy, Culture, Geography* (London: Arnold, 2001)를 보라.

57　Francis Moore Lappé, *World Hunger: Twelve Myths*, rev. edition (New York: Grove, 1998); Tony Weis, *The Global Food Economy: The Battle for the Future of Farming* (London: Zed Books, 2007); Thomas J. Bassett and Alex Winter-Nelson, *The Atlas of World Hunger* (Chicago: University of Chicago Press, 2010) 등의 대표적 논의를 보라.

건을 증진할 의무들을 인정해야 한다."[58] 이러한 부정적인 결과 대부분은 무역 자유화, 민영화, 국책 산업의 규제 완화, 외국 기업에 대한 시장 개방과 같은 경제 정책과 직접적으로 묶여 있다. '자유' 시장 이데올로기를 비판하는 사람들은 자유가 전적으로 부자에게 유리하게 작용하여 세계 무역을 새로운 형태의 식민주의로 만든다고 지적한다. 정작 필요한 것은 사람들이 스스로 먹고 살 수 있는 자유임에도 말이다. 식량 자주권을 옹호하는 이들에 따르면, 공동체는 환경, 문화적 다양성, 상호 의존을 존중할 때 비로소 건강하고 온전할 수 있다(얼마나 많은 질병이 영양상의 결함과 직접적인 관련이 있는지 강조하는 것은 중요하다). 무역과 생산이 권력자들과 부자들에게 큰 특권을 주는 시장 메커니즘과만 묶여 있는 한, 세계 기아는 충분히 다루어질 수 없다.

지금까지 우리는 경제생활에서 생산의 측면(성장을 향한 수그러들지 않는 추진력)이, 장소와 공동체의 온전성을 억누르는 상태를 만들어 낸다는 사실을 살펴보았다. 장소와 공동체는 성장하는 경제 기계를 위한 연료로서 외에는 의미가 없어져서, 사실상 도덕적 관점에서는 사라진다. 그러나 소비 측면에서도 상황은 다르지 않다. 대륙과 대양

---

[58] Mary Robinson, "Social Justice, Ethics, and Hunger: What Are the Key Messages?", in *Ethics, Hunger and Globalization: In Search of Appropriate Policies*, ed. Per Pinstrup-Andersen and Peter Sandøe (Dordrecht: Springer, 2007), xii에 인용. 또한 외국 혹은 국제 금융 기관(세계무역기구 같은)과 기업이 아닌 한 국가의 국민이 식품 생산을 관장해야 한다는 주장을 제기한 William D. Schanbacher, *The Politics of Food: The Global Conflict between Food Security and Food Sovereignty* (Santa Barbara: Praeger, 2010)와, 이 세계의 기아가 어떻게 경제 정책과 연결되어 있는지에 대한 많은 이야기를 담은 Raj Patel, *Stuffed and Starved*를 보라.

을 가로지르는 너무도 긴 유통망을 가진 오늘날의 세계 식품 경제는, 먹는 사람들이 음식을 생산하고 준비하는 장소와 공동체를 알기 어렵게 만든다. 식품의 맥락(밭과 물, 가축 상자와 우리, 공장과 물류 센터, 노동자 공동체와 식당)에 대해 거의 알지 못하거나 그것들과의 직접적 접촉이 거의 없는 우리가 어떤 장소나 공동체의 이익을 도모하는 방식으로 행동하기는 거의 불가능하다.

오늘날 수많은 사람이 땅이나 물에서 직접 보지 못한 음식을 먹고 있다. 이는 19세기 후반과 20세기 초반에 현대적인 형태의 창고(특히 냉장 시설)와 운송 방식이 발달하면서, 멀리서 생산되는 식품을 구매할 수 있었기 때문이다. 특히 리카도의 비교 우위 이론이 국제적으로 아주 강력해지면서, 매장을 채우는 공급 라인이 꾸준히 길어졌다. 캘리포니아에서 샐러드가 효율적으로 재배될 수 있기 때문에 캘리포니아의 재배자들은 이를 그 주의 특산품으로 삼았다. 그러나 그 결과는, 대서양 연안 거주자가 샐러드 재료를 구하려면 꽤 먼 거리까지 배송해야 한다는 것이었다. 에너지를 엄청나게 낭비하는 것 외에도(경제적 효율 논리를 적용하면 그냥 기름을 마시는 편이 훨씬 현명할 것이다!),[59] 보스턴 주민들은 상추 한 포기를 생산하는 데 무엇이 필요한지 더

---

[59] 브라이언 핼웨일Brian Halweil은 이렇게 요약한다. "캘리포니아의 살리너스 골짜기에서 재배되어 워싱턴 DC까지 거의 5,000킬로미터를 이동한 대륙 횡단 상추는, 그것이 제공하는 식품 에너지보다 운송에 약 36배의 화석 연료 에너지를 필요로 한다. 이 상추가 런던에 도착하면(캘리포니아 상추가 영국까지 배로 이동하면), 제공된 칼로리 대비 소비된 에너지 비율은 127배로 뛴다"[*Eat Here: Reclaiming Homegrown Pleasures in a Global Supermarket* (New York: W. W. Norton, 2004), 37].《로컬 푸드》(이후). 에너지 사용의 비효율은 운송에 국한되지 않는다. 마이클 폴란은 이렇게 말한다. "산업 효율성의 관점에서 볼 때, 우리가 석유를 직접 마실 수 없다는 것은 너무 애석하다. 옥수수 한 부셸(칼로리로 측정된)에는 재배에 필요한 석유 약 반 갤런보다 훨씬 적은 에너지가 들어 있기 때문이다"(*The Omnivore's Dilemma*, 46).

이상 알지 못하거나 관심을 가지지 않는다. 그들은 그 땅에 독성 화학 물질이 섞여 있는지, 그 땅이 대규모 사육장과 동물 감금 시설에서 나오는 동물 분뇨 웅덩이 근처(대장균에 오염되기 쉬운)에 있는지, 그 제품이 수자원을 낭비하거나 고갈시키는지, 혹은 농장 노동자들이 공정한 대우를 받고 정당한 임금을 받는지 알지 못한다. 따라서 보스턴에서 상추를 먹는 일은, 무지와 실명의 안개 속에서 일어난다. 샐러드를 공급하는 장소와 공동체는 사라진다.

상추와 관련된 내용은 오늘날 대부분의 식품에도 적용된다. 웬델 베리가 언젠가 말했듯이, 우리 경제는 '하룻밤 즐기는' 익명 경제다. "산업형 연인은 '좋은 시간 보냈어요. 하지만 내 이름은 묻지 마세요'라고 말한다. 마찬가지로 산업형 먹는 사람은 날씬한 산업형 돼지에게 이렇게 말한다. '우리는 아침 식사 때 함께할 거야. 그 전에는 너를 보고 싶지 않고 그 이후에는 너를 기억하지도 않을 거야.'"[60] 우리는 우리의 무지한 소비와 연관된 사회적이고 생태학적인, 혹은 건강상의 비용을 알고 싶어 하지 않는다. 그것들을 알면 '언제든 제공되는' '값싼' 음식에 대한 생각을 포기해야 할 것이기 때문이다. 앞서 보았듯이, 그 사이에 세계 전역의 장소와 공동체를 희생시킨 대가로 지불해야 할 실제 비용이 증가하고 있다.

현재의 경제 관행이 우리가 어떤 장소든 알고 보살피는 일을 아주 어렵게 만들고 있음을 보았으므로, 이제 소비자의 습관과 우선순위가 그것들을 권고하는 정책 및 조직과 마찬가지로, 주어진 장소에서 이해와 애정과 돌봄으로 살아갈 가능성을 약화시키고 있음을 살

---

60 Wendell Berry, "The Whole Horse", in *The Art of the Commonplace*, 236.

펴볼 차례다. 하버드의 경제학자 스티븐 마글린Stephen Marglin은 오늘날 주류 경제학의 교육과 실천이, 자신이 선택한 목표를 이루기 위해 시장을 이용하는 자기 본위의 계산적인 개인들로 이루어진 세상을 전제하고 있다고 묘사했다. 경제학자들은 극단적 형태의 개인주의가 공동체의 관계를 약화시키는 것을 고려하지 않을 뿐 아니라, 공동체의 관심사를 그들의 회계에 통합할 도구도 가지고 있지 않다. "경제학은 시장 관계를 장려함으로써, 상호성, 이타주의, 상호간의 의무, 나아가 공동체의 필요성도 약화시킨다."[61] 공동체와 장소가 정말 중요하다는 사실을 경험이 말해 주고 있지만, 그 양육과 성장을 용이하게 할 실천과 우선순위가 조직적으로 무시되고 배제된다. 더 나아가, 경제학자들은 개인주의와 소비자의 구매를 강조하는 경제 프로그램을 장려함으로써, 그들 자신의 형상대로 세상을 창조하고 (왜곡하고) 있다. 경제학자들은 단지 있는 그대로의 세상을 묘사하고 있는 것이 아니다. 정치 토론에서 빠지지 않는 그들의 모습은, 그들의 선언이 공공 정책과 여론을 형성한다는 사실을 보여 준다.

마글린의 요지는, 오늘날 우리가 가진 경제 체제, 특히 '자유' 시장에 대한 강조가 그냥 일어나지 않았다는 것이다. 사람들은 인간의 행동에 대해, 또 좋은 인간 삶의 목표가 무엇인지에 대해 다르게 생각하는 법을 배워야 했다. 자유 시장 이데올로기가 지구를 횡단하며 급습하는 모습을 보면, 우리는 그것이 좀 더 공동체적인 가치관을 소중하게 여기는 원주민들에게 충격으로 다가오는, 고통스럽고

---

61 Marglin, *The Dismal Science*, 27.

때로는 폭력적인 학습 과정임을 알 수 있다.[62] 사실, 생산과 구매, 노동에 대한 애덤 스미스Adam Smith의 생각이 자리 잡으려면, 위대한 도덕적·영적 전통의 악덕들인 교만, 탐욕, 낭비가 먼저 경제적 미덕으로 바뀌어야 했다. 다시 말해, 오늘날의 경제는 계획된 것이다. 그 경제가 의존하는 기초적 신화나 전제들은, 우리가 삶의 방식에 중요한 변화를 일으키고자 한다면 심각하게 의문을 제기해야 하는 것들이다.

그러한 기초적 전제들 중에서 가장 중요한 한 가지는, 자기 이익이 경제생활의 주요한 추진력이라는 것이다. 스미스는 고기를 공급하는 정육점 주인의 자선에 기대서는 안 된다는 유명한 말을 했다. 대신, 돈을 버는 것에 대한 관심이 그가 일하는 주된 이유임을 알아야 한다. 그런데 이런 질문을 던질 수 있다. '정말로 정육점 주인의 관심이 늘 돈 버는 것에만 있을까?' 답은 '돈 버는 것'이 무슨 의미냐에 따라 달라진다.

돈을 버는 것은 삶을 부양하는 일과 같지 않다. 삶을 부양하는 일의 경우, 고려의 맥락이 더 광범위하다. 가장 중요한 것이 **삶**이고, 윤택한 삶에 영향을 미치는 변수가 매우 광범위하게 확장될 수 있기 때문이다. 윤택한 삶은 충분한 휴식을 갖는 일, 가족 및 친구들과 함께 시간을 보내는 일, 공동체의 필요를 채우는 일, 일로 하나님께 영광을 돌리는 것, 밭을 보호하는 일 등을 포함할 수 있다. 윤택한 삶에 먼저 관심을 가지면, 삶의 더 큰 (사회적, 생태학적) 요소들이 아주 중요

---

62 Walden Bello, *The Food Wars* (London: Verso, 2009); *People-First Economics: Making a Clean Start for Jobs, Justice, and Climate*, ed. David Ransom (Oxford: New International Publications, 2009)을 보라.

하고 그것들에 의해 개인적 성공의 모습이 형성되고 규정됨을 인정하게 된다. 다시 말해, 가족이나 공동체, 집이 폐허가 된다면 개인적 성공을 주장하는 것은 어리석은 일이다. 왜냐하면 잘 기능하는 공동체와 번성하는 서식지 자체가 성공이기 때문이다. 잘 관리되는 공동체는 건강한 구성원들을 낳는다. 그리고 그 공동체는 타자들에 대한 관심을 전제한다.

경제적 상상력에서 자기 이익이 자리를 잡으려면, 인간에 대한 근본적으로 다른 관점 즉 공동체나 장소의 건강보다는 개인의 사적 이익 측면에서 성공을 정의하는 관점이 등장해야 했다. 자기 이익에 대한 이러한 새로운 관점은 서서히 형성되었고, 그것과 함께 태도와 관습의 몇 가지 변화가 필요했다. 마글린은 다음과 같이 명시한다. "전쟁에서 평화로의 이행, 성장의 발견, 점점 익숙해지는 개인주의, 결과주의의 등장, 열정에서 이익으로의 변형, 수요는 문제가 없다는 생각 등, 이 모든 전개가 자기 이익이 정당할 뿐 아니라 칭찬할 만한 것으로 여겨지는 분위기를 조성했다."[63] 사람들은 사적인 재산을 기준으로 개인의 가치를 측정해야 했다. 일단 이러한 사고방식이 확고하게 자리를 잡으면, 가능한 한 돈을 많이 버는 일이 최우선 목표가 될 수 있었다. 그 노력이 공동체와 서식지의 건강을 약화시키는 것을 의미하더라도 말이다.

자기 이익의 정당화로부터, 경쟁과 파괴가 경제생활의 정상적 진로, 심지어 필수적인 진로로 각인되기까지는 그리 오랜 시간이 걸리지 않는다. 다시 말하지만, 경쟁이 경제적 효율과 발전을 촉진하

---

63 Marglin, *The Dismal Science*, 114.

므로 아주 좋은 것이 아니냐는 질문을 할 수 있다. 이 이슈를 다루기 위해서는 고려 사항의 범위를 넓힐 필요가 있다. 추상적으로 말해서, 경쟁은 분명 좋다. 경쟁자들이 잠재력을 확장하고 앞서기 위해 모든 자원을 짜낼 것이기 때문이다. 그들이 앞서가면 우리는 그들의 성공으로부터 혜택을 누릴 수 있다. 그러나 경쟁심이 우리가 함께하는 삶을 가능하게 해 주는 공동체적·생태학적 맥락을 약화시킬 때 문제가 생겨난다.

이런 우려를 제대로 보기 위해서는, 이해와 평가를 위한 궁극적 맥락으로서 창조의 경제라는 개념, 베리가 대경제Great Economy라 부르는 개념으로 돌아갈 필요가 있다.

> 최소한의 책임으로 최대의 이익이나 권력을 얻을 **여력은 없다**. 대경제에서는 패자의 손실이 결국 승자에게 피해를 입히기 때문이다. 따라서 이상은 '최소의 소비로 최대의 안녕'이어야 한다. 이것은 이웃 사랑을 정의하고 또 요구한다. 경쟁은 그 지배 원리일 수 없다. 대경제는 우리가 합류할 수 있는 '편side'도 아니고, 그 내부에 '편들'이 있는 것도 아니기 때문이다. 따라서 그것은 '부분의 총합'이 아니라, 떼어 놓을 수 없게 서로 결합된, 서로에게 빚을 진, 서로로부터 그리고 전체로부터 의미와 가치를 부여받는 부분들의 **구성원 됨**이다.[64]

경쟁을 경제적 이상으로 삼는 일의 문제는, 그것이 결국 우리를 서로와의 전쟁, 우리 거처와의 전쟁 상태로 이끈다는 것이다. 친절과

---

64 Berry, "Two Economies", 233.

이웃과의 친밀함 같은 공동체 생활에 없어서는 안 될 덕목들은, 경쟁이 왕인 세상에 있을 자리가 없다. 더 나아가, 사람들이 경쟁을 경제적 이상으로 옹호하면 구성원 됨의 필요를 인식하지 못한다. 경쟁의 승자가 무리에서 분리되어 홀로 설 수 있다고 생각한다면 그것은 잘못된 이해다. 늘 근본이 되는 것은, 많은 양육의 사슬(음식, 교육, 지원, 우정)에 매여 있는 우리의 피조물 됨이기 때문이다. 경쟁 논리가 누구도 의지하지 않고 누구에게도 신세를 지지 않는 승자를 옹호하는 극단적 생각과 결합하면, 결국 굶어 죽어야 하는 개인을 낳는다.

다른 방식으로 말하자면, 경쟁이 지배하면 안식을 실천하는 일이 사실상 불가능해진다. 안식일 준수는 하나님의 관대한 선하심에 의지하여 세상을 선물로 받아들이는 법을 배우는 것과 관련이 있음을 기억하라. 바르트가 말했듯이, 안식을 위해서는 죄악된 욕망을 희생시킬 필요가 있다. 그러나 경쟁은 누군가에게 의지하는 것에 저항한다. 경쟁자들이 가진 기본 전제가 스스로 성공을 확보해야 한다는 것이기 때문이다. 경쟁은 우리가 하는 일을 자기 구원 프로젝트로, 만족할 만한 결과를 기대하며 세상을 통제하는 프로젝트로 생각하라고 권한다. 이 시각이 부인하는 바는, 어떤 형태든 인간의 일은 근본적으로 하나님의 창조와 유지 사역에 달려 있다는 사실이다. 우리 마음이 안식일의 틀 안으로 들어가면, 성공에 대한 불안에서 자유로워진다. 브라이언 브록 Brian Brock 은 그러한 변화를 다음과 같은 말로 잘 포착했다.

그리스도인들은 일과 그 일의 성공에 대한 책임을 뚜렷하게 분리함으로써, 결실을 맺게 하실 수 있는 유일한 분인 하나님을 찬양하게 된다. 이는 우리 일을, **하나님의** 부양을 책임감 있게 대비하는 훈련으로 만든다. 그때 우리는 일을 통해 스스로를 부양한다는 환상과 싸운다. 일과 일의 성공 사이에 이러한 간격을 유지하면, 일을 생존을 위해 싸워야 하는 경기장으로 여기며 일로 추락하는 일에서 해방될 뿐 아니라, 삶을 유지시키는 창조 세계의 풍성한 능력에 대한 새로운 이해를 얻게 된다.[65]

소비자들은 구성원 됨의 불안을 주로 소유의 불안으로 경험한다. 이전 시대에는 사람들이 주로 밭을 보살피거나, 길드에 참여하거나, 혹은 공동체 내에서 하는 일로 그들의 정체성을 획득했다면, 근대의 삶에 일어난 변화(특히 사회 구조와 공동체의 연결망 붕괴)는 사람들이 다른 방식으로 자신을 표현하는 일을 필요하게 만들었다. 가장 대중적인 방식은 소비 활동이었다. 사람들은 이제 구매를 통해 정체성을 획득하게 되었고, 어떤 사회 계층에 속했느냐는 중요하지 않았다. 소비재가 성공과 진보에 대한 생각의 틀을 이루는 어휘가 되었다. 역사가 게리 크로스Gary Cross는 19세기 후반과 20세기 초반 미국인의 삶을 사로잡고 있었던 이러한 변화를 다음과 같이 묘사한다. "미국인들은 인격적이지만 고정된 역할이 있었던 공동체 문화의 상실을 경험했고, 관계들이 좀 더 비인격적이고 단명할 뿐 아니라 좀 더 개인주의적이고 표현적이기까지 한 대중 사회의 탄생을 목도했다. 가족과 이웃과의 오래된 관계가 더 이상 작동하지 않을 때, 상품이 집단

---

65 Brian Brock, *Christian Ethics in a Technological Age* (Grand Rapids: William B. Eerdmans, 2010), 296-297.

에서 그들 자신을 정의하는 방식이 되었다."66

　소비자 중심 문화에서 심지어 강박관념이라고 말할 수 있는 지배적인 염려는, 개인으로서 우리가 충분히 가지고 있느냐다. 사람들은 신상품을 소유하고 이웃보다 더 많이 가지고 소비자로서 부족한 것이 없기를 갈망하며, 눈에 띄고 무리보다 뛰어난 사람이라는 평판과 성공을 열망한다.67 이는 아주 외로운 추구로 변할 수 있다. 가장 경쟁력 있는 사람이 되기 위해서는 공유와 친밀한 이웃 관계를 피해야 하기 때문이다. 그것은 또한 좌절감을 주는 추구다. 소비자는 빨리 싫증을 내도록 설계된 제품들에 의존하기 때문이다(성능이 향상된 제품이 이미 나와 있다). 역설적인 결과는, 영원히 우리를 만족시키지 못하는 소비자적 만족의 삶에 전념한다는 것이다. 그 사이에 우리의 갈망을 충족시키는 공동의 생태학적 자원은 점점 고갈되고 붕괴된다.

　조금 더 가지려는 소비자의 욕망은 본질적으로 좌절감을 주는 교활한 욕망이다. 그것은 다른 사람이 가진 것과의 비교에 의지하는 경우가 많으므로, 우리는 불가피하게 부족함을 느낄 수밖에 없다.

66　Gary Cross, *An All-Consuming Century: Why Commercialism Won in Modern America* (New York: Columbia University Press, 2000), 38.

67　미국 문화가 소비주의로 변한 것은 사회적 사건이었다는 크로스의 지적은 옳다. 쇼핑은 아메리칸 드림을 성취하려는 여정 중에 있는 다른 사람들과 동일시되는 수단이 되었다. 소비주의는 인종적·이데올로기적 차이를 극복하게 해 주었다. 이 점에서 그것은 위대한 사회적 평등을 이루는 도구처럼 작동했다. 그러나 사회적 평등은, 자기 삶의 행복이 그가 구성원으로 속한 곳의 행복에 달려 있다고 여겨지는 사회적 구성원 됨에 이르지는 못한다. 개인들의 집합 즉 상대적으로 생각이 비슷한 사람들의 모임과, 사람들이 전체의 행복을 최우선순위로 여기는 진짜 공동체는 명확하게 구별된다. 이 점에서 크로스는 공동체를 구성하는 장기적 헌신을 위한 심리적이고 사회적인 자원을 가진 미국인은 거의 없음을 인정한다(239). 내 요점은 오늘날의 경제 관행이 의도적으로 이러한 자원의 습득을 약화시킨다는 것이다.

자신보다 더 좋은 것을 더 많이 가진 사람이 언제나 있을 것이기 때문이다. 반드시 기억해야 할 점은, 오늘날 고도로 발달한 경제에서 많은 사람이 이전 세대의 문화적 엘리트들은 상상도 할 수 없었던 소비재의 범위와 양을 향유하는데도 아직 만족하지 못한다는 사실이다. 많은 경우 문제는 우리가 가지지 못한 것에 있는 것이 아니라, 우리가 가진 것에 만족하지 못한다는 사실에 있다.

우리는 오늘날의 소비자 경제가 우리를 불만족하고 감사할 줄 모르도록 훈련시킨다는 사실을 인식해야 한다. 오늘날의 쇼핑객들은 함께 구성원 됨을 받아들이는 법을 발견하고 배우는(이 구성원 됨이 우리를 먹이고 양육함을 보고 인식함으로써) 소비자가 되기보다는, 서로를 자신보다 더 좋은 것을 더 많이 가질 수 있는 경쟁자로 의심하며 사이가 더 멀어져 버린다. 이러한 상황에서는 어느 누구도 자신이 있는 곳에서 깊이 있게 혹은 애정과 책임을 가지고 살기가 어렵다. 우리 경제생활의 습관은 정확히 반대의 방향, 즉 유배의 방향을 가리킨다.

유배된 몸

우리가 땅과 경제에서 일으키고 있는 분열과 파괴는, 결국 우리 몸에도 나타날 수밖에 없다. 손상은 깔끔하게 외적 영역에 국한될 수 없다. 우리는 여기서 베리의 핵심적인 금언을 기억해야 한다. "당신이 의존하고 있는 것을 손상시키면서 당신 자신을 손상시키지 않을 수는 없다."[68] 식량 체계를 손상시키고 파괴하면, **필연적으로** 인간 및 비인간을 막론한 모든 먹는 자들의 삶 역시 손상시키거나 파괴한다. 우리가 이를 인식하지 못하는 까닭은, 음식을 상품으로, 우리 몸을 자립적인 기계 같은 것으로 바꾸었기 때문이다. 우리는 우리가 생물학적 존재이고 우리 몸이 식사를 통해 창조 세계의 다른 몸들과 맺는 관계 덕분에 살아 있음을 이해하지 못하는 것 같다.[69]

우리가 스스로에게 끼치고 있는 손상은 우연한 것이거나, 다른 데서 일어난 손상의 예상 밖의 부작용만은 아니다. 우리의 경제생활을 몰고 가는 분열, 경쟁, 과도한 야망이라는 파괴적 논리는 우리 몸을 대하는 방식에서도 작동된다. 몸을 상품처럼 보는 사람들은 그들의 몸을 성능을 개선하고 아름다움을 강화하는 곳으로 이해하는 한편, 마케터들은 모든 몸을 수익성을 극대화하는 곳으로 본다. 가슴을 확대하고, 음경을 길게 하고, 소화관을 짧게 하고, 지방을 흡입하고, 신체 부위를 재설계하는 데 막대한 돈이 소비된다.[70] 이러한 일

---

68   Berry, *The Unsettling of America*, 116.

69   자연을 생명 없고 목적 없는 기계로 전락시킨 근대의 철학적·과학적 전통이 인간의 몸도 기계로 전락시켜, 의학의 주요한 관심이 어떤 대가를 치르더라도 '생명'을 연장하는 것이 된 점은 놀랄 일이 아니다. 제프리 비숍Jeffrey P. Bishop은 이렇게 주장한다. "그래서 의학의 형이상학적 입장은 물질적·효율적 인과관계의 형이상학으로서, 몸의 물질을 통제하는 방법을 찾으려는 목적으로 물질, 효과, 원인에서 비롯된 합리적 작용이라는 경험적 영역을 찾는 일에 관심을 갖는다.…서구 의학에서, 그리고 아마도 과학적·기술적 사고에서 중요한 문제는…바라는 결과를 얻기 위해 몸 혹은 영혼을 어떻게 조작하느냐다. 몸은 우리 욕구대로 그 몸을 지휘하는 경우를 제외하면 그 자체로 목적이나 의미가 없다"[*The Anticipatory Corpse: Medicine, Power, and the Care of the Dying* (Notre Dame, IN: University of Notre Dame Press, 2011), 20-21]. 몸의 조작이 시장을 키우려는 집요한 필요를 가진 자본주의적 틀에서 시행될 때, 몸이 끝없는 간청과 폭행의 대상이 되는 일은 불가피하다.

70   로렌 슬레이터Lauren Slater는 "Dr. Daedalus: A Radical Plastic Surgeon Wants to Give You Wings", in *Harper's* (July 2001), www.harpers.org/archive/2001/07/0072395에서 정상 상태와 성형수술의 영역에서 허용되는 것에 대한 질문을 제기한다. 외과의사는 인터뷰에서 가외의 엄지손가락을 **제거하는** 것은 괜찮지만, **덧붙**

부 수술은 생명을 위협하지 않을지 모르지만, 자발적인 사지 절단 같은 것은[71] 분명 생명에 위협이 된다. 이 모든 것은 많은 사람이 자기 몸을 편안하게 생각하고 있지 않음을 나타낸다. 그들은 몸이 만족을 주지 못한다고 여기거나 본질적으로 불쾌한 것으로 여긴다.

오늘날 우리는, 인간의 몸이 독특한 방식으로 산업화되고 정치화되는 모습을 목격한다.[72] 몸은 양육이라는 생물학적·사회적 선물을 끊임없이 받아들이고 다시 주는 실제적이고 친밀한 자리이기보다는, 경쟁적이고 때로 모순되는 설계의 대상이 된다. 영양사들이 식사에 대해 우리에게 알려 주는 바(덜 먹어라, 더 잘 먹어라)는 보통 우리의 식품 산업이 장려하는 바(특히 싸고 건강하지 않은 칼로리를 더 많이 먹어라)에 직접적으로 위반된다. 몸은 온갖 형태와 크기로 이루어져 있다는 우리의 경험은, 날씬하고 매끈한 체격을 우상화하는 미디어 이미지에 의해 매일 무효화된다. 우리에게 주어진 몸이 최신 유행에 어울리지 않으면, 우리는 (수술이나 유전자 치료, 심한 다이어트나 운동을 통해) 새로운 몸으로 조각하거나 설계하라는 권유를 받는다. 우리가 땅과 경제에서 목격하는 경쟁, 무질서, 파괴가 분명 몸과 식사에서도 행해지고 있다. 사람들이 자주 자기 몸에 대해 불안감을 느끼고 있기 때문

이는 것은 허용되지 않는다고 말했다.

[71] Carl Elliott, "A New Way to Be Mad", in *The Atlantic Monthly* (December 2000), www.theatlantic.com/magazine/archive/2000/12/a-new-way-to-be-mad/4671/.

[72] 인간의 몸이 무엇인지, 무엇을 나타내는지, 어떤 의미인지, 그 의미들에 대해 어떤 논쟁이 일어나고 있는지에 대해 광범위하게 분석한 입문서로는, 앨런 피터슨Alan Petersen의 *The Body in Question: A Socio-Cultural Approach* (London: Routledge, 2007)를 보라.

에, 섭식 장애는 우리 인구의 많은 부분이 거칠 것으로 예상되는 정상적 경로가 되었다.

오늘날 세상을 지배하는 산업 논리는 구성원 됨에 대한 거부의 자연스러운 결과물이다. 그 논리는 몇 가지 핵심적인 방식으로 표현된다. 가장 중요한 한 가지 형태는, 우리 각자가 우리 운명을 통제하는 독립적인, 스스로 법을 제정하는 존재라는 생각이다. 우리 삶, 따라서 우리 몸 역시 우리가 원하는 대로 처리하는 우리 것이다. 정부의 주된 목적은 우리가 선택하는 계획을 실행할 공간과 자유와 보호를 제공하는 것이다. 과학과 경제의 주된 목적은 세상의 점점 더 많은 것을 우리 통제 안으로 가져오는 것이다. 성공적인 교육은 더 많이 소비하는 학생의 능력에 따라 평가된다. 이 논리에는 공동체 안에서 책임감을 가지고 감사하며 사는 일 혹은 어떤 장소든 환영하는 집으로 만드는 일이 어떤 의미인지에 대한 깊은 숙고의 여지가 거의 없다.

사람에 대한 이런 이미지가 매우 인상적인 것은, 삶을 구성원 됨과 상호 의존적 필요의 시각으로 묘사하지 못하는 그 무능력 때문이다. 우리가 몸을 통해 살아간다는 사실, 각각의 개별적 몸은 필연적으로 양육과 삶을 위해 다른 몸들의 당혹스러운 다양성에 의존한다는 사실에 대한 이해가 거의 없다.[73] 몸은 우리가 가지거나 소유하는 물건이나 상품이 아니다. 아주 근본적인 의미에서, **모든 몸은 선물의 자리다**. 몸은 우리가 삶을 끊임없이 일어나는 선물의 교환으로 알고

---

[73] 영성 발달에서 몸의 자리에 대한 사려 깊은 신학적 성찰로는, 스테퍼니 폴셀Stephanie Paulsell의 *Honoring the Body: Meditations on a Christian Practice* (San Francisco: Jossey-Bass, 2002)를 보라.

경험하게 된다는 면에서, 잠재적으로 양육이 이루어지는 취약한 지점이다. 그러므로 이러한 깨달음은 불가피하게 몸이 책임의 자리이기도 하다는 결론으로 이어진다. 우리는 우리에게 주어진 것을 어떻게 받았고, 이러한 양육의 선물을 가지고 무엇을 했는가? 우리는 몸을 통해, 우리 존재가 우리가 있는 자리와 우리가 받은 것을 드러내는 특징임을 배운다. 몸을 통해, 우리가 되돌려 준 것의 특징을 드러내는 존재가 되어 감을 깨닫는다. 몸은 삶이 고독한 탐구라기보다는 구성원 됨이라는 사실을 배우는 물리적이고 친밀한 자리다.

구성원 됨의 불안, 곧 우리가 설명했던 상호 의존의 필요와 책임에 대한 두려움은, 몸을(일부 극단적인 사례에서는 자신의 몸조차도) 이방인으로, 또 위협으로 볼 수밖에 없게 만든다. 우리는 삶의 연약함이 다른 누군가가 우리를 이용하는 기회가 될까 봐 염려한다. 자신의 취약함과 필요 앞에서 움츠러드는 우리는, 의심을 품고 타자들을 보게 된다. 현대의 식량 체계뿐 아니라 우리의 식사 방식은, 통제하는 최고의 방법이 무엇보다 선물을 대상이나 상품으로 바꾸는 것임을 보여 준다.

산업적 식량 체계는 "음식을 자연보다는 문화의 산물로 보이는 정도까지 가공함으로써 그 체계가 생산하는 음식의 역사를 모호하게 하기"[74] 위해 아주 열심히 노력하는데, 이는 우연이 아니다. 음식이 문화의 산물이라면 그것은 우리 손에서 나온 산물이다. 자연에서 해방되면, 생물학적 현실이나 필요나 취약성에 민감하지 않다. 땅에서 시작된 음식은 토양, 햇빛, 연약한 동식물의 삶의 흔적을 모두 잃

---

74 Pollan, *The Omnivore's Dilemma*, 115.

어야 한다. 그래야 식품 생산자가 적합하다고 보는 어떤 방식으로든 재설계하고 조작하고 개선하고 포장하고 저장하고 배달할 수 있다. 식품 회사 쪽에서는 식품의 상업화가 큰 수익성이 있지만, 건강을 원하는 소비자들은 이러한 식품 산업으로부터 보호받아야 한다는 역설적 필요가 생겨났다. 어떻게 이런 일이 생겼는가?

건강한 몸은 다른 몸들과 관계를 맺으며 성장한다. 과학적 측면에서 이것이 의미하는 바는, 인간의 몸은 다른 자연의 몸들과의 관계 가운데서, 가장 기본적으로 그 몸이 먹는 것을 통해 발달한다는 것이다. 영양 상태가 좋은 동식물의 건강한 먹이 사슬에서 비롯된 자연 식품 whole food 을 섭취하며 잘 먹을 때, 우리 역시 온전하고 건강해질 가능성이 가장 높다.[75] 그러나 산업적 식량 체계는 먹는 사람들과 그들이 먹는 음식 사이의 연속성을 교란하고, 그 과정에서 양쪽을 모두 심각하게 손상시킨다.[76] 식품 공급자들은 불필요하게 식품

---

[75] 여기서 제시되는 입장은 마이클 폴란의 *In Defense of Food*에서 많은 도움을 받았다. 폴란은 식사를 기계가 소량의 분리 가능한 영양소를 섭취하는 일로 생각하는 것이 얼마나 끔찍한지 보여 준다. 음식과 몸은 그 자체로도 복잡하고, 서로가 맺는 관계 또한 복잡하다. 이 때문에 최고의 전략은, 자연 식품 즉 모든 식사에 반영되는 구성원 됨의 깊이를 존중하는 식품을 먹는 것이다. 그것이 우리가 알 수 있는 음식의 복잡성과 한계를 인정하는 일이기 때문이다. 먹이 사슬의 모든 연결 고리는 매우 중요하며, 심지어 우리가 현재 알거나 인식하지 못하는 것들도 그러하다. "음식은 단지 화학물질 덩어리로만 이루어진 것이 아니라, 땅으로 거슬러 올라가고 밖으로는 다른 사람들에게까지 이르는 일련의 사회적·생태학적 관계로도 이루어진다"(144). 식품 붕괴의 가장 확실한 표지는 그것이 식품 경영자에 의해 '개선되는' 것이다!

[76] 강조할 중요한 점은, 그러한 교란이 동물과 식물에도 적용된다는 것이다. 화학 비료와 살충제에 의존하는 산업형 농업은 덜 싱싱하고 영양분이 덜 풍부한 식물을 생산하고, 동물은 감금과 먹이 급여 방식 때문에 병들고 거의 죽음 직전의 상태에 이른다. 우리의 산업적 식량 체계의 결과가 동식물에게 미친 악영향에 대한 상세한 묘사로는, *The Omnivore's Dilemma*(특히 4장과 9장)와 Andrew Kimbrell, *The Fatal Harvest Reader* (Washington, DC: Island Press, 2002)를 보라.

을 가공하거나 합성 화학물로 식품을 설계함으로써, 로버츠가 말한 대로 "우리의 생리에 부적당한" 음식을 제공하는 다양한 방식을 발견했다.

과학적으로 재배된 농산물은 너무 빨리 자라서 미량영양소가 현저히 적게 함유된다. 우리의 가공식품은 보통 다량의 소금, 기름, 감미료 외에도 수백 가지의 화학 첨가물로 채워진다. 그중 일부, 즉 방부제인 벤조산나트륨과 황색 식용 색소 같은 것은 과잉 행동 같은 의학적 문제와 명확하게 연결되어 있다. 그리고 우리 조상들이 씹어 먹던 들짐승들은 당연히 비계가 적었는데, 곡물을 먹는 가축은 특히 많은 지방을 축적할 뿐 아니라 그 지방이 근육 **내에도** 분할되어 들어가도록 사육된다.[77]

우리의 산업적 식량 체계는 분명 우리에게 (가공되지 않은) 자연 식품은 덜 주면서도, 이전보다 칼로리는 더 많이 주고 있다. 문제는 이 칼로리가 상대적으로 비싸지 않지만 우리를 비만으로 만들고 병들게 하고 있다는 점이다. 다량의 칼로리는 경제에 유익하긴 하지만(시카고 대학교의 경제학자 토머스 필립슨은 "비만 문제는 실제로 경제에 유익한 것들에서 말미암은 부작용"[78]이라고 말했다), 사실상 전 세계적으로 건강상의 주요 관심사가 되었다.

---

77 Roberts, *The End of Food*, 83. 또한 David Kessler, *The End of Overeating: Taking Control of the Insatiable American Appetite* (New York: Rodale Books, 2009)을 보라.

78 Roberts, *The End of Food*, 95.

국립보건원National Institutes of Health은 미국인의 대략 3분의 2가 과체중이거나 비만이라고 보고한다. 비만 측정으로 인한 정치적·의학적·재정적 영향을 고려할 때(치료와 다이어트 산업은 수십억 달러 규모의 벤처 사업이다)[79] 이것이 논쟁의 소지가 많은 통계임을 인정한다 해도, 우리는 산업적 식사 방식이 관련된 개인들의 건강에 심각한 위협을 초래한다는 사실을 간과할 수 없다. 고지방, 고나트륨, 감미료를 많이 넣은 가공 식단은, (여러 질환 중에서도) 심혈관 문제와 조기 발병 당뇨병의 원인이 된다. 미국인의 식생활은 매년 대략 10만 건의 식단 관련 사망을 초래한다. 과거에는 주로 부자들이 살이 쪘지만, 지금은 놀랍게도 가난한 이들 가운데서 비만과 식단 관련 질병이 나타난다. 식품 생산의 경제학에서는 가장 저렴한 음식이 가장 살을 찌우고 건강하지 못한 음식이다. 효율과 수익성의 논리는 영양가 높은 고품질 식품을 보유한 대형 슈퍼마켓을 가난한 이들이 쉽게 접근할 수 없는 교외로 이동시킨다. 부자와 가난한 이들의 경제적 분리는 은행의 입출금 내역에 국한되지 않고, 그들의 몸에서도 좋은 영양분과 형편없는 영양분이 분리되는 형태로 진행되고 있다.[80]

---

79 에릭 올리버J. Eric Oliver의 *Fat Politics: The Real Story behind America's Obesity Epidemic* (New York: Oxford University Press, 2006)과 노틴 해들러Nortin M. Hadler의 *Worried Sick: A Prescription for Health in an Overtreated America* (Chapel Hill: University of North Carolina Press, 2008)를 보라.

80 마크 윈Mark Winne은 *Closing the Food Gap: Resetting the Table in the Land of Plenty* (Boston: Beacon Press, 2008)에서 이러한 상황을 잘 묘사했다. 우리의 식량 체계에 분명히 나타나는 계급 차별과 인종차별은, 이웃과 지역사회에서도 광범위하게 일어나고 있다는 사실 역시 언급해야 한다. 가난한 사람들은 영양가 높은 음식에 거의 혹은 전혀 접근하지 못하는 것 외에도, 보통 생태학적 붕괴가 가장 심각한 곳에서 산다. 생태학적 인종차별이라 불리게 된 것에 대한 논의로는, *The Quest for Environmental Justice: Human Rights and the Politics of Pollution*, ed.

'비만이라는 유행병'에 대해 경고하는 건강 관리 전문가들은 보통 비만을 비교적 새로운 문제, 너무 많은 칼로리를 섭취한 이들의 특징, 공중 보건에 대한 위협, 끊임없는 의료비 유출의 원인, 충분한 운동을 하지 않은 결과, 특히 가난한 이들과 소수자들을 괴롭히는 문제, 저학력과 형편없는 식품이 낳은 결과라고 생각했다. 이러한 진단에 귀를 기울이는 이들은 비만을 도덕적 실패라고, 마른 것이 좋은 것이라고 쉽게 믿게 된다. 그렇다면 해결책은 무엇일까? 돈을 더 많이 버는 것, (더 좋은 음식을 선택할 수 있는) 더 좋은 동네에서 사는 것, 스포츠 클럽에 가입하는 것, 개인적인 훈련을 하는 것 등이다.

거스만이 보여 주었듯이 '비만이라는 유행병'에 대한 이러한 시각은, 사람들을 가난하게 만들고 그 상태에 머물게 하는, 또 보통 스트레스가 많은 상황에서 긴 시간 계속 일하게 하는 구조와 체제에 주의를 기울이지 못한다. 유색 인종들에게는 식품 선택을 제한하고 백인과 더 부유한 공동체에만 특권을 주는 환경적 인종차별에 주의를 기울이지 못한다. 건강에 미치는 영향에 대해 면밀히 검토하지 않은 방부제, 인공 조미료, 트랜스 지방, 여타 화학물질들(호르몬 기능을 교란시키는 환경 호르몬 같은)을 가미하는 산업형 농업과 식품 생산을 고려하지 못한다. 또 공익과 공공 서비스(교육, 보건, 환경보호 같은)를 희생시키며 개인의 부를 높이는 신자유주의 철학을 다루지 못한다.[81]

Robert D. Bullard (San Francisco: Sierra Club Books, 2005)를 보라.

81 "신자유주의 정책은 비만 발생과 연관된 식품 품질, 건축 환경, 화학물질 노출에 기여했다. 그와 동시에 그 정책이 발생시키는 문제들에 대한 수많은(그러나 모두 가능하지는 않은) 해결책을 투자와 마케팅에 활용할 수 있게 해 주었다(예를 들어, 고지방 음식의 생산과 마케팅에 대한 책임이 있는 어떤 회사가 저지방 대체 식품과 건강 보조 식품을 활용할 수 있게 하는 경우처럼). 그래서 몸은 자본주의에 내재한 성장의 문제를 공간적으로 해결

우리 시대에 음식을 먹는 일이 불안과 죄책감과 질병의 주요한 하나의 원인이 되었다면, 건강한 몸이 어떤 의미인지 다시 생각해야 한다. 나이가 많든 적든 왜 그렇게 많은 사람이 자기 몸을 좋지 않게 생각하는가? 이 질문에 대한 간단한 답은 없다. 시장의 힘, 개인의 이력과 가족력, 성별 고정관념, 계급적 위치, 유전적 소인, 급변하는 정서, 낮은 자존감, 인종적 분류, 공적 수치심, 운동 능력, 완벽주의적 성향 등이 우리의 불안감에 기여하는 일부 요인들이다. 산업적 식습관, 즉 대부분 이동 중에 먹는 빠른 식사는, 자신의 몸에 귀 기울이며 몸을 신뢰하는 능력을 상실하고 있다는 의미다. 한편, 이상적인 몸은 어떠해야 하는지에 대한 다양한 이미지는, 시간이 지나면서 몸무게와 몸매가 자연스럽게 변한다는 사실을 받아들일 수 없게 할 수 있다. 자기 몸을 좋지 않다고 느끼고, 사랑과 인정을 받지 못한다고 느끼면, 그에 대한 반응으로 건강에 해로운 식습관이 생길 가능성이 더 커진다.

우리가 의존하는 몸들, 곧 토양, 수로, 토마토, 벌, 닭이 산업화 과정으로 병들 때 우리는 건강할 수 있을까? 우리가 스스로 운명을 통제하는 자립적인 존재라고 믿는다면, 주변의 구성원들이 아픈데도 우리는 건강할 수 있다고 생각할 수 있다. 그러나 이러한 추정은

하기 위한 장소가 되었다"(Guthman, *Weighing In*, 164). 만약 몸이 그렇게 많은 음식을 섭취할 수만 있다면, 해결책은 음식물 흡수를 줄이고 그럼으로써 더 많은 식품에 대한 욕구를 확장시키는 '식품'과 약을 개발하는 것이다. "식품 산업의 수익성 문제들을 해결하기 위한 방안으로, 영양적으로 텅 빈, 즉 유해한 음식을 섭취하는 일은, 오염된 공기를 흡입하는 것이나 오염된 물을 마시는 것처럼 몸에 생태학적 부담을 준다.…몸은 이 식품으로 생겨난 질병에 대해 상품화할 수 있는 치료법을 적용하는 장소가 되었다"(181). 다시 말해 비만과 여타 식품 관련 질병은, 일부 사람들의 생각에서는 그 역시 아주 수익성이 있기 때문에 아주 바람직하다.

잘못된 것이다. 우리가 누리는 모든 삶은 매일 서로에게서 양육과 지지의 선물을 받은 결과다. 우리는 먹을 때마다 우리가 그 일부로서 속해 있는 구성원들의 혜택을 받고 있음을 입증한다. 따라서 우리가 계속 건강할 가능성은, 우리를 서로와 묶어 주는 관계의 힘에 달려 있다. 이 때문에 베리는 전체성이나 유쾌함이 없다면 건강이 있을 수 없다고 올바르게 주장하고 있다.

끊어진 연결을 복원해야만 우리는 치유될 수 있다. 연결이 곧 건강**이다**. 그런데 우리 사회가 우리에게 숨기려고 최선을 다하는 것은, 건강이 너무나 평범하고 흔히 이루어지는 것이라는 점이다. 우리는 삶과 식사, 식사와 일, 일과 사랑이 직접적으로 연결되어 있음을 보지 못함으로써, 건강을 잃고 수익성 있는 질병과 의존 상태를 야기한다. 예를 들어, 정원을 가꿀 때 우리는 몸을 먹이기 위해 몸으로 일한다. 아는 것이 많으면 그 일은 훌륭한 음식에 도움이 된다. 그리고 사람을 배고프게 만든다. 이렇듯 그 일은 영양분이 많으면서 또 즐거운 식사를 하게 하고, 소모적이지 않게 하며, 먹는 사람을 살찌고 약해지지 않게 해 준다. 그것이 건강이고, 전체성이고, 기쁨의 원천이다. 그리고 전형적인 산업적 해결책과 달리 그러한 해결책은 새로운 문제를 야기하지 않는다.[82]

유배 중 식사는, 먹는 자들이 그들의 몸과 분리되고 그래서 몸을 등지게 될 때 가장 극단적인 형태를 취한다. 마리아 혼바처Marya

---

82 Berry, *The Unsettling of America*, 138.

Hornbacher는 과식증과 거식증의 고통을 상세히 서술한 주목할 만한 회고록에서, 자신의 몸에 대한 의심이 커짐으로써 그 몸을 혐오하게 된 일을 서술한다. "몸, 내 몸은 위험했다. 몸은 어두웠고 아마도 눅눅했고, 어쩌면 더러웠던 것 같다. 그리고 고요했다. 몸은 고요했고, 몸에 대해서는 아무런 할 말도 없었다. 나는 몸을 신뢰하지 않았다. 그것은 위험해 보였다. 나는 몸을 경계하는 눈으로 바라보았다."[83] 그가 생각하기에 몸은 아주 결함이 많았다(너무 뚱뚱했고, 균형 잡히지 않았고, 몸매나 굴곡도 형편없었다). 그러나 그의 몸만 그런 것이 아니라, 많은 몸이 있는 바깥세상 역시 위협으로 보였다.[84]

음식은 다양한 의미가 담긴 매개체다. 우리가 무엇을 먹느냐, 언제, 얼마나, 누구와 함께 먹느냐는 모두 문화와 그 속의 사람들이 무엇을 소중히 여기는지를 나타내는 강력한 증거다. 역사상 기아와 결핍이 만연한 시기와 음식이 풍부한 시기는, 음식을 인식하는 방식도 아주 다르다. 오늘날 서구의 도시 문화에서는 "음식이 현대의 쾌락 추구 윤리와 풍요를 나타내는 보편적 상징이 되었다."[85] 모든 기회가 먹는 기회가 된 것 같다. 그러나 동시에 사람들이 점점 더 혼자 식사를 하게 되면서, 식사의 사회적 맥락 그리고 윤택한 삶에 대한 전반적인 그림에 식습관을 포괄하는 가르침의 전통은 약화되고 있다. 음

---

[83] Hornbacher, *Wasted*, 14.
[84] 과식증과 거식증의 징후와 의미를 간결하고 확정적으로 설명하려는 시도는 위험하다. 이는 생리학적, 정신의학적, 개인적, 가정적, 사회적, 경제적, 성적, 인종적, 문화적 차원을 포괄하는 아주 복잡한 장애이기 때문이다. 이러한 섭식 장애에는 단일한 원인이 없다.
[85] Richard A. Gordon, *Eating Disorders: Anatomy of a Social Epidemic*, 2nd edition (Oxford: Blackwell, 2000), 186.

식은 개인적인 스타일이나 유행의 표지가 되었다. 식료품이 엄청나게 다양해지고 여러 장소에서 이국적인 요리가 등장하곤 한다는 사실을 보건대, 이제는 사람들이 특정 음식을 중심으로 개인의 정체성을 발전시키는 일이 상대적으로 쉬워졌다.

그러나 동일하게 분명한 점은, 식사의 의미가 시장에서 제조한 현실이기도 하다는 것이다. 음식의 풍부함과 다양성은 번영을 상징하는 것 외에도, 우리가 더 많이 심지어 과도하게 먹기를 바라는 식품 회사와 마케팅 담당자의 야망도(이들의 경제적 생계는 증가하는 소비에 달려 있다) 분명히 반영하고 있다. 더 많이 먹으라는 메시지가, 비만이 어리석음이나 게으름, 의지력 결핍을 의미한다는 똑같이 강력한 사회적 메시지와 결합되면,[86] 먹는 자들이 곤란한 입장에 처하게 된다. 한편으로 그들은 아주 많이 먹으라고 권유받지만, 다른 한편으로 (다이어트 전문가, 체중 감량 산업뿐 아니라 종교 지도자들로부터) 날씬한 것은 자제력, 세련됨, 지성, 진정한 믿음, 그리고 리처드 고든Richard Gordon이 '문명화된 식욕 억제'라 불렀던 것을 의미한다는 말을 듣는다. 이러한 모순적인 메시지들은 어떻게 다루어야 할까?[87]

---

[86] 시간이 지나면서 사회에서 비만이 어떻게 인식되는지에 대한 다면적인 고찰로는, *Bodies Out of Bounds: Fatness and Transgression*, ed. Jana Evans Braziel and Kathleen LeBesco (Berkeley: University of California Press, 2001)를 보라. 오늘날 비만에 대한 부정적인 인식은 미셸 메리 렐위카Michelle Mary Lelwica의 관찰에서 볼 수 있다. "더 날씬할수록 더 좋다는 널리 퍼진 믿음은, 일반적으로 지배적인 문화 전쟁과 특히 살찐 여자들에 대한 탄압의 원인이자 결과다. 많은 살찐 여자들이 날마다 맞닥뜨리는 언어적 폭력, 희생양 삼기, 사회적 낙인, 고용 차별, 내재화된 자기혐오를 보건대, 일부 여자들이 날씬해지기 위해 무엇이든 할 준비가 되어 있다는 것은 놀랄 일이 아니다"[*Starving for Salvation: The Spiritual Dimensions of Eating Problems among American Girls and Women* (New York: Oxford University Press, 1999), 57].

우리 문화에서 날씬함은 분명 성공과 아름다움의 가장 중요한 상징이 되었다. 날씬함은 도덕적 미덕 및 온전성과 연결된다. 또 영적으로 더 높은 경지에 이른 것으로 여겨지기도 한다.[88] 따라서 날씬해진다는 것은 개인의 능력과 자제력의 승리로 여겨지기도 한다. 뚱뚱한 사람들은 '자신이 하려는 대로 내버려두고' 충분한 자제력을 행사하지 않았기 때문에 벌을 받는 것이다. 혼바처에 따르면, 가장 중요한 금기 사항은 음식이나 육체가 아니라 자제력의 상실이다.[89] 먹은 다음 비우는 일은, 자신을 통제하고 몸을 억제하고 침착함에 이르는 수단이 된다. "섭식 장애가 있을 때의 편리함은, 정의상 그것은 통제**이기** 때문에 결코 통제를 **벗어날** 수는 없음을 믿을 수 있다

87　서구 여성들이 이러한 모순에서 더 큰 타격을 받는다는 사실은, 여기서 제시할 수 있는 것보다 더 세심하고 확장된 성찰을 요구한다. 1991년에 첫 출간된 Naomi Wolf, *The Beauty Myth: How Images of Female Beauty Are Used against Women* (New York: Morrow)은 대중적 인기를 얻었고, 많은 이들이 이 주제에 대해 논의하고 글을 쓰는 계기가 되었다. 좀 더 학문적인 논의는 Susan Bordo, *Unbearable Weight: Feminism, Western Culture, and the Body* (Berkeley: University of California Press, 1993)에서 볼 수 있다. 이 연구를 포함한 여러 연구들에서 분명히 드러나는 것은, 신체 이미지와 크기에 대한 집착은 성별과 밀접한 관련이 있다는 점이다.

88　Simona Giordano, *Understanding Eating Disorders: Conceptual and Ethical Issues in the Treatment of Anorexia and Bulimia Nervosa* (Oxford: Clarendon Press, 2005)의 제2부, 91-131을 보라. 날씬함에 대한 숭배는 여기서 역사적으로 만연한 영혼과 육체의 이원론과 연결된다. 따라서 다이어트는 육체를 희생시키며 영혼을 고양시키는 종교적 금욕주의의 한 형태다. Lisa Isherwood, "The Fat Jesus: Feminist Explorations of Fleshy Christologies", in *Feminist Theology* 19:1 (2010), 20-35는 기독교 다이어트 산업과 그 안에서 작동되는 몸에 대한 조롱에 대해 일관된 비판을 전개한다. 저자는 하나님이 예수님의 성육신을 인정하셨고 또한 예수님이 특히 사회 주변부에 있는 사람들의 몸에 손을 대고 치유하고 먹이심으로써 육체를 받아들이신 것은, 몸에 수치를 주는 각종 행위를 멈추라는 교회를 향한 요청이라고 주장한다.

89　"현대 사회에서 우리의 가장 신성한 덕목은 자제력이라는 개인의 '능력'이다"(Hornbacher, *Wasted*, 53).

는 것이다. 그것이 당신의 유일한 통제 수단이라고 믿는데, 그것이 어떻게 당신을 통제할 수 있을까?"[90] "당신은 당신 안으로 들어가고 또 나오는 음식의 양을 통제함으로써, 다른 사람들이 당신의 뇌와 마음에 접근할 수 있는 정도를 통제하고 있다고 상상한다."[91] 몸과 식품 섭취의 통제는, 전혀 먹지 않을 때인 거식증에서 가장 비극적인 극단에 이른다. 자신이 전혀 욕구가 없고 완벽하게 통제되어 있다고 볼 때, 그 몸은 말 그대로 모든 양육과 의미에서 단절되고 다른 몸과의 구성원 됨을 모두 잃는다. 그 몸은 홀로 남겨져 굶어 죽는다. 그것은 하나님의 사랑을 받고 양육을 받는 피조물이라기보다는 '사물'이다.

혼바처는 과식과 거식을 하는 사람의 힘은 환상에 불과한 힘임을 깨닫게 되었다. 몸과 그 몸이 속한 자연의 영역은 정복할 수 없다. 결국 스스로 목숨을 끊는 힘은 정복에 이르지 못하기 때문이다. 그것은 전적으로 상실로 이루어진 승리다. 그렇기는 하지만, 사람이 가지고 있다고 생각하는 힘은 매력적이고, 거의 마법 같은 흡인력을 지닌다. 그래서 어떤 사람은 물질적·자연적 한계를 지우고 몸에서 완전히 벗어나 초자연적인 영역으로 들어갈 수 있다고 생각하게 된다. 그러나 그러한 벗어남은 생명 그 자체에서 벗어나는 것이다. 혼바처가 깨닫게 된 바는, 더 건강한 삶은 삶을 끌어안고 죽음의 충동에 저항하라고 요구한다는 것이다.

---

90   앞의 책, 66.
91   앞의 책, 68.

믿음의 도약은 이런 것이다. 당신은 삶을 직시할 만큼 강하다고 믿어야 한다. 아니 적어도 **정말** 믿을 때까지 믿는 척해야 한다. 어떤 수준이든 섭식 장애는 목발이다. 또 중독이자 질병이지만, 그것이 매일의 삶에서 느끼는 따분하고 가려운 통증을 피하는 아주 단순한 방법이라는 데는 의심의 여지가 없다.[92]

이 장에서 묘사한 다양한 형태의(생태학적·경제적·생리학적) 유배는 모두 우리가 타자들을 희생시키면서 홀로 번성할 수 있다는 믿음을 가지고 있다. 그 유배 상태는 우리가 먹는다는 사실, 그래서 우리의 건강과 안녕을 위해 서로에게 의지한다는 사실을 부인한다. 이 부인 때문에 우리는 사귐의 소망을 상실한다.

---

92   앞의 책, 280-281.

죽음을 통한 삶: 희생적 식사

5

'생물학적', 혹은 육체적 죽음은 **완전한** 죽음도 아니고, 심지어 죽음의 궁극적인 본질도 아니다.…기독교적 시각에서 죽음은 무엇보다도 **영적 실재**로, 살아 있는 동안에도 다가올 수 있고, 무덤에 누워 있는 동안에도 벗어날 수 있다. 여기서 죽음은 인간이 **생명에서 분리되는 것**이며, 이는 그 자체가 생명이시고 생명을 주시는 분인 하나님에게서 분리되는 것이라는 의미다.[1]

죽음은 운 좋게 후일을 기다리는 우발적인 사건이 아니다. 그것은 하나님이 지금 당신에게 마시라고 요구하시는 오늘의 잔이다. 만약 오늘 어떻게든 과거 삶과 이전 사랑의 죽음을 짊어지지 않기로 선택할 수 있다고 생각한다면, 당신의 생각은 틀렸다. 당신에게 선택의 여지는 없다. 만약 당신이 어떻게든 살아난다면, 그것들로부터

---

1 Alexander Schmemann, *Of Water and the Spirit: A Liturgical Study of Baptism* (Crestwood, NY: St. Vladimir's Seminary Press, 1974), 62-63.

살아난 것이다. 그리고 그것들은 당신이 끊임없이 당면하고, 짊어지고 다니고, 유일하게 당신에게 생명을 줄 수 있는 모든 타자들에게 당신이 부과하는 것이다. 당신은 이 죽음을 받아들이거나 아니면 존재하지 않는 삶을 사는 척하거나, 둘 사이에서 선택할 수밖에 없다.[2]

내가 진실로 진실로 너희에게 이르노니, 한 알의 밀이 땅에 떨어져 죽지 아니하면 한 알 그대로 있고, 죽으면 많은 열매를 맺느니라(요 12:24).

그리스도의 희생 안에 있는, 그리고 그 희생을 통한 사랑의 사귐인 성찬은, 희생 제물이 된 그리스도의 몸의 지체들로서 십자가 죽음을 배우는 일을 수반한다. 그렇게 성찬은 이스라엘의 희생 제사 방식을 실현하고, 거기서 희생과 사귐은 불가분하게 통합되어 있다.[3]

식사는 피조물이 죽음을 피할 수 없음을 날마다 상기시킨다. 음식이 없으면 굶어 죽을 것임을 아는 우리는, 살기 위해 먹는다. 그러나 먹기 위해서는 죽이기도 해야 한다. 우리는 타자들, 즉 미생물, 곤충, 식물, 동물의 죽음이 없다면 음식을 얻을 수 없음을 깨닫는다. 윌리엄 랠프 잉William Ralph Inge은 "자연 전체가 '먹다'라는 동사의 능동형, 수동형 활용이다"[4]라고 말한다. 이는 땅에서의 우리 삶의 움직임이,

---

[2] Robert Farrar Capon, *Food for Thought: Resurrecting the Art of Eating* (New York: Harcourt, Brace, Jovanovich, 1978), 156.

[3] Matthew Levering, *Sacrifice and Community: Jewish Offering and Christian Eucharist* (Oxford: Blackwell, 2005), 27-28.

(무엇보다) 죽음을 **통한** 먹는 움직임이며 이 역시 죽음으로 **끝난다**는 의미다. 아무리 많이, 잘 먹더라도 타자들의 생명과 함께 우리의 생물학적 생명 역시 죽음으로 끝날 것이다.

죽음이 불가피하고 어디에나 존재한다고 해서 우리가 반드시 죽음에 직면하는 법을 알게 되는 것은 아니다. 피조물의 상호 의존과 필요에 대한 인식 때문에 함께하는 삶에 대한 책임을 거부할 수 있듯이(앞 장에서 구성원 됨의 불안이라 묘사했던 상태), 우리의 죽음을 아는 것이 왜곡이나 부인, 파괴와 같은 전략을 낳을 수도 있다. 타자들을 희생시키면서 목숨을 보장하려는 죄악되고 오만한 충동은, 어떤 대가를 치르더라도 목숨을 보호하고 연장해야 할 사적 소유물로서 확보하려는 시도로도 이어진다.

잘 살기 위해서는(또한 잘 먹기 위해서는) 죽음이 무엇**인지** 알아야 한다. 내가 이 장에서 주장하는 바는, 죽음을 삼위일체적 관점 안에 둘 때만 제대로 알 수 있다는 것이다. 예수 그리스도의 일시적이고 결국 죽을 육체 안에서, 하나님의 친교의 삶이 그 자체를 완벽하게 내어주시는 삶으로서 계시된다. 예수님은 삶과 죽음을, 하나님의 영원한 자기 내어줌 안에 둠으로써 삶(다음 장에서 이에 대해 더 자세히 다룬다) **그리고** 죽음의 의미를 변화시키신다. 한스 우르스 폰 발타사르는(페르디난트 울리히를 인용하며) 성부가 태곳적에 아들을 낳으신 일은 성부의 모든 것을 완벽하게 내어주신 일이라고 말한다.

---

4   William Ralph Inge, "Confessio Fidei", in *Outspoken Essays*(Second Series) (London: Longmans, Green, 1926), 56.

이 완벽한 자기 내어줌, 성자와 성령도 동일하게 자신을 내어줌으로 반응한 이것은, 말하자면 일종의 '죽음', 소위 최초의 철저한 '케노시스'다. 이는 일종의 '초강력 죽음super-death'으로, 모든 사랑의 구성 요소다. 또한 사랑하는 사람을 위해 자신을 망각하는 것에서부터 사람이 '친구를 위해 목숨을 버리는' 최고의 사랑에 이르는 '좋은 죽음'의 모든 사례를 위해, 창조 때 놓인 기초다. "생명은…그 자체를 넘어 성장하고 그 자체를 내려놓는 한에서만 진정으로 살아 있다. 그것은 가난할 수 있고 사랑할 수 있는 한에서만 부유하다.…죽음은 삶의 맨 끝으로 밀려나는 것을 허용하지 않을 것이다. 죽음은 정중앙에 놓여 있고, 단순한 지식이 아니라 행동 안에 있다. 죽음은 더 위대한 삶으로 들어가는 돌파구다. 이러한 적극적인 죽음을 통해서 우리는 생명을 축적한다."[5]

이러한 삼위일체적 관점에 따르면, 모든 죽음을 악으로 보는 것은 잘못이다. 좋은 죽음은 그것을 통해 생명이 이동하는 케노시스적 통로다. 우리가 이를 믿는 까닭은, 죽음의 의미가 자신을 주시는 세상의 참 생명이신 그리스도에 비추어 드러나기 때문이다.

죽음에 대해 신학적으로 이야기하기 위해 우리는 죽음을 생물학적 죽음의 표시인 '수명을 다하는 것expiring'과 구별해야 한다. 수명을 다한다는 것은 소진이나 질병 및 심각한 손상으로 인해 신체기관이 기능하지 못할 때 생명이 끝나거나 빠져나가는 것이다. 생물학적으로 이해되는 죽음은 개인의 생화학적 기능이 정지되는 것이

---

[5] Balthasar, *Theo-Drama: Theological Dramatic Theory: Volume V*, 84.

다. 자아의 종료이자, 자립과 자기 강화의 삶에 대한 꿈이 소멸하는 것이다. 그러나 신학적으로 보면, 죽음은 개인들이 타자들의 삶의 증진을 위해 그들에게 자신을 내어주는 움직임이다. 죽음에 대한 이러한 묘사는 근본적으로 삶에 대한 다른 이해를 전제한다. 그리스도에게서 영감을 받은 사람은 생명을 소유로 보기보다는 받고 다시 주는 선물로 이해한다. 생명의 열매를 생산하는 씨앗은 먼저 땅속으로 들어가 죽어야 한다(요 12:24). 내부에서 생명을 확보하거나, 생명의 움직임인 내어주는 일을 거부하려는 모든 시도는 생명의 상실에 이를 것이다. 이 때문에 요한은 계속해서 "자기의 생명을 사랑하는 자는 잃어버릴 것"(12:25)이라고 말한다. 충만한 삶이 되려면 나누어 주어야 한다.[6]

잘 사는 것, 그것은 타자들의 선물을 감사하며 받는 법을 배우는 것을 의미하는데, 이는 우리 삶을 타자들을 위한 선물로 바꿈으로써 잘 죽는 법을 배우는 것 또한 요구한다. 왜냐하면 그것이 희생으로 주어진 삶의 선물들을 가장 적절하게 인정하는 길이며, 그리스도 안에 계시된 자신을 내어주시는 하나님의 삶에 참여하는 가장 신실한 방법이기 때문이다. 창조 세계는 자신을 주시는 창조주의 돌봄과 공급의 표현으로서 피조물들이 서로에게 자신을 내어주는 제단이다.

---

[6] 그리스도의 제자들이 그리스도의 수난과 구속적 죽음을 본받으며 살면, 그들의 죽음은 더 이상 중요하지 않다. 이 때문에 죽음은 더 이상 결론이나 최종적인 사망이 아니라, 오히려 하나님의 삼위일체적이고 부활시키는 사랑에 근거한 시작이자 약속이 된다. 폰 발타사르는 아드리엔 폰 슈파이어Adrienne von Speyr를 인용하며 이렇게 쓴다. "온 세상이 성령 안에서 성부를 향하는 성자의 삼위일체적 움직임에 연루되어 있으므로, '죽음은 전적으로 과거에 속해 있다.' '사랑하지 아니하는 자'만이 '사망에 머물러'(요일 3:14) 있기 때문이다. '그래서 그는 절대 생명을 공유하지 못한다. 반대로 사랑은 계속해서 죽음을 생명으로 변화시킨다'"(앞의 책, 141).

이 삼위일체 창조주의 형상으로 만들어졌다는 말은, 사랑을 주는 자로서 세상을 빚어 나가는 일에 함께하도록 초대되었다는 말이다. 죽음에서 진정한 삶으로 가는 통로는, 자기를 내어주는 사랑의 움직임이다. 그것은 양육과 도움의 몸짓으로 타자들을 위해 자기 삶을 내려놓는 것이다(요일 3:14-16).

자신을 내어주는 움직임은 쉽게 만들어지지 않는다. 사람들은 자기 자신, 곧 그들의 자원과 에너지, 심지어 그들의 몸을 타자들을 위한 선물로 바꾸는 일에 바로 저항한다. 거부당하거나 학대당할까 봐 두렵기 때문이다. 내어준 삶이 무가치하게 여겨져 무시당하거나 무익하게 낭비된다면? 이러한 아주 현실적인 두려움은, 매정해지고 타자들과 분리되고 구성원 됨을 거부하도록 우리를 유혹한다. 두려움은 소외로 이어지고, 또 타자들을 독립적 자아의 정당성에 대한 위협으로 인식하게 만든다. 이러한 맥락에서는 생물학적 죽음이 완전히 새로운 성격을 가짐을 아는 일이 중요하다. 이제 죽음은 모든 에너지의 초점이었던 독재적이고 자율적인 자아의 말살이기 때문에, 악으로 묘사된다. 죽음은 우리의 자만을 비웃기 때문에 적이다. 죽음은 우리 삶의 목적이 자기 확장과 자기 미화라는 생각이 허망함을 보여 준다.[7]

---

[7] 어떤 대가를 치르더라도 생명을 연장하려는 의료 기술의 발달은, 죽음이 우리 시대의 큰 적이 되었음을 보여 주는 분명한 실례다. 스탠리 하우어워스는 이렇게 말한다. "우리는 죽음을 거부하는 세상에서 살고 있다. 마치 산 채로 삶에서 빠져나갈 수 있는 기술을 개발하려고 결심한 것 같다. 하지만 죽음에서 벗어나려고 하면 할수록, 우리를 죽음에서 해방시키기 위해 만든 수단, 곧 죽음에 좌우되는 수단이 우리 삶에 더 영향을 미친다. 더 역설적인 것은, 우리 자신을 죽음에서 해방시키기 위해 사용하는 수단은 서로와의 분리를 강화하는 데 기여할 뿐이라는 것이다"[*A Cross-Shattered Church: Reclaiming the Theological Heart of Preaching* (Grand Rapids: Brazos

죽음을 죄에 대한 벌이자 죄의 결과라고 선언하는 성경은, 이러한 소외되고 소외시키는 삶을 염두에 두고 있다. 바울은 "죄의 삯은 사망"(롬 6:23)이며 "맨 나중에 멸망 받을 원수는 사망"(고전 15:26)이라고 선언하는데, 이는 그가 죽음을 자기 내어줌이 끝나는 지점으로 이해되기를 원해서가 아니다. 오히려 정반대다. 바울은 그리스도를 따르는 동료들에게 그들의 몸을 "하나님이 기뻐하시는 거룩한 산 제물로"(롬 12:1) 드리라고 간곡히 부탁한다. 죄악된 자만심이 삶을 의도되지 않은 전혀 다른 것으로 바꿈으로써, 죽음은 패배해야 하는 적이 되고 말았다. 그 결과 죽음에 대한 우리의 두려움은 자신을 주는 사랑의 몸짓을 취하지 못하게 한다. 죄는 삶을 교제와 상호 돌봄의 움직임이 아니라, 억압적인 현실이 되도록 왜곡시켰다. 그러한 현실에서는 육체의 죽음이 영구적인 고립으로서만, 미움과 의심과 질투가 사랑보다 강하다는 확증으로서만 나타난다. 죄는 생리학적 죽음을 자아의 멸절로 두려워하라고 가르치는 것처럼, 자신을 내어주는 삶에 저항하도록 훈련시킨다.

알렉산더 슈메만 Alexander Schmemann은 그러한 죽음, 곧 창조 세계에서 하나님의 삶에 함께하는 구성원이 되기를 거부하는 것을 나타내는 죽음을 원죄라고 불렀다. 생리학적으로는 계속 존재하지만, "사람은 자신을 위해 자신 안에서 살기 **원했기** 때문에, 다시 말해 하나님보다 자신과 자신의 삶을 더 **사랑했기** 때문에, 하나님보다 다른 무언가를 더 좋아했기 때문에 죽었다."[8]

Press, 2009), 87].

8   Schmemann, *Of Water and Spirit*, 64. 슈메만은 그의 짧은 책 *O Death, Where Is Thy Sting?* (Crestwood, NY: St. Vladimir's Seminary Press, 2003)에서, 창세기 3장과 관

여기서 이야기하는 죄는, 어떤 하나의 특정한 행동이 아니라 성향과 전반적인 존재 방식이다. 즉, 타자들과 함께하고 타자들을 위하는 삶에 조율하기보다는 자기 폐쇄와 자기 확대의 삶에 조율하는 삶의 방식이다. 그것은 전적으로 하나님께 의존하는 타자들과 관계를 맺는 피조물의 모습에 근본적으로 반하는 존재 방식이다.[9] 죄란 세상을 선물로서 받아들이려 하지 않는 것이다. 그것은 음식과 삶이라는 선물을, 창조 세계를 양육하고 하나님께 영광을 돌리는 제물로 변화시키는 수단인 사랑을 거부하는 것이다.

바울은 예수님의 부활이 죽음에 대한 결정적인 승리를 이루었다고 생각한다(고전 15:54). 자기를 내어주는 일이 쓸모없다는 두려움은 제거되고, 거짓임이 드러난다. 개인들을 고립시키고 함께하는 삶의 교제를 파괴하는 죄는 패배했다. 우리는 그리스도의 부활에서,

---

런하여 이 요지를 전개했다. 아담과 하와는 동산에서 한 나무의 열매를 먹어서는 안 되었다. 그것은 그들에게 선물로 주어진 것이 아니었으므로 하나님의 복을 가져다주지 못했다. "이는 사람이 이 열매를 먹었다면 하나님과 함께하는 삶을 위해 먹은 것이 아니었다는 의미다. 그는 그것을 생명을 위한 수단으로서가 아니라, 그 자체를 목표로 먹은 것이며, 따라서 그것을 먹은 사람은 음식에 종속되었다.…인간이 타락한 것은 하나님을 위해 하나님 안에서가 아니라 자신을 위해 자신 안에서 살고자 했기 때문이다. 하나님은 이 세상을 자신과의 사귐의 수단으로 만드셨지만, 인간은 순전히 자신만을 위한 세상을 원했다. 하나님에 대한 사랑으로 그분의 사랑에 보답하기보다는 그 자체를 목표로 세상과 사랑에 빠졌다. 여기에 전체적인 문제가 있다. 세상은 그 자체로 목적일 수 없다는 것이다. 음식이 생명을 위한 수단이 아니면 의미가 없는 것처럼 말이다. 따라서 더 이상 하나님께 투명하지 않은 세상은 끝없는 혼란, 모든 것이 유동적이고 계속 사라지고 그리고 결국 죽는 무의미한 시간의 순환이 된다"(73-74).

[9] "본질적으로 내 몸은 내가 세상 및 타자들과 맺는 관계다. 내 삶은 사귐이자 또 상호 관계다. 몸 안에 있는, 인간 유기체 안에 있는 모든 것은 예외 없이 이 관계를 위해, 이 사귐을 위해, 이렇게 자신 안에서 나오는 일을 위해 창조되었다. 최고 형태의 사귐인 사랑이 몸 안에서 구현되는 것은 당연히 우연이 아니다. 몸은 보고 듣고 느끼고, 그럼으로써 나를 나 **자신**의 고립에서 이끌어 낸다"(앞의 책, 42).

사랑이 미움보다 강하며 평화가 폭력보다 더 강력함을 본다. 스탠리 하우어워스Stanley Hauerwas가 말하듯이, 우리는 예수님의 죽음과 부활에서 "우리 죄가 낳은 외로움을 압도하는 사귐"[10]의 가능성을 목격한다. 자기를 내어주는 일은 낭비도 아니고, 영원한 망각을 초래하지도 않는다. 자신을 주는 일은 오히려 정말 존재해야 하는 생명을 낳는다. "이 세상에서 자기의 생명을 미워하는 자[개인의 생명이 어떤 대가를 치르더라도 지키거나 숭배해야 하는 소유나 우상이 아님을 깨닫는 자, 자기 미화라는 고립 프로젝트를 명확하게 거부하고 대신 타자의 유익을 위해 기꺼이 자신을 주는 자]는 영생하도록 보전하리라"(요 12:25). 부활 생명은 십자가의 길, 자신을 내어주는 길을 따른다.

성경은 죽음을 죄와 연결시킴으로써 죽음이 단지 생물학적 현상이 아님을 볼 수 있게 해 준다. 죽음은 삶의 끝 못지않게 삶의 **성격**과도 관련이 있다. 이것이 중요한 까닭은, 삶이 양으로만이 아니라 질로 판단되어야 함을 강조하기 때문이다. 이런 관점에서 보면, 질병이나 박해, 기아, 절망도 죽음의 형태들로, 삶을 약화시키거나 일그러뜨리는 삶 **내부**의 차원들로 묘사될 수 있다. 죽음이 불안의 근원인 까닭은, 개인의 삶을 끝내기 때문만이 아니라 공동의 안녕을 허락하지 않기 때문이기도 하다.[11] 죽음은 우리가 마땅히 즐기는 우

---

10 Hauerwas, *A Cross-Shattered Church*, 87.

11 케빈 매디건Kevin Madigan과 존 레벤슨Jon Levenson의 주장에 따르면, 유대교 성경과 기독교 성경은 죽음과 부활을 더 공동체적이고 덜 개인주의적인 용어로 생각하도록 도전한다. 죽은 자들의 '장소'인 스올에 있는 것은 단지 죽어 무덤 속에 있는 것이 아니다. 그것은 약하고 패배한 위태로운 존재 형식이고, 외로움과 버림을 경험하는 것이다. "스올에 들어간 이들은 산 자들의 땅에서, 친지 및 친척들과의 친밀한 관계에

정과 삶의 교제를 갑자기 중단시킨다. 아브라함이 그랬듯이(창 25:8) 나이가 들어 많은 가족과 함께하는 가운데 생물학적 죽음이 일어난다면, 그것은 경멸하거나 분개할 일이 아니다. 고령이 될 때까지 사는 일은, 세상을 먹일 이삭을 맺는 한 줄기 곡식으로 성숙하는 것과 같다(욥 5:26). 다시 말해, 죽음은 삶을 붕괴하는 힘일 때만 악이다. 죽음이 만족스러운 삶, 하나님의 삶의 표지인 케노시스적이고 자신을 내어주는 사랑으로 풍성해진 삶의 뒤를 잇는다면, 그것은 악이 아니다.

이러한 사고방식은 기독교 성경에서도 되풀이된다. 예수님이 먹이고 치유하는 일을 하신 까닭은, 굶주림과 아픔, 너무 이른 사망의 징조가 삶의 질을 약화시키는 것으로 이해되기 때문이다. 예수님의 나라에서는 병자들이 고침 받고, 나병환자들이 깨끗함을 받고, 귀신이 쫓겨나고, 죽은 자들이 살아남으로(마 10:8), 예수님이 사귐과 삶의 승자임을 보여 준다. 생물학적 죽음은 자격 없는 악이 아니다. 삶의 이야기의 마지막도 아니다(7장에서 이 주제로 돌아갈 것이다). 요한복음이 제안하듯,[12] 진짜 문제는 생물학적 죽음이 아니라, '생명의 떡'이

서, 주님께 드리는 생기 있는 예배에서 잘려 나간 것으로 여겨졌다. (많은 시편이 말하듯이) 죽은 자들은 그 주님을 찬양하지 않는다"[*Resurrection: The Power of God for Christians and Jews* (New Haven: Yale University Press, 2008), 65].

12 요한복음에는 비통해하는 겟세마네 동산/감람산 장면이 없다. 예수님이 다시 얻기 위하여 기꺼이 자기 목숨을 내려놓으시기 때문이다(10:17-18). 예수님의 죽음은, 사랑으로 자신을 줌으로써 참된 생명에 이르는 존재의 새로운 패러다임을 불러일으키는 것으로 제시된다. 로이드 베일리Lloyd R. Bailey는 이렇게 말한다. "생물학적 죽음은 근본적인 문제도 아니고 거의 언급도 되지 않는다. 심지어, 변화되어야만 하는 온 세상이 죽음을 향해 있다는 징후도 아니다. 오히려 그것은 예수님을 따르는 자들이 초월할 수 있는 존재의 질에 대한 은유다. 그들은 생물학적으로 숨을 거둔다 해도 죽음으로 향하는 존재가 되지 않는다"[*Biblical Perspectives on Death* (Philadelphia:

신 예수님이 가능하게 하신 풍성한 삶을 왜곡하거나 부정하는 죽음이다. 우리가 가장 두려워해야 하는 것은 사랑을 알지 못하는 '삶', 세상에 우리 자신을 내어주지 못하도록 우리를 고립시키는 죄의 가능성이다. 예수님은 나사로의 누이 마리아에게 이렇게 말씀하신다. "나는 부활이요 생명이니 나를 믿는 자는 **죽어도** 살겠고, 무릇 살아서 나를 믿는 자는 **영원히 죽지 아니하리니**"(요 11:25-26, 저자 강조). 생물학적 죽음도 중요하지만(예수님은 나사로가 죽었음을 알고 우셨다), 훨씬 더 중요한 것은 함께하는 풍족하고 건강한 삶을 약화시키는 고립이다.

죽음의 의미가 유기체의 생명의 끝으로 전락해서는 안 된다. 죽음의 더 깊고 더 비극적인 의미는, 창조 세계 어디에서나 생명을 유지시키고 양육하며 일하고 계신 생명의 하나님과 유기체의 분리에서 나타난다. 죽음이 양육과 도움의 선물을 약화시키고 경멸하는 한, 그것은 생명의 적이다. 사람들이 '영생'이란 그들 개인의 존재가 영원한 삶을 확보하는 것과 아무런 관련이 없음을 발견할 때, 그들은 자유롭게 그들의 삶을 타자들을 위한 선물이 되게 한다.

희생 제사를 다시 생각하다

희생 제사 관습은 죽음을 협상하는 인류의 가장 오래되고 문화적으로 가장 널리 퍼진 수단이다. 다양한 문화에서 왜 이런 관습에 참여했는지, 바쳐진 희생 제물이 어떤 의미일 수 있는지 설명하기

Fortress Press, 1979), 94].

위해 수많은 이론이 제시되었다.[13] 따라서 이 단락에서 우리 목표는, 특히 이스라엘과 기독교 신앙 전통에서 구현된 희생 제사가 죽음을 통한 삶을 이해하는 데 무엇을 말해 줄 수 있는지에 대한 탐구로 제한된다. 우리 과제는, 희생 제사의 역학에 조율된 감성이 사람들을 더 책임감 있고 배려하고 감사하는 먹는 자들로 변화시킬 수 있는지를 밝히는 것이다. 내 목표는 동물들을 태울 수 있도록 다시 제단을 세우도록 하는 것이 아니다. 희생이라는 단어가 일단의 사람들을 지배하고 착취하는 도구로 사용되고 남용되있음을(여자들에게 남편이나 가족을 위해 '희생'하라고 요구할 때나, 시민들에게 부당한 전쟁을 위해 '희생'하라고 요구할 때처럼) 부인하지도 않는다. 내 목표는, 식사가 삶과 죽음의 문제가 되는 현실 앞에서 우리가 실제적으로 사용할 수 있는 희생의 논리 혹은 문법을 개발하는 것이다. 나는 진짜 희생 제사는 생명의 착취와 남용보다는, 생명체를 돌보는 것을 전제하고 그것으로 귀결된다고 주장할 것이다.[14]

오늘날의 문화적 맥락에는 희생 제사를 공감과 이해를 가지고 대하도록 우리를 준비시켜 주는 것이 거의 없다. 동물들을 구조한 일에 대해서는 노아에게 박수를 보낼지 모르지만, 그가 '모든 정결한 짐승과 모든 정결한 새' 중에서 취한 번제를 하나님께 드리려고

---

13 제프리 카터Jeffrey Carter의 *Understanding Religious Sacrifice: A Reader* (New York: Continuum, 2003)에는 희생 제사에 대한 몇몇 현대의 주요한 해석과 관련한 대표적 자료들이 실려 있다.

14 희생 제사에 대한 설명을 전개할 때 나는 노아의 희생 제사를 창의적으로 사용할 것이다. 이 이야기가 내 설명을 **입증하거나** 희생 제사에 대한 **유일한** 유대교적 이해를 재현한다고 주장하는 것은 아니다. 유대교의 희생 제사가 드려진 다양한 장소와 시간을 고려할 때 그것은 불가능한 과제다. 이 이야기의 전개는 내러티브적 맥락을 제공하고, 희생 제사에 대해 내가 제시하고 싶은 요점으로 나아가게 해 줄 것이다.

만든 제단은 공포스럽게 바라본다. 방주를 만들며 조롱을 견딘 다음 생명을 구하는 일에 그렇게 에너지를 바친 사람이, 어떻게 그 생명을 죽일 수 있는지 의아하다. 하나님이 그 불에 탄 살의 연기를 '향기'로 받으실 수 있다는 주장이 염려스럽다(창 8:20-21).

노아의 희생 제사를 생각하는 한 가지 영향력 있는 방법은, 그것을 인간이 행하는 폭력의 필연적 결과로 보는 것이다.[15] 이 시각에서 사람의 본성은 공격적이다. 동물을 사냥하고 죽이는 데 쓰인 에너지와 격렬함은 사회적으로 공인되어야 하며, 동료 인간들에게 폭발하지 않도록 안전하게 의식 행위로 방향을 바꾸어야 한다. 스티븐 웹은 노아의 희생 제사에 대해 논평하면서 사람과 동물의 생명을 "지면에서 쓸어 버리[겠다]"(창 6:7)는 하나님의 결정에 이르게 한 여러 세대의 폭력을 상기시키며, 희생 제사는 "긴장과 불안을 해소하는 방식, 무고한 희생자인 동물을 향한 카타르시스적 폭력의 방출"이라고 주장한다. 하나님은 희생 제사를 원치 않으셨지만 허용하셨다. "그것은 세상이 하나님의 파괴적 분노를 낳은 동일한 폭력에 빠지지 않도록 하기 위한 것이었다. 따라서 동물 살해는 공격성의 배출구다."[16]

---

15   월터 버커트Walter Burkert는 *Homo Necans: The Anthropology of Ancient Greek Sacrificial Ritual and Myth* (Berkeley: University of California Press, 1983)에서 인간의 폭력이라는 주제를 중심으로 희생 제사 이론을 전개했다. 또한 *Violent Origins: Walter Burkert, René Girard, and Jonathan Z. Smith on Ritual Killing and Cultural Formation*, ed. Robert Hamerton-Kelly (Stanford: Stanford University Press, 1987)의 논의를 보라.

16   Stephen H. Webb, *Good Eating* (Grand Rapids: Brazos Press, 2001), 99. 웹은 이전 저작인 *On God and Dogs: A Christian Theology of Compassion for Animals* (New York: Oxford University Press, 1998)에서는, 히브리 성경에서 동물 제사의 기원과

이러한 표현은 희생 제사에서 승인되고 자제된 폭력이 어쨌든 하나님의 양보임을 전제한다. 인간은 근본적으로 폭력적이다. 폭력을 억누르다가 통제 불가능해져 파국적으로 폭발시키는 것보다는, 이러한 폭력의 배출구를 갖는 편이 더 낫다. 그런데 하나님의 양보라는 개념이 타당한가? 거짓말과 도둑질이 빠지기 쉬운 유혹이라고 해서, 특정한(특히 어려운) 상황에서 하나님이 우리에게 거짓말을 하거나 물건을 훔치도록 허락하시는 면죄부를 주시리라고 여길 수 있을까?

희생 제사가 하나님이 인정하신, 혹은 자제된 폭력이라는 해석은 문제가 있다. 앞으로 보겠지만, 그 해석은 초점이 살해에 너무 치중되어 있고, 거기에 이르는 개인적이고 사회적인 준비 과정에는 충분히 초점을 두지 않는다. 또 그 해석은 "동물 희생 제사는 일반적으로 농경·목축 사회에서 의식을 위해 가축을 죽인 것으로 보인다"[17]라는 조너선 스미스 Jonathan Z. Smith 의 논평을 고려하지 못했다. 농경 사회에서 가축이 가졌던 지위를 볼 때, 인간과 가축들의 관계가 폭력적이었을 것 같지는 않다. 경제적 관점에서 볼 때, 농업 사회 가정의 생계에 그렇게 필수적인 역할을 하는 동물을 폭력적으로 대하는 것은 자멸적이고 어리석은 일이다. 예를 들어, 염소나 양은 분명 반

목적을 알기는 어렵다고 언급하며 좀 더 미묘한 설명을 제시한다. 희생 제사 제도는 비록 육식의 합법화는 아니었지만 육식에 제한을 두었다. 희생 제사는 "그 동물의 생명이 궁극적으로 인간이 아닌 하나님의 손에 달려 있을 때에만 생명을 앗아 가는 일이 일어날 수 있음을 암묵적으로 인정하는, 생명에 대한 겸손과 감사가 담긴 경외심의" 표현이다(135). 다시 말해 희생 제사 의식은 "도살을, 악의적으로 생명을 앗아 가는 일을 완화시키는 맥락에 두는 데 기여했다"(138).

17 Jonathan Z. Smith, "The Domestication of Sacrifice", in Carter, *Understanding Religious Sacrifice*, 332.

려동물은 아니겠지만 가정 경제의 중요한 구성원이었고 따라서 경멸하기보다는 존중하고 잘 돌보아야 했다.

동물 희생 제사에 대한 더 나은 이해는, 아마도 다음의 사실을 인정하는 데서 찾을 수 있을 것 같다. 즉 초기 이스라엘 백성의 경우처럼, 생계형 농업 경제에서 동물을 돌보는 일은 하나님을 자기 양 떼를 돌보시는 선한 목자로 이해하는 방식의 영향을 받았으리라는 것이다. 가정의 경제적 안녕에 소중하고 필수적이었던 것(튼튼하고 건강한 동물 혹은 밭에서 얻은 최상의 첫 열매)을 하나님께 바쳤다는 것은, 희생 제사를 가볍게 여길 수 없었다는 의미다. 생계 수단 중에서 좋은 부분을 포기한다는 것은, 자신의 상당 부분을 포기하는 일이었다. 건강하고 튼튼한 동물을 죽일 때, 희생 제사를 드리는 이에게도 일종의 죽음이 있었다.[18] 동물 제사는 동시에 자신을 제물로 바치는 일이기도 했다. 동물을 바칠 때, 그 동물이 충분히 자랄 때까지 양육한 개인적인 돌봄의 시간도 바친다는 의미였기 때문이다. 그는 자신의 미래를 바쳤다. 농부나 목축업자의 미래는 가축 떼의 건강 및 번식력과 불가분하게 묶여 있었기 때문이다.

또한 이 내러티브를 생각할 때 노아의 희생 제사를 폭력적인 행동으로 해석하는 방식에는 타당성이 거의 없다는 점도 언급해야 한다. 이를 이해하기 위해서는 홍수 이야기를 다시 생각해야 한다. 대중적인 한 이야기에서, 방주의 의미는 인간과 동물 생존자를 구원하

---

[18] E. E. 에번스 프리처드Evans-Pritchard에 따르면 베다, 히브리, 이슬람 의식에서 성별하여 제물로 바치는 것은 희생물만이 아니라 "항상 그 자신이며, 이는 때로 그 희생물 위에 손을 얹음으로써 표현된다"("The Meaning of Sacrifice among the Nuer", in Carter, *Understanding Religious Sacrifice*, 201).

는 것이다. 하나님은 창조 세계가 새롭게 시작할 수 있도록 악을 완전히 파괴하신다. 그런데 이와 같은 해석은 방주 안에서 일어나는 일을 아주 중요한 의미를 지니는 일로 여기지 않는다. 중요한 것은 일부 동물과 인간이 세상을 다시 채울 수 있도록 살아남는다는 것이다.

랍비 전통에 따르면, 정확히 방주 안에서의 몇 개월이 가장 중요했다. 방주는 노아가 동물을 먹이고 돌보는 일을 하며 의인이 되는 것이 어떤 의미인지를 드러낸 곳이기 때문이다. 이런 시각에서는 방주가 일차적으로 탈출용 선박이 아니라 긍휼을 배우는 학교였다. 여기서 노아는 세상과 돌봄과 환대의 관계를 발전시키는 데 중요한 공감과 헌신을 갈고닦았다. 노아는 사리사욕을 내려놓음으로써, 자신과 그의 일을 타자들을 위한 선물로 바꾸는 법을 배웠다. 이 선물은 값싸지 않았다. 특히 방주에 있던 열두 달 동안 노아가 동물들의 필요를 돌보느라 너무 바빠서 잠잘 시간도 없었다고 주장한 랍비들과 우리가 생각이 같다면 말이다.[19] 노아 인생의 업적은, 하나님처럼 타자들의 필요를 인식하고 그들을 돌보았다는 것이다. 노아가 배운 것은 온 세상이 하나님의 방주라는 것이다. 하나님이 환대하는 주인으로서 자신을 드러내신 곳이 바로 그곳이기 때문이다.

방주에서 노아의 환대가 없었다면 동물들은 살아남지 못했을 것이다. 유대 미드라쉬 전승은 이 이야기를 전개하면서, 노아가 동물을 돌본 일과 하나님이 온 창조 세계를 돌보신 일 사이의 유사점들을 선언했다. "필요를 아는 것은, 하나님과 하나님 닮은 인간의 특

---

[19] Jack P. Lewis, *A Study of the Interpretation of Noah and the Flood in Jewish and Christian Literature* (Leiden: Brill, 1978), 145.

징인 호기심 많고 상냥한 관심을 나타내는 최고의 척도다."[20] 노아는 하나님처럼 자신에게 맡겨진 피조물들을 부양할 수 있었기 때문에 의인이었다. 그는 그 동물들의 이름뿐 아니라 각각의 필요와 잠재력을 통해서도 그 동물들을 알고 있었다.

이런 방식으로 이야기한다면, 노아의 희생 제사가 긴장의 해소나 공격성의 방출이었다고 말하는 것은 이치에 맞지 않는다. 노아는 그 동물들에게 깊이 마음을 쓰고 있었으므로 그러한 방출이 필요하지 않았다. 다시 말해, 그 제단은 폭력의 장소가 아니라 자신을 바치는 장소였다. 홍수 이후 인간의 문화는 새로이 출발한다. 그것은 의미심장하게도 희생적 행위로 시작되는 출발이다. 제단에서 행한 일은 과거를 위해서(아마도 이전 죄에 대한 속죄의 행동으로서)만이 아니라, 미래를 위해서이기도 하다. 그 미래는 희생 제사를 통해, 또 진정한 인간 문화는 자신을 내어주는 사랑의 원리에 기반을 둘 때에만 성공적으로 성장할 수 있다는 의식을 통해 빚어져 갈 것이다.

히브리 성경을 보면 희생 제사가 근본적으로 하나님과의 관계에 들어가고 그 관계를 돌보는 일과 관계가 있었음을 알 수 있다. 희생 제사는 하나님과 소통하고 하나님의 도우심을 구하는, 옳지 않았던 관계를 바로잡는 실제적인 수단이었다. 유대교 학자 제이콥 밀그롬Jacob Milgrom은 이렇게 쓴다.

> 본질적으로 희생 제사 제도는, 사람들의 깊은 심리적·정서적·종교

---

20 Avivah Gottlieb Zornberg, *The Beginning of Desire: Reflections on Genesis* (New York: Doubleday, 1995), 61.

적 필요에 응하여 이스라엘 백성에게 하나님께 이르는 방법과 은유를 제공했다. 사실, 이것이 '희생 제사'에 해당하는 히브리 단어의 의미다. 이는 '가까이 가져가다'라는 의미의 동사에서 나왔다. 따라서 희생 제사는 우리로 하나님께 다가갈 수 있게 해 주는 그런 종류의 제물이다.[21]

고대 이스라엘 백성은 희생 제사를 드릴 때 그들의 생계 수단(가축이나 밭의 수확물)의 일부를 가져와 그것을 하나님께 선물로 바쳤다. 이 선물을 하나님의 임재 앞으로 가져오면, 바치는 자와 그 선물 모두 거룩하게 되었다('희생 제사 sacrifice'에 해당하는 영어 단어의 라틴어 어원은 '신성하게 하다'라는 의미의 '사크룸 sacrum'과 '파케레 facere'에서 나왔다). 제물인 이 선물은 이제 하나님과 인간의 사귐의 수단이 될 수 있었다.

희생 제사는 두 가지 제물, 곧 선물을 드리는 것과 자기 자신을 드리는 것을 포함하는 소통의 한 형태다. 이러한 소통에서 우리는, 그 제사의 결과로 하나님이 우리에게 말을 걸어 주시고 또한 자신이 다른 종류의 사람으로 형성되기를 바라는 마음을 드러낸다. 목자들은 양을 바칠 때 선한 목자이신 하나님의 방식을 따라 그들의 삶을 기꺼이 조정하려는 마음을 보여 주었다.[22] 마찬가지로 열매와 채

---

21 Jacob Milgrom, *Leviticus: A Book of Ritual and Ethics* (Minneapolis: Fortress Press, 2004), 17.

22 조너선 클라완스 Jonathan Klawans는 "하나님이 이스라엘에게 행하시는 것처럼 이스라엘이 그 양 떼에게 행하는" 유비를 전제했던 유대 희생 제사가, 동물에 대한 돌봄을 개선하라고 요청하는 역할을 했다고 주장했다. "제물이 되는 동물은 태어나고, 보호받고, 먹고, 인도받아야 했다. 이 모든 것은 이스라엘이 하나님이 그들을 위해 해 주시기를 바랐던 것들이다. 따라서 희생 제사의 의미는 일차적으로 동물이 이스라엘에 제공한 것이 아니라, 오히려 이스라엘이 그 가축들에게 제공한 것으로부

소를 바칠 때도 우리는 하나님 같은 동산지기가 되고자 하는 마음을 보여 준다. 그분은 창조 세계의 동산에서 세세한 돌봄과 공급을 해 주시는 분이다. 희생 제사는 또한 죄책감을 다룬다. 그것은 우리가 죄로 인해 붕괴되고 깨진 관계의 치유에 전념한다는 증거이기 때문이다. 희생 제사는 정직하고 생명을 주는 사귐이 회복될 수 있도록 우리 삶을 개혁해야 할 필요를 보여 준다.

사귐을 구축할 때 제물, 특히 생물 제물이 왜 그렇게 중요한가? 이 질문에 답하기 위해서는 상호 의존의 필요라는 피조물의 기본적 경험을 상기해야 한다. 사람들이 살기 위해서는 먹어야 한다. 이는 타자들의 생명을 섭취해야 한다는 의미다. 이는 우리를 겸손하게 하면서 또 섬뜩하게 하는 곤경이다. 우리가 자력으로 살아남을 수 없고 타자들의 삶과 죽음에 의존함을 인정할 수밖에 없게 만들기 때문이다. 우리에게 아무리 자원이 풍부하더라도 우리는 우리 자신이나 어떤 다른 생명의 원천이 아니다.[23] 우리의 생계와 유익을 위한 수단으로 주어지는 셀 수 없이 많은 생명들을 우리는 어떻게 받아들이고 가치 있게 여겨야 하는가? 이 질문을 숙고할 때 우리는, 받아들인 선물의 규모 및 대가와 그것들에 대한 충분한 감사를 표현하는 인간의

터 나온다. 그것은 그들의 하나님이 그들에게 주시기를 바랐던 돌봄과 유사한 것이다"["Sacrifice in Ancient Israel: Pure Bodies, Domesticated Animals, and the Divine Shepherd", in *A Communion of Subjects: Animals in Religion, Science, and Ethics*, ed. Paul Waldau and Kimberly Patton (New York: Columbia University Press, 2006), 74].

23 이러한 깨달음은 왜 노아가 동물의 피를 먹지 말라는 지시를 받았는지(창 9:4) 이해하게 해 줄 것이다. 성경 저자들이 생명의 매개체로 여긴 피를 먹거나 마시는 행위는, 생명 자체를 취하고 소유함으로써(따라서 통제하기도 함으로써) 그것을 더 이상 선물로 받아들이지 않음을 의미한다.

능력 사이의 압도적인 불균형을 발견한다. 우리는 우리 경험을 셀 수 없이 많은 타자들의 삶과 죽음으로 유지되고 그것들과 계속 교차하는 것으로 이해하지 못하는 근본적 무능력을 감지한다.[24]

진정한 희생 제사에는 두 가지 '제물'이 있다. 사람은 동물이나 열매를 '내어놓을' 때, 필요한 것을 공급하시는 하나님을 신뢰하고자 하는 자발적인 마음을 전달한다. 세상은 자신을 위해 비축하고 저장하는 사적인 소유가 되기 위해 존재하는 것이 아니다. 이러한 소유하지 않으려는 태도와 자세를 함양할 때 두 번째 제물이 시야에 들어온다. 그것은 곧 다른 사람을 돌보는 일에 자신을 '내어주는' 것이다. 타자들이 하나님으로부터 오는 선물임을 인정하면, 최고의 반응은 주어진 선물을 소중히 여기고 축하하는 것이다. 따라서 희생 제사 감성의 함양은 단순히 신앙적인 의미만 있는 것이 아니다. 그것은 삶으로 귀결되기 때문에 경제적이다. 삶에서는 나눔이 실제적이고 논리적인 결과다.

머리로 쉽게 이해하기 힘든 상황 앞에서, 사람들이 단순히 말이 아니라 기본적이고 양도할 수 없는 개인적·사회적 생계 수단인 음식을 내놓는 것은 타당한 일이다.[25] 음식은 연료일 뿐 아니라, 선물

---

24 철학자 장 루이 크레티앵Jean-Louis Chrétien은 이러한 무능력이 인류에게 있음을 보여 준다. 다른 누군가와 관계를 맺는 일, 특히 양육 관계를 맺는 일은 "인간에게는 그 자신을 넘어서는 어떤 부분이 있고, 자신이 생각하고 이해할 수 있는 수준을 넘어 어떤 존재가 되고 또 될 수 있음을" 인정하도록 요구한다["Retrospection", in *The Unforgettable and the Unhoped For*, trans. Jeffrey Bloechl (New York: Fordham University Press, 2002), 119]. 그러나 우리의 모자람은 "우발적 결손도, 유감스러운 결함도 아니다." "그것은 우리 존재가 변화되고 개방되는 상처의 사건이며, 그 자체로 그것이 반응하는[그리고 관계 맺는] 것이 드러나는 장소가 된다"(122). 나는 상처의 사건이 어떤 측면에서 축복의 사건이기도 함을 덧붙이고 싶다.

이자 삶의 수단으로 표시된다. 다른 사람에게 음식을 내어주는 일, 특히 귀하고 비싼 고기를 내어주는 일은, 생명을 자기 뜻대로 사용하는 소유물로 당연시하거나 비축해서는 안 됨을 인정하는 일이다. 사람들이 먹을 음식을 재배하고 거둬들이는 일에 직접 관여하며 일하고 나서 그 소비의 정당성을 주장할지 모르지만, 그럼으로써 생명의 원천을 얻는다고 생각하는 것은 적절하지 않다. 음식은 선물이다. 우리는 음식이 주어지는 것임을 항상 인식하며 그것을 받아들이고 나누는 법을 배워야 한다.

다른 사람에게 음식을 내어주는 일은, 인간은 선물을 받고 서로 의존하는 조건에 놓여 있다는 깊은 통찰을 표현하는 일이다. 사람들은 이러한 내어줌을 통해, 피조물로서 자신이 이해할 수 없고 값비싼 관대함과 환대의 수혜자임을 인정한다. 이러한 인정의 가장 분명한 표지는, 사람들이 타자들에게 관대해지고 그들을 환대하며 자기 자신과 이미 받은 생계 수단으로 내어줌을 실천하는 모습이다. 식탁에 사람들을 초대하여 함께 음식을 나누는 일은, 삶이 질투심으로 지켜야 하는 소유물이 아니라는 메시지를 전하는 일이다. 음식을 나누는 것은 근본적으로 삶을 나누는 것이다. 그것은 창조 세계의 구성원들을 양육하고 강화하는 일에 참여하는 것이다. "참된 나눔

---

25 가이 스트루스마Guy G. Strousma는 *The End of Sacrifice: Religious Transformation in Late Antiquity*, trans. Susan Emanuel (Chicago: University of Chicago Press, 2009)에서, 4세기 율리아누스 황제의 친구이자 만년에 *Concerning the Gods and the Universe*에서 희생 제사 관습을 옹호한 저자이기도 한 살루스티우스의 말을 바꾸어 표현한다. "피의 희생 제사는, 우리가 상징적으로 바치는 우리 자신의 생명을 대신한다. 그리고 희생 제사와 분리된 기도는 아무런 가치가 없다. 그것은 그저 말일 뿐이며, 반면 희생 제사가 드려지는 동안 표현되면 살아 있는 말, '엠프시코이 로고이*empsychoi logoi*'가 된다"(62).

은 참여하는 것이다. 받는 이의 삶과 일에 참여하는 것이고, 공감하는 구성원으로서 우주에 참여하는 것이다. 먼저 나누지 않고는 누구도 참여할 수 없다. 나눔은 의미 있게 존재하기 위해 필수적인 일이다.…모든 소통은 나눔, 내어줌으로 시작된다."[26]

그러므로 노아가 방주에서 나와서 하나님께 제단을 쌓았을 때, 방주에 있는 동안 배운 새로운 희생 제사 감성과 헌신, 진정으로 창조 세계를 존중하고 하나님께 영광을 돌리는 문화의 기초가 될 감성을 표현했다고 생각하는 것이 서사적·신학적 측면에서 타당하다. 노아는 하나님께 동물을 바침으로써, 모든 생명이 귀하고 하나님의 소유이며 하나님 안에서 적절한 목적과 의미가 있다는 견해를 생생하게 값비싼 방식으로 시연했다. 노아는 동물들을 양육하고 돌보는 데 헌신함으로써, 자신이 생명의 선물을 받았음을 적절한 방식으로 보여 주었다. 하나님께 희생 제사를 드린 노아는 타자들에게도 기꺼이 자신을 내어주려 한다는 것을 몸소 보여 주었다. 그것을 이해한 토마스 아퀴나스는 다음과 같이 말했다. "희생 제사를 드리는 사람은 하나님이 세상 창조의 제1원리이자 모든 것이 관련되어야 하는 종결 지점임을 공언했다."[27] 제단을 세우는 일은 노아가 방주 안에서 행한 섬김, 동물들을 하나님의 선물이자 하나님의 큰 기쁨을 위해 존재하는 것으로 인정한 섬김의 자연스러운 확장이었다. 다시 말해,

---

26 Jan van Baal, "Offering, Sacrifice and Gift", in Carter, *Understanding Religious Sacrifice*, 290-291.

27 외젠 마쥬르Eugene Masure의 *The Christian Sacrifice* (New York: P. J. Kenedy, 1943), 56에 인용. 이 주제를 탁월하게 전개한 저서로는, 윌리스 젠킨스Willis Jenkins의 *Ecologies of Grace: Environmental Ethics and Christian Theology* (New York: Oxford University Press, 2008), 115-152를 보라.

희생 제사는 노아의 삶을 하나님의 돌보고 나누고 유지시키고자 하는 목적으로 향하게 함으로써, 그 삶의 방향을 조정해 주었다. 그것은 하나님의 관대하고 값비싼 나눔의 표현인 창조 세계에 심오하고 새로운 의미를 주었다.

성경 기록은 희생 제사가 무엇과 연관된 것인지를 왜곡하고 비틀기가 얼마나 쉬운지 보여 준다. 자기 과시가 자기 내어줌과 혼동될 때, 희생 제사는 쉽게 피조물을 붕괴시키고 사람들을 억압하는 도구가 되었다. 이 때문에 예언자들은 희생 제사를 자신의 지위를 향상시키는 데 사용한 이들에게 격분했다. 그들은 희생 제사를 장려하거나 요구하면서 동시에 **자신을 내어주지는** 않는 사람들의 모순에 주의를 돌렸다. 호세아는 하나님이 원하시는 바는 번제가 아니라 한결같은 사랑이라고 선언했고(6:6), 이사야는 억압받는 사람, 과부, 고아를 저버리는 행악자들이 아무리 많은 제사를 드린다 해도 모두 쓸모없는 것이라고 주장했다(1:10-17).

희생 제사에 대한 예언자들의 맹렬한 비난은, 희생 제사의 가치를 떨어뜨리고 경건한 쇼로 바꾸는 행태에 대한 것이라고 할 수 있다. 사람들은 그들이 사랑을 준 동물들을 데려오기보다 성전에 와서 그냥 동물을 구입했다. 희생 제사 관습이 가짜가 되었다는 증거는 그 땅에 불의가 아주 많았다는 것이다. 반대로 희생 제사가 진짜이기 위해서는, 희생 제사를 드리는 사람들이 서로에게 자신을 내어주고 그렇게 내어주는 가운데 불의가 근절되어야 한다. 죄와 불의의 맥락에서 드려지는 희생 제사는 거짓말이다. 죄는 하나님 및 창조 세계와의 사귐으로 가는 길이 아니기 때문이다. 죄는 자신을 내어주기를 거부하는 것이다. 그것은 하나님으로부터 오고 하나님을 위하

는 삶보다는, 자신을 위한 삶을 살려는 욕망이다.[28]

주후 70년에 일어난 예루살렘 성전의 파괴는, 하나님과의 사귐으로 가는 통로 역할을 했던 희생 제사를 끝내 버렸기 때문에 트라우마를 초래할 정도의 사건이었다.[29] 랍비 유대교는 성전을 하나님과 인간이 만나는 장소, 함께하는 삶이 회복되고 의로운 길로 접어들 수 있도록 죄를 시인하고 다루던 장소로 여겼다. 성전이 사라진 이후 사람과 하나님은 어떻게 사귐을 누렸을까? 트라우마와 그에 대한 해결책은 《랍비 나단이 말하는 교부들*Fathers According to the Rabbi Nathan*》(IV.V.2)에서 인용한 다음의 이야기에 기록되어 있다.

성전이 파괴된 후 어느 때인가 랍비 요하난 벤 자카이가 그의 뒤를 따르는 예슈아와 함께 예루살렘에서 여행을 떠났다. 그는 성소가 있던 곳이 폐허가 된 것을 보았다. 예슈아가 말했다. "슬프다. 폐허가 된 이곳, 이스라엘의 죄를 속하는 데 사용되었던 곳." 요하난 벤 자

---

[28] 외젠 마쥬르는 생명체가 "하나님의 소유가 되는 유일하게 가능한 길"은 죽음이라고 주장했다(*The Christian Sacrifice*, 34). 동물이 살아 있는 동안은 어떻게든 여전히 소유물로 주장할 수 있다. 주기적인 의식상의 죽음이 필요했다는 사실은, 사람들이 소유에 대한 주장을 포기하기가 얼마나 어려운지를 나타낸다. 또한 마쥬르는 동물을 하나님께 바쳤기 때문에, 완전히 소멸되거나 죽었다기보다는 오히려 하나님이 받으심으로써 증대되고 승격되었다고 이해되었을 것이라고 주장한다. (하나님이 받으신) 제물은 그 자체가 빼앗겼다기보다는 분명 바친 자가 빼앗긴 것이므로(소유권이 사라짐), 마쥬르는 이렇게 결론 내린다. "그러므로 고대에 있었던 대부분의 단순한 종교에서 사람들은 실제로 불에 타 죽은 것은 희생물이 아니라 드린 사람이라고 생각했다"(37).

[29] 고대 지중해 세계의 희생 제사 관습의 의미와 그것의 종료가 야기한 트라우마에 대한 해설로는, 마리아 조이 페트로풀루*Maria-Zoe Petropoulou*의 *Animal Sacrifice in Ancient Greek Religion, Judaism, and Christianity, 100 BC-AD 200* (Oxford: Oxford University Press, 2008)을 보라.

카이가 그에게 말했다. "아들아, 괴로워하지 마라. 우리에게는 또 다른 속죄 방법이 있다. 희생 제사를 통한 속죄와 비슷한 것, 그것이 무엇이겠느냐? 바로 자애로운 행동이다." "나는 인애를 원하고 제사를 원하지 아니하며 번제보다 하나님을 아는 것을 원하노라"(호 6:6).[30]

사람들이 삶과 생계 수단을 선물로 바쳤던 성전 제단은 사라졌지만, 희생 제사의 방식으로 자신을 드려야 할 필요는 사라지지 않았다. 인애와 자비의 행동에 더하여, 기도와 연구의 실천, 증인으로서의 순교까지도 점점 제단을 대신하는 것으로 이해되었다. 이는 희생적으로 자신을 주는 논리가, 자신을 내어주시는 하나님 사랑의 본에서 영향을 받는 문화의 중심에 있기 때문이다.

성찬의 희생

초기 기독교 공동체들은 예수 그리스도의 의미와 중요성을 받아들이는 과정에서 희생의 언어와 문법이 필요불가결함을 알게 되었다. 요한복음(1:29)과 바울서신들(고전 5:7; 롬 3:25)은 예수님을 세상 죄를 없애는 제물로 바쳐진 양으로 묘사했다. 바울에 따르면, 예수님의 희생 안에서 하나님의 의가 명확하게 나타났다.

---

[30] Jacob Neusner in "Sacrifice and Temple in Rabbinic Judaism", in *The Encyclopedia of Judaism*, 2nd edition, ed. J. Neusner, A. J. Avery-Peck, and W. S. Green (Leiden: Brill, 2005), 2370에 인용.

사도행전은 초기에 그리스도를 따르던 이들이 "성전에 모이기를 힘[썼다]"(행 2:46; 참고. 눅 24:53)고 기록하기는 하지만, 그리스도인들이 동물 희생 제사를 함께하는 삶의 중심에 두지 않았다는 사실 또한 분명하다.[31] 그러나 그들이 희생 제사를 거부한 것은 제단에 대한 전면적인 비난이나 자기를 내어주는 논리에 대한 거부가 아니었다(예수님은 그분 이전의 예언자들처럼 성전의 오용을 비판했지만 그렇다고 해서 성전을 거부하지는 않으셨다). 오히려 그것은 그리스도의 삶과 죽음과 부활에서 희생 제사가 새로운 조명을 받고 새로운 길로 들어서게 되었다는 깨달음에서 나왔다. 히브리서가 말하듯이, 그리스도는 그분의 생명과 피에 기반을 둔 하나님과 인간 사이의 새 언약을 시작하셨다.[32] 그리

---

[31] 페트로풀루는 이렇게 쓴다. "초기 그리스도인들이 동물 제사를 드리던 이교 다신론자와 유대교 일신론자 출신이었음에도, 기독교가 동물 제사가 의식의 핵심 항목을 차지하지 않는 종교로 모습을 드러낸 것은 정말 놀라운 일이다"(*Animal Sacrifice in Ancient Greek Religion, Judaism, and Christianity*, 209). 그러나 일부 그리스도인들이 아마도 이교 의식에 대한 여전히 남은 충실성에서, 동물 희생 제사를 드렸다는 증거가 있다(그래서 2세기 변증가들은 계속되는 희생 제사 관습을 반대하는 글을 쓸 필요가 있었다, 246-248). 또 기독교의 희생 제사 관습에 대한 조사로는 David Grumett and Rachel Muers, *Theology on the Menu: Asceticism, Meat and Christian Diet* (London: Routledge, 2010) 7장을 보라.

[32] 히브리서는 "피 흘림이 없은즉 사함이 없[다]"(9:22)고 말한다. 마거릿 바커Margaret Barker는 일련의 저서에서, 예수님의 피에 대한 언급이 성전 희생 제사에서 피의 역할을 상기시킨다고 주장했다. 그리스도는 유대의 대제사장들처럼, 죄를 씻고 상처를 치유하는 생명의 근원으로서 피를 바치신다. 피는 창조 세계를 갱신한다. 소외와 파괴를 생명을 주는 사귐으로 바꿔 놓기 때문이다. 바커는 레위기 17:11을 언급하면서, "속죄 의식에서 피는 죽음이 아니라 생명으로 언급되었고 그 생명이 속죄를 이루었다"[*On Earth as It Is in Heaven: Temple Symbolism in the New Testament* (Edinburgh: T&T Clark, 1995), 44]고 말한다. 나중에 그리스도인들은 그리스도의 피의 상징으로 포도주를 마시면서 자신을 내어주는 그분의 죽음을 통해 가능해진 새 언약과 생명을 증언했다. 이 주제에 대한 더 자세한 전개로는, Margaret Barker, *The Great High Priest: The Temple Roots of Christian Liturgy* (London: T&T Clark, 2003)를 보라.

스도는 단순한 희생물로 축소될 수 없다. 그분은 분리하고, 붕괴시키고, 죽음을 휘두르는 세상의 방식을 이기기 위해 자신을 드린 대제사장이시다. 예수님은 "자기를 단번에 제물로 드려 죄를 없이 하시려고 세상 끝에 나타나셨[다]"(9:26). 그리스도인들은 더 이상 매일 성전에 가서 희생 제사를 드릴 필요가 없다. 그리스도께서 자신을, 하나님과 세상 사이를 영원히 화해시키고 둘 사이의 소통의 길을 여는 최종적 제물로 삼으셨기 때문이다. 그리스도가 자신을 내어주신 것은 희생 제사의 '끝' 혹은 완성을 표시한다. 그것은 자기 내어줌이 참 생명으로 이어지는 방식에 대한 최고의 표현이기 때문이다. 우리는 그분의 일상생활에서, '내려놓음'과 '내어줌'이 어떤 모습이며 무엇을 요구하는지를 본다. 그분은 우리 모두가 하나님의 선물을 받고 다시 주는 제단이 되게 하신다. 그분은 우리 몸과 전 존재를 타자들에게 주어지는 선물로 바꾸신다. 그리스도는 "믿음의 창시자요 완성자"(12:2, 새번역), **그분 자신을 통해** 하나님과의 사귐을 확립하시는 분이다. 다음 장에서 더 자세히 살펴보겠지만, 그분의 피를 마시는 것은 그분의 생명으로 가능해진 하나님 및 창조 세계와의 사귐에 참여하는 일이다.

데이비드 벤틀리 하트David Bently Hart는 기독교의 희생 제사가 히브리어 단어 '쿠르반qurban'이 암시하는 '가까이 다가감'의 측면에서 가장 잘 이해된다고 말하며, 그 점을 잘 포착한다. 그리스도의 희생 제사는,

> 모든 생명의 근원이신 하나님과 죄로 죽은 그분 백성 사이의 기적적인 화해다. 이런 의미에서 희생 제사는 산산조각 난 언약에 대한

놀라운 보상이자, 하나님이 자기 백성의 몸 안에 내주하시는 일을 거듭해서 성취하는 행위를 뜻한다. 그렇게 자신의 영광을 담은 백성을 몸소 빚어 가시는 것이 하나님의 목적이다.[33]

유대 제단에 뿌려진 피와 마찬가지로, 그리스도의 피는 폭력과 죽음을 나타내는 공포스러운 실체가 아니라, 하나님께 영감을 받은 자기 내어줌의 길 위에 뿌려짐으로써 분열을 치유하고 삶을 새롭게 하는 화해의 매개체다. 그리스도는 성전을 이어 가시는 분이다. 그분 안에서 하늘(하나님의 거처)과 땅(피조물의 거처)이 만나기 때문이다. 그리스도를 따르는 이들은 그분의 희생적 삶에 참여함으로써(세례와 성찬을 통해) 하늘의 열매를 맛본다.

그리스도인들이 예수님이 죄를 속하는 최종적이고 완전한 희생 제물이 되셨다고 선언했을 때(롬 3:25; 히 2:17; 요일 2:2을 보라), 그들은 단순히 나사렛 출신의 그 사람에 대해 말하는 것이 아니었다. 그들은 하나님의 성품에 관한 무언가를 말하고 있었다. 좀 더 명확하게 말하자면, 그들은 자신을 내어주는 희생 제사 논리가 영원히 하나님 삶의 중심에 있었다고 말하고 있었다. 에이버리 덜레스Avery Dulles가 말했듯이, 예수님의 죽음은 "그분의 사명의 우발적이고 의도하지 않은 결과로 치부될 수 없다."[34] 그리스도는 단순한 희생양이 아니

---

33 David Bentley Hart, "'Thine Own of Thine Own': Eucharistic Sacrifice in Orthodox Tradition", in *Rediscovering the Eucharist: Ecumenical Conversations*, ed. Roch A. Kereszty (New York: Paulist Press, 2003), 143. 성전 관행과 성찬 사이의 연속성에 관한 더 자세한 논의로는, Jonathan Klawans, "Interpreting the Last Supper: Sacrifice, Spiritualization, and Anti-Sacrifice", in *New Testament Studies* 48 (2002): 1-17을 보라.

며, 그분의 죽음은 폭력에 대한 누그러뜨리기 어려운 갈증과 관련하여 배워야 하는 교훈으로 축소될 수 없다. 예수님의 죽음은 하나님이 세상과 함께하시는 방식에 대해, 그리고 창조 세계의 내적 의미에 대해 말한다. 예수님은 십자가에서 이 세상의 소외시키는 죽음과 폭력을 마주하시고, 그것을 부활 생명으로 이어지는 자기를 내어주는 죽음으로 변화시키셨다.

이안 브래들리Ian Bradley는 희생 제사에 대한 오늘날의 의심이, 하나님의 존재 자체에서 나오는 자기 제한과 자기 포기를 보지 못하게 한다는 타당한 주장을 제기했다. 희생 제사가 비하와 착취로 이어질 수 있다는 염려는 합당하다. 그러나 이는, 예수님을 따르고자 하는 이들이 똑같이 지속적으로 대가를 치르는 자기 내어줌의 삶에 헌신해야 한다는 깨달음을 차단하곤 한다. "그리스도 안에서 자신을 드러내신 하나님은 아들을 통한 구속 사역에서만큼이나 창조의 활동에서도 계속해서 자신을 희생하고 계신다."[35] 이런 시각에서는, 십자가에서 분명히 드러난 자신을 내어주는 희생 제사 논리는 이미 세상이 시작될 때 작동되고 있었다. 하나님의 세상 창조가 삼위일체 하나님의 내적 사랑의 표현이자 구체적인 명시로 이해되고, 사랑은 다른 이에게 전심으로 자기 자신을 기꺼이 주는 마음[심지어 다른 이를 위해 목숨을 버리는 것(요일 3:14-16) 혹은 다른 이를 섬기기

---

[34] Avery Dulles, "The Eucharist as Sacrifice", in Kereszty, *Rediscovering the Eucharist*, 175.

[35] Ian C. Bradley, *The Power of Sacrifice* (London: Darton, Longman and Todd, 1995), 11. 브래들리는 계속해서 이렇게 쓴다. "십자가는 분명 고통과 수치의 상징이긴 하지만, 그것만은 아니다. 십자가는 구속의 도구인 만큼 창조의 도구이며, 모든 것을 새롭게 하는 생명나무이자 온 우주를 지탱하는 희생의 기둥이다"(85).

위해 '자기를 비우는 것'(빌 2:6-9)]을 포함한다면, 창조 사역에서 하나님이 피조물의 생명이 존재하도록 기꺼이 자신을 부어 주심을 보는 것은 타당하다.³⁶ 자기 내어줌으로 이해되는 하나님의 죽음은 십자가에서 절정에 이르며, 참된 부활 생명의 가능성에 대한 조건이자 근원이다. 세상의 선과 아름다움뿐 아니라, 값비싸고 때로는 무섭기까지 한 은혜는 하나님의 끊임없는 자기 내어줌을 통해 드러난다.³⁷ 이는 다른 이들을 위해 자기 목숨을 내놓으신 예수님, 하나님 사랑의 절정인 십자가 죽음이, 온 세상을 창조하고 유지하는 영원한 사랑의 실제적이고 구체화된 표현이라는 의미다.

하나님의 삶의 특징인 희생의 움직임은 창조된 생명의 특징이기도 하다. 창조 세계는 자신을 내어주시는 이해할 수 없는 하나님의 사랑이 날마다 표현되는 거대한 제단이다. 피조물의 삶과 죽음, 땅속에서 죽는 씨에서 우리가 발견하는 바는, 희생 제사의 제물이

---

36 창조 세계를 하나님의 자기를 비우시는 사랑으로서 탐구하고 논지를 전개하는 광범위한 글 모음집으로는, *The Work of Love: Creation as Kenosis*, ed. John Polkinghorne (Grand Rapids: William B. Eerdmans, 2001)을 보라.

37 "기독교 사상에서 희생의 실제 순서는, 하나님의 페리코레시스의 움직임과 일치한다. 성부는 성자를 기꺼이 내어주시고, 성자는 성부의 모든 뜻을 실행하시고, 성령은 다양한 형태의 선물을 영원히 돌려드린다. 각 위격은 무한한 사랑 가운데 서로에게서 받으시고 또 서로에게 주신다"[David Bentley Hart, *The Beauty of the Infinite: The Aesthetics of Christian Truth* (Grand Rapids: William B. Eerdmans, 2003), 353]. 하트가 올바르게 강조한 바는, 희생 제사가 폭력이나 교환의 경제 내부에서 나타나는 어떤 순간이나 움직임이 아니라는 점이다. 하나님에 대한 유대인의 이해를 기반으로 할 때 그리스도의 희생 제사는, "신중한 폭력을 안정화하는 제도가 아니라, 주고 또 주는, 평화를 표현하며 사랑과 기쁨을 공표하는, 빚이나 힘의 계산법은 전혀 없는, 불안정하게 만드는 낭비다"(350). 이러한 내어줌에서, "창조 세계는 아무도 꺾을 수 없는 집요하고 순수한 그 사랑에 사로잡힌다. 그것은 우리를 그 삼위일체의 움직임 안으로 끌어들이기 위해 아래로 내려온 사랑이다"(358).

우리가 창조 세계라 부르는 삶의 구성원들을 존재하게 하는 조건이라는 것이다. 창조 세계는 하나님이 음식과 양육을 위해 피조물 각자에게 서로를 내어주시는 곳으로서, 생명이 계속해서 죽음을 통해 새로운 생명으로 나아가는 희생의 힘을 보여 준다. 그러나 이 힘은 아주 역설적이다. "항복과 고통을 포함하는 과정을 통해 깨진 것과 조각 난 것을 묶고 합친다.…희생은 최고의 '오푸스 데이*opus Dei*', 곧 거룩하게 하시고 온전하게 하시는 하나님 능력의 역사다."[38] 희생적인 사랑 없이는 생명이 없기 때문에, 항복 없이는 사랑이 없기 때문에, 모든 피조물의 운명은 자신을 바치거나, 하나님의 영원한 사랑의 일시적인 표현으로서 바쳐지는 것이다.[39]

강조할 중요한 점은, 이러한 피조물의 내어줌이 진짜 희생이 되기 위해서는 그것이 하나님께 영광을 돌리는 일이 되어야 한다는 것이다. 우리는 역사를 통해, 자만심과 두려움에서 혹은 다른 이의 이익을 확보해야 할 필요성으로 피조물들과 일단의 사람들을 착취하고 학대해 온 수많은 이야기를 알고 있다(남자와 식민 권력의 야망을 성취하기 위해 여자, 여러 인종, 토착민이 자유와 꿈을 '희생하도록' 강요당한 일을 떠올려 보라). 다른 피조물들과 마찬가지로 사람도 사업 계획에서 경제 단위로 축소될 수 있고, 응징이나 회유의 복잡한 게임에서 장기판의 졸로 전

---

38 Bradley, *The Power of Sacrifice*, 35.
39 하나님이 피조물 각자에게 서로를 내어주셨다는 말은 받아들이기가 매우 어렵다. 특히 이 내어줌이 대부분 피조물들이 자유롭게 혹은 자의식을 가지고 하는 일이 아닐 때 더욱 그렇다. 우리는 그러한 내어줌을 피조물의 권리에 대한 침해로 간주하려는 유혹을 받는다. 그러나 만약 피조물에게 내어줄 자유가 없다면, 자유가 침해된다고 말하는 것이 타당한가? 어떤 비인간 피조물이 자유를 누릴 역량, 그래서 희생할 능력이 있느냐 하는 문제는 여기서 다루지 않는다.

락함으로써 붕괴될 수 있다. 이 중 어느 것에도 진정한 희생은 보이지 않는다. 자기 미화나 한 민족이나 기업의 영광이 하나님의 영광을 가려 버렸기 때문이다. 착취는 희생에 반대되는 것이라고, 있는 그대로 묘사하는 편이 더 정확할 것이다. 여기서는 생명을 주시는 하나님의 능력이 생명으로부터 등을 돌렸기 때문이다. 희생이 우상 숭배로 왜곡되었다.

그리스도인의 삶을 묘사하는 한 가지 방법은, 적절한 희생의 방식을 배우는 학교로 보는 것이다. 깊고 참된 사귐으로 가는 길인 희생은 하나님의 방법이기도 하고 하나님께로 가는 방법이기도 하다. 그리스도인들은 예수 그리스도의 죽음과 부활을 숙고하며, 그분 안에서 그들 자신의 희생의 삶의 본을 보았다. 프랜시스 영Frances Young은 이러한 초기 그리스도인들이 희생이라는 표현을 썼을 때 그리스도의 속죄 사역을 묘사하기 위해서만이 아니라, 그것이 효력을 갖기 위해 그분의 사역에 참여한다는 의미로서 신실한 삶과 예배를 표현한 것이었다고 주장했다. 다시 말해, 그리스도의 희생은 법률적이거나 대속적인 용어보다는, 그리스도인들이 참여하도록 부름받은 대표적인 행위로 이해되었다. "사람들은 믿음을 통해 그리스도와 동일시됨으로써, 올바른 순종의 삶에서 하나님을 향한 완벽한 예배와 온전한 자기 내어줌을 회복한다. 이것이 바로 그리스도의 대속적 죽음과 그리스도인들이 희생이라고 부르는 그분을 본받는 일이 아주 밀접한 관계를 가지는 이유다.…그리스도 안에 있는 그들과 그들 안에 있는 그리스도가 희생 제사를 드린다."[40]

---

[40] Frances M. Young, *The Use of Sacrificial Ideas in Greek Christian Writers*

사도 바울은 세례가 그리스도의 죽음과 합하는 세례라고 주장하면서 이러한 사고방식을 확립했다. "우리가 그의 죽으심과 합하여 세례를 받음으로 그와 함께 장사되었나니, 이는 아버지의 영광으로 말미암아 그리스도를 죽은 자 가운데서 살리심과 같이 우리로 또한 새 생명 가운데서 행하게 하려 함이라"(롬 6:4). 이 절에 뒤이어 바울은, 사람들이 변화되어 이전 삶의 방식을 버리게 된다고 묘사한다. 그것은 곧 자기만족이나 자기 미화에 초점이 있기 때문에 죄악되다고 표현할 수 있는 삶의 방식이다.[41] 세례 받은 신자들은 죄의 속박에서 벗어나 그리스도와 함께 참되고 온전한 삶을 살 수 있다. 옛 자기가 이제 '십자가에 못 박힘으로써', 소외시키거나 파괴시키는 일종의 죽음에는 참여하지도 그것의 포로가 되지도 않는 새로운 자기가 태어날 수 있다. 그리스도께서 부활을 통해 죄성과 연관된 죽음을 이기셨으므로, 바울은 그를 따르는 이들에게 "죄에 대하여는 죽[고]…그리스도 예수 안에서 하나님께 대하여는 살아 있[으라]"(롬 6:11)고 권면한다.

그리스도인들은 성찬 식사의 축성에서 이러한 희생 제사의 화

---

from the New Testament to John Chrysostom (Cambridge, MA: Philadelphia Patristic Foundation, 1979), 299.

[41] 제롬 머피 오코너Jerome Murphy-O'Connor는, 바울서신에 따르면 자기를 내어주신 예수님의 죽음은 그리스도인들이 그분을 삶의 본으로 삼도록 돕는 렌즈 같은 역할을 한다고 주장한다. "바울에 따르면, 예수님의 존재 전체에 힘을 불어넣은 자기 희생은 그분의 죽음에서 가장 잘 표현되었고(참조. 갈 2:20), 하나님이 피조물들에게 원하시는 삶의 방식을 가장 급진적으로 실증하셨다. '그가 모든 사람을 대신하여 죽으심은 살아 있는 자들로 하여금 다시는 그들 자신을 위하여 살지 않고'(고후 5:15)"[*Keys to First Corinthians: Revisiting the Major Issues* (Oxford: Oxford University Press, 2009), 211].

법과 관행을 통합했다. 바울은 그를 따르는 이들에게 주의 만찬을 기념하는 법에 대해 가르치면서 이렇게 마무리한다. "너희가 이 떡을 먹으며 이 잔을 마실 때마다 주의 죽으심을 그가 오실 때까지 전하는 것이니라"(고전 11:26). 그리스도인들은 주의 만찬을 나누며 그리스도의 희생적 죽음만 상기하는 것이 아니라, 그들의 삶이 그분이 십자가에서 가능하게 하신 부활 생명의 선포가 되게 하는 방식으로 그 죽음에 참여한다. "우리는 성찬의 희생 성례에서, 그리스도가 드린 구원의 희생 제물을 그분과 함께 드림으로써 자애를 배운다. 성찬의 성례는 자애 '수업'이다. 이는 우리로 그리스도와 함께 그분의 희생을 행할 수 있게 함으로써 교회를 세운다."[42] 다시 말해 그리스도의 자기 내어줌은, 모든 적절한 자기 내어줌에 대한 본이 된다. 그리스도의 희생은 그분의 피로 봉인한 새 언약, 곧 온전하고 완벽한 사귐을 가능하게 하는 언약을 확립한다.[43]

기독교의 희생 제사를 묘사하는 학자들은 그것을 흔히 유대 관습의 '영화'로 묘사한다. 더 이상 제단에 동물들을 바치지 않기 때문이다. 예를 들어, 프랜시스 영은 이렇게 말한다. "희생 제사의 기독교식 영화는 급진적이었다. 일반적으로 그것은 오로지 기도, 자선, 기독교적 미덕을 실천하는 삶, 순교를 통한 자기 내어줌만이 참되신 한 분 하나님께 드리는 적합한 희생 제사로 여겨졌다는 의미였다.

---

42 Levering, *Sacrifice and Community*, 199.
43 마가복음은 예수님이 그 잔에 대해, "이것은 많은 사람을 위하여 흘리는 나의 피 곧 언약의 피"(막 14:24)라고 말씀하셨다고 기록한다. 이는 성전 제사장이 드린 희생 제사의 피처럼 그분의 피가 창조 세계를 새롭게 하는 제물임을 암시한다. 주32에서 마거릿 바커의 저서에 대한 언급을 다시 보라.

그 하나님은 피조물의 충성과 헌신만을 필요로 하시는 분이다."[44] 이런 식의 말은 오해의 소지가 있을 수 있다. 특히 희생 제사가 생계 수단과 생명을 바치는 것임을 기억한다면 말이다. 따라서 초기 그리스도인들에게 요구된 자비와 자선의 실천은, 물질적으로 표현되는 관행에 참여하는 것이었다.

우리는 성경 외의 《디다케 Didache》 같은 초기 기독교 문헌에서도 희생 제사 감성의 한 차원을 본다. 《디다케》는 능력을 받은 지도자나 예언자가 찾아올 때 기독교 가정에서 보여 주어야 하는 일종의 환대를 언급하면서 이렇게 가르친다.

> 그러므로 당신은 포도즙 짜는 기구와 타작마당에서 난 첫 산물, 소와 양의 첫 산물을 가져와서 지도자들에게 드려야 한다. 요즘에는 그들이 당신들의 '대제사장'이기 때문이다. 당신들 가운데 지도자가 없다면, 그 산물들을 가난한 이들에게 주라. 그리고 빵을 구우면, 계명이 명하듯 첫 번째 것을 가져와 나누라. 마찬가지로 포도주나 기름병을 꺼낼 때도 처음 부은 일부를 가져와 지도자들에게 주라. 당신의 돈, 옷, 모든 소유도 마찬가지다. 무엇을 최고로 생각하든, 계명이 명하듯 그것들의 십일조를 가져와 드리라.[45]

대제사장이라는 표현과 언급은, 여기서 자선의 선물이 희생 제사의 연장으로 이해됨을 분명히 한다. 다른 점은 제단이 없다는 것이다.

---

[44] Young, *The Use of Sacrificial Ideas in Greek Christian Writers*, 98.
[45] *Didache*, 13, in *Early Christian Writings: The Apostolic Fathers*, ed. Andrew Louth, trans. Maxwell Staniforth (Harmondsworth: Penguin Books, 1968), 234.

성전에서 실행되던 희생 제사가 끝나긴 했지만, 그것이 생계 수단(빵, 포도주, 고기, 옷, 기름, 돈 등)을 선물로 드리는 일 역시 끝났다는 의미는 아닙니다. 서로 음식을 나눔으로써 제단이 식탁으로, 식탁이 제단으로 바뀌었다.

희생 제사는 그리스도를 **통해** 드려질 때 뚜렷하게 기독교적이 된다. 로완 윌리엄스는 2세기 변증가 이레나이우스의 입장을 요약하면서 이렇게 말한다. "우리는 성찬 봉헌식에서 우리 구원을 이루는 것이 아니다. 우리는 그리스도의 영광스러운 삶 안에서 우리에게 주어진 몫을 증언하며, 그것은 우리 삶의 다른 부분에서 선, 겸손, 연민으로 나타난다. 그리고 제물의 순도는 제물을 받으시는 그리스도에 대한 우리의 헌신에 달려 있다."[46] 이는 그리스도인들이 하나님을 달래거나 그분께 뇌물을 주는 전략을 멈출 때 진정한 희생 제사를 드리게 된다는 의미다. 제물이 더 이상 두려움이나 불안에서, 혹은 세상에서 지위와 영광을 확고히 하려는 바람으로 드려지지 않을 때 그 제물은 진짜가 된다. 그리스도인의 희생은, 삶을 사귐을 낳는 선물로 만드는 법을 배우는 일과 관련이 있다.

그리스도인들은 성찬 식탁에서 빵과 포도주를 나누며 예수님의 삶과 죽음에 참여할 때, 서로에게 생명을 줌으로써 삶과 사랑이 가능해짐을 보고, 냄새 맡고, 만지고, 맛본다. "생명이 우리에게 주어지면, 우리는 그것이 죽음을 통해서임을 안다. 그리고 그다음 우리가 생명을 주어야 한다면, 마찬가지로 죽음이 개입해야 한다."[47] 십자가

---

[46] Rowan Williams, *Eucharistic Sacrifice: The Roots of a Metaphor* (Bramcote: Grove Books, 1982), 11.

[47] Ghislain Lafont, *Eucharist: The Meal and the Word* (New York: Paulist Press,

에서의 자기 내어줌은 여기서 세상의 기반과 생명으로 선포된다.

육류 섭취에 대해

비건 식단(어떤 형태의 동물성 식품에도 의지하지 않는)이나 채식주의 식단(동물성 식품은 섭취하지만 동물 자체는 먹지 않는)은, 동물의 희생 및 생명의 삶과 죽음에 관해 제기되는 우려를 피할 수 있다고 생각하기 쉽다. 그러나 그것은 착각이다. 모든 동산지기가 알듯이, 엄격한 채식주의 식단도 토양 속 미생물에서부터 지상의 설치류와 다른 작은 동물들에 이르기까지, 끊임없이 서로를 먹고 사는 막대한 생명체들의 죽음을 피할 수 없다. 분명 모든 죽음이 동일하지는 않다. 미생물의 죽음과 소의 죽음이 어떻게 비교가 되겠는가? 그러나 우리는 채식주의를 고찰함으로써, 우리를 창조 세계의 생명과 죽음으로 인도하는 행위인 식사의 본질에 대해 더 깊이 생각할 수 있다. 채식주의는 먹는 자로서 인간이 동물과 식물이 주는 생명의 선물에 다가가고 그것을 소비하는 최고의 방법에 대해 사려 깊게 생각하도록 요청한다.

'채식주의'라는 용어는 꽤 최근인 1840년대에 생겼지만, 고기 섭취를 삼가야 한다는 생각은 아주 오래되었다. 이는 아주 다양하고 오랜 역사를 가진 생각이다.[48] 몇몇 사람들은 식물성 식단이, 음식으

2008), 95-96.

[48] 최근의 역사서로는 콜린 스펜서Colin Spencer의 *Vegetarianism: A History*, rev. edition (London: Grub Street, 2000)과 트리스트럼 스튜어트Tristram Stuart의 *The Bloodless Revolution: A Cultural History of Vegetarianism from 1600 to*

로 먹으려고 동물을 죽이지는 않았던 선사 시대의 목가적 평화를 증언한다고 생각한다. 피타고라스와 같은 사람들은 인간의 영혼이 동물의 몸으로 환생한다고 믿었기 때문에 육식을 거부했다. 또 어떤 사람들은 종교적 희생 제사와의 상징적인 관계나 특정 계층의 사람들과 그들의 습관 때문에 육식을 거부했다.[49] 성 포르피리오의 믿음에 따르면, 먹기 위한 동물 도살은 야수 같고, 폭력적이고, 자제력 없는 인간을 만들어 내는 달갑지 않은 효과를 가져올 수 있다. 고기를 먹든 먹지 않든 위태로운 것은 단지 동물의 생명만이 아니다. 똑같이, 때로는 좀 더 중요한 것은, 도덕적이고 영적으로 민감한 인간이 되도록 훈련시키고 정련하는 일이다.

채식주의자들의 주장은 일반적으로 세 가지 형태로 나타나는 경향을 보인다. 곧, 고기를 먹지 않는 것이 개인의 건강에 더 좋으며, 동물 학대를 방지하고, 지구를 구한다는 것이다. 첫 번째로, 채식주의자들은 〈중국 연구China Study〉를 지적하곤 한다. 이는 코넬 대학교, 옥스퍼드 대학교, 중국 예방의학 아카데미가 함께한 20년간의 협력 연구로, 이 연구는 심한 동물성 식단으로 식사를 한 사람들은 만성 질환(심장병, 당뇨병, 비만, 암) 발병률이 더 높은 반면, 식물성 식단으로 식사를 한 이들은 더 건강하고 만성 질환을 피하는 경향이 있었다고 결론 내렸다. 두 번째로, 채식주의를 지지하는 이들은 미국에서만 80억 마리 이상의 동물이 소비되고 있는데 그 대부분은 비좁게 감금된 상태에서 스테로이드와 항생제를 과도하게 주입받고 사육된

Modern Times (London: HarperPress, 2006)를 보라.

49 그리스도인들은 고기를 피해야 한다며 제시된 여러 이유들을 역사적으로 다른 글로는, Grumett and Muers, *Theology on the Menu*를 보라.

다음 비인간적 방식으로 도살된다고 지적한다.[50] 세 번째로, 채식주의자들은 동물성 식단으로 인해 귀중한 토양과 물, 식물, 화석 연료 자원이 우리를 위한 식품이 되기 전에 먼저 동물 사료로 전환되어, 자원이 아주 비효율적으로 사용된다는 사실을 지적한다.

이러한 주장은 대부분 설득력이 있고, 우리의 주의와 지지를 요한다. 육식 위주인 미국인의 식단은 건강하지 않고, 실제로 동물 학대에 의존하고, 천연자원을 낭비한다.[51] 사람들이 고기를 덜 먹는다면, 특히 산업적 생산 모델에 따라 사육되고 도살되는 고기를 덜 먹는다면 인간과 동물과 밭과 수로의 건강에 더 도움이 될 것이다. 그러나 이는 모든 육류 소비가 잘못된 것이라는 결론으로 이어지는가? 이토록 복잡하고 중요한 이슈에 집중하는 신학적 성찰이 있는가?[52]

---

50 Jonathan Safran Foer, *Eating Animals*는 오늘날 육류 생산 관행의 모멸적이고 비인간적인 측면들을 묘사한다.

51 댄 바버Dan Barber는 *The Third Plate: Field Notes on the Future of Food* (New York: The Penguin Press, 2014)에서, 전 세계를 여행하며 새로운 식사를 상상하며 탐구한다. 그것은 육류에 크게 의존하지 않고, 생태계와 식물과 동물의 건강에 주의를 기울이는 식사다. 불행히도 그가 추천하는 일부 식단은 저소득층은 다가가기가 어렵다.

52 이 짧은 지면에서 고기 섭취를 둘러싼 많은 상세한 질문들을 제대로 다루기는 불가능하다. 우선, '고기'가 의미하는 바가 보편적이지 않거나 논란이 없지 않다(물고기도 고기인가?). 더 나아가 사람들과 그들이 먹는 동물의 관계는 시간과 장소와 전통에 따라 아주 다양하다. 이를 포함한 이슈들에 대한 가장 최근의 정교한 분석으로는, 데이비드 그루맷과 레이첼 무어스가 편집한 *Eating and Believing: Interdisciplinary Perspectives on Vegetarianism and Theology* (London: T&T Clark, 2008)를 보라. 또, 사람들이 동물을 어떻게 이해하고 동물과 어떻게 관계 맺는가를 고찰하는 데는 아주 많은 문화적·역사적 요인들이 있다. 존 버거John Berger는 "Why Look at Animal?"에서, 근대 자본주의가 동물을 다루는 면에서 결정적 변화를 가져왔다고 주장했다. 이는 도시화, 육류의 산업화, 동물원의 발달, '반려' 동물 문화의 증가 등 몇몇 실용적인 발전에 의존한 변화였다[*About Looking* (New York: Vintage, 1992)]. 한

그리스도인들은 고기 섭취에 대한 지침을 찾을 때, 흔히 창세기 1:29 같은 성경 구절에 의존한다. 그 구절에서 하나님은 동물과 사람에게 말씀하신다. "내가 온 지면의 씨 맺는 모든 채소와 씨 가진 열매 맺는 모든 나무를 너희에게 주노니 너희의 먹을거리가 되리라." 여기 하나님의 최초의 낙원에서 모든 피조물이 채식주의 식사를 했다. 이후의 이사야와 호세아 같은 예언자들은 채식주의 식단이 미래에 임할 평화로운 하나님 나라의 표지일 것이라고 제안한다. "이리가 어린 양과 함께 살며 표범이 어린 염소와 함께 누우며…암소와 곰이 함께 먹으며 그것들의 새끼가 함께 엎드리며 사자가 소처럼 풀을 먹을 것이며"(사 11:6-7). 이 두 구절은 채식주의가 처음부터 끝까지 하나님의 뜻이었음을 나타내는 북엔드 같은 역할을 한다. 성경 속 사람들이 고기를 먹는다는 사실은, 인간의 죄악됨과 창조 세계의 타락한 상태에 대한 하나님의 '양보'가 반영된 것이다. 그것은 홍수 이후 "모든 산 동물은 너희의 먹을 것이 될지라. 채소같이 내가

편, 스티븐 부디안스키Stephen Budiansky는 *Covenant with the Wild: Why Animals Chose Domestication* (New Haven: Yale University Press, 1999)에서, 동물 권리 운동가들의 일부 노력은 좋은 뜻임에도 실제로 백해무익하다고 올바르게 주장했다. 부분적인 이유는, 도시인들이 자연을 조화의 장소로 낭만적 이상화를 할 여지가 있기 때문이다. 그들은 그들의 맥락에서 동물 다양성과 지속적이거나 실제적인 관계가 거의 없어서, 반려동물이 아닌 다른 동물들을 올바로 인식하는 법을 모른다. 스티븐 웹은 심지어 반려동물은 '전형적인 동물'이며, 우리는 동물의 가축화를 통해 '야생 동물을 질서 잡힌 관계로' 데려갈 수 있다고 제안하기까지 한다. 분명 농업의 역사가 보여 주듯, 일부 동물의 가축화는 고귀한 소명이다. 그러나 길들여진 동물이 '모든 동물의 원래 형태'(Webb, *Good Eating*, 80-81)라는 주장은, 도를 넘은 의인화에 해당한다. 이는 동물들을 진짜 **타자**로 볼 수 있는 능력을 앗아 갈 수 있다. 동물과 동물성의 신학적 의미에 대한 다양한 견해는, *Creaturely Theology: God, Humans and Other Animals*, ed. Celia Deane-Drummond and David Clough (London: SCM Press, 2009)를 보라.

이것을 다 너희에게 주노라"(창 9:3)라고 말씀하신 하나님이 노아에게 나타내신 양보다.⁵³

성경의 문화가 농경 문화이기 때문에, 농부와 목자에 대한 이야기가 아주 많다는 점, 그리고 사람들이 식용으로 동물을 사육했고 하나님이 이에 복을 주셨다는 점은 놀랄 일이 아니다. 히브리 종교와 의식상의 관습은 농업적 맥락 밖에서는 말이 되지 않는다. 희생 제사 의식의 중심에 가축과 밭의 열매가 있었기 때문이다. 기독교 성경을 보아도 예수님이 채식주의자였다거나, 학대를 거부하며 성전 제사 전통을 반대하셨다는 암시는 거의 없다.⁵⁴ 만약 예수님이 채식주의 식단을 이상으로 믿으셨다면, 특히 다른 영역에서의 가르침의 급진적 성격을 고려할 때, 그분이 그것을 가르치고 실천하셨다는

---

53 웹은 *Good Eating*에서, 이러한 양보가 어떤 피조물도 고기를 먹어서는 안 된다는 하나님의 변치 않는 뜻을 역전시키지는 못한다고 주장한다. "고기 섭취에 대한 하나님의 마음이 변화된 것은 분명 인간의 죄악됨과 우리 마음의 완고함에 대한 양보로 그려진다. 하나님의 이상은 변하지 않았다. 우리를 향한 하나님의 요구는 영원하다"(72). 나는 하나님의 양보라는 주장이 거의 말이 되지 않는다고 주장할 것이다. 하나님은 계명에 순종하기가 명백히 어려운 특별한 경우에, 거짓말이나 속임수에 대해 양보해 주시는가? 하나님은 마음의 완악함 때문에 뜻하시는 바를 조정하기보다, 사랑으로 움직이도록 마음을 조정하시는 쪽을 택하신다.

54 리처드 보캄Richard Bauckham의 "Jesus and the Animals I: What Did He Teach?" 와 "Jesus and the Animals II: What Did He Practice?", in *Animals on the Agenda: Questions about Animals for Theology and Ethics*, ed. Andrew Linzey and Dorothy Yamamoto (Urbana: University of Illinois Press, 1998), 그리고 데이비드 호렐David G. Horrell의, "Biblical Vegetarianism? A Critical and Constructive Assessment", in Grummet and Muers, *Eating and Believing*을 보라. 호렐은 성경이 채식주의를 지지하는 분명하고 결정적인 증거를 제시하지 않는다고 결론 내린다. "그러나 성경이 기여할 수 있는 바는, 기독론적으로 형성된 타자에 대한 관심에서 비롯된 신체적 실천, 온 창조 세계의 번성과 그것에 대한 찬양을 촉진하는 일, 온 창조 세계의 종말론적 갱신을 기대하는 일 등에 대한 헌신을 장려하고 유지시키는 세계관의 더 폭넓은 측면들이다"(53).

더 분명한 증거를 기대해야 하지 않을까? 나아가, 베드로의 환상처럼 모든 동물이 깨끗하니 잡아먹기에 적합하다고 선언하는 구절(행 10:9-16)과, 고기를 먹느냐 채소를 먹느냐를 근거로 서로 판단하지 말라는 로마 교회를 향한 바울의 경고(롬 14장)는, 초기 기독교 공동체에서 고기 섭취를 금하지 않았음을 암시한다.[55]

육류 섭취에 대한 성경의 두 반대되는 견해를 고려할 때, 희생 제사에 대한 더 초기의 관찰과 자기 내어줌의 논리를 들여다보는 쪽이 도움이 될 것 같다. 내 의도는 여기서 그 이슈를 '해결하는' 것이 아니라, 이 책에서 그리고 있는 신학적 그림이 우리에게 유용한 방식으로 그 이슈를 조명해 줄 수 있는지를 보고자 하는 것이다. 앞에서 묘사했던 희생 제사가, 사람들이 혜택이나 은혜를 얻어내기 위해 하나님께 한 일이 아니었음을 기억하라. 오히려 희생 제사는 하나님이 자신을 내어주심으로 세상과 함께하시는 방식이며, 사람들은 함께하는 삶의 풍성함을 이루기 위해 그 방식에 참여하도록 초대받는다. 자신을 내어주시는 하나님 사랑의 물리적 표현으로 여겨지는 창조 세계 자체가, 매일 이 깊이를 헤아릴 수 없는 은혜가 실현되는 제

---

[55] 그러나 바울은 먼저 우상에게 바쳐진 고기를 먹는 일에 대해서는, 그러한 식사가 하나님에 대한 충성의 철회를 암시하여 혹 믿음이 약한 지체를 넘어지게 할까 염려했다(고전 8장). 중요한 점은, 고대 지중해 세계에서 상대적으로 드물게 일어난 고기 구매와 섭취가 동물 희생 제사와 결부되어 있었다는 것이다. 초기 그리스도인들이 육류를 거부한 것은 보통 이교나 유대교의 희생 제사 관습을 지지하기를 거부하는 경우였다. 이 주제를 상세하게 다룬 Andrew McGowan, *Ascetic Eucharists: Food and Drink in Early Christian Ritual Meals* (Oxford: Clarendon Press, 1999)를 보라. 고대 세계의 육류 섭취에 대한 요약된 설명으로는, John M. Wilkins and Shaun Hill, *Food in the Ancient World* (Oxford: Blackwell, 2006); Nathan MacDonald, *What Did the Ancient Israelites Eat? Diet in Biblical Times* (Grand Rapids: William B. Eerdmans, 2008)를 보라.

단이다. 피조물들은 이 희생적 움직임의 표현으로 먹고 성장하고 치유하고 죽는다. 창세기(1장과 9장)가 하나님을 모든 살아 있는 피조물에게 음식으로 식물과 동물을 **주시는** 분으로 묘사할 때, 이 주심에는 태초부터 하나님의 창조하고 유지시키시는 삶의 특징인 자기 내어줌이 반영되어 있다. 이 요점으로부터 두 가지 중요한 관찰(몇 가지 실제적 함의와 함께)이 뒤따른다.

첫째, 육류 섭취 거부에는, 창조 세계의 특징인 삶과 죽음을 받아들이는 일을 거부하는 태도가 반영되어 있을 **수 있다**. 그것은 적절한 죽음은 삶으로의 이동이며 또한 그 삶을 구성하는 요소임을 인식할 수 없는 무능력을 나타낼 **수 있다**. 로버트 패러 캐폰은 그 문제를 직설적으로 표현했다.

> 생명 자체가 부활이다. 그렇지 않으면 그것은 생명이 아니다.…죽음은 생명에게 일어나는 불가해한 사고가 아니다. 그것은 바로 생명이 작동하는 엔진이다. 닭, 치커리, 병아리콩의 죽음으로 당신이 오늘까지 살고 있다. 그리고 당신이 지금 가진 생명도 끊임없이 죽어 가고 있다.…사는 것은 항상 죽은 자들 가운데서 다시 살아나는 것이기 때문이다. 죽음을 거부하는 것은, 생명을 일으키는 유일하게 가능한 토양을 거부하는 것이다.[56]

---

56 Capon, *Food for Thought*, 154-155. 캐폰은 빵을 생명의 위대한 성례로 묘사하며, 빵과 관련하여 그 요점을 구체적으로 제시한다. "씨가 죽지 않으면 밀이 되지 못한다. 밀이 제분되지 않으면 밀가루가 되지 못한다. 이스트에 의한 탄수화물 파괴가 없으면 부풀지 않는다. 가열하여 이스트가 죽지 않으면 완성된 빵은 없다. 그리고 당신과 내가 빵을 다 먹지 않으면 우리는 완성되지 않을 것이다. 중요한 요점은, 이러한 매 순간의 죽음들로 이루어진 전체적 죽음 없이는 아무것도 없으리라는 것이

많은 열매를 맺기 위해 땅속에서 죽어야 하는 씨앗은, 생물학적 혹은 생태학적 원리로 축소되지 않는다. 그것은 물질적 존재를 풍성한 부활 생명으로 변화시키는 신학적 원리이며, 그리스도인들은 그 생명을 살아내도록 부름받은 사람들이다. 이는 먹는 자들이 하나님이 음식으로 주신 피조물들의 죽음을 가볍게 여기거나 기뻐하라는 의미가 아니다. 믿음과 삶에 대한 모든 감상적이고 낭만적인 개념은 십자가에서 무너진다.[57] 오히려 이 원리는 우리가 세심하고 긍휼 어린 삶을 통해, 타자들의 죽음이라는 선물을 받아들이고 존중하는 법을 배워야 한다고 주장한다. 그 죽음은 하나님이 세상에 베푸시는 공급과 구원의 수단이다.[58] 데이비드 클라우David Clough가 최근에 주장했듯이, 채식주의를 찬성하거나 반대하는 기독교 신학적 주장이 있을 수 있다. 그러나 그것이 그리스도인들이 무분별하게 고기를 먹을 수 있다는 의미는 아니다. "동물을 식용으로 쓰고자 한다면, 하나님의 피조물 동료로서 우리와 그 동물의 관계를 존중하는 태도가 요구된다.…또한, 할 수 있을 때 그 동물의 번성을 촉진하고, 오직 그렇

다"(156).

[57] 유대인 철학자 마이클 위쇼그로드Michael Wyschogrod는 성전에 대해 유사한 주장을 한다. 성전 제사는 사람들이 죽음의 실재와 정직하게 대면한 다음 하나님의 임재 앞에서 그것을 성별하도록 했다. 믿음은 죽음을 괄호로 묶거나 숨길 때 가치를 잃는다. *Sacrifice and Community*, 42-43에서, 매튜 레버링의 논의를 보라.

[58] 스탠리 하우어워스와 존 버크먼John Berkman이 말했듯이, 우리가 희생을 제외하고 우리 삶의 이야기를 이해할 수 있다는 생각은 착각이다. 여기서 희생이라는 표현을 타자들에 대한 착취의 도구로 바꾸지 않도록 주의해야겠지만, "동물들에게 좋은 소식은, 하나님 나라에서 그리스도인들이 동물들에게 목적 없는 희생을 요구할 필요가 없다는 것이다"["The Chief End of All Flesh", *Theology Today* 49:2 (July 1992): 208]. 책임 있는 식사는 창조 세계의 성장과 유익을 위해 하나님이 택하신 수단인 삶과 죽음을 유념하고 존중하려고 노력할 것이다.

게 해야 할 때만 그것을 중단시켜야 한다."[59]

　삶의 선물을 받아들이는 일은 특히 타자들의 죽음을 받아들인다는 뜻을 지니기 때문에, 엄청나게 힘든 일이다. 어떻게 우리는 누군가의 삶을 끝내고 그것을 먹을 가치가 있는 이들이 될 수 있을까? 사람들은 모든 식단에 수반되는 고통과 죽음을 인정할 필요 없이 저렴하게 생명체를 먹을 수 있다고 생각하는 쪽을 훨씬 선호한다. 물론 지금은 이전보다 더 적은 사람들이 채소 재배와 육식에 관여하고 있기 때문에, 이것이 훨씬 쉬운 일이 되었다. 음식이 삶과 죽음의 세계, 바다의 고기, 하늘의 새, 땅의 동물들과의 모든 연관성이 단절된, 정제되고 보기 좋게 포장된 상품으로 보일 때 사람들은 실제로 수많은 생명체의 희생 없이 식사를 할 수 있다고 믿게 될 가능성이 크다. 그러나 신학적으로 이해하면 음식은 '제품'이 아니다. 우리가 소비하는 음식은 하나님의 창조 세계, 하나님의 희생적인 사랑으로 존재하는 광대하고 헤아릴 수 없이 심오한 피조물 공동체다. 우리는 먹을 때마다, 하나님이 처음부터 (심지어 타락 이전과 같은 상태에서도) 그 구성원들을 먹음으로써 살아가는 세상을 창조하셨다는 심오한 신비를 인정해야 한다.

　채식주의자들은 아마 식물성 식단이 창조 세계를 먹이는 데 필요한 죽음의 양을 크게 줄인다고 지적할 것이다. 이는 분명 타당한

---

[59] David L. Clough. "Consuming Animal Creatures: The Christian Ethics of Eating Animals", in *Studies in Christian Ethics* 30:1 (2017), 30-44(인용문은 31과 37). 엄격하게 실행할 경우 이는 매우 급진적인 권고다. 근본적으로 다른 농업, 농부들이 돌봄 축산에 헌신하고 소비자들이 인도적으로 사육된 동물들을 구매하는 그런 농업을 요구하기 때문이다. 그 실제적인 결과는 소비되는 고기 양의 급격한 축소일 것이다.

지적으로, 신실하게 먹는 자들이 단지 육류 위주의 (그리고 식품 산업이 조장하는) 선호를 만족시키기 위해 불필요하거나 잔인한 죽음을 야기하지 않는 것은 적절하다. 그러나 식물의 생명은 어떤 가치가 있는가? 많은 채식주의자가 동물 남용 반대론은 펼치면서 식물과 밭의 남용에 대한 문제 제기는 거의 확대하지 않는 것은 놀라운 일이다. 식물의 삶이 사람들이 보통 생각하는 것보다 훨씬 복잡함을 알게 될 때 이는 특히 놀라운 일이다.[60] 식물은 중추신경계를 가지고 있지는 않지만 분명 지각이 있는 존재다. 최근에 생체 권력을 주요한 관심사로 부각시킨 철학자들이 식물의 삶에 대해서는 침묵하는 경향이 있다. 제프리 닐론Jeffrey Nealon은 그들의 침묵이, 식물을 심각하게 받아들이는 것이 인간 주권에 대한 위협으로 인지되는 상황에서 기인한다고 주장한다. 식물이 도덕적 공동체 안으로 들어오면, 세상에서 우리의 자리를 잡는 일에 심각한 문제가 발생한다. "샐러드바가 더 이상 스테이크 전문 식당의 다른 메뉴로부터의 윤리적 도피처 역할을 할 수 없다면, 우리는 어떤 속죄 절기를, 어떤 거룩하게 하는 전략을 창안해야 할까?"[61] 채식주의자들은 식물 섭취가 도덕적으로 문제가 없다고 가정함으로써 사실상 식물의 가치를 떨어뜨리는 일에 기여할 수도 있다.

---

60 식물의 삶에 대한 문헌은 현재 크게 증가하고 있다. 좋은 실례로, Daniel Chamovitz, *What a Plant Knows* (New York: Farrar, Straus and Giroux, 2013); Robin Wall Kimmerer, *Braiding Sweetgrass*; David George Haskell, *The Forest Unseen: A Year's Watch in Nature* (New York: Penguin Books, 2013); 그리고 좀 더 철학적인 접근으로, Michael Marder, *Plant-Thinking: A Philosophy of Vegetal Life* (New York: Columbia University Press, 2013)를 보라.

61 Jeffrey T. Nealon, *Plant Theory: Biopower & Vegetal Life* (Stanford: Stanford University Press, 2016), 27.

우리가 가시적이고 또 비가시적인 수많은 타자들의 삶과 죽음에 구체적으로 얽혀 있다는 사실에 직면하면, 함께하는 삶의 혼란과 고통에서 도망가려는 유혹을 받는다. 나는 이러한 도망가고자 하는 욕구가, 예수 그리스도의 육체적인 모든 특징과 십자가를 부인하는 영지주의적 경향과 흡사하다고 본다. 그것은 결국 하나님이 생각하시는 창조 세계, 죽음을 통해 새 생명에 이르는 희생의 논리를 증언하는 창조 세계를 받아들이지 않으려 하는 데까지 이른다. 죽음이나 고통이 없는 세상이라는 미명 아래 다른 누군가의 삶과 죽음이라는 하나님의 선물을 거부하는 태도는, 모든 삶 곧 생리학적 삶뿐 아니라 자기를 내어주는 사랑의 삶까지 삭제할 것을 요구할 것이다.

　둘째, 자신을 주시는 하나님의 형상으로 지음 받은 피조물로서 인간의 가장 근본적인 과업은, 자라고 먹히는 모든 생명체의 양육과 안녕에 헌신하신 하나님의 자기 내어줌의 삶에 참여하는 것이다. 이런 시각에서는 주로 무지하고 무정한 소비자로서의 먹는 자 패러다임은 위험하다. 이는 사람들이 자신이 의존하는 토양과 식물과 동물의 건강에 대한 관심 없이 먹을 수 있음을 암시하기 때문이다. 그러나 창조 세계를 하나님의 희생적 사랑의 구체적 표현으로 이해하면, 식품을 생산하고 소비하면서 생명이 주는 값비싼 은혜를 인정하고 존중할 수밖에 없다. 이것이 실제적으로 의미하는 바는, 가축과 밭과 숲은 건강과 번성을 위해 친절하게 다루어야 한다는 것이다. 가능한 한 우리는 고기와 식물성 식품을 구매할 때 그들과 그들이 사는 장소의 온전성을 존중하는 방식으로 길러지고 성장하고 수확되고 도살되고 준비되었는지 확인하기 위해 노력해야 한다. 문화적으로 말해서, 이는 경작의 예술과 돌봄 축산을 인간의 가장 고귀한 소명 중 하나로 높이고 지지하는 법을 배우는 일을 수반한다. 도시와 교외에 사는 이들이 이를 가장 잘할 수 있는 방법은, 그들의 투표권(농업 및 식품 정책에 관한)과 구매력으로 좋은 농업을 지지하는 것이다.

어떤 점에서는, 히브리의 희생 제사 의식을 영적 맥락뿐 아니라 사람들이 동물성·식물성 식품이라는 선물을 돌보는 법을 배우는 실제적 맥락으로 생각하는 것이 적절하다. 여기서 기억해야 할 중요한 점은, 드리려는 선물이 탁월하고 애정 어린 돌봄을 받은 것이어야 했다는 것이다. 희생 제사를 드릴 준비를 한다는 것은, 좋은 목자와 좋은 농부나 동산지기가 될 준비도 해야 한다는 의미였다. 이들은 선한 목자이신 하나님(그리고 동산지기 하나님)이 보여 주시는 바와 동일한 인내, 주의력, 공급을 실행하는 이들이다. 따라서 제단에 뿌려진 동물의 피는 오염의 표지라기보다는, 치유하고 회복하고 새 생명으로 양육하는 하나님의 사랑 안에서 살고자 하는 목자의 바람을 표현한 것으로 볼 수 있었다.[62] 다시 말해, 희생 제사는 육식을 거룩하게 했다. 왜냐하면 그것이 제물을 가져온 농부와 목자 역시 거룩하게 했고, 제사장은 돌봄과 긍휼을 나타내는 방식으로 선물을 죽여 하나님께 바쳤기 때문이다.

희생 제사에 대한 이러한 이해가 함의하는 바는, 많은 산업형 농업, 축산, 도살을 멈춰야 한다는 것이다. 문제는 단순히 많은 동물이 그들의 본성을 훼손하는 비인도적 조건에서 길러지고 죽임당한다는 사실에만 있지 않다. 더 큰 문제는 경제적 효율과 금전적 수익성을

---

[62] 희생 제물의 피에 대한 나의 해석은 마이클 노스콧과 다르다. 그는 "히브리 문화에서 피 뿌림은 오염시키고 위험한 것으로 인식되었다"고 주장한다[*A Moral Climate: The Ethics of Global Warming* (Maryknoll, NY: Orbis Books, 2007), 238].

소중하게 여기는 산업 논리가 모든 농업 관행의 척도이자 목표가 된다는 것이다. 이 논리로 인해 물이 오염되고, 토양은 독성화되고 침식되며, 식물(그것을 먹는 동물 및 사람들과 함께)은 약해지고 면역력이 약화된다. 만약 다른 음식이 창조 세계의 생명을 고갈시키거나 붕괴시키거나 파괴하는 방식으로 생산되고 소비된다면, 육식을 삼가는 것으로는 충분하지 않다.

만약 산업형 농업과 식품 생산에 적절한 변화를 일으킨다면, 많은 대규모 감금식 동물 사육 기업과, 그들을 먹이기 위해 단일 재배 작물 생산을 하는 거대한 밭이 사라질 것이다. 밭(특히 침식에 민감한)은 다목적 용도로 사용되고 방목지로 사용될 것이다. 합성 비료 사용이 줄어들면서, 땅에 동물의 수를 늘려야 할 것이다. 초식동물은 토양 비옥도를 향상시키고 유지하고, 또 태양 에너지와 식물 섬유질을 사람들을 위한 식품으로 전환시키는 데 중요한 역할을 한다. 농업과 식품용으로 키우는 동물의 수가 오늘날과 비교하여 현저히 감소하겠지만, 동물은 계속 농업과 생태계의 건강을 증진하는 데 소중하고 심지어 필수적인 역할을 할 것이다.[63] 동물이 사라진 건강한 생태계란 존재하지 않는다. 좋은 농장이 건강한 생태계라면, 동물 없는 농사를 기대하는 것은 순진한 일이다.

---

63 바버라 킹솔버는 *Animal, Vegetable, Miracle*에서, 모든 가축이 갑자기 '풀려나면' 생겨날 예측 불가능한 많은 문제를 분명하게 묘사한다. 사람의 돌봄을 받던 동물들이 굶주리거나 포식자의 추적을 당할 것이다. 젖소는 유두 파열로 인한 고통 때문에 죽을 것이다. 주변부에서 살아가는 세계의 많은 가난한 이들이 그들의 취약한 경제와 식단을 지켜 준 그 동물들을 빼앗길 것이다(220-226). 초식동물이 건강한 농업에서 수행하는 유익한 역할을 더 자세히 다룬 글로는, 사이먼 페얼리Simon Fairlie의 *Meat: A Benign Extravagance* (East Meon, Hampshire, UK: Permanent Publications, 2010)를 보라.

내가 묘사한 희생 제사 논리 및 그것과 실제적 연관성이 있는 자기를 내어주는 돌봄은, 동물들을 그들의 온전성과 안녕을 존중하고 하나님께 영광을 돌리는 방식으로 먹을 수 있음을 암시한다. 그러나 이러한 조건을 충족시키려면, 이 동물들이 창조 세계를 향해 자신을 주시는 하나님의 돌봄을 반영하는 주의와 돌봄을 받는 것이 중요하다. 선한 목자이신 하나님을 본받는 진짜 축산업, 돌봄으로 결합된 사람과 동물의 관계에서 비롯되는 그런 축산업이, 신실한 육식에 어울리는 맥락일 수 있다.[64] 그것은 동물을 죽이는 일을 폭력(여기서 하나님의 목적에 반하여 작동되는 힘으로 이해되는)의 영역에서 가지고 나와, 우리로 하여금 그 동물들을 돌보고 그들의 안녕에 헌신하게 하는 희생의 논리에 담근다.

축제와 금식

희생 제사 논리와 관습은, 상호보완적이고 자신을 내어주는 삶을 서로 바로잡아 주는 두 가지 리듬인 축제와 금식으로 이어진다. 희생 제사는 구성원 됨을 파괴하는 소외와 폭력을 치유하고 풍성한 삶을 낳는 사귐을 구축하는 일과 관련된다. 그렇다면 공동생활에서 구성원 됨과 타자들의 행복을 축하하는 것으로 이해되는 축제와, 세상을 소유하고 소비하려 하는 개인적 욕망을 자제하는 것으로 이해

---

[64] 크리스토퍼 사우스게이트Christopher Southgate는 "Protological and Eschatological Vegetarianism", in Grummet and Muers, *Eating and Believing*에서 유사한 주장을 한다.

되는 금식은 서로 상관관계가 있는 실천이다. 사람들은 세상의 은혜와 복을 잊지 않도록 축제를 열어야 한다. 또 하나님의 좋은 선물들을 훼손하거나 비축하지 않도록 금식을 해야 한다. 요컨대 우리는 하나님께 영광을 돌리기 위해 축제를 열고, 자신에게 영광을 돌리지 않기 위해 금식을 한다. 두 가지의 올바른 실천은 희생 제사 감성을 전제한다.

어떻게 그렇게 되는지 살펴보기 위해 다음과 같은 질문으로 시작할 수 있다. '축제가 자신에게 영광을 돌리는 사치스럽고 건강하지 못한 행위, 헛된 목표 충족을 위해 세상의 선물들을 공격적이고 폭력적으로 도용하는 행위가 되지 않도록 해 주는 것은 무엇인가?' 유대의 희생 제사가 보통 하나님께 감사를 표현하는 축제의 식사로 마무리되었다는 점, 그리고 성찬 식사가 기뻐하는 시간이었다는 점은 기억할 만하다. 하나님은 이러한 식사 때에 임재하셨지만, 그것은 그 음식을 먹기 위한 것이 아니었다. 오히려 하나님은 사람들이 하나님의 선물로 인정된 음식을 먹을 때, 그곳에 임재하셨다. 사람들이 하나님처럼 자신을 내어주는 행동을 하고자 할 때, 타자들 및 하나님과의 사귐이 확고해졌다. 매튜 레버링Matthew Levering은 (유대교의 주석을 참조하여) 이렇게 언급한다.

> 축제는 희생 제사가 주도하는 관계의 맥락 밖에서는 의미가 없을 것이다. 축제는 희생의 실현 혹은 절정이기 때문이다. 축제가 희생 제사의 맥락과 단절된다면, 또 속죄에서 감사로 옮겨 가는 성례의 영역과 단절된다면…그것은 세상을 향한 이기적인 집착, 인간의 교만에 근거한 유아론적이고 죄악된 만족을 드러낼 것이다.[65]

축제가 희생의 감성이 주는 영감을 잃어버리면, 공허하고 파괴적이거나 헛된 행위가 될 수 있다. 주최자는 함께 나누는 음식과 삶의 선물을 보여 주기보다는, 개인적 야망이나 성공을 전시할 것이다. 성공의 규모를 입증하기 위해서는 사치스러운 소비를 강조해야 한다. 특히 눈에 띄는(그리고 낭비적인) 소비가 성취의 표시인 소비주의 문화에서는 말이다. 그러나 그러한 소비는 하나님의 은혜가 아니라, 주최자의 능력과 부의 표지로 각인된다. 이러한 잔치에서는, 생명이든 참석한 이들이든 하나님의 복으로 영광을 받거나 축하받을 가능성이 적다.

    이러한 잔치에는, 사람들이 함께 즐기는 음식과 음료가 자신을 내어주시는 하나님의 사랑의 표현이라는 안식일 감각이 부족하다. 하나님의 첫 안식일이, 아주 멋지고 아름답게 만들어진 피조물들의 세상에서 완벽한 안식과 기쁨을 누렸던 시간임을 기억하라. 안식일 세계에서는 착취나 비축이 있어서는 안 되며, 사람들이 있는 장소나 함께 있는 이들이 만족스럽지 않다는 느낌이 있어서도 안 되며, 다른 누군가의 불안을 진정시키거나 그들의 허영심을 부풀리기 위해 사람들이 조종당할 것에 대한 두려움이 있어서도 안 된다. 그보다, 세상이 창조 세계를 위해 계속 자신을 부어 주시고 비우고 계시는 하나님에 의해 유지되고 그분의 사랑을 받고 있음을 아는 기쁨이 있어야 한다. 그곳에는 하나님의 선물에 대한 감사와 인정, 그것을 정말 소중히 여기는 마음이 있다. 다시 말해, 안식일의 실현은 동시에 진정한 축제의 실현이다.

---

65   Levering, *Sacrifice and Community*, 65.

요제프 피퍼Josef Pieper는 《세상과 조화를 이루며In Tune with The world》라는 책에서, 공리적이고 실용적이고 계산적이고 이익에 사로잡힌 문화는 진정한 축제의 기분을 경험할 수 없다고 주장했다. 거창한 의식은 있을지 몰라도, 진짜 축제일 수는 없다. 유쾌함을 가능하게 해 주는 서로를 향한 사랑과 화합이 빠져 있기 때문이다. 진정한 축제의 주최자들은 손님들에게 헌신하며, 그들의 시간, 재능, 생계 수단을 준다. 그들은 참석한 모든 사람이 정말로 환영받고 인정받는다고 느끼게 해 준다. 여기서 초점은 주최자가 아닌, 참석한 모든 사람에게 생명의 원천들로 은혜를 베푸시는 하나님께 있다. 요한네스 크리소스토무스가 말하듯이, "사랑이 기뻐하는 곳에, 축제가 있다."[66] 사람들은 함께 축제를 할 때, 창조 세계의 구성원들 가운데 있는 그들의 자리와 창조주의 관대하심을 감사하며 인정한다. "창조됨의 행복, 사물의 실존적 선함, 하나님의 생명에 참여함, 죽음의 극복 등 위대한 전통적 축제의 이 모든 계기가 순전한 선물이다."[67]

축제는 금식의 반의어가 아니다. 금식의 반의어는 탐식이다. 축제를 주로 소비와 관련된 것으로 생각하는 이들은 이 말이 좀 당황스러울 것이다. 축제가 그런 것이라면, 먹지 않는 것 곧 금식이 그 반의어일 것이다. 그러나 축제는 소비를 포함하고 있긴 하지만, 일차적으로 섭취가 중심이 아니다. 축제의 중심은 자기 내어줌과 관대한 존중, 그리고 선물을 감사히 받고 소중히 여기고 나누는 일이다. 탐식에는 여러 차원이 있지만, 음식에 대한 지나치고 부적절한 욕구,

---

66 Josef Pieper, *In Tune with the World: A Theory of Festivity* (South Bend, IN: St. Augustine's Press, 1999), 23에 인용.

67 앞의 책, 62.

나눔과 공동의 축하보다는 자기만족에 초점이 있는 욕구를 나타낸다. 탐식이 금식의 반의어인 까닭은, 자신을 내어주는 것에 대해 아무것도 모르기 때문이다. 탐식가들의 목적은 뱃속의 편안함이다. 탐식가들에게는 배가 신이다. 바울은 그들의 끝은 멸망이라고 말한다(빌 3:19).

탐식은 일곱 가지 대죄 중 하나로 잘 알려져 있다(나머지는 낭비, 탐욕, 나태, 분노, 시기, 교만이다). 이 죄들이 다 모여 있으면 자신의 삶을 타자들에게 내어주는 선물로 바꾸기가 사실상 불가능하다. 이 각각의 죄들은 개인적 자아와 그 불안이나 영광에 계속 초점을 두는 성향이다. 탐식가는 음식이나 음료를 즉시 구할 수 있고 풍성하게 잘 공급받을 수 있느냐에 일차적 관심이 있다. 토마스 아퀴나스는 죄로 들어가는 수많은 입구를 명확히 밝히면서, 탐식가들은 너무 빨리, 너무 비싸게, 너무 많이, 너무 간절히, 너무 열렬히 먹기를 원한다고 말한다.[68] 그러면 음식이 집착의 대상, 심지어 삶의 더 중요한 문제를 가리는 우상이 되는 일이 일어난다. 자기만족 때문에, 타자들의 필요와 삶의 구성원들을 부양할 책임은 눈에 보이지 않는다. 탐식가들은 의복이나 음식에 대해 염려하지 말라는 예수님의 명령을 직접적으로 위반하며, 근본적으로 모든 피조물의 필요에 따른 하나님의 사려 깊은 공급에 대해 염려하고 불신한다. 그들에게 음식은 비축하고 남용할 수 있는 대상으로 전락한다. 그것은 더 이상 감사히 받고 나누는 선물로 여겨지지 않는다.

탐식의 죄는 개인에게 국한되지 않는다. 문화 전체의 열망과 태

68　Thomas Aquinas, *Summa Theologiae* II.II.cxlviii.

도가 탐욕스러워지고 그럼으로써 세상의 수많은 사람에게서 그들이 필요로 하는 음식과 영양분을 빼앗을 수 있다. 맛과 영양 혹은 장거리 운송에 소요되는 생태학적 비용에 상관없이 일 년 내내 신선한 과일과 야채를 먹으려는 욕구는, 인내심 없이 먹고자 하는 욕구로 이해할 수 있다. 너무 간절히 먹고자 하는 욕구는, 많은 사람이 이동 중에 패스트푸드를 먹거나 3분 이내로 마련되는 고도로 가공된 간편식을 먹는다는 사실에서 종종 드러난다. 지방과 나트륨 함량이 높은 음식에 대한 공격적인 마케팅 및 소비나, 식당에서 제공되는 음식의 대용량 사이즈는, 너무 많은 이들이 너무 많이 먹고 있음을 시사한다. 한편, 전 세계에서 오는 이국적이거나 특별하거나 호화로운 음식(대부분은 비싸고 조리하는 데 노력이 많이 들어서 특별한 경우에만 제공된다)을 먹고자 하는 사람들의 열망, 그리고 현지에서 재배되는 더 간단한 메뉴와 계절에 따라 이용 가능한 음식에 만족하지 않는 모습은, 사람들이 너무 우아하게 먹으려 한다는 표시다. 전체적으로 이러한 추세는 식탐 문화, 그리고 영양 결핍으로 죽어 가는 사람들만큼 영양 과잉으로 죽어 가는 사람들이 많아지는 세상을 낳는다.

 사람들이 음식에 사로잡히거나 음식을 열망하는 데는 많은 이유가 있다. 우리 문제의 일부는 분명 음식을 우리 눈앞에 제시하고 그것이 쉽고 저렴하게 구할 수 있는 위치에 있다고 끊임없이 말하는 광고와 미디어의 메시지로부터 야기된다. 또 일부는 음식을 개인적·사회적 발달(혹은 발육불량)과 연관시키는 뿌리 깊고 오래된 방식에서 야기된다. 이는 사람들이 사랑과 신뢰가 부족하기 때문에, 방치되거나 학대받았다고 느끼기 때문에, 혹은 확인과 위로를 구하기 때문에 과도한 방식으로 먹는다는 의미다.[69] 식사의 방식이 사랑의 방식과 아주 밀접하게 초기부터(모유 수유 관계에서처럼) 묶여 있기 때문에, 사랑에 혼란스러워하는 문화는 음식과 관계 맺는 법에 대해서도 혼란스러워한다는 사실은 놀랄 일이 아니다. 설상가상으로, 탐식가로 보이는 이들에 대해(탐식과 비만을 잘못 동일시함으로써) 너무 많은 공간을 차지한다거나 세상의 자원을 너무 많이 소비하고 있다는 혐의를 제기하며 비난하는 일이 증가하는 경향이 있다. 탐식의 영적 뿌리(희생하지 못하는 것)를 이해할 수 없거나 이러한 불안한 상태를 조성하는 문화의 역할을 인식할 수 없음으로 인해, 개인들이 필요로 하는 도움과 방향을 찾기는 더욱더 어려워진다.

음식에 대한 욕구의 기형적 성격을 암시하는(그리고 그 성격에 기여하는) 더 강력한 한 가지 지표는, 개인과 사회 생활의 규칙적이고 중요한 일부였던 금식이 사라진 데서 찾을 수 있다. 금식은 아주 다양한 형태가 있다. 하루 종일(심지어 며칠) 금식하는 경우도 있고, 혹은 하루 중 일정 시간 동안만 금식하는 경우도 있다. 특정 음식(고기, 일품요리, 후식)만 금식하는 경우도 있는 반면, 모든 음식과 음료를 먹지 않는 금식도 있다. 금식을 하는 이유도 다양하다. 성경을 살펴보면 사람들이 애도나 비통함, 형벌, 전쟁에서의 패배에 대한 반응으로 금식했음을 알게 된다. 금식은 종종 기도나 분별, 여행이나 전투 준비와 연관되기도 한다. 또 회개와 슬픔의 표현이거나, 가난한 사람들에 대한 긍휼의 행동, 혹은 중요한 사건이나 인물을 기념하는 역할을 할 수도 있다. 때로는 금식이 개인적인 형태를 띠고, 어떤 때는 사

---

69   탐식의 여러 개인적·사회적 차원과 영향에 대한 간략한 논의로는, 프랜신 프로즈 Francine Prose의 *Gluttony: The Seven Deadly Sins* (New York: Oxford University Press, 2003)를 보라.

회적 혹은 공동체적 형태를 띤다. 이러한 많은 경우와 용도와 방식을 볼 때, 금식을 한 가지 목적만을 위한 것으로 축소시키는 것은 실수일 것이다.

초대 교회 지도자들은 금식의 중요성을 생각하며, 종종 그것을 영적인 훈련으로, 영적 감성을 명확하게 하고 함양하는 데 기여하는 실천으로 묘사했다.[70] 예를 들어, 성 바실리오스는 "금식에 대하여"라는 설교에서 금식이 그리스도인의 삶에서 일상적 부분이 되어야 하는 이유들을 목록으로 작성했다. 그의 말에 따르면, 금식은 죄를 찾고 다룰 수 있는 영혼 속으로 깊이 들어가게 한다. 또 아담이 하나님이 명확하게 먹지 말라고 명하신 나무 열매를 먹었을 때 보여 준 과도한 욕망과 탐욕을 역전시킨다.[71] 금식은 훈련과 기다림을 장려하고 "온화한 자아, 차분한 걸음걸이, 사려 깊은 얼굴을 만든다." 그리고 금식을 하면 "무절제하고 오만한 웃음은 사라지고 대신 어울리는 말, 마음의 정결함이 찾아온다." 금식은 더 건강한 삶을 살게 하고 우리가 먹는 음식에 대한 이해를 높여 준다. 또 절제에 기여하고, 고리대금업을 막고, 무례함을 유발하는 식사를 역전시킨다.[72]

이러한 많은 이유들이 가지는 공통점, 식사의 핵심은 단지 연료 공급이 아니며 금식이 섭취를 멈추는 것으로 축소되지 않는다는

---

70   David Grumett and Rachel Muers, *Theology on the Menu*는, 교회 역사와 주변 문화 안에서 드러난 금식의 여러 형태와 목적을 탁월하게 정리한다.

71   피터 브라운Peter Brown은 *The Body and Society: Men, Women, and Sexual Renunciation in Early Christianity* (New York: Columbia University Press, 1988)에서, 사막 교부들 사이에서는 최초의 죄가 금지된 열매를 먹은 탐욕이었다는 믿음이 널리 퍼져 있었다고 주장한다. 이 죄가 모든 죄에 그림자를 드리우는 까닭은, 그 죄가 몸의 평정을 틀어지게 함으로 다른 육체적이고 성적인 죄를 초래하기 때문이다(220).

깨달음이다. 축제와 금식은 우리가 관계 맺는 모습을 드러내는 주요한 두 가지 방법이다. 우리는 어떻게 먹는가, 무엇을 먹는가, 또 서로와 세상에 대한 책임에 대해 생각하는 바를 얼마나 실행하는가. 금식하는 사람들은 음식이 선물이며, 당연하게 여기거나 착취해서는 안 됨을 배운다(이 때문에 그들은 고리대금업을 하지 않고 다른 사람의 필요를 이용하지 않는다). 우리는 금식할 때, 개인의 삶이 너무도 자주 공격적이거나 탐욕스러운 성향을 보임을 배운다(이 때문에 우리는 더 온화한 자아와 더 차분한 걸음걸이를 함양한다). 우리는 금식할 때, 우리의 많은 행동에서 세상의 선물이 우리의 즐거움을 위해서만 존재한다고 전제함을 알게 된다(그래서 탐욕을 길들이고 절제를 함양해야 한다. 이것이 모든 공정한 관계의 기초가 된다). 다시 말해, 금식은 함께하는 삶에 대한 책임을 깨닫게 해 준다. 우리는 먹는 것을 삼갈 때, 먹을 음식이 없는 이들과 연대할 뿐 아니라, 음식이 자신을 주시는 하나님의 귀한 선물이라는 사실 또한 드러낸다. 그것은 당연히 여기거나 이용해서는 안 되는 선물이다. 우리는 음식이 은혜로운 선물임을 더 충분히 인식하기 위해, 또 먹을 것이 충분하지 않은 다른 이들을 먹일 수 있도록 자기 내어줌을 실천하기 위해, 때때로 먹는 것을 삼가야 한다.

금식은 음식을 포기한다는 이유에서만 희생적 움직임인 것은 아니다. 금식은 세상이 '필요하면 언제든' 우리 욕구를 만족시켜 주기 위해 존재한다고 전제하는 경향을 인식하는 법을 배우는 실제적 훈련이다. 그것은 욕구를 새로운 방향으로 돌린 다음, 이러한 방향

---

72 성 바실리오스의 설교의 번역문은 Kent D. Berghuis, *Christian Fasting: A Theological Approach* (Richardson, TX: Biblical Studies Press, 2007)에서 볼 수 있다.

전환을 통해 부당한 소비 습관으로 약해지거나 깨져 버린 관계의 치유와 회복에 참여하는 희생적 움직임이다. 예언자 이사야는 기억할 만한 구절에서, 금식이 어떻게 자기 미화를 통해 거짓 겸손과 경쟁적 실천을 과시하는 쇼로 왜곡될 수 있는지 묘사한다. 이러한 금식의 표현이 거짓인 것은, 타자의 필요와 안녕을 지향하는 자기 내어줌의 삶에서 나오지 않기 때문이다. 하나님은 물으신다.

> 내가 기뻐하는 금식은
> > 흉악의 결박을 풀어 주며
> > 멍에의 줄을 끌러 주며
> 압제 당하는 자를 자유하게 하며
> > 모든 멍에를 꺾는 것이 아니겠느냐.
> 또 주린 자에게 네 양식을 나누어 주며
> > 유리하는 빈민을 집에 들이며
> 헐벗은 자를 보면 입히며, 또 네 골육을 피하여
> > 스스로 숨지 아니하는 것이 아니겠느냐(사 58:6-7).

하나님의 질문은 식사가 음식을 삼키는 것으로 축소될 수 없듯이, 금식 역시 음식을 삼가는 것으로 축소되지 않음을 드러낸다. 금식이 가장 근본적으로 염원하는 바는, 타자들의 필요를 다루고 양육하는 희생적인 자기 내어줌의 삶을 함양하는 것이다.

금식에 대한 이런 식의 표현은 오늘날 일부 문화적 엘리트들이 실천하고 있는 소위 금식과 뚜렷이 대조된다. 예를 들어 실리콘 밸리에서는, 자기 훈련과 자기 부인이 출세 지향적인 성공의 새로운 표지다.[73] 이곳에서 금식은, 체중 감량의 방식으로 혹은 인지 수행을 신장시키는 방법으로서 장려된다. 그래서 로지 스핑스Rosie Spinks가 말하듯이, 그것은 "성과를 높이기 위해 당신의 생명 작용을 조종하고 체계화하는 [또 하나의] 실천"이다. 금식은 경쟁 우위를 높이고 사회적 지위를 최대한 높이는 일과 관련이 있다. 먹지 않는 것을 성공의 표지로 보는 데는 약간의 역설이 있다. 과거에는 먹지 않는 것이 분명 그 반대의 표지였기 때문이다. 스핑크는 여기서 금식의 목표는 영적 깨우침이나 평안이 아니라고 말한다. 오히려 목표는 "더 많이, 더 잘, 더 빠르게 일할 수 있도록 가능한 한 완벽해지는 것"이다. 금식은 여기서 경쟁력 있는 기획으로 바뀐다. 그러나 금식하는 사람이 무엇을 위해 경쟁하는가? 이는 알기 어렵다. 대부분의 기준에서 이 엘리트들은 이미 세상 대부분의 사람보다 더 많이 가지고 있기 때문이다.

여기서 우리는 실리콘 밸리 식의 금식이 왜곡임을 알 수 있다. 삶의 목표인 안식일과 정반대 방향에서 작동되기 때문이다. 그 초점이 자신의 이익을 늘리고 더 많이 일하고 더 많이 가지는 데 있기 때문에, 모든 분투의 의미가 무엇인지 묻지 못한다. 자기 내어줌이 자기 향상으로 대체된다. 감사와 만족의 가능성은 끊임없는 갈증과 은혜를 모르는 상태에 의해 사라진다. 이러한 실천에는, 타자와 장소의 이익이 향상되도록 먹는 것을 자제해야 한다는 인식이 거의 없

---

[73] 이러한 동향에 대한 묘사로는, 로지 스핑스가 하는 이야기를 보라. "The New Ascetics: Silicon Valley's Fasting Craze Is Proof That Self-Denial Is the New Indulgence for Elites" (https://qz.com/1098242/silicon-valleys-fasting-craze-is-proof-that-self-denial-is-thenew-indulgence-for-elites/July 12, 2018). 내게 이 글을 알려 준 켄덜 밴더슬라이스Kendall Vanderslice에게 감사한다.

다. 삶의 의미가 하나님의 안식일 쉼에 참여하는 것이며 그럼으로써 우리 주변 어디에나 있는 사랑 안에서 기뻐하는 것이라는 인식이 거의 없다. 금식이 근본적인 까닭은, 그 실천을 통해 더 겸손하게 타자들과 함께 세상 속에 자리매김하는 법을 배우기 때문이다. 금식의 핵심은 자제하며 타자들 앞으로 나아오는 것이다. 그 핵심은, 우리가 언제 어떻게 그들을 선물이 아니라 정복지와 소유물로 유용하는지 배우는 데 헌신하는 것이다.

이것이 사실이라면, 금식에서 음식이 유일한 초점일 수 없음이 분명해진다. 우리 시대에 탐심의 대상은 아주 많아서 소비 품목의 전 범위를 아우른다. 이 때문에 자신을 내어주는 삶을 개발하려면, (몇 가지 예만 들자면) 자동차, 컴퓨터, 이메일, 소셜 미디어, 휴대폰, 여행, 텔레비전으로부터의 정기적 금식을 제안하는 것 역시 합리적이다. 이것들은 사람들이 서로에게 자기 삶을 열지 못하도록 불안과 오만을 부추기는 중독과 강박이 될 수 있다.

성찬예절: 사귐을 향한 식사

6

우리는 삶의 성례를, 하나님 안에 있는 삶으로의 변화와 그분과의 사귐을 **기념하는 자**로 창조되었다.…진정한 삶은 '성찬', 즉 하나님을 향한 사랑과 경배의 움직임, 오직 그 안에서만 존재하는 모든 것의 의미와 가치가 드러나고 실현될 수 있는 움직임이다.…새로운 아담이자 완벽한 사람이신 그리스도 안에서 이 성찬의 삶이 사람에게 회복되었다. 그분 자체가 완벽한 성찬이셨기 때문이다.[1]

성찬은 참여와 신격화의 존재론만을 그려 내지 않는다. 성찬은 제자도의 모델이기도 하므로 아주 윤리적이고 정치적이다.…성찬은 사귐을 이루려는 목적으로 인간에게 내어주신 하나님 자신의 몸의 표현이다.[2]

---

1 Schmemann, *For the Life of the World*, 34.
2 Montoya, *Theology of Food*, 112.

홀로 지혜로우신 하나님, 당신은 음식으로 당신의 백성을 빚으시기를 기뻐하십니다. 그렇게 우리를 빚는 음식은 당신의 몸과 피입니다. 우리가 음식을 먹음으로 당신의 몸이 되었으니, 이번 주 우리가 음식을 나누는 이들에게도 복을 주십시오. 우리가 당신을 나누는 이들과 그 안에서 당신을 만나는 이들에게도 복을 주십시오. 또 우리가 당신의 몸이 되어 당신의 세상을 위한 음식이 되게 해 주시고, 그들이 우리 안에서 보는 변화를 통해 모두 당신 이름의 영광을 찬미할 수 있게 해 주십시오.[3]

살아 있으면서도 진짜 삶이 무엇인지는 모를 수 있다. 이미 묘사한 수많은 불안과 유배의 징후 때문에 우리는 삶이 구성원 됨이라는 사실을 잊거나 부인하고, 그럼으로써 우리가 잘 살기 위해 필요한 바로 그 관계들을 사정없이 파괴해 버릴 수 있다. 자신을 다른 이들을 위해 내주려 하지 않고, 주로 취하고 좀처럼 나누어 주지 않고, 그럼으로써 우리의 식사를 통해 창조 세계의 건강을 훼손할 수 있다. 이 때문에 생물학적으로 존재하는 것에 안주하는 것만으로는 충분하지 않다. 그저 쥐고 삼키는 것으로는 충분하지 않다. 삶이라는 선물을 존중하는 타자들과 관계 맺는 길을 택할 수 있도록 우리 삶과 식사의 **성격**을 평가해야 한다.

생명체는 그것이 수행하는 기능(소화, 번식, 감각, 사고 등)으로 드러나기는 하지만, 이것만으로 삶 자체를 전부 설명할 수는 없다. 삶은 모든 방향으로 확장되어, 토양, 식물, 동물, 사람 그리고 궁극적으로 하

---

3 새뮤얼 웰즈가 쓴, 2008년 10월 19일 듀크 채플에서 드려진 성찬식 후의 기도.

나님과 함께 생명을 양육하는 구성원 됨을 이룬다. 이러한 구성원 됨을 알고 인식하는 일, **그런 다음 그 안에서 공감하며 긍휼을 품고 살아가는 일**은 중요한 과제다. 그 일을 잘하기 위해서 사람들은 안내와 도움이 필요하다. 우리는 '안쪽에서부터' 삶을 아는 이와 그 아픔과 잠재력을 이해하는 이의 지침이 필요하다. 우리에게는 삶의 풍성함과 진리를 드러내 주는 '삶의 저자'가 필요하다.

기독교는 진정한 삶의 모습의 원형으로 예수 그리스도를 제시한다. 그리스도인은 그분이 모든 삶을 해석하고 평가하는 중심점이라고 믿는다. 예를 들어, 요한복음은 그리스도를 육신이 되어 우리 가운데 거하신, 영원하고 신성을 지닌 로고스로 묘사한다. 예수님은 **자신을 통해** 만물을 존재하게 하신 로고스이시기 때문에 삶을 이해하신다. 모든 창조 세계가 예수님을 중심으로 돌아간다. 요한은 그분 **안에 생명**이 있었다고 말한다(1:4). 그것은 단순한 생명이 아니라 풍성함과 진리 가운데 있는 생명, 영원한 생명, 심지어 부활 생명이다. "나는 부활이요 생명이니"(11:25). 예수님은 '생명의 빛'(1:4-5과 8:12)이시다. 그래서 우리는 그 빛으로 현재의 삶(아마도 깨졌거나 아프거나 폭력적인)과 아직 오지 않은 삶을 볼 수 있다. 예수님은 '길이요 진리요 생명'(14:6)이시다. 그분은 '생명'을, 인간이 타자들 및 하나님과 더 깊은 관계에 이르도록 하는 새로운 길과 새로운 궤도 위에 두신다. 바울이 말했듯이, 사람들이 그리스도 **안**에 있으면 그들은 더 이상 이전의 모습이 아니다. 그들은 '새로운 피조물'(고후 5:17)이다.

예수님은 생명의 근원이자 끝이시므로 생명의 진리를 드러내 보이시는 분이다. '때가 차면' 하늘과 땅에 있는 모든 것이 그분 안에서 '통일'된다(엡 1:10). '하나님의 영광의 광채'이자 '그 본체의 형상'이신 예수님은 '그의 능력의 말씀으로' 만물을 창조하시고 유지시키시는 분이다. 그분은 만물의 '상속자로' 세워지신다(히 1:2-3). 예수님은 특정한 음식을 맛보시고 특정 공동체의 사람들과 관계를 맺으셨지만, 그분의 존재와 의미는 특정 장소나 공동체, 시간에 제한되지 않았다. 예수님의 삶이 삶에 대한 온전한 진리였으므로, 그분은 삶을 평가하는 기준이 되신다. 그분을 따르는 이들은 처음부터 그분의 중요성이 창조된 실재 전체에 뻗어 있어서 내부에서 그 세계를 변화시킨다고 선포했다.[4] 예수님은 지리적 장소에서 벗어나신 후에, 그분을 따르는 이들을 '살리는'(요 6:63) 영이자 그들을 진실한 삶의 방식으로 인도하실 영을 그들에게 보내신다.[5]

예수님에 대한 이런 식의 표현은 그리스도와 창조 세계 사이의 깊은 친밀함을 전달한다. 예수님은 소수의 선별된 이들에게 몸을 경멸하는 조금 특별한 가르침을 전하기 위해 땅을 방문한 영지주의 교사가 아니다. 오히려 그분은 영원히 존재하는 분으로서, 태초부터 내부에서 창조 세계의 질서를 잡으시고, 창조 세계를 구성원 됨과 삶을 누릴 수 있는 지성적 완전체로 만드는 일을 하고 계셨다.[6] 만물

---

[4] 최근에 이 주제를 전개한 글로는, Colin Gunton, *Christ and Creation* (Carlisle: Paternoster Press; Grand Rapids: W. B. Eerdmans, 1992)을 보라.

[5] 요한복음 20:22을 보면 예수님은 분명히 제자들에게 숨을 내쉬신다. 이는 하나님이 직접 흙*adamah*에 생기를 불어넣으심으로 최초의 인간*adam*을 창조하셨다고 말하는 창세기 2:7의 인용이자 확장으로서, 제자들이 성령을 받는 순간이다. 말씀을 통한 창조에 대한 요한의 묘사는, 창세기 1장에서 하나님이 말씀으로 창조 세계를 존재하게 하신 것과 병행을 이룬다. 요한은 그리스도의 삶을 기준으로 창조를 재구성하고 있다.

[6] 성 대 바실리오스는 창조에 대한 설교 *Homelia Hexameron*에서 이렇게 말했다. "하나님은 절대 깨지지 않는 우정의 법칙에 따라, 여러 다양한 부분으로 구성된 온 세상을 사귐과 조화를 이루도록 통합하셨다. 그래서 가장 멀리 있는 것들도 동일한

은 그 자체의 로고스를 가지고 있다. 그것은 소위 지성의 원리이자, 타자들과 협력하는 관계로 살 수 있는 능력이다. 그러나 이러한 관계는 엉망이 되고 붕괴될 수 있다. 수많은 생명체의 고통과 아픔을 보면, 바울이 왜 피조물이 현재 허무와 속박의 상태에 있다고 말했는지 이해할 수 있다(롬 8:18-23). 그들은 다양한 이유로(그중 다수는 인간의 파괴성과 연관되어 있다), 그들의 로고스를 인식할 수 없거나 하나님이 그들에게 의도하신 대로 살 수 없다.

그리스도인들은 그리스도가 세상의 구주라고 주장한다. 이는 모든 피조물이 신적 방식으로 창조하시는 로고스에게 그들 삶의 방식(그들의 로고스)을 맞추고 그 로고스와 함께할 때, 그들이 되어야 하는 모습이 될 소망이 있다는 의미다. 생명을 주시는 성령의 열매가 우리의 구성원 됨을 장악할 때(갈 5:22-23), 창조 세계의 구성원들이 치유되고 피조물들이 삶을 더 풍성히 경험하리라는 소망이 있다. 7세기 교부 고백자 막시무스Maximus the Confessor는 다음과 같이 그러한 입장을 강력하게 표현했다.

성부의 지혜와 현명함은 주 예수 그리스도에게 있다. 그분은 지혜의

공감으로 통합되도록 말이다"(2.2)(www.ccel.org/ccel/schaff/npnf208.viii.html). 대부분의 초대 교부들에 따르면, 예수님은 이 '절대 깨지지 않는 우정의 법칙'이 어떤 모습이고 그것이 실제로 무엇을 수반하는지를 육체로 보여 주신다. 고백자 막시무스는 *Commentary on the Our Father*에서 "말씀Logos은 멀리 있는 것을 통합시키는" 반면, "비이성alogos은 통합된 것을 분리시킨다"[*Maximus Confessor: Selected Writings* (New York: Paulist Press, 1985), 103]고 말한다. 이 우주적 기독론에서 나온 인류학에 대한 자세한 묘사로는, 라스 튠베리Lars Thunberg의 *Microcosm and Mediator: The Theological Anthropology of Maximus Confessor*, 2nd edition (Chicago: Open Court, 1995)을 보라.

힘으로 존재 전체를 통합하시며, 현명한 이해력으로 서로 보완하는 그 요소들을 감싸 안으시는 분이다. 이는 그분이 본래 만물의 창조자이자 부양자시며, 분열된 것을 자신을 통해 하나로 만드시고, 존재들 사이의 전쟁을 없애시고, 만물을 평화로운 우정과 분열되지 않는 조화로 묶으시기 때문이다.[7]

여기서 막시무스는 요한의 생각을 자세하게 설명하고 있다. 즉 만물이 그리스도를 통해 존재하기 때문에 그리고 그리스도가 만물 안에서 생명과 방향을 부여하시며 일하시는 신성을 지닌 로고스이기 때문에, 만물이 결국 하나님이 원하시는 참된 생명이 되도록 그분이 만물을 관통하시며 그것을 변화시키실 수도 있다는 것이다. 피조물은 현재 결함 있는 삶의 방식으로 살고 있다. 그들에게 필요한 것은 구성원 됨의 치유와 강화이며, 여기서 그리스도의 실천 혹은 존재 방식을 이 땅에서 이어 가고 있다고 여겨지는 교회가 중요한 역할을 한다.[8] 그러한 치유는 사람들이 성찬 식탁에서 먹을 때 언뜻 나타나

---

[7] Maximus the Confessor, *Ambigua* 41: 1313B, in Andrew Louth, *Maximus the Confessor* (New York: Routledge, 1996), 161-162. 그리스도와 창조 세계의 친밀함과 창조 세계의 치유를 탁월하게 다룬 글로는, 토르스타인 테오도르 톨레프센Torstein Theodor Tollefsen의 *The Christocentric Cosmology of St. Maximus Confessor* (Oxford: Oxford University Press, 2008)를 보라. "하나님은 그분의 창조적인 능력으로 모든 자연 과정에 임재하신다. 그분은 그렇게 자연의 인과관계를 도입하시며, 영원부터 그분의 '로고스' 안에서 구상하신 것을 존재하도록 하기 위해 협력하여 일하신다"(136).

[8] 여기서 그리스 정교회 전통에서 글을 쓰는 아네스티스 케셀로풀루스Anestis Keselopoulos의 매력적인 표현을 생각해 보라. "교회는 무엇보다 창조주의 형상이다. 이는 우주를 하나로 묶고 통합하는 교회의 역할 때문이다. 그리고 교회는 형상이기 때문에, 상징적이고 비유적인 방식으로 온 세상을 대변한다. 세상 속에 교회가 존재함은 하나님이 존재하심을 의미한다. 그것은 지적인 혹은 합리적인 창조 세계에, 하

며, 그렇게 될 때 관계들이 변화되어 참된 삶을 증언하게 된다.

예수님에 대한 이런 식의 표현은, 그분의 사역과 중요성을 죽은 이후의 선택받은 영혼들의 구원에 국한시키는 것이 심각한 왜곡임을 시사한다. 기독교 신앙은 피조물의 구성원 됨에서 탈출하는 것과 관련이 없다. 오히려 그것은 그리스도께서 하셨듯이 삶의 구성원들과 구성원 됨을 사랑하는 법을 배우는 일이다. 골로새서에 나오는 초기 기독교 찬송이 묘사하듯, 예수님은 "보이지 아니하는 하나님의 형상이시요…만물이 그에게서 창조되되, 하늘과 땅에서…만물이 그 안에 함께 섰느니라.…아버지께서는 모든 충만으로 예수 안에 거하게 하시고 그의 십자가의 피로 화평을 이루사, 만물 곧 땅에 있는 것들이나 하늘에 있는 것들이 그로 말미암아 자기와 화목하게 되기를 기뻐하심이라"(1:15-20). 이 찬송은 예수님의 삶이 **지상의 이 모든 삶**의 변화와 창조 세계의 수많은 구성원의 회복과 관련이 있다고 주장한다. 삶이 깨지고 붕괴되거나 사람들이 굶주린 곳에서, 예수님은 화해시키고 보호하고 먹이는 모습을 보이시며 삶을 바로잡으신다.

그리스도의 사역은 충만하고 풍성한 삶으로 가는 길이 마법과 같은 길이 아님을 보여 준다. 그것은 식사로 시작되는 실제적인 여정이다. 복음서들은 예수님이 사람들과 함께 식사하시는 모습을 자주 보여 준다. 식탁 교제가 서로의 삶을 확장하고 나누는, 우리가 아는 가장 영향력 있는 방법 중 하나이기 때문이다.[9] 예수님은 낯선 이

님의 기운이 없는 부분은 없다는 의미다. 그것은 온 우주를 결합시키고 생산하는 힘이다. 합리적이고 지성적인 온 창조 세계는 창조주께 찬양과 영광을 드리는 매우 아름다운 성전이 된다"[*Man and the Environment: A Study of St. Symeon the New Theologian* (Crestwood, NY: St. Vladimir's Seminary Press, 2001), 153].

들과 버림받은 이들과 함께 식사하시며, 식탁 교제가 다른 이들의 양육을 위한 것이지 그저 자기를 높이는 수단이 아님을 보여 주신다(눅 14:12-14). 예수님은 모든 사람을 그분과의 사귐으로 들어오도록 환영하심으로써 거부와 배제라는 사회 체제를 거부하신다. 식탁 교제는 다른 이들과의 진짜 만남을 가능하게 한다. 이 때문에 버질리오 엘리존도^{Virgilio Elizondo}가 예수님의 식사 방식을 하나님 나라의 표지로 본 것은 적절하다. "그분은 모든 사람과 자유롭게 식사하심으로써 사람들을 떼어놓는 온갖 사회적 금기를 깨고 거기에 도전하신다."[10]

삶의 목표는 서로 관계를 맺어, 지금 여기서 사람들이 경험하는 삶이 창조 세계를 창조하고 유지하고 완성하시는 하나님의 삼위일체적 삶을 공유할 수 있게 하는 것이다. 우리는 그레이엄 워드^{Graham Ward}를 따라, 그리스도를 '모든 관계의 원형'으로 묘사할 수 있다.[11] 이는 창조 세계의 구성원 됨이 생명을 먹이고 치유하고 화해시키시는 그리스도의 관계의 본에 따라 교정되고 완성된다는 의미다. 예수님은 성부께서 사랑으로 세상을 창조하셨음을 드러내시고, 온 창조 세계가 성령의 영감과 작용을 통해 이 하나님의 사랑에 참여하기를 바라신다. "하나님은 그 선하심으로 인해 세상을 창조하셨다. 이는 다른 존재들도 그 삼위일체 사이의 사랑에 참여자가 되게 하시려는

---

9   예수님이 사람들과 함께 하시는 식사의 여러 차원에 대한 공관복음의 개요로는, 로버트 캐리스의 *Eating Your Way through Luke's Gospel* (Collegeville, MN: Liturgical Press, 2006)을 보라.

10 Virgilio Elizondo, *The Future Is Mestizo: Life Where Cultures Meet* (Boulder: University Press of Colorado, 2000), 83.

11 Graham Ward, *Christ and Culture* (Oxford: Blackwell, 2005), 1.

것이었다."¹² 혹은 테르툴리아누스가 말했듯이, "사람이 하나님의 삶을 사는 법을 배우도록, 하나님이 사람들과 함께 사람으로 사셨다. 사람이 하나님의 수준에서 살 수 있도록 하나님이 사람의 수준에서 사셨다."¹³ 더 광범위하게 말해서, 사람들이 하나님의 완벽한 공동생활에 참여할 수 있도록, 하나님이 예수님의 위격으로 상호 의존적이고 언젠가는 죽는 육신을 입으셨다. 그리스도의 생명이 땅과 하늘에 공동으로 내주하심으로, 피조물의 삶이 하나님이 처음부터 원하셨던 모습이 된다. 이는 또한 안식일 기쁨을 누릴 기회가 된다.

이제 살펴보겠지만, 성찬은 그리스도께서 세상에 존재하시는 방식과 일치시킴으로써 삶을 변화시키는 데 중요한 역할을 한다. 성찬은 그저 영적인 현실이거나 교회에만 존재하는 것이 아니다. 성찬은 떡과 포도주라는 물질 요소를 중심에 둠으로써, 그 물질 요소가 비롯된 물질적 세상 전체도 보호하고 재정비한다. 데이비드 그루멧이 최근 주장했듯이, 그리스도께서 그 요소들 안에 임재하심은, 하나님이 항상 모든 피조물 안에 지속적으로 임재하심을 나타내는 특히 강렬한 실례다. "모든 성찬에서, 그리스도는 물질 변화의 궁극적 기원

---

12 Dumitru Staniloae, *The Experience of God: Volume 2, The World: Creation and Deification* (Brookline, MA: Holy Cross Orthodox Press, 2000), 18. 저자는 창조의 목표가 하나님의 삶을 공유하는 것이라는 정교회의 신학적 입장을 대변한다. 실리브리아의 에밀리아노스Emilianos of Silibria 대주교의 말과 비교해 보라. "삼위일체 하나님은 그분의 형상으로 창조된 존재들에게 그분의 모습대로 신성을 부여하고자 하신다.…참 생명이신 그분은 '생명을 주시고' 그 사랑을 쏟아부으시고 우리로 모든 차원에서 하나님의 삶의 온 영역을 공유할 수 있게 해 주신다"["The Triune God in the Life-Giving Process", in *Jesus Christ—The Life of the World: An Orthodox Contribution to the Vancouver Theme*, ed. Ion Bria (Geneva: World Council of Churches, 1982), 66].

13 Ward, *Christ and Culture*, 5에 인용.

이자 물질 소비의 종착점으로 선언된다."[14]

성찬의 물질 요소들에 깃든 그리스도의 임재는, 물질 세계를 치유하고 회복하고 화해시키는 힘을 그 요소들에 부여했다. 교회 역사의 다양한 때에, "그 떡은 변하기 쉬운 혼돈의 영역 속으로 질서의 원리를 도입한다고 여겨졌다. 그 질서가 영적일 뿐 아니라 물질적이었다는 사실은 중요하다. 떡은 그 물질성을 통해 몸과 더 광범위한 물리적 환경을 보호하고 갱신하며 실제 삶의 사건들의 과정을 바꾼다고 여겨졌다."[15] 이 때문에 파종, 결혼, 장례 등 인생의 중요한 순간에 그 떡의 존재가 아주 중요했다. '생명의 떡'은 몸을 치유하고 작물을 보호하고 건강과 번성을 촉진하는 능력을 가지고 있다.

그것을 믿는다는 것은, 물질적 실재가 그저 야만적이고 독립적이고 자족적인 실재가 결코 아님을 믿는다는 말이다. 물질의 가장 깊은 의미는, 그 물질을 창조하시고 유지하시고 신성한 선물로 소중히 여기는 분이신 하나님 안에서 발견되어야 한다. 한나 아렌트는 《인간의 조건 *The Human Condition*》(한길사)에서, 물질이 신성한 의미가 전혀 없이 단지 물질에 불과하다면, "세상의 어떤 물체도 소비와 소비를 통한 소멸을 피하지 못할 것이다"[16]라고 말했다. 성찬의 방향은, 사랑으로 만물을 살아 있게 하시는 하나님을 위한 나눔, 축하, 감사가 지배하는 경제 관계에 들어가도록 사람들을 초대한다.

---

14   David Grumett, *Material Eucharist* (Oxford: Oxford University Press, 2016), 4.
15   앞의 책, 111. 다시 말해, 성찬의 떡은 평범한 떡이 아니다. "신성한 능력으로 부패되지 않고 보존된 그 떡은, 물체와 그 주변 공간을 보존하거나 변화시키는 신성한 능력의 원천이 되었다"(107).
16   앞의 책, 143에 인용.

성찬 식탁으로 나아가기

예수 그리스도께서 모든 진리와 충만함이 거하는 생명이시라면 성찬은 아주 중요하다. 그곳이 그분이 가능하게 하시는 삶을 살도록 우리를 먹이시는 장소이기 때문이다. 성찬에서 우리는, 세상과 함께 그분의 치유하고 화해시키시는 방식에 참여하는 사람이 되기 위해 필요한 양육과 훈련을 받는다. 예수님을 먹는 것은, 일반적인 식사를 환대가 중심이 되고 삶의 사귐으로 이어지는 식사로 변화시킬 잠재력을 갖는 의례 행위다.

역사는 성찬이 다양한 방식으로 이해되고 실행되어 오고 있음을 보여 준다.[17] 어떤 사람들에게 그 식탁은, 떡과 포도주라는 땅의 요소가 이제 예수님의 살과 피로 변한 상태에서 그분을 만나는 장소다. 또 어떤 이들은 그 식탁을, 신자들이 예수님의 구원 행위를 기억하고 그것에 감사하는 기념의 자리로 여긴다. 어떤 이들에게는 예수님의 떼어 낸 몸을 먹는 것이 세상을 위한 그분의 고난에 참여함으로써 그리스도를 닮는 기회다. 그것은 십자가에 못 박힌 몸을 통해 하나님이 세상을 구원하시는 신비 속으로 들어가는 일이다.[18] 또 어

---

17 현대 다섯 개 교파의 접근법(로마 가톨릭, 루터교, 개혁교회, 침례교, 오순절교회)에 대한 소개로는, 고든 스미스Gordon T. Smith가 편집한 *The Lord's Supper: Five Views* (Downer's Grove, IL: InterVarsity Press Academic, 2008)를 보라.

18 캐롤라인 워커 바이넘Caroline Walker Bynum은 중세 여성 신비가들과 그들이 음식을 이해하고 다루는 방식에 대한 책에서, 일부 사람들에게 "굶주림은 채울 수 없는 욕구였다. 그것은 고통이었다. 그러므로 하나님을 먹는 것은 결국 그분의 고통당하는 육체와 함께 고통당하는 육체가 되는 일이었다. 그것은 십자가를 본받는 일이었다"[*Holy Feast and Holy Fast: The Religious Significance of Food to Medieval Women* (Berkeley: University of California Press, 1987), 54]라고 묘사한다.

떤 이들에게 성찬은, 그리스도의 자기 내어줌이 먹는 자들의 변화를 요청하여 그들도 다른 이들에게 삶을 내어줄 수 있게 되는 곳이다. 또 예수님을 음식과 음료로 먹은 사람들이 그리스도에 의해 재창조되어 하늘의 한 단면을 맛보는 장소다.[19]

사람들은 때로 성찬의 의례적 성격으로 인해 그 저녁이 **식사**였음을 잊어버린다. 성찬은 음식을 조금 떼어 먹는 시간이 아니라, 제자들이 영감과 힘과 자양분을 얻기 위해 모인 자리였다. 초대 교회의 증거는, 제자 공동체가 정기적으로 자주 함께 먹었고 그렇게 하면서 예수님이 땅에 거하셨던 방식을 증언하려고 노력했음을 알려준다. "그 저녁에 예수님이 축복하시고 그분을 기념하라고 하신 식사는, 그들이 몸을 위해 **일상적으로** 함께 하던 식사였다."[20] 이는 그리스도의 지속적인 함께하심이 매일의 평범한 식사에 영감을 주고 영향을 주었다는 의미다. 식사를 하면서 '예수님을 기억하는 일'은 단순히 과거 사건을 떠올리는 것이 아니었다. 그것은 예수님을 부르며 그들이 함께 행하고 있던 일을 변화시켜 달라고 요청하는 것이었다.[21] 따라서 식사 때 예수님의 임재는 그들의 식사 관행에 이의를

---

19 Hart, "'Thine Own of Thine Own.'" "성찬은 그리스도가 계시는 그 속죄*hilasterion*의 자리다. 영원과 시간이 서로에게로 흘러드는, 영원이 스스로를 비우고 시간이 영원 속으로 올라가는, 신적 아름다움의 심연에서 자신을 잃고, 신적 사랑의 전적으로 겸손한 버림에서 우리 자신이 회복되는 교차대구다"(157). 따라서 성찬 식탁은 화해와 '신화*theosis*'가 일어나는 자리이며, 성찬 식사는 하나님의 삶에 참여하는 수단이다.

20 John Howard Yoder, *Body Politics: Five Practices of the Christian Community before the Watching World* (Scottsdale, PA: Herald Press, 1992), 16.

21 요한네스 베츠Johannes Betz에 따르면, 성찬의 기억하기는 예수님이 우리 안에 그분의 구원 사역이 살아 있게 하시는 것에까지 이른다. 예수님을 기억한다는 것은, "내 임재를 불러오기 위해서는, 내 안에서 이루어진 구원이 실제로 일어나게 하기 위해

제기하고 그것을 바로잡는 '효과적인' 임재가 될 수 있었다. 다시 말해, 식사는 그리스도를 따르는 자들이 그분이 계속 세상에 임재하심을 증언할 수 있는 기회였다. 예수님을 기억하는remember 것은, 죄로 **해체된**dis-membered 세상의 **재구성**re-membering에 참여하는 일이다.

고린도 교회에 보낸 바울의 첫 번째 편지는, 그리스도를 따르는 자들이 성찬을 잘못 먹을 수 있음을 보여 준다. "너희 중에 분쟁이 있다 함을 듣고…그런즉 너희가 함께 모여서 주의 만찬을 먹을 수 없으니 이는 먹을 때에 각각 자기의 만찬을 먼저 갖다 먹으므로 어떤 사람은 시장하고 어떤 사람은 취함이라"(고전 11:18-21). 또 다른 경우에는 사람들이 다른 사람의 양심을 괴롭게 하고(10:23-32) 신앙 면에서 '걸려 넘어지게' 하는 음식(특히 이방 신에게 제물로 바친 고기)을 먹음으로 사려 깊지 못한 태도를 보였다. 바울은 고린도 교인들이 식사를 하면서 그들 가운데 거하시는 그리스도를 증언하지 못하는 것에 대해 염려한다. 그리스도를 따르는 이들이라고 주장했던 사람들이 '몸을 분별하지' 못했다(11:29). 이는 그들이 구성원 됨에 분열과 해를 가져오는 식으로 먹고 마셨다는 의미다.

어떤 면에서 바울이 직면한 내부 분열은 실제적인 문제였다. 초기 그리스도인들이 모이던 집 중에 많은 사람을 수용할 만큼 큰 집은 거의 없었다. 따라서 식사는 교대로 해야 했을 것이다. 공간을 구하기 힘들었고, 또 집 소유주는 대개 부자였을 것이므로, 같은 계층의 사람들이 트리클리니움(훨씬 덜 편안한 아트리움과 반대되는)에서 식사를

서는, 이를(내가 행한 일을) 행하라"라는 그분의 말씀을 듣는 것이다["Eucharist", in *Encyclopedia of Theology: The Concise Sacramentum Mundi*, ed. Karl Rahner (New York: Crossroad, 1975), 452].

하도록 초대받았을 가능성이 크다. 그곳은 보통 음식을 차려 놓는 곳이었고, 그곳에서 먹는 사람들은 비스듬히 누울 수 있었다. 게다가 고린도는 다른 계층의 사람들에게 다른 음식을 대접하는 로마 관습이 널리 퍼져 있던 도시였고, 높은 계층의 사람들은 고품질의 음식을 대량으로 먹었다. 이러한 요인들이 결합되었다면, 가난한 그리스도인들이 부자들이 어디서 어떻게 먹는지를 보고 분열이 심화되었음은 쉽게 짐작할 수 있다.[22]

바울에 따르면, 그리스도인들이 파벌과 분열을 조장하는 식으로 먹었다면 그것은 그리스도를 합당하지 않은 방식으로 먹은 것이었다. 그리스도를 '기억하는' 식사는 어떤 모습이었을까? 바울에 따르면 그것은 그분을 따르는 이들의 공동체를 강화하는 식사, 그리스도의 몸 안에서 **양육하는 참여자**로서 사람들의 변화된 감각을 증언하는 식사였을 것이다. 바울은 그리스도인들이 한 몸을 이루는 지체가 되어야 한다고 분명하게 말한다(고전 12:12). 이 지체 됨에서는 불필요한 사람이나 경멸당할 만한 사람은 없으며, 각자 없어서는 안 될 역할을 맡고 있다. 그 공동체가 정말 그리스도의 몸이라면, 불화나 차별은 없을 것이다. 각 지체가 서로를 똑같이 돌볼 것이기 때문이다(12:25). 몸은 각 지체가 다른 지체들의 필요에 부응하는 데 헌신할 때만 건강하고 활력 넘치는 완전체가 될 수 있다. 너무 하찮아서 섬김을 받지 못하는 지체도 없고 너무 고귀해서 섬기지 않아도 되는 지체도 없다.

---

22 실제적인 주택 문제와 로마의 식사 관습에 대한 논의로는 Murphy-O'Connor, *Keys to First Corinthians*, 182-186을 보라.

특히 현대의 개인주의적 관점에서 접근하면 그리스도인의 구성원 됨이 가지는 급진적 성격을 놓치기 쉽다. 그 관점에서는 구성원 됨이 집단에 임의적으로 가끔 참여하는 것으로 축소된다(어떤 동호회나 국가 기관의 '회원'이라고 말할 때처럼). 바울이 이해하는 구성원 됨은, 예수님은 포도나무시고 제자들은 거기에 접붙여졌다는 요한의 묘사처럼 훨씬 더 유기체적이고 생명력이 있다. 팔다리가 몸통에 연결된 것처럼 각 사람이 다른 사람에게 연결되면, 임의적으로 가끔 맺는 관계 같은 것은 없다. 팔다리가 잘 자라려면 몸 전체에서 생명을 끌어와야 한다. 더 큰 몸에서 잠깐이라도 끊어지는 순간 그 지체는 죽음을 모면할 수 없다. 몸의 모든 지체는 결합되어 공동의 생명을 공유한다. 필요와 양육이 관계들과 각 구성원을 없어서는 안 될 존재로 만들어 주긴 하지만, 상호 섬김을 상호 축하로 변화시킬 잠재력을 가진 것은 타자들에 대한 돌봄과 책임이다.

바울에게는 다른 어떤 몸이 아니라 **그리스도**의 몸의 구성원이 되는 것이 중요하다. 왜냐하면 삶이 실제로 어떠해야 하는지를 나타내시는 분이 그리스도시기 때문이다. 그리스도는 다른 삶의 질서를 표현하신다. 예수님은 아담을 통해 알려진 삶과 죽음과는 다른, 사람들을 하늘과 이어 주는 삶의 방식을 시작하셨기 때문이다. 아담은 '생령living being'이었지만, 그리스도는 죽음을 통해 인류를 부활 생명으로 이끄시는 '살려 주는 영life-giving spirit'이시다(고전 15:45). 예수님은 죄의 결과인 죽음의 소외시키는 힘을 이기신다. 사람들은 예수님의 삶과 단순히 가까워질 것이 아니라 유기적으로 그 안에 참여해야 하며, 그렇게 하지 않으면 실제로 살아 있는 것이 무엇인지 알지 못할 것이다. 온전히 살아 있는 것이란, 고통당하는 사람과 함께 고통당하고 기뻐하는 사람과 함께 기뻐하며 공동체가 부름받은 구성원 됨 안에서 공감하며 사는 것이다. 그것은 삶이 어떠해야 하는지에 대한 본이 되는 그리스도의 자기 내어줌의 삶을 세상에서 확장하는 것이다(갈 2:20).

바울의 주장에 따르면 최상의 삶은 그리스도로부터 영감을 받은, 자기를 내어주는 구성원이 되는 것이다. 사람들은 자신이 개인으로 존재한다고 생각할지 모르지만, 타자들과 긴밀히 연결되어 있지 않고 그들의 안녕에 헌신하지 않으면 온전히 살아 있는 것이 아니다. 이는 삶을 내어주는 방식으로 타자들과 관계를 맺지 않으면, 기능할 수 있을지는 몰라도 여전히 '죽음'의 상태에 있다는 의미다. "인간이 그저 그리스도의 몸의 지체로서만 '살아 있다'면, 몸에서 분리될 때 '죽은 자'로 분류될 뿐이다."[23] 바울의 주장에 따르면, 하나님은 처음부터 사람들이 유기적 완전체의 각 부분이 상호 관계를 맺고 상호작용하며 사는 것처럼 살아가도록 의도하셨다. 그리스도인들은 나누고 붕괴시키는 죄악된 삶과는 다른, 자랑하거나 분개하기보다는 인내하고 친절하게 대하는 사랑의 삶을 살아야 한다. 그들은 무례하거나, 짜증을 잘 내거나, 자기 뜻대로 하겠다고 고집을 부려서는 안 된다(고전 13:4-7). 그리스도인들은 진실로 서로를 사랑할 때 서로를 견딜 것이다. 몸 전체의 건강이 서로를 향한 공동의 섬김을 필요로 함을 알기 때문이다. 그들이 그렇게 하는 데 성공하면, **서로를 향한 돌봄의 지지를 통해** 하나님의 영광이 땅에 거하는 곳이 될 것이다. 리처드 헤이스Richard Hays가 주장하듯이, 바울에게는 그리스도

---

[23] 앞의 책, 200.

가 형성하신 공동체가 하나님의 새 성전이다(고전 3:16). 이 몸이 분열되는 것은, 하나님의 명예를 손상시키고 땅에서 하나님의 임재를 훼손하는 일이다.[24]

제롬 머피 오코너Jerome Murphy-O'Connor는 바울의 입장을 다음과 같이 잘 요약했다.

> 그리스도인 공동체는 지체들이 공동생활에 참여함으로 생명력 있는 관계를 맺는 유기적 통일체다. 그들은 사랑을 통해, '세상'의 개인주의적 존재 방식과 대조되는 방식으로 묶여 있다. 그들은 그런 방식으로만 창조주가 인간에게 의도하신 대로 존재한다.…이 공동체는 그분의 사명의 본질이었던 사랑의 능력을 성육신적으로 연장한다는 점에서, '그리스도' 자체다. 그 공동체는 그리스도의 구원하시는 능력을 나타낸다. 인간이 소유욕과 질투와 갈등을 불러일으키는 자기 중심성의 지배를 받지 않는 대안적 존재 방식의 실재를 세상에 보여 주기 때문이다.[25]

함께 떡을 떼고 포도주를 마실 때 나타나는 나눔과 교제인 '코이노니아koinonia'는, 그리스도의 로고스를 통해 또 세상에서 보이신 그분

---

[24] Richard B. Hays, *The Moral Vision of the New Testament: Community, Cross, New Creation* (San Francisco: Harper, 1996), 34. 《신약의 윤리적 비전》(IVP).

[25] Murphy-O'Connor, *Keys to First Corinthians*, 206-207. 헤이스도, 바울이 그리스도를 따르는 이들에게 개인적인 자율성보다는 공동의 덕을 세우는 것을 참된 제자도의 표지로 삼을 것을 요구한다고 주장하면서 유사한 말을 한다. "모든 행동은, 아무리 표면적으로 영적이라도 교회 공동체에 건설적인 영향을 미치는 기준을 충족해야 한다"(*The Moral Vision of the New Testament*, 35).

의 사려 깊고 긍휼 어린 존재 방식을 통해 안으로부터 변화되는 데 헌신한 이들이 만들어 낸 결과다. 바울이 보기에 성찬은 그리스도를 따르는 이들이 그들이 살아내는 구성원 됨을 통해 그리스도를 드러내 보이는, 공동으로 참여하는 행사다. 그리스도인은 매일의 식사를 통해 서로의 곁에 있고 서로에 대해 책임을 지는 것이 무엇인지 배운다. 그들은 식품 생산과 소비의 경제에서 죽음이 아니라 삶을 증언해야 한다.

바울서신에 나오는 성찬에 대한 이러한 간단한 설명은, 주의 식탁 그리고 더 나아가 우리 가정의 식탁도 결코 단순히 과거에 일어난 하나님의 구원 행위의 실례가 아님을 암시한다. 우리는 알렉산더 슈메만을 따라, 성찬 식사를 하나님 나라를 나타내는 것으로 볼 수 있다. 왜냐하면 그것이 그 나라가 나타내는 것에 **참여하는** 식사이기 때문이다. 사람들은 주의 식탁에서 먹음으로써, 하나님이 창조 세계 전체에 바라시는 삶인 하늘나라를 지금 여기에서 살짝 엿본다. 그들은 세상을 모독하고 산산이 부수는 죄악된 길에서 돌아서서, 세상을 향한 그리스도의 사랑의 방식이 가능하게 만드는 사귐을 통해 모든 삶이 회복되고 온전해지는 포괄적인 방향 전환에 전념하도록 요청받는다. 최후의 만찬은

> 그 사랑의 나라의 현시다. 그것을 위해 세상이 창조되었고, 그 안에 '텔로스*telos*', 곧 완성이 있다. 하나님은 사랑으로 세상을 창조하셨다.…그분은 사랑으로 독생자 아들을 보내셨다.…그리고 지금 이 식탁에서 그분의 나라인 그 사랑을, 그리고 사랑 안에 '거하는' 그 나라를 나타내고 부어 주신다.[26]

식사가 성찬이 되면, 그리스도의 구원의 실재가 세상에서 확장되고 구현된다. 예수님이 떡을 떼고 잔을 나누심으로 그분의 몸과 피를 주시고 그런 다음 제자들에게 "이를 행하여 나를 기념하라"고 요청하신 것은, 새로운 식사 방식을 제정한 행위였다. 거기서 제자들은 서로에게 자신의 삶을 주고, 스스로를 타자들의 음식이 되게 하고, 그렇게 함으로써 삶의 구성원 됨을 육성하고 강화하라는 요청을 받았다. 성찬 식탁으로 나아오는 먹는 자들은, 그들의 유익과 영광을 위해서만 먹어서는 안 됨을 배우게 된다. 그들은 하나님이 세상과, 그리고 세상 안에서 이루신 화해에 동참하기 위해 실제로 요구되는 것이 무엇인지 발견한다.

예수님을 먹다

요한복음은 주목할 만한 구절에서 예수님이 자신을 '생명의 떡'(요 6:35)으로 이해하셨음을 알려 준다.[27] 예수님은 '세상의 생명'

26　Alexander Schmemann, *The Eucharist: Sacrament of the Kingdom* (Crestwood, NY: St. Vladimir's Seminary Press, 2003), 200-201.

27　요한복음 6장의 해석 방식을 중심으로 다양하고 복잡한 일련의 논쟁들이 있었다. 폴 앤더슨Paul Anderson은 그 논쟁들을 이렇게 요약한다. "요한복음과 관련하여 다른 어느 부분에서도 이 같은 역사적·문헌적·신학적 논쟁의 융합이 전면에 부각된 경우는 없다. 공관복음 결론과의 비교/대조로부터, 내러티브와 담화의 출처 추론, 편집 분석, 기독론과 기호학과 성찬학 논쟁, 사본 손상과 재배열 이론, 형식 비평적 미드라쉬 분석, 독자 반응 접근법에 이르기까지(명백하고 분명한 쟁점 중 일부만 언급하자면), 요한복음 6장은 요한복음 연구에 결정적인 기여를 하고자 하는 학자들에게 지속적으로 논증의 근거를 제공했다"[Paul N. Anderson, "*The Sitz Im Leben* of the Johannine Bread of Life Discourse and Its Evolving Context", in *Critical Readings of*

을 위해 주어진 '살아 있는 떡'이다(6:51). 요한은 예수님을 이렇게 부르며, 그분을 예언자-왕 모세를 한 단계 넘어선 분으로 확고히 하려 했던 것 같다. 모세는 하늘에서 만나를 내려 주시기를 구한 사람인 반면, 예수님은 진정한 떡 자체시다.[28] 광야에서 만나를 먹은 이들은 죽었지만, 인자의 살을 먹고 그 피를 마시는 이들은 절대 배가 고프거나 목이 마르지 않는다. 그들은 '참된' 떡, 하나님이 통치하시는 '시대'를 살 수 있게 해 줄 떡으로 양육받고 있기 때문이다(6:50-51). 따라서 '생명의 떡'이라는 말은 요한복음의 공동체의 구별된 의미를 확립하는 더 큰 목적에 기여하는 것으로 해석할 수 있다.[29] 따라야 할 권위 있는 인물은 모세가 아닌 예수님이다.[30]

'생명의 떡'이라는 표현은 예수님이 기적적으로 오천 명을 먹이신 사건의 맥락 안에 나온다. 이 이야기에서 예수님은 무리 중의 한

John 6, ed. R. Alan Culpepper (Leiden: Brill, 1997), 1]. 생명의 떡이신 예수님이 제자도 및 구원과 연관되는 먹고 마시는 일에 관한 더 광범위한 요한복음 담화 안에서 어느 지점에 포함되는지에 대한 상세한 탐구로는 Jane S. Webster, *Ingesting Jesus: Eating and Drinking in the Gospel of John* (Atlanta: Society of Biblical Literature, 2003)을 보라.

28 하나님의 은혜로운 선물인 만나 이야기는 일반적인 유대인의 상상력에 큰 영향을 미쳤다. 어떤 집단에서는 그 선물을 시간의 정점에 대한 표지로 여겼다. Ernst Haenchen, *John I: A Commentary on the Gospel of John Chapters 1-6* (Philadelphia: Fortress Press, 1984), 290-291을 보라.

29 이러한 해석은 Louis Martyn, *History and Theology in the Fourth Gospel*, rev. edition (Nashville: Abingdon, 1979)에 가장 영향력 있게 표현되어 있다.

30 '생명의 떡' 앞뒤에 붙은 "나는…이니"(I Am, *ego eimi*)라는 예수님의 표현은, 그리스도의 신성을 전달하려 한 요한복음의 "나는…이다"(I Am)가 담긴 일련의 더 광범위한 내러티브 안에 있기도 하다. 모세는 표적을 행하는 자로서 위대한 사람이었지만, 절대 "나는…이다"라고 말하지 않았다. 크레이그 코스터Craig R. Koester의 *Symbolism in the Fourth Gospel: Meaning, Mystery, Community* (Minneapolis: Fortress Press, 1995), 92-100을 보라.

소년이 내어놓은 보리떡 다섯 개와 물고기 두 마리를 놓고 축사하셨다. 그리고 그 음식을 나누어 주는 동안 이 풍부하지 못한 1인분이 모든 사람이 '원대로' 먹기에 충분한 양이 되었다(요 6:11). 그리고 이렇게 예수님이 기적적으로 사람들을 먹이시자, 사람들은 그분께 돌진하여 "억지로 붙들어 임금으로 삼으려"(6:15) 한다. 광야의 이스라엘 백성처럼 그들이 가장 원했던 것은, 소화 기관을 채울 연료였다. 예수님이 그들에게 그렇게 매력적이었던 까닭은, 요구만 하면 그분이 생산물을 언제든 제공하실 수 있었기 때문이었다. 배고픔이 익숙했던 세상에서 이는 하찮은 재주가 아니었다. 그러나 요한의 요점은, 예수님은 그저 떡 **제공자**가 아니라는 것이다. 그분은 온전한 의미의 떡, "하늘에서 내려 세상에 생명을 주는"(6:33) 자양분이다. 예수님 **자체**인 떡은 일시적으로 육체적 배고픔을 채울 수 있는 그저 만나 같은 생산물이 아니다. 그것은 삶을 단지 지속시키는 것이라기보다는 삶을 **치유하고, 변화시키고, 완성하는** 음식이다. 물리적 떡이 생리학적 생명을 가능하게 한다면, '생명의 떡'은 사귐의 삶에 영감을 주고 능력을 부여한다. 생명의 떡이신 예수님이 양육하시는 삶은 단지 끝이 없는 삶(일부 사람들이 '영생'이라 해석하는 대로)이 아니다. 특히 삶이 결함이 있거나 붕괴된 상태로 그저 계속된다면 말이다. 그것은 하나님이 그 삶에 바라시는 모든 것을 실현하는 삶이다.

"예수께서 이르시되, 내가 진실로 진실로 너희에게 이르노니 인자의 살을 먹지*phagete* 아니하고 인자의 피를 마시지 아니하면 너희 속에 생명이 없느니라. 내 살을 먹고*trogon* 내 피를 마시는 자는 영생을 가졌고…내 살은 참된 양식이요 내 피는 참된 음료로다"(요 6:53-55). 초기 그리스도인 공동체들을 향한 일부 비판가들이 가정하듯,

예수님은 식인 풍습을 옹호하시는가? 의미심장하게도 요한은 먹는 것이 **거함**과 관련이 있다고 곧바로 알려 준다. "내 살을 먹고 내 피를 마시는 자는 내 안에 거하고 나도 그의 안에 거하나니"(6:56). 먹는 것은 단지 외부에서 온 것을 소비하는 일이 아니다. 성찬 식사는 예수님과 함께 거하는 법을 배워, 예수님이 하셨던 방식으로 타자들과 함께 거하는 것과 관련이 있다. 다시 말해, 성찬 식사는 우리 삶의 관계들을 바꾸어 그 관계들이 자기 내어줌의 성격을 띠게 하고, 그렇게 함으로써 삶 자체의 실천을 변화시킨다. 생물학적으로 필요하기 때문에 생리학적 식사가 계속되기는 하지만, 삶을 가능하게 만드는 관계들이 변화되기 때문에 삶의 모습과 촉감이 바뀐다.

여기서 떡이 단순한 물질이 아님을 기억하는 것이 도움이 될 것이다. 떡은 다양한 과정 덕분에 떡이 된다. 사람들은 곡물을 재배하고, 그것을 가루로 바꾸고, 그런 다음 생산과 나눔을 둘러싸고 전개될 수 있는 사회적 관계들에 대해 생각해야 한다. 그 과정 내내 사람들은 어떻게 땅과(농업) 그리고 서로와(문화) 관계를 맺을지 결정해야 한다. 이러한 결정들에는 그것에 어울리는 형태의 거함이 어느 정도 반영된다. 즉 떡은 밭, 농부, 떡 만드는 사람을 존중하고 존경하는 방식으로 소비될 수도 있지만, 땅 및 타자들과의 관계를 붕괴시킨 상품으로 소비될 수도 있다. 다시 말해, 식품 생산과 소비에서 로고스가 구체적으로 표현된다. 우리가 무엇을 어떻게 먹느냐가 우리가 타자들과 함께 거할 필요가 있다고 생각하는지 아닌지를 반영한다. 우리가 무심코 혼자 이동 중에 상품을 먹는다면, 거함을 위한 시간이나 장소는 없다. 그러나 음식을 가능하게 하는 생태적·사회적 구성원 됨을 강화하는 일에 헌신하며 먹는다면, 식사가 다른 이와 함께 거하는 행위가 될 수 있다.

성생활과 마찬가지로, 식사는 타자와 관계 맺는 우리가 아는 가장 친밀한 방식 중 하나다. 식사를 통해 우리는 타자에게 다가가 그것의 풍부한 맛과 생명을 섭취하며 맛보는 기회를 얻는다.[31] 생리학적인 관점에서는 음식이 사람 속으로 흡수되어 그 사람이 된다. 레온 카스가 묘사하듯이, 영양분 공급은 "자기를 회복시키는 것은 물론, 자기에게 연료를 주고 자기를 유지시키고 자기를 치유하고 자기를 성숙시키는 활동이다. 그 본질은, 타자였던 물질이 유기체 자체에 의해 자기와 똑같게 변화하는 것이다.…이는 살아 있고 행동하는 완전체인 그 유기체를 보존하고 섬기기 위해서다."[32] 먹는 자기는 먹는 음식의 정체성을 파괴함으로써 그 형태나 독특함을 유지한다. 다시 말해, 식사는 그 타자를 내 속으로 흡수한다. 타자의 물질성이 잠시 내 물질성 안에 지속되긴 하지만, 그것을 나와 다른 독특한 것으로 만드는 그 '형태'는 더 이상 존재하지 않는다. 타자의 형태가 내 존재 속으로 흡수되는 현상은, 식사의 위대한 역설 중 하나를 우리에게 알려 준다. 그것은 바로 내 생명의 형태를 보존하기 위해 다른 생명의 형태가 끝나야 한다는 것이다. "식사는 형태를 보존하는 동시에 형태를 훼손하는 일이다. 먹는 사람의 독특함과 온전성을 보존하기 위해, 독특하고 온전했던 것이 망가지고 균질화된다."[33] 생리학

---

31 13세기 플랑드르의 신비가 하데위히Hadewijch는 이렇게 썼다. "괴로워서 혹은 평온해서 혹은 사랑에 미쳐서/ 각각의 마음이 다른 이의 마음을 집어삼킨다./ 사랑 자체인 그가 보여 주었듯이/ 그가 자신을 먹도록 내어주었을 때/ …사랑의 가장 친밀한 연합이/ 내적으로 먹고 맛보고 보는 것을 통해 이루어진다"(Bynum, *Holy Feast and Holy Fast*, 3-4에 인용).

32 Kass, *The Hungry Soul*, 31.

적으로 볼 때 우리는 실제로 우리 음식과 함께 거하지 않는다. 음식을 먹으면서 그것을 파괴하기 때문이다.

요한복음은 예수님을 생명의 떡이라 부르고 사람들에게 이 떡을 깨물고 씹으라고 *trogon* 지시함으로써, 그 안에 거할 수 있고 또 변화시키는 힘이 있는 식사를 알려 준다. '생명의 떡'을 먹는다는 것은, 그 떡을 흡수한 다음 파괴하는 것이 아니라 그 떡에 의해 변화되는 것이다. 토머스 머튼Thomas Merton은 그것을 다음과 같이 요약한다. "산 떡은 우리가 받아들일 때 우리를 그것 자체로 변화시키지, 평범한 음식으로 우리 몸에 흡수되지 않는다. 사실 떡 조각은 우리 안에서 분해되지만, 로고스의 실체는 우리 영혼의 자양분이 되어 우리가 더 이상 우리 자신의 삶이 아니라 그분의 삶을 살 수 있게 한다."[34] 워드는 그런 식사를 복합적인 함께 거함으로 묘사한다. "우리는 그리스도 **안에** '거하지만' (먹는 사람 안에) 그리스도**가** 거하기도 하신다.…나는 그리스도의 살을 먹는다. 그분의 몸을 내 몸 안으로 취한다. 그러나 이런 행동으로 단지 내 안에 그리스도를 두기보다는, 나 자신을 그리스도 **안에** 둔다."[35]

따라서 예수님을 먹는다는 것은, 그리스도의 생명이 내 생명 안으로 들어오는 것이다. 우리는 성찬 식탁에 갈 때 예수님을 없애기보다는 '그분을 기억하고' 그럼으로써 **그분의 삶이 지속되고 있음**을 증언한다. 이 식사의 결과로 우리 생명이 그분과 함께하고 그분 안

---

33   앞의 책, 54.

34   Thomas Merton, *The Living Bread* (New York: Farrar, Straus & Cudahy, 1956), 114.

35   Ward, *Christ and Culture*, 105.

에서 지속된다.

요한복음에 대한 검토를 통해 드러나는 바는, 두 가지 형태의 식사가 있다는 것이다. 우리가 살 수 있도록 타자가 내 안으로 흡수되는 종류의 식사가 있다. 이는 모든 생명체가 그 존재를 유지하기 위해 하는 식사이므로, 우리는 그것을 '자연적' 혹은 생리학적 식사라 부를 수 있다. 이는 만나와 떡, 영양상의 필요를 충족시키는 물질적인 것과 관계가 있다. 그러나 타자가 그저 내게 흡수되지 않는 식사도 있다. 나는 타자들을 흡수하기보다는 그들을 **기억하고 접대하고**, 그들이 내 정서적이고 도덕적인 상상력 안으로 들어와 안쪽에서부터 나를 변화시키도록 초대하고 환영한다. 이런 종류의 식사에서는 타자가 완전히 파괴되기보다 내가 타자에 의해 영감을 받고 교정되고 영양분을 공급받는다. **그 타자 즉 예수님은 형태를 잃은**de-formed **물질이 아니라, 안에서부터 생명에 형태를 부여하고**in-form **형태를 개선하는**re-form **음식으로 내 안에 계속 사신다.** 이것이 상호 거주에 기반한 식사다.

이러한 거함은 흡수보다는 참여로 묘사하는 것이 중요하다. 흡수는 관계가 끝난다는 신호이기 때문이다. 아우구스티누스는 예수님이 "나는 다 자란 이들의 음식이다. 자라면 너희가 나를 먹을 것이다. 그런데 너희는 너희 육체가 먹는 음식처럼 나를 너희로 변화시키지는 못하고, 너희가 나로 변화될 것이다"[36]라고 말씀하신다고 표현했는데, 이때 암시된 자기의 변화는 소멸을 의미할 수 없다. 예수

---

36 Augustine, *Confessions*, trans. Henry Chadwick (Oxford: Oxford University Press, 1991), VII.x.16, 124.

님을 먹는 사람은 그분의 몸인 교회의 구성원으로서 개인적인 정체성을 유지한다. 그 교회는 성령에 따라 살며, 땅에 하나님의 능력이 임하는 데 기여하고 그것을 증언하는 곳이다.[37] 마찬가지로, 예수님이 우리 안에 거하시는 것은 그분이 더 이상 존재하지 않으신다는 의미가 아니다. 오히려 그분은 안정을 깨는 존재로 안에 계심으로써 개인적인 욕구와 행위를 새로운 길에 둘 수 있게 하신다. 예수님을 먹은 결과는 바울이 묘사한 상호 거주다. "이제는 내가 사는 것이 아니요 오직 내 안에 그리스도께서 사시는 것이라. 이제 내가 육체 가운데 사는 것은 나를 사랑하사 나를 위하여 자기 자신을 버리신 하나님의 아들을 믿는 믿음 안에서 사는 것이라"(갈 2:20).

예수님을 먹는 사람들은 타자들과 새로운 방식으로 관계를 맺으라는 도전을 받는다. 예수님을 먹는 자들은, 주로 실용주의적 측면에서 사람들과 관계를 맺고 개인적인 필요를 만족시키기 위해 그들을 흡수하기보다는, 그분의 주목하고 환영하는, 먹이고 용서하는, 치유하고 화해시키는 사역을 확장하라는 요청을 받는다. 이 사역은 타자들을 기억하고 그들을 우리 마음과 생각에 둘 것을 요구한다. **다시 말해, 예수님을 기억하는 일은 우리에게 타자들을 기억하도록 영감을 준다.** 따라서 예수님을 먹는 자들은 그들과 함께 거하는 이들의 온전성을 고려하고 존중하고 섬기는, 세상을 위한 접대자가 된다. 우리는 이렇게 함께 거함으로써 삶이라는 은혜를 영광으로 여기고, 사랑의 힘을 증언한다. 그 사랑은 곧 타자가 자유롭게 존재하고 발

---

37 성경은 그리스도 안에 있는 삶을 성령 안에 있는 삶으로도 언급한다. 이 주제를 상세히 다룬 글로는, 고든 피Gordon Fee의 *God's Empowering Presence: The Holy Spirit in the Letters of Paul* (Peabody, MA: Hendrickson, 1994)을 보라.

전하기를 바라는 마음이다.

주목할 중요한 점은, 사람들은 세상을 위한 접대자로서 서로를 접대하는 것만이 아니라는 것이다. 7장에서 살펴보겠지만, 우리는 식탁에 음식을 차리고 거기에 담긴 삶과 노동에 대해 감사 기도를 드릴 때, 음식이 된 비인간 생명의 선물과 희생을 떠올린다. 식사 기도를 드릴 때, 창조 세계의 구성원은 우리에게 먹혀 기억되는 존재로 우리 안에 거주하며 현재와 미래의 욕구와 행동에 영향을 미쳐야 한다. 그 타자는 식품으로서 물리적으로 우리 몸 안에 흡수된다. 그러나 하나님의 선물로, 하나님의 주목과 돌봄과 복 주심의 혜택을 누린 창조 세계의 한 구성원으로 받아들여진 타자는 기억되는 존재로 내 안에서 계속 살기도 한다. 그러므로 다시 구성원이 된 re-membered 나는 그 생명의 신성함을 더 존중하고 보호하며 먹으려 노력해야 한다. 다시 말해, 사람들이 성찬 식탁에서 훈련된 이들로서 먹으면, 어떤 생명도 그저 흡수되는 연료가 아니다. 모든 생명이 하나님 사랑의 표지이자 성체가 됨으로써, 삶과 죽음의 엄청난 대가와 신비의 증인이 됨으로써, 더 큰 주의와 돌봄에 대한 영감을 불러일으키는 존재가 된다.[38]

---

38 슈메만은 이렇게 쓴다. "정교회에서 성례는 주로 창조 세계 자체의 **성체성** sacramentality을 드러내는 일이다. 피조물이 하나님의 생명에 참여하는 회심을 하도록, 세상이 창조되어 사람에게 주어졌기 때문이다"(*The Eucharist*, 33-34). 이는 음식이 결코 단순한 연료가 아니라는 의미다. 최상의 식사는 하나님의 희생과 사랑의 삶을 의식하며 음식의 의미를 격상시킨다. 그는 계속해서 이렇게 말한다. "온 세상은 '하나님의 제단'으로, 성전으로, 그분 나라의 상징으로 창조되었다. 그 개념에 따르면, 세상은 모두 **신성하며** '세속적'이지 않다. 그 본질이 창세기에서 하나님이 '아주 좋다'고 하시는 말씀에 있기 때문이다. 사람의 죄는, 그의 존재 자체의 '아주 좋음'을 어둡게 만들고 그럼으로써 세상을 하나님에게서 떼어 놓고, '그 자체가 목적인 것'으로 만들어 타락과 죽음에 이르게 한 데 있다"(61).

예수님을 기억한다는 것, 그분을 우리 안에 거하시게 한다는 것은, 우리가 계속 자신에게서 벗어나 위치를 바꾸고 다시 자리를 잡으며, 더 깊은 주의력과 공감과 배려를 가지고 세상을 받아들이도록 부름받는다는 의미다. 최상의 성찬 식사는 사람들을 근본적으로 황홀경에 이르게 하고 에로틱하게 바꾸어, 계속 타자로서 타자에 대한 욕구를 가지고 자신을 넘어 나아가게 한다.[39] 타자를 내 입과 삶 속으로 환영하는 개방은, 내 삶이 나 아닌 타자를 존중하고 그에게 반응하는 쪽으로 움직이게 하는 개방이기도 하다. 이는 겸손한 감사의 말로 시작하지만, 생명을 돌보는 식품 경제의 실천으로 확대된다.

성찬 식사는, 우리를 먹이고 살아가게 하는 이들을 희생시킴으로써 유지되는 자기 풍요의 프로그램에 직접 도전하는 삶의 형태를 개시한다. 예수님은 그분을 따르는 이들에게 타자들과의 교제(*koinonia*)에 깊이 헌신하라고 요청하신다. 예수님을 먹는 일은 새로운 유형의 관계로 이어져야 한다. 그것은, 밭이나 동물이든, 농부(보통 여자들), 요리사(보통 여자들), 시중드는 사람(보통 여자들)이든, 그러한 타자들에 대한 긍휼과 그들의 필요를 보살피는 섬김으로 그들에 대한 착취를 중지하는 것이다.[40] 그리스도의 몸과 합쳐진다는 것은, 우리를 먹이는

---

39 타자에 대한 이 에로틱하거나 애정 어린 욕구가 타자에게서 그 온전성이나 품위를 빼앗는 지배나 착취의 형태로 왜곡되면, 식사는 외설물이 된다. 신학적으로 말해서, 음식이 우리를 섬기는 우상으로 전락하기 때문에 더 이상 하나님이 주시는 복으로 표명되지 않는다.

40 중세 여자들이 종종 성찬 때만 마음껏 먹고 매일의 양식을 굶주리는 이들에게 나누어 줌으로써 긍휼을 베풀었던 모습은, 십자가 죽음이 종종 진짜 긍휼의 모습에 대한 본으로 여겨졌음을 보여 준다. 바이넘은 이렇게 요약한다. "먹는 행위는 하나님을 소비하고, 먹고, 하나님처럼 되는 것이었다. 또한 하나님을 부수고 찢는 것이었다. 식사는 끔찍하게 대담한 행동이었다. 그러나 하나님의 몸이 피 흘림으로, 찢기고 부

창조 세계와 공동체의 구성원 됨이 더 강해져 통합적이고 건강한 완전체를 형성하도록 타자들에 대한 인내심 있고 다정하고 책임감 있는 헌신을 시작하는 것이다.

이제 우리는 성찬 식사가 음식에 대한 오늘날의 소비주의적 접근, 소비자의 편안함과 편의와 통제에 몰두한 접근과 전혀 다름을 알 수 있다. 윌리엄 캐버너^{William Cavanaugh}가 잘 관찰했듯이, 소비주의는 사물에 대한 애착만큼이나 사물로부터의 거리 두기와 관련이 있다. 이는 쇼핑의 핵심이 단지 가지는 것이 아니라, 계속해서 다른 것을 구매하는 선택권을 가지는 것이기 때문이다. 소비주의가 한 사람의 삶의 결정적 특징이 될 때, 사람에 대한 개인주의적이고 무심한 시각이 등장하는 것은 불가피하다. 소비자는 점점 구매한 물품에 집중하며 그것을 소중히 여기는 능력을 잃는다(미셸 드 몽테뉴의 금언을 숙고해 보라. "가지는 데 마음이 가 있는 사람은, 이미 가진 것에는 더 이상 마음을 두지 않는다"[41]). 그는 쇼핑객, 주권적인 선택자(통화 수단을 쓸 수 있다면)로 전락할 뿐, 쇼핑하는 곳의 생태계나 지역 경제의 안녕에 감사하고 헌신하는 사람은 아니다.

그러나 성찬에서는 사람에 대한 근본적으로 다른 시각이 등장한다. "성찬에서의 소비는 반소비 행위다. 여기서 소비는 소비되는 일, 자기보다 더 큰 무언가에 참여하는 일이기 때문이다. 그 일은 역

서짐으로, 죽으심으로 인류를 구원하셨다. 그러므로 먹음으로써 그 몸이 된다는 것은, 피 흘리며 구원하는 것이며, 사람의 물질성을 고난과 영광 안으로 가져가는 것이다"(*Holy Feast and Holy Fast*, 251).

[41] Michel de Montaigne, "Of Coaches", III:6 in *Essays*, trans. Donald Frame (New York: Alfred A. Knopf, Everyman Edition, 2003), 837.

설적으로 자기의 정체성이 확보되는 방식으로 이루어진다."[42] 양육의 과정에서 어떤 종류의 소비는 일어나야 하기에, '반소비'라는 용어는 너무 강하게 느껴질 수도 있다. 그럼에도 성찬이 서로와 관계 맺는 다른 방식을 낳는다는 캐버너의 요점은 계속 남아 있다. 성찬 식탁에서 사람들은, 구성원들의 필요, 분투, 기쁨에 집중하는 방식으로 그들의 정체성을 형성하도록 초대받는다. "성찬 경제에서는…선물[떡과 포도주라는]이 나와 당신 사이의 경계를 상대화함으로써, 내 것과 당신 것 사이의 경계를 상대화한다.…우리는 신성한 삶에 참여하여, 받아먹는 동시에 타자들을 위한 음식이 된다."[43]

식사를 복잡하고 역동적인 **함께** 거함으로 묘사하는 것은, 결코 타자를 소비하는 일만 일어나지 않음을 의미한다. 어떤 의미에서 타자 역시 우리를 소비한다. 요점은 단지 우리가 죽을 때 먹힌다는 것(신체 분해), 혹은 몸속 박테리아의 존재가 입증하듯 우리가 계속 먹히고 있다는 것이 아니다.[44] 중요한 것은 먹는 행위에서 우리가 좀 더 민감하고 감사하고 도움이 되는 먹는 사람, 우리를 먹이고 **우리가** 먹는 구성원들을 이해하는 사람이 될 수 있다는 것이다. 타자들이 우리에게 영양분을 공급할 때, 우리는 자신을 그들을 위한 영양분의

---

42   William T. Cavanaugh, *Being Consumed: Economics and Christian Desire* (Grand Rapids: W. B. Eerdmans, 2008), 84.
43   앞의 책, 97.
44   "모든 살아 있는 유기체는 물질을 받아들이고 다른 물질을 내놓음으로써 자신이 사는 세상을 계속 변화시키는 과정 중에 있다. 모든 소비 행위는 생산 행위이기도 하다. 그리고 모든 생산 행위는 소비 행위이기도 하다. 우리는 음식을 소비할 때, 가스뿐 아니라 고체 폐기물을 생산하고[그리고 죽을 때 우리 자신이 그렇게 되Д] 그것은 다시 다른 일부 유기체가 소비하는 물질이 된다"[Richard Lewontin, *Biology as Ideology: The Doctrine of DNA* (Toronto: House of Anansi Press, 1996), 88].

원천으로 변화시키는 독특한 기회를 얻는다. 그리스도께서 성찬으로 자신을 내주신 일에서 영감을 얻는 사람들은, 세상의 굶주림과 필요에 주의를 기울임으로써 그들 자신을 세상에 내어줄 수 있다. 그러나 성찬의 방식으로 그렇게 하려면, 어떤 의미에서는 **예수님께 먹히는** 일이 필요하다. 예수님을 먹고 그분께 먹히면 우리가 변화되어, 세상을 양육하고 축하하는 음식이 될 수 있다.

예수님께 먹힌다는 것은, 그분의 가르침과 그분이 세상에 존재하는 방식의 영향 아래로 들어가는 것이다. 또 그분을 규정하는 관심사와 우선순위를 따르고 그것들이 자신의 삶을 인도하도록 하는 것이다. 예수님께로 들어가는 것은, 그분의 몸으로 변화되어(소멸하지는 않으면서) 그 삶이 새로운 성격을 띠는 것이다. 클레르보의 베르나르 Bernard of Clairvaux는 《아가서 설교 Sermons on the Song of Songs》에서 이 과정에 대해 아주 생생하게 이야기한다. 그는 그리스도인들이 성경을 묵상하며 성경의 판단이 그들의 삶을 바로잡도록 허용할 때, 그것은 마치 그리스도께서 "강한 훈련의 치아로 [그들을] 잘게 부수고 누르는" 것과 같다고 주장했다.

나의 참회, 나의 구원이 그분의 음식이다. 나 자신이 그분의 음식이다.…그분은 나를 책망할 때 나를 씹으신다. 나를 가르칠 때 나를 삼키신다. 나를 변화시킬 때 나를 소화시키신다. 그분이 나를 완전히 바꿔 놓을 때 나는 흡수된다. 내가 그분과 일치될 때 나는 하나가 된다. 이 사실에 놀라지 말라. 그분이 우리를 먹고 우리가 그분을 먹음으로 우리는 그분과 더 단단히 묶일 수 있기 때문이다. 그렇게 하지 않으면 우리는 완벽하게 그분과 연합되지 않는다. 내가 먹기만 하고 먹히지 않으면, 그분은 내 안에 있지만 나는 아직 그분 안에 있지 않다.…그러나 그분이 나를 먹어 그분 안에 나를 가지시고, 그다음 내가 그분을 먹어 그분이 내 안에 계실 수 있다.[45]

아주 매력적인 표현이다. 이 표현이 전달하는 바는, 그리스도를 따르는 이들은 계속해서 책망과 가르침과 일치가 필요하다는 것이다. 성찬 식탁에서 먹을 때 우리는 우리가 먹은 것을 기형으로 만들어(예수님을 잊어버리거나 거부함으로써), 그리스도께서 안에서부터 우리를 변화시킬 가능성을 막을 수 있다. 베르나르는 예수님 또한 사람들을 먹을 수 있다면, 즉 예수님이 밖에서 그들을 위해 일하시도록 한다면, 정화와 금욕의 과정을 통해 그들이 더 온전히 그리스도의 삶에 일치될 수 있다고 주장한다.

이 말이 의미할 수 있는 바를 살펴보기 위해, 씹고 소화하는 과정이 먹은 것을 부수는 효과를 낸다는 점을 숙고해 보라. 압력이 가해지면 음식은 새로운 환경에서 처리 가능한 상태가 된다. 물론 이 비유가 완벽하지 않은 것은, 이 과정의 결과가 음식이 먹는 사람에게 흡수되는 것이기 때문이다. 그럼에도 씹고 소화시키는 이미지가 도움이 되는 까닭은, 어느 정도 부수는 과정이 일어나야 함을 보여주기 때문이다. 시몬 베유Simone Weil 같은 영성 작가에 따르면,[46] 자신

---

45 St. Bernard of Clairvaux. *On the Song of Songs IV*, Sermon 71, 2.5, 52. 앤 아스텔Ann W. Astell의 *Eating Beauty: The Eucharist and the Spiritual Arts of the Middle Ages* (Ithaca: Cornell University Press, 2006), 76에 인용. 앞의 짧은 인용문은 Sermon 72, 1.2, 54에서 가져온 것이다. 여기서 나는 이 주제를 탁월하게 다룬 아스텔뿐 아니라 바이넘의 *Holy Feast and Holy Fast*에서도 큰 도움을 얻었다.

46 베유는 *Waiting for God* (New York: Harper & Row, Publisher, 1951)에서, 모든 선과

을 위해 세상을 소비하거나 현실을 자신의 야망이나 두려움의 범위 안으로 몰아넣으려는 자아의 욕망은 깨져야 한다. 다시 말해, 자아는 하나님이 주시는 세상을 받아들이고 포용하는 법을 배울 수 있도록 교정과 훈계를 받아야 한다. 예수님께 먹힌다는 것은, 정원을 가꾸거나 잡초를 뽑듯이 그분이 사람들을 훈육하는 일종의 훈련에 해당한다. 그리스도의 영감을 받은 몸 안에서의 삶을 받아들인다는 것은, 자기 통제의 권리를 내려놓는 것을 의미한다. 우리는 삶을 점점 공동체의 시각에서 보는 법을 배우고, 그리스도와 교제의 규칙이 자기 규칙에 우선함을 깨닫는다.

바울은 이 과정을 그리스도와 함께 죽는 것으로 묘사했다. "무릇 그리스도 예수와 합하여 세례를 받은 우리는 그의 죽으심과 합하여 세례를 받은 줄을 알지 못하느냐. 그러므로 우리가 그의 죽으심과 합하여 세례를 받음으로 그와 함께 장사되었나니 이는 아버지의 영광으로 말미암아 그리스도를 죽은 자 가운데서 살리심과 같이 우리로 또한 새 생명 가운데서 행하게 하려 함이라"(롬 6:3-4).[47] 바울은 신자의 타고난 혹은 옛 '자기'가 십자가에 못 박히고 죄의 몸이 죽어야 한다고 언급한다(6:6). 그래야 그들이 사는 삶이 자기 방식대로 사는 삶이 아니라 '그와 함께' 사는 삶이 될 것이다. 그때 비로소 그리

아름다움의 근원이신 하나님이 아름다움을 사랑하는 이들을 자신에게로 이끌어 섭취하신다고 말한다. 하나님께 먹힌 사람들은 변화되어 그들이 사랑하는 아름다움을 더 올바르고 완벽하게 즐길 수 있다. 그들은 아름다움을 파괴하지 않고 즐기는 법을 배운다. 이 주제에 대한 논의로는, Astell, *Eating Beauty*, 5-6, 227-253을 보라.

[47] 세례는 성찬 참여의 전제 조건이므로, 정화뿐 아니라 그리스도와의 일치라는 주제가 세례 어휘로 표현되는 것은 우연이 아니다. 먼저 그분의 몸인 신자 공동체에 합류함으로 그분의 생명 안으로 들어가지 않으면 예수님을 먹을 수 없다.

스도를 따르는 이는 죽을 존재에서 진짜 생명으로 옮겨질 것이다. 진짜 생명은, 생명의 몸을 이루는 구성원들과 함께 온전히 살지 못하게 방해하는 자아의 모든 층을 없애는 것을 전제한다. 여기서 삼킴(삼켜서는 안 되는 것을 뱉는 것과 함께)과 소화의 전제 조건인 씹기를 생각해 보라. 소화란 영양가 있고 좋은 것은 보존하고 유해하거나 불필요한 것은 배출하는 과정을 말한다. 참되고 풍성하고 영원한 생명인 부활 생명은 십자가 죽음을 거친다. 그리스도께서 사람들을 제대로 씹으면, 즉 그리스도께서 그들을 제대로 교정하고 가르치고 훈련하시면, 몸을 분리시키고 해를 끼치는 죄가 죽어 각 구성원이 공감하고 기뻐하는 마음으로 다른 사람을 섬길 수 있다. 죄가 죽음으로써, 우리는 세상을 치유하고 강화할 영양가 있는 음식이 될 수 있다.

* * * * *

요한복음은 예수님을 먹는 이들이 영원히 살고(6:51) 영생을 가진다(6:54)고 말한다.[48] 이러한 새롭고 영원한 생명에 대한 약속은 아주 많은 해악을 만들어 냈다. 영생을 종종 끝이 없는 영적인 삶 혹은 이생에 대한 폄하와 작별, 지구라는 행성에서 떠나 멀고 먼 하늘의 어떤 영역으로 가는 것으로 생각하려는 경향이 생겨났기 때문이다. 그 복음서가 쓰일 당시 요한 공동체에 퍼져 있던 묵시적 상상으로 인해, 예수님이 "나는 위에서 났으며…나는 이 세상에 속하지 아니하였느

---

48 요한복음 6:51의 헬라어 어구는 '그 나이까지 살다'(*eis ton aiona*)가 더 나은 번역이다.

니라"(8:23)라고 하신 말씀은 실제로 이 현재의 창조 세계가 흔적도 없이 사라지리라는 의미로 여겨졌다. 따라서 예수님이 그분을 따르는 이들을 위해 예비하고 계신 '거처'(14:2)는 이 창조된 세계가 아닌 다른 어떤 곳으로 해석된다.

우리는 이러한 노선의 해석을 거부해야 한다. 첫째로, 이는 만약 이 세상이 결국 쓸모가 없다면 왜 신성을 지닌 로고스가 육신이 되셔서 우리 가운데 거하기로 하셨는지(요 1:14)에 대한 의문을 제기한다. 성육신은 하나님이 물질적 창조 세계를 거부하신 것이 아니라, 그것과 아주 깊이 동일시하신 것이며 그 동일시를 통해 또한 그 세계를 승격시키신 것이다.[49] 우리는 성육신이 단지 하나님의 일부 혹은 부분이라기보다는, 예수님 안에 육체적으로/물질적으로 거하신 하나님의 충만이었음을 잊지 말아야 한다(골 1장). **피조물 내부의 생명**으로 또 그를 통해 생명이 순환하는 존재로 이해되는 로고스에게는, 그가 존재하게 하고 계속 영향을 미치는 생명에게 등을 돌리는 것은 이상하고 심지어 모순적인 일이다. 예수님은 생명을 왜곡하고 거부하는 '세상' 즉 어둠의 문화 체계에 등을 돌리신다고 말하는 것이 더 타당하다. 그리스도는 세상의 빛으로서, 창조 세계를 약화시키고 생명을 빼앗고 말살하는 모든 어둠의 세력과 대립하신다. 예수님이 자

---

[49] 데이비드 벤틀리 하트의 주장에 따르면, 그리스도께서 성찬으로 우리 가운데 내주하시고 우리가 그분 안에 있음은, 요한계시록이 말하듯 우리와 함께하시고 사람들 가운데서 살고자 하시는(계 21:3) 하나님의 바람에 대한 더 큰 이야기의 일부다. "성경 전체가 증언하는 사실은, 하나님의 강력한 구원 사역의 역사 내내, 창조와 이스라엘의 선택, 그 민족을 부르신 일 가운데서, 하나님은 자신을 위한 거처를 준비하고 계셨다는 것이다. 또 성자의 성육신, 죽음, 부활, 승천에서 쿠르반 즉 '가까이 가심'과 '초월하는 영광' 사이의 조화를 완성하셨다. 이것이 세상의 기초를 놓기 전부터 있었던 창조 세계에 대한 그분의 계획이다"("Thine Own of Thine Own", 159).

신은 '세상에 속하지' 않았다고 하신 말씀은, 분열과 죽음을 낳는 가치 및 관행 체계의 일부가 아니라는 뜻이다. 그분은 새로운 존재 방식, 곧 진리와 생명의 길이시다(14:6). 그분의 방식이 신뢰받는 까닭은 그것이 아버지의 방식이기 때문이다. 예수님과 아버지는 하나이시다(10:30; 14:10). 예수님은 성부의 성육신이 되심으로써, 신적 관점으로 이 세상의 모든 것을 받아들이고 사랑하는 법을 사람들에게 보여 주신다.

요한은 생명을 사랑으로 포용하는 것과 연관된 어려움과 대가에 대해 환상을 가지고 있지 않다. 생명의 탈진, 붕괴, 파괴로부터 부당 이득을 취하는 어둠의 세계 속에 있는 이들은, 그들의 죄악된 방식을 드러내는 이들에게 저항할 것이다. 그들은 빛을 미워할 것이다. 그러나 성육신으로 인해, 악을 행하는 자들은 더 이상 그들의 죄에 대해 핑계 대지 못한다(요 15:22). 그들이 하고 있던 일을 알지 못했다거나 더 나은 삶의 방식이 그들에게 제시되지 않았다고 주장할 수 없다. 그러므로 예수님을 따르는 이들은 박해를 예상해야 한다. 사랑과 용서와 화해의 방식 혹은 로고스에 따라 공동의 삶을 살려는 그들의 노력은 경멸과 공격을 마주할 것이다.

8장에서 보겠지만, 하늘, 풍성한 삶, 영생, 부활 생명이 어떤 모습일지 정확하게 알기는 어렵다. 적어도 우리는 그것이 그 따르는 자들이 하나님의 생명에 심오한 수준의 친밀함을 갖고 참여한다는 의미임을 안다. "영생은 곧 유일하신 참 하나님과 그가 보내신 자 예수 그리스도를 아는 것이니이다"(요 17:3). 그 복음서 전체에 흐르는 성육신 감성, 구성원 됨을 악화시키기보다는 구성원 됨의 불안을 치유하는 감성을 고려할 때, 이러한 친밀함은 창조 세계 '너머'의 영역에 마련된 것이 아님이 분명하다. 하나님은 생명 내부의 생명으로, 우리가 '생명의 활기liveliness of life'라 부를 수 있는 것으로 이미 항상 우리와 함께하시고 우리 가운데 거하신다. 그러므로 하나님을 만나고 아는 일은 자신이 만나는 생명을 섬기는 일에 깊이 헌신하는 것으로 시작되어야 한다. 그곳이 하나님이 계시는, 모든 생명의 교차점의 중심이기 때문이다. 우리는 피조물의 물질적 삶을 평가절하하는 영지주의적 경향에 저항해야 한다. 그러한 평가절하가 일어나는 순간, 세상에서 하나님이 창조하시고 유지시키시는 행동이 부인된다. 우리는 여기서 결혼과 음식에 반영된 하나님의 선하심을 누리는 일을 금하고자 했던 귀신 들린 교사들에게 저항하라는 디모데의 가르침을 기억해야 한다. 디모데는 "하나님께서 지으신 모든 것이 선하매 감사함으로 받으면 버릴 것이 없나니, 하나님의 말씀과 기도로 거룩하여짐이라"(딤전 4:4-5)라고 말하며 다른 길을 택한다.

우리가 '영생'을 어떻게 이해하든, 중요한 점은 영원이 창조된 생명을 거부하는 것이나 구성원 됨에서 달아나는 것이 아니라 그것을 보수하고 온전케 하는 것이라는 사실이다. "영생은 믿음 안에서 지금 시작되고, 부활의 약속을 통해 죽음 너머로 계속된다.…사람들은 본질적으로 불멸하지 않는다. 믿는 자들도 죽을 것이다. 그러나 하나님과의 관계는 죽음으로 끝나지 않는다. 하나님은 신자들을 버리지 않고 부활을 통해 그들에게 미래를 주신다."[50] 이 미래가 구체적으로 어떤 모습인지를 알기는 불가능하다. 요한복음이 암시하는

---

50 Craig R. Koester, *The Word of Life: A Theology of John's Gospel* (Grand Rapids: William B. Eerdmans, 2008), 32.

바는, 죽음이 마지막이 아니라는 것이다. 예수님은 그분의 삶을 통해, 죽음을 통과하여 풍성한 공동의 삶으로 들어가는 삶의 방식을 개시하신다. 그분은 자신의 죽음으로, 삶이란 결국 자신을 완전히 타자들에게 주는 것임을 보여 주신다. "한 알의 밀알이 땅에 떨어져 죽지 아니하면 한 알 그대로 있고, 죽으면 많은 열매를 맺느니라"(요 12:24). 이렇게 주는 것은 죽음이 말살하지 못한다. 낟알이 죽을 때도 그것은 사라지지 않기 때문이다. 그것은 열매를 맺는 새로운 생명이 된다.

사람들은 예수님을 먹을 때 자신을 주는 법을 배우며, 그들의 삶을 나누는 가운데 하나님의 영원한 나눔의 삶에 참여함을 믿는다. 그들의 움직임을 양육의 원천으로 삼는 법, 삶과 가정을 환대의 장소로 삼는 법, 일을 돌봄과 축하의 예술로 만드는 법을 배운다. 사람들이 성찬에 온전히 참여할 때, 세상은 더 이상 물질적 소유가 아니라 주어지고 나누어지는 선물이 된다. 이렇게 줌으로써 세상은 비로소 하나님의 세상으로 드러난다.

> 성찬은 물질에 예수의 생명이 가득 찰 **수 있음**을 보여 줌으로써, 온 물질 세계에 대한 소망을 선포한다. 상습적으로 배제와 폭력의 수단으로 사용되는 물질이 사귐의 수단이 될 수 있다. 비축되거나 지배당하거나 착취되는 물질은 관계의 왜곡 및 궁극적인 단절을 보여 주며 그것은 오로지 **죽음**의 표지다.…부활하신 예수님의 존재를 담은 성찬의 물질은 오로지 **생명**의 표지, 배제와 고립을 이겨 내는 승리의 표지가 될 수 있다.[51]

대 알베르투스는 《성찬에 대하여 On the Eucharist》라는 글에서, 예수님을 먹는 것은 씨를 삼킨 다음 영혼의 정원에서 싹 틔우는 것과 같다고 말한 적이 있다. 그 씨는 싹이 난 후 자라서 좋은 열매, 아마도 바울이 갈라디아서에서 묘사한 사랑, 희락, 화평, 오래 참음, 자비, 양선, 충성, 온유, 절제(갈 5:22-23)라는 열매를 맺을 것이다. 그것은 그리스도의 씨이기 때문에, 우리는 씨가 자라면 그리스도를 닮은 모습이 될 것을 안다. 성장하는 모든 것의 기원이 그리스도께 있기 때문이다.[52] 베르나르는 이 과정을 성찰하며, 그리스도 안에서 그분을 따르는 이들의 성장은 그리스도께 영양분을 공급하는 원천이라고 언급했다. "그분은 좋은 세대주로서 그 가정을 부양하시고…그들에게 생명의 떡을 먹이신다.…그러나 그들을 먹이실 때 그분 역시 자신이 가장 좋아하는 음식을 섭취하신다. 그것은 바로 우리의 진보다."[53] 상호 내주는 상호 양육을 용이하게 하며, 이는 상호 성장으로 이어지고, 또 최고의 생명을 꽃피우는 데로, 또 안식일 기쁨으로 이어진다.

성찬의 환대

초기 그리스도인들은 식사와 식탁 교제에서 예수님을 기억하려고 애쓰면서, 예수님과 함께 거하는 일은 새로운 사회적 현실과 새

---

51 Rowan Williams, *Resurrection: Interpreting the Easter Gospel* (Harrisburg, PA: Morehouse, 1982), 112-113.
52 Astell, *Eating Beauty*, 57.
53 앞의 책, 75.

로운 삶의 방식을 요구함을 깨달았다. 이러한 삶에서는, 관례적인 식사와 삶의 특징인 억압과 분열, 비하와 폭력을 극복해야 했다. 그들의 이해에 따르면, 사람들이 충만한 삶을 경험하기 위한 전제 조건인 치유, 자유, 용서, 화해의 좋은 소식을 그분 안에서 발견하게 되리라 선언하신 예수님은 새로운 존재 구성 방식을 이야기하는 예언자 전통 위에 서 계셨다. 예수님은 이사야서에 의지하여, 하나님의 뜻은 항상 사람들이 해방되어 생명의 구성원이 되는 선물을 누리는 것이라고 주장하셨다(눅 4:16-21).

> 네가 너희 중에서 멍에와
> > 손가락질과 허망한 말을 제하여 버리고
> 주린 자에게 네 심정이 동하며 괴로워하는 자의
> > 심정을 만족하게 하면
> > 네 빛이 흑암 중에서 떠올라
> > 네 어둠이 낮과 같이 될 것이며
> 여호와가 너를 항상 인도하여
> > 메마른 곳에서도 네 영혼을 만족하게 하며
> > 네 뼈를 견고하게 하리니
> 너는 물 댄 동산 같겠고
> > 물이 끊어지지 아니하는
> > 샘 같을 것이라(사 58:9-11).

이는 생명의 생식력과 새로운 가능성을 형상화한 것이다. 생명을 불구로 만들고 파괴시키는 억압의 속박이 제거되면, 생명은 하나님이 첫 동산에 심으신 다양하고 아름다운 형태의 꽃을 피울 수 있다. 불의의 세상에 사는 것은, 자랄 수 있는 것이 거의 없고 모든 것이 착취되거나 비축되는 몹시 건조하고 메마른 땅에서 사는 것과 같다. 여기에는 함께 거하는 일이 없고, 따라서 상호 성장에서 얻는 기쁨도 없다. 씨앗은 있지만 땅속에 그대로 덮여 있다. 그러나 물을 주면[예수님이 자신을 '생수'(요 4:7-15)로 언급하셨음을 기억하라], 그리고 생명을 죽이는 악당이 패하면, 온 세상이 안식일 기쁨 속으로 들어갈 준비가 된다(사 58:13-14).

초기에 그리스도를 따랐던 이들의 증언을 보면, 예수님을 먹고 예수님께 먹히는 이들에게 가능해진 삶의 변화를 보여 주는 극적이고 실제적인 그림을 볼 수 있다. 사도행전은 성령 충만해진 그리스도의 제자들이 예언을 하고 방언으로 말하기 시작했다고 기록한다. 이 행동은 우리에게 이상해 보일지 모르지만, 이는 타자들을 환영하고 그들에게 자신을 내어주는 사람들에게서 나타나는 직접적인 결과다. 방언과 예언은 제자들이 타자들의 접대자가 되었음을 시사한다. 그들은 더 이상 엄격하게 자기 방식대로, 자신들의 관점대로 살지 않았다. 오히려 다른 이의 언어와 시각이 그들 안에 자리 잡고 그들의 영감과 초점이 되었다. 바울의 표현을 수정해 보면, 이 초기 공동체에서 제자들은 성령으로 삶이 변화되어 이렇게 말할 수 있게 되었다. "이제 사는 것은 내가 아니라 타자들이다. 그들의 필요와 기쁨과 소망과 양육이 내 안에 거하며 나를 지도한다." 타자들과 진정으로 함께 거한다는 것은, 그들을 기억하고 그럼으로써 예언자적 삶의 방식을 채택하는 일이다.

최근 철학자들 중에서 에마뉘엘 레비나스 Emmanual Levinas는, 예언자적 삶의 방식이 엄선된 소수를 위한 특별한 능력이 아니라 오히려 충분히 인간적이고 책임감 있는 삶의 핵심이라는 점을 누구보다 명확하게 보았다. 예언자적 삶은 단지 특이하거나 암울한 예언을 하는 것과 관련 있기보다, 타자를 진지하게 보고 다른 이를 내 삶 안으로 철저하게 받아들여서, 타자의 시각이 내가 무엇을 어떻게 보는지를 결정하는 것이다. 예언자적 주체성은 '같은 것 안의 타자', 살아 있는 영혼의 영감, 심지어 자기를 이웃에게 인도하는 것이다.[54] 예언자적 삶의 방식에서 주체는 타자에게 넘겨져 다른 이의 필요에 반응하는 데서 자신의 삶을 발견한다. 그 주체는 다른 이의 부름에 반응하여 그 자체에서 떠남으로써 살아간다. 주체는 자기로부터의 '떠남'을 통해, 다른 이가 객체나 소유가 아니라는 진리를 증언한다. 오히려 그것은 개인의 삶을 양육하고 그 삶에 영감을 주어 책임과 돌봄의 영역으로 가게 하는 생기를 주는 자극이다.

예언자적 주체성은 진정으로 함께하는 삶을 가능하게 한다. 사귐은 구성원 각자의 온전성, **그리고** 자기 밖으로 나와 공유된 삶 안에서 다른 이를 만나는 능력을 전제한다. 이 공유된 삶은 단조로운 일치나 동일성이라는 이름으로 각자의 독특성을 없애지 않고, 오히려 개인적 온전성을 하나님의 선물로 소중히 여긴다. 진정한 사랑은

---

54   Emmanuel Levinas, *Otherwise Than Being, or Beyond Essence*, trans. Alphonso Lingis (The Hague: Martinus Nijhoff, 1981), 149. '인도extradition'라는 표현 (레비나스는 타자에게 인질로 잡힌다는 표현도 쓴다)은 극단적일 수도 있으며 그레이엄 워드가 이 단어 사용에 대해 조심하라고 말한 것은 타당하다[*Christ and Culture*, 108 및 논문 "Hospitality and Justice towards 'Strangers': A Theological Reflection" (Katholische Akademie in Berlin)에서]. 내 안에 있는 타자가 나를 죽이지는 않는다. 만약 그렇다면 나는 내 삶을 환대의 장소로 바꿀 수 없을 것이다.

독특한 위치, 필요, 잠재력을 가진 타자를 환영할 것을 요구한다.[55] 사랑이 정말로 작동하면, 사람들이 서로의 삶을 환영하고 받아들이고 주의를 기울이는 진정한 접대자가 될 가능성이 존재한다.

사도행전에는 초기 그리스도인 공동체에 대한 놀라운 묘사가 기록되어 있다.

> 믿는 사람이 다 함께 있어 모든 물건을 서로 통용하고 또 재산과 소유를 팔아 각 사람의 필요를 따라 나눠 주며, 날마다 마음을 같이하여 성전에 모이기를 힘쓰고, 집에서 떡을 떼며 기쁨과 순전한 마음으로 음식을 먹고 하나님을 찬미하며 또 온 백성에게 칭송을 받으니(행 2:44-47).

또 믿는 무리가 "한마음과 한 뜻이 되어…자기 재물을 조금이라도 자기 것이라 하는 이가 하나도 없[고]", "그중에 가난한 사람이 없[었다]"(행 4:32-34). 묘사된 장면들이 일부 집단에서 간헐적으로 행해진 일을 이상화하여 확대한 것일 수 있음을 인정하더라도, 이 본문의 편집자가 급진적 환대가 예수님과 함께 거하는 사람들에게 나타나는 논리적이고 실체적인 결과여야 한다고 이해한 것은 중요하다.[56] 함께 거한다는 것은, 피조물들이 서로 연결된 관계를 **통해** 살

---

55 존 지지울라스는 사랑이 다른 이를 향한 감정이 아니라 그들에게서 나오는 선물이라고 언급한다. 그것은 관계 안에서 독특함을 확인하는 것이다. "사랑은, 자신을 '타자'로 인정하는 '타자'와의 **관계 안에서** 특별하고 고유한 '타자'로 존재함을 주장하는 것이다. 사랑 안에서 관계는 타자성을 생성할 뿐 그것을 위협하지 않는다"(*Communion and Otherness*, 55). 진정한 사랑이 전제하고 요구하는 타자성에 대한 인정이 없으면, 사랑은 타자를 병합하거나 흡수하는 제국적이거나 폭력적인 몸짓으로 왜곡될 것이다.

아가는 수준까지 개인의 삶이 진실하고 온전해지는 것을 의미한다. 예언자답게 산다는 것은, 구성원들을 접대하는 일 즉 굶주린 이들을 먹이고, 헐벗은 이들에게 옷을 입히고, 과부와 고아를 환영하는 일이 무엇보다 중요한 관심사라는 의미다.

존 하워드 요더John Howard Yoder는, 그리스도와 식탁에 둘러앉아 함께 음식을 먹는 습관이 그러한 환대를 시도하도록 초기 제자들을 자극했다고 주장했다. 사도행전은 이 사람들이 "사도의 가르침을 받아 서로 교제하고 떡을 떼며 오로지 기도에 힘[썼다]"(행 2:42)고 말한다. 식탁에 와서 그들이 이미 받은 것을 나눈 다음, 그들에게 주어진 것을 그리스도의 삶과 사역의 렌즈를 통해 '기억하고' 해석하는 일이, 어떤 경제적 실천을 시도하도록 영감을 주었을 것이다.

> 예루살렘 교회의 '공동 자금'은 돈이 아니라 식탁이었다. 그것은 이상적인 경제 관계에 관한 성찰이나 논의의 결과로 나오지 않았다. 이미 진행되던 일에 무언가가 더해진 것이 아니었다. 나눔은 오히려 식탁 교제로부터 평범하고 유기적으로 연장된 것이었다. 주님이 계실 때 함께 먹었던 첫 예루살렘 신자들 중 일부가 자발적으로 자신의 재산을 팔아(사도행전 5장은 그것이 의무가 아니었다고 암시한다) 한데 모았을 뿐 그 반대로 이루어진 일이 아니었다.[57]

---

56 이 본문들의 역사적 신빙성과 그 구성을 결정하는 자료들에 대한 논평으로는, 에른스트 헨헨Ernst Haenchen의 *The Acts of the Apostles: A Commentary* (Philadelphia: Westminster Press, 1971)를 보라.

57 Yoder, *Body Politics*, 17.

여기서 우리는 사람들이 둘러앉아 식사한 공동 식탁이 어떻게 동시에 성찬 식탁이 될 수 있었는지를 알 수 있다. 사람들이 세상과 서로를 하나님이 주시는 선물로 받아들이는 것의 의미를 반추하는 가운데, 식사는 변화의 시간이 될 수 있었다. 또 그리스도의 자기 내어줌을 숙고함으로써 그들 자신과 소유를 서로에게 제공하도록 영감을 얻을 수도 있었다.

여기서 우리는 함께 떡을 떼는 것이 연료를 공급하는 일을 훨씬 넘어서는 일임을 알 수 있다. 그것은 피조물들을 유지시키신 하나님의 태곳적 환대에 기초한 급진적이고 예언자적인 환대 행위일 수 있다. 그 하나님의 환대로 온 세상은 창조되고 양육되고 그 모습이 될 자유가 주어졌다. 성찬 식탁은 기존의 경제가 분석되고 도전받는 실제적인 자리일 수 있고, 심지어 메시아 시대의 맛보기일 수도 있다.[58] 사람들은 성찬의 방식으로 함께 먹을 때, 타자들과의 나눔과 그들을 돌보는 일이 선택 사항이 아님을 배운다. 그들은 다른 사람의 위로와 양육의 손길을 보며, "주기 위해 받는 하나님 은혜의 순환 경제에서 인간이 서로에서 선물임"[59]을 발견한다. 그 식탁에서 그리스도는 **삶이 나눔**임을, 서로로부터 선물을 주고받는 것임을 보여 주신다. 이 선물을 받는 법과 이 불가해한 관대함에 반응하는 법을 배우는 일은 평생의 과제다. 우리가 겸손하다면, 그 과정으로부터 우리가 관대함

---

58 요더는 이렇게 쓴다. "초기 그리스도인들은 식탁에 둘러앉아 그들의 사귐을 축하하면서, 종종 잔치로 묘사되는 메시아 시대가 시작되었음을 입증했다"(*Body Politics*, 18). 이 시대에는 사람들의 필요가 충족된다. 신명기 15:4이 묘사하듯, 안식일 성취의 표지 중 하나는 "너희 중에 가난한 자가 없는" 것이다.

59 Ward, *Christ and Culture*, 81.

을 베풀 수 있는 영감을 얻을 수 있을 것이다. 또한 그것은 우리가 가장 기뻐하는 일과 시간이 될 수 있다.

교회사는 환대가 결코 쉽지 않았음을 보여 준다. 환대가 이상적인 형태로 실행된 적은 드물었다.[60] 사람들이 개인적 야망이나 두려움을 가지고 식탁에 오면, '성찬의 정신'[61]의 특징인 자기 내어줌, 환영, 나눔은 종종 잊히거나 무시된다. 사도행전 5장에서 아나니아와 삽비라의 이야기가 분명히 보여 주듯이, 사람들은 자기를 내어주기를 망설이거나, 자신의 경건을 과시하려는 경향이 있다. 혹은 자신들에게 유익을 주거나 보답할 수 있는 이들만 초대함으로써, 환대 행위를 자기 유익을 위한 것으로 바꾸려 한다(눅 14:12-14). 그들은 식탁을 가로막고, 구성원을 제한하고, 손님들의 출입을 통제하려는 유혹을 받는다.

이러한 유혹은 초기 그리스도인 공동체의 중심에 있었다. 이는 이방인 신자 고넬료를 맞는 문제를 놓고 일어난 갈등에서 드러났다. 사도행전이 묘사하듯이, 고넬료는 이탈리아인으로서 하나님을 두려워하는 자였다. 그를 구성원으로 받아들일 것이냐의 문제가 교회 공동체에 중요한 시험이 되었다. 하나님은 환상 가운데(이는 예언자적 주체

---

60 그리스도인의 환대가 맞닥뜨린 도전들을 탁월하게 다룬 글로는, Christine Pohl, *Making Room: Recovering Hospitality as a Christian Tradition* (Grand Rapids: W. B. Eerdmans, 1999)을 보라.

61 "성찬 정신의 본질은…그 타자the Other와 모든 타자를 고맙게 여겨야 하는 선물이자 감사를 불러일으키는 선물로 인정하는 것이다"(Zizioulas, *Communion and Otherness*, 90). 지지울라스는 이 정신이 타자를 무조건 수용하고, 무한정 용서하고, 그의 정체성에 기여하는 모든 관계를 승인한다고 계속해서 말한다. 여기에는 생태학적 함의가 있다. 그것은 성찬에서 온 창조 세계를 인정하고 하나님께 올려 드리는 '우주적 전례'가 수행된다는 의미다.

성이 잠재적으로 작동 중이라는 표지다) 고넬료에게 나타나셔서, 베드로가 그를 만나러 올 수 있도록 그에게 사람들을 보내라고 지시하셨다. 사람들이 가는 동안, 하나님은 또 베드로에게 환상을 보여 주셨고 그는 환상에서 이런 것을 보았다.

> 하늘이 열리며 한 그릇이 내려오는 것을 보니 큰 보자기 같고 네 귀를 매어 땅에 드리웠더라. 그 안에는 땅에 있는 각종 네 발 가진 짐승과 기는 것과 공중에 나는 것들이 있더라. 또 소리가 있으되 베드로야 일어나 잡아 먹어라 하거늘, 베드로가 이르되 주여 그럴 수 없나이다 속되고 깨끗하지 아니한 것을 내가 결코 먹지 아니하였나이다 한대, 또 두 번째 소리가 있으되 하나님께서 깨끗하게 하신 것을 네가 속되다 하지 말라 하더라. 이런 일이 세 번 있은 후 그 그릇이 곧 하늘로 올려져 가니라(행 10:11-16).

이 환상에서 우리는 음식과 식사가 우리가 함께하는 삶의 핵심에 있음을 본다.

식사는 한 문화가 그 가치관과 구조와 우선순위를 전달하고 명확히 하는 언어와 렌즈다.[62] 무엇을 먹느냐, 음식을 어떻게 준비하고

---

62 마시모 몬타나리 Massimo Montanari는 이렇게 쓴다. "식량 체계는 음성 언어처럼 그 일에 종사하는 사람들의 문화를 담고 전달한다. 그것은 전통 및 집단적 정체성의 저장소다. 따라서 자기 표현과 문화 교류를 위한 보기 드문 수단, 확실한 정체성 확립의 수단인 동시에 다른 문화와의 접촉으로 들어가는 첫 번째 방법이다. '다른' 문화의 언어를 이해하는 것보다는 그 문화의 음식을 먹는 것이 더 쉬워 보인다. 음식은 음성 언어 자체보다 다른 문화들 사이의 중재자 역할을 훨씬 더 많이 할 수 있다. 자신의 요리법을 온갖 종류의 발명과 교차 수분, 심지어 오염의 가능성에 열어 두면서 말이다"[*Food Is Culture* (New York: Columbia University Press, 2006), 133]. 몬타나리

차리느냐, 누구와 함께 먹느냐는, 한 집단을 다른 집단과 구별하는 표지들이다. 한편으로, 식량 체계와 전통은 성 역할과 계급 분화와 여타 권력관계들을 표현하고 강요한다. 다른 한편으로, 음식 전통은 세계의 수많은 요리법과 식사 전통을 만들어 내는 지역적·민족적 차이를 반영한다. 우리가 (다른 무엇보다) 멕시코나 에티오피아, 중국, 이탈리아 요리를 맛볼 수 없었다면, 우리의 미각은 심각하게 약화되었을 것이다. 음식의 다양성과 독특함을 목격하는 일은, 세상 사람들과 장소의 다양성을 목격하고 축하하는 일이기도 하다.

베드로의 환상은 음식의 **차이**가 **분열**의 근거가 되면 문제가 된다는 사실을 보여 준다. 문제는 문화들 간의 차이가 아니라, 그 차이로 사람들을 분리하고 소외시키는 일이 허용되는지 여부다. 잘 알려져 있듯이, 유대인의 음식 규정은 어떤 종류의 음식 섭취를 엄격하게 금한다. 왜 그런 규정들이 시행되었는지는 매우 흥미롭고도 복잡한 이야기다.[63] 그러나 분명한 것은 유대의 음식 규정은 다른 어떤

는 또한 역사적·지리적·경제적 환경이 변화하면서 문화와 음식 사이의 동일시가 일어난다고 언급한다. 세계화된 시장들이 식량 체계를 균질화하는 시기에는, 특정 음식 문화가 집중을 덜 받는다. 음식이 풍족한 시기에는, 특정 음식으로 계층을 구별하는 경향은 더 적을 수 있다. 음식이 지역별 차이를 식별하는 데 기여할수록 계층에 대한 기여도는 낮아진다.

[63] 제이콥 밀그롬으로부터 메리 더글라스Mary Douglas에 이르는 수많은 저자가, 유대의 음식 규정의 구체적인 성격과 형태를 설명했다. 뚜렷한 민족 정체성 유지에 초점을 맞춘 설명으로는, 데이비드 크래머David Kraemer의 *Jewish Eating and Identity through the Ages* (New York: Routledge, 2007)를 보라. 돼지고기 같은 음식을 금한 부분적 이유는, 이방인들이 가장 손쉽게 먹는 음식을 대표했기 때문이었다. 따라서 돼지고기는 타자가 먹는 음식의 상징이자, 헬라의 문화적 헤게모니를 상기시키는 역할을 했다. "문화적 정체성의 표지로서 '헬라인'과 '경건한 유대인' 사이의 경계에 있는 돼지고기는, '우리'와 '그들' 사이의 전쟁을 수행하는 특히 효과적인 도구였을 것이다"(33). 또 민족 정체성이 가장 위협받는다고 여겨질 때 음식 규정은 가장 엄격하

목적들보다 유대인의 거룩함을 지키는 데 기여했다는 점이다. 이스라엘은 다른 민족들과 구별되어야 했고, 그렇게 하는 한 가지 방법이 그들의 식단대로 먹지 않는 것이었다. 그리고 또 하나는 외국인들과 함께 먹지 않는 것이다. 함께 먹는 일은 교혼 같은 더 광범위한 형태의 혼합의 시작이기 때문이다.[64] 베드로가 불경하거나 깨끗하지 않은 것은 절대 먹지 않겠다고 저항한 것은, 그가 훌륭한 유대인이라 주장하는 또 다른 방식이다.

 하나님의 환상은 베드로에게 식사 관행을 재고하라고 도전한다. 그 관행이 배제의 근거로 사용되고 있기 때문이다. 하나님이 베드로에게 그가 전통적으로 부정하다고 여긴 것을 먹으라고 하신 까닭은, 하나님이 보시기에는 그것이 깨끗하기 때문이다. 여기서 깨끗하고 부정한 것에 대한 규정은, 다른 이들과의 사귐을 거부하고 환대를 제한하기 위한 평계로 드러난다. 하나님은 이방인과 연관된 그 음식이 깨끗하다고 말씀하심으로써, 고넬료를 환대하고 기꺼이 맞아들이라고 지시하고 계신다. 모든 음식이 허용된다면, **환대는 모든 사람에게로 확장된다**. 이는 베드로가 제대로 이해하기에는 아주 어려운 메시지로, 식사 관행이 개인적·민족적 정체성과 얼마나 깊이 연관되어 있는지를 암시한다. 하나님은 그 점에 대해 그에게 여러 번 말씀하셔야 했고 베드로는 어리둥절한 채 무슨 말을 하고 무슨 행동을 해야 할지 알지 못했다.[65]

 게 적용되었을 것이다.

64 몬타나리에 따르면, 일부 문화에서 음식을 나누어 먹는 일은 "한 가족에 속해 있다"는 의미이며, 식탁을 공유하는 것은 "어떤 집단의 구성원임을 나타내는 첫 번째 표지다"(*Food Is Culture*, 94).

베드로는 성령의 인도에 따라 일어나 문 쪽으로 가서 고넬료가 보낸 사람들을 맞이한다. 베드로가 성령께 마음을 연 것은 예언자적 주체성의 표지로서, 이것이 그의 환대 행위를 가능하게 한 요인이다. 베드로는 "유대인으로서 이방인과 교제하며 가까이 하는 것이 위법인 줄"(행 10:28) 알면서 고넬료에게 간다. 이방인과 그들의 음식이 깨끗하다는 하나님의 가르침을 받은 베드로는, 곧 그와 함께 있는 이방인들에게 성령이 내려오시는 것을 목격한다. 그러자 그들 역시 방언을 하고 하나님을 찬양함으로써 그리스도의 몸에 참여할 준비가 되었음을 보여 준다. 베드로의 유대인 친구들은 처음에는 그가 이방인들을 받아들인 일에 대해 그를 비난했다. 그러나 환상 이야기와 그들의 예언자적 삶에 대한 이야기를 듣고 나서는, 회개하고 하나님이 이방인들에게도 '생명 얻는 회개'(행 11:18)를 주신 것을 인정했다.

베드로와 초기 그리스도인 공동체가 배워야 했던 것은, 그리스도의 평화는 편애를 허용하지 않는다는 사실이었다. 모든 사람을 그리스도의 몸 안으로 또 그 구성원으로서 받아들여야 한다. 레티 러셀Letty Russell은 이것을 '공정한 환대'의 실천이라 불렀다. 이는 차이에 근거하여 배제하지 않고 낯선 이들 사이에서 연대를 증진하는 실제적인 환영의 형식이다. '그리스도 안에서' 사귐이 이루어지려면, 그리스도인들은 다른 인종, 민족, 성별, 성, 종교의 배경을 가진 사람

---

65 헨헨은 베드로의 어리둥절함이 내러티브의 중요한 부분이라고 주장한다. 그것은 베드로가 자신의 주도권과 힘으로 행동하고 있지 않음을 나타내기 때문이다. 그는 "거리낌 없이 하나님의 인도하심에 자신을 맡겨야"(*The Acts of the Apostles*, 358) 한다는 예언자적 삶의 방식으로 나아가고 있다.

들과 동료가 되는 법을 배워야 한다(환대는 우리가 타자들**에게** 하는 것이 아니므로). 이러한 동료 관계에서는 이전에 주변부에 있던 구성원들이 중심으로 오게 되고, 그렇게 됨으로써 사실상 이 집단 혹은 저 집단이 통제하는 중앙 집권화된 권력 구조가 사라진다. 그들이 중심으로 와야 하는 까닭은, 모든 사람이 타자에게 내어줄 독특한 은사가 있고, 다양한 구성원이 그들을 알아야만 충족시킬 수 있는 특정한 필요가 있기 때문이다. "환대는 획일적이지 않은 통합의 표현이다. 공동체는 환대를 통해 동일함이 아닌 차이로 세워진다.…공동체 내의 환대는 그리스도께서 모든 이를 하나님의 친족-세계$^{kin\text{-}dom}$ 안으로 환영하신 열린 마음을 공유하는 일이다."[66]

환대에서 화해로

예수님의 환영과 환대 사역은 다양한 사람들을 한 집단으로 모으는 데서 끝나지 않는다. '집단'은 아직 사귐의 자리가 아니기 때문이다. 집단은 아직 친밀하고 이로운 방식으로 함께 묶여 각 개인이 다른 이의 존재에서 영감과 양육과 기쁨의 원천을 찾는 구성원들로 이루어진 건강한 몸이 아니다. 그리스도의 몸에 참여한다는 것은, 나를 교정하고 변화시키는 분이신 그리스도께서 내 안에 있는 것만이 아니다. 그것은 내 안에 다른 이들도 있어서, 내가 삶에 대해 아는

---

[66] Letty M. Russell, *Just Hospitality: God's Welcome in a World of Difference*, ed. J. Shannon Clarkson and Kate M. Ott (Louisville: Westminster John Knox Press, 2009), 65.

바(내가 삶에서 필요로 하고 바라고 즐거워하는 바)가 함께하는 삶의 교제를 떠나서는 아무런 의미를 갖지 못하는 것이다.

진정한 교제의 삶은 쉽지 않다. 문제는 단지 우리 개인이 타자들에게 자신을 완벽하게 내어주기를 거부하는 데만 있지 않다. 우리가 죄의 역사들로 철저하게 붕괴된 사회적·생태적·신학적 맥락 안에 사는 것도 문제다. 우리 대부분은 하나님이 바라시는 사귐의 친밀함을 상상하기조차 어렵다는 사실에 직면한다. 우리 경험의 많은 부분이 두려움, 의심, 오만, 미움의 전통과 습관으로 빚어지기 때문이다.[67] 우리는 정직하게 소통하며 서로 앞에 설 때 너무나 많은 것이 부끄럽다는 사실을 알게 된다. 물론 우리는 자신의 악행으로부터 달아나고 다른 이들의 아픔으로부터 자신을 보호하려는 성향이 있기 때문에, 정직한 소통 자체도 쉽지 않다. 우리는 타자들을 환영하고 포용하기보다는, (알든 모르든) 그들에 대한 무시와 착취에 근거해 분투하고 소비한다.

바울에 따르면, 예수님의 삶과 죽음과 부활이 타자들과의 관계를 상상하고 살아내는 완전히 새로운 방식을 가능하게 한다.

누구든지 그리스도 안에 있으면, 그는 새로운 피조물입니다. 옛 것

---

67 윌리 제닝스는 *The Christian Imagination: Theology and the Origins of Race* (New Haven: Yale University Press, 2010)에서, 근대 신학 전통이 식민주의와 인종차별의 역사로 인해 심한 기형이 되었다고 설득력 있게 주장한다. 기독교는 생명을 양육하는 사람과 장소를 붕괴시키는 '병적인 사회적 상상력'을 드러낼 뿐 아니라 그것에 기여하기도 했다. 다시 말해, '그리스도의 몸'은 참된 **몸**이 아니다. 피조물의 차이가, 다툼을 타자의 유익을 바라는 애정 어린 욕구로 변화시키시는 그리스도께 아직 사로잡히지 않았기 때문이다.

은 지나갔습니다. 보십시오, 새 것이 되었습니다! 이 모든 것은 하나님에게서 났습니다. 하나님께서는 그리스도를 내세우셔서, 우리를 자기와 화해하게 하시고, 또 우리에게 화해의 직분을 맡겨 주셨습니다. 곧 하나님께서 사람들의 죄과를 따지지 않으시고, 화해의 말씀을 우리에게 맡겨 주심으로써, 세상을 그리스도 안에서 자기와 화해하게 하신 것입니다(고후 5:17-19, 새번역).

우리는 그리스도와 함께 거할 때, 그분의 눈으로 보고, 그분의 마음으로 느끼고, 그분의 머리로 이해하는 법을 배운다. 보고 만지고 듣고 냄새 맡고 맛보는 이전의 모든 방식은 지나가고, 창조 세계 안의 모든 것이 새로워진다. 이러한 변화를 통해 새롭게 되는 것은 우리 자신만이 아니다. 모든 피조물이 새롭게 지어진다. 그것들은 이제 창조하고 유지하는 그리스도이신 로고스와 관련해서 이해되기 때문이다.[68] 모든 관계가 새로워지는데, 이는 불화가 아닌 화해가 그 특징이기 때문이다. 이는 그리스도에 의해 생겨난 새로운 공동체의 특징이, 화해의 사역으로 규정되는 새로운 경제와 새로운 정치라는 의미다. 그리스도에 의해 만들어진 경제와 정치에서는, 사람들이 서로 앞에 그리고 창조 세계의 모든 구성원 앞에 부끄러움 없이 설 수 있다. 그들이 서로를 돌보는 데 헌신했기 때문이다.[69] 화해는 함께하는

---

[68] 리처드 헤이스는 *The Moral Vision of the New Testament*에서, '새로운 피조물'의 범위가 인간에게 한정됨으로써 바울의 말의 의미가 종종 왜곡된다고 주장했다. 고린도후서 5:17의 헬라어 본문에는 주어와 동사가 모두 없으므로, "누구든지 그리스도 안에 있으면—새로운 피조물!"로 번역되어야 한다. 바울은 여기서 새 하늘과 새 땅, 울음이 기쁨과 즐거움으로 바뀔 세상을 창조하시는 하나님에 대해 이야기하는 이사야 65:17-19에 의지하고 있다.

삶이 공감, 양육, 축하의 열매를 맺는, 평화롭게 정돈된 관계의 모습이다.

'화해katallagē'라는 단어는 신약에 많이 등장하지 않지만, 그렇다고 해서 예수님의 사역에 그 실재와 중요성이 나타나지 않는다는 의미는 아니다. 예를 들어, 산상수훈에서(마 5:24) 예수님은 형제와의 관계가 좋지 않으면 제단에 예물을 가져오지 말라고 말씀하신다. 그러한 제물은 가짜다. 희생적인 삶의 핵심인 자기를 주는 일이 없기 때문이다. 희생하고자 하는 바람은, 신학적으로 간단히 이해하면 올바르고 화목한 관계를 향한 바람이다. 그것은 서로의 유익과 안녕을 중심으로 자신의 욕구와 일을 정돈하는 데 전념하는 것이다.

골로새서에 나오는 그리스도 찬양은(1:15-20), 화해된 삶이 그리스도의 사역의 거의 전부라는 생각을 강화한다. 그리스도는 하나님의 형상으로 묘사되고, 그로 말미암아 그리고 그를 위해 하늘과 땅의 만물이 창조된 분으로 묘사된 후에, "하나님께서…그분의 안에 모든 충만함을 머무르게 하시기를 기뻐하[신]" 분으로 묘사된다. 그리스도로 말미암아 "[하나님이] 그분의 십자가의 피로 평화를 이루셔서…만물을, 곧 땅에 있는 것들이나 하늘에 있는 것들이나 다, 자기와 기꺼이 화해시켰[다]"(새번역). 가장 궁극적인 의미에서의 삶('하나님의 충만함')이 화해된 삶, 친밀함과 친교의 삶임을 나타내는 아주 매력적인 표현이다. 영원히 양육하고 자신을 내어주는 참 생명인 그

---

69 우리는 에덴동산에서 아담과 하와가 벌거벗었으나 부끄러워하지 않았음을 기억해야 한다. 그것은 서로에게, 하나님께, 동산의 다양한 구성원들에게 숨길 것이 없었기 때문이다. 착취하거나 자기 잇속만 차리려는 목표가 없었기 때문이다. 이 초기 단계의 관계들은 유쾌했다. 그러나 피조물 됨으로부터 '타락'하고 구성원 됨의 불안이 생겨나면서, 모든 차원의 관계가 깨지고 관계를 치유하는 애도와 화해가 필요해졌다.

리스도의 피가 구원과 평화를 이룬다. 우리는 성찬 식탁에서 이 피를 마심으로, 온 창조 세계를 치유하시고 먹이시고 화해시키시는 하나님의 자기 내어줌에 참여할 힘을 얻는다.

강조할 점은, 하나님의 화해 사역의 범위가 인간을 넘어 '땅에 있는 것들이나 하늘에 있는' 만물을 포함하며 확대된다는 것이다. 교회 역사는 대부분의 기간 동안 화해 결핍 장애를 겪었다. 이 장애는 두 가지 오도된 믿음 안에서 나타난다. 그것은 (1) 하나님이 인간만 돌보신다는 믿음과 (2) 사람들은 창조 세계가 쇠약해지는 동안에도 번성할 수 있다는 믿음이다. 첫 번째 믿음의 거짓됨은, 온 창조 세계에 대한 하나님의 사랑을 증명하는 성경의 다양한 증언에서 쉽게 드러난다. 창세기 1장에서 하나님은 창조 세계를 아주 좋다고 선언하신다. 하나님 사랑의 물리적인 표현인 이 세계가 어떻게 좋지 않을 수 있겠는가? 욥은 그에게 해를 끼칠 수 있는 피조물들을 하나님이 기뻐하심을 알게 되는데, 이는 창조 세계가 우리에게 유용한가 여부로 축소되지 않음을 나타낸다. 바울은 세상 창조 전부터 하나님의 계획은 그리스도 안에서 하늘과 땅에 있는 만물을 통일시키는 것이었다고 선언하며(엡 1:3-10), 이는 하나님이 만드신 모든 것이 하나님의 영원한 생명 안에 자기 자리를 갖고 있음을 암시한다. 골로새서의 그리스도 찬양은, 만물이 그분 안에서 그분을 위해 창조되었다고 주장함으로써 이런 사고의 흐름을 이어 간다. 세상과 관련한 하나님의 창조와 구속의 드라마에서 인간에게 독특한 자리와 역할을 부여한다 하더라도, 이 간단한 언급은 처음부터 하나님의 관심과 바람이 모든 피조물을 향해 있었음을 나타낸다. 하나님이 나누시는 온전한 교제는, 육신과 장소를 떠난 소수의 정신에만 국한되지 않는다. 하나님의 영원한 소망은 하나님의 **집**이 될 수 있는 새 하늘과 새 땅을 향한 것이다(계 21:1-4). 하나님의 영원한 바람은 창조 세계에서 벗어나시는 것이 아니라, 화해된 창조 세계와 **함께**하고 그 가운데 **거하시는** 것이다.

두 번째 믿음의 오류는 생태학적·신학적 오류를 나타낸다. 생태학은 인간이 혼자 살지 못한다고 가르친다. 우리는 살기 위해 먹어야 하는데, 이는 우리 모두를 계속 움직이게 하는 지구-생물-화학적 과정들과 몸들에 주의를 기울여야 한다는 의미다. 생태학적 구성원 됨과 과정에 주의를 기울이지 못하면, 우리는 결국 화해에 대한 빈약한 비전을 갖게 될 것이다. 서로 잘 지낼 수는 있지만 결국 기아, 유독한 서식지, 병든 몸으로 귀결되는 인간의 모습 말이다. 예수 그리스도 안에서의 하나님의 성육신은, 우리가 다른 몸들과 관계 맺는 방식과 체화가 신학적으로 아주 큰 의미가 있다고 가르친다. 예수님은 영지주의 교사가 아니라 (무엇보다도) 몸의 치유자이자 몸을 먹이는 분이셨다. 예수님의 사역은 '육체'(골 1:22)로 행하신 접촉 사역이었고, 서로 접촉하는 방식으로 서로 화해하는 법을 배우라는 초대였다. 생태학적이고 신학적인 관점에서 볼 때, 번성하기 위해서는 함께하는 몸들의 안녕이 필요함을 알 수 있다. 살아가는 것이란, 창조 세계의 모든 몸과 연결된 장소 안에서 몸으로 존재하는 일이다. 그것은 우리의 삶인 동시에 하나님이 예수님의 몸 안에서 스스로 택하신 삶이기도 하다. 체화는 하나님께 낯설지 않고, 일시적으로만(또한 마지못해) 취하신 것도 아니다. 몸은 하나님의 창조하고 유지하시는 사랑이 나타나는 장소이자 수단이다.

하나님의 화해 사역 범위가 창조 세계 전체로 확장된다면, 창조 세계의 몸들과 가장 친밀하게 결합하는 것으로 이해되는 식사는 이 화해가 가시화되는 주된 장소이자 수단이어야 한다. 우리는 식사를 할 때 동료 인간인 먹는 자들뿐 아니라 우리가 먹는 음식과도 화해해야 한다. 먹을 것을 준비하는 방식은 물론 식사 자체의 성격이, 하나님이 세상과 화해하시는 넓은 범위의 방식을 우리가 제대로 인식하고 있는지 여부를 보여 준다.

어떻게 그렇게 되는지 보기 위해, 많은 산업형 식품 생산과 소비에 퍼져 있는 수치스러운 일을 생각해 보라. 조너선 사프란 포어는 《육식Eating Animals》에서, 우리가 값싼 고기를 얻을 수 있도록 닭, 돼지, 소가 비참한 삶을 살고 잔인하게 죽임을 당하는 여러 방식을 묘사한다. 공장식 농장과 대규모 감금 사육장은 통상적으로 동물들을 가득 채우고 통제하여 하나님이 허락하신 수명대로 살 수 없게 하고, 가능한 한 빨리 (어떤 경우에는 유전자 조작으로) 도축 가능한 체중으로 자라게 한다. 이 동물들에게 '삶'은 아주 스트레스가 심하고 해로워서 꾸준한 스테로이드와 항생제 주입 없이는 살아남을 수 없다. 이렇게 산업 시설이 주는 시련에서 살아남은 수십억 마리의 동물에게는 그 죽음조차 수치스러운 일이 된다. 소 도축 과정을 묘사하는 포어는, 일반적인 수소가 활송 장치에 들어가면 '노커knocker'가 두개골에 철 볼트를 쏘고 그 소는 의식을 잃거나 죽는다고 말한다. 그러고 나면 소는 다리로 들어 올려져 도살장의 해체 라인으로 보내지고 거기서 가죽이 벗겨지고 내장이 제거되고 분할된다. 많은 경우 "동물들은 의식이 있는 채로 피를 흘리고, 가죽이 벗겨지고, 절단된다."[70]

---

[70] Foer, *Eating Animals*, 230. 포어의 책에 이어 산업형 육류 생산의 학대를 기록

산업계와 정부는 이를 알고 있지만 그 관행을 묵인한다. 사실 일부 도축장 운영자는 동물이 '너무 죽어' 버리면 심장 박동이 너무 빨리 멈출 수 있음을 인정한다. 이상적인 것은, 잠시 동안 심장이 펌프질을 하게 하여 혈액을 빠르게 빼내고 라인의 속도를 높여 전반적인 도축 과정을 더 효율적이고 수익성 있게 만드는 것인 듯하다.

식품에서 일어나는 수치스러운 일은 육류 생산에만 국한되지 않는다. 토양의 붕괴와 침식, 강 유역의 오염과 낭비, 식물의 독성화와 유전자 조작, 농부들에 대한 학대와 착취를 고려하면, 우리의 산업형 농업과 식량 체계는 돌봄보다는 훼손을 당연시한다. 많은 사람이 옥수수나 쌀, 밀, 콩을 단일 재배하는 어마어마한 밭을 기술적 성공 스토리라 부르지만, 그것은 어떤 점에서 배신당한 창조 세계의 모습이다. 이 밭에는 건강한 세상에 기여하는 생태학적 관계와 생물 다양성에 대한 존중이 충분히 반영되어 있지 않기 때문이다. 산업형 농업에서는 생태학적 과정을 건너뛰고 좌절시키고 전복시킨다. 생태학적 관계들이 편협한 인간의 목표에 도움이 되도록 조작된다.

때로 우리의 목표가 겉으로는 이타적으로 나타날 수 있다. 황금쌀의 개발을 둘러싼 대대적인 광고를 생각해 보라. 황금쌀이 황금인 까닭은, 낟알의 배유 안에 베타카로틴을 함유하도록 처리되었기 때문이다. 베타카로틴은 수백만 어린이들(특히 아시아의)의 실명을 막을 수 있는 중요한 영양소인 비타민A의 전구물질이다. 이 유전적 개입을 둘러싼 많은 과학적·문화적 이슈가 있지만, 고려해야 할 점은 수

한 몇몇 다른 책이 나왔다. 비산업형 육류 생산에 대한 조사로는, Nicolette Hahn Niman, *Righteous Porkchop: Finding a Life and Good Food beyond Factory Farms* (New York: HarperCollins, 2009)를 보라.

천 년 동안 개발된 여러 형태의 쌀 중에서 배유에 카로틴을 함유한 종류는 하나도 없었다는 사실이다. 크레이그 홀드리지Craig Holdrege와 스티브 탤벗Steve Talbott은 우리가 사소한 유전자 변이 같은 것에 대한 식물 자체의 오랜 저항 앞에서 멈추어야 한다고 제안한다. "씨앗 내 과도한 카로틴이 싹 트는 벼의 영양분과 성장에 어떻게든 영향을 미칠 수 있지 않을까?…그 타고난 과묵함에 대한 이유를 이해하기 전에 성과를 강요하며 식물을 제압한다면, 우리가 책임 있게 행동한다고 주장할 수 있을까?"[71] 황금쌀의 예가 보여 주는 바는, 우리가 거기 있는 것에 주의를 기울이지 않고 존중하려 하지 않는 모습이다. 음식 자체와 생산의 맥락 모두 선물로 받아들여지지 않고 오히려 낯선 목표를 위해 조작된다. 우리의 개입은 이러한 선물들과 함께 거하려 하지 않고 그 선물들로부터 배우려 하지 않는 마음을 보여 준다. 타자의 온전성, 심지어 신성함도 거부된다.

화해는 타자를 타자로서 환영하는 것을 전제한다. 이는 타자들을 붕괴시키고 고갈시키기보다는 존중하고 양육하는 관계로 들어가는 일을 수반한다. 우리가 손상을 감지하고 깨진 관계를 치유하는 일에 참여할 수 있으려면 주의와 귀 기울임이 필요하다. 당연하게도 이러한 귀 기울임은, 음식을 재배하는 사람들(종종 남반구의 개발도상국에 사는)과 먹는 사람들이 멀리 떨어져 살고 있는 세계 식량 경제 안에서 특히 어려워졌다. 대부분 세계은행과 국제통화기금의 대출 정책과 무역 협정의 부담 아래서 살아가는 사람들에게, 그 기관들은

---

[71] Craig Holdrege and Steve Talbott, *Beyond Biotechnology: The Barren Promise of Genetic Engineering* (Lexington: University Press of Kentucky, 2008), 25.

자급보다는 북반구 선진국으로 수출할 상품의 재배를 요구한다. 화해를 진지하게 여기는 그리스도인들, 특히 힘과 특권을 가진 나라들에 사는 이들은, 그들의 형제자매들이 무역 협정이 강요하는 가혹하고 종종 생명을 위협하는 요구들에 대해 토로할 때 귀 기울이는 법을 배워야 한다.[72] 우리는 '값싼 음식'에 대한 우리의 욕구가 타자들의 삶을 얼마나 빈곤하게 만들고 이들이 의존하는 땅과 물과 동물들을 어떻게 붕괴시키는지 확인할 필요가 있다.

내가 염두에 두고 있는 귀 기울임은 사람에게 국한되지 않는다. 우리는 계속해서 우리의 학대를 증언하는 동물, 식물, 밭, 숲, 수로가 전달하는 바에 마음을 열어야 한다.[73] 학대당하는 동물, 오염된 수로, 붕괴된 토양, 쇠약해지는 식물, 농부들의 이동식 주택 주차장(농촌 빈민의 새로운 게토로 묘사되는) 등, 이 모든 것이 우리에게 화해가 일어나야 한다고 말한다. 화해에 대한 이러한 필요를 감지하기가 아주 어려운 까닭은, 우리의 '병든 사회적 상상력'이 쉽게 세상을 분리한 후 하나

---

72 *Voices from the South: The Effects of Globalization and the WTO on Third World Countries*, ed. Sarah Anderson (Milford, CT: Food First Books and The International Forum on Globalization, 2000); Walden Bello, *Deglobalization: Ideas for a New World Economy*, rev. edition (London: ZED Books, 2005); Vandana Shiva, *Earth Democracy: Justice, Sustainability, and Peace* (Boston: South End Press, 2005)를 보라.

73 성경은 인간 이외의 창조 세계가 하나님을 찬양하고 우리의 파괴성을 증언한다는 사실을 자주 언급한다(창 4:10-12; 신 11:13-17; 30:19; 미 6:1-2; 호 4:1-3; 렘 4:23-26). 그 이후의 사조들은, 피조물들을 언어 능력과 지적인 행동이 전무한 비인간으로 분류함으로써 그들이 전달하는 바를 침묵시켰다. 이러한 분류 체계에는 이의를 제기해야 한다. 인간과 동물 사이의 경계, 그리고 이 경계가 대변하는 인간중심주의와 개념적·실증적 문제들에 대한 최근의 철학적 성찰에 대한 조사로는, 매튜 칼라코Matthew Calarco의 *Zoographies: The Question of the Animal from Heidegger to Derrida* (New York: Columbia University Press, 2008)를 보라.

님의 영광이 아닌 우리의 영광을 위해 세상을 조작하기 때문이다. 우리에게는 보통 주의력이나 보고 듣고자 하는 욕구가 부족하다. 그러므로 화해가 현실이 되려면, 관계를 깨는 죄악된 방식을 고백하고 회개하고자 하는 진심 어린 바람으로 시작해야 한다. 우리는 식탁에서, 창조 세계를 심기기보다 훼손하는 과정에 우리가 어떻게 연루되어 있는지를 보는 법을 배워야 한다. 우리는 음식을 나누어야 하는 선물이자 복으로 소중히 여기며 먹도록 영감을 받아야 한다. 그리스도인들은 이러한 학습과 화해 사역을, '지역 경제'의 후원자이자 옹호자가 됨으로써 시작해야 한다. 그곳에서 우리의 격차와 실명과 무지를, 지식을 갖춘 참여와 정직한 축하로 대체할 수 있다.[74]

골로새서의 그리스도 찬양은, 화해와 평화에 이르는 길은 그리스도 십자가의 피를 통과한다고 말한다. 이는 자기 내어줌의 희생 없이는 화해가 있을 수 없음을 의미한다. 우리의 식품 생산과 소비의 역사는, 우리가 종종 희생sacrifice을 신성모독sacrilege으로 왜곡함을 보여 준다. 엘렌 데이비스Ellen Davis는 "그리스도의 희생은 우리의 희생을 불필요하게 만들지 않는다. 오히려 그분의 희생이 우리의 희생을 가능하게 한다"[75]고 올바르게 지적했다. 우리는 성찬 식탁에서 먹을 때, 우리가 (생명을 가능하게 하는 일종의 피 주입을 통해) 변화를 입어 먹을 때마다 그 음식과 우리가 함께 먹는 이들을 하나님 사랑의 표현

---

74 이러한 경제적·생태적·문화적 변화를 웬델 베리만큼 분명하게 묘사한 사람은 거의 없다. 특히 그의 글 모음집 *What Matters? Economics for a Renewed Commonwealth* (Berkeley: Counterpoint, 2010)를 보라.

75 Ellen F. Davis, "In Him All Things Hold Together", in *Earth and Word: Classic Sermons on Saving the Planet*, ed. David Rhoads (New York: Continuum, 2007), 133.

으로 환영하고 소중히 여기게 되기를 간구한다. 이는 단지 이론적인 행동이 아니라 경제적이고 정치적인 행동이다. 우리의 모든 관계는 주목과 돌봄으로 영감을 받아야 하기 때문이다. 예수님은 하나님의 선물에 대해 가장 좋고 가장 적절하게 반응하는 길, 우리가 다른 이의 양육을 받을 만한 사람이 되는 길은, 자신을 세상을 위한 양육의 원천으로 변화시키는 것임을 보여 주신다.

우리가 화해 결핍 장애에 사로잡혀 있는 한, 돌봄 축산과 끈기 있는 동산 가꾸기, 농부들을 위한 옹호, 식탁에서의 음식 나눔이 하나님이 세상과 화해하시는 필수적이고 실제적인 표현임을 인식하지 못할 것이다. 그러나 그러한 행동들이 그리스도의 타자들을 향한 자기 내어줌의 사랑을 드러낸다면 그러한 표현이 될 수 있다. 화해란, 수치심 없이 함께 식탁 주위로 모여서 우리가 서로를 향한 선물임을 축하할 수 있는 것이다. 그것은 서로를 돌보는 일을 간절히 바라는 경제와 정치에 헌신하는 것이다.

화해의 실제

최근 신앙 공동체들이 음식의 신학적 의미에 더 주의를 기울이면서, 식품 생산과 준비와 나눔이 세상 속에서 하나님 임재를 증거하고 또 그 임재의 매개체가 된다는 이해를 바탕으로 놀랄 만한 새로운 사역들이 전개되었다. 교회들이 수확한 음식을 이웃 및 도움이 필요한 사람들과 나누는 공동체 텃밭을 가꾸고 있다. 종종 그 공동체의 구성원들은, 식물 심기와 씨앗이 열매가 될 때까지 가꾸는 일을 함께 하도록 초대받는다. 그들은 독성이 없고 영양가 있는 음식을 제공함으로써, 땅과 그곳의 생명체와 그것을 먹는 이들을 존중하는 식사를 마련하고 있다. 그리고 함께 음식을 재배하고 나누기 위해 주의를 기울이고 돌보는 가운데 신앙 성장이 일어남을 발견하고 있다. 그들은 텃밭과 뒷밭에 딸린 일들이 이웃들 사이에서 신앙 공동체의 자리를 잡고 방향을 찾게 해 줌을 인식하기 시작했다. 교회 공동체 텃밭 그리고 더 일반적으로 교회가 후원하는 농업은 사소한 소일거리가 아니다. 그것은 몸의 돌봄과 치유를 추구하며, 하나님의 환대하는 사랑이 현세의 평범한 일상의 장소에서 구현되도록 노력하는 체화된 신앙의 핵심이다.

신앙생활이 개별 영혼이 내세의 하늘 영역으로의 비상을 준비하는 것에서, 공동체가 예수님의 먹이고 치유하고 화해시키는 사역을 확장하는 것으로 탈바꿈할 때, 실제적이고 경제적이고 정치적으로 가능한 온갖 방법들이 시야에 들어온다.[76] 버려진 부지를 개간하고, 인근 지역을 보수하고, 불모지를 비옥하게 하고, 깨진 관계를 화해시키고, 지역 경제 창조를 통한 공동체 정체성과 정신을 구축하는

---

[76] 누리아 러브 패리시Nurya Love Parish는 "기독교 식품 운동Christian Food Movement"이라는 제목의 출판물에서 이러한 수많은 노력들을 기록했다. 이 글을 포함한 많은 자료들을 http://christianfoodmovement.org/에서 찾아볼 수 있다. 또한 Jennifer R. Ayres, *Good Food: A Grounded Practical Theology* (Waco: Baylor University Press, 2013); Fred Bahnson, *Soil and Sacrament: A Spiritual Memoir of Food and Faith* (New York: Simon & Schuster, 2013); Fred Bahnson and Norman Wirzba, *Making Peace With the Land: God's Call to Reconcile with Creation* (Downer's Grove, IL: InterVarsity Press, 2012); Lisa Graham McMinn, *To the Table: A Spirituality of Food, Farming, and Community* (Grand Rapids: Brazos Press, 2016)에서, 다양한 맥락에서 개발되고 있는 신앙의 영감을 받은 창의적 음식 사역에 대한 더 자세한 내용을 보라.

(그리고 그 일들에 필요한 새로운 경제적 우선순위를 세우고 사람들이 다양하게 참여하는) 이 모든 노력이 이제 신앙생활의 중심이 된다. 이것이 사랑을 진실하고 실제적이고 영양가 높은 것으로 만드는 기본적인 방법이기 때문이다. 한편 신학교들은 어떻게 텃밭과 농장이 복음을 더 잘 이해하고 목회 사역을 재해석하는 필수적 장소가 될 수 있는지 분별하고 있다.[77] 믿음의 사람들이 밭에서 그리고 식탁에 함께 모여, 식량을 재배하고 함께 식사하며, 식품 생산과 소비가 그들 예배의 신선하고 근본적인 표현이 될 수 있음을 발견하고 있다.

사람들이 식사를, 곧 그들이 먹는 것과 그것을 재배하는 방식과 함께 먹는 사람들을 생명의 위대한 연결 장치(혹은 분할 장치)로 이해한다면, 그리고 땅, 식물, 동물, 인간의 건강이라는 온갖 다양한 영역에서 음식의 중요성을 인식한다면, 교회 사역의 의미를 근본적으로 교정하는 길로 한 발짝 나아간 것이다. 음식 사역은 단지 교회 사역의 일부인 선택적 프로그램이 아니라, 사역 전반의 초점을 다시 맞추는 렌즈가 된다.

그 사역의 모습을 확인하기 위해, 시카고 사우스 사이드의 트리니티연합교회Trinity United Church에서 오티스Otis와 모니카 모스Monica Moss가 하고 있는 사역을 고찰해 보자. 그것이 주목할 만한 사역인 까닭은, 음식과 건강에 대한 관심이 폭넓고 다양한 교회의 삶을 통합시킴을 보여 주고 있기 때문이다. 모스 부부는 창조된 몸들의 건강과 화해에 초점을 맞추어, 세상에 대한 또 세상 속에서의 하나님

---

[77] 켄딜 밴더슬라이스는 이러한 발전 중 일부를 "Farminaries", in *Christianity Today*, January 25, 2018 (www.christianitytoday.com/ct/2018/january-february/farminaries.html)에서 기술한다.

사랑을 새롭고 의미 있게 만들고 있다.[78]

트리니티교회는 현재 주로 아프리카계 미국인으로 구성된 대형 (대략 8,500명의 교인으로 이루어진) 교회다. 2008년 오티스 모스 3세 박사가 담임목사가 되었을 때, 트리니티교회는 예비 대통령 버락 오바마Barack Obama의 모교회로 전국적으로 주목을 받았다. 트리니티교회는 비교적 짧은 역사에(이 교회는 1960년대 민권 시대에 설립되었다) 흑인 그리스도인 정체성을 진지하게 받아들인 교회가 되었다. 노예 제도와 인종 차별의 역사 그리고 흑인들이 당한 학대와 모욕의 경험은 교회 운영 방식에 어떤 변화를 주게 될까? 주류 백인 중산층의 가치관과 표현 방식은 맞지 않는 것이 분명했다. 그들의 가치관과 그들이 확립한 경제적/정치적 틀은 대부분 흑인의 빈곤, 소외, 투옥의 원인이었기 때문이다.

오티스가 음식 사역과 그 사역에 딸린 모든 일을 목사로서 사역의 중심으로 삼았는지는 분명하지 않다. 그의 할아버지는 조지아 주의 소작인이었지만, 오티스는 농부도 아니었고 농장에서 자라지도 않았다.[79] 나아가 미국의 환경 운동과, 음식에 초점을 맞추는 좀 더

---

78 자신들의 삶과 사역에 대한 이야기를 나누어 준 모니카와 오티스 모스에게 감사한다. 내 설명은 그들과의 개인적 대화와 소통에서 나온 것이다.

79 그로잉 파워Growing Power의 창립자이자 맥아더 지니어스 어워드를 수상한 윌 앨런Will Allen의 이야기는 교훈적이다. 소작인의 아들이었던 앨런이 가장 원하지 않았던 것은 식량을 재배하는 힘든 일, 즉, 과거 노예와 소작인이 하던 일이었다. 그러나 그는 공동체에서 함께 식량을 재배하는 일이 흑인 청년들에게 힘을 부여하고, 공동체에 새로운 활력을 주고, 개인의 건강을 증진하는 강력한 방법이라는 사실을 깨달았다. 앨런은 함께 식량을 재배하고 먹는 일이 세상에서 치유와 정의를 촉진함을 보여 주었다. 찰스 윌슨과 공저한 그의 책 *The Good Food Revolution: Growing Healthy Food, People, and Communities* (New York: Penguin Books, 2012)를 보라. 인종차별이 미국의 농업에 어떻게 영향을 미쳤는지, 유색인 농부들이 어떤 대우

최근의 움직임은 주로 백인들의 문제다.[80] 그러나 그의 아버지 오티스 모스 주니어는 보건을 사역의 중요한 요소로 삼은 잘 알려진 클리브랜드의 목사였다. 그리고 그는 시골에서 자란 모니카와 결혼했다. 모니카는 버지니아 주에 있는 농장에서 많은 시간을 보냈고, 거기서 작물 재배를 도우며 영양가 있고 건강에 좋은 음식의 중요성을 인식하게 되었다. 오티스와 모니카는 결혼 생활을 시작하면서 주로 완전 채식의 식사를 했다. 그들은 식물성 식단이 가장 건강하다고 믿었고, 오늘날 산업형 농업에서 일어나는 동물 학대에 우려를 느끼고 있었다. 모니카는 동물들을 인도적으로 키우는 것이 어떤 것인지 알았기 때문에 육류 소비에 대해 율법주의적 태도는 없었다. 그러나 주로 식물성 음식을 먹을 때 기분이 한결 좋았고, 그 음식은 정말 맛있었다.

트리니티연합교회를 방문하는 사람은 교회 건물과 옥상 정원 내에 있는 농산물 직거래 장터를 접할 것이다. 그 장터가 중요한 까닭은, 예배 후 교구민들과 (주로) 아프리카계 미국인 농부들을 연결해 주기 때문이다. 그렇게 해서 교구민들은 좋은 음식을 제공받고 농부들은 재정적 지원을 받는다. 오티스와 모니카는 그 장터를 사람들이

를 받고 있는지에 대한 설명으로는, 나타샤 보웬스Natasha Bowens의 *The Color of Food: Stories of Race, Resilience, and Farming* (Gabriola Island, BC: New Society Publishers, 2015)을 보라.

[80] 시카고 신앙 공동체들의 환경 운동에서 흑인과 백인이 나누어진 양상에 대한 논의로는, 어맨더 바우Amanda J. Baugh의 *God and the Green Divide: Religious Environmentalism in Black and White* (Berkeley: University of California Press, 2017)를 보라. 식품 정의와 관련해 인종에 대해 더 광범위하게 살핀 글로는, *Cultivating Food Justice: Race, Class, and Sustainability*, ed. Alison Hope Alkon and Julian Agyeman (Cambridge, MA: The MIT Press, 2011)을 보라.

구입한 신선한 식품을 다듬고 요리하는 법을 배울 수 있는 교육 센터로 본다. 그들은 '스무디가 웃음을 만들기 때문에'(Smoothies make smiles!) 스무디를 만든다. 농산물 직거래 장터에서 번 돈은 빅마마 하우스Big Mama's House 같은 다른 사업을 위해 쓴다. 이는 청년과 노인들이 그 공동체와 인근 교회들에서 온 사람들과 함께 모여 통조림 제조, 바느질, 보수 공사와 건축 같은 기본 기술을 공유하는 사역이다. 아이들은 세대 간 이해 증진을 위해 어른들을 교회 저녁 식사에 초대해 줄 것을 부탁 받는다. 핵심은 사람들을 접촉 사역에 참여시켜, 관계를 조성하고 유지하는 데 필요한 것이 무엇인지를 훨씬 심오하고 실제적인 방식으로 느낄 수 있게 하는 것이다. 핵심은 이웃을 책임지고 그들에 대해 자부심을 갖는 시민이 되도록 돕는 일이다.

　모니카에게 묻는다면 그는 신선하고 건강한 음식은 인권 문제라고 말할 것이다. 왜냐하면 깨끗하고 영양가 있는 음식을 얻는 것이 건강의 열쇠이기 때문이다. 모든 사람이 연결과 연대감을 조성하는 식탁에 다가갈 자격이 있는 것처럼, 모든 사람이 좋고 건강한 음식을 누릴 자격이 있다. 그리고 그것은 그리스도인 삶의 중심이다. 복음의 핵심은 세상을 치유하고 자양분을 주기 위한 목적으로 하나님이 세상에 육체로 오신 것이기 때문이다. 이는 전통적인 신학적 표현에서 구원의 방편으로 묘사되는 것이다. 성경이 그리스도인들에게 서로의 몸을 돌보라고 가르치는 까닭은, 바로 그것이 예수님이 그분의 사역에서 하셨던 일이기 때문이다. 힘든 일은 사람들이 자신의 믿음에 대해 더 체화된 방식으로 생각하도록 가르치는 일이며, 농산물 직거래 장터와 공동체 주방은 그야말로 그것이 분명하게 나타나는 곳이다.

모니카에게 예수님에 대한 탐구와 음식에 대한 탐구는 자연스럽게 어우러지는 일이다. 예수님의 가르침과 교훈이 대부분 음식을 함께 먹는 가운데 주어졌기 때문이다. 함께 하는 식사는 단지 사역의 **실례**가 아니라 오히려 사역의 **실천**이다. 예수님이 (마 26:26에서) 떡을 가지고 축사하신 다음 제자들에게 주어 먹게 하신 것이 이미 그들이 먹고 있는 중에 일어난 일이라는 사실은 중요하다. 성찬은 식탁 교제가 실행되는 상황에서 이루어진다. 그것은 일상과 떨어져 있다가 관중을 위해 곁들여지는 구경거리가 아니다.

사역은 계속되고 있고, 결코 쉽지 않다. 다른 교회와 마찬가지로 소위 '녹색 정책'은 종종 상당한 의심에 직면한다(트리니티교회의 일부 교인들은 처음에 옥상 정원을 퍼팅 그린을 설치하는 것으로 생각했다). 이 때문에 오티스와 모니카는 이 일을 장기적으로 하려 한다. 그들은 이제 교인들과 함께 교회의 기본 시설을 확장하고 변화시킬 야심찬 계획을 가지고 있다. 바로, 트리니티교회를 식품 불안정과 주택 공급 부족이 여전히 주 관심사인 시카고 사우스 사이드의 건강과 번영을 우선순위로 삼는 곳으로 만들고자 하는 계획이다.

트리니티교회가 계획한 한 가지 방법은 이마니 마을^{Imani Village}을 통해 이 일을 하는 것이다.[81] 이 야심찬 기획은, 종이와 컵의 재활용 및 친환경 청소 용품 채택의 단계를 지나, 예방 의료, 질 좋은 식사, 공동 작업을 통해 건강한 몸을 촉진할 공간을 설계하고 건축하는 방향으로 나아가고 있다. 그 마을에는, 교육 및 청소년 육성 센터,

---

[81] 이 기획의 범위와 그 다양한 차원에 대한 설명은, www.imanivillage.com/July 12, 2018을 보라.

유기농 공동체 텃밭, 도시 농장 및 농업 센터, 전국대학체육협회NCAA가 공인한 스포츠 센터, 지속 가능한 주택, 소매 상가, 보건소를 비롯한 다양한 요소들이 있다. 이는 믿음의 사람들이 식사의 여러 영역이 하나님 나라를 증언할 수 있음을 이해할 때 무슨 일이 일어날 수 있는지를 보여 주는 매력적인 비전이다. 하나님의 사랑을 반영하는 방식으로 함께 잘 먹으려면, 세상에 존재하는 다른 방식이 필요하다. 그리고 그런 존재 방식은 물리적 공간이 분열과 질병이 아니라 사랑과 건강을 촉진하도록 만들어질 것을 요구한다.

이마니 마을 같은 기획을 부차적인 사역으로, 모스 부부처럼 소수의 재능 있고 용감한 사람들이 해낼 수 있는 일로 여기고 싶은 마음이 들 수 있다. 그러나 그것은 오해다. 제대로 이해하면, 이마니 마을은 교회의 본질에 대한 핵심을 보여 준다. 즉, 교회는 성찬으로 영감과 양육을 받아 자신이 사는 지역의 이웃들에게 양육의 원천이 되는 데 헌신한 사람들의 공동체다. 이마니 마을은 항상 교회의 소명이었던 것에 대한 하나의 창의적인 반응이다. 그 소명은 바로 '가난한 자들을 위한 정의를 추구함으로써 사랑을 보여 주는 것'이다. 그들은 그 소명에 반응하며 사도행전에 나타난 초대 교회의 창의적인 선봉을 따르고 있다.

식품 정의에 대한 영감과 필수적인 가르침 상당 부분을 아프리카계 미국인 지도자들로부터 얻는다는 사실은 그렇게 놀라운 일이 아니다. 이들은 전 세계에서 온 이주자 농부들 및 난민들과 함께, 세계 경제 그리고 특히 식량 정책이 사람과 땅 모두를 붕괴시키는 것을 경험한 이들이다. 정의와 자비와 경축을 토대로 하는 식량 체계와 더 정직한 식사 신학을 추구하는 이들은, 사회 속에서 그들이 처한 입장에서 세상을 경험할 필요가 있다. 누가복음 14장에 나오는 잔치 비유가 상기시키듯, 하나님과 함께 식사를 하기로 선택하는 이들은 엘리트들이 아니다. 하나님의 환대의 의미를 받아들이고 인식할 감각이 있는 이들은 가난한 이들과 소외된 이들이며, 지배적인 문화는 그들로부터 많은 것을 배워야 한다.

식사기도   7

감사를 표하는 능력 외에, 하나님 앞에서 우리가 소유한 것은 아무 것도 없다. 가장 미약하고 가장 빈약해 보일 수 있는 것이 사실 가장 고귀하고 가장 광대하다. 즉, 하나님이 주신 것에 **반응하는** 찬양은 인간의 말의 진수다. 우리는 말로 선물을 받아들이고 우리가 가진 무언가를, 곧 우리 자신을 드릴 수 있다.[1]

감사는 욕구와 만족, 사랑과 소유를 삶으로 변화시키는 힘이며, 하나님이 우리에게 주신 세상의 모든 것에 하나님에 대한 지식과 그분과의 사귐을 채우는 힘이다.[2]

세상은 언제나 높임을 받아야 했던 것처럼, 사람의 제사장적 사랑에 의해 높임을 받을 것이다. 그리스도께서 하신 일은 우리의 깨진

---

1   Jean-Louis Chrétien, *The Ark of Speech* (London: Routledge, 2004), 123.
2   Schmemann, *The Eucharist*, 188-189.

제사장직을 그분께로 가져가 그것을 다시 견고하게 만드시는 것이다.…정확히 우리가 뼛속 깊이 품을 만큼 예루살렘을 사랑했기 때문에, 우리가 일어날 때 그 질감이 상승할 것이다. 우리 눈이 그 땅을 즐겼기 때문에 그 나라의 색이 우리 마음을 영원히 압도할 것이다. 빵과 페이스트리, 치즈, 포도주, 노래가 어린 양의 만찬에 들어가는 까닭은 우리가 그곳에 들어가기 때문이다. 그 도시를 집으로 데려오는 것은 우리의 사랑이다.[3]

식사를 하며 감사 기도를 드리는 일은, 인간의 가장 고귀하고 정직한 표현 중 하나다. 우리는 이 기도로, 세상 속에 있는 우리가 서로와 하나님 앞에서 겸손한 자리를 취하는 데 전념함을 보여 주고, 우리의 자리와 생계 유지를 당연히 여기지 않음을 실증한다. 우리는 여기 식탁에 둘러앉은 증인들 앞에서, 삶의 경험이란 받고 다시 주는 귀한 선물임을 증언한다. 우리는 우리가 혼자 살지 않으며 혼자 살 수도 없고, 오히려 방대한 은혜의 신비와 자비의 수혜자임을 인정한다. 우리는 감사의 말과 행동으로, 우리의 상상과 이해를 뛰어넘는 삶의 선물에 충실하고 그것을 받기에 합당한 자가 되려고 애쓴다.

　사람을 음식을 삼키고 소화할 뿐 아니라 그것을 생명과 사랑의 매개체로 받아들이며 즐거워하는 피조물로 규정하는 것은, 감사의 실천이다. 식사가 은혜의 언어와 문법 안으로 들어올 때, 식사 자체가 하나님의 풍성하고 이해를 넘어서는 사랑의 맛있는 표현으로 경험될 때, 사람들은 '참된 기쁨의 원천'이신 하나님과 함께 식사하는

3　Capon, *The Supper of the Lamb*, 190.

기회를 얻는다. 식사는 공급하시는 하나님의 돌봄을 보고, 냄새 맡고, 만지고, 맛보는 것이다. 사람이 하나님과 사귐을 가지면, 삶의 감각이 변화되어 "가장 아름다운 것을 보고, 가장 조화로운 것을 듣고, 가장 향기로운 냄새를 맡고, 가장 달콤한 것을 맛보고, 가장 즐거운 것을 받아들일"[4] 준비가 된다. 사람의 지각과 수용 능력이 새로워져서, 세상이 하나님과 창조 세계가 사귐을 누리는 장소가 된다.[5] 사람이 존재 전체로 감사 기도를 드리며, 그 감사를 정직하게 그리고 그 깊은 신학적·실제적 의미를 사려 깊게 인식하고 표현할 때, 그들은 불완전하더라도 하나님의 낙원에 함께한다.[6]

---

4   Saint Bonaventure, *The Journey of the Mind to God*, trans. Philotheus Boehner (Indianapolis: Hack, 1956). 보나벤투라는 14쪽에서 '참된 기쁨의 원천'이신 하나님을 언급한다.

5   창조 세계와 하나님의 사귐의 정도와 친밀함은 19세기 아일랜드 신학자 존 스코투스 에리우게나John Scotus Eriugena의 글에서 가장 강력하고 대담하게(거의 범신론에 가까우므로) 표현되었다. 그는 *Periphyseon III*, 678D에서 이렇게 말했다. "우리는 하나님과 피조물을 서로 별개인 둘로 이해하지 말고 동일한 것으로 이해해야 한다. 피조물이 하나님 안에서 존속하고 있기 때문이다. 그리고 놀랍고 형언할 수 없는 방식으로 자신을 나타내시는 하나님이 피조물 안에서 창조되어, 보이지 않는 것이 그분을 보이게 하고, 이해할 수 없는 것이 그분을 이해할 수 있게 하고, 숨겨진 것이 그분을 드러나게 한다.…그리고 만물을 창조하신 그분이 만물 안에서 창조되고, 만물을 만드신 분이 만물 안에서 만들어진다.…그리고 만물 안에서 만물이 되신다"[John Manoussakis, *God after Metaphysics* (Bloomington: Indiana University Press, 2007), 33에 인용]. 에리우게나의 주장은 14세기 비잔틴 교부 그레고리오 팔라마스에 의해 더 정확해졌다. 그는 하나님이 다함이 없고 근본적으로 알려지지 않은 상태에서 창조 세계 안에서 계시되고 있다고 주장했다. 창조 세계 안에 계시되어 피조물에게 보이는 것은, 하나님의 영원한 본질이 아니라 하나님의 '에너지' 즉 실질적이고 유지하는 힘이다. 영원하신 삼위일체 하나님은 이 에너지 안에 임재하시지만 그 안에 제한되지 않으신다. *The Triads, III* in *Gregory Palamas*, ed. John Meyendorff (Mahwah: Paulist Press, 1983), 93-111에 나오는 그의 설명을 보라.

6   슈메만은 이렇게 쓴다. "감사는 낙원을 경험하는 것이다.…낙원은 사람과 모든 창조 세계의 태곳적 상태이며, 타락 이전의 우리 상태이고…그리스도에 의해 구원받은 상

사람이 하나님의 형상으로 지어졌다고 주장하는 것은, 창조하고 유지시키는 생명의 말씀이신 하나님과 사귐을 누리고 대화를 나누도록 창조되었다고 믿는 것이다. 니콜라스 래쉬Nicholas Lash의 표현을 떠올려 보라. "하나님의 말씀이 사랑으로 생명을 주신다. 모든 생명, 모든 한결같은 신선함을 주신다. 오로지 생명, 평화, 사랑, 그리고 아름다움과 조화와 기쁨을 주신다. 그리고 하나님이 주시는 생명은 하나님 자신 그 이상도 이하도 아니다. 생명은 주어진 하나님이다."[7] 래쉬가 여기서 묘사하는 것은, 하나님이 항상 이미 온 창조 세계에 존재하시며, 각 피조물에 생명을 주는 원리 혹은 로고스의 형태로 안에서부터 또 밖으로부터 그것과 소통하신다는 고대의 이해다. 4세기에 글을 쓴 성 아타나시우스는 창조 세계의 어느 부분도 하나님의 영원한 말씀이신 예수님이 부재한 곳은 없다고 주장했다. "말씀의 자기 계시는 모든 차원에 이른다. 위로는 창조 세계에, 아래로는 성육신에, 깊이로는 하데스에, 너비로는 세계에 이른다. 만물은 하나님에 대한 지식으로 가득하다."[8] 그리스도의 성육신 안에 계시된 하나님은 세상을 창조한 다음 떠나 버리는 이신론적 신과는 거리가 멀

태다.…다시 말해, 낙원은 **처음**이자 **끝**이며, 사람의 전 생애가, 그리고 그 안에서 온 창조 세계의 전체 삶이 지향하는 방향이며, 그것을 통해 그 전체가 정의되고 결정된다"(*The Eucharist*, 174).

[7] Lash, *Believing Three Ways in the One God*, 104.

[8] Athanasius, *On the Incarnation*, §16 (Crestwood, NY: St. Vladimir's Seminary Press, 1977), 44. 아타나시우스는 성육신한 말씀이 어디에나 존재하며, 만물에 질서를 부여하고, 만물을 지휘하고, 만물에 생명을 주지만 그 어느 것에도 포함되지 않는다고 묘사한다. 그분은 만물 안에 담겨 있지 않고, "오로지 아버지 안에 존재하시기" 때문이다(§17, 45). 그는 우리가 이 사실에 놀라서는 안 된다고 말한다. 성육신 자체의 원리, 곧 영원한 말씀이 구체적인 몸(나사렛 예수) 안으로 들어올 수 있다는 개념은 우주의 몸 안으로 들어가는 일을 수반하기 때문이다(§41, 76).

다. 그분은 항상 관계의 하나님, 알려지고 사귐을 나누고자 하시는 하나님이셨다. 창조 세계의 구성원으로서, 이 사귐을 나누시는 하나님이 창조하고 유지해 주시며, 생기를 주는 신성한 로고스를 내면에 지닌 우리는, 삶의 원천인 하나님을 알고 그분과 관계 맺도록 만들어졌다.

생명을 깊이 만나고 받아들이는 것, 그 신비롭고 생생한 활력에 마음을 여는 것은, 하나님을 생명life 안에 있는 이해할 수 없는 생명Life으로 받아들이는 일이기도 하다(요한복음 1:4에서 말씀을 생명과 세상의 빛으로 묘사한 것을 떠올려 보라). 진실하고 깊은 사귐, 생명을 친밀하게 맛보는 것이라 부를 수도 있는 그것은, 인간의 가장 깊은 욕구이자 갈망이다. 우리는 우리 개인의 삶이 얼마나 중요한지를 알기 원하고, 또 진정하고 영원한 가치를 지닌 것과 연결되고 싶어 한다. 그러나 창조 세계에 있는 그 무엇도 이 허기를 온전히 진정으로 충족시킬 수 없다. 우리가 먹는 어떤 식품도 그 생명의 원천이 아니고, 항상 그 너머에 있는, 처음 그것을 먹이고 양육해 준 선물들을 가리키기 때문이다. 창조 세계는 영원히 존재할 수 없고, 결핍을 그 특징으로 한다. 하나님의 능력을 표현하기는 하지만, 그 자체에 신성이 있거나 우리의 경배와 찬양을 받을 만한 가치가 있는 것은 아니다.

생명의 **생기**와 생명을 유지시키는 사랑의 **사랑스러움**을 알고 경험하기를 원한다면, 창조 세계를 **통해**(주변으로 둘러 가지 않고) 그 창조주에게로 나아가야 한다. 식사는 창조 세계를 통해 나아가는, 우리가 아는 가장 친밀하고 실제적이고 규칙적인 방법 중 하나다. 이는 식사를, 특히 우리가 함께 하는 식사를, 아주 신학적인 일로 만든다. 식탁에 모여 적절한 초점과 감성으로 준비된 우리는 하나님의 생명에 다가가고 참여할 기회를 얻는다. 또 우리에게 생명을 주는 서로와의 관계 즉 땅, 식물, 동물, 그리고 궁극적으로 하나님과의 관계에 대한 감사를 말로 표현할 기회를 얻는다. 성경은 하나님이 지금 여기에서 "인간을 위해 음식이 되고 생명이 되신 신성한 사랑으로서" 인간을 만나신다고 가르친다. "하나님은 그분이 만드신 모든 것에 **복을 주신다**. 이는 성경의 표현으로 하자면, 그분이 모든 창조 세계를 그분의 임재와 지혜, 사랑과 계시의 표지이자 수단으로 삼으신다는 의미다. '주의 선하심을 맛보아 알지어다.'"[9] 우리는 우리의 축복을 세상에 돌려줄 때, 우리 감각이 이 사랑을 맛보고, 냄새 맡고, 듣고, 보고, 만졌음을 우리 입으로 인정한다. 우리는 이제 세상에서 하나님의 양육과 화해 사역을 함께 할 준비가 된 변화된 존재로서 증언한다. 다함없는 선물을 보호하고 축하하는 데 헌신한다.

기쁨의 실천

세상에 대해 감사를 표하고 싶다면, 먼저 그것을 감사할 만하다고 느끼는 일이 필요하다. 이는 특히 무지하고 무신론적 물질주의와 과시적 소비의 유혹을 받는 문화에서는 사소한 일이 아니다. 우리가 모르는 것에 대해, 무작위의 물질 혹은 우리를 병들게 하거나 뚱뚱하게 만들 수 있는 제품에 대해 왜 굳이 식전 감사 기도를 드려야 하는가? 로버트 패러 캐폰은 어느 기발한 짧은 이야기에서, 사탄이 고

---

9   Schmemann, *For the Life of the World*, 14.

참 악마들에게 인간의 타락을 악화시키라고 요청하는 장면을 묘사했다. 한 후배 악마는 하나님과 이웃을 향한 공격에 초점을 맞추는 것은 잘못된 접근이며 더 성공적인 전략은 인간과 사물의 관계를 변질시키는 방법이라고 제안한다. 핵심은 사람들을 지루함 때문에 인사불성이 되게 하고 실용적 계산을 하도록 퇴보시켜, 세상의 피조물과 선물을 흥미롭거나 소중하지 않은 것으로, 특별한 의미나 가치가 없는 물건으로 여기게 하는 일이었다. 다시 말해, 사람들이 세상을 하나님 창조의 현장이라기보다는 무의미한 무작위의 실제들의 모음이라고, 또 창조된 모든 것은 물체일 뿐이지 그것을 유지시키시는 하나님 말씀의 표현이 아니라고 생각하도록 훈련된다면, 점점 하나님에 대해 완전히 잊는 법을 배우게 될 것이다. "사람들이 실체를 다루는 한, 실질적인 존재가 될 것이다. 따라서 필요한 것은 사람에게서 **사물**을 빼앗는 프로그램이었다.…무엇보다 기쁨의 문이 여전히 굳게 닫혀 있어야 했다."[10]

캐폰의 이야기는 중요한 통찰을 담고 있다. 즉, 세상이 무엇**인지**, 세상이 무엇을 의미하고 어떻게 받아들여질지는 조작과 부패에 약하다는 사실이다. 무생물뿐 아니라 생물도 더 이상 하나님의 사랑의 표현이 아니라, 한정되고 실용적인 의미만 지닌 상품이 될 수 있다. 동료 피조물들이 더 이상 내면에 경이와 기쁨을 불러일으키지 않을 때 사람들은 그들이 사는 세상에서 유배자가 될 수 있다. 경이와 기쁨은 하나님의 안식이 세상과 만남을 나타내는 표지다. 기쁨의 경험이 필수적인 까닭은, 기쁨이 우리 생각과 마음을 열어 하나님과 관

10　Capon, *The Supper of the Lamb*, 111.

계 맺고 있는 피조물을 감지할 수 있게 해 주기 때문이다.[11] 하나님의 기쁨에 참여하면, 세상의 의미와 중요성을 이해하는 데 필요한 틀을 얻는다. 또 타자들이 분명해지고 뚜렷이 보이는 렌즈를 얻는다. 우리가 세상을 어떻게 '보느냐'에 따라, 세상이 우리 말에서 표현되고 다루어지는 방식이 결정된다. 무식한 사람은 아무리 풍성하거나 호화로운 식사라 해도 그 근사한 식사의 이름을 밝히지도 못하고 진가를 알아보지도 못할 것이다. 반대로 아무리 부족하거나 평범한 식사라도 연인은 그 음식을 잔치라 선언하고 받아들일 것이다. 우리는 기쁨의 실천을 통해 세상을 사랑의 매개체로 받아들이고 그렇게 관계를 맺는 법을 배운다.

산업적인 패스트푸드 문화는 먹는 사람들을 무식한 사람으로 변화시키는 결과를 가져온다. 음식의 생태적·사회적 맥락에 대한 우리의 무지 때문에, 음식은 손쉽게 연료나 상품으로 전락한다. 반면 음식에 대한 신학적으로 민감한 이해는 다른 그림을 보여 준다.

창조 세계의 독특성은 지속적인 창조적 지원의 결과이며, 인색하지 않은 연인이 실질적 관심을 기울인 결과다. 그가 양파를 **좋아해서** 양파가 있다. 그 맵시, 색깔, 냄새, 팽팽함, 맛, 질감, 선, 모양은, 순무가 있듯 양파도 있는 것이 좋겠다는 어떤 잊힌 법령을 따른 것이 아니라, 그분의 현재의 기쁨에 부응한 것이다. 그것은 당신이 보는 모

---

11 데이비드 벤틀리 하트는 삼위일체의 페리코레시스의 아름다움은 기쁨의 움직임이라고 주장한다. 따라서 삼위일체에 대해 무엇이든 알려면 기쁨으로 충만한 인식론이 필요하다. "창조 세계를 이루고 있는 것이 기쁨이므로, 기쁨만이 그것을 이해할 수 있고 그것을 제대로 볼 수 있고, 그 문법을 이해할 수 있다"(*The Beauty of the Infinite*, 253).

든 것과 당신이 짐작조차 할 수 없는 수많은 경이로움 안에 있는, 내밀하고 즉각적인 기쁨이다.[12]

캐폰은 첫 번째 안식일의 동틀녘을 묘사하고 있다. 그때 하나님은 갓 만드신 창조 세계를 바라보시며, 그분의 사랑, 기쁨, 창조성, 장난기, 호기심이 온전히 감각적인 형태로 반영된 모습을 보셨다. 창조 세계의 그 어느 것도, 반드시 있어야만 하는 것은 없다. 대부분은 우리가 어떤 목적도 확인할 수 없다. 그러나 그 모든 것은 여전히 귀하고, 하나님의 시적 표현이자 열정적인 말씀의 표출로서 존재한다. 신학자들은 무에서의 창조를 말할 때, 피조물들이 어느 순간 더 이상 존재하지 않고 그들이 왔던 무로 돌아갈 수 있는 것처럼 말한다. 그 창조 세계가 무로 돌아가지 않는다는 것은, 계속해서 존재하도록 사랑받고 있다는 의미다. 캐폰은 포도주에 대해 이야기하면서 이렇게 말한다. "포도주가 **존재하는** 것은…그 존재를 현재 그분이 기뻐하시기 때문이다. 창조의 행동은 세상의 각 부분에서 그 시대에 동시적이고 긴밀하고 즉각적으로 일어나는 일이다."[13] 창조 세계가 더 이상 존재하지 않으려면 하나님이 사랑하기를 그만두셔야 할 것이

12　Capon, *The Supper of the Lamb*, 17.
13　같은 책, 85. 이는 세상이 존재하는 데 필요한 것은 아무것도 없다고 말하는 다른 방식이다. 그것은 순수한 선물, 상상도 할 수 없는 하나님의 기쁨의 결과다. "사물은 어떤 기여를 하기 전부터 귀중하다. 다른 곳에 적용될 수 있는 교훈만을 찾으며 창조 세계를 걷는 것은 거짓 경건이다. 하나님은 분명 여전히 가장 선하시지만, 세상도 여전히 그 자체로 선하다. 실제로 하나님이 그것을 필요로 하지 않으시므로, 존재하는 온전한 이유는 그 자체의 선함에 있어야 한다. 그분에게 그것은 쓸모가 없다. 오로지 기쁨만 있다.…세상은 하늘로 가는 일회용 사다리가 아니다. 지구는 편리한 것이 아니라, 선하다. 하나님이 설계하셨으므로 우리가 사랑하는 것이 마땅하다"(86).

다. 각 피조물에 날마다 생기를 주고 그 피조물을 유지시키는 것은, 오로지 하나님의 기쁨에 찬 창조적인 말씀과 세상을 유지시키시는 따뜻한 호흡이기(시 104편을 보라) 때문이다.

기쁨은 사랑이 지각과 연결될 때 시작된다. 아퀴나스는 피터 롬바드 Peter Lombard의 《명제집 Sentences》을 논평하면서, "사랑이 있는 곳에는 눈이 있다"[14]라고 썼다. 아퀴나스가 지적하는 바는, 연인들은 다른 사람이 지각할 수 없는 것을 지각한다는 사실이다. 사랑이 없는 사람들은 육체적 눈은 가지고 있어도 깊이 보는 '눈'은 없다. 서두름에서든 불안에서든, 지루함에서든 성급함에서든, 그들에게는 타자들의 존재에 놀라고 그들의 독특함에 깜짝 놀랄 만큼 충분히 오래 함께하고 계속 머무는 주의력과 신의가 없다. 이 때문에 사랑하지 않는 이들이 진짜 동산지기나 좋은 요리사인 경우는 거의 없다. 사랑은 호기심과 친밀함을 불러일으켜, 생명의 온전성과 신성함을 더 충분히 경험하도록 이끈다. 사랑은 좌절과 성급함이 생길 때 사랑하는 이와 계속 머무르고자 하는 헌신을 불어넣는다. 사랑하는 이들은 사랑받고자 그곳에 있는 존재를 즐기고 기뻐한다. 사랑하는 이들은 무언가에 대한 추정이나 고정관념이나 생각에 만족하기보다, 각 피조물의 신비에 계속 마음을 열어 둔다.

강조해야 할 점은, 사랑이 단순히 익숙함으로 이어지지는 않는다는 것이다. 익숙함은 보통 지각의 표면적인 차원에 머물러 있기 때문이다. 또 익숙한 것들은 이미 이해한 것으로 여겨져 당연시될

---

14 Josef Pieper, *Happiness and Contemplation* (South Bend, IN: St. Augustine's Press, 1998), 71에 인용.

가능성도 높다. 사랑, 특히 기독교 제자도를 통해 학습한 소유욕 없는 사랑은 하나님이 주신 존재의 신선함과 생명력이 기대를 뛰어넘고 압도하게 만드는 변함없는 헌신이다. 지각의 가능성을 열고 자기를 넘어서도록 인도함으로써(밖으로 향하는 이 움직임이 진정한 '에로스'와 '아가페'의 핵심이다), 지각은 환대 행위로 변화되고, 이때 타자들은 그들의 방식대로 나타난다. 사랑하는 자들은 타자들의 유익을 구하는 것 외에, 그들이 사랑하는 대상에게 도움이 되려 한다. 그들은 바울이 고린도전서에서 했던 유명한 말처럼(13:4-6) 오래 참고 온유하다. 분노하거나 자랑하거나 짜증 내지 않는다. 자기 방식을 고집하지도 않는다. 다른 사람을 사랑하는 것이란, 사랑하는 대상으로 인해 변화되고자 하는 것이며, 사랑하는 이가 보여 주는 대로 세상과 자신에게 온전히 열린 마음을 갖는 것이다. 보는 것을 사랑함으로써, 혹은 좀 더 정확히 말해서 사랑을 통해 지각이 일어나게 함으로써, 세상의 은혜가 나타나기 시작한다.[15] 이제 사물은 그저 우리가 그것에 부여하는 것도, 우리가 그것에 대해 바라는 바도 아니다. 그것은 은혜를 입고 재능을 얻은 존재로 하나님의 빛 가운데 서기 시작한다. 요제프 피퍼가 말하듯이, 묵상은 인간이 가장 행복한 순간이다. '존재하는 모든 것의 행동 기반'인 '하나님 임재에 대한 직접적 지각'을 가능하게 하기 때문이다.[16]

지각을 열어 주는 사랑은 또 우리의 세상 경험을 확장하고 깊게

---

15 한스 우르스 폰 발타사르는 믿음을, '사랑이 마음대로 하도록 두는 기꺼운 마음'으로 묘사한다. *The Glory of the Lord: A Theological Aesthetics: Volume VII, Theology: The New Covenant*, trans. Brian McNeil (San Francisco: Ignatius Press, 1989), 401을 보라.

하기도 한다. 예를 들어, 진정으로 포도주를 사랑하는 이들은 그저 포도주를 먹고 취하는 이들이 아니다. 그들은 햇빛, 물, 식물, 토양이 포도로 변하는 기적을 받아들이고, 발효와 맛의 선물을 받아들이고, 포도주를 나눌 때의 유쾌함을 받아들이는 이들이다.[17]

포도주를 가까이 두는 선한 사람은, 취하는 것보다는 포도주 고유의 온갖 여흥을 **들이켜는** 데 관심이 있다. 포도주에는 맛과 색과 향미, 여러 가지 은혜가 들어 있고, 음식을 보완하고 대화를 향상시킨다. 또 저녁 시간을 기회로 바꾸고, 식사를 단순히 영양을 공급하는 수단이 아닌 유쾌한 시간이 되게 하고, 적어도 몇 시간 동안 남자들은 지혜롭고 여자들은 아름답고 심지어 아이들까지 유망해 보이는 행복한 상태로 데려가는 탁월한 능력이 있다.[18]

포도주의 여러 가지 은혜와 삶을 고양시키는 능력을 보건대, 예수님이 남용 가능성을 충분히 아시고도 그분의 부활 생명을 증언하는 식사와 교제를 위해 그것을 선택하셨다는 것은 놀랄 일이 아니다.[19]

---

16   Pieper, *Happiness and Contemplation*, 78-80.
17   포도주 생산과 소비의 신학적 의미에 대한 광범위한 설명으로는, 기젤라 크레글링거Gisela H. Kreglinger의 *The Spirituality of Wine* (Grand Rapids: William B. Eerdmans Publishing, Co., 2016)을 보라.
18   Capon, *The Supper of the Lamb*, 91.
19   고대 세계에 물과 포도주는 가장 널리 소비되는 음료였지만, 포도주는 종교 의식에서 특히 중요했다. 그들이 함께 먹는 일이 이교 종교 관습과 연관되기를 원하지 않았던 초기 그리스도인들 사이에서 이는 우려할 만한 이유였다. 어떤 경우에는 성찬 식사에서 물이나 우유가 제공되거나 잔이 제공되지 않는 결과가 생기기도 했다. McGowan, *Ascetic Eucharists*를 보라.

기쁨의 문화는 몇 가지 측면에서 '패스트푸드' 문화와 정반대 방식으로 움직인다. 패스트푸드는 묵상을 돕거나 장려하지 않고, 음식에 대한 애정 어린 관심을 촉진하지도 않는다. 패스트푸드는 공산품으로, 그 재료들은 효율적으로 수익성 있게 재배되고 손쉽게 조작되고 재결합되며 수월하게 수송되고 저장되어 별 생각 없이 마련될 수 있다는 이유로 선택된다. 이는 싼 가격에 가능한 한 획일적인 모양으로 어디서나 구할 수 있도록 만들어진 음식이다. 패스트푸드는 먹는 자들이나 식품 공급자, 요리사, 혹은 섭취되는 동식물을 거의 존중하지 않는다.[20]

패스트푸드는 존중과 기쁨을 거부한다. 혹은 좀 더 일반적으로, 국제 운동인 '슬로푸드Slow Food'의 발전에 영향을 미치는 즐거움을 거부한다. 슬로푸드 배후에 있는 생각은, 사람들이 식품의 재배, 생산, 준비, 소비에 대해 자세히 알아 갈 시간을 낼 때 식품(그리고 그것을 가능하게 하는 생태계, 동물, 농업/요리 문화)과 그것을 먹는 자들에게 관심을 가지는 법을 배우게 되리라는 것이다. 그 중심에 있는 불평과 염려는, 사람들이 밭, 물, 식물, 동물, 사람들을 제대로 이해하고 돌보고 축하하는 데 꼭 필요한 관심을 가질 시간을 내고 있지 않다는 것이다. 슬로푸드는 종종 이국적인 요리, 희귀 품종, 가보 식물, 여유로운 식사를 즐기는 고소득자들의 운동으로 희화화되기도 한다. 하지만 그 운동을 옹호하는 이들은, 실제로 그들이 추구하는 바는 패스트푸드 문화가 조장하는 파괴와 소외를 넘어 돌봄과 유쾌함을 높이는 공

---

20 패스트푸드의 여러 생태적·문화적 차원을 다른 글로는, Schlosser, *Fast Food Nation*을 보라.

동의 습관을 보존하는 것이라고 말한다. 그것은 오랫동안 토착 문화와 전 세계 농민들 사이에서 중심이 되었던 습관이다. 슬로푸드를 추구하는 이들은 희소한 동식물 종을 지키는 길이 그 종들을 돌보고 그 고유의 생명을 축하하는 마음으로 먹는 것이라고 믿는다. 단순한 연료 섭취가 되어 버린 식사를 구해 내는 길은, 사람들을 동산에, 부엌에, 식탁 주위로 모아, 음식에 대한 통찰력 있는 인식을 통해 그 맛의 매력을 더 충분히 받아들일 수 있게 하는 것이다.

슬로푸드의 설립자로 널리 인정받는 카를로 페트리니(Carlo Petrini)는 모든 삶의 질에 그 운동의 성패가 달려 있다고 주장한다. 산업형 식량 체계와 패스트푸드 식습관은 삶의 질을 떨어뜨린다. 그 방식은 먼저 모든 피조물이 살아야 하는 생태계를 서서히 손상시키거나 파괴하고, 다음으로 먹는 자들을 음식을 귀하고 맛있는 선물로 보는 감각을 상실한 주유소로 변화시키는 것이다. 그에 따르면, 필요한 것은 새로운 농업, 새로운 토지 문화, 동식물과 자연 과정의 건강을 책임질 준비가 된 먹는 자들의 새로운 문화다. 그리고 함께 먹는 즐거움, 모든 사람이 건강한 음식과 깨끗한 물을 누릴 권리, 특정 지역에 적합하고 지역적으로 적응된 식량을 재배하는 농부의 권리, 생태계 과정을 보호하고 유지시켜야 한다는 조건, 환대의 가치 등을 하나의 폭넓은 비전 안에서 결합한 새로운 요리법이다.[21]

슬로푸드에 대해 신학적 성찰을 해 볼 필요가 있는 것은, 그것이 사람들이 창조 세계 속에서 그분이 누리는 기쁨을 공유하기를 원하

---

21 카를로 페트리니는 이 주제에 대해 몇 권의 책을 저술했다. *Slow Food Nation*은 슬로푸드 운동이 문화와 농업의 측면에서 헌신한 바를 이해하는 데 도움이 된다.

시는 하나님의 바람을 표현해 주기 때문이다. 하나님이 세상을 창조하신 행위가 세상과의 관계에 대한 헌신이기도 함을 기억한다면, 또 우리가 먹는 음식에 모든 피조물을 사랑하고 소중히 여기는 신성한 로고스의 흔적이 새겨져 있음을 기억한다면, 사려 깊게 주의를 기울이는 우리의 식사는 하나님의 평화롭고 즐거운 삼위일체 삶에 참여하는 기회일 수 있다. 사람들이 식물과 동물의 건강과 만족에 특별한 관심을 가지고 식량을 재배한 다음, 음식과 공동생활을 받아들이고 보살피고 공유할 선물로 존중하려는 의도로 식사를 한다면, 음식이 다르게 보이고 냄새와 촉감과 맛도 다를 것이다. 그것은 더 이상 단순한 연료가 아닐 것이다. 그 기원과 끝이 하나님 안에 있다는 표지인 성체가 될 것이다.[22]

교회 구성원들이 성찬에 참여하듯 식사를 하고 하나님의 선물을 소중히 여기는 데 헌신하는 '슬로처치 Slow Church'가 될 때, 매 순간 먹는 음식은 그 존재 안에 하나님의 특별한 기쁨의 표지를 품은 독특한 맛과 특별한 창조물로 기억될 것이다.[23] 훈련받은 품위 있는 먹는 사람이 된다는 것, 먹는 음식에서 기쁨을 느끼는 사람이 된다는

---

[22] 엘리자베스 테오크리토프 Elizabeth Theokritoff는 *Living in God's Creation: Orthodox Perspectives on Ecology* (Crestwood, NY: St. Vladimir's Seminary Press, 2009)에서, 사물의 성례적 특질의 의미를 요약하면서, 그것을 하나님 안에서 궁극적인 의미가 있는 것으로 언급한다. "성찬에서 사용하는 물질은 속된 것에 반대되는 거룩한 것이라는 의미에서 분리된 범주의 물질이 아니다. 우리가 날마다 사용하고 다루는 사물의 참된 신성, 즉 베일을 벗고 성례적 특질을 우리에게 드러내는 물질로 묘사하는 편이 더 낫다"(186).

[23] 크리스토퍼 스미스 Christopher Smith와 존 패티슨 John Pattison은 *Slow Church: Cultivating Community in the Patient Way of Jesus* (Downer's Grove, IL: Inter-Varsity Press, 2014)에서 그 개념을 유익하게 발전시켰다.

것은, 그저 고상하거나 값비싼 맛을 느끼는 것이 아니다. 그것은 던스 스코투스Duns Scotus가 '헤케이타스 *baecceitas*' 즉 모든 창조된 존재의 주목할 만한 '개성 원리thisness'라 부른 것을 알고 인식하는 것이다.[24] 그것은 각 사물 안에서 생명을 주는 로고스를 음미하고, 그럼으로써 하나님이 세상 속에서 계속 일하심을 증언하는 것이다.

이런 종류의 인식을 함양하는 데는 시간이 걸린다. 세상의 맛을 음미하는 일은 서두를 수 없다. 이는 성찬 공동체에서만 촉진되고 진척되는 안식일 감성을 필요로 한다. 음식이 하나님의 특별한 창조물로 지각되고 받아들여지고 이해되면, 잘난 척하지 않는 달걀도 무한한 기쁨의 근원이 될 수 있다.[25]

---

24 스코투스의 가르침과 시인 제러드 맨리 홉킨스Gerard Manley Hopkins가 그것을 발전시킨 것에 대한 탁월한 논의로는, Hans Urs von Balthasar, *The Glory of the Lord: A Theological Aesthetics: Volume. III, Lay Styles* (San Francisco: Ignatius Press, 1986), 353-399를 보라.

25 캐폰은 달걀을 다음과 같이 생각해 보라고 요청한다. "더 고등한 형태의 온갖 생명체가 생겨나는, 엄청나게 복잡한 메커니즘은 잠시 잊으라. 또 경이로운 그 일부와 어마어마한 **복잡함**도 무시하라. 마지막으로, 한 가지 외에 다른 모든 알은 제외시키라. 개구리 알이나, 오리 알, 울새 알, 거위 알은 없다. 뱀 알도 없고 공룡 알도 없고 오리너구리 알도 없고 어란도 없다. 어떤 종류의 **난자**도 없고 흔한 암탉의 알만 있다. 그래서 당신은 무엇을 했는가? 온 세상을 포기하고 그곳에서 겨우 십여 개의 달걀을 얻었다.…우리는 농가의 마당에서 얻은 산물에 대해 제사장 같은 관심을 보이며…다른 동물은 알지 못할 것을 발견했다. 달걀로 못할 게 뭐가 있을까? 우리는 스크램블 에그를 만들거나 삶거나 굽거나 프라이를 만든다. 감당할 수 있으면 날것으로 먹는다. 게다가 그 달걀은 당신을 살게 하고 즐겁게 한다. 하지만 그것은 서론의 초두의 시작일 뿐이다. 달걀은 소스를 걸쭉하게 만들거나, 반죽을 부풀리거나, 수플레가 되거나, 수프의 고명이 된다. 설탕과 위스키를 곁들이거나, 소금과 고춧가루를 곁들여 먹을 수도 있다. 물론 당신은 아직 시작조차 하지 못했다. 오믈렛의 종류는 인류의 세대들보다 훨씬 많다"[*An Offering of Uncles* (1967) in *The Romance of the Word* (Grand Rapids: Eerdmans, 1995), 97].

기쁨을 약화시키는 것

기쁨의 경험은 세상을 한결같이 인내하며 공감과 애정을 가지고 끌어안는 일을 전제한다. 그렇다면 그러한 끌어안음을 가능하게 하는 실제적 조건이 부식될 때 기쁨은 감소할 것이다. 지금까지 문화의 어떤 동향과 관행이 피조물과 사물에 대한 애정 어린 관심을 약화시켜 왔는가? 또 그 동향과 관행은, 포크를 들기 전에 고개를 숙이는 사람이 극소수가 되어 버린 이런 상황에, 어떤 식으로 기여했는가? 이 질문에 답하기 위해서는 현대 문화가 세상을 구경거리spectacle로 축소하는 경향을 관찰해 볼 필요가 있다.

스펙타클의 시대the age of spectacle가 이 맥락에서 특히 중요한 것은, 그것이 사람과 그의 지각 방식을 모두 변화시키기 때문이다. 극소수의 사람만이 생계의 원천에 직접적이고 규칙적으로 관여하기 때문에, 세상이 피상적이고 덧없게 경험되는 것은 불가피하다. 스펙타클의 시대에는, 사물들이 그 생태적·문화적 맥락에서 벗어나 극도로 정형화된 방식으로 다시 제시된다. 비디오 화면과 마케팅 캠페인이 세상에 대한 우리의 이해를 중개하고, 현금이나 신용카드가 우리의 거래를 중개한다.

스펙타클의 문화에 대한 글을 쓴 기 드보르Guy Debord는, 사람들이 구매하고 소비하는 것은 사물의 이미지와 환상이라고 말했다. 이 이미지는 주로 익명의 기업이 가진 이해관계의 산물이므로(실제로 식료품이 어디서 나오는지 혹은 어떻게 가공되는지 아는 사람이 얼마나 될까?) 사물과 그것을 구매하는 사람 모두 그것을 가능하게 하는 삶의 맥락에서 점점 소외된다. 사람들은 동물이나 밭을 확인하기보다는 브랜드를 확인한다.[26] 소비가 생산에서 분리되고 개인이 삶의 수단에 창의적으로 참여하는 일이 줄어들면서, 사람들은 예외 없이 수동적으로 변하며 따분함을 느끼고, 그럼으로써 또한 경쟁하는 경제적·권력적 이해관계의 노리개가 된다.[27] "노동자 계층은 착취와 불의에 맞서 분노를 분출하기보다는, 새로운 문화적 상품과 사회 복지, 임금 인상으로 시선이 분산되고 분노가 누그러진다. 소비 자본주의에서 노동자 계층은 연합의 장을 떠나 쇼핑몰로 가고, 궁극적으로 만족시킬 수 없는 욕구를 부채질하는 체제를 칭송한다."[28]

다양한 과학 기술 장치와 미디어(텔레비전, 스마트폰, 컴퓨터, 아이패드, 디지털 리코더 등)는 사람들이 생명의 원천에서 소외되는 일을 아주 용

---

26 식품 회사들은 상품 디자인, 포장, 홍보에 매년 수십억 달러를 쓴다. 또 그들의 음료나 과자가 반드시 선택되도록 규제 기관과 교육 기관에 로비를 한다. 식품 산업이 어떻게 소비자 욕구를 형성하고 식품 정책을 결정하는지를 상세히 열거한 책들은 날마다 쏟아지고 있다. 획기적인 작품은 매리언 네슬Marion Nestle의 *Food Politics: How the Food Industry Influences Nutrition and Health*, rev. edition (Berkeley: University of California Press, 2007)이다. 또한 Michele Simon, *Appetite for Profit: How the Food Industry Undermines Our Health and How to Fight Back* (New York: Nation Books, 2006)을 보라.

27 드보르는 이렇게 쓴다. "스펙타클은 아주 긍정적이고 반론도 접근도 할 수 없는 형태로 등장한다. 그리고 '등장하는 것은 무엇이든 좋고, 좋은 것은 무엇이든 등장한다'는 말 이상은 하지 않는다. 원칙적으로 스펙타클이 요구하는 태도는 그러한 수동적인 받아들임이다. 사실 스펙타클은 이미 대답 없이 등장하는 방법으로, 또 독점적 등장이라는 방식으로 그것을 얻었다.…스펙타클은 경제가 살아 있는 사람들을 예속시킨 정도까지 그들을 그것 자체에 예속시킨다. 그것은 단지 그 자체를 위해 그 자체를 발전시키는 경제일 뿐이다"[Guy Debord, *Society of the Spectacle and Other Films* (London: Rebel Press, 1992), 65]. 아주 많은 사람이 그들이 먹는 음식에 대해 질문을 거의 하지 않는다는 사실은 식품으로 판매되는 제품은 확실히 좋을 것이라는, 분명 경솔하기는 하지만 깊은 신뢰를 갖고 있음을 암시한다. 즉, "등장하는 것은 무엇이든 좋고, 좋은 것은 무엇이든 등장한다."

28 Steven Best and Douglas Kellner, *The Postmodern Turn* (New York: Guilford Press, 1997), 85.

이하게 만들었다. 이러한 분리가 발단이 되어, 장 보드리야르Jean Baudrillard 같은 포스트모던 이론가들은 현실real이 죽고 초현실hyperreal이 어디에나 존재한다고 선언했다. 일단 사물들이 추상적인 것이 되고 이미지나 기호 가치로 축소되면, 즉 보드리야르가 '시뮬라시옹simulation'이라 칭한 과정을 거치면, 객관적 세상 같은 것은 사라진다. 가상의 혹은 모방된 사건들이 현실을 대신한다. 더 정확히 말하면, '현실'이라는 범주가 시뮬라크르simulacra의 막 뒤로 사라지는 것이다.

기호 체계는 기의를 기반으로 세상의 뚜렷한 지시 대상을 가리킨다. 그런데 기표가 기의와의 어떤 안정된 관계에서 벗어나면 그것이 지시 대상 자체가 되고, 이러한 자율화가 기호의 지배의 기초가 된다. 상품의 형식은 '기호 형식'에 의해 가려지고 그 결과 "어떤 실재와도 관계가 없다. 그것은 순수한 시뮬라크르다." 의미는 이제 철저히 상대화되어 무엇이든 '의미'나 '실재'로 통할 수 있다.[29]

시뮬라크르의 세상에서는 피조물과 사물이 그 깊이를 잃는다. 산업형 가공, 디지털 조작, 이미지와 환상의 확산, 스타일의 끝없는 변화로 인해 실재가 축소된다. 이는 사람들이 실제로 먹고 있는 음식을 감지하지 못하고, 이미지를 찾아내어 먹는 법을 배우는 위험을 초래한다.[30]

---

29 앞의 책, 99.
30 월터 벤저민Walter Benjamin은 "The Work of Art in the Age of Mechanical Reproduction", in *Illuminations: Essays and Reflections* (New York: Schocken Books, 1968)에서, 사물이 시간과 공간의 맥락을 벗어나면 독특한 의미와 가치를 발산하게

지금까지 설명한 현상은 음식의 외형과 구매에만 국한되지 않는다. 이는 요리의 영역에서도 나타날 수 있다. 마이클 폴란은 "부엌에서 소파로Out of the Kitchen, onto the Couch"라는 글에서, 평범한 미국인이 하루에 음식 준비에 들이는 시간은 30분 미만이지만(지난 40년간 절반으로 축소되었다), 현재 케이블 TV의 푸드 네트워크Food Network에서 시청할 수 있는 다양한 요리 프로그램에는 상당한 관심을 보인다고 설명했다. 〈탑 셰프Top Chef〉 같은 프로그램을 한 시간 동안 시청하는 사람들도 요리할 시간은 없다고 주장한다.

이는 주목할 만한 전개라 할 수 있다. 특히 요리가 사람들을 인간으로 자리매김하고 정의하는 근본적인 행동 중 하나임을 인식한다면 말이다. 사람들은 요리를 통해 물질세계와의 관계를 이해하는 법을 배운다. 무엇을 먹을 수 있는지, 그것은 어디서 어떻게 재배되는지, 특정한 요리 기술을 쓸 수 있는 재료는 무엇인지, 어떤 음식이 다른 음식과 궁합이 좋은지 발견한다. 또 풍미와 맛은 날것의 재료에 숨겨진 비밀이며, 그 비밀은 적절한 유인책을 써야만 알아낼 수 있다는 사실을 배운다. 그들은 요리해서 먹을 수 있는 인간과 움켜쥐고 씹기만 할 수 있는 짐승을 구분하는, 아주 오래된 활동에 참여한다. 인류학자 클로드 레비스트로스Claude Lévi-Strauss의 유명한 말처럼, 요리는 자연을 문화로, 야생을 가정으로 바꾸는 일이다. 요리는 익히지 않은 있는 그대로의 재료를 가져와, 영양가 높고 맛있고 매

만드는 특성인 '기운aura'을 잃는다는 유명한 말을 했다. 벤저민은 대량 생산되는 미술품을 언급하고 있었지만, 음식과 관련해서도 비슷하게 말할 수 있다. 기계를 가지고 획일적으로 만든 다량의 케이크는 셰프가 손으로 공들여 만든 케이크와는 다르다.

력적인 것으로 변화시키는 일이다. 우리는 동산 가꾸기와 같은 방식으로, 요리를 통해 세상 속으로 지식을 가지고 깊이 나아간다. 현지에서 재배된 재료로 현지 관습을 따라 요리를 하면(예를 들어, 케이준 문화와 요리법을 생각해 보라), 일반적인 땅*terre*의 경험에서 테루아*terroir*(포도주의 독특한 향미)의 경험으로 나아간다. 이는 지역, 기후, 생산 기술의 독특한 풍미가 우리가 먹고 말하고 나누고 상상하는 세계로 들어오는 경험이다.

요리가 많은 관중이 관람하는 스포츠 경기로 변하면, 사람과 음식 및 세상의 관계는 엄청난 변화를 겪는다. 어떻게 그렇게 될 수 있는지 보려면, 100년 전 어떤 사람이 닭고기를 먹고 싶었다면 아마도 닭을 길러 죽이고 털을 뽑고 내장을 제거한 다음 어떻게 요리할지 결정을 내렸을 것이라고 한 폴란의 말을 상기하면 될 것이다. 그 과정의 각 행위에는 다양한 지성과 감성이 개입했을 것이다. TV 프로그램에서 닭 요리 과정을 지켜본다는 것은, 닭고기 살을 만지지도, 심지어 맛보지도 않고(어떤 사람에게는 그저 그것이 다른 누군가에게 맛있다는 것을 아는 것으로 충분하다!) 요리 솜씨와 기술이 표현되는 광경을 즐길 수 있다는 의미다. TV 요리 프로그램은 대개 사람들에게 요리법이나, 식품 저장실에 꽉 찬 재료를 생산하는 동산 가꾸기/농업의 현실에 대해 깊이 생각하는 법을 가르치는 것과 관련이 없다. 그것들이 대상으로 삼는 시청자는 요리를 좋아하는 사람이라기보다는 먹는 것을 좋아하는 사람이다. 그들의 목표는 교육하는 것이기보다는 즐겁게 해 주는 것이다. 따라서 다수의 프로그램이 활기차고 경쟁적이며, 조리법이나 실제적 기술에 대한 설명은 없다.

이런 프로그램들은 번쩍이는 칼, 식품 저장실 급습, 보통의 부엌보다 훨씬 강한 불 등을 흐릿하게 처리하며 아주 빠른 속도로 진행된다.…황금 시간대에 푸드 네트워크에서 칭송받는 기술은 정확히 황금 시간대에 푸드 네트워크에서 성공하는 데 필요한 기술이다. 그것은 하나님의 초록 지구 다른 어디에서도 쓸모가 없을 것이다.[31]

그것은 사람들을 주방에서 더 분리시켜 전자레인지나 식당으로 보내는 기술이기도 하다는 말이다.

연구들에 따르면, 비만율은 사람들이 집에서 하는 요리의 양과 역상관관계가 있다. 사람들이 요리를 더 많이 하고, 외식을 덜 하고, 포장된 조리 식품을 덜 구매하면, 더 건강해질 것이다. 그러나 이는 정확히 푸드 네트워크가 바라지 않는 것이다. 사람들이 일어나 요리를 하고 싶다는 자극을 받는다면, TV 프로그램에는 재정상의 재앙이 미칠 것이다. 이 때문에 요리 프로그램에 붙은 광고들은, 구매하여 전자레인지 버튼만 누르면 먹을 수 있는 조리된 즉석식품을 홍보한다. "만들지 않고 사는 것이 현재 요리 프로그램의 주 관심사다. 또 요리 프로그램 자체도 점점 그렇게 되고 있다. 전체적으로 경쟁, 성공, 유명인이 무제한으로 등장하며 지속되는 구경거리다."[32]

음식과 요리가 구경거리로 변한다는 것은, 음식을 귀한 선물이

---

[31] Michael Pollan, "Out of the Kitchen, onto the Couch: How American Cooking Became a Spectator Sport, and What We Lost along the Way", *New York Times Magazine*, August 2, 2009, 31. 폴란은 이 주제들 대부분을 *Cooked: A Natural History of Transformation* (New York: Penguin Books, 2013)에서 자세히 설명했다.

[32] 앞의 책, 35.

자 하나님의 기쁨으로 경험하기가 훨씬 더 어렵다는 의미다. 음식이 맛있어 보일지는 모르지만, 우리가 맛보는 것은 음식 자체나 그 안에 깃든 하나님의 돌보심이 아니라, 이미지와 맛 제작자들의 작업으로 만들어진 상품이다.[33] 먹는 자들은 세상 그리고 그 생명의 원천인 하나님께 끌리기보다는, 경쟁하는 식품 브랜드와 이미지 사이에서 계속 흔들리고 있다. 식품 재배와 준비에 직접적으로 연관된 사람이 극소수이기 때문에, 우리의 음식 경험 대부분은 식품 산업 전문가에 의해 중개되고 있다. 이미지 소비자인 먹는 자들은, 생명의 원천이 양식화된 제품이 되는 과정에서 일어나는 파괴와 왜곡을 보거나 이해하는 위치로 나아갈 수 없다.

감사로 나아가기

식사 기도가 쉬웠던 적은 한 번도 없다. 사람들이 전통적이거나 상투적인 어구에 익숙할지는 모르지만, 현실은 종종 그러한 공식적 표현들이 그저 정형화된다는 것이다. 식사 기도가 그저 장식용이 아닌 진짜라면, 영감을 받은 신실한 삶의 표현이자 방향을 재조정한 욕구의 표현으로서 일상생활의 다양한 영역에서 시도되고 실행되어야 한다. 그것은 세상이 받은 은혜에 맞추어 우리 상상력의 초점

---

33 오늘날 음식의 여러 맛이 인공적이라는 것은 언급할 만하다. 그 맛은 음식 자체가 아니라, 화합물을 아주 매력적인 향과 맛으로 가공하는 향료 공장에서 나온 것이다. 인공적인 맛이 필요해진 까닭은, 식품과 연관된 많은 산업 가공 공정과 저장 기술이 그 식품의 영양소를 파괴하고 맛이 없게 만들기 때문이다.

을 다시 조정하고 실천의 방향을 바꿈으로써 인간성을 재정립할 잠재력을 갖는다. 식사 기도는 사람들의 관심과 마음이, 선물이자 복으로 인식되는 세상을 향하게 한다. 매일 값비싼 생명의 기적에 대해 감사 기도를 드리는 것은, 생명을 존중하는 구별된 방식으로 창조 세계의 구성원들을 받아들이는 것을 목표로 하는 광범위한 일련의 지적·정서적·실천적 성향을 입증하는 일이다. 이런 방식은 어떤 모습이며, 무엇을 전제하고 또 수반하는가?

식사 기도의 핵심에는 감사의 표현이 있다. '고맙습니다'라는 짧은 단어로 쉽게 축소되기도 하지만, 감사는 사람들을 자기 너머에 있는 세상의 풍성한 신비로 이끌고 가는 깊이 있고 포괄적인 몸짓이다. 진심으로 감사하려면, 감사하는 대상을 인식하고 알려는 노력을 해야 하고, 우리 삶을 가로지르며 우리를 먹이는 아주 다양한 선물들을 인정하는 데 상당한 노력을 기울여야 한다. 근본적으로 우리는 동료 피조물들에 대해 감사함으로써, 그들이 없다면 우리는 번성은커녕 존재할 수조차 없음을 인정한다. 우리는 우리의 건강과 행복이 전적으로 그들의 안녕과 온전성에 달려 있음을, 우리가 항상 그들을 잘 섬기지는 못했음을 고백한다. 우리는 우리가 토양, 동물, 그리고 서로에게 속해 있다는 기본적인 지식을 입증한 다음, 그러한 소속에서 겸손과 책임과 축하의 필요를 본다. 고마움을 느끼는 사람들은, 고의로 타자들을 파괴하는 데 관여하면서 동시에 그들에게 감사할 수는 없음을 안다. 그 안에 세상을 **담은** 감사와 환대의 말('이 토르티야와 살사 소스, 이 친구들과 손님들로 인해 하나님께 감사드립니다!'와 같은)은, 또한 그것이 담은 것을 **돌보기도** 한다.

감사 기도를 드린다는 것, 다른 이들 앞에서 하나님께 우리의 감사를 표현한다는 것은, 세상이 하나님의 선물임을 증언하는 주요한 수단 중 하나가 말이라는 의미다. 우리는 말을 통해 세상과 환대의 관계를 맺도록 초대받는다. 그것은 그 세상을 소비되는 음식으로뿐 아니라 찬양의 표현으로 입에 담음으로써 하나님의 세상의 신성함에 반응하는 관계다. 우리가 정확하고 정직하려는 열망을 가지고 잘 말하면, 말은 우리가 말하도록 먼저 영감을 준 세상을 명확하게 드러내고 영광스럽게 한다. 말은, 세상이 타자들과 하나님께 받아들여지고 전달되고 드려질 수 있는 공간을 열어 준다. 세상을 존재하게 하신 하나님의 말씀이 피조물을 위한 공간을 만드는 환대의 행동이었음을 인식한다면, 인간의 말은 타자들의 선물에 대해 감사를 표함으로써 그리고 생명과 말을 있게 하신 분을 찬양함으로써 이 환대에 참여할 때 정점에 이른다.[34]

말 안에 세상을 책임 있게 담는 것은 어렵고 까다로운 과제다. 담으려 하는 세상에 대한 신실하고 공정한 태도를 전제하기 때문이다. 예를 들어, 우리의 말을 통해 타자들을 부정확하게 표현하거나, 타자들이 그들 자신을 인정하지 못하도록 목소리를 내는 것은 신실하지 못한 것이다. 핵심은 청자들이 우리의 말에서 표현되는 이들의 온전성을 감지하지 못하게 막거나 방해하지 않으려고 애쓰는 것이다. 사물과의 소비주의적 관계의 문제는, 세상이 상품의 수준으로

---

[34] 장 루이 크레티앵은 다음과 같이 이 주제를 명쾌하게 요약한다. "요컨대, 찬양의 언어는 환대하는 언어다. 처음부터 환대의 시선을 가졌기 때문이다. 찬양의 언어는 그 자체로 세상의 다성 음악에 목소리를 부여한다. 그것은 세상의 노래를 먼 곳에서 관찰하기보다는, 그것에 영향을 받고 움직인다. 인간의 말은 피조물에 대한 하나님의 찬양과 피조물에 의한 하나님 찬양이 함께 하나의 찬양으로 어우러지도록 연결할 뿐이다"(*The Ark of Speech*, 139).

전락되면 마케팅 계획이나 광고 문구에 맞게 만들어진다는 것이다.

사람들은 세상을 먹고 사용해야 하므로 요점은 소비를 멈추는 것이 아니라, 사물의 의미가 우리가 사고 소비하는 데 있다고 보도록 만드는 문화에 저항하는 일이다. 그것은 품질이 개선된 최신 제품을 갖지 못하거나 변화하는 유행에 맞추지 못해 감사하지 못하도록 사람들을 길들이는, 시장이 주도하는 유혹에 저항하는 일이다.

감사로 나아가는 한 가지 방법은 셰이커 교도의 관습을 따르는 것이다. 그들은 식사를 시작하기 전에 멈추어 침묵하며, 그들이 무엇을 먹으려 하고 그것을 먹음으로써 무엇을 하려 하는지를 성찰한다. 이렇게 의식하는 관습이 소중한 까닭은, 이 관습이 보통 음식이 아닌 다른 문제들에 사로잡힌 사람들의 마음을 진정시키고 집중시키기 때문이다. 통찰과 깊이를 가지고 세상을 아는 데 크게 방해가 되는 한 가지는, 접촉하는 것은 무엇이든 어둡게 만들고 왜곡하는 마음속 불안 혹은 오만이다. 침묵하면 세상에 마음을 열고 주의를 기울일 수 있다. 이 침묵 안에서, 음식과 식사는 아주 근본적인 것으로 그리고 우리가 숙고하고 축복할 만한 것으로 부상할 가능성이 있다. 세상이 우리 말 속에 들어오고 또 말을 통해 전달되기 전에, 먼저 타자들의 존재와 목소리(그들의 필요, 잠재력, 온전성)를 느끼고 들을 수 있도록 잠잠해져야 한다.

그러나 셰이커 교도들의 관습은 우리의 세상과는 사뭇 다른 세상을 전제한다. 생명의 원천들(음식, 섬유질, 에너지)과 친밀하고 실제적인 관계를 맺으며 살았던 셰이커 교도들은, 생명이 선물임을 훨씬 분명하게 의식했다. "일하는 손, 하나님을 향한 마음"이라는 그들의 모토는, 최선을 다해 일할 때 일과가 감사와 찬양으로 이음매 없이 이어지는 실제적 삶의 방식에 영감을 주었다. 세상에서 하나님이 하시는 일에서 영감을 받는다면, 또 우리를 생명으로 이끄는 사물들 속 신성한 로고스에 주의를 기울인다면, 찬양이 일에 곁들여질 수 있다. 동물의 탄생과 신선한 과일의 기적들을 목도하는 일, 사람의 수고가 이 기적을 도왔음을 아는 일, 그다음 직접 요리해서 먹으며 그것을 맛보는 일은 감사와 찬양의 표현을 더 자연스럽게 만들었다. 셰이커 교도들이 만든 많은 것들과 그것을 만든 방식에는, 삶이란 서로와 하나님으로부터 음식, 에너지, 독창성, 시간, 음악, 예술을 받아들이는 법을 배우는 일과 관련되어 있다는 의식이 반영되어 있다.

셰이커 교도들이 하던 일을 생각하는 한 가지 방법은, 그들의 일을 하나님의 동산인 세상을 '경작하며 지키라'는 성경의 명령에 대한 반응으로 보는 것이다. 몇몇 초대 교부들이 이해한 것처럼, 경작의 핵심은 절대 단순한 재배가 아니었다. 경작에는 이중적인 의미가 있다. 곧, 사람들은 동산을 가꿈으로써 일하는 법을 배워, 그들의 일을 통해 그들 가운데 계시는 하나님을 더 가까이 의식하게 된다. 그런 다음, 세상에서 아름다움과 선을 만드시는 하나님의 일에 참여하며 헌신하게 된다.[35] 다시 말해, 일은 결국 하나님이 유지하며 임재하시는 곳인 세상에 더 잘 조율되는 것과 관련이 있다. 하나님에 대한 의식과 피조물이 온전하고 평화롭기를 바라시는 하나님의 의도

---

35 다마스쿠스의 요한은, 하나님이 아담과 하와에게 모든 나무 열매를 먹으라고 권유하신 것은 '모든 것 안에 있는 모든 것'이신 하나님을 맛볼 수 있다는 의미였다고 주장했다. 요한은 하나님이 이렇게 말씀하시는 모습을 상상한다. "만물을 통해 창조주인 내게로 올라오렴. 모든 나무에서 하나의 열매, 즉 생명인 나를 거두렴. 만물이 너희를 위해 생명의 열매를 맺게 하렴. 너희 존재의 원료인 내게 참여하렴"(Theokritoff, *Living in God's Creation*, 84에 인용).

에 대한 인식이 있다면, 사람들이 세상을 **사용**하는 태도는 삶의 선물들을 더 소중히 여기고 더 잘 양육하고 공유하는 방향으로 변화될 수 있다.

이런 종류의 일은 오늘날 산업 및 세계 경제의 특징이 된 대부분의 일과 뚜렷하게 대조된다. 많은 사람에게 일은 하찮거나 고도로 전문화되어 있어서, 그들이 하는 일이 더 거대하고 생명을 주고 의미 있는 전체 안에서 어떻게 어울리는지를 보기가 매우 어렵다. 일은 종종 일시적이고 취약하고 유동적이며, 그 범위와 야망이 전 세계적으로 뻗어 있는 기업들의 흥망성쇠와 위험 부담의 영향을 받는다.[36] 일은 보통 무명의 상사를 위해 수행되고, 일의 목표는 그 효과(좋든 나쁘든)를 인식할 수 있을 만큼 충분히 이해되거나 가시적으로 나타나지 않는다.

더 구체적으로 농업과 식품 생산에 연관된 일을 생각할 때, 우리는 오늘날 먹는 자들이 그 일을 얼마나 경시하고 있는지를 인정해야 한다. 그 작업은 최하층 계급이나 (합법적/불법적) 이민자와 이주자들에게 떨어지는데, 대부분 세계 전역에서 '모집'되는 이 노동자들은 흔히 저임금을 받고 일상적으로 학대와 경멸과 무시를 당하거나 그저 잊힌다.[37] 농사와 동산 가꾸는 일, 세상을 양육하고 그곳의 먹는 자

---

[36] 이런 전개에 대한 아주 유용한 분석으로는, Zygmunt Bauman, *Globalization: The Human Consequences* (New York: Columbia University Press, 1998)와 *Liquid Modernity* (Cambridge: Polity, 2000), 특히 4장을 보라.

[37] Daniel Rothenberg, *With These Hands: The Hidden World of Migrant Farmworkers Today* (Berkeley: University of California Press, 2000); *The Human Cost of Food: Farm-workers' Lives, Labor, and Advocacy*, ed. Charles D. Thompson, Jr., and Melinda F. Wiggins (Austin: University of Texas Press, 2002); John Bowe, *Nobodies: Modern American Slave Labor and the Dark Side*

들을 키우는 경건한 일이, 우리에게는 천하고 사소한 일로 여겨지고 존경과 존중을 받을 가치가 없는 일로 여겨지게 되었다. 이는 아주 곤란한 전개다. 이는 우리가 건강한 생태계나 유쾌함을 가져다주는 식품 생산 작업에 에너지와 관심을 쏟지 않는다는 뜻이기 때문이다. 그것은 또한 영적인 면에서의 오작동을 암시한다. 음식을 식탁에 가져오는 일을 멸시한다면, 음식에 대한 감사가 진정하거나 정직한 것일 수 없기 때문이다.

일하는 방식이 진정한 감사의 가능성을 열기도 하고 닫기도 하기 때문에, 변화하는 업무 환경을 이해하는 것이 중요하다. 웬델 베리는 "일하러 가기Going to Work"라는 글에서, 오늘날 수행되는 얼마나 많은 일이 사람들을 그들의 일이 의존하는 삶의 맥락에서 격리시키는지 묘사한다.[38] 노동자들은 그들의 삶의 원천과 영향을 인식하지 못하도록 방해하는 포위된 공간에서 업무를 수행한다. 결국 그들은 오제가 '비장소'라 묘사했던 곳에서 일하면서, 결국 자신이 어디에서도 일하고 있지 않거나 모든 곳에서 일하고 있다고 생각하기에 이른다. 그러나 베리의 요점은, 사람들이 인식하지 못하더라도 일은 항상 어떤 장소에서 수행된다는 것이다. 일은 특정한 이웃들과 지역에 효과와 영향력을 미치는 것처럼, 구체적인 숲, 강 유역, 밭, 공동체 같은 특정 장소로부터 그 영감과 자원을 끌어온다. 일은 보통 사

---

of the New Global Economy (New York: Random, 2007); David K. Shipler, *The Working Poor: Invisible in America* (New York: Viking, 2004)를 보라.

38　Wendell Berry, "Going to Work", in *The Essential Agrarian Reader: The Future of Culture, Community, and the Land*, ed. Norman Wirzba (Lexington: University Press of Kentucky, 2003), 259-266.

무실이나 좁은 방 혹은 조립 라인이나 비행기에서 수행되긴 하지만, 언제나 더 넓은 세상에서 자원을 얻고 그 세상에 영향을 미치는 맥락을 가진다. 일이 전문적인 면에서 기획되고 실행되긴 하지만, 그 산물과 효과는 전문 영역이나 시장의 구획을 훨씬 넘어선다.

베리는 노동자들이 일할 때 그들이 **누구**이고 **어디에** 있는지 깊이 생각하는 것이 필수적이라고 말한다. 일은 특별한 방식으로 세상을 보고 세상과 관계 맺도록 우리를 훈련시키는 교리 교육의 한 형태다. 우리는 일의 목적과 목표에 대해 무엇을 배워 왔는지 질문하고, 분명한 애정과 공감을 가지고 일에 착수해야 한다. 우리는 우리가 수행하는 일이, 우리 일이 영향을 미치는 장소의 온전성을 훼손하지는 않는지 숙고하고, 공동체와 지역의 전반적 건강에 기여하는지 세심하게 주목해야 한다. 이 모든 것을 위해서는 일정 수준의 주목과 형성의 과정이 필요한데, 이는 오늘날처럼 속도가 빠르고 멀리 떨어져 있고 눈에 띄지 않는 업무 환경에서는 쉽게 함양하기 힘든 것이다. 주목과 형성이 근본적인 까닭은, 그것들 없이는 일을 삶의 선물에 대한 신실한 반응으로 **보거나** 인식할 수 없기 때문이다. 우리가 그 안에서 일하는 세상이 간과되거나 비하되거나 파괴되기 때문에 우리 감사의 말에 세상을 **담을** 수 없는 것이다.

다르게 표현하자면, 선한 일은 세상의 깊이와 경이로움을 즉시 받아들이고 돌봄과 축하에 전념하는 마음 및 생각과 행동의 습관을 전제한다.[39] 베리가 우리에게 필요하다고 생각한 '마음'은 실용적이

---

[39] 엘렌 데이비스는 칼 바르트를 따라, 나태함을 선한 일에 반대되는 것으로 묘사한다. 나태함은 단순히 활동을 하지 않는 것이 아니라 '어리석은 행동'이다. 타자들의 진실과 선함을 권위적인 방식으로 아는 것을 전제하기 때문이다. 그 결과 나태함은 하

거나 경제적인 마음, 즉 손익분석에만 전념하는 마음이 아니다. 또 무엇보다 가장 파악하기 힘든 시뮬라크르인 재산을 불리는 데 헌신하는 마음도 아니다. 베리는 아퀴나스를 연상시키는 방식으로, 공감하는 혹은 애정 어린 마음의 함양을 요구한다. 그런 마음을 정확하게 혹은 연역적으로 정의하기가 어려운 것은, 한 장소에 있는 특정한 필요와 잠재력에 깊이 반응하기 때문이다. 공감하는 마음은, 현대의 경제적 마음의 반역사적이고 일반화시키는 특징과 달리, 한 마리 잃어버린 양을 찾으려고 아흔아홉 마리 양을 떠나는 것이 비효율적이고 현명하지 못하다는 널리 견지되는 경세적 원리를 위반한다.

공감하는 마음은 다음과 같은 면에서 엄격하게 실용적이거나 경제적인 마음과 다르다. 그 마음은 현실을 우리가 안다고 생각하는 범위로 축소하려 하지 않는다. 오류보다는 부주의의 실수를 두려워한다. 사물을 고립된 부분들보다는 상호 의존적 전체의 견지에서 이해하려 한다. 문화 경관은 그것을 유지시키고 그것에 영감을 주는 자연 경관과 신실한 조화를 이루며 성장해야 한다고 인식한다. 일하고 성공하고 실패한 사람들의 과거 전통을 인정하고 그것으로부터 배운다. 인류의 크나큰 무지와 주제넘음을 인식하고 조심스럽게 움직인다. 사람은 실수하고 언젠가 죽고 상호 의존적인 복잡한 방식으로 연결된 피조물들의 세상에서 사는 피조물이라는 견해를 받아들인다. 본질적으로, 베리는 공감하는 마음에 대해 이렇게 말한

나님이 창조 세계에서 하시는 선한 일을 무효로 만든다. 세상과의 끈기 있고 자상하고 겸손한 관계에서 지혜가 나오고, 지혜에서 선한 일이 나온다. Ellen F. Davis, *Scripture, Culture, and Agriculture: An Agrarian Reading of the Bible* (New York: Cambridge University Press, 2009), 140-147을 보라.

다. "[그것은] 항상 어느 정도는 신비로운, 풍성하고 한계가 없는 현실 안에 머물러 있다. 그 현실에서는 모든 것이 중요하다. 따라서 그 현실 안에서 우리 인간은 감사와 기도와 속죄에 대한 우리의 오래된 필요로 돌아간다. 현실 안에서 우리는 자꾸만 그 오래된 질문을 만난다. 사람은 어떻게 사용되어야 하는 것을 사용하기에 합당한 존재가 되는가?"[40] 이 책의 구체적 관심사를 고려할 때, 우리는 어떻게 우리가 먹어야 하는 음식에 합당한, 우리의 식사가 요구하는 삶과 죽음에 합당한 존재가 되는가?

공감하는 마음의 함양은, 먹는 자를 식품을 생산하는 동산에 관심을 갖도록 이끌 뿐 아니라, 의도적이고 습관적으로 일의 장소와 공동체에 주의를 기울이는 일로 이끌기도 한다. 선한 일은 장소와 공동체가 구현하는 선을 양성하고 존중한다. 그것은 우리의 지식, 공감, 헌신, 기술을 확장시켜, 덜 낭비하고 개인과 공동체의 더 큰 유익을 위해 일하게 한다. 또 우리가 일하는 장소와 공동체에 대한 끈기 있는 장기적 헌신으로 표명된다. 그 자리에 머물며 주의를 기울이는 노동자들은 수행되는 일의 해로운 영향을 보고 필요한 곳에서 바로잡을 기회를 얻을 것이다. 그들이 머물러 있는 자리는, 그들이 하는 일에 영향을 미치고 그 일에서 흘러나오는 선물을 보고 축하하는 자리이기도 하다. 요컨대, 일이 기도의 한 형태와 비슷해지기 시작할 것이다. 함께하는 삶의 은혜에 감사하며 그에 어울리는 예배를 드리고자 하는 감성과 바람이 그 일을 빚어 가기 때문이다.

---

40 Wendell Berry, "Two Minds" in *Citizenship Papers* (Washington, DC: Shoemaker and Hoard, 2003), 91.

철학의 종말 이후 새로운 사고방식 즉 아주 오래되었지만 근대성에 의해 가려진 것으로 밝혀진 방식을 요구한 마르틴 하이데거는, 더 깊은 공감에 대한 이러한 필요를 알고 있었다. 생각하는 것은 감사하는 것이다. 하이데거에 따르면, 근대성은 사물을 공리주의적 목표에 기여하는 '대기 자원' 혹은 투입용 비축 자원으로 축소시킨 기술 및 산업 사회에서 실현된 추론 방식에서 '종말' 혹은 절정에 이르렀다.[41] 그가 시도한 것은, 감사와 밀접하게 연결된 사고방식, 공리주의적이고 실용적인 고려로 귀결되지 않는 사고방식이었다.

하이데거는 감사로서의 생각과 생각으로서의 감사에 대한 설명을 전개하면서, 먼저 '뎅켄^{denken}'(생각), '당켄^{danken}'(감사), '안뎅켄^{Andenken}'(기억), '게뎅켄^{gedenken}'(회상)이라는 서로 밀접한 관계가 있는 단어군에 포함된 공통 어근을 관찰했다. 그에 따르면, '생각'에 해당하는 고대 영어 단어는 '생크^{thanc}'로, 이는 바깥세상과 연결되려고 항상 손을 뻗는 사람의 마음의 가장 내밀한 속을 가리킨다. 참된 생각은, 우리를 다른 이들과 이어 주는 진심 어린 연결을 나타내는 이 '생크'에서 영감을 받는다. 우리는 이 '생크'를 살펴봄으로써 개인적인 감정으로 이동할 뿐 아니라, "사려 깊게 묵상할 때마다 꼭 우리에게 말을 거는 사물에 확고하고 깊이 있게 집중하는" 태도를 기르는 일련의 실제적 성향 전체와 마주한다.[42] 여기서 기억은 아주 중요하다. 기억은 단순히 이전의 생각을 떠올리는 능력이 아니라, 더 중

---

41 근대성에 대한 하이데거의 관심을 명쾌하게 다룬 글로는, Michael Zimmerman, *Heidegger's Confrontation with Modernity: Technology, Politics, and Art* (Bloomington: Indiana University Press, 1990)를 보라.

42 Martin Heidegger, *What Is Called Thinking* (New York: Harper & Row, 1968), 140.

요하게는 타자들과 함께 거하고 타자들을 담는 끈기 있는 헌신의 실천이며, 또 "우리가 인간으로서 존재하는 한 우리와 관련된 모든 것, 우리가 돌보는 모든 것, 우리와 접촉하는 모든 것을 수집하는 일에"[43] 계속 집중하는 주목의 습관이기도 하다. 기억은 우리에게 근접한 모든 것, 우리 존재와 교차하고 우리를 양육하는 모든 것에 주의를 집중하게 한다. 생각은 우리의 상호 의존이라 부를 수 있는 이러한 교차점 안에 머물고 그것에서 영감을 받는다. "감사를 드릴 때, 생각 중인 마음은 생각이 어디에 계속 머물러 집중되고 있는지 떠올린다. 그 생각에 알맞은 장소가 그곳이기 때문이다. 기억하며 떠올리는 이러한 생각이 감사의 원형이다."[44]

하이데거는 생각하는 사람들이 양육과 영감을 받은 맥락을 잊어버리는 경향이 있음을 보여 준다. 그들이 그 맥락에서 비롯되었고 따라서 거기에 반응해야 함에도 말이다. 이러한 맥락으로 돌아가 그들이 주목하는 것을 환대하게 된다면, 그들을 살게 하는 그 선물들에 감사할 것이다. 그러나 생각하는 사람들이 그것을 잊어버리면, 이질적인 목표를 따르도록 세상을 구부리고 왜곡하는 도구적·공리주의적·계산적 형태의 이성으로 돌아갈 것이다. 세상에 대한 진실한 생각이 감사인 까닭은, 생각하는 이의 삶을 부양하고 그 삶으로 흘러 들어가는 모든 것의 최대치를 보기 때문이다. 그런 진실한 생각은 세상의 경이로움에 완전히 열려 있고, 그것에 제대로 놀라며, 그럼으로써 때때로 찬양으로 빠져든다.[45]

---

43   앞의 책, 144.
44   앞의 책, 145.

하이데거는 철학자로서 글을 썼지만, 생각과 감사가 함께 간다는 그의 통찰은 명백하게 신학적 방향으로 확장될 수 있다. 예를 들어, 알렉산더 슈메만은 감사를 하나님에 대한 지식으로 묘사했다. 그가 말하는 이 지식의 의미는, 신자가 동의하는 하나님에 대한 명제들 모음이 아니었다. 오히려 그것은 사람들이 세상 속에서 하나님 임재에 깊이 주의를 기울 때 하나님과 인간 사이에서 일어나는 만남과 사귐의 친밀함을 의미했다. 하나님에 '대한' 무언가를 주장하고 분명히 표현하면서 감사하지 않을 수는 있지만, 하나님을 제대로 알고도 계속 감사하지 않고 있기는 불가능하다. 진정으로 생각에 잠기면 동시에 하나님의 돌보심과 관대하심을 누리고 그것에 의해 변화되기 때문이다. 세상에 대한 참된 지식은, 세상을 하나님의 자기 내어줌에 대한 아주 맛있는 표현으로 이해하는 것이다. 요점은 단지 만물의 원인이 하나님 안에 있음을 아는 것이 아니라, "또한 세상에 있는 모든 것과 세상 자체가 하나님 사랑의 선물이며, 모든 것 안에서 하나님을 알고 모든 것을 통해 그분과 사귐을 갖고 모든 것을 그분 안에 있는 생명으로 소유하라고 우리를 부르시는 하나님의 자기 계시"[46]임을 아는 것이다.

하이데거처럼 슈메만도 마음의 방향 전환, 즉 회심을 요구했다. 그것은 생각과 행동이 하나님의 세상으로 더 깊이 이동하는 것이다.

---

45 크레티앵은 이렇게 쓴다. "찬양이란 무엇보다 끈기 있는 진리다. 생각하는 것이 감사하는 것이지만, 그것이 진짜가 되려면 감사가 정말로 진정으로 생각하는 것, 다시 말해 보는 것이어야 한다"(*The Ark of Speech*, 119). (특히) 플라톤, 플로티노스, 데카르트의 증언이 보여 주는 것처럼, 철학은 그 자체의 비신학적 찬양을 알고 있다.

46 Schmemann, *The Eucharist*, 177.

이러한 방향 전환이 없으면 무엇 혹은 누구에게 감사할지 인식하기 어렵다. 슈메만에 따르면, 마음과 일의 회심이 일어날 수 있는 맥락을 제공하는 것은 교회의 전례의 삶이다. 그리고 그 핵심에 바로 기억의 자리, 삶이 참 의미를 찾는 자리인 성찬이 있다. 바로 이 식탁에서 그리스도는 자신을 내어주는 사랑이 하나님이 일하시는 방식이며 세상에서 우리 일의 '목적' 혹은 목표임을 드러내신다. 세상은 바로 사랑을 위해 창조되었고 사귐의 실현에서 온전히 완성된다.

그리스도인의 기억은 세상에 대한 정보나 사실들의 기억으로 축소되지 않는다. 오히려 그것은 하나님의 기억과 유사한 것이다. 그분의 기억은 창조 세계를 주목하시는 것, 그분 자신 안에 세상을 담으시는 것, 세상에 생명을 주시는 섭리적 사랑과 능력으로 성경에 계시되어 있다. 생명은 하나님의 기억 속에 머무르는 한 **존재한다**. 이 때문에 하나님께 기억되는 것이 아주 중요하다. 하나님께 잊힌다는 것은, 시편 기자(13편)가 이해한 바대로 쇠약해져 죽어 가고 있다는 뜻이다. 그리스도인들이 제대로 기억한다면, 그들은 창조 세계를 기억하시는 하나님께 응답하며, 생명을 주시는 하나님의 사랑을 깊이 깨닫고, 그럼으로써 그것이 그들 삶의 방식에 영향을 미치도록 할 것이다. "하나님이 사람을 기억하심이 삶의 선물이라면, 사람이 하나님을 기억하는 것은 생명을 창조하는 선물을 받아들이는 것이며, 지속적으로 생명을 획득하고 연장하는 것이다." 이러한 시각에서 죄는 하나님을 망각하는 일이며, 하나님이 가능하게 하신 생명을 몰수당하는 것이다. 사람이 하나님을 잊으면, 기억과 비전과 욕구가 창조의 선물을 외면하고 내부로 향한다. 서로를 하나님의 선물로 인식하고 관계를 맺기보다는, 타자들이 편협하고 독선적인 목적에 기여하는 수단이나 소유로 전락한다. "생명을 주시는 분이자 생명 자체이신 하나님을 잊는다면, 그분이 **내** 기억과 **내** 삶에서 없어진다면, 내 삶은 죽어 가고, 그러면 생명에 대한 지식이자 생명의 능력인 기억은 죽음에 대한 지식이자 끝없이 필멸성을 맛보는 행위가 되고 만다."[47] 하나님을 기억하지 못하는 것은 죽음이다. 그러면 사물의 세상이, 덧없고 유한하고 죽을 수밖에 없고 궁극적으로 무가치한 물체로만 표명되기 때문이다. 사물의 의미와 중요성은 개인적 야망이나 관심이라는 보잘것없고 임의적인 범위로 축소된다. 야망들이 상충한다는 점을 고려하면, 세상은 권력과 성공을 위한 전투에 연료를 공급하는 사료로 축소된다.

슈메만은 《위대한 사순절 Great Lent》이라는 책에서, 하나님을 망각하면 음식을 제대로 즐기지 못하게 되는 것이 아니라 인간이 그 앞에서 노예가 됨을 분명히 표현한다.

하나님은 세상을 '음식'으로, 생명의 수단으로 인간에게 주셨다. 하지만 생명은 하나님과의 사귐을 누려야만 했다. 생명의 목적뿐 아니라 그 온전한 만족도 그분 안에 있었다.…이렇듯 세상과 음식은 하나님과의 사귐의 수단으로 창조되었고, 하나님을 위해 받아들여야만 생명을 줄 수 있었다.…따라서 먹는 것, 살아 있는 것, 하나님을 아는 것과 그분과 사귐을 누리는 것은 하나이자 동일한 것이었다. 아담의 불가해한 비극은 자신을 위해 먹었다는 것이다. 더 나아가 그는 하나님에게서 독립하기 위해 그분과 '떨어져서' 먹었다. 그

---

47 앞의 책, 126.

리고 그가 그렇게 한 것은 음식 자체에 생명이 있고 그 음식을 먹음으로써 하나님처럼 된다고, 즉 스스로 생명을 가질 것이라고 믿었기 때문이다. 간단히 말하면, 그는 **음식을 믿었다**.…세상, 음식이 그의 신, 삶의 원천이자 원리가 되었다. 그는 그것들의 노예가 되었다.[48]

사람은 음식이라는 우상의 노예가 될 수 있다. 그렇게 될 때 그는 생명이 그것을 불러일으키는 그들의 노력과 통제에 달려 있다고 믿는다. 전적으로 자신을 의지하고 타자를 의심하고 하나님을 신뢰할 수 없는 그들은, 생명이 선물이며 하나님이 공급하신다는 것을 알 수 없다.

성찬의 방식으로 하는 식사는 사람의 기억을 올바른 방향으로 회복시킨다. 우리는 그리스도를 기억할 때, 그리스도가 자기를 주신 행위를 삼위 하나님이 자기를 주신 태곳적 행위의 결정적 표현으로 기억한다. 우리는 그분이 자신을 음식과 음료로 내어주신 것을 받아들일 때, 우리 삶을 양육의 선물로 바꾸라는 초청을 받는다. 그러면 나눔을 통해 우리 공동의 삶은 고갈되기보다는 확장된다. 이 식탁에서 먹을 때 우리는 세상과 서로를 선물로 받아들이고 소중히 여기는 법을 배운다. 세상과 서로를 환대의 방식으로 품어, 신실한 감사의 말을 하는 법을 배운다.

실제적으로 말해서, 우리는 음식에 대해 기독론적으로 형성된 기억을 통해, 식탁에서 먹는 음식을 세심하게 점검하게 될 것이다.

---

48 Alexander Schmemann, *Great Lent: Journey to Pascha* (New York: St. Vladimir's Seminary Press, 1969), 94-95.

즉 다음과 같은 질문들을 심각하게 고려할 것이다. 우리가 먹으려는 음식은 피조물이 온전하고 건강하기를 바라는 그리스도의 바람과 조화를 이루는 생산 관행을 반영하고 있는가? 식품 공급자들이 한 일은 존중을 받았는가? 그들은 세상과 함께하는 하나님의 창의적 방식에 참여하도록 격려를 받으며 창의적 방식으로 일할 수 있었는가? 음식 자체와 관련해서는, 식물이 자라는 토양과 물이 건강하고 깨끗한지에 대해 질문할 것이다. 생물학적 리듬과 생태적 온전성이 존중되고 있는가? 동물들을 존중하고 주의 깊게 다루는가? 그리고 식사 관행과 관련해서는, 먹는 음식이 공정하게 분배되는지 질문할 것이다. 우리가 누리는 식사가 다른 사람들의 잘 먹을 능력을 억누르는가? 음식은 모든 사람이 먹기를 바라시는 하나님의 바람이 반영되는 방식으로 재배되고 분배되는가?

이런 종류의 질문들은 우리가 누구와 함께 먹고 있고 또 무엇을 먹고 있는지에 대한 앎을 전제한다. 우리가 함께 살아가는 구체적인 맥락을 이해하지 못한다면, 식탁 동료들의 필요에 주의를 기울이리라 기대할 수 없다. 동료 피조물들의 특별한 잠재력을 이해하지 못하고 그 실현에 헌신하지 않으면, 하나님의 관대한 환대를 증언할 수 없고 우리 말과 마음과 손에 그들을 제대로 담을 수 없다. 인정하건대, 이러한 종류의 기억은 엄청나게 복잡하고 시간이 걸리는 과업이다(이 때문에 교회들은 성찬의 포도주와 떡이 하나님께 기쁨을 드리는 방식으로 확실하게 재배되고 수확되고 생산되게 하는 것으로 시작하고 싶을지도 모른다). 주의를 기울이고 배워야 할 것이 아주 많다. 그러나 이는 하나님이 우리에게 주신 가장 근본적인 소명으로, 에덴동산에서 시작되었고(창 2:15) 새 예루살렘에서 만국에 물을 주고 먹이고 치료하는 데서 완성되는(계

21:5-22:5) 소명이다. 이는 하나님의 일과이며, 그것에 우리의 시간과 노력을 들일 가치가 없다고 여기는 것은 하나님에 대한 모욕이다.

묵상하고 공감하는 마음과 함께 선한 일과 기억에 대해 지금까지 살펴본 내용은, 우리가 드리는 식사 기도가 그저 음식에 대해 몇 마디 말하는 것이 아님을 알게 해 준다. 오히려 우리는 우리가 생명을 먹는 것이 삶의 방식에 공감하는 참여가 되도록 기꺼이 변화되고자 하는 마음을 표현한다. 사려 깊고 감사하는 식사는 먹는 자들을 자기 자신을 넘어 창조 세계의 구성원 됨으로 계속 데려간다. 거기서 풍성하고 영양가 있는, 하나님이 주시는 생명의 신비를 발견할 수 있도록 말이다. 감사는 서로 앞에서 세상의 신성함과 은혜를 높이고 붙잡는 수단이 된다. 우리는 식사 기도를 하면서, 세상을 유지시키시는 하나님의 사랑을 우리 말 안에 담는다.

우리는 음식에 대해 감사를 표할 때, 우리 삶을 구성하고 강화하는 많은 구성원들을 최선을 다해 기억하고, 이들이 은혜로 받은 생명을 지니고 있음을 주목한다. 우리가 기억하는 이유는, 우리를 양육하는 피조물과 그 과정들을 축하하고 유지시키고 양육하는 일에 헌신하기 위해서다. 달리 말하면 우리는 진심으로 기억할 때, 우리의 탐욕과 부주의 때문에 구성원 됨에서 이탈한 dis-membered 유기체와 공동체들이 다시 구성원이 되게 re-membering 하는 데 헌신한다. 우리는 서로 역동적이고 활력 넘치는 관계를 맺으며 살아가는 다양한 피조물들에게서 비롯되는 건강한 상호 의존과 전체성을 추구한다. 따라서 감사는 우리를 창조 세계와 연대하도록 묶는 정치적이고 경제적인 행동이 된다. 감사는 우리의 지위를 타자들 가운데 있는 피조물로 확증한다. 우리는 항상 타자들에게 의존하고, 독특한 역량을 부여받아 타자들과 공정하게 잘 어울리며 살아가야 할 책임을 지닌 피조물이다.

창조 세계를 하나님께 드리기

식사 기도를 하는 것은 식사를 성례적 행위로 이해하는 것이다. 성례는 사물에 종교적으로 규정된 자질을 '더하는' 것이 아니라, 항상 이미 그것들 안에서 작동하고 있는 신성한 **생기**와 **사랑스러움**을 밝히는 일에 더 가깝다. 성례의 의미는 물질성을 비하하는 것이 아니라, 사물 **안에서** 작동하고 있는 풍성한 은혜에 마음을 여는 것이며, 세상에서 육신이 되신 로고스에게 마음을 여는 것이다.

우리 식사의 영양분 즉 생명을 주는 특질이 물질을 먹음으로써 고갈되는 것이 아님을 인정할 때, 음식을 먹는 일은 성례의 경험이 된다. 사과를 씹어 먹을 때, 사과 자체의 생명은 물론 그것을 양육한 모든 생명체와 그 과정은 이런 씹는 행위에 의해 소멸되거나 고갈되지는 않는다. 생명 자체가 물질적인 것이 아니기 때문이다. 이는 물질 **안에서** 작동하고 있는 신성한 힘을 입증한다. 처음부터 생명은, 창조 세계의 수면 위로 바람처럼 운행하시며(창 1:2) 세상에 질서, 풍요, 성장, 만족, 기쁨을 가져다주시는 성령 하나님의 임재다. 기독교적 관점에서 생명은 성육신하신 성자 안에서 완벽하게 표현된다. 그분은 정확히 그 몸을 **통해** 생명이 무엇을 의미하고 가장 좋은 상태가 어떤 모습인지 보여 주신다. 성육신하신 그리스도는 성례적 특성을 가능하게 만드신다. 그분은 영이 물질성과 반대가 아님을 보여 주신다. 그분은 생명이란 물질성에 계시된 하나님의 영광임을 보여 주신다. 그것은 성장하고 번식하고 기뻐하는 몸, 그리고 궁극적으로 생명을 풍성하게 주시는 분인 하나님께 찬양을 돌려 드리는 몸에 나타난 영광이다.[49] 우리는 성례적 식사를 할 때, 우리가 먹는 음식뿐 아니라 우리의 식사에 생명을 주는 능력을 하나님께 돌린다.

세상을 하나님께 돌린다는 것은 어떤 의미인가? 우리는 이미 어떤 의미에서 그것이 서로를 하나님의 선물로 그리고 하나님의 사랑과 기쁨의 구체적인 표현으로 지각한다는 뜻임을 알고 있다. 그러나 실제적 의미에서 세상을 하나님께 돌린다는 것은, 세상에서 생명을 주시는 하나님의 영을 매일의 일을 통해 증언하는 것이다. 하나님이 사물 속에 효과적이고 유쾌하게 임재하신다는 시각과 이 임재 없이는 생명이나 기쁨이 없다는 이해는, 하나님의 능력의 방식에 참여하고 그 목표에 기여하고자 하는 바람으로 이어져야 한다. "하나님을 영으로 고백한다는 것은, 세상이 우리의 통제 아래 있지 않고, 다른 어떤 피조물이나 체제나 힘이나 사물의 통제 아래에도 있지 않음

---

[49] 초대 교부 이레나이우스는 하나님이 성자와 성령을 통해 창조하신다고 말한 후에 계속해서 이렇게 말한다. "하나님의 영광은 살아 있는 사람이며, 사람의 삶이 하나님의 비전이다. 창조에 의한 하나님의 계시가 이미 땅에서 살고 있는 모든 존재에게 생명을 준다면, 말씀에 의한 성부의 현현은 하나님을 보는 이들에게 얼마나 더 생명을 주겠는가!"[*Against Heresies* IV.20.7 in Robert M. Grant, *Irenaeus of Lyons* (New York: Routledge, 1997), 153]. 이레나이우스는 생명이 하나님 활동의 작용이며, 이 생명의 성격은 성자 예수님의 사역에서 완벽하게 표현된다고 여긴다. 그리고 성령은 세상에서 지속적으로 활동하며 세상을 유지시키시는 신적 능력으로, 진정하고 풍성한 삶이 무엇인지 증언하고, 삶을 세우는 그리스도의 방식에 참여하고 따르도록 사람들에게 영감을 주신다. 성령의 인도를 받는 이들은 삶을 향상시키고 하나님께 영광을 돌리는 자들이 즉 바울이 사랑, 희락, 화평, 오래 참음, 자비, 양선, 충성, 온유, 절제라 이름 붙인 성령의 열매(갈 5:22-23)를 드러내게 된다.

을 인정하는 일이다. 하나님이 모든 것에 숨을 불어넣으시기 때문이다. 영이신 하나님께 순응하겠다고 맹세하는 것은 무정부 상태를 낳을지 모르지만…그것은 확실히 모든 형태의 운명론에 단호히 반대한다."[50] 래쉬가 염두에 둔 무정부 상태는, 각자 자기 길을 추구하는 개인들이 겪는 자아의 혼란이 아니다. 그것은 오히려 원하는 대로 불며 생명을 주는 바람에 헌신한 이들의 예측 불가능성이다. 세상을 하나님께 돌린다는 것은, 피조물들의 삶에서 하나님이 영광을 받으시도록 하는 것이다.

자신을 주는 일이 성령 충만한 삶에서 아주 중요한 것은, 자기 미화가 우리의 목표가 아님을 보여 주기 때문이다. 하나님의 방식은 희생적으로 자기를 내어주는 방식이다. 희생 없이는 생명이 없다. 아우구스티누스와 아퀴나스 같은 신학자들은 성령 하나님을 인정하는 것이 어떤 의미인지를 성찰할 때, 종종 사랑이고 선물이신 하나님의 성품에 집중했다. 하나님은 불가해한 사랑으로 세상을 주시고, 포괄적 돌보심이라는 지속적 선물을 주심으로 그것을 유지하신다. 성령을 '선물^{donum}'로 부르는 것은, 하나님이 내어주는 분으로 알려진다는 점을 시사한다. 처음부터 하나님은 자신을 **내어주시고**, 그럼으로써 피조물들이 그들 자신이 되도록 공간을 만들고 준비시키신다. "그렇다면 '선물'은 하나님의 사랑의 영을 특징짓는 이름에 가장 근접한 것으로 볼 수 있다. 이 선물은 하나님이 '주어지는 것' 혹은 그분의 주어짐이다. 즉 '증여'이신 하나님이다."[51]

---

50 Lash, *Believing Three Ways in the One God*, 85.

그러므로 식사 기도를 하는 것, 그리고 그렇게 함으로써 사물에 생명을 주시는 하나님의 영과 더 가까워지는 것은, 자신을 세상과 하나님께 제물로 드리고자 헌신하는 일이다. 우리 앞에 있는 세상이 절대 단순한 물질적 실재가 아니라는 깨달음이 그 헌신에 영감을 준다. 음식은 타자들의 희생에 의존하며, 자신을 내어주는 하나님의 사랑을 기반으로 하고 그 사랑으로 유지되는 **주어진** 실재다. 자신을 내어주지 않으려 하는 것은, 생명의 움직임을 좌절시키고 다른 곳을 향하게 하는 것이다. 창조 세계를 우리를 섬기기 위해 존재하는 비축 자원으로 전락시키는 일은, 완전한 소유를 향한 모든 노력이 죽음을 촉발시킴을 깨닫지 못한 채 신성한 생명의 바람을 억누르려 하는 것이다. 음식이 더 이상 선물로 표명되지 않을 때 그것은 그 자체가 아닌 다른 것이 된다. 그것은 생명을 왜곡하고 파괴하고 생명에서 부당 이득을 취하는 데 사용할 수 있는 실체가 된다.[52]

우리 할아버지 빌헬름 뢰프케^{Wilhelm Roepke}는 내가 제시하고 있는 선물, 일, 자기 내어줌, 감사, 기쁨 사이의 연관성을 그 누구보다 잘 이해하신 분이다. 할아버지가 닭을 다루시는 방식에서 그것이 분명히 드러난다. 할아버지께는 닭들이 다른 무엇도 아닌 하나님의 피조물이었다. 그 닭들은 절대 괴롭힘이나 학대를 당하지 않고 오히려

---

51 앞의 책, 92.
52 이는 주어짐을 통해 하나님께 영광 돌리고 생명을 증진시키는 세상을 선물로 이해하는 맥락 안에서 유전자 조작과 식품 특허에 대한 질문들이 생겨나야 한다는 의미다. 적절한 연구는 유전학 연구에 종말을 고하기보다는, 피조물 됨의 온전성을 존중하고 사물 안의 신성한 로고스(생명과 지성의 원리)를 영광되게 할 것이다. 세상의 양육과 건강보다는 수익성과 권력이라는 편협한 목적(기업에 영광을 돌리는 것)에 기여하는 연구는 신성모독이다.

그 본성이 실현될 수 있도록 보살핌을 받아야 했다. 그 닭들을 돌보는 임무를 부여받은 농부로서 할아버지는 잘 먹이고 거처를 제공하는 것으로 충분하다고 생각하지 않으셨다. 닭들이 적당한 형태의 기쁨을 경험하는 것 역시 중요했다. 그래서 여름날이면 할아버지는 큰 낫과 양동이를 들고 닭들에게 줄 신선한 풀을 베어 오셨다. 할아버지가 다가가면 닭들은 흥분해서 곧 받게 될 그 풀들을 향해 달려왔다. 닭들이 그 풀을 먹을 때 할아버지는 활짝 웃으며 만족한 미소를 지으셨다. 닭들을 즐겁게 해 준 것이 너무도 기쁘셨던 것이다.

 닭을 이렇게 대하는 모습은 정말 주목할 만하다(그리고 흔하지 않다). 할아버지가 자신이 돌보는 피조물들을 존중하는 한 가지 방식이자 환대의 표현으로서 자기 일을 이해하셨음을 보여 주기 때문이다. 닭들은 결코 하나의 경제 단위로 취급되지 않았다. 그것은 우리 가족을 양육하기 위해 (달걀과 고기의 형태로) 하나님이 주신 귀한 선물이었다. 그러나 이 닭들을 먹기에 합당한 이들이 되려면, 우리가 그들의 안녕과 행복을 위해 자신을 드려야 했다. 경제적 시각에서 우리 할아버지가 하신 일은 이치에 맞지 않았다. 우리 닭들은 원할 때마다 원하는 어떤 풀이든 맘껏 먹을 수 있었기 때문이다. 할아버지가 날마다 닭들에게 음식을 줄 시간을 마련하셨다는 사실은, 우리가 타자들의 선물과 희생으로 살아간다는 근본적 의식에서 형성된 이해와 바람을 보여 준다. 이 닭을 먹기 위해 식탁에 앉으셨을 때, 먼저 닭들에게 자신을 주셨던 할아버지는 우리 중 누구도 할 수 없는 방식으로 감사를 드릴 수 있었다. 할아버지의 일과는 일종의 예배였다. 하나님의 선물이 제대로 받아들여지고 돌봄 받을 수 있도록 그것을 높이는 일이었기 때문이다. 결과적으로 그 닭은 깊은 맛이 났다. 선한 일에 대한 기억, 서로 나눈 기쁨의 경험, 자비롭고 환대하시는 하나님에 대한 앎, 타자들의 생명을 나누는 아픔과 기쁨이 들어 있었기 때문이다.

음식을 하나님의 선물로 받아들이는 것은 특별히 어려운 일이다. 우리는 소유하고 통제하고자 하는 유혹을 계속 받는다. 이스라엘 민족은 광야에서 시험을 받고 방황하며 40년을 보내면서, 비로소 생명을 양육하고 유지시키는 일이 하늘에서 내리는 만나의 형태로 옴을 배우기 시작했다. 만나는, 가공되지 않은 통제 불가능하고 놀라운 미지의 선물이었다. 또한 그들에게는 힘과 폭력으로 혹은 가난한 자와 과부와 고아를 착취하는 경제 질서 확립을 통해 자기 자리를 확보하려는 백성들의 시도에 반대를 외치는 숱한 예언자들도 필요했다. 그리스도인들에게는 다음과 같은 그리스도의 가르침이 필요했다. "누구든지 나를 따라오려거든 자기를 부인하고 자기 십자가를 지고 나를 따를 것이니라. 누구든지 제 목숨을 구원하고자 하면 잃을 것이요 누구든지 나를 위하여 제 목숨을 잃으면 찾으리라"(마 16:24-25; 참고. 막 8:34-35; 눅 9:23-24). 또 자기 목숨을 내려놓으시고(빌 2:7) 그렇게 참된 삶은 자기를 비우는 자기 내어줌의 길임을 세상에 보여주신 그리스도의 본이 필요했다.

그리스도와 성령이 자기를 주는 삶을 사셨다는 것은, 우리의 모든 소명이 '제사장의' 특성을 지닌다는 정교회 시각의 배경이 된다. 폴 에브도키모프Paul Evdokimov는 이렇게 쓴다. "하나님의 우주라는 거대한 대성당에서, 각 사람은 학자든 육체 노동자든, 평생 제사장 역할을 하도록 부름받는다. 인간적인 모든 것을 가져와 그것을 제물로, 영광의 찬송으로 바꾸도록."[53] 슈메만의 생각도 이와 유사하다.

"음식, 이 세상, 이 생명을 하나님께 바치는 것은 인간의 첫 '성찬' 의식이며, 인간으로서 이루는 성취 그 자체다."[54] 가장 근본적 수준에서 세상의 제사장이 되는 것이란, 세상을 하나님이 주시는 선물로 받아들인 다음 이 선물들을 나누면서 그것의 가장 적절한 용도를 아는 데 전념하는 것을 의미한다. 제사장이 되는 것이란, 음식과 자양분이 되는 창조 세계 수많은 구성원들의 희생과 하나님의 희생적 사랑이 만나는 자리에 서는 것이다.

만약 식사 기도가 우리의 말 속에 신실하게 감사함으로 세상을 담는 법을 배우는 것으로 시작된다면, 그것은 창조 세계를 서로와 하나님께 주는 관대한 방법을 발견함으로써 완료된다. 이러한 내어줌을 실천함으로써, 창조 세계인 세상을 이해하고 그 세상과 관계 맺는 새로운 방식이 가능해진다. 오늘날 이 제사장직 개념의 주요한 옹호자 중 한 사람인 존 지지울라스(John Zizioulas)가 말했듯, 사람들이 제사장 역할을 회복하면 인간과 창조 세계의 상호 의존뿐 아니라, 그리스도 안에서 만물이 '통일' 혹은 통합될 때 인간에게 주어지는 역할 또한 확인할 수 있다(엡 1:10).[55]

지지울라스에 따르면, 고대 그리스 전례의 중심은 '아나포라Anaphora', 즉 하나님께 떡과 포도주라는 선물을 '올려 드리는 것'이다. 이러한 올려 드림은 제단으로 여겨지는 식탁에서 시작된다. 그

---

53 Theokritoff, *Living in God's Creation*, 215에 인용.
54 Schmemann, *For the Life of the World*, 34.
55 John Zizioulas, "Priest of Creation", in *Environmental Stewardship: Critical Perspectives—Past and Present*, ed. R. J. Berry (London: T & T Clark International, 2006), 274.

곳은 하나님의 자기 내어줌과, 하나님이 피조물들을 서로에게 내어주시고 우리가 자기를 내어주는 일이 만나는 천상의 장소다. 슈메만은 그 식탁을 생각하며 이렇게 주장한다. "온 세상은 '하나님의 제단'으로, 성전으로, 그 나라의 상징으로 창조되었다."[56] 이것이 의미하는 바는, 이 세상의 어떤 피조물도 저절로 존재하지 않고 항상 이미 타자들의 삶과 죽음으로 유지되고 있다는 것이다. 창조 세계의 각 구성원과 그들의 구성원 됨은 희생의 방식에 의존한다. 존 뮤어John Muir가 언젠가 말했듯이, "우리가 무엇이든 그것만 뽑아내려 하면, 끊어지지 않는 수천 개의 보이지 않는 끈으로 단단히 묶여 있음을 발견한다."[57] 이러한 끈은 주고받는 양육의 끈이다. 제단에 선 사람들이 하나님의 자기 내어줌의 방식을 받아들이면, 창조 세계의 수많은 구성원들과 그들의 구성원 됨을 마음에 품고, 모두 함께 하나님의 영원한 잔치를 즐길 수 있도록 모든 피조물을 돌보고 화해시키는 일에 헌신할 것이다.

고대 이스라엘 전통에서 제사장은, 하늘과 땅이 만나는 장소로 여겨지던 성전과 연관되어 있었다. 사람들이 제단에 주목하고 자신을 내어주는 희생 제사를 드리도록 격려하면, 죄로 오염된 관계들을 바로잡고 온전케 할 수 있었다. 따라서 성전의 맥락에서 산다는 것은, 정의와 평화와 감사가 다스리는 관계에 헌신하는 것이다. 정교회의 시각에 따르면, 오늘날 제사장의 역할은 하늘의 장소로 '마

---

56 Schmemann, *The Eucharist*, 61.
57 Roderick Nash in "Aldo Leopold's Intellectual Heritage", in *Companion to a "A Sand County Almanac": Interpretive and Critical Essays*, ed. J. Baird Callicott (Madison: University of Wisconsin Press, 1987), 85에 인용.

음을 들어 올려' 천상의 삶이 지금 여기 땅의 삶을 변화시킬 수 있게 하는 것이다. 하늘은 멀리 떨어진 어떤 장소가 아니라, 오히려 하나님의 영광과 은혜가 온전히 눈에 띄도록 모든 장소가 변화되는 것을 말한다. 우리가 제사장처럼 마음을 하나님께 올려 드릴 때, 실제로 하는 일은 자신과 온 세상을 새로운 창조 세계, 즉 '새 하늘과 새 땅'(계 21:1)에 드려 우리 상호 의존의 필요가 축복으로 인식될 수 있게 하는 것이다. 제사장으로서 우리는 창조 세계를 하나님의 제물이 있는 제단으로 보기 시작한다. 그 제단은 우리가 세상과 우리 자신을 제물로 드리도록 영감을 준다.

제사장 역할은 함께하는 상호 의존적 삶을 존중하도록 돕는 것 외에도, 그리스도께서 만물을 통일하고 통합하시는 데 참여하도록 사람들을 초대하기도 한다. 지지울라스는 우리가 이러한 '아나케팔라이오시스*anakephalaiosis*'라는 개념을 이해하려면 먼저 창조 세계가 그저 자연의 섭리, 자연법칙에 따라 작동하는 물리적 영역이 아님을 알아야 한다고 주장한다. 처음부터 그 끝에 이르기까지 모든 창조 세계는, 모든 피조물이 하나님이 세상에 대해 가지고 계신 애착의 표지인 안식일 기쁨을 누리며 온전하고 평화로워야 한다는 하나님의 의도의 표현이다.

그러나 세상은 현재 실패하고 타락한 상태다. 의와 평화의 증거가 되어야 하는 관계가 날마다 왜곡되거나 깨지거나 거부된다. 우리가 제사장의 제물로 올려 드리려 하는 세상은 종종 상처 입고 깨진 상태다. 지지울라스의 견해, 곧 정교회 전통의 많은 이들이 공유하는 견해에 따르면, 이러한 타락 대부분이 하나님보다는 그들 자신을 욕구와 행동의 중심으로 삼은 인간과 관련이 있다. 사람들은 하나님께 영광을 돌리기보다는 그들 자신의 목표에 기여하도록 세상을 조작하기 위해 그들의 자유를 사용했다. 그러므로 그리스도 안에서 창조 세계를 통일시키는 방식으로 세상을 제대로 제물로 드리려면, 개인적 자유를 사용하는 방식에서 방향 전환이 필요하다.

사람들이 창조 세계를 상품으로 바꿀 때, 그리고 취하기만 할 뿐 제물로 드리지 않을 때 그들은 그 창조 세계를 전복시킨다.[58] 그렇다면 세상을 제대로 바치는 법을 배우려면, 주기보다는 취하기를 원하는 성향을 다루는 법을 배워야 한다. 이 때문에 지지울라스는 창조 세계의 제사장이 되고자 한다면 금욕적인 삶의 기술을 배워야 한다고 주장한다. 금욕주의는 육체적이고 물질적인 삶을 경멸하는 것이 아니다. 오히려 그것은, 창조 세계의 선물들을 소유하지 않은 채 그것을 사용하고 즐기는 내적인 거리 두기다. 제사장들은 삶의 선물들을 '우리 것으로 만들기'보다는 우리 손을 '거쳐 가게' 하는 법을 보여 줌으로써, 세상을 서로와 하나님께 바치라고 가르친다.[59] 우리가 동료 피조물들이 우리 손을 거쳐 지나가게 하려는 목표로 그들과 관계를 맺는다면, 창조 세계는 우리 것이 아니며 일차적으로 우리를 위해 존재하는 것도 아님을 인정하는 것이다. 피조물들의 시작과 끝은 하나님께 있다. 피조물들이 온전히 살아 있고 자유로운 그 자체의 모습이 될 때 하나님의 영광이 드러난다.

제사장으로서 세상을 바치는 일에 대해 생각하는 또 다른 방식은, 창조 세계를 대하면서 하나님을 찬양할 기회를 발견하는 것, 혹

---

58   인간의 제사장 역할을 탁월하게 다룬 글로는, *Living in God's Creation*, 211-238에 있는 테오크리토프의 해설을 보라.

59   Zizioulas, "Priest of Creation", 286-287.

은 더 정확하게는 우리의 찬양에서 창조 세계 자체가 지속적으로 예배드리고 있음을 보는 것이다.[60] 성경은 피조물들이 연합하여 하나님을 찬양하고 있다고 기록한다. 시편 기자가 말하듯이 온 땅이 여호와께 즐거이 외친다.

> 할렐루야
> 하늘에서 여호와를 찬양하며
> > 높은 데서 그를 찬양할지어다!
> 그의 모든 천사여 찬양하며
> > 모든 군대여 그를 찬양할지어다!
> 해와 달아 그를 찬양하며
> > 밝은 별들아 다 그를 찬양할지어다!
> 하늘의 하늘도 그를 찬양하며
> > 하늘 위에 있는 물들도 그를 찬양할지어다!…
> 너희 용들과 바다여
> > 땅에서 여호와를 찬양하라
> 불과 우박과 눈과 안개와
> > 그의 말씀을 따르는 광풍이며
> 산들과 모든 작은 산과
> > 과수와 모든 백향목이며

---

60 리처드 보캄 같은 이들은 제사장적 접근이 지나치게 인간 중심적이고 계급적이라 생각한다[*The Bible and Ecology: Rediscovering the Community of Creation* (Waco: Baylor University Press, 2010), 83-86]. 이러한 제사장 전통의 비평가들에 대한 반응으로는, 엘리자베스 테오크리토프의 "Creation and Priesthood in Modern Orthodox Thinking", in *Ecotheology* 10:3 (2005), 344-363을 보라.

> 짐승과 모든 가축과
>
> 기는 것과 나는 새며(시 148:1-4, 7-10).

아우구스티누스는 이 시편을 묵상하면서, 피조물들은 사람과 달리 의식적인 의도를 가지고 말이나 소리로 하나님을 찬양하지는 않는다고 말했다. 그들은 그저 하나님의 계획과 공급하심을 보여 주는 방식으로 그들의 삶을 살아냄으로써 하나님이 그들을 만드셨다는 사실을 증언한다. 그들은 모든 창조 세계의 아름다움과 선함에 기여하며 하나님을 찬양한다. 그들의 존재 자체가 '당신이 나를 만드셨을 뿐, 저를 있게 한 것은 제가 아닙니다'라는 고백이다. 사람인 우리가 창조 세계를 연구하면서 그들을 창조하신 하나님께 이끌릴 때, 피조물은 우리가 바치는 인식과 찬양과 감사를 통해 하나님을 찬양한다.[61] 그러나 우리가 피조물들 안에서 생명을 주는 하나님 임재를 더 이상 발견하지 못하고 그럼으로써 피조물들이 상품화되거나 착취당할 때, 그들의 찬양은 갑자기 끊긴다. 더 이상 하나님이 부여하신 잠재력을 발휘하며 살지 못하기 때문이다. 그들은 이제 하나님보다는 우리를 위해 살게 된다. 아우구스티누스에 따르면, 피조물에 대한 주목은 항상 우리 마음을 그들을 만드신 분께로 끌어올려야 한다. 사물들을 주로 그들이 우리에게 주는 혜택을 중심으로 생각하면

---

[61] 아우구스티누스는 이렇게 말한다. "그러나 눈이 있는 사람은 누구든지 이 세상의 수많은 피조물을 연구할 테고, 그 과정에서 그것들 안에서 기쁨을 발견한다. 그런 기쁨 때문에 그것들을 찬양하지만 결코 그 자체에 대한 찬양이 아니다. 우리는 그 피조물을 만드신 하나님을 찬양하고 그럼으로써 모든 피조물이 하나님을 찬양한다"["Exposition of Psalm 148", in *Expositions of the Psalms*, trans. Maria Boulding, ed. Boniface Ramsey (Hyde Park, NY: New City Press, 2004), 486].

마음이 위로 이끌리지 못하고, 그러면 더 이상 하늘이 땅의 삶에 영향을 미치지 못한다. 우리는 피조물들이 하나님의 의도보다는 인간을 반영하도록 조작함으로써 세상을 모독한다. 그들의 찬양이 왜곡되어 이제 바울이 로마서 8:22에 묘사한 탄식과 신음이 되는 것이다. 창조 세계가 하나님으로부터 온 선물로서 다시 노래하게 하려면, 우리의 드림이 창조 세계의 영원한 노래와 조화롭게 보조를 맞춘 일종의 찬양이 되게 하려면, 우리는 삶의 선물들을 자유롭게 받고 다시 주는 제사장, 창조 세계가 우리를 거쳐 가게 하고 그럼으로써 우리 존재가 노래의 화음 속에서 진동하는 제사장이 되어야 한다.

분열되고 붕괴된 세상에 사는, 낙원에서 유배된 자들인 우리가 부르는 제사장의 노래는 종종 애가의 형태를 띨 것이다. 이는 많은 피조물이 약해지고 기형인 형태로, 하나님이 주신 잠재력을 발휘할 수 없는 상태로 우리에게 오기 때문이다. 우리가 충분히 보고 깊이 이해하면, 우리가 먹는 너무 많은 음식이 공격받은 존엄성에 대한 울부짖음으로 우리 목에 박힌다. 대부분 우리는 우리가 입힌 손상을 해결할 수 없다. 그래서 울어야 한다. 고백과 회개의 노래를 배워야 한다. 우리는 우리의 애통과 눈물을 하나님께 가져감으로써, 울음을 부활의 노래로, 눈물을 생명수로 바꾸어 달라고 하나님께 구한다. 우리는 우리의 식사와 삶이 하나님의 영광을 드러내도록 그것들을 변화시켜 달라고 하나님께 구한다.

인간의 제사장 역할이 가지는 이런 측면들은, 세상을 서로와 하나님께 바치는 일이 쉽지 않음을 나타낸다. 우리는 세상을 취하고 소유하고 소비하는 편을 더 좋아한다. 보통 우리 안의 깊은 불안과 염려에 근거한 이런 비축하는 행위가 세상의 생명인 하나님의 내어

주심을 훼손하고 비하한다는 사실을 우리는 깨닫지 못한다. 음식을 제대로 받아들인다는 것은, 그것을 무엇보다 선물로 여기는 것이다. 음식을 소비한다는 것은, 결코 음식이 우리가 사적으로 혹은 영원히 보유하는 소유물이라는 의미가 아니다. 우리 몸이 보여 주듯이, 건강한 몸을 유지하려면 음식은 계속 우리를 거쳐 가야 한다. 그렇게 거쳐 가며 우리를 양육하고 타자들을 양육할 때, 그 음식은 세상 속에 하나님이 임재하심을 나타내는 표지일 수 있다. 다시 말해, 우리의 식사는 생명을 가능케 하는 하나님과 피조물의 내어줌을 보여 주는 증거일 수 있다. "하나님은 모든 생명을 주시고, 모든 순간에 가까이 계시고, 모든 행동에 생기를 불어넣으시고, 자유를 자극하시고, 장벽을 허물고, 죽은 뼈가 춤을 추도록 숨을 불어넣으시고, 사막에 꽃이 피도록 물을 대신다."[62]

우리가 생명의 성례에 대해 감사 기도를 드릴 때, 또 일상적인 식사를 창조 세계와 유대를 맺고 하나님과 사귐을 누리는 행동으로 변화시킬 때, 인간의 삶은 그 고유의 모습과 가장 가까워진다. 우리가 생명을 양육하고 회복시키고 축하하는 일에 헌신을 맹세할 때, 생명을 비축하거나 그것으로 부당 이득을 취하려는 욕구 때문에 생명을 불구로 만들고 파괴하는 이들을 늘 대면할 것이다. 그들은 생명을 섬기고 보호하려는 노력을 지지하지 않을 것이다. 그러나 우리가 걱정해야 하는 것은 타자들만이 아니다. 우리는 생명을 자기 것으로 만들고 그것을 선물이라기보다는 소유로 대하려 하는 수많은 내적 욕구에 직면하고 그것을 길들여야 한다. 소비주의 세계, 모방

---

62 Lash, *Believing Three Ways in the One God*, 92.

된 기호가 (일부에게만) 가져다주는 수익성에 끌려다니는 세계에서는, 세상을 힘으로 취하려는 유혹에 저항하기가 어려울 것이다. 이 때문에 우리는 식사 기도의 기술을 배울 때 서로의 도움이 필요할 것이다. 우리는 우리 매일의 양식을 통해 드러나는 하나님의 선하심을 보고 냄새 맡고 만지고 맛볼 수 있도록 해 줄 공감과 애정을 함께 함양해야 한다.

생명은 기적이고 불가해한 선물이다. 생명은 모든 교환 경제를 넘어선다. 우리는 거지처럼, 생명을 온전히 혹은 제대로 받아들일 수 없는 상태로 그 안에 서 있다. 우리가 무엇에 대해 권리를 주장하고 취하든, 그것은 이미 우리의 갈망과 이해를 넘어서 있기 때문이다. 우리가 할 수 있는 최선은, 우리 생명을 타자들을 위해 제물로 드리는 것이다. 보답을 위해서가 아니라(어느 정도가 충분한 보상인지 우리가 어떻게 알 수 있을까?), 그렇게 하지 않으면 생명을 중단시킬 죄악된 교만과 공격성을 극복하기 위해서 말이다. 이렇게 자신을 내어줄 때 우리는 보통 우리가 무엇을 하고 있는지 모른다. 그 제물이 무엇을 성취할지 예측하거나 통제할 수도 없다. 우리가 할 수 있는 일은 우리가 드리는 제물이 많은 구성원을 부유하게 할 수 있다고 믿으며, 마음을 열어 놓고, 주위에서 계속되고 있는 수많은 생명의 드라마를 위해 재능과 부를 사용하는 것이다. 우리는 우리의 행위가 부지불식간에 창조 세계의 해체dis-memberment에 기여하는지 아닌지를 사전에 확실하게 알 수는 없다. 그러나 우리는 감사의 행위에서 적어도 우리가 할 수 있는 한 기억하겠다는 다짐을 표현하고, 그러한 기억re-membering을 통해 창조 세계를 치유하고 우리 생명의 생명이신 하나님께 찬양을 드린다.

천국에서의 식사?
완벽한 사귐

8

땅에서 부분적이고 불완전하게 사랑받는 모든 것의 궁극적 바탕은 항상 천국에 있다. 땅에서의 어떤 순간도 완전히 사라지지 못한다.…우리는 땅에서 초월적이고 충족될 수 없는 갈망으로만 존재했던 것을 천국에서 충분히 영원히 누릴 것이다.…따라서 천국에서는 땅에서의 (단 **하나**뿐인) 우리 실존이 상상할 수 없는 방식, 그리고 상상할 수 없을 정도로 진실한 방식으로 존재할 것이다.[1]

천국은 모든 사람이 서로와 또 하나님과 사랑으로 연합된 상태다. 그것은 아가페*agape*, 곧 애찬이다. 온 세상과 그 안에 있는 피조물이 덜 사랑받을 때마다, 누구든 무엇이든 사랑에서 배제될 때마다, 결과는 천국에서 고립되고 멀어지는 것이다. 천국은 하나님이 사랑하는 이들과 하나님을 사랑하는 이들의 공동체다.[2]

---

1   Balthasar, *Theo-Drama — Theological Dramatic Theory: Volume V*, 413.
2   Jeffrey Burton Russell, *A History of Heaven: The Singing Silence* (Princeton: Princeton University Press, 1997), 5.

만군의 여호와께서 이 산에서 만민을 위하여 기름진 것과 오래 저장하였던 포도주로 연회를 베푸시리니 곧 골수가 가득한 기름진 것과 오래 저장하였던 맑은 포도주로 하실 것이며, 또 이 산에서 모든 민족의 얼굴을 가린 가리개와 열방 위에 덮인 덮개를 제하시며 사망을 영원히 멸하실 것이라. 주 여호와께서 모든 얼굴에서 눈물을 씻기시며 자기 백성의 수치를 온 천하에서 제하시리라.…여호와의 손이 이 산에 나타나시리니 (사 25:6-8, 10).

성령으로 나를 데리고 크고 높은 산으로 올라가 하나님께로부터 하늘에서 내려오는 거룩한 성 예루살렘을 보이니…또 그가 수정같이 맑은 생명수의 강을 내게 보이니 하나님과 및 어린 양의 보좌로부터 나와서 길 가운데로 흐르더라. 강 좌우에 생명나무가 있어 열두 가지 열매를 맺되 달마다 그 열매를 맺고 그 나무 잎사귀들은 만국을 치료하기 위하여 있더라. 다시 저주가 없으며…(계 21:10; 22:1-2).

천국이라는 개념은 필수불가결한 동시에 형언할 수 없는 생각이다. 필수불가결한 까닭은, **다가올 삶**을 생각할 때 **지금의 삶**을 세심하게 평가할 기회를 얻기 때문이다. 천국이 삶의 완성이고, 삶에 영원히 의도되고 그것이 이룰 수 있는 모든 것의 완전한 실현이라면, 그것은 미래를 위한 것만이 아니다. 우리는 천국을 감지하고 상상하며 그 윤곽과 특징을 얼핏 볼 때, 우리가 함께하는 삶이 처음부터 창조 세계 안에 심겨진 영원한 안식일 잔치를 더 온전히 실현할 수 있도록 현재 삶을 조정하라는 초대를 받는다. 주기도문은 하나님 나라와 삶에 대한 하나님의 뜻이 **"하늘에서 이루어진 것같이 땅에서도"**(마

6:10, 저자 강조) 실현되기를 구한다. 이는 천국이 단지 어떤 미래의 삶을 위해 유보된 것이 아니라 지금 맛보고 음미해야 하는 것임을 가리킨다.

한편 천국은 형언할 수 없는 것이기도 하다. 유한하고 오류에 빠지기 쉬운 피조물이 생명의 무궁무진한 충만함을 분명히 표현하고자 하는 모든 시도는 왜곡되고 부족할 수밖에 없기 때문이다. 우리는 아는 게 너무 적고 두려움이 너무 많다. 우리의 사랑은 충분히 넓거나 깊지 않다. 우리에게 주어진 짧고 특정한 삶에 정직해지고 신실하기가 얼마나 어려운지 제대로 인식한다면, **새로운** 천국의 삶은 물론 **모든** 삶의 궁극적 목표와 의미에 대해 말하려는 시도들도 신중하고 겸손해야 함을 인정할 것이다. 니콜라스 래쉬의 조언이 적절하다. "모든 시대와 환경을 '초월하고' 치유하는 것에 대해 말하고자 한다면, 우리의 현재 경험에서 끌어낸 언어를 가지고 잠정적이고 간접적이고 은유적으로 표현할 수 있을 뿐이다. 그 언어는 아직 끝나지 **않은** 역사, 아직 궁극적 '해결'과 '모양'과 정체성이 주어지지 않은 역사에 속한 것이다."[3]

천국에 대한 우리의 상상이 언제나 땅에서의 삶의 경험에 의해 형성되고 채색됨을 인정한다면, 천국이 개인적 불안과 꿈의 투사에 지나지 않는 것이 되지 않도록 현세의 묘사 방식에 주의를 기울이는 일이 아주 중요하다. 삶은 주어지는 것이지만, 그 의미에 대한 진실한 설명과 함께 주어지지는 않는다. 우리는 개인적인 오만이나 절

---

[3] Nicholas Lash, "Easter Meaning", in *Theology on the Way to Emmaus* (London: SCM Press, 1986), 184.

망, 게으름 때문에 삶이 무엇인지를 왜곡하고 비하할 수 있고, 이러한 왜곡으로 천국을 오해한다. 그러면 천국은 우리가 이생에서 두려워하고 분개하는 모든 것의 반대가 되거나, 사적인 욕망이나 갈망에 대한 장식이나 성취가 된다. 즉, 굶주리거나 음식을 갈구하는 이들에게 천국은 끊임없이 계속되는 잔치다. 연약하고 압제받는 이들에게 천국은 강해져서 압제자들을 이기는 장소다. 가난한 이들에게 천국은 상상할 수 없을 정도로 부유한 곳이다. 요컨대 천국이 동화, 즉 상상 속에서 절실한 소원이 이루어지는 이야기와 구분되지 않는다.[4]

이런 다양한 형태의 소원들로 인해 사람들은 천국을 멀리 떨어진 곳에 두게 되었다. 천국의 위치는 어떤 정확한 지도에도 나타나지 않지만, 우리 눈에 보이고 현재 거주하는 세상이 황량하고 아프고 비극적인 곳일 때가 너무나 많기 때문에 그것이 어디 있든 이곳은 제외되어야 한다. 사람들은 천국을 '올려다'본다. '내려다'보면 너무나 많은 대학살을 마주해야 하기 때문이다. 그 결과는 세상을 부인하는, 심지어 세상을 경멸하기까지 하는 형태의 영성이다. 이런 시각에서 인류의 주요한 사명은, 죽을 때 영혼이 안락과 도피의 장소인 천국으로 달아날 수 있도록 지상을 덮은 눈물의 베일을 최선을 다해 견디는 것이다. 창조 세계는 우리 집이 아니다. 우리는 '하늘에

---

[4] 보통 '의심의 대가들'로 알려진 프리드리히 니체, 칼 마르크스, 지그문트 프로이트가 다양한 방식으로 이런 이해를 전개했다. 그들의 시각에서 천국은 사람들이 삶의 행복과 안녕을 또 다른 생애로 미루는 구실이 되기 때문에 위험한 개념이다. 천국은 삶이 어떠해야 하는지에 대한 비전으로 이생에 도전을 가하고 이생을 바로잡기보다는, 영향력 있는 엘리트들이 자신에게 유익한 억압적이고 부당한 사회 구조에 사람들을 밀어넣고자 이용하는 미래의 허구적 보상이 된다. 이러한 입장에 대한 균형 잡힌 설명과 기독교적 대응으로는, Merold Westphal, *Suspicion and Faith: The Religious Uses of Modern Atheism* (Grand Rapids: Eerdmans, 1993)을 보라.

있는' 보화를 찾으러 가는 길에 그 집을 거쳐 가고 있을 뿐이다.[5]

천국을 묘사하는 이런 방식에 문제가 있는 것은, 우리가 어떤 장소에 있다는 것이 무슨 의미인지를 오해하고 있기 때문이다. 이 방식은 '공간space'과 '장소place'를 거의 같은 것으로 잘못 명시하고, 어떤 장소를 중요하게 만드는 것은 그 위치라고 전제한다. 이 시각에서는 우리가 '정확한' 위치에 도착하면 천국에 들어간다.

그러나 조금 더 신중하게 성찰해 보면, 어떤 장소를 정말로 **장소**로 만들어 주는 것은 그 위치가 아니라 그곳에서 맺는 관계의 질임을 알게 된다. 장소가 어떤 확인 가능한 **공간**(그리드와 크기로 찾아낼 수 있는 수량화 가능한 측정값)에 존재한다는 사실은, 기억할 만한 경험과 뚜렷이 다른 형태의 삶이 그곳에서 이루어진다는 더 중요한 문제에 비해 부차적인 것이다. 우리 '집'은 지도에 위치할 수 있는 공간이지만, 우리 '가정'은 숫자나 거리, 위도, 경도가 아니라, 항상 그곳에서 나타나는 애정과 책임으로 규정된다. 집은 중요하다. 그러나 사람들이 갈망하는 것은 환영과 양육과 지지의 장소인 가정이다. 가정이 소중한 까닭은, 그 안에서 순환했던 생명을 주는 모든 관계에 대한 기억이 있기 때문이다. 우리가 집을 사랑하는 것은, 그것이 우리에게 가정이 되었다는 사실 때문이다.

---

[5] 이 부분은 유명한 찬송 "죄 많은 이 세상은 내 집 아니네"에서 가져왔다. 그 가사는 이렇게 이어진다. "죄 많은 이 세상은 내 집 아니네. 나는 그저 거쳐 갈 뿐이네(한글 찬송가에는 이 문장이 번역되지 않았다―역주)./ 내 모든 보화는 저 하늘에 있네./ 저 천국 문을 열고 나를 부르네./ 나는 이 세상에 정들 수 없도다." "Placing the Soul: An Agrarian Philosophical Principle", in *The Essential Agrarian Reader: The Future of Culture, Community, and the Land*, ed. Norman Wirzba (Lexington: University Press of Kentucky, 2003), 80-97에서, 나는 땅에 대한 철학적·종교적 경멸의 역사에 비추어 이에 대해 논의한다.

천국은 멀리 떨어져 존재하는 분리될 수 있는 공간보다는, 장소로 이해해야 한다.[6] 천국을 천국으로 만드는 것은 일차적으로 위치가 아니라 그 안에서 이루어지는 구성원 됨의 성격이다. 그곳은 우리가 가장 있고 싶은 장소다. 그곳에서 생겨나는 관계가 생명을 주고 기쁨을 주고 평화롭기 때문이다.[7] 관계를 천국으로 만드는 것은, 하나님이 그 관계들 가운데 임재하시고 알려지시는 것이다(요 17:3). 이렇듯 천국은 가정의 궁극적이고 완벽한 실현이며, 완벽한 양육과 축하의 장소다. 이는 천국이 공간 없이 존재한다는 말이 아니다. 모든 장소는 어느 정도 위치를 전제하기 때문이다. 오히려 그것은 공간보다는 장소에 초점을 둠으로써 우리가 어떤 위치에 있든 상관없이 관계 맺는 방식을 평가할 수 있게 된다는 뜻이다.

우리는 장소에 초점을 둘 때, 우리가 있는 수많은 곳들이 왜 기쁨과 평화가 아닌 황량함과 아픔의 장소가 되었는지 생각해 볼 수

---

[6] 여기서 천국의 '장소'에 대해 내가 하는 말은 천국의 '시간'과 병행을 이룬다. 사람들이 '영생'을 끝없이 지속되는 것과 연관 지어 이야기할 때, 그들은 그것을 정량적 측정값으로 국한시킴으로써 그 질적인 차원을 잃어버린다. 위르겐 몰트만은 양적인 접근을 바로잡는 귀중한 입장을 제시한다. "시간에서 영원은 광범위한 삶이 아니라 **집약적인** 삶이다. **영원의 존재**는 현재에 온전히 존재함으로써 완전히 전적으로 살아 있는 순간에 생겨난다. 내가 온전히 그곳에 있다면, 온전히 나 자신을 내어준다면, 온전히 나 자신을 드러낸다면, 온전히 더 오래 머물 수 있다면, 그렇다면 나는 영원을 경험한다. 그것은 살아 있는 삶의 온전성 안에서 '시간의 충만함'을 경험하는 것이다. 모든 시간이 현재가 되는 것이다.…온전히 동시적으로 완벽하게 삶을 소유하고 향유하는 것이, 사랑받는 삶의 충만함 안에 있는 시간의 충만함이다"[*The Coming of God: Christian Eschatology* (Minneapolis: Fortress Press, 1996), 291].

[7] 로버트 패러 캐폰은 이렇게 말한다. "천국은 어딘가에 있다. 공간의 측면에서 한 지역에 국한시킬 수 있기 때문이 아니라, 그곳에는 사람들, 결국 어린 양과 그의 신부가 우리를 위해 자리를 마련해 놓은 혼인 잔치에 가는 길에 생명의 숲을 같이 산책할 만한 사람들로 가득하기 때문이다"(*Food for Thought*, 64).

있다. 우리는 아주 많은 사람이 불행을 느끼거나 자신의 장소에 만족하지 못하는 현실에 대해 성찰할 수 있다. 그러면 아마도 문제는 그곳 자체가 아니라 그곳을 차지하기 위해 고안한 방식에 있음을 깨달을 것이다. 우리는 다음과 같이 질문해야 한다. 하나님이 낙원으로, 선하고 아름답고 하나님의 기쁨이 가득한 곳으로 창조하신 세상이 어떻게 많은 사람이 떠나고 싶어 하는 장소, 지옥이 되었는가? 문제는 창조 세계에 있는가, 우리에게 있는가? 우리는 이런 종류의 질문들을 함으로써, 어디에 있든 구성원 됨을 거부하고 비하하려는 우리의 성향을 받아들이지 않을 수 없을 것이다. 문제가 우리에게 있는 한, 새로운 곳으로의 도피는 문제를 풀지 못할 것이다. 우리가 멀리 떨어진 미래의 천국(가능한 한 가장 아름답고 호화롭고 편안한 장소로 상상되는)에 들어설 때, 이곳 하나님의 첫 낙원에서 제멋대로 저질렀던 똑같은 파괴와 손상을 가하지 않으리라고 어떻게 장담할 수 있는가?[8]

---

[8] 웬델 베리가 2006년에 쓴 시 "Sabbath VI"[*Leavings* (Berkeley: Counterpoint, 2010), 72-73]는, 천국에 대한 우리의 사고에 수반되어야 할 사랑과 아픔의 의미를 잘 포착한다.

> 당신이 유배자로 사는 이곳에서
> 본질적인 존재이자 만물의 창조자이자 만물을 아는 이의
> 임재를 얼마나 갈망했는지 나는 안다.
> 하지만 나의 무절제함 혹은
> 제대로 훈련되지 않은 내 안의 어떤 잘못된 덕목,
> 분명하고 대가가 큰 어떤 오류 때문에,
> 내 삶은 당신처럼 도피하고자 하는 욕망,
> 흐트러지고 순수하고 자유로운 욕망을 내게 가르쳐 주지 않았다.
> 대신 나는 피조물, 계절, 밤과 낮의 천국을 갈망한다.
> 내게 충분한 천국은 내가 사는 이 세상이지만,
> 이 세상과 서로를 향한 우리의 학대로부터 구원받은 곳이다.
> 그곳에서 나는 다시 알게 될 것이다.

천국이 거짓 경건에서 구조되는 것이라면, 현재 창조 세계를 손상시키고 있는 구성원 됨의 불안을 치유하는 것이라면, 생명의 창조주의 관점에서 천국을 이해할 필요가 있을 것이다. 생명의 이야기의 의미와 목표를 가장 잘 드러낼 수 있는 이는 생명의 저자다. 더 구체적으로, 우리의 출발점은 예수 그리스도의 증언이어야 한다. 그분은 영원하고 성육신하신 말씀으로서, 세상을 유지시키는 생명이며 세상을 밝히시는 빛이다(요 1:4). 그리스도인은 천국을 상상하기 위해 그리스도께로 향한다. 그분의 사역과 죽음과 부활이 충만하고 진실한 삶의 완벽하고 구체적인 표현이기 때문이다. 우리는 그분의 삶에서, 함께하는 삶의 구성원으로서 사는 것이 어떤 의미인지를 깨닫고 구성원 됨이 치유와 양육과 소망의 장소가 되게 한다. 예수님의 육

> 하늘에는 결혼이 없으니, 나는 항복한다.
> 그래도 아내를, 젊은 우리 모두를 다시 알고 싶고,
> 아내가 나이 들었을 때 내가 얼마나 그녀를 사랑했는지
> 항상 기억하고 싶다. 나는 내 아이들,
> 내 모든 가족, 내가 사랑한 모두를 다시 알고 싶고,
> 이전보다 더 주의 깊게 보고, 듣고, 안고 싶고,
> 오래된 시를 연구할 때처럼 오래도록 공부하고
> 영원히 마음에 새기고 싶다.
> 내가 평생 모든 분위기와 계절을 지나며
> 충분히 지켜보지 않았던 여기 이곳에서,
> 우리 삶의 모든 시대를 살아간 내 친구들, 오랜 동료들,
> 남자와 여자, 말과 개를 다시 알고 싶다.
> 나는 얼마나 많은 아름다움을 간과하고 떠날까?
> 이곳은 고통스러운 천국일 것이다.
> 그것을 통해 내가 얼마나 부족했는지 알 것이기 때문이다.
> 나는 충분히 관심을 갖지 못했고, 충분히 감사하지 못했다.
> 하지만 이 아픔이 내 사랑의 척도가 될 것이다.
> 영원의 그때와 지금, 아픔은 나를 확실히
> 내 지상의 사랑의 천국에 둘 것이다.

신에서 하늘과 땅이 만난다. 우리는 그분 몸의 행동에서 하나님 나라가 어떤 모습인지, 또 모든 창조 세계를 향한 하나님의 바람이 무엇인지를 보기 시작한다. 그분 몸의 부활에서는, 생명을 위협하거나 비하하는 모든 권세가 드러나 패배당하고 모든 체화의 가능성이 실현된다. 우리가 세례를 통해 그분의 죽음에 동참하듯이 그리스도께 참여한다면, 우리는 또한 '새 생명 가운데서 행하고' 그분의 부활과 연합한다(롬 6:3-11). 우리는 이사야(43:19; 65:17)와 요한(계 21:1) 같은 예언자들이 마음속에 그린 '새 하늘과 새 땅'에 맞는 '새로운 피조물'(고후 5:7)이 된다.[9]

식사는 그리스도께서 표현하신 삶에서 부수적인 것이 아니다. 실제로 식사는 천국의 증거 역할을 할 수 있다. 왜 그런가? 우리는 식사를 통해 삶을 공유하고 강화하며, 받은 복을 축하하고, 함께 교제하기 때문이다. 우리는 서로와 함께 잘 먹을 때, 가정의 본질적 의미를 실현한다. 로버트 캐리스 Robert Karris가 말하듯이, "누가복음에서 예수님은 식사하러 가시거나, 식사 중이시거나, 식사를 마치고 오신다."[10] 예수님을 따르는 우리는, 예수님처럼 먹는 법을 배워서 그분이 가능하게 하신 풍성한 삶으로 나아갈 수 있다. 예수님은 사역하시는 내내 사람들과 함께 식사를 하심으로써 사람들을 분리하는 장벽들을 무너뜨리셨다. 예수님은 평범한 넓은 식탁에서 실현된 환대를 통해 다른 이들이 하나님의 다스림을 받아들이고 살아내도록 초

---

9 나는 *Way of Love*에서, 무엇을 천국의 관계 논리로 묘사할 수 있는지에 대해 전개한다. 천국에서는 고통과 폭력이 패하고 사라지고, 그 결과 모든 관계가 하나님의 사랑에 의해서만 영감과 힘을 얻는다.

10 Karris, *Eating Your Way through Luke's Gospel*, 14.

대하시며, 땅에서의 하나님 통치를 입증하셨다(성경이 충만한 삶을 자주 풍성한 음식, 잘 익은 포도주, 치유하는 과일이 가득한 연회로 묘사하는 것은 우연이 아니다).[11] 예수님은 사람들이 굶주릴 때 수천 명을 기적적으로 먹이시며, 생명의 근원이 자비롭고 너그러운 하나님이심을 보여 주셨다. 그리스도의 이름으로 함께 먹으며 성찬의 기억과 실천이 우리의 식탁 교제를 인도하게 할 때, 우리는 땅에서 하나님의 천국을 증언한다. 마태복음이 묘사하듯이(26:26-29), 성찬 식사는 우리가 지금 해야 하는 식사와 천국에서 그리스도와 함께 할 식사의 틀과 지침이 된다. 우리는 함께 생명의 떡을 나눌 때, 안티오키아의 이그나티우스 Ignatius of Antioch가 '불멸의 명약'[12]이라 불렀던 것을 맛본다.

천국에서도 식사를 할까? 확정적이거나 정확한 답을 할 수는 없겠지만, 이 장은 어떤 형태의 식사를 할 것이라고 주장할 것이다. 왜냐하면 식사는 사귐을 누리는 우리가 아는 가장 근본적이고 즐거운 방법 중 하나이기 때문이다. 식사는 다른 몸들과 관계를 맺기에 그 자체로 몸의 부활을 긍정하기 때문이다. 식사는 삶의 움직임들과 아주 깊이 뒤얽혀 있어서, 식사를 없앤다면 삶은 이해할 수 없어지기 때문이다. 또 식사는 하나님의 삼위일체적 삶의 표지인 영원한 태곳적 환대에 참여하는 것이기 때문이다. 이는 천국의 삶의 특징인 식사가 지금 우리가 하는 식사의 직접적인 연장이라는 말은 아니다.

---

11 다가올 그 나라에서의 식사를 언급하는 구절로는 이사야 25:6, 아모스 9:11-15, 예레미야 31:10-14, 마태복음 8:11, 누가복음 6:21, 12:35-48, 13:29, 28:28-30, 요한계시록 19:9을 보라.

12 Ignatius of Antioch, "The Epistle to the Ephesians, 20", in *Early Christian Writings: The Apostolic Fathers* (London: Penguin Books, 1968), 82.

우리의 식사가 천국을 증언하려면, 그리스도에 의해 변화되어야 할 것이다. 우리가 그분과 함께 거하는 법을 배운다면 식사는 성례가 되고, 우리가 우리의 동산이자 주방이자 집이라 부르는 세상이 하나님의 집이기도 하다는 매일의 표시가 될 수 있다.

몸의 부활

그리스도인들은 기독교 역사 내내 사도신경의 "몸의 부활을 믿습니다"라는 고백을 가지고 씨름했다. 영혼의 불멸이라는 철학적 경쟁 상대에 비해, 몸의 부활은 이해하는 데 독특한 어려움을 준다.[13]

---

13 고려할 만한 철학적 문제 가운데 가장 중요한 한 가지는, 변화를 겪는 정체성의 문제였다. 캐롤라인 워커 바이넘은 몸의 부활의 역사에 대한 무게 있는 논의에서 이렇게 쓴다. "변화가 있다면, 어떻게 연속성과 그에 따른 정체성이 있을 수 있을까? 연속성이 있다면, 어떻게 변화와 그에 따른 영광이 있을 수 있을까? 혹은 전문적인 철학적 논의보다 2세기 변증가들이 훨씬 자주 사용한 이미지로 그 쟁점을 바꾸어 말하면 이렇다. 만약 땅에 묻힌 씨앗에서 밀 한 단이 싹 트듯이 우리가 부활한다면, (성분과 구조가 새로워진) 그 밀 한 단은 어떤 의미에서 그 씨앗과 동일하며 따라서 그 씨앗에 대한 구원인가?"[*Resurrection of the Body in Western Christianity, 200-1336* (New York: Columbia University Press, 1995), 59-60]. 창조 세계의 연속성과 불연속성 이슈는 현대의 논의의 중심에 있기도 하다. 예를 들어, 존 폴킹혼John Polkinghorne의 입장을 보라. "신뢰할 수 있는 종말론의 소망은 **연속성**과 **불연속성**을 모두 포함해야 한다. 연속성의 요소가 없으면 죽음을 넘어선 창조 세계가 표현되리라는 진정한 소망이 없다. 불연속성의 요소가 없으면, 그저 끝이 없는 반복이라는 소망 없는 전망이 있을 것이다"[*The God of Hope and the End of the World* (New Haven: Yale University Press, 2002), 12]. 어려움은 연속성과 불연속성이 어떻게 묘사되느냐에 있다. 몰트만은 이렇게 주장한다. "종말론에서 세상의 변화는 **근본적 변화**, 다시 말해 세상 자체의 초월적인 상태에서의 변화, 따라서 바로 그 토대의 변화를 의미한다. 즉 하나님 자신이 세상과의 관계를 바꾸신다. 이전에 창조하신 세상에 대한 하나님의 **신실하심**은, 현세의 창조 세계를 완성하시고 완벽하게 하셔서 (근본적 상태를 변화시킴으로) 그것을 영원한 창조 세계로 만들고자 하시는 그분의 **자유**를 제한하지 못한다"(*The Coming of*

우리는 몸이 땅속으로 들어가 부패하는 것을 보는데, 어떻게 몸이 부활할 수 있는가? 소크라테스가 한 유명한 말처럼, 고통, 결함, 덧없음, 부패, 약함, 죽음의 장소인 것 외에도 "몸은 우리를 사랑과 욕망과 두려움과 각종 공상과 터무니없는 숱한 생각으로 가득 채워 그 결과 말 그대로 아무것도 생각할 기회를 얻지 못하게 하고, 전쟁과 혁명과 전투는 전적으로 몸과 그 욕망 때문"(Phaedo, 66c)임을 분명히 볼 수 있는데, 몸이 부활하기를 바라야 하는가? 몸은 우리에게 이생에서 약간의 즐거움을 줄 수 있긴 하지만, 한순간이고 종종 파괴적이다. 놀랄 것도 없이, 많은 그리스도인이 죽을 때 몸은 땅으로 들어가고 영혼은 비물질적인 하늘로 올라간다고 생각하는 것이 훨씬 단순하다고 여겨 왔다. 비물질적 '장소'인 그곳에서는 음식과 식사의 문제가 어떻게 나타날지 알기 어렵다. 몸은 음식을 먹고 영혼은 먹지 않는다. 맛의 이야기는 이것으로 끝이다.

영혼의 불멸에 대한 가르침은, 특히 피타고라스 학파와 소크라테스 학파와 영지주의 형태의 가르침을 통해 제시될 때 심히 반기독교적이다. 일찍이 테르툴리아누스는 그것을 이해하고, "그리스도인들이 고백하는 부활을 부인하는 사람은 그리스도인일 수 없다"[14]

God, 272). 몰트만은 그가 염두에 둔 '근본적 상태'가 세상의 '형태' 혹은 배열뿐 아니라, '죄와 죽음이 가능한 현세의 창조 세계로서의' 존재 혹은 '실체'이기도 함을 분명히 한다. "새로운 창조 세계가 불멸의 영원한 창조 세계여야 한다면, 그것은 죄와 죽음의 세상과 대조되어야 할 뿐 아니라 첫 현세의 창조 세계와도 대조되어야 한다. 피조물 존재 자체의 실체적 상태가 변화되어야 한다"(앞의 책). 이런 방식의 말은 하나님의 원래 창조 세계에서 무엇이 남았는지 궁금할 정도까지 불연속성을 강조한다. 이 논의의 복잡함과 이 문제들에 대한 우리 이해의 심각한 한계를 기억하며(우리는 '피조물 존재 자체의 실체적 상태'가 무엇인지 파악하기는커녕 이해할 수 있는가?), 나는 이 문제에 대한 논의를 다음 기회로 남겨 둔다.

고 말했다. 영혼의 불멸은 물질성과 체화, 그리고 각각의 가치와 운명에 대한 부정적 시각을 전제하고, 이는 창조와 성육신과 만물의 '종말eschaton'에 대한 가르침과 직접적으로 충돌한다. 위르겐 몰트만 Jürgen Moltmann은 이렇게 말한다. "구원이 육신을 떠난 영혼이 더없이 행복하고 기뻐하리라는 비전으로만 이루어져야 한다면 '몸의 부활'이라는 개념은 완전히 사라진다. 일단 종말론에서 그 소망이 사라지면 기독론에서도 성육신 개념이 유지될 수 없다. 그리고 그것을 포기하면, 기독교 신앙은 세상을 부인하고 세상을 경멸하는 영지주의가 된다."[15]

몸의 부활은 생명의 체화에 대해 영혼의 불멸과는 전혀 다르게 판단하고 그것을 단언한다. 몸을 경멸하고 영혼을 높이는 이원론과 달리, 테르툴리아누스는 영혼이 육체적 몸 안에 있지 않고 육체를 '구원의 중심축'으로 삼지 않으면 구원을 얻을 수 없다고 주장한다. 육체는 하나님이 사랑하시는 것이다. 육체는 하나님이 '그분의 형상으로' 그리고 '그분의 손으로' 만드신 것이다.[16] 우리 몸의 육체, 실로 온 창조 세계의 육체를 하나님이 사랑하신다면, 그 끝은 멸망이나 소멸이 아니라 화해와 평화일 것이다(골 1:20). 그리스도인들이 구원이나 천국의 삶을 어떻게 상상하든, 그것은 다른 몸들과 관계 맺는 몸을 포함해야 한다. 고립된 몸은 생명을 알지 못하기 때문이다.

14　*Tertullian's Treatise on the Resurrection*, ed. Ernest Evans (London: SPCK, 1960), 13. 테르툴리아누스는 여기서 "그리스도께서 만일 다시 살아나지 못하셨으면 우리가 전파하는 것도 헛것이요 또 너희 믿음도 헛것이며"(고전 15:14)라는 바울의 선언을 강화하고 있다.

15　Moltmann, *The Coming of God*, 270.

16　*Tertullian's Treatise on the Resurrection*, 25, 27.

외부인들과 서로에게 기독교의 의미를 설명하던 초대 교회 지도자들은, 자신들이 부활하신 그리스도를 예배한다는 사실로 인해 삶과 죽음과 창조 세계 전체를 근본적으로 새로운 방식으로 생각할 수밖에 없었다. 몸과 물질성을 경멸할 수 없는 까닭은, 가장 기본적으로 그들의 하나님이 '육신이 되어' 그들 가운데 사셨기 때문이다(요 1:14). 초기 그리스도인들은 체화에 대한 가장 심오한 확언이 될 만한 표현에서, 몸에 들어가신 것은 하나님의 부분 혹은 일부가 아니었다고 주장했다. 오히려 '하나님의 모든 충만'이 예수님의 몸 안에 거하셨고(골 1:19), 이는 하나님의 영원한 존재 방식이 창조 세계의 물질적 특성과 충돌하지 않음을 나타낸다. 하나님의 집은 피와 뼈, 위와 장으로 이루어진 몸이었다. 하나님이 나사렛 예수 안에서 체화하셨기에, 사람들이 하나님을 만지고, 먹이고, 발길질을 하고, 죽일 수 있었다. 그분이 몸으로 부활하셨기에, 창조된 생명을 왜곡하고 부인하려 한 죽음의 세력이 패배했다. 더 나아가, 예수님의 사역은 몸이 중요함을 거듭해서 보여 주셨다. 이 때문에 그분은 몸을 만지고 먹이고 치료하는 데 많은 시간을 쓰셨다. 몸이 예수님께 특별히 중요했던 까닭은, 그 몸이 하나님의 창조물이고, 하나님의 태곳적 환대와 돌보심이 육체적으로 구현된 것이기 때문이다. 몸은 **그것을 통해** 믿음이 행사되는 실제적인 매개체다. 그러므로 하나님이 창조하신 그 무엇도 무가치하지 않고, 경멸되어서는 안 된다.[17] 그 무

---

17 우리는 여기서 '귀신을 따르는 선생들'에게 맞서라고 한 디모데의 가르침을 기억해야 한다. 그들은 하나님의 선하심을 즐기는 것을 금하고자 했다. 디모데는 이렇게 말한다. "하나님께서 지으신 모든 것이 선하매 감사함으로 받으면 버릴 것이 없나니 하나님의 말씀과 기도로 거룩하여짐이라"(딤전 4:4-5).

엇도 잊어버리거나 버려서는 안 된다. 결국 하늘과 땅에 있는 모든 것이 모이고 화해되어 하나님이 '만물 안에서 만물'이 되실 수 있기 때문이다(엡 1:23; 4:6). 천국은 절대 물질적인 육체에 대해 문을 닫지 않는다. 몸을 왜곡하고 방향 감각을 잃게 만들어 하나님이 의도하신 충만함 속에 들어가 살 수 없게 하는 죄의 세력에 대해서만 문을 닫는다.

그리스도인들이 몸과 모든 생명의 목표에 대해 이렇게 다른 이야기를 하기 시작했을 때, 영혼 불멸에 대한 용어(그리고 물질을 부인하고 몸을 경멸하는 전제들)를 수용하고 사용하려는 유혹이 있었다. 그리스도인들은 아마도 육체의 삶에 나타나는 지속되는 좌절이나 조바심 때문에(몸은 우리가 바라는 능력과 완벽함에 너무도 미치지 못하기에), 몸을 떠날 수 있으면 더 나아질 것이라고 말하는 영지주의 이단에 종종 굴복했다.[18] 성 아우구스티누스의 예로 가 보면, 기독교의 가장 영향력 있는 교사 중 한 사람이 어떻게 몸을 경멸하고자 하는 충동과 씨름했는지 볼 수 있다.

아우구스티누스는 그리스도인이 되기 전 마니교에 속해 있었고 사람을 이원론적 방식으로 생각하도록 가르침 받았다. 삶의 고투는 영혼을 몸의 악에서 해방시키려는 고투였다. 관능성의 자극은 물론 좋은 음식을 감각적으로 즐기는 것까지도 영혼의 정화에, 따라서 영혼의 해방에 해로운 것이므로 피해야 했다. 영혼은 신성한 완벽의 장소인 반면, 몸은 제압하고 묶어서 영원한 감옥에 가두어야 하는

---

[18] 인간의 몸에 대한 기독교의 이해를 다루는 이야기는 다양하고 복잡하다. 피터 브라운은 *The Body and Society*에서 그 일부 줄거리를 조명해 준다.

불결한 덩어리다.[19] 아우구스티누스는 마니교를 버렸음에도, 체화와 관련한 도덕적 엄격함에는 계속 마음이 끌렸다. 그것은 그가 나중에 신플라톤주의 철학 연구에 헌신하면서 강화되기도 했다.

아우구스티누스는 이원론의 유산과 씨름할 때 하나님이 예수 그리스도의 몸으로 성육신하신 사실로 거듭해서 돌아갔다. 그는 《고백록 Confessions》에서, 비록 그가 플라톤 철학에서 많은 진리를 찾았지만 거기에 말씀이 육신이 되셨다는 가르침은 없었다고 회상한다(VII, ix, 14). 그는 성경이 진리라고 믿었기 때문에 예수님이 온전히 인간이며 온전히 체화된 위격이었음을 긍정할 방법을 찾아야 했다. 그는 또 그리스도의 부활 때문에 영혼의 불멸 대신 몸의 부활을 긍정할 방법도 찾아야 했다. 아우구스티누스는 위대한 마지막 작품 《하나님의 도성 The City of God》에서, 부활한 몸이 어떤 모습인지에 대해 지속적으로 다루었다.

아우구스티누스는 몸의 부활을 영혼이나 우리 안에 있는 어떤 영적인 것의 부활로 오해해서는 안 됨을 분명히 한다. 그리스도의 부활은 육체의 부활이었다. 그분의 승천이 '그 동일한 육체를 입고'(XXII, 5) 일어난 승천이었던 것처럼 말이다.[20] 그러나 아우구스티

---

19 아우구스티누스 생애의 이 시기에 대한 내 논의는, 피터 브라운의 권위 있는 전기 *Augustine of Hippo* (Berkeley: University of California Press, 1967)를 참고했다. 브라운은 이렇게 쓴다. "아우구스티누스는 자기 안에 있는 더럽혀지지 않은 완벽한 오아시스를 보호해야 했기 때문에, 아마도 마니교를 고수하고자 하는 깊은 압박감을 느꼈을 것이다"(51).

20 *The City of God*의 인용구는 헨리 베텐슨의 번역에서 가져온 것이다(London: Penguin, 1984). 이 문제들에 대한 나의 생각은 존 케이시(John Casey의 *After Lives: A Guide to Heaven, Hell, and Purgatory* (New York: Oxford University Press, 2009), 특히 "Bodies Fleshly and Spiritual"(269-280)이라는 장에서 도움을 받았다.

누스는 부활을 긍정할 때, 유산된 태아나 여러 가지 크기의 몸, 그리고 종종 최적의 건강 상태에 미치지 못하는 몸의 부활에 대해 질문하는 비평가들에게 대답할 방법을 찾아야 했다. 분명 현재의 몸에 결함이 있고 사는 동안 많은 몸이 훼손되고 그 일부가 파괴된다는 점은, 그 몸들을 천국에 부적합하게 만든다. 그들은 천국에 들어가기 위해 먼저 더 완벽한 상태로 변화되어야 하는가? 혹은 다른 사람에게 잡아먹힌 인간의 몸을 생각해 보라. 누군가에게 먹힌 인간의 육체는 식인종의 몸에서 부활하는가, 아니면 원래 몸으로 부활하는가?

아우구스티누스는 그에 응답하며, 하나님의 부활시키시는 행위의 기묘한 성격이나 놀라운 결과를 안다고 주장하는 것은 주제넘은 짓이라고 주장했다. 많은 교부가 추론했듯이, 하나님이 무에서 세상을 창조하실 수 있다면 불완전하지만 이미 존재했던 것에서 새로운 온전한 것을 창조하실 수도 있다. 아우구스티누스는 몸들이 특정 몸의 잠재력이 실현된 형태로 부활한다고 믿었다. 유아기에 죽어 다 자라지 않은 상태의 몸이 그 잠재력이 실현된 몸으로 살아날 것이다. 부활한 몸의 모형은 전성기의 몸이다[그 몸은 대략 예수님이 죽은 자 가운데서 살아나셨을 때의 나이에 해당하는 몸이라고 한다 (XXII, 15-16)]. 아우구스티누스에게 가장 중요한 입장은, 부활 때 몸의 결함이 제거되는 반면 본질적 속성은 유지된다는 것이다. 이로 인해 그는 여자가 남자가 아닌 여자로 부활한다고 말했다.[21] 또 부활한 몸

---

21 천국에는 양성이 모두 있겠지만, 성욕, 성교, 출산 현상은 더 이상 없을 것이다. 이러한 입장은, 아마도 하와가 아담의 갈빗대로 지어졌다고 묘사하는 창세기 2장 기사나 아리스토텔레스의 영향을 받아 남성을 인간의 완벽한 형태로 보고 따라서 여성이 남

은 매력적이고 그 비율이 조화로울 것이다.

아우구스티누스가 숙고한 내용은 몸의 선함을 분명히 인정한다. 하나님은 몸의 온전한 잠재력을 실현하시며 그 몸을 온전하고 아름답게 부활시키신다. 그러나 아우구스티누스는 몸으로 사는 삶은 죄악된 삶이기도 하다고 주장한다. 아담의 후손인 우리 몸은 수렁에 빠지고 오물(다툼, 배반, 교만, 잔인함, 욕정, 난교 등)에 휩싸여 있다. 아우구스티누스는 이러한 비참함을 '일종의 생지옥', 그리스도의 은혜를 통하는 방법 외에는 해방이 없는 지옥이라 부른다(XXII, 22). 그는 사도 바울을 언급하면서, 사람의 삶, 심지어 신자의 삶도 육체의 길과 영의 길 사이의 전쟁으로 묘사한다. 천국은 그 전투에서 이긴 장소다. 그곳은 더 이상 몸이 썩지 않고, 이생의 틀을 이루고 지배한 비참함에서 해방된 장소다.

아우구스티누스가 소크라테스를 떠올리는 방식으로 몸의 경멸을 지지했다고 해석하는 것은 오해일 것이다. 부분적 이유는, 그가 바울의 육체와 영 구분이 소크라테스의 몸과 영혼의 구분과 같지 않음을 알았기 때문이다. 육체와 영은 생명이 체화되는 방식을 가리키는데, 둘은 충성의 대상과 목표가 다르다. 육체를 따라 살면 자기만족과 자기 미화를 최우선순위로 삼는다(이는 우상숭배, 시기, 간음, 분노 등과 같은 육체의 '일'에서 드러난다). 그러나 성령을 따라 살면, 다른 사람들을 섬기고 하나님께 영광을 돌리는 일이 다른 무엇보다 중요하다(성령의 '열매'인 사랑, 희락, 화평, 오래 참음, 자비, 양선, 충성, 온유, 절제에서 드러나듯이). 이런 두 가지 삶의 방식은 분명히 반대된다. "육체의 소욕은 성령을 거스

성으로 부활해야 한다고 추론한 다른 이들과 대조된다.

르고 성령은 육체를 거스르나니"(갈 5:17). 그러나 이것이 몸과 영혼의 이원론은 아니다. 두 삶의 유형 모두 온전한 사람의 노력을 필요로 한다.

아우구스티누스는 《하나님의 도성》에서 죄와 도덕적 실패를 우리 몸이 야기하는 것이 아니라고 분명히 말하면서 이러한 바울의 견해를 입증한다. "영혼의 모든 질병이 몸에서 나온다고 생각하는 사람은 잘못 알고 있는 것이다"(XIV. 3). 우리 몸이 타락에 '짓눌릴지도' 모르지만, 이 타락의 원천과 원인은 몸 자체가 아니다. 아우구스티누스는 바울이 고린도후서 5:1-4에서 인간 몸이 하늘의 겉옷을 입고자 하는 갈망에 대해 묘사한 것을 언급하면서, 우리의 바람은 몸이 없는 상태가 되는 것이 아니라 정말 마땅한 삶, 하나님이 원하시는 삶에 '흡수되거나' '삼켜진' 몸을 갖는 것이라고 주장한다. 그는 그의 이원론자 교사들의 생각을 뒤집으며, "타락한 육체가 영혼을 죄악되게 만드는 것이 아니라, 죄악된 영혼이 육체를 타락하게 만든다"(앞의 책)고 주장한다.

아우구스티누스는 '생지옥'의 비참함에도 불구하고 창조된 삶의 '셀 수 없이 많은 복'을 나열하는데, 그 긴 목록 배후에는 몸에 대한 긍정이 있다. 하나님이 만드셨기 때문에 인간의 몸을 선하고 아름답다고 인식한다면, 창조 세계의 비인간 몸에 대해서도 동일한 인식이 요구된다. 풍성한 열매를 맺을 수 있는 씨앗, 동물의 몸이 가진 생식 능력, 인간 뇌의 기량과 기술과 재치, 인간 몸의 아름다움과 복잡성과 디자인, 하늘과 땅과 바다의 다양한 아름다움 등에 대해서도 말이다. 그 전체를 충분히 인식하기는커녕, 이 자연의 축복 가운데 하나라도 온전히 이해할 수 있는 사람은 없다. **타락하고 죄악된 상**

태에 있을 때라도 창조된 삶을 축복으로 인식하기 시작할 수 있다는 사실은, 죄의 결함들이 제거될 때 창조주의 선하심과 그분의 작품의 탁월함에서 느끼는 기쁨은 모든 상상을 초월할 것임을 암시한다. 천국에서 사람들은,

> 하나님의 지혜를 그 원천에서부터, 지극히 행복하게, 아무 어려움 없이 마실 것이다. 그 영에게 완벽하게 복종하고, 생명에 필요한 모든 것을 그 영으로부터 받고, 다른 영양분을 필요치 않을 그 몸은 얼마나 멋질까! 그것은 동물이 아닐 것이다. 육체의 실체를 소유하지만 어떤 육욕적 타락으로 더럽혀지지 않은 영적인 몸일 것이다 (XXII, 24).

부활한 몸이 '영적인 몸'이라는 아우구스티누스의 언급은 혼란스럽고 용어상 모순처럼 보이기까지 한다. 그를 이해하기 위해서는 바울에게로 돌아가야 한다. 바울은 고린도전서에서, 씨 뿌리는 원예 이미지를 사용한다. 씨는 먼저 땅속에서 '죽지' 않으면 새 생명으로 싹 트지 못한다. 땅에서 나오는 새 생명은, 처음에 뿌려진 씨앗과 이어져 있지만 다른 것이다. 중요하게는, 새 생명의 탄생은 씨 뿌리는 사람이 한 일이 아니라 하나님이 하신 일이다(고전 15:38). 발아 전에 씨앗의 죽음이 있어야 하며, 거기서 나오는 새 생명은 생명을 주시는 하나님의 영에서 비롯된 결과임이 분명하기 때문이다. 같은 방식으로 우리의 현재 몸이 '심기고' 죽어(여기서 바울은 그가 로마서 6:3-11에서 분명히 명시한 그리스도의 죽음과 부활과 관련한 세례의 논리를 염두에 두고 있는 것 같다) 하나님에 의해 '신령한 몸'으로 일으켜질 수 있다. 바울은 여기

서 흔히 육체적 몸*soma psychikon*과 영적 몸*soma pneumatikon*으로 번역되는 것 사이의 구분을 전제하고 있다. 이는 어떤 차이가 있는가?

아우구스티누스는 영적인 몸을 '비물질적' 몸이라 생각하는 것은 엄청난 실수라고 생각한다. 부활할 때 육체는 영으로 바뀌지 않는다. 실제로 일어나는 일은, 우리가 현재 아는 육체적 몸, 궁핍하고 죽을 수밖에 없고 죄악된 영혼의 영향을 받기 쉬운 몸이 죽을 때 생명을 주시는 하나님의 영께 굴복하고 그분께 전적으로 의존하게 되는 것이다(XIII, 20). 생명의 영에 온전히 포함된 육체적 몸은, 이전 실체와 연속성을 가지면서도 동시에 불연속적인 다른 몸이다. 그렇게 흡수된 몸은 이제 죽지 않고 욕구를 채울 필요도 없다. 하나님의 영은 죽음이 아니라 생명의 영이기 때문이다. "죽을 수 없는 몸은 생명을 주시는 영의 존재 덕분에 영적인 불멸의 몸일 것이다"(XIII, 24). 그 육체적 몸은 육체적 몸이기를 중단하는 것이 아니라 새로운 영감과 생기를 주시는 성령 아래로 들어간다. 그분이 필요한 모든 것을 공급해 주신다. 부활한 몸의 본질적 의미를 규정하는 특징은, 그 모든 움직임이 생명을 주고 생명을 증진하시는 사랑의 결과라는 것이다. 이 몸에서는 생명을 붕괴시키는 힘을 찾을 수 없다.

N. T. 라이트Wright는 기본적으로 바울에 대한 이 아우구스티누스의 해석에 동의한다. 먼저 그는 바울의 헬라어를 육체적 몸과 영적 몸의 대조를 묘사하는 것으로 번역하는 것은 오해의 소지가 있다고 언급한다. '프시키콘*psychikon*'이라는 단어가 '육체적'이 아니라 '영혼'으로 번역되어야 하기 때문이다. '프시키콘'과 '프뉴마티콘*pneumatikon*'이라는 형용사는 묘사된 몸의 물질성이나 비물질성을 가리키는 것이 아니라(물질성은 그냥 전제되어 있다), 몸에 **생기를 불어넣는**

힘이나 에너지를 가리킨다. 즉 대비되는 것은 영혼/'프시키콘' 에너지(바울이 '첫 사람' 아담의 에너지라 부르는 것)와 성령/'프뉴마티콘' 에너지(바울이 15:45-49에서 '두 번째 사람' 곧 하늘로부터 온 사람 예수의 에너지라 부르는 것)다. "바울은 평범한 인간의 '프시케psychē'(우리 모두가 지금 여기서 소유한 생명력으로, 현재의 삶을 통과하게 하지만 궁극적으로 질병, 부상, 부패, 죽음에 대항할 힘은 없다)에 의해 생기를 부여받는 현재의 몸, 그리고 하나님의 '프뉴마pneuma' 즉 하나님의 새 생명의 숨, 하나님의 새로운 창조의 기운을 공급하는 힘에 의해 생기를 얻는 미래의 몸에 대해 이야기하고 있다."[22]

바울도 아우구스티누스도, 몸이 성령이 불어넣어지고 그분의 지도를 받는 불멸의 몸, 천국의 몸으로 변화하는 부활의 역학을 이해한다고 주장하지 않는다. 바울은 단지 우리가 '순식간에 홀연히'(고전 15:51) 변화되리라고 말한다. 아우구스티누스는 몸의 부활을 믿기 힘들다고 인정하지만, 전능자가 하실 수 있는 일에 대해 누가 의심할 수 있겠는가? 살아 있는 것이란, 사방에서 일어나는 상상도 할 수 없는 경이의 목격자가 되는 것이다. 하나님이 무에서 아름답고 질서 있는 세상을 창조하셨다고 인정할 수 있다면, 하나님이 기존의 몸을 아름다운 불멸의 무언가로 변화시킬 수 있다고 인정할 수 없는 이유가 있는가?[23] 아우구스티누스는 다음과 같이 지혜롭게 결론 내린다.

---

22 N. T. Wright, *Surprised by Hope: Rethinking Heaven, the Resurrection, and the Mission of the Church* (New York: HarperOne, 2008), 155-156.《마침내 드러난 하나님 나라》(IVP).

23 케빈 매디건과 존 레벤슨은 *Resurrection: The Power of God for Christians and Jews*에서, 부활에 대한 생각 배후의 핵심 전제가 되는 진술을 요약한다. "따라서 부활, 곧 하나님이 몸을 일으키실 가능성은 또 다시 창조 때의 하나님의 능력에 뿌리를

그러나 우리는 영적인 몸이 지닌 새로운 특질들을 알지 못한다. 그 것은 우리 경험 너머에 있기 때문이다. 그러므로 우리의 이해를 넘어서는 것이 있을 때, 거룩한 성경의 권위가 도움을 주지 않을 때, 우리는 지혜서가 묘사하는 다음과 같은 상태가 될 필요가 있다. "사람의 생각은 소심하고 우리의 예지력은 불확실하다"(XXII, 29).

부활한 몸이 음식을 먹을까?

우리는 몸의 부활을 고찰하면서 기독교의 천국은 육신을 떠난 영혼이 아니라 육신을 가진 몸들로 채워져 있음을 보았다. 이는 기독교가 한결같이 몸에 충실함을 보여 주기 때문에 강조할 만한 지점이다. 몸은 하나님 사랑의 물리적 표현이기 때문에 중요하고, 소중히 여겨야 한다. 몸은 영혼이 천국으로 가는 길에 그 안에서 잠시 견뎌야 할 일시적인 우리나 적재함이 아니며, 무가치하고 저주해야 할 덩어리도 아니다. 몸은 생명을 주고 지도하시는 영원하고 성육신하신 로고스의 흔적을 지니고 있으며, 이 몸을 향한 하나님의 바람은 항상 그것이 생명을 풍성히 알고 경험하는 것이다. 이제 던져야 할 질문은 식사가 그 풍성함의 일부인지 여부다.

빠른 대답은 식사가 천국의 일부일 것이라고 말하는 것이다. 예

두고 있다. 하나님이 흙에서 아담을 일으키실 수 있었다면, 보편적 부활이 일어날 때 죽은 몸을 일으키실 수 있다. 종말에 하나님이 죽음을 이기시는 일은 태초에 일어난 생명의 하나님의 태곳적 승리를 다시 비추어 주며, 죽음 전과 후 우리는 모든 것을 창조하신 하나님께 생명을 빚지고 있음을 상기시켜 준다. 우리가 살고 다시 사는 일은 선천적인 것이 아니다"(41).

수님이 부활하신 몸으로 음식을 드신 증거가 있기 때문이다. 누가는 예수님이 제자들에게 나타나 상처를 보여 주신(그분이 살과 뼈를 가진 몸이며 유령이 아님을 입증하시기 위해) 일을 기록하고 이렇게 이어 말한다. "그들이 너무 기쁘므로 아직도 믿지 못하고 놀랍게 여길 때에 이르시되, 여기 무슨 먹을 것이 있느냐 하시니, 이에 구운 생선 한 토막을 드리니 받으사 그 앞에서 잡수시더라"(눅 24:41-43). 그러나 우리는 부활하신 그리스도께서 식사를 하신 것이, 육체의 상처를 만져 보라는 초대와 마찬가지로 그분이 유령이 아니라 몸임을 제자들에게 보여 주고자 하시는 더 큰 관심사에 단순히 포함된 것은 아닌지 질문해야 한다. 이런 관점에서는 식사가 부활한 천국의 삶의 특성임을 입증할 수 없다. 그것은 그분의 몸이 진짜이고 환영이 아님을 제자들에게 납득시키려는 실제적인 (그리고 일시적인) 목적을 위한 임시적인 표현이다.[24]

그러나 이러한 해석은 문제가 있다. 부활 후 이야기들의 요지가 그리스도의 몸이 실제 몸임을 입증하고 인정하는 것이라면, 천국에서의 식사를 부인하는 것은 그런 입장을 부정한다는 표시가 아닌가? 먹는 행위보다 체화된 몸에 더 근본적이고 필수적인 것은 상상하기 어렵다. 육체를 가지고 살아가는 삶과 관련된 몇 가지 선택적 기능들이 있지만 식사는 그런 것이 아니다. 우리에게 필요한 것은 식사에 대한 완전히 부인이 아니라, 새롭고 조화로운 창조 세계

---

24 그리스도의 몸이 '진짜'라는 말은, 소생한 시체였다는 말이 아니다. 그 몸은 육체이긴 했지만, 문이 잠긴 방에 들어가시는 특별한 성격을 지니기도 했다(요 20:19). 요컨대 성경은, 예수님의 부활한 몸이 진짜 육체적인 몸이었다고 분명히 주장한다. 그러나 그것은 우리가 이해하지 못하는 속성들을 지닌 변화된 몸이기도 했다.

가 음식을 생산하는 모습을 상상하는 신선한 방식이다. 예를 들어, 이레나이우스는 천국을 (예수님의 제자 요한의 증언에 의지하여) 우리의 가장 거친 상상을 넘어서는 양과 질의 음식과 포도주가 생산되는 기적같이 비옥한 곳으로 묘사했다.

> 의인들이 죽은 자들 가운데서 다시 살아나 통치할 때, 또 새로워지고 자유로워진 창조 세계가 하늘에서 내리는 비와 땅의 비옥함으로 인해 많은 음식을 생산할 때, 주님의 제자 요한이 장로들에게 때에 대해 주님이 가르치신 말씀을 들려주었던 것처럼, "포도나무마다 만 개의 가지가 나오고, 가지마다 만 개의 잔가지가, 잔가지마다 만 개의 순이, 순마다 만 개의 포도가 맺히고, 포도마다 압착하여 스물다섯 잔의 포도주가 나오는 날이 올 것이다. 그리고 한 성자가 포도 한 송이를 따면 다른 송이가 '내가 더 좋은 송이예요. 나를 따세요. 나를 통해 주님을 찬양하세요' 하고 소리칠 것이다. 마찬가지로 한 개의 밀 낟알이 만 개의 이삭을 생산하고, 이삭마다 만 개의 낟알을, 낟알마다 10파운드의 가루를 만들어 낼 것이다. 그리고 다른 과일과 씨앗과 풀도 같은 비율로 생산해 낼 것이다. 그리고 땅에서 얻는 이러한 음식을 먹는 모든 동물이 평화롭고 조화를 이루며, 내게 온전히 복종할 것이다."[25]

이레나이우스는 창조된 생명의 체화된 특성을 진지하게 여기고 인

---

25 Irenaeus, *Against Heresies*, V.33.3, in Robert M. Grant, *Irenaeus of Lyons* (New York: Routledge, 1997), 178-179.

정할 수 있는 천국의 실재를 상상하고자 애쓰고 있다. 그는 하나님이 그리스도의 몸 안에 성육신하신 것을 그 인정의 근거로 삼는다. 그 몸은 죽은 자 가운데서 부활하여 하늘로 올라갔다(눅 24:51).

그럼에도 불구하고, 다양한 이유로 그리스도인들은 식사가 천국 삶의 일부가 아닐 것이라고 주장한다. 예를 들어, 테르툴리아누스는 몇 가지 측면에서 이 전통의 초기에 대표적인 목소리를 낸 사람이다. 그는 《부활에 관하여 On the Resurrection》라는 책의 거의 마지막 부분에서, 식사 같은 신체의 기능이 천국에서 계속되지 않는다면 천국의 몸은 실제로 몸이 아니라고 주장하는 이들에게 응답한다. 몸은 그 하는 일 때문에 그 모습으로 존재한다. 신체 부위들은 각각의 기능을 수행하도록 존재하고 정확하게 배열된다. 그 부위들이 그 기능을 더 이상 수행하지 않으면 다른 무언가가 된다. 씹을 때 입과 치아를 쓰지 못한다면, 혹은 배와 장기가 먹고 마시는 것을 가능하게 하지 못한다면 그것들은 왜 있는가? 테르툴리아누스의 답변은, 몸이 영혼을 통해 생기를 얻고 영혼의 지도를 받는다면, 다시 말해 이생에서 우리가 아는 몸에 대해 이야기하고 있다면, 이 신체 부위들은 생명의 필요들을 공급하는 데 필수적인 역할을 한다는 것이다. 그러나 몸이 생명을 주시는 하나님의 영을 통해 생기를 얻는다면, 그 필요들은 정의상 즉각적이고 지속적으로 충족된다. 필요들이 충족되기 때문에 몸의 부위들이 "그 기능으로부터 구출된다."[26]

그럼에도 불구하고 테르툴리아누스는 그 기능에서 구출된 모든 신체 부위가 천국에 있어야 한다고 믿는다. "하나님의 심판석은 온

---

26 *Tertullian's Treatise on the Resurrection*, 179.

전한 사람을 요구한다. 온전한 존재는 신체 부위가 없을 수 없다. 그 존재는 그 부위들의 기능은 아닐지라도 그 실체들로 이루어져 있기 때문이다."[27] 여기서 테르툴리아누스의 말이 의미하는 바는, 첫째 우리 삶이 하나님의 심판을 받을 것이라는 점이다. 우리가 한 행동에 대한 심판, 그러므로 또한 우리가 수행한 몸의 기능에 대한 조사가 이 심판의 중요한 일부가 될 것이다. 만약 우리 기능에 대한 하나님의 심판이 우리에게 조금이라도 의미가 있다면, 우리는 이 기능들을 가능하게 한 신체 부위들에 대해 충분히 인식해야 한다. 예를 들어, 탐식의 죄를 이해하려면 (다른 부위들보다도) 위장에 대해 알고 기억해야 한다. 욕정의 죄를 인식하기 위해서는, 우리가 소유하고자 하는 것을 보게 해 준 눈을 알아야 한다. 둘째, 테르툴리아누스는 몸과 그 부위들이 기능으로 정의된다고 주장하는 이들의 견해를 반대한다. 배가 배가 되려면 용골, 이물, 고물 같은 온갖 적절한 부품들이 있어야 하지만, 배가 배가 되기 위해 반드시 물속에서 작동해야만 할 필요는 없기 때문이다. 배가 온전한 데 관심이 있는 선주처럼, 하나님 역시 천국에서 인간의 몸이 온전하기를 바라신다.

신체 부위들이 더 이상 원래의 기능을 수행하는 데 사용되지 않는다면, 그냥 부적절한 것이 되는가? 테르툴리아누스는 그렇게 믿지 않는다. 그가 보기에, 입 같은 신체 부위는 하나님을 찬양하는 기능을 찾게 될 것이다. 이전에 찢고 씹는 데 사용되던 치아는 혀를 조정하는 도구가 되거나 입을 장식하는 왕관이 될 것이다. 다시 말해, 부활 시에 모든 신체 부위와 그 기능은 예배하는 천국의 삶에 기여하

---

[27] 앞의 책.

도록 변화될 것이다. 하나님의 영이 삶의 모든 필요를 직접 충족시켜 주시므로, 몸은 이전의 역할을 수행할 필요가 없다. 천국의 몸은 먹을 필요가 없을 것이다. 하나님이 그들이 필요로 하거나 원하는 모든 자양분이 되시기 때문이다. "죽음이 없어지면, 생명 보존을 위한 생계 지원이나 종족 보존의 부담도 사라질 것이다."[28] 테르툴리아누스는 하나님이 광야에서 이스라엘 자손에게 만나를 내려 주신 이야기(신 8:3)와 그리스도께서 광야에서 40일을 밤낮으로 금식하신 것(마 4:4)을 언급하며, "사람이 떡으로만 살 것이 아니요 하나님의 입으로부터 나오는 모든 말씀으로 살 것이라"고 단언한다.

천국에서는 음식을 먹지 않으리라는 테르툴리아누스의 입장은, 식사가 필요에 대한 반응이라는 기본 전제에 따른 것이다. 이 점에서 그의 입장은 아우구스티누스 같은 이들을 대표한다.[29] 만약 천국이 삶이 풍성해지고 모든 참된 욕구가 만족되는 것으로 하나님을 경험하는 곳이라면, 모든 범주의 필요는 그냥 사라진다. 따라서 우리가 기본적으로 필요로 하는 것 중 하나인 음식 역시 사라진다. 그러

---

28 앞의 책, 181.
29 아우구스티누스는 예수님이 부활하신 몸으로 식사하신 복음서 기사(눅 24:43)를 주석하면서 이렇게 말한다. "이 같은 몸에서 제거되는 것은, 먹고 마시는 능력이 아니라 그 필요다. 그 몸이 영적인 것은, 더 이상 몸이 아니라서가 아니라, 생명을 주시는 영이 그 존재를 지원하시기 때문이다"(*The City of God*, XIII. 22). 그러나 테르툴리아누스와는 달리 아우구스티누스는 천국에 식사가 있을 수 있다는 가능성을 열어 둔다. 만약 그렇다면, 그것은 필요 때문이 아니라 어떤 다른 이유 때문일 것이다. "부활 후 의인의 몸은 질병이나 노령으로 인한 죽음으로부터 그들을 보호해 주는 어떤 나무도 필요하지 않고, 배고픔이나 갈증으로 인한 고통을 막아 주는 어떤 물질적인 영양분도 필요하지 않을 것이다. 이는 그들이 누구도 침범할 수 없는 불멸이라는 확실한 선물을 부여받을 것이기 때문이다. 그래서 그들은 먹고 싶을 때만 먹을 것이다. 식사를 하는 것은 필요해서가 아니라 가능하기 때문이다"(앞의 책).

나 식사가 **오직** 필요 충족과 관계가 있다고 생각해야 하는가?

이런 질문을 하려면, 음식의 의미와 식사의 목적을 다시 생각해야 한다. 확실히 음식은 몸이라는 기계를 유지시키는 물질적인 연료로, 식사는 섭취를 가능하게 하는 실용적인 행위로 축소될 수 있다. 그러나 이 책에서 보았듯이, 그것은 매우 빈곤한 시각이다. 우리가 하는 많은 일이 헛되고 자기기만적임을 잘 알았던 지혜서 저자 코헬렛은 그럼에도 불구하고 "잔치는 희락을 위해 베푸는 것이요, 포도주는 생명을 기쁘게 하는 것"(전 10:19)이라고 단언했다. 마태복음에서 예수님은 천국 비유를 말씀하시면서 천국을 혼인 잔치에 비유하셨다. 만찬이 준비되고, 소와 송아지가 도축되고, 모든 것이 갖춰진다. 그러나 놀랍게도 초대받은 사람들은 오고 싶어 하지 않는다. "그들이 [초대장을] 돌아보지도 않고 한 사람은 자기 밭으로, 한 사람은 자기 사업 하러 가고, 그 남은 자들은 [초대장을 발부한 왕의] 종들을 잡아 모욕하고 죽이니"(마 22:5-6). 연회와 혼인 잔치는 필요보다는 축하와 즐거움과 관련이 있는데, 둘 다 실리의 관점에서는 불필요하다. 엄밀하게 배고픔이라는 생리학적 필요를 채우기 위한 식사는 정기적으로 하지만 잔치는 하지 않는 세상을 상상하는 것이 불가능하지는 않지만, 그렇게 된다면 무척 슬플 것이다.[30]

---

30 이 시점에서, 잔치가 생리학적 필요를 다루지는 않지만 심리학적이거나 사회적인 필요를 채우기는 한다고 주장하는 사람이 있을지 모르겠다. 천국이 생명의 영에 의해 모든 필요가 자동적으로 충족되는 곳이라면, 잔치 역시 천국에서 있을 자리가 없을 것이다. 그러나 첫째로, 잔치가 필요와 관련이 있는지에 대해 이론의 여지가 있다. 어쨌든, 영원히 군중(독일인들이 '게젤샤프트Gesellschaft'라 부르는)의 수준에 있을 뿐, 잔치가 자발적이고 자연스럽게 일어나는 강력한 의미의 공동체('게마인샤프트Gemeinschaft')에는 도달하지 못하는 사회생활을 상상할 수 있기 때문이다. 또한 잔치를 심리학적으로 **필수**적인 것으로 여길 필요도 없다. 다시 말하지만, 잔치가 없어도 삶이 작동될

식사는 그저 미각의 구덩이를 채우는 일이 아니다. 그것은 우리가 하나님과 같은 감성, 애정, 책임, 기쁨을 가질 수 있는 특정한 부류의 사람들로 발달해 가는 방식이기도 하다. 성찬은 우리가 함께 먹을 때 하나님의 환대의 삶을 공유한다고 가르친다. 더 정확하게 말하면, 우리는 하나님이 자비롭게 주시는 삶의 선물들을 인식하고 받아들인 후 타자들과도 나눈다. 우리는 삶이 소유가 아니라, 우리가 참여하는 깊고 신비로운 실재임을 발견한다. 식사 예절은, 함께 먹는 일이 이해와 인식과 돌봄으로 서로의 삶에 참여하도록 우리를 준비시키는 데 중요한 역할을 하면서 발달했다. 예수님은 식탁에서 타자들과 함께 아주 많은 시간을 보내셨는데, 그것은 바로 우리가 음식을 함께 먹으며 더 선명한 자기 이해에 이르고, 하나님의 창조 세계인 세상과 그 안에 있는 우리 자리를 더 정직하게 평가하게 되기 때문이다. 예수님은 자주 타자들과 함께 식사를 하심으로써 타자들에게 천국의 '식사 예절'을 가르치셨고, 자신의 식사를 통해 땅에서의 하나님 통치와 세상에서의 그분 존재 방식을 증언하셨다. 새뮤얼 웰즈 Samuel Wells가 말하듯이 하나님은, 우리와 함께 식사하고 자신을 음식으로서 내어주신 예수님의 인격 속에서 인간과 사귐을 누리

수 있기 때문이다. 둘째, 모든 필요를 제거하면 어떤 종류의 삶이든 상상하는 우리의 능력에 어떻게 영향을 미칠 것인가 하는 복잡한 철학적 질문이 있다. 분명 우리가 아는 삶은 필요에 의해 정의된다. 피조물이 되면, 창조주가 공급하는(직접적이든 다른 피조물들을 통해서든) 것을 **계속** 필요로 하게 된다. 그러므로 필요가 전혀 없다는 것은 우리의 피조물로서 지위에 의문을 제기한다. 그것은 **존재하기는 하지만** 절대 움직이거나 발전하지 않는, 정체와 무감각이 특징인 파르메니데스적 자립하는 신의 방향으로 나아가는 것이다(파르메니데스에 따르면, 모든 움직임은 필요를 암시하는 부족함을 전제하는 생성 becoming을 암시한다). 놀랄 것도 없이 파르메니데스적 접근은, 사회성이 전혀 없고 따라서 삼위일체도 가능하지 않은 엄격한 일원론으로 귀결된다.

신다. 식사가 중심인 까닭은 우리가 예수님과 함께 먹을 때, 실제로 성찬에서 그분을 먹을 때, 하나님께 드리는 예배와 하나님과의 우정이 어떤 모습이고 무엇을 의미하는지 배우기 때문이다. 사람들은 예수님과 함께 먹고 하나님과 친구가 됨으로써 천국의 맛을 누린다.[31]

누가복음에서 식사는 알아보는 자리와 시간이다. 예수님의 십자가 죽음 이후 제자들은 충격에 빠졌다. 여자들과 제자들은 빈 무덤을 발견했고, 예수님이 죽은 자들 가운데서 살아나셨다는 말을 듣고 무서워하기도 하고 놀라기도 했다. 부활하신 예수님은 엠마오 마을로 가는 중에 두 제자를 따라잡으시고 그들과 대화를 나누셨다. 예수님은 자신의 고난이 오래전 예언자들에 의해 선포되었음을 그들에게 상기시키고, 성경에 예언된 말씀을 믿지 않는 것에 대해 꾸짖으셨다. 제자들은 대화를 하면서도 그들과 함께 걷고 있는 분이 실제로 부활하신 그들의 주님임을 알아보지 못했다. 엠마오에 가까워지자 두 제자는 그 낯선 남자를 환대하며 같이 식사를 하자고 강권했다. 예수님은 동의하시고 그 집으로 들어가셨다. "그들과 함께 음식 잡수실 때에 떡을 가지사 축사하시고 떼어 그들에게 주시니 그들의 눈이 밝아져 그인 줄 알아보더니"(눅 24:30-31).

이 이야기를 읽고 나면, 예수님을 알아볼 수 있게 한 것은 식사 때 흔히 일어나는 떡을 떼는 행위가 아니라, 누가복음 22장에 기록된 마지막 유월절 식사를 상기시키는 의식 행위였다고 추정하고 싶은 마음이 생긴다. 그러나 그 정도로 엄격하게 구분할 필요는 없을

---

[31] Samuel Wells, *God's Companions: Reimagining Christian Ethics* (Oxford: Blackwell, 2006), 28.

것이다. 특히 '주의 만찬'이라 불리는 공식화된 의식이 존재하지 않았음을 기억한다면 말이다. 예수님과 함께 식사한 이력, 서로에게 주의를 기울이고 서로의 필요를 다루는 법을 배웠던 이력이 그들의 식사 예절을 변화시켜서, 엠마오의 식탁에 둘러앉은 일이 낯선 남자를 알아보고 누가 그곳에 있는지 깨닫는 데 필요한 공간과 기회를 제공했다고 생각하는 쪽이 타당하지 않을까? 함께 식사하는 일이 그렇게 중요한 까닭은, 종종 간과하는 삶과 세상의 경이로움에 더 온전히 마음을 여는 기회를 주기 때문이다. 다시 말해, 예수님의 환대 사역이 (제대로 배웠다면) 사람들을 변화시키는 결과를 가져와, 그들이 평소에 느꼈던 혼란과 두려움이 환영과 사랑의 포옹으로 바뀌어 서로를 더 참된 모습으로 알고 볼 수 있었다. 식사는 제자들에게 알아봄의 자리였다. 그리스도께서 영감을 주시고 마련하신 식사는 사귐을 나누는 법을 배우는 것과 관련이 있기 때문이다. 그것은 세상의 진리를 발견하는 일, 그래서 돌봄과 관대함과 평화의 방식으로 함께 살기 위해 필요한 기술과 습관을 함께 발전시키는 것과 관련이 있다.

이렇게 보면, 이제 '혼자 밥 먹기'나 '이동 중 식사'가 우리가 선호하는 식사 방식이 아니어야 하는 이유가 드러난다. 누가의 이야기는 식사가 함께하는 삶의 의미와 필요를 발견하는 데 아주 중요한 역할을 함을 보게 해 준다. 이 책 전체에서 사용된 표현으로 하자면, 식사는 우리 모두가 창조주 하나님께 의존하는 창조 세계의 수많은 구성원들 가운데 자리 잡은 피조물임을 발견하는 기회다. 그것은 우리가 그 구성원들을 존중하고 양육하고 축하하는 시간이다. 우리는 그리스도를 생각과 마음과 위장에 두고 잘 먹을 때, 이 구성원들의 은혜와 축복과 자비를 인식하고, 그럼으로써 (바라건대) 더 은혜롭고 감사할 줄 알고 자비로운 자신이 되어 간다.[32] 사람들은 식탁에 둘러앉아 서로와 세상에 자신을 내어줌으로써 하나님의 영원한 자기 내어줌의 삶 속에 사는 법을 배운다. 따라서 성찬다운 식사는 마땅히 '땅에 임한 천국의 리허설'[33]로 이해될 수 있다.

천국의 삶이 하나님의 영원한 생명을 나누는 것이라면, 그곳에서의 삶은 어떤 식으로든 삼위일체 하나님의 상호 내재적 움직임에 참여하는 것이어야 한다.[34] 하나님의 '페리코레시스', 즉 삼위일

---

[32] 리타 나카시마 브록Rita Nakashima Brock과 리베카 앤 파커Rebecca Ann Parker는 *Saving Paradise: How Christianity Traded Love of This World for Crucifixion and Empire* (Boston: Beacon Press, 2008)에서, 교회의 초기 성찬식은 땅에 임하는 천국을 기쁘게 받아들이는 데 중점을 두었다고 주장한다. 그들은 예루살렘의 키릴로스를 인용하며, 성찬은 그리스도인들이 서로와 세상 안에서 하나님의 임재를 보도록 준비시킨 훈련장이었다고 주장한다. 그것은 창조된 세상이 낙원으로 회복되는 길의 입구였다. "삶의 아름다운 향연은, 마음을 열고 기쁘게 세상을 경험하는 감각을 되돌려주었다. 그것은 육체적 생명에 스며 있는 하나님의 존재와의 만남이었다. 이렇듯 성찬은 '이 현재의 낙원'에서 인간을 영광스러운 하나님의 삶과 묶어 주었고, 교회는 이 성찬을 통해 세상 속의 거룩한 임재의 능력에 대한 민감성을 함양했다. 그 아름다움이 마음을 열었다"(145).

[33] *God's Companions*, 197. 웰즈는 계속해서 이렇게 쓴다. "하나님의 모든 뜻이 성취되었다. 백성이 그분을 예배하고, 그분의 친구가 되고, 그분과 함께 식사를 하려 한다. 그리고 하나님의 백성이 그분의 친구가 되어 그분과 함께 식사할 수 있기 위해 필요한 모든 것이 제공되었다. 그들은 한몸이 되었고, 죄 사함을 받았으며, 화해가 이루어졌고, 평화가 회복되었으며, 하나님의 말씀이 선포되고 분별되었고, 믿음을 선언했고, 필요를 들었다. 하나님의 뜻이 그분의 백성에게 충분히 전달되었고, 그들의 삶에서 충분히 구현되었다. 땅과 하늘 사이의 장막이 걷히고, 음식을 나누는 단순한 행동이 영원히 하나님과 함께하는 삶의 아름다운 소박함을 기대한다. 이는 계시의 순간이다. 성도들의 참 생명이 '그리스도와 함께 하나님 안에 감추어[졌는데]'(골 3:3) 이제 분명해지기 때문이다. 떡과 포도주의 나눔을 통해 그리스도께서 드러나시며, '우리 생명이신 그리스도께서 나타나실 그 때에 너희도 그와 함께 영광 중에 나타날'(골 3:4) 것이다"(앞의 책).

[34] 삼위일체에 대한 내 생각은 주로 다음과 같은 책들을 통해 형성되었다. Rowan

체 세 위격의 상호 내재는 이해하기가 아주 어렵다. 우리는 함께하는 삶을 늘 수적으로 상상하거나 생각하기 때문이다. 즉, 구별된 세 위격이 관계 안에서 어우러진다는 것이다. 피조물의 거주는 연합된 모습으로 묘사될 때도 항상 다수를 전제한다. 그러나 삼위일체 하나님은 다수가 아니다. 성부, 성자, 성령은 하나이시다. 이는 세 위격의 관계가 그분들을 어우러지게 하는 것이 아니라는 뜻이다. 그분들은 항상 이미 하나로서, 세 가지 방식으로 하나의 영원한 '우시아^{ousia}' 혹은 본질을 공유하신다. 데이비드 벤틀리 하트가 (파벨 플로렌스키를 따라) 묘사하듯이, 삼위일체의 세 위격은 자기를 내어주는 영원한 움직임이다. "그 움직임을 따라 하나님 안의 각각의 '나'는 '나 아닌 존재'일 뿐 아니라 너이기도 하다. 왜냐하면 성삼위의 상호 내재성은 항상 타자를 위한, 그리고 타자에게 열린 '자기' 포기의 관계성이기 때문이다."[35] 다시 말해, 삼위일체의 위격들은 내어주고 받아들이며 지속적으로 움직이고, 어떤 억제도 없고 누구도 홀로 있지 않다. 하나님의 위격들은 선물로 또 사랑으로 **존재한다**. "삼위일체 안에서 선물은 전체적이며, 전체적으로 '노출된다.' 성부가 성자에게 자신을 영원히 주시고 다시 성령에게 주시고, 성자가 성령 안에서 성부에게 모든 것을 드리고, 성령은 성자를 통해 성부에게 모든 것을 돌려드린다. 다른 위격에 대한 사랑, 그를 향한 선물, 그 안에서 누리는 기

Williams, *On Christian Theology* (Oxford: Blackwell, 2000); David Cunningham, *These Three Are One: The Practice of Trinitarian Theology* (Oxford: Blackwell, 1998); Lash, *Believing Three Ways in the One God*; Zizioulas, *Being as Communion*; Hart, *The Beauty of the Infinite*.

35 Hart, *The Beauty of the Infinite*, 171-172.

쁨이, 주고받는 하나의 무한한 역동을 이루며 그 역동 안에서 욕구는 다른 위격을 바라보는 동시에 증여한다."[36]

삼위일체 신학은 하나님이 창조하신 모든 참된 실재는 사귐**이며**, 선물을 주고받는 것**이라고** 주장한다.[37] 즉 어떤 생명체도 혼자 살아가거나 스스로 혹은 그 자체를 위해 존재하지 않는다는 것이다. 그러나 피조물의 삶을 경험하는 우리는 사귐에 직면하면 지속적으로 불안을 느낀다. 우리는 교제보다는 유배를 택한다. 혼자서 잘해 낼 수 있다고 생각하며 구성원 됨을 거부하거나, 구성원으로 속해 있는 곳을 우리 뜻대로 조정하려 한다. 우리는 계속 우리 삶을 가로지르고 양육하는 구성원들을 섬기고 축하하는 일이 어려움을 깨닫는다. 소유하고 통제하려는 욕구로 인해 받고 다시 주는 선물의 흐름을 차단한다.

기독교적 관점에서 볼 때, 하나님의 삼위일체적 성격에 대한 이해는 수준 높은 신학적 지식을 가진 이에게만 해당되는 난해한 가르침이기보다는 존재론적 필수 요건이다. 우리는 사랑과 기쁨이 있는 사귐의 삶을 사는 것이 무엇인지 배울 수 있도록, 하나님의 삶을 삼

---

36 앞의 책, 268. 중요하게도, 하트는 창조 세계가 이러한 주고받음에 열중한다고 말함으로써 말을 이어 간다. "그리고 창조 세계는 항상 이미 이렇게 선물을 주는 데 연루되어 있다. 그것은 (성부께서 창시하시고 성자께서 수행하시고 성령께서 완료심으로써) 이미 삼위일체의 위격들 사이에서 공유되고 전달되고 있는 선물이며, 하나님이 말씀하시고 성령이 끝없는 차이를 통해 분명히 표현하시고 성부께로 돌려드리는 말씀이기 때문이다"(앞의 책).

37 존 지지울라스에 따르면, 삼위일체 교리는 그저 하나님에 대한 교리가 아니라, 사귐을 모든 창조 세계와 관련한 존재론적 개념으로 만드는 '태고의 존재론적 개념'이다. "존재를 '존재하게' 만드는 것은 사귐이다. 그것 없이는 그 무엇도, 심지어 하나님도 존재하지 않는다"(*Being as Communion*, 17).

위일체적 방식으로 인식할 필요가 있다. 충분히 이해하지는 못할지라도, 그리스도인들은 하나님의 영원한 자기 내어줌의 삶(이것이 예수 그리스도의 위격이 극적이고 감각적인 형태로 우리에게 드러내신 것이다)을 인식함으로써, 주는 삶에 참여하고 "아가페의 경제에 전적으로 자신을 내어놓으라"는 초청을 받는다.[38]

식사에서 삼위일체의 자기 증여의 예술을 배우도록 초대받고 기회를 얻는다는 제안은 심한 과장이 아닐까? 물론 피조물의 삶의 특징인 식사가 삼위일체의 주고받음의 완벽한 실현은 아니겠지만, 그럼에도 식사는 최상의 삶 속으로 들어가는 가장 실제적인 입구 중 하나일 수 있다. 함께하는 삶의 본질을 알려주는 능력과 그 삶에서 기쁨을 떠올려 주는 능력을 보건대, 비록 형태는 달라질지라도 식사 역시 천국의 사귐의 필수 요소일 것이라는 생각은 과장이 아니다.

앞서 암시했듯이, 천국에서의 식사가 어떤 모습일지 분명하게 알기는 불가능하다. 그러나 성경은 그 가능성에 대한 암시를 준다. 한 주목할 만한 장면에서, 하나님은 불타는 떨기나무의 형태로 모세에게 나타나신다. 성경은 호렙 지방에 있던 하나님의 산에서 일어난 일을 이야기한다. "여호와의 사자가 떨기나무 가운데로부터 나오는 불꽃 안에서 그에게 나타나시니라. 그가 보니 떨기나무에 불이 붙었으나 그 떨기나무가 사라지지 아니하는지라"(출 3:2). 모세는 이 현현을 통해 하나님의 이름을 알게 되고, 백성에게 임재하시고 그들을 보살피고 해방하시는 하나님의 성품의 어떠한 면을 발견한다. 하나님의 '생명', 하나님의 '존재' 방식은 여기서 창조 세계의 빛과 생명

---

38   Hart, *The Beauty of the Infinite*, 268.

의 원천으로 계시된다. 흥미롭게도 그것은 가시적이고, 떨기나무에 불을 붙이지만 다 태우지는 않는 존재 방식이다. 나아가 불이 붙은 떨기나무는 눈부시고 강렬하게 빛나고 있다. 그것은 떨기나무를 새로운 차원에서 보게 해 주는 한편, 그 자체를 넘어 존재의 근원인 하나님을 가리키는 강렬함이다.

요리, 식사, 소화를 곧바로 불과 연관 지어 이해할 수 있음을 인정한다면, 이 구절은 먹은 것을 소진하거나 파괴하지 않는 식사의 가능성을 드러내는 건 아닐까? 만약 그렇다면, 이는 우리의 식사와는 근본적으로 다른 형태의 식사일 것이다. 사귐이 일어나고 함께하는 삶을 공유하고 축하하는 기회로서의 식사와 연속성은 있겠지만 말이다. 이런 형태의 식사에서는 타자들이 변형되거나 파괴되지 않으며 오히려 생명이 더욱더 밝게 빛난다. 하나님 사랑의 가시적이고 먹음직스러운 표현으로 받아들일 때, 우리는 항상 하나님께 그 기원과 끝이 있는 '생명'으로서 음식을 맛볼 수 있다.

식사는 환대와 친밀함과 관련이 있다. 온 창조 세계가 하나님의 태곳적 환대, 곧 세상을 위해 공간을 만들고 그것을 양육하며 생명을 주시는 하나님을 나타냄을 인식한다면, 우리 식사의 여러 측면이 날마다 하나님의 사랑을 증언할 수 있다는 사실 또한 알 수 있다.

식사는 우리 삶 속으로, 우리 입 속으로, 우리 몸속으로, 우리 이야기와 소망 안으로 들어오는 타자의 실재를(그 생명과 죽음, 분투와 성공의 역사, 위엄과 은혜를) 받아들이는 일과 관련이 있다. 사과, 배, 오이, 토마토, 닭, 소를 세심하게 기른 다음 먹음으로써 우리는 서로와의 관계가 책임과 애정으로 결정됨을 보여 준다. 또 다른 사람들을 식탁으로 초대함으로써 우리는 우리 삶이 무엇보다 공유된 삶임을 보여 준다. 그것은 창조 세계의 모든 구성원이 온전할 때, 그리고 하나님의 귀한 선물로 받아들여지고 다시 주어질 때만 가능해지고 완전해지는 삶이다.

창조 세계의 깨어짐과 먹이 그물의 붕괴는, 우리가 진짜 친밀함이 무엇이고 그것이 무엇을 요구하는지 이해하기를 시작조차 하지 못했음을 보여 준다. 우리가 세상의 인간과 비인간 먹는 자들을 무례하고 폭력적으로 대했다는 것은, 우리 대부분이 아직 친밀함의 은혜를 맛보지 못했음을 보여 준다. 이러한 고난과 죽음의 맥락에서, 하나님의 삶에 대한 지식이자 그 삶에 참여하는 것으로 이해되는 천국에 대한 소망은, 아직 오지 않은 삶에 대한 증거로 표명된다.

그 온전한 실현은 기다려야 할 테지만, 성경은 천국의 삶이 세례의 순간에 시작됨을 분명히 한다.[39] 세례는 죽음으로 예수님과 함께 묻히고 **또한** 그분과 함께 새로운 생명으로 일으켜지는 것이다(롬 6:3-11). '옛 사람' 및 모든 교만과 염려와 두려움을 십자가에 못 박는 것으로 이해되는 이 죽음으로, 사람들은 죄에서 해방되어 하나님 및 서로와 구성원 됨을 이루며 기뻐하며 살아갈 수 있다. 이전에는 의심, 시기, 미움, 폭력이 지배하던 관계가 화해와 정의와 평화를 드러내게 된다.[40]

---

[39] 매디건과 레벤슨은 초대 교회의 세례가 심지어 죽기 전에도 부활의 입구이자 예견이자 경험이 되었다고 주장한다. "세례 때 하나님이 일으키시는 변화는 죄 씻음과 용서뿐만이 아니라, 은혜를 입은 세례자를 에덴에서 아담과 하와가 누렸던 완벽과 풍부함과 순수함의 상태로 회복시키는 것이기도 했다"(*Resurrection*, 241).

[40] 로버트 젠슨Robert Jenson은 "The Great Transformation"[*The Last Things: Biblical and Theological Perspectives on Eschatology*, ed. Carl E. Braaten and Robert W. Jenson (Grand Rapids: Eerdmans, 2002)]에서, 천국은 '최후의 심판'이 일어나는 장소와 시간이라고 주장한다. 이제 더 이상 구성원들인 피조물의 관계를 올

또 하나 분명한 것은, 성찬이라는 형식과 식탁 교제가, 세례 받은 사람이 지니는 '새로운 피조물'의 특징이 명확해지고 깊어지는 장소와 시간이라는 점이다. 사람들은 식탁에 둘러앉아 그리스도로부터 영감을 받고 그리스도와 함께 거함으로써, 희생적으로 자신을 내어주고 감사히 받고 화해된 관계를 살아낸다. 이것이 사실이라면, 사람들이 맛보는 것은 단지 떡과 포도주가 아니다. 제대로 변화되고 지도를 받으면 그들은 천국도 **맛본다**. 그들은 그 은혜와 풍성함과 진리 안에서 삶을 일별한다.

천국은 사귐과 진정한 친밀함을 경험하는 장소다. 창조 세계의 모든 몸과 구성원들이 충족과 기쁨에 이르는 장소다. 그들 사이를 움직이는 힘은 오직 하나님의 사랑의 힘이기 때문이다. 천국에서도 식사를 하게 된다면, 그 정확한 성격을 아는 일은 불가능하다. 그러나 이생에서 정의와 화해가 나타나는 성찬 식사가 가능하다면, 우리에게는 확실히 천국이 어떠하고 또 어떠할지에 대한 맛보기가 있는 셈이다. 그것은 충만하고 완벽한 사귐의 삶 속으로 꾸준히 깊어지고 확장되는 맛이라고 생각할 수 있다. 거기서 하나님은 '만물 안의 만물'이시다.

바르게 만들 필요가 없기 때문이다. 심판의 기능은 기소가 아니라, 고치고 치유하는 것이다. 그러므로 천국에서는 "각 사람이 자신의 자리를, 다른 모든 사람을 사랑으로 섬길 기회로 여긴다"(38)는 결론에 이른다. "우리가 기다릴 수 있는 주요한 현실은 보편적이고 완벽한 정의의 수립이다. 정의에 대한 성경의 이해에 따르면, 이는 보편적이고 완벽한 사랑의 수립과 동일한 것이다"(39). 여기서 화해는 '그 나라의 삶 자체'이므로(앞의 책), 화해가 다스린다.

인류세 세계에서의
신실한 식사

에필로그

우리는 치유받기 위해 다른 모든 피조물과 함께 창조 세계의 잔치에 가야 한다.[1]

하나님의 성령 안에서의 삶은…모든 존재가 정화되어, 하나님의 생명 안에서 기뻐하고 어울리며 평화와 우정, 화해된 관계, 나눔에 이르는 것이다.[2]

인류세를 환영하는 정치인, 경제학자, 공학자들이 있다. 그것은 특히 제2차 세계대전 이후 아주 많은 칼로리와 소비재를 산출해 온 생산 관행을 강화시킬 견줄 데 없는 기회라는 것이다. 보통 '생태근대주의자ecomodernist'로 언급되는 이 사람들은 경제 성장이 유례 없이 정교한 일련의 기술과 계산 능력과 합쳐질 때, 우리가 지금 직면한 농

---

1 Berry, *The Unsettling of America*, 103-104.
2 Lash, *Believing Three Ways in the One God*, 88.

업 및 생태학의 문제에서 벗어날 수 있을 것이라 믿는다. 어렴풋이 나타나기 시작한 식량 부족에 직면한 기술자들은 유전자를 조작하여 수확량이 더 많은 작물과 더 빨리 자라는 동물을 만들어 내거나, 그저 실험실에서 육류와 여타 식품들에 상응하는 합성 대체물을 구상할 것이다. 지구 온난화에 직면한 그들은 태양의 빛과 열을 지구로부터 반사시킬 에어로졸을 대기 중에 뿌릴 것이다. 위대한 인류세로 나아가는 열쇠는, 식품과 소비재 제조에 박차를 가할 차세대 태양열과 새로운 원자력(핵분열과 핵융합) 같은 새로운 에너지 시스템의 개발에 달려 있다. 궁극적인 목표는 인간이 자연에 직접적으로 의존하는 일을 줄이는 것이다. 사람들의 일상생활이 자연 과정에서 분리되면, 야생의 자연이 보호되고 보존될 가능성이 더 커지기 때문이다.

생태근대주의자들은 지구가 새로운 차원의 의미로 나아갈 단계에 접어들었고, 최종 평가가 이루어질 때 우리가 만들어 낸 새로운 행성을 모두 자랑스러워할 것이라고 믿는다.[3] 그들은 우리가 최후 심판일 예측은 물론, 진보를 멈추기를 바라며 이성의 능력에 의구심을 던지는 습관적인 회의론자들에게도 저항하기를 바란다. 회의론자들의 문제는 합리적 추구의 모든 혜택에 감사할 줄 모를 뿐 아니라, 어떤 문제가 닥치든 그것을 해결하는 인간의 능력에 대한 믿음을 잃었다는 것이다.[4] 우리는 굶주리고 죽어 가는 행성에 있을 운명

---

3   이러한 사고방식에 대한 비판적인 해설로는 클라이브 해밀턴Clive Hamilton의 *Earthmasters: The Dawn of the Age of Climate Engineering* (London: Yale University Press, 2013)을 보라.

4   하버드의 유명한 공적 지식인인 스티븐 핑커Steven Pinker는 *Enlightenment Now:*

이 아니다. 우리가 가장 열심히 해야 할 일은, 인류 번영과 생태학적으로 활력 있는 행성을 도모할 기술과 경제 개발이다.

여전히 증가하는 인구와 지속적이고 체계적인 생태계 파괴를 고려할 때, 우리가 생태근대주의자들의 믿음에 동의해야 하는지는 분명하지 않다. 그 지지자들은 어떻게 그런 믿음에 이르게 되었고, 그것은 무엇을 수반하는가? 이 운동의 몇몇 선구적 사상가들이 준비한 "생태근대주의자 선언"은 인간이 파괴적 존재임을 분명히 인정한다.[5] 사람들이 경제 성장을 위해 토양과 목재와 화석 연료에 직접적으로 의존했기 때문에, 숲이 제거되고 물이 낭비되고 종이 멸종하고 기후가 따뜻해졌다. 그러나 사람들은 또한 자연에 대한 의존을 줄이고 자연을 더 효율적으로 이용하게 해 줄 기술들을 꾸준히 개발하고 있다. 더 나은 농업, 더 깨끗한 에너지, 더 간소화된 생산 기술, 증대된 도시화는 삶의 질을 향상시키고 환경을 더 깨끗하게 만들었다. 그리고 우리는 이러한 기술들을 심화할 필요가 있다. 그 선언은 사람들이 식량 재배의 부담에서 해방되고 에너지 공급을 준비하고 있으면 삶이 나아질 것이라고 단순하게 추정한다.

사람들은 인류 번영을 지속적으로 확장하기 위해 자연과 분리되는 법을 배워야 한다. 필요에 대비하기 위해 자연을 의지하기보다

The Case for Reason, Science, Humanism, and Progress (New York: Viking, 2018)에서, 우리가 실험하고 구상하고 개선하려는 인간의 타고난 충동을 제한하려 하지 않는다면 광범위한 인간 번영은 우리 손에 달려 있다고 주장한다. 핑커의 책은 계몽주의 사상가들에 대한 오해와 그 이후 역사에 대한 긍정적이기만 한 해석 때문에 문제가 있다. 핑커는 이성의 이름으로 저질러진 참상을 감지하지 못하는 듯 보인다.

5 "An Ecomodernist Manifesto"는 www.ecomodernism.org/manifesto-english/ 에서 볼 수 있다.

는, 자신과 스스로의 발명과 기술의 힘을 의지해야 한다. "오늘날 세계 전역의 생태계는 사람들의 과도한 의존 때문에 위협받고 있다.…자연보호에 걸림돌이 되는 것은 인간이 자연환경에 지속적으로 의존하는 것이다." 생태근대주의자들이 이해하는 대로라면, 세상의 보존과 인간 삶의 번영은 둘을 분리하는 데 달려 있다. "인간은 경제에서 환경을 해방시키기 위해 애써야 한다." 달리 말해, "자연은 사용하지 않아야 아낄 수 있다." 인간을 자연에서 분리시키는 일은, 청정 에너지를 공급할 새로운 기술의 발전에 달려 있다. 태양에너지와 핵에너지는 비료를 만들고 바닷물을 담수화할 연료를 공급함으로써(그래서 시내, 강, 호수 등의 담수에 대한 의존을 줄인다), 숲과 화석 연료에 대한 의존을 줄일 것이다.

생태근대주의자들은 "자연 세계에 대한 깊은 사랑과 그 세계와의 정서적 연결"을 선언한다. 그러나 그 연결은 주로 심미적이고, 감정에 호소하고, 선택적이다.[6] 그 연결은 사람들이 자신들의 필요에 대비하기 위해 몸으로 일할 때처럼 체화되지도 않고 경제적이지도 않으며 따라서 실용적이지도 않다. 그래서 나타나는 기이한 결과는, 자연과의 '철저한 분리'에 기반한 자연과의 '연결'에 대한 바람이다. "인간의 복지를 환경의 영향과 분리하는 일은, 기술 진보를 향한 지속적인 헌신과 함께, 사회, 경제, 정치 제도의 계속되는 발전을 요구할 것이다." 이 프로젝트의 결정적 요인은 기술에 대한 믿음과 어떤

---

6 "분리를 가속화하는 것만으로는 자연을 야생 상태로 보존하는 데 충분하지 않을 것이다. 심미적이고 정신적인 이유로, 더 야생적인 자연을 요구하는 보존 정치와 야생 옹호 운동이 여전히 있어야 한다. 인간의 물질적 필요와 자연을 분리하는 것과 마찬가지로, 야생과 생물 다양성과 모자이크 같은 아름다운 풍경의 보존에 지속적으로 헌신하려면, 그들과 더 깊은 정서적 관계가 필요할 것이다."

문제가 닥쳐도 예측하고 피하는 인간의 능력에 대한 믿음이다. 세계의 비신성화도 마찬가지다. 물론 자연은 일부 사람들을 정서적으로 끌어당기는 힘이 있겠지만, 자연을 보호하고 보존하려는 욕구가 사회의 욕구 충족을 위해 장소와 피조물들을 재설계하고 제작하고자 하는 확고한 헌신과 나란히 갈 수 있을지는 확실하지 않다. 모든 것이 인간의 힘과 통제 아래 있다면 무엇이 신성할 수 있을까?

그 선언은 세상에서 인간의 자리를 어떻게 묘사하는가? "인간은 항상 물질적인 면에서 어느 정도는 자연에 의존할 것이다. 완전한 인조 세상이 가능하다 해도, 우리 대부분은 여전히 인간의 생계와 기술이 요구하는 것보다 더 높은 수준으로 자연과 결합되어 사는 쪽을 선택할 수 있다. 분리가 가져다주는 것은, 자연에 대한 인류의 물질적 의존이 덜 파괴적일 가능성이다." 생태근대주의의 세계는 밀집된 도시 세계다(세기 말까지 인구의 80퍼센트가 도시에 거주할 것이다). 소수는 자연 가까이에 사는 편을 선택할 수 있지만, 그들의 결정은 필수보다는 선택일 것이다. 이는 사람들이 자연에 구속되지 않는 세상이다. 그들은 자연을 알거나 실제적으로 돌볼 필요에서 해방되었다.

* * * * *

생태근대주의자들이 제시하듯 사람들을 자연에서 **분리**시키는 것이 주요 목표일 때, 우리는 피조물과 장소에 대한 인간의 **신의**에 대해 실제적이고 의미 있게 말할 수 있을까? 생명 공동체에 대한 우리의 필요를 충분히 알지 못하고, 그들이 훼손되어서는 안 되는 귀하고 신성하기까지 한 선물임을 믿지 않는다면, 그들을 존중하고 양육하는 법을 배울 수 있을까?

생태근대주의자들의 사고방식은 두 가지 근본적 오해에 기초를 두고 있다. 첫째, 세상이 항상 그래 온 대로 어느 정도 계속 기능할 것임을 전제하고, 그럼으로써 인류세 세계에서는 생태계 안정성이 과거의 일임을 이해하지 못한다. 인간의 힘이 생태계 기능에 아주 큰 영향을 미쳐 왔기 때문에, 우리는 대규모의 인간 행동이든 소규모의 세포 조작이든 그것들의 효과를 알거나 결과를 예측할 수 없다. 그 결과를 확실히 알 수 없는데 감히 지구 시스템이나 생명 과정을 조작하겠다는 태도는 그야말로 어리석고 무모하기까지 하다. 예를 들어, 지구 온난화를 통한 대기 변화로 인해 이제 어떤 지역에서의 기후 패턴이 어떠할지를 알기가 거의 불가능하다. 농부들이 이른 서리와 늦은 서리, 재난 수준의 비와 우박, 장기간의 가뭄에 갇힌 상황이 농업에 미치는 영향은 엄청나다. 우리가 이해조차 못 하는 대기에 어설프게 손을 대어 기후 붕괴에서 나오는 길을 설계할 수 있다는 생각은, 엄청난 자만심의 반영이다.

둘째, 생태근대주의자들은 인간이 본질상 비생태계적 존재이므로 지구와 최소한으로나 약간 스칠 정도로만 관계를 맺는다는 잘못된 전제를 갖고 있다. 필요하다면 우리는 다른 곳에서 살 수 있다.[7]

---

7 인간의 지구 파괴가 거침이 없기에 우리는 다른 행성을 식민화할 준비를 해야 한다고 입을 모으는 이들(그 속에는 스티븐 호킹 같은 유명한 과학자들도 포함되어 있다)이 늘어나고 있다는 것은 놀랄 일이 아니다. 하지만 이것이 아주 어리석고도 순진한 바람인 것은, 인간의 삶이 체화된 삶이며, 그것이 우리를 필연적으로 다른 세상이 아닌 이 세상과 엮어 준다는 점을 망각하고 있기 때문이다. 우리의 진화 역사를 복제해 둔 다른 세상은 없다. 따라서 우리 몸이 존재하고 매일 발달해 가는 정확한 생태 생명 시스템을 복제해 둔 다른 세상도 없다. 실제로 다른 곳으로 이동하기 위해서는, 토양과 물에서부터 미생물과 식물에 이르기까지 행성의 전체 시스템의 재배치도 필요

점점 더 많은 지원을 받고 집중 연구의 초점이 되고 있는 이런 전제는, 생명의 능력이 우리 내부에 있으며 살아가는 데 타자들이 필요하지 않다는 생각에 기반을 둔다. 그러나 그것은 매우 이상하고 또한 완전히 거짓된 생각이다. 생명의 능력이 각자 안에 있는 사적 소유라면, 이론적으로 우리는 스스로 구상하고 제조한 '음식'을 먹으며 어디서든 살 수 있다.

인류학자 팀 잉골드는 이러한 사고방식은 '반전의 논리logic of inversion' 안에 갇혀 있다고 주장했다. 이러한 잘 확립된 논리에 따르면, 사물의 생명과 정체성은 그들 내부에서 비롯된다. 인간의 몸을 관찰해 보면, 살아 있는 것은 몸이 아니라, 몸 안에서 또 몸을 통해 작동하는 어떤 보이지 않는 (영혼/마음의) 힘이다. 생명이 사물 '안에' 있다면, 몸 안에 들어 있는 각자의 소유라면, 몸을 서로와 연결하는 '바깥'의 관계들은 필수 구성 요소가 아님이 분명하다. 생명체가 무엇'인지'는, 그가 어떤 관계를 맺고 있든 그것을 제외하고 생각할 수 있다. 이 논리를 고수하는 사람들은, 그들의 생명이 타자들에게 열려 있고 그 생명을 타자들에게서 얻는다고 생각하기보다는, 안쪽으로 향하며 바깥에서 오는 생명의 흐름을 뒤집고 생명을 자기 안

할 것이다. 그 시스템 없이는 우리도 없기 때문이다. 인간을 지구 너머에 재배치하려는 노력들에 대한 설명은, 미치오 카쿠Michio Kaku의 *The Future of Humanity: Terraforming Mars, Interstellar Travel, Immortality, and Our Destiny beyond Earth* (New York: Doubleday, 2018)를 보라. 카쿠는 사람들이 다른 행성에서 살아남으려면, 그 상당 부분은 아직 알려지지 않았지만 분명 인공 지능을 통해 발전할 새로운 과학과 기술이 새로운 인조인간을 창안하고, 그들의 번영을 가능케 할 인조 환경도 함께 창안해야 할 것이라고 주장한다. 그는 "우리의 운명은 우리가 한때 두려워하고 숭배했던 신이 되는 것이다. 과학은 우리가 우리의 형상으로 우주를 빚을 수 있는 수단을 줄 것이다"(14)라고 주장한다.

에 가둔다. 잉골드에 따르면, 이런 반전의 논리는 생명이 무엇인지에 대한 완전히 잘못된 묘사다.

그렇다면 사물에 생기를 주는 일은, 그 사물에 작은 힘을 더하는 문제가 아니라, 그들을 존재하게 하고 계속 존속시키는 물질세계의 생성의 흐름으로 그들을 다시 데려가는 문제다.…생명이 사물 안에 있다기보다는 사물이 생명 안에 있다.…사물이 살아 있고 활동하는 까닭은, 물질 **안에 있는** 영이든 물질**의** 영이든 그들이 영을 소유했기 때문이 아니라, 그들을 구성하고 있는 실체가 주변 매개체의 순환에 계속 휩쓸리기 때문이다. 그 매개체는 그들의 소멸의 전조가 되기도 하고, 생명 있는 존재 특유의 재생을 보장해 주기도 한다. 영은 이런 순환하는 흐름의 재생 능력으로, 이 흐름은 살아 있는 유기체 안에서 단단히 엮인 고도로 복잡한 다발 혹은 조직과 묶여 있다.[8]

만약 사람이 몸이라면, (미생물로부터 닭에 이르기까지) 헤아릴 수 없이 광대한 몸들의 집합체가 내내 순환하고 서로 엮여 있는 상황을 벗어나 살기는 불가능하다. 사람의 온갖 행위 중에서 먹는 행위보다 삶의 복잡성을, 그리고 우리 삶이 단단히 엮여 있다는 사실을 더 분명하게 전달하는 것은 없다. **식사**는 우리가 다른 사람들과 함께하는 세상 속으로 **뿌리내리게 한다**. 서론에서 설명했듯이, 모든 생명체는 먹

---

[8] Ingold, *Being Alive*, 29. 잉골드는 이런 식으로 말하면서, 세상이 지각 능력을 가지고 있지 않다면, 우리 역시 지각 능력이 있을 수 없다고 주장했던 몸의 현상학자 메를로 퐁티를 지지한다. 살아 있는 몸이 되는 것은 살아 있는 세상에 엮여 있는 것이다. 사람은 몸 안에 있지 않다. 사람은 세상 속에 있는 몸이다.

고, 접대하고, 타자들에게 먹히는 복잡한 환대의 장소다. 식사는 호흡하고 마시는 일과 마찬가지로, 그 자체로 살아 있고 항상 변하고 항상 움직이는 세상과 우리를 **엮어 주는** 일상의 행위다. 타자들의 삶과 단단히 엮여 있는 이 같은 상태(씹고 소화하는 행위를 통해 가장 본능적으로 드러나는)를 거부하는 것은, 죽음을 촉발하는 일이다. 증거는 무엇인가? 식사를 멈춰 보라.

⑼생물학의 근본적 가르침은, 인간은 개별적이거나 고립된 존재가 아니라는 것이다. 우리는 혼자 살지 않고, 혼자 살 수도 없다. 삶의 과정은 공생적이다. 이는 우리가 항상 이미 타자들과 함께하고, 타자들이 우리 안에 서식하고, 육체적으로 서로의 삶에 연루되어 있으며, 우리 각각이 타자들과 뒤얽혀 있는 무수한 방식으로 인해서만 성장할 수 있다는 의미다. 도나 해러웨이가 말했듯이, "생물들은 서로 침투하고, 서로 얽히고, 서로를 먹고, 소화불량에 걸리고, 부분적으로 서로를 소화하고 부분적으로 흡수함으로써, 세포, 유기체, 생태학적 집합체라고도 알려진 '함께-만들기 배열 sympoietic arrangement'을 확립한다." 생물들을 설명해 주는 것은 그들이 맺고 있는 관계다. "생물은 관계에 선행하지 않는다."⁹

사람이 사는 곳은 무대 위나 가게 안 같은 세상이 아니다. 이 잘못된 이미지는 마치 현재 있는 장소가 싫으면 다른 무대나 가게로 이동할 수 있다는 듯이, 장소와 우리를 이어 주는 관계들이 선택적임을 전제한다. 잉골드를 포함한 많은 이들이, 인간과 완전히 분리

---

9   Haraway, *Staying with the Trouble*, 58, 60. 지구 생활의 기초로서 공생에 대한 분명하고 광범위한 설명으로는, 마굴리스의 *Symbiotic Planet*을 보라.

되어 있는 (거의 죽은 상태의) 세상 개념은 상대적으로 최근의 발명품이라고 주장한다. 그것은 속임수이기도 하다. 생명은 셀 수 없이 많은 생명체들의 역동적인 현장, 보통 전통을 지키는 사람들과 토착민들이 친족 공동체라 묘사하는 현장 안에서 생겨남을 인식하지 못하기 때문이다.

브뤼노 라투르는 훨씬 더 나아가, 생기가 없고 자립적인 사물들을 고안해 낸 것은 아주 기이하고 근본적으로 비과학적이라고 말한다. 왜 그렇게 많은 사람이 지구가 기본적으로 죽어 있다고, 혹은 움직임이 없는 비활성 물질이라고 믿게 되었는가?

> 소위 '물질주의 세계관'에서 행위 주체성의 실종은 놀라운 발명품이다. 특히 그것이 모든 면에서 기묘한 현실의 저항에 부딪치기 때문이다. 모든 결과는 원인을 조금씩 보강하며, 따라서 어떤 행위 주체성이 있어야 한다.…그렇지 않으면 원인과 결과를 가려낼 길이 없을 것이다.[10]

이 '놀라운 발명품'의 실수는, 어떤 원인이 항상 오로지 정확히 동일한 결과만 낼 수 있는 기계적인 세상을 전제한 것이다. 그러나 세상 자체가 그것을 거부한다. 세상은 항상 새로운 생명체들을 낳기 때문이다. 뒤따라오는 것은 절대 앞에 나타났던 것의 따분한 반복이 아니다. 이는 세상이 기계라는 개념, 생명체들이 다른 생물들과 약간

---

10   Bruno Latour, "An Attempt at a 'Compositionist Manifesto'", *New Literary History* 41 (2010), 482.

의 관계만 맺으며 존재하는 별개의 자립적인 생물이라는 개념이 근본적으로 잘못되었다는 의미다. 우리가 **존재한다**는 것은, 살아 있고 생기 있는 세상에서 **타자들과 어울리고 있다는 의미**다. 생명의 창발적 특징은, 기계적인 논리가 (일부 영역에서는 유용하긴 하지만) 생물에게는 적용될 수 없음을 보여 준다.

살아 있다는 것은, 우리를 셀 수 없이 많은 동료 피조물들과 이어 주는 밀도 있고 역동적인 생명의 흐름에 휩쓸리고 따라가고 있다는 의미다. 타자 없는 삶은 없다. 우리와 타자들의 연결은 선택적인 것이 아니다. 그리고 식사는 매일 그 사실을 확인해 준다.

신실하게 되어 가기

지금부터 중요한 문제는 이 생기 있는 세상에서 어떻게 '타자들과 함께 되어 갈' 것이냐다. 그 되어 감은 타자들의 신성함을 인정하고 존중하며 그들의 삶을 양육하고 보호하는 신실한 과정이 될까? 다시 말해, 우리는 창조 세계 구성원들의 치유와 번성에 헌신하는 생명체가 되는 데 만족할까?

먼저 나는 그 기본적 작업이 우리에게 요구하는 바는, 장소와 그곳의 모든 다양한 생명체들과 운명을 공유하며 지상에 엮여 있는 피조물 됨의 상태를 인식하고 인정하고 또 받아들이는 법을 배우는 것이라 주장할 것이다. 수많은 (철학적이고 종교적인) 영적 추구의 궁극적 목표가 이 세상에서의 체화와 물질성에서 벗어나거나 탈출하는 것이기에, 이는 쉬운 일이 아닐 것이다. 고대는 물론 포스트모던 시대에도 다양한 형태의 이원론이 남아서 건재하므로 저항이 필요할 것이다. 그것들은 지구와 그곳에서의 육체적 삶이 결국 무가치하다고 전제하기 때문이다.[11] 이러한 감성은, 거의 모든 장소와 모든 생물이 신성한 가치와 의미를 지니기에 돌보고 소중히 여겨야 한다고 여기는 사람들에게 영감과 힘을 주는 원천이 될 수 없다. 라투르에 따르면, 우리가 찾는 것은 다른 세상이 아니라 '근본적으로 새로운 정신'에 사로잡힌 동일한 세상이어야 한다.[12]

이 근본적으로 새로운 정신이 어떤 모습인지 그리고 그것이 실제로 무엇을 수반하지는, 자신이 따르는 종교나 철학 전통에 따라 다를 것이다. 그리스도인들의 경우 그것은 내가 '성육신 원리'라고 부르는 것, 몸과 물질성이 하나님의 생명에 대해 폐쇄적이지 않다는 개념을 훨씬 철저하게 받아들이는 데 달려 있을 것이다.[13] 하늘과 땅

---

11 체화와 땅으로부터 도피하는 기술 과학적 형태가 있음을 잊지 말아야 한다. 인공 지능의 일부 (이미 실현된) 형태는, 가능한 한 손으로 하는 일에서 몸을 해방하고, 세상을 가능한 한 쉽게 이용할 수 있게 만들려고 애쓴다. 일부 사람들에게 궁극적인 꿈은, 기술적 불멸을 성취함으로써 사람들을 몸에서 완벽하게 해방하는 것이다. 기술적 불멸은, 어떤 하드웨어가 발명되든 당신이라는 정보 패턴이 영원히 살아 끝없이 자기 복제를 하는 것이다. 이러한 일부 노력에 대한 설명으로는, Mark O'Connell, *To Be a Machine: Adventures among Cyborgs, Utopians, Hackers, and the Futurists Solving the Modest Problem of Death* (New York: Random House, 2017)를 보라.

12 Latour, *Facing Gaia*, 286. 라투르의 주장에 따르면, 우리의 생태학적 위기의 근원은 린 화이트 주니어Lynn White Jr.의 유명한 주장처럼, 지구를 지배하려는 인간의 욕망에 있지 않다. 오히려 핵심적인 문제는, 사람들로 하여금 지구를 평가절하하고 심지어 잊어버리게 만드는 다양한 형태의 영지주의다. 인류세에 적합한 인류는, 지구를 취하기보다는 지구가 그들을 취한다는 의미에서 '지상에 묶인 자Earthbound'라는 이름으로 불릴 것이다. 다시 말해, "그들은 이 세상에 속한 평범한 존재를 받아들인다"(253). 지상에 묶여 있는 이들의 핵심적인 과제는, 장소와 그 안에 모든 존재에 응답할 수 있게 해 주는 감성과 공감을 함양하는 것이다.

13 이 주제를 전개한 글로는, 나의 *Way of Love: Recovering the Heart of Christianity*

은 서로 적대적이지 않다. 하나님의 움직임은 절대 땅을 벗어나지 않는다. 주기도문이 전하듯, 하나님의 바람은 오히려 하나님의 뜻이 몸에 성육신하여 '하늘에서처럼 땅에서도' 작동하는 것이다.

일부 독자들은 예수님의 '승천'이, 체화와 물질적 창조가 하늘에 대해 폐쇄적이며 따라서 하나님과 함께하는 영원한 삶에 대해서도 폐쇄적이라는 확증이라고 이의를 제기할지 모른다. 그러나 이 해석은, 몸의 부활에 대한 그리스도의 확증(영혼의 불멸에 대한 소크라테스의 가르침과 비교하여)뿐 아니라, 예수님이 승천하기 위해 그분의 몸을 두고 갈 필요가 없으셨다는 점도 잊은 것이다. 예수님의 몸을 안치한 장지나 무덤은 없다. 그것은 또한 천국 '문'의 성격을 오해한 것이기도 하다. 천국은 물질적 몸이 아니라 죄(폭력에 의존하며 결국 죽음으로 귀결되는 무질서한 존재 방식으로 이해되는)에 대해 폐쇄적이다. 천국에서 하나님의 삶은 사랑과 평화로만 움직이는 삶이기 때문이다. 이는 천국이 몸을 차단한다는 의미가 아니라, 몸이 먼저 정화된 다음 사랑으로만 생기를 얻는다는 의미다. 몸이 그렇게 정화되고 생기를 얻으면, 천국의 삶을 살 것이고 따라서 영원히 하나님의 삶에 참여할 것이다(이것을 동방 정교회 신학자들은 '신화theosis'라고 부른다).[14] 이 삶은 골로새서의 찬송이

(New York: HarperOne, 2016)를 보라.

[14] 신학적 주제로서 '신화'에 대한 유용한 요약과 소개로는 Norman Russell, *Fellow Workers with God: Orthodox Thinking on Theosis* (Crestwood, NY: St. Vladimir's Seminary Press, 2009)를 보라. 신화를 구원으로 보는 이 전통은 이미 초기 기독교 저자들 가운데서 충분히 발전되어 있었다. 특히 고백자 막시무스는 "하나님의 말씀과 하나님은 항상 만물 가운데서 그분의 체화의 신비를 성취하기를 원하신다"고 주장했다["Ambiguum 7, 1084d", in *On the Cosmic Mystery of Jesus Christ: Selected Writings from St. Maximus the Confessor*, trans. Paul M. Blowers and Robert Louis Wilken (Crestwood, NY: St. Vladimir's Seminary Press, 2003), 60].

말하듯, 그리스도 십자가의 자기 내어줌의 사랑으로 가능케 된 화해된 삶이다. 천국에 들어가는 것은, 마치 그곳에 도착함으로써 한 사람의 삶의 모든 것이 일순간 변하는 것처럼 새로운 장소로의 이동을 통해 이루어지는 일이 아니다. 천국에 들어가는 것은 삶의 변화에서 성취된다. 그것은 그 사람이 어디에 있든 하나님 사랑의 능력만이 작동하는 것을 발견하는 것이다. 이러한 개인적이고 사회적인 변화가 없으면, 자기 뜻대로 어떤 낙원 혹은 '하늘의' 장소에 가더라도 그곳은 에덴동산이라는 이름의 첫 낙원처럼 손상되고 말 것이다.

우리는 이 세상의 모든 몸과 온전히 감각적인 관계를 맺으신 나사렛 예수를 통해 이 주제들을 이해하는 데 도움을 얻을 수 있다. 예수님은 결코 몸을 경멸하거나 평가절하하지 않으신다. 오히려 몸이 굶주릴 때 먹이시고, 아플 때 고치시고, 귀신에 사로잡혀 있을 때 귀신을 쫓아내시고, 외로울 때 친구가 되어 주심으로써 그 몸을 돌보신다. 예수님은 몸을 소중히 여기신 것이 분명하다. 하나님이 창조하신 몸은 헤아릴 수 없는 신성한 가치를 갖고 있기 때문이다. 몸은 사랑으로 창조되었고, 사랑을 통해 날마다 유지되고, 하나님은 그것이 사랑으로만 살기를 바라신다. 하나님의 영원한 바람은 몸이 말살되는 것이나 뒤에 남겨지는 것이 아니다. 왜냐하면 그러한 거부는 하나님의 창조하시는 사랑에 대한 거부이기 때문이다.

초기 그리스도인들은 "아버지께서는 모든 충만으로 예수 안에 거하게 하시고"(골 1:19)라는 말씀을 통해 예수님에 대한 간단명료한 문구를 정리함으로써 체화의 신성한 가치를 인정했다. 하나님의 '그림자'나 그저 '일부'가 아니라, 하나님의 '충만'이 예수님의 몸 안에 거했다. 사실상 물질적 체화를 이보다 더 심오하게 인정하기는 어렵다. 그러나 오랫동안 신학자들은 이 가르침을 부인하려는 유혹을 받아 왔다(이는 그들이 성육신에 대한 신념을 지키는 데 실패했음을 보여 준다). 그들이 체화와 물질성을 불신하고 심지어 경멸하도록 훈련시킨 이원론적 형이상학에 사로잡혀 있었기 때문이다.[15] 어떤 신학자든 던져야 할 아주 중요한 질문은, 결국 몸이 궁극적으로 뒤에 남겨질 것을 믿느냐 아니냐다. 그들의 대답이 남겨진다는 것이라면, 성육신이 근본적으로 함의하는 바를 부인하는 것이다.

체화에 대한 이원론자의 부인은 신학적 재앙이다. 피조물의 생명의 선함(하나님께 기초한)을 부인할 뿐 아니라, 그리스도인들이 창조된 세상이 치유되고 회복되기보다는(골로새서 1:20과 요한계시록 21-22장) 결국 파괴된다고 생각하도록 이끌기 때문이다.[16] 현실 도피적이고 내세적인 영성이 저지르는 잘못은, 하나님의 움직임이 결코 창조 세계와 피조물을 **떠나지** 않고 항상 피조물과 장소들을 **향해** 있었음을 망각하는 것이다. 이러한 내부로 향하는 움직임에 반영된 하나님의 바람은, 풍성한 삶을 만들어 내는 하나님의 사랑으로 생명에 복을 주시는 것이다. 그것은 땅을 파괴하는 것이 아니라 회복하고 구속하는 일이다. 그리스도인들의 바람은 이 세상에서 도망가는 것이 아니

---

15 노동의 존엄성과 사유 재산의 중요성을 고수한(따라서 외견상 체화와 삶의 장소들을 인정하는) 유명한 교황 회칙(1891년 출판) '레룸 노바룸*Rerum Novarum*'은, 이 내세 정서에 대한 전형적 표현을 담고 있다. "우리가 자연 자체로부터 배우는 위대한 진리는, 종교가 그 기초로 의지하는 웅대한 기독교 교리이기도 하다. 그것은 우리가 현재의 삶을 포기할 때, 정말로 살기 시작하리라는 것이다. 하나님은 땅의 부패하기 쉽고 일시적인 것들을 위해서가 아니라, 하늘의 영원한 것들을 위해 우리를 창조하였다. 그분은 이 세상을 거처가 아니라 유배의 장소로 우리에게 주셨다"(§21).

16 나는 *From Nature to Creation: A Christian Vision for Understanding and Loving Our World*에서 이러한 입장을 전개한다.

라, 하나님의 사랑을 받은 다음 그것을 세상 곳곳으로 확장하는 것이어야 한다. 만약 구원이 어떤 다른 세상으로의 탈출이 아니라 **이 세상의 변화에 뿌리내리고 있다면**, 교회의 사역 그리고 더 전반적인 신앙생활은 어떻게 변해야 할까? 이 책은 음식의 나눔이 그 노력의 중심에 있다고 주장했다. 몸에 대한 예수님의 사랑은, 그 몸들이 의존하고 있는 좋은 농업 관행과 생태계 과정들에 대한 사랑을 반드시 포함한다. 그들을 양육하고 유지시키는 세상이 같이 건강하지 못하면 (오랫동안) 건강한 몸을 갖기가 불가능하기 때문이다.

둘째, 그리스도인들은 골로새서 1:20에서 "만물 곧 땅에 있는 것들이나 하늘에 있는 것들"로 확장되는 광범위한 회복의 범위를 받아들여야 할 것이다. 그들은 화해의 사역으로 부름받는다. 예수님의 제자들로서 그분이 삶에서 행하고 본을 보이신 사역을 확장해야 하기 때문이다. 그들은 이 사역을 완수하도록 성령이 그들에게 권능을 주신다는 약속을 받는다. 그리스도인들은 창조하시는 하나님이 삼위일체이심을 기억하는 것이 중요하다.[17] 고대의 문구를 사용하자면, 이는 창조가 성부'로부터', 성자'를 통해', 성령'에 의해' 이루어진다는 의미다. 하나님은 결코 세상을 혹은 어떤 피조물도 떠나지 않으신다. 오히려 하나님은 피조물의 삶을 치유하고 회복하고 아름답게 하고 완벽하게 하기 위해 일하시는 성령의 능력으로 가까이 임재하신다. 그리스도인들의 근본적인 과제는 하나님의 영께 마음을 열고 그분이 그들에게 영감을 주시고 기운을 북돋우시게 함으로써,

---

[17] 이 주제에 대한 권위 있는 논의로는, 폴 블로워스Paul Blowers의 *Drama of the Divine Economy: Creator and Creation in Early Christian Theology and Piety* (Oxford: Oxford University Press, 2012)를 보라.

그들 자신의 몸의 움직임으로 세상에 대한 하나님의 사랑의 방식을 증언하고 확장하는 것이다.

기독교의 가르침에서, 성령의 능력은 사람들이 근본적으로 새롭고 생명을 주는 방식으로 타자들과 '함께'할 수 있게 해 주는 능력으로 종종 묘사된다. 성령의 영감을 받으며 사는 이들은 다툼이나 의심, 시기, 분열, 분노가 지배하는 방식으로 타자들과 관계 맺기보다는, 사도 바울이 '성령의 열매'(갈 5:22-23)라고 부른 사랑, 희락, 화평, 자비, 양선, 충성, 온유, 절제가 뚜렷이 나타나는 관계를 맺는다. 이는 피조물의 삶이 긍정되고 그 잠재력이 온전히 실현되기를 바라시는 하나님의 깊은 소망을 전달하는 놀라운 목록이다. 이는 또한 우리를 인류세 세계에 처하게 한, 즉 고갈과 붕괴와 죽음이 압도적인 특징이 된 세상에 처하게 한 모든 우선순위와 권력에 대한 심오한 고발이기도 하다. 삶은 세상에서의 몸의 움직임으로 축소되어서는 안 된다. 성령께서 생기를 불어넣으신다면, 그것은 즐겁고 관대한 삶, 자비와 신의가 특징인 삶이어야 한다. 바꿔 말해, 세상을 향한 하나님의 영원한 환대의 방식을 확장하는 환대의 삶이어야 한다.

인류세의 그리스도인들이 신실하게 먹으려면 성령께서 중요한 역할을 하셔야 할 것이다. 성령은 몸에 생기를 주시고, 상호 양육과 상호 번성을 증진시키는 방식으로 '타자들과 함께하는' 법을 가르치시는 능력이다. 그러나 실제적으로 성령의 영감을 받은, 성령이 능력을 주시는 삶은 어떤 모습일까? 나는 성부, 성자, 성령의 세 위격이 완벽하게 함께하신다는 삼위일체에 대한 가르침이 도움이 될 수 있다고 믿는다. 우리는 삼위일체를 정확히 따라 할 수 있기 때문이 아니라, '죄에 잠기지' 않고 오직 신성한 사랑으로만 힘을 얻는 함께

함의 모습에 대한 영감으로서 삼위일체를 의지해야 한다.[18] 우리는 삼위일체에 주목함으로써 함께함에는 몇 가지 차원이 있음을 알게 된다.

다른 사람과 함께하기 위해서는 먼저 그 사람에 대한 열린 마음과 그를 통해 기꺼이 변화하고자 하는 마음을 전달하며 그 자리에 **있어야** 한다. 여기서 필수적인 것은 학생의 자세다. 학생은 타자로부터 그가 그런 모습이 되게 한 특성과 그가 가진 필요와 가능성을 배우고자 하고, 다시 거기에 반응하고자 한다. 사랑으로 영감을 받아 다른 사람 곁에 있다면, 온갖 특수성을 가진 그 사람에게 **주목하는 일** 역시 필수적으로 따라올 것이다. 속도가 빠르고 실용적인 세상, 도구화된 이성의 형식과 손익 계산이 존재 방식을 결정하는 곳에서는, 진정으로 주목하고 곁에 있어 주는 사람이 되기가 어렵다. 타자들의 실제 모습을, 우리가 생각하거나 바라는 모습으로 대체하려는 유혹을 받기 때문이다. 주목하는 일이 고통스러운 까닭은, 타자들이 어떠해야 한다고 생각하는 우리의 의견을 포기할 것을 요구하기 때문이다. 그것은 타자들의 온전성을 존중하고, 그들을 풀어야 할 문제나 활용해야 하는 도구가 아니라 **신비**로 여기며 관계 맺기를 요구한다. 우리가 타자들의 **신성함**을 인정하지 않으면, 함께하고자 하는 그 존재들을 반드시 훼손할 것이다.

타자와 함께하는 것은 수동적인 구경꾼이나 소비자의 일이 아니다. 그것은 다른 사람의 삶에 **참여**해야 하는 행동이며, 함께 머물

---

18 이어지는 내용들은 Samuel Wells, *A Nazareth Manifesto: Being with God* (London: John Wiley & Sons, Ltd, 2015), 특히 8장과 9장에서 전개한 삼위의 함께함에 대한 설명에서 큰 도움을 받았다.

고 함께 노력하여 서로 이익을 누림으로 함께 경제적으로 성장하는 일이다. 결혼의 신의를 이야기하며 살펴보았듯, 여기서 말하는 참여란 근본적으로 환대의 성격을 가진다. 즉 우리는 다른 사람을 위한 '공간을 만들고' 그를 양육하는 데 헌신함으로써 그 생명이 꽃을 피우는 데 **참여한다**. 충분히 양육받은 생명체를 보면 **기쁨**이 생기고, 또 하나님이 멋지게 만드신 창조 세계를 즐거워하셨다는 표시인 안식일 기쁨을 공유하게 된다.[19]

그러나 타자들과 함께하고 그들과 함께 먹고 심지어 그들을 먹는다는 것의 의미를 엄밀하고 실제적으로 성찰하는 순간, 우리는 우리의 계산과 이해 능력을 넘어서는 너무도 어려운 자리에 있음을 깨닫는다. 인류세를 실감하면 우리의 상황은 훨씬 고통스러워진다. 우리가 함께하도록 부름받은 세상과 그 피조물들에 우리가 남긴 폭력적인 공격의 자국들이 선명하기 때문이다. 항상 악의나 고의가 있었던 것은 아니지만 우리가 체계적으로 학대해 온 타자들을 사랑하고 양육하는 일에 어떻게 다시 헌신할 수 있을까? 이를 깔끔하게 정리할 간단한 답이나 지름길은 없다.

우리는 먼저 생명의 신성함을 인정하는 것으로 시작해야 한다. 이 책에서 주장했듯이, 음식이 영양가 있고 맛있게 만들어진 하나님

---

19   웰즈는 다음과 같이 요약한다. "하나님은 우리에게 임재, 주목, 신비, 기쁨, 참여, 동반자 관계를 선사하신다. 이것이 구원의 과정이며, 즐거움, 은혜의 모습이다. 영생은 하나님을 즐거워하는 것으로, 우리를 향한 하나님의 영원하고 완전한 기쁨에 대한 최고의 모방이자 반응이다. 하나님은 우리를 이용하지 않으신다.…우리는 어떤 웅장한 계획의 일부가 아니며, 우리가 그 계획**이다**. 하나님이 우리를 데리고(따라서 이용하면서) 나아가고자 하시는 저 너머는 없다. 우리가 저 너머다. 우리와 함께하지 않는 하나님의 삶이란 없다. 하나님은 앞으로도 영원히 우리를 즐거워하신다. 이것이 복음이다"(*A Nazareth Manifesto*, 140).

의 사랑이라면, 우리를 먹이는 장소와 생명체들을 마음대로 사용하고 변경할 수 있는 상품이나 생산 단위로 축소해서는 안 된다는 것은 분명하다. 각각의 장소와 모든 영양소가 그 자체를 입증하고, 그 선함을 인정하는 하나님의 능력을 입증한다. 이는 모든 생명체가 하나님의 인격적인 능력을 표현하는 '얼굴'을 구현한다는 의미다. 하나님은 관계를 맺고, 관계를 조성하고, 조각나고 깨진 관계를 치유하고자 하시는 분이며, 각각의 생명체는 물질성을 통해 그런 하나님의 갈망을 보여 주는 '초상'이다. 만약 음식이 태곳적부터 매일 '나는 너를 사랑한다. 네가 양육받기를 바란다. 너의 생명이 타자들도 양육하기를 바란다'고 말씀하시는 그분의 선언임을 믿는다면, 식품 생산과 사람들의 식사는 가능한 한 그 하나님의 사랑에 참여하는 일이 되어야 한다.

　타자를 사랑하는 일은 쉽지 않다. 만약 우리가 식사를 하고 타자들과 함께하는 최우선 목표가 상호 건강과 번영이어야 한다면, 우리는 여전히 근본적인 당혹감을 느끼지 않을 수 없다. 많은 맥락에서 그리고 다양한 생명체들을 마주할 때, 사랑이 요구하는 바가 무엇인지 즉시 분명해지지는 않는다. 예를 들어 동산을 사랑하기 위해서는, 주의 깊게 보고 인내심 있게 듣고 실수를 뉘우치고 생식력과 많은 결실과 아름다움을 촉진하기 위해 애쓰는 가운데 엄청난 시간이 소요된다. 우리는 전에 그곳에 살고 일했기에 우리에게 성공과 실패에 대한 지식을 전수해 줄 수 있는 이들로부터 배울 필요가 있다.

　웬델 베리는 이 문제들을 깊이 성찰하면서, 건강이라는 개념은 전체성이라는 개념에 뿌리박고 있으며, 그 개념은 상상할 수도 없이 광대한 구성원 됨에 우리를 연루시킨다고 주장했다. 그것은 온 창조 세계를 포함하는 관계들로 이루어진 것이다. 중요한 것은, 창조 세계의 신성하고 타고난 성격을 인정하는 태도와, 몸이 땅에 닻을 내린 동료 피조물과의 광대한 구성원 됨이라는 구조와 우리를 엮어 준다는 확신이다. 베리는 개인적인 건강이라는 개념은 용어상 모순이라고 언급한다. "외로운 상태에서는 치유가 불가능하다. 치유는 외로움과 반대된다. 유쾌함이 치유다."[20] 그러나 특히 그 유쾌함이 일부 피조물들을 먹을 것을 요구한다면, 피조물들과 함께하는 유쾌함에는 무엇이 따르는가?

해러웨이는 이 문제를 성찰하면서, 자신이 이에 대해 잘못 생각할 것을 두려워한 점을 인정한다. "나는 머뭇거리며 시도할 것이다. 나는 세상의 존재들을 죽임당할 수 있는 이들과 그럴 수 없는 이들로 분리하는 것은 잘못이며, 죽이는 일과 무관하게 살고 있는 척하는 것도 잘못이라고 주장한다.…서로의 몸을 소비함으로써 살아가는, 결국에는 죽는 모든 존재의 생태를 잊는 것은 동일한 실수다."[21] 이는 타자들을 돌보는 우리의 모든 노력이, 죽이는 일의 그늘 아래서 일어난다는 의미다. 이러한 죽이는 일에서 면제되려는 바람은, 영지주의적 환상이다. 그러므로 질문은, 어떻게 책임 있게 살고 다른 이의 삶과 죽음에 합당한 존재가 될 수 있느냐 하는 것이다.

해러웨이는 우리가 충분히 혹은 최종적으로 우리 일의 정당성을 판단할 수 있는 어떤 도덕적 수준에서 책임을 수행하는 것이 아니라고 주장한다. 오히려 동료 종들과 함께하는 삶은 함께하는 이

---

20 Berry, *The Unsettling of America*, 103.

21 Donna J. Haraway, *When Species Meet* (Minneapolis: University of Minnesota Press, 2008), 79.《종과 종이 만날 때》(갈무리).

들에 대한 끊임없는 반응–능력response-ability, 지속적으로 새롭게 자리매김하는 태도를 요구한다. 그들에게 더 잘 주목하고, 그들로부터 더 잘 배우고, 그들에게 더 잘 소용될 수 있도록 말이다. 잘못은, 타자들이 누구이고 그들이 무엇을 필요로 하는지 이미 알고 있으며 우리의 의무가 분명히 알려져 있다고 전제하는 것이다. 그리고 우리가 많은 실수를 저지르지 않으리라 생각하는 것이다.

> 우리는 결코 기술과 계산과 이성 없이 살 수 없지만, 이런 것들은 결코 다양한 종 간의 책임이 걸린 일종의 열린 공간으로 우리를 데려가지는 않을 것이다. 그런 열린 공간에서는, 우리가 받아 낼 수 없는 용서가 끊임없이 필요할 것이다. 나는 우리가 죽이는 일을 더 잘 직면해야 비로소 생명을 양육할 수 있다고 생각한다. 그러나 죽이는 일 대신 죽는 것도 더 잘해야 한다.[22]

해러웨이는 어떤 신학적 입장을 지지하는 데는 거의 관심이 없다. 사실 그가 인간 예외론을 전제하는(우리는 하나님의 형상으로 지어졌으므로) 특정한 신학적 가르침이나, 하나님이 확고하게 통제하신다는 분명하게 규정된 신학은 다양한 종 번성에 해롭다고 생각하는 것은 분명하다. 그렇기는 하지만, 용서의 필요에 대한 인정과 우리 편에서의 일종의 죽음에 대한 요구는, 스스로 알든 모르든 기본적인 기독교적 입장을 암시한다. 그리스도를 따르려면 자기를 죽여야 한다. 그래야 타자들을 위해 살 수 있다. 이는 자기 혐오나 자기 소멸과는 관계가

---

22   앞의 책, 81.

없다. 오히려 이것은 적절하지 못한 자기애가 타자들을 오해하고 학대하도록 만들고 그렇게 함으로써 타자들에게 불필요한 고통을 가져다준다는 사실을 인정하는 일이다. 그리고 예수님이 타자들과 함께하신 사역에서 보여 주신 대로 타자들에게 소용되려면 자아가 죽어야 함을 인정하는 것이다.

    삶의 온전성과 진정한 유쾌함의 가능성은, 자기를 내어주는 사랑의 방식으로 서로 및 우리의 장소들에 존재하는 일에 달려 있다. 그러나 이러한 방식이 작동하려면, 육체노동에 대한 오랜 혐오를 뒤집어야 할 것이다.[23] 대부분의 역사를 돌아보면 식량 재배는 언제나 고된 일, 바보와 얼간이들이나 하는 일로 여겨졌다. 그러나 우리는 역사적으로 농부들에게 느껴 온 경멸이 단순히 어떤 사람과 생활방식에 대한 것만이 아님을 알아야 한다. 그것은 궁극적으로 에덴동산에서 인류에게 주어진 소명, 동산을 돌보는 일과 그 다양한 피조물들의 양육을 중심에 둔 소명(창 2:15)의 거부를 가리킨다. 농업과 동산 가꾸기는 선택적인 일이 아니다. 그것은 비옥한 토양에 의존하고 타자들에게 양육받는 존재로서 우리 인간성을 발견하는 일의 핵심에 해당한다. 이 일에서 멀어지면 사람들은 무지하고 오만하게 살 가

---

23   베리는 몸으로 하는 일에 대한 오랜 혐오에 대해 이야기하면서 이렇게 쓴다. "우리는 '개처럼' 혹은 '소나 말처럼' 일하기를 원하지 않는다. 다시 말해, 우리 자신을 짐승처럼 사용하기를 원하지 않는다. 이는 무엇보다 우리가 농업을 경시하고, 사업가와 전문가들에게 그것을 넘겨주는 이유다. 물론 우리는 사람을 짐승처럼 사용한 농업 경제가 있었음을 기억해야 할 것이다. 그러나 지금까지 해 온 것처럼 사람을 기계처럼 사용함으로써 혹은 전혀 사용하지 않음으로써 그것을 바로잡을 수는 없다.…아마도 우리가 동물들을 경시하는 태도로 이용하기 시작했을 때 문제가 시작되었던 것 같다. 기계나 마찬가지로 아무 감정이 없는 '짐승'처럼 그들을 다루면서 말이다. 우리가 기계를 파괴적인 방식으로 다루는 태도는 아마도 거리낌 없이 동물을 학대하면서 시작된 것 같다"(Berry, *The Unsettling of America*, 139).

능성이 높고, 너무 순진하게 먹을 것이다. 이 필수적인 일을 하지 않으면, 우리 공동체들과 세상의 치유에 기여할 기회도 잃을 것이다. 베리가 묘사하듯이, "선한 일은 단지 연결을 유지하는 것만이 아니라…연결을 실행하는 것이다. 그것이 살아 있는 것**이고**, 살아가는 방식이다. 그것이…사랑의 한 형태이자 행위다."[24] 추상적이거나 그저 경건하고 감상적인 사랑으로는 세상이 치유되거나 양육되지 않을 것이다. 치유와 양육이 일어나려면, 사랑이 동료 피조물들의 필요와 잠재력에 조율되는 몸을 입어야 한다.

일본 남부에 있는 다카오 후루노Takao Furuno의 농장은 주목, 선한 일, 복합적인 지성이 모여 어떻게 상호 번영을 이루는지를 볼 수 있는 탁월한 장소다. 단일 재배 밭을 경작하기 위해 여러 화학 물질 투입에 의존하는 세계 다른 지역의 농부들과 달리, 후루노는 벼의 일생이 어떻게 다른 생명체들의 삶에 혜택을 주고 또 그들로부터 혜택을 입을 수 있을지 이해하기 위해 애써 왔다. 후루노는 물에 잠긴 논에 벼 모종을 심은 후 새끼 오리들을 풀어 준다. 이 새끼 오리들은 그들이 없었으면 벼를 갉아먹었을 벌레들을 잡아먹는다. 그리고 나서 후루노는 다시 물고기를 추가한다. 물고기들은 이 환경에서 잘 자라고 그 자체로 좋은 식량 공급원이기 때문이다. 그리고 질소를 고정시키며 물고기와 오리들의 식량 공급원이 되는 식물 아졸라도 추가한다. 오리들은 아졸라가 쌀 성장을 압도하지 않게 해 주는 동

---

24 앞의 책, 138-139. 이는 모든 사람이 농부가 되어야 한다는 주장이 아니다. 오히려 타자의 삶을 돌보는 신체적이고 체화된 노동이 중요하다는 주장이다. 일부 사람들에게 이 일은 농업이나 동산 가꾸기의 형태를 취할 것이다. 또 다른 사람들에게는 요리와 접대, 혹은 주거지를 수리하고 건축하는 일일 것이다. 핵심은, 우리 몸이 타자들의 필요를 위해 일하고 공유된 삶의 번영에 기여하는 실제적 방식을 익히는 것이다.

시에, 또 그 논을 비옥하게 만드는 배설물을 배출한다. 후루노는 과실을 얻기 위해 논 주변에 무화과를 재배한다.

후루노의 철학은, 그 철학이 요구하는 바와 금하는 바로 인해 간단하면서도 복잡하다. 그의 목표는 "전반적으로 최고의 생산성을 달성하기 위해 한정된 공간에서 여러 가지 산물을 생산하는 것이다. 그러나 이는 그저 모든 요소를 모으는 것이 아니라, 모든 요소가 공생하는 생산 관계 안에서 서로에게 긍정적 영향을 미치게 할 때 이루어진다."[25] 중요한 의미에서 그가 농장에서 일하는 목표는, 각각의 피조물이 자유롭게 최대한 그 자신이 되고, 그럼으로써 함께하는 피조물들의 번성에도 기여하게 되는 것이다.

사랑으로 일하기 위해서는, 현대의 생산주의 정신의 쉼 없이 바쁘게 돌아가는 속도가 아니라 돌봄을 위한 느린 속도로 측정되는 시간 양식이 필요할 것이다. 그것은 우리가 서로를 위해 시간을 내는 양식이다.[26] 성장과 진보에, 재산과 생산과 이익의 극대화에 사로잡

---

25 Frederick Kirschenmann in "The Current State of Agriculture", 116에 인용. 커셴먼은 우리가 후루노에게 배울 것이 많다고 언급한다. 그것은 그의 시스템이 아주 생산적이기 때문만이 아니라(그의 산출량은 산업형 쌀 생산 방식보다 20-50퍼센트 높다), 수익성이 있고(7천여 평의 농장 수입이 70만여 평의 산업형 쌀 농장의 수입에 맞먹는다) 건강하고 자애롭기 때문이기도 하다.

26 이러한 생산주의 정신의 파괴적인 성격은 토양, 물, 식물, 동물, 농장 일꾼, 먹는 자들을 붕괴시키는 산업형 형태의 농업에서, 그리고 자연 과정을 축소하거나 무시하는 농업 관행(스테로이드, 비료, 제초제 사용 같은)에서 명백히 드러난다. 더 나은 농업, 즉 통제와 이익 극대화보다 오히려 땅의 필요와 잠재력에 주의를 기울이는 데 초점을 맞춘 농업이 가능하다. 웬델 베리, 웨스 잭슨, 프레드 커셴먼 등의 작업은, 자연을 통제하고 채굴할 것이 아니라 우리의 교사로 대하는 농업에 대한 새로운 접근을 대표한다. 이 새로운 농업에 대한 실제적인 진술이 현장에서 어떤 모습일지에 대해서는, 베리, 잭슨, 커셴먼이 마련한 50년 농업 법안50-Year Farm Bill을 보라(https://landinstitute.org/media-coverage/50-year-farm-bill/).

힌 근대는, 사도 바울이 '성령의 열매'라 칭했던 것을 생산하지 못했다. 마리아 푸이그 데 라 벨라카사Maria Puig de la Bellacasa가 언급하듯이, "미래에 대한 불안은 현재를 경험하는 것을 위태롭게 만든다. 불확실한 미래의 성과에 투자하는 데 종속되거나, 거기에 목을 매거나, 그것에 짓눌린다."²⁷ 안정성이 없는 상태는 불안을 낳고, 불안은 인내, 자비, 온유, 기쁨, 선, 신의를 약화시킨다. 사람들이 어떤 가상의 미래의 영광에만 고정되어 있으면, 현재 있는 자리에 있을 수 없고 함께 있는 이들에게 소용될 수 없다. 동산 가꾸기라 부르는 돌봄 작업은, 사람들을 다른 시간성으로 데려간다. 복귀와 반복, 오랜 머무름과 귀 기울이기가 특징인 시간성으로 말이다. 거기서는 자신의 기대와 일정을, 계속 태어나고 자라고 병들고 죽는 토양 피조물들의 필요에 맞추는 법을 배운다. "돌보는 시간은 미래를 유예시키고 현재를 팽창시킨다. 그리고 요구가 많은 무수한 부착물들로 현재를 두껍게 만든다. 돌봄이 시급할 때도, 잘 돌보는 데 집중하기 위해서는 비상 상황이라는 느낌, 두려움, 미래에 대한 예측과 거리를 두어야 한다."²⁸

피조물들과 이 세상은 신성하고 하나님의 사랑이 구현된 것이기에 우리의 사랑을 요구한다는 믿음 없이 이렇게 느리고 까다로운 돌봄에 헌신할 수 있을까? 또 자기 몸 안에서 자신과 온 세상을 향한 하나님의 사랑을 전달하는 어떤 능력의 존재를 느끼지 않는다면, 돌봄에 늘 따라오는 좌절과 혼란을 견딜 수 있을까?

---

27 Maria Puig de la Bellacasa, "Making Time for Soil: Technoscientific Futurity and the Pace of Care", *Social Studies of Science* 45:5 (2015), 700.

28 앞의 책, 707.

돌봄의 시간 양식은 느리더라도 조화롭고 항상 행복한 상태로 바로 이어질 것이라 생각하고 싶은 마음이 생긴다. 그러나 우리는 조화에 대한 청사진을 경계해야 한다. 그것은 보통 피조물이 가지고 있지 못한, 관계에 대한 하나님의 시각을 전제하기 때문이다. 타자들에 대한 우리의 지식은 늘 부족해서 더 배우면서 계속 수정해야 하므로, 우리의 피할 수 없는 무지와 계속 타자들과 함께해야 할 필요를 인정하는 앎의 방식을 위한 공간을 만들어야 한다. 그래야 특정 시기에 필요한 것을 더 잘 인식할 수 있기 때문이다. 우리가 아주 기본적으로 그들과 함께 먹고 그들을 먹으며 함께하는 데 헌신한다 해도, 우리에게 무엇이 요구되고 무엇이 주어지는지를 항상 미리 알지는 못한다. 우리는 주목하고 겸손하고 자비로워지는 법을 배워야 한다. 우리의 과제는 모든 것을 명확히 하는 것이 아니다. 그것은 우리가 보통 가지고 있지 못한 지식을 전제하기 때문이다. 오히려 우리의 과제는, 서로의 존재와 우리의 장소 안으로 들어간 다음 주목, 경청, 돌봄, 축하라는 다양한 방식으로 그들의 필요에 우리를 맞추는 법을 배우는 일이다. 이 중 어느 것도 쉽지 않을 것이다. 사과와 회개는 우리가 함께하는 삶에 자주 나오는 표지일 것이다. 그러나 음식을 공유하고 일을 공유하고 삶을 공유하는 식탁은, 분명 그러한 습관을 배우는 이상적인 장소다.

사랑이 항상 아늑하지는 않다. 타자들에 대한 우리의 애착, 때로 우리가 좋아하지 않거나 이해하지 못하는 과정과 타자들을 마주하게 할 것이다. 더 나아가 우리가 야기한 학대와 상처에 끊임없이 직면하게 할 것이다. 이러한 상황이 되면 우리는 포기하거나 떠나 버리려는 유혹을 받는다. 그러나 우리가 먹어야 한다는 것은 어느 쪽도 할 수 없다는 의미다. 더 나은 길은, 우리가 배울 것이 많고 용서를 구할 것이 많음을 깨닫고 신의와 환대의 방식을 추구하는 것이다. 그리스도인들에게는 이것을 가능케 하는 예수 그리스도의 영감과 성령의 능력이 있다. 그리스도인들이 이 세상에서 신실한 먹는 자들이 되는 한, 그들을 양육하는 세상을 양육하는 법을 발견할 수 있을 것이다.

인명 찾아보기

Abram, David 154
Ackerman, Diane 75
Albert the Great 376
Allen, Will 402
Anderson, Paul 356
Aquinas, Thomas 102, 169, 298, 330, 417
Archytas of Terentum 150
Arendt, Hannah 30, 347
Aristotle 33, 43, 93-94, 151, 152, 479
Astell, Ann 369
Athanasius 411
Augé, Marc 254, 436
Augustine 362, 458-459, 477-484, 490

Baal, Jan van 298
Bahnson, Fred 192, 400
Bailey, Lloyd 286
Balthasar, Hans Urs von 101-102, 279, 280-281, 418, 423, 463
Barber, Dan 315
Barker, Graeme 112

Barker, Margaret 302
Barth, Karl 166-167, 258, 437
Basil the Great 100, 103, 333-334, 341
Basso, Keith 157
Bauckham, Richard 317, 457
Baudrillard, Jean 425
Baugh, Amanda 403
Bellacasa, Maria Puig de la 527
Bello, Walden 213
Benjamin, Walter 426
Berger, John 315
Berkman, John 320
Bernard of Clairvaux 368-369, 376
Berry, Wendell 65-66, 89, 93, 111-112, 181, 208, 242-243, 253, 257-258, 262, 271-272, 398, 436-439, 469, 502, 521-522, 524-526
Bess, Philip 160
Best, Stephen 425
Betz, Johannes 349
Biklé, Anne 28, 46, 57, 185
Bishop, Jeffrey 82, 262

Biss, Eula 44
Blowers, Paul 514, 517
Bonaventure 410
Bonhoeffer, Dietrich 218-221
Borchardt, Rudolf 146-147
Bourne, Joel 49, 53, 63, 211-212, 226, 234-235
Bowens, Natasha 403
Bradley, Ian 305, 307
Brock, Brian 259
Brock, Rita Nakashima 495
Brodie, Thomas 205
Brown, Lester 228
Brown, Peter 333, 478
Brown, Raymond 202
Brown, William 152, 162
Budiansky, Stephen 316
Bulgakov, Sergei 91, 137-138
Burkert, Walter 289
Bynum, Caroline Walker 348, 360, 365

Calarco, Matthew 397
Čapek, Karel 183-185, 207
Capon, Robert Farrar 106-107, 278, 319, 409, 413-414, 416, 419, 423, 468
Carter, Jeffrey 288, 290-291, 298
Casey, Edward 150, 153, 185

Casey, John 478
Cassin, Barbara 55
Cavanaugh, William T. 366-367
Chakrabarty, Dipesh 77
Chapman, Stephen 193
Childs, Brevard 199
Chrétien, Jean-Louis 153, 296, 408, 432, 441
Chrysostom, John 329
Cicero 74
Clough, David 316, 320-321
Collingwood, R. G. 97
Counihan, Carole 120-122, 176
Cronon, William 96-97, 115, 177
Cross, Gary 260

Daly, Herman 244-245
Damascus, John of 434
Davis, Ellen 200, 239, 398, 437
Debord, Guy 424-425
Descola, Philippe 65, 85
Diamond, Jared 149
Dostoevsky, Fyodor 137-142
Dulles, Avery 304-305

Edwards, Denis 103
Elizondo, Virgilio 345
Elliott, Carl 263
Eriugena, John Scotus 410

Evans-Pritchard, E. E. 291
Evdokimov, Paul 453

Fairlie, Simon 325
Fausto, Carlos 65
Fee, Gordon 363
Fishbane, Michael 143
Fitzgerald, Deborah 79-82
Fletcher, J.L. 82
Foer, Jonathan Safran 127, 129, 315, 394
Foltz, Bruce 141
Fretheim, Terence 173
Freud, Sigmund 466
Fukuoka, Masanobu 236

Geertz, Clifford 85
Ghosh, Amitav 86
Giordano, Simona 274
Gordon, Richard 273-274
Greenblatt, Stephen 113
Gregory Palamas 410
Grumett, David 18, 302, 315, 333, 346-347
Guroian, Vigen 197
Guthman, Julie 214-215, 270

Hadewijch 360
Hadot, Pierre 133-134

Haenchen, Ernst 381, 387
Halweil, Brian 252
Hamilton, Clive 503
Haraway, Donna 39, 510, 522-523
Harrison, Robert Pogue 145, 159, 177, 186
Hart, David Bentley 303-304, 306, 349, 372, 415, 496-498
Hauerwas, Stanley 285, 320
Hays, Richard 353-354, 390
Heidegger, Martin 159-160, 440
Hénaff, Marcel 63-64
Heschel, Abraham Joshua 164
Hillel, Daniel 231-232
Hobbes, Thomas 32
Holdrege, Craig 127, 239, 396
Hornbacher, Marya 209, 272-275
Howard, Albert 184

Ignatius of Antioch 472
Inge, William Ralph 278
Ingold, Tim 34, 43-44, 47, 508-509
Irenaeus 100-101, 312, 449, 487

Jackson, Wes 113
Jacob, H. E. 109
Jenkins, Willis 298
Jennings, Willie 157, 389
Jenson, Robert 500

Jonas, Hans 31

Kaku, Michio 508
Karris, Robert 345, 471
Kass, Leon 109
Kearney, Richard 33
Kellner, Douglas 425
Keselopoulos, Anestis 343
Kimbrell, Andrew 159, 267
Kimmerer, Robin 158, 322
Kingsolver, Barbara 237, 325
Kirschenmann, Fred 237, 526
Klawans, Jonathan 294, 304
Koester, Craig 357, 374
Kolbert, Elizabeth 224
Kraemer, David 385
Kreglinger, Gisela 419

Lafont, Ghislain 312
Lane, Beldon 156
Lappé, Francis Moore 250
Lash, Nicholas 145, 166, 169, 217, 222, 223, 411, 449, 461, 465, 496, 502
Latour, Bruno 76, 85-87, 511, 513
Lelwica, Michelle Mary 273
Levenson, Jon 285, 484, 500
Levering, Matthew 278, 310, 327
Levinas, Emmanuel 142, 378-379

Lévi-Strauss, Claude 427
Lewis, Jack 292
Lewontin, Richard 367

Madigan, Kevin 285, 484, 500
Madsen, Katherine Hauge 124
Manning, Richard 114
Marglin, Stephen 249, 254-256
Margulis, Lynn 38, 40, 510
Marx, Karl 54
Masure, Eugene 298
Maximus the Confessor 342-343
McCabe, Herbert 222
McCormick, E. B. 79
McFall-Ngai, Margaret 41
McNeill, J. R. 76, 225
Mencius 179
Merleau-Ponty, Maurice 153
Merton, Thomas 197, 361
Milgrom, Jacob 293-294
Moltmann, Jürgen 164, 468, 473-475
Montaigne, Michel de 366
Montgomery, David 28, 46, 57, 72, 184-185, 231
Montoya, Angel F. Méndez 138, 338
Muers, Rachel 18, 302, 314, 317, 326, 333

Muir, John 455
Murdoch, Iris 180
Murphy-O'Connor, Jerome 309, 351, 354
Myers, Norman 229

Nancy, Jean-Luc 35
Nash, Roderick 97, 455
Nasr, Seyyed Hossein 138
Nealon, Jeffrey 322
Nerburn, Kent 56
Nestle, Marion 425
Neusner, Jacob 301
Nietzsche, Friedrich 466
Northcott, Michael 18

O'Byrne, Anne 36
Oliver, J. Eric 268
Olney, Raymond 79-80
Orr, David 160

Parish, Nurya Love 400
Parker, Rebecca Ann 495
Patel, Raj 124, 212, 252
Pattison, John 422
Paulsell, Stephanie 265
Petersen, Alan 263
Petrini, Carlo 135, 421
Petropoulou, Maria-Zoe 300, 302

Pieper, Josef 329
Pinker, Steven 503
Polkinghorne, John 473
Pollan, Michael 29, 128-129, 174-175, 214, 237, 253, 266, 427-429
Prose, Francine 332

Roberts, Paul 125-126, 208, 226, 243-244, 249, 267-268
Romm, Joseph 227
Rowe, Stan 188
Ruddiman, William 227
Ruhlman, Michael 52
Russell, Jeffrey Burton 463
Russell, Letty 387-388

Sandøe, Peter 124, 251
Savoy, Lauret 115
Schlosser, Eric 132, 420
Schmemann, Alexander 89, 277, 283, 338, 355, 364, 408, 410, 413, 442, 444-445, 453-454
Schneider, Gregory 45
Scott, James C. 71, 73, 112, 247-248
Sherrard, Philip 138, 142
Shiva, Vandana 213, 236, 238, 397
Silibria, Metropolitan Emilianos of 346
Simmel, George 155

Sira, Joshua ben 92
Slater, Lauren 263
Smil, Vaclav 210
Smith, C. Christopher 422
Smith, J. Russell 229
Smith, J. Z. 289
Soja, Edward 157-158
Spencer, Colin 313
Speth, James Gustave 224-226, 234
Speyr, Adrienne von 281
Staniloae, Dumitru 346
Striffler, Steve 127
Strousma Guy 297
Stuart, Tristram 313
Suzman, James 69-71, 74
Suzuki, David 233

Talbott, Steve 127, 239, 396
Tanner, Kathryn 104
Tawney, R. H. 246
Taylor, Sarah McFarland 118
Tertullian 346, 474-475, 488-490
Theokritoff, Elizabeth 422, 434, 453, 457
Thomas, Elizabeth Marshall 121
Thunberg, Lars 342
Tilman, David 211
Tollefsen, Torstein Theodor 343

Vanderslice, Kendall 336
Volf, Miroslav 102-105

Ward, Graham 345-346, 361, 382
Webb, Stephen 18, 289, 316
Weil, Simone 182, 369
Weinberg, Steven 98
Wells, Samuel 339, 492-493, 495, 519-520
Williams, Raymond 96
Williams, Rowan 138-139, 180, 205-206, 312, 376
Winne, Mark 269
Winslow, Russel 45
Worster, Donald 115, 245
Wright, N. T. 483
Wyschogrod, Michael 320

Yamamoto, Dorothy 317
Yannaras, Christos 152
Yoder, John Howard 349, 381-382
Yong, Ed 41-42, 57
Young, Frances 308, 311

Zizioulas, John 152, 380, 383, 454, 456-457, 496, 497
Zornberg, Avivah Gottlieb 293

주제 찾아보기

4원인 93

감사 408-423, 430-447
거식증 208, 272, 275
결과주의 256
겸손 67, 90-91, 170-177, 221
경작 112-113
경쟁의 경제 257
경제학 241-261
곡물 농업 113
공감하는 마음 438-439
공동체 22, 116-118, 120-125, 142, 156-157, 245-261, 348-355, 399-407, 439
과식증 215, 272
과학 97, 238, 264, 508
광고 119, 155, 331, 395, 429, 432
교리 교육 14-15, 176, 437
구성원 됨 106, 132, 144, 173, 187, 190, 203, 216-222, 226, 241, 258-261, 264-266, 282, 326, 339-356, 373-374, 447, 455, 468-470, 500, 521-522
국제 농업 지식, 과학, 기술 평가 (IAASTD) 211
국제통화기금(IMF) 396
그리스도의 몸 109, 278, 351-353, 365, 387-389, 478, 486, 488
근대성 86, 118-131, 440
금식 326-337
금욕주의 274, 457
금지된 열매 216
기도 142-144, 181-182, 310, 408-462
기쁨 106-107, 146, 165-169, 413-430, 448-459, 520
기억 348-351, 361-365, 376-381, 440-447, 462
기후 변화 54, 211, 228, 244
깨끗한/부정한 음식 386-387

나바호족 156-157
나태 330, 437
노아 288-299, 317
녹색혁명 210-211
농업/농경 관행 71-74, 112-115

다이어트 213, 274

다카오 후루노 525-526
단일 재배 182, 236, 238, 247, 325,
  395, 525
달걀 423
닭 126-129, 428, 451-452
대기 226-228
던스 스코투스 423
데드 존 128, 209, 232
돌봄 축산 114, 321, 323, 399
동산 가꾸기 170-207, 399, 427-428,
  524-527
동산지기 하나님 172, 191-207
디다케 311

레룸 노바룸 516
로고스 137, 340-343, 354, 359, 361,
  372-373, 390, 411-412, 422-423,
  450, 485

마니교도 477-478
만나 357-358, 362, 453, 490
멸종 50, 113, 230, 504
모니카 모스 401-407
모세 357, 498
몬산토 212, 239-240
무역 94, 115, 226, 250-251
무역 협정 108, 123, 213, 250, 396-
  397
무지 52, 66, 93-95, 135, 187, 213-
  214, 224, 253, 323, 413-415
묵시 371
문화 148
물과 어장 233-235
미국 농림부 125
미국농공학회(ASAE) 78
미덕 62, 64, 182, 193, 255, 274, 310
미생물군집 19, 46

보사 공동체 120-122
부활 284-287, 302-310, 340, 352,
  373-375, 470-501
불안 167, 219, 222, 226, 241, 259,
  264-265, 270, 373
불의 123, 194, 198, 209, 213-215,
  299, 425
불타는 떨기나무 498
비교 우위 이론 246-249, 252
비만 268-273
빵 108-125, 172, 176, 319

사귐 103-107, 118, 136-138, 152,
  284-286, 294-312, 338-412,
  442-444
사랑 417-418
사막화 230
사탄 413
산업적 식품 문화 209, 268, 415
산업주의 119

산업형 농업 83, 114, 131, 170, 212,
   231-232, 236, 247, 270, 325, 395
살충제 46, 131, 210-212, 267
삶 280-312, 353-370
삼림 229-230
삼림 벌채 73, 229, 230, 243
삼위일체 100-107, 152, 205, 279-
   282, 345, 415, 422, 472, 495-498
상품 16, 115-118, 123-125, 214-
   215, 247-249, 262-265, 426
상품화 50, 88, 124-128, 459
새 창조 194
새천년 생태계 평가 212
생명공학 211, 238-240
생명의 떡 356-376
생태/생태계 223-241
생태근대주의 502-507
서식지 108, 113, 182, 216, 224, 228-
   230, 241-245, 256-257
선물 63-64, 91-95, 104-118, 131,
   175-176, 265, 277-337, 377-383,
   396-399, 408-462
선한 목자 291, 294, 324, 326
섭식 장애 262-276
성령 100-103, 280, 342, 345, 363,
   378, 387, 448-450, 480-484, 496
성례 89, 95, 310, 327, 338, 364, 422,
   448, 473
성육신 101, 274, 354, 372-373, 393,
   411, 448, 475, 485, 513-516
성전 299-304, 354, 364, 454-455
성찬 91, 135, 138, 301-312, 327,
   338-407, 422-423, 472, 492-501
성찬 식탁 348-356
세계 시장 119
세계무역기구(WTO) 248, 251
세례 309, 370, 471, 500-501
셰이커 교도 433-434
소명 146, 159, 172, 173, 221, 406,
   446, 453, 524
소비 119-126, 186-187, 252-261,
   326-337, 347, 359, 366-367,
   424-425, 432-433, 460-461
소비주의 260, 328, 366, 432, 461
소크라테스 133, 474, 480
수렵-채집인 68, 85-86, 114
수치심 177, 220, 270, 399
슈퍼마켓 52-53, 124, 210, 268
스펙타클 424-429
슬로푸드 135, 420-421
시뮬라크르 426, 438
시장 과정 249
식량 민주주의 124
식량농업기구(FAO) 235, 251
식탁 교제 344-345, 376, 381, 501
식품 시장 250
신비 81, 91-95, 106, 111, 117, 132-
   144, 175, 176, 321, 348, 364, 409,

431, 447, 519-520
신자유주의 270

아나포라 454
아담 90, 168-169, 215-221, 284,
　333, 352, 391, 434, 444, 479-480,
　484-485, 500
아름다움 59, 131, 138, 143, 158,
　163-166, 199, 306, 370, 434, 481
안식일 161-169, 178, 200, 207,
　258-259, 328, 336-337, 346, 378,
　416, 423, 456, 464
애찬 463
애통 460
에덴동산 146, 151, 168, 185, 199,
　206, 215, 446, 524
영생 285-287, 358, 371-374, 468,
　520
영성 훈련 132-144
영지주의 323, 341, 374, 393, 474-
　477, 513, 522
영혼의 불멸 473-478, 514
예루살렘의 키릴로스 495
예배 162-165, 191, 308, 439, 452,
　476, 489, 493
예수 그리스도 100, 166, 279, 301,
　308, 323, 340, 342, 348, 470, 478
예언자적 삶 378-383
오티스 모스 401-407

외설물로서의 식사 365
요리 49, 94, 273, 385, 404, 420-421,
　427-429, 434
우상숭배 102, 107-108, 480
우주적 전례 383
유대인의 음식 규정 385
유배 208-276
유배된 몸 262-276
유엔 230
유전자 변형 생물(GMO) 123-124
유전적 다양성 235-240, 250
음식 규정 385
이스라엘 192-201, 278, 288-294,
　455, 490
이주 노동자 406, 435
익명 경제 170
인간 마이크로바이옴 프로젝트 45
인내 59-60, 65, 117, 173, 182, 196,
　324, 353, 366, 424
인도의 농업 211
인류세 23, 53, 75-77, 86, 502-503
인종차별 269, 389, 402
일 433-439

자연 96-99, 141, 145-146, 182-
　183, 223, 226, 503-506
자연의 성찬 91
장소 145-169
제물 280-312, 324, 456-457, 462

제사장적 삶 455-456
조엘 살러틴 128-131
종자 210-212, 237-240
죄 64, 102-103, 194, 215-223, 283-287, 301-309, 330-333, 443, 455, 477, 481-482, 489, 500, 514
주목 133, 168, 180, 186, 201, 437, 441, 519, 525, 528
죽음 90-91, 111, 177, 205, 277-337, 352-353, 374-375, 444, 473-485
〈중국 연구〉 314
지속 가능성 226, 236, 243, 245
지역 경제 366, 398, 400
지혜 30, 55, 92-93, 157, 182, 342, 413, 437, 482
집산화 247-248

찬양 143, 190, 391-398, 432-434
채식주의 313-322
천국 106, 463-501, 514-515
천연자원 97, 242, 245, 315
초상 101, 139, 521
축복 349, 413, 481-482, 495
축제 326-337
칠면조 127, 237

카파도키아 교부들 152
칼라하리 69, 120-121
커피 248-249

케노시스 205, 280, 286
코헬렛 491

탐식 329-332, 489
탐욕 118, 212, 222, 255, 331-334, 447
테루아 428
토양 111-118, 128-131, 146-151, 159, 183-185, 230-232
퇴비 130, 185
트리니티연합교회 401-407

파르메니데스 492
패스트푸드 132, 331, 415, 420-421
페리코레시스 103-104, 306, 415, 495
포도주 14, 106, 193, 312, 348, 354, 416, 419, 454, 487
폴리페이스 농장 129-131
푸드 네트워크 427-429
피조물 됨 95, 148, 218-219, 258, 391, 451
피타고라스 314, 474

하나님의 형상 101, 166, 173, 197, 323, 411
헤케이타스 423
혼합 재배 238
홀로바이온트 37-39, 43-45

화석 연료 76, 182, 184, 211-212,
  227, 231, 246, 315, 504-505
화해 107, 117-118, 144, 303-304,
  344-347, 388-407
환경적 인종차별 269
환대 46-48, 55, 61, 67, 105-111,
  172-173, 292, 376-399, 432, 452,
  492-494
황금쌀 395-396
황야 96-97, 113
황홀한 체험 166
희생/희생 제사 175, 205, 277-337,
  364, 391, 398, 454-555

성경 찾아보기

창세기
1:2 448
1:28 163
1:29 316
2:3 164
2:7 341
2:8 15, 172, 173
2:8-9 195
2:15 15, 146, 168, 173, 216, 446, 524
2-3장 90
3:19 177
4:10-12 397
6:7 289
8:20-21 289
9:3 317
9:4 295
25:8 286

출애굽기
3:2 498

레위기
17:11 302

신명기
8:3 490
11:10-12 192
11:13-17 397
11:14-15 193
15:4 382
30:19 397

욥기
5:26 286
38-39장 196

시편
13편 443
33:6 100
34:8 16
65:9-11 195
80:8-9 200
104 196, 417
104:10-15 14
104:29 101
148:1-4, 7-10 458

전도서
10:19 491

이사야
1:10-17 299
2:4 112
5:7 199
11:6-7 316
25:6 472
25:6-8 464
27:2-6 198
27:6 200
43:19 471
58:6-7 335
58:9-11 377
58:13-14 378
65:17 471

예레미야
4:23-26 397
29:5-7 218
31:10-14 472
32:41 201

호세아
4:1-3 397
6:6 299
14:4-7 200

요엘
3:10 112

아모스
9:11-15 472

미가
4:3 112
6:1-2 397

마태복음
4:4 490
5:24 391
6:10 464-465
6:25-33 195
8:11 472
10:8 286
16:24-25 453
22:5-6 491
26:26 405
26:26-29 472
26:36 194

마가복음
8:34-35 453
14:24 310
14:32 194

누가복음

4:16-21 377
6:21 472
9:23-24 453
12:35-48 472
13:29 472
14장 407
14:12-14 345, 383
24:30-31 493
24:41-43 486
24:51 488
24:53 302
28:28-30 472

요한복음

1:1-5 141
1:4 340, 412, 470
1:4-5 204, 340
1:14 372, 476
1:29 301
4:7-15 378
4:14 202
6:11 358
6:15 358
6:33 358
6:35 202, 356
6:50-51 357
6:51 357, 371
6:53-55 358
6:54 371
6:56 359
6:63 341
8:12 340
8:23 372
10:30 373
10:38 104
11:25 340
11:25-26 284
12:24 205, 278, 281, 375
12:25 281, 285
14:2 372
14:6 340, 373
14:10 373
15:1 201
15:4 201
15:6 204
15:15 104
15:16 203
15:22 373
17:3 373
20:15 194
20:19 486
20:22 341

사도행전

2:42 381
2:44-47 380
2:46 302

4:32-34 380

5장 381, 383

10:9-16 318

10:11-16 384

10:28 387

11:18 387

로마서

3:25 301, 304

6:3-4 370

6:3-11 471, 482, 500

6:4 309

6:6 370

6:11 309

6:23 283

8:18-23 342

8:22 459

11:17-24 194

12:1 283

14장 318

고린도전서

3:16 354

5:7 301

8장 318

10:23-32 350

11:18-21 350

11:26 310

11:29 350

12:12 351

12:25 351

13:4-6 418

13:4-7 353

15:26 283

15:38 482

15:45 352

15:54 284

고린도후서

5:1-4 481

5:7 471

5:15 309

5:17 340, 390

5:17-19 390

갈라디아서

2:20 309, 353, 363

5:17 481

5:22-23 194, 342, 376, 449, 518

에베소서

1:3-10 392

1:10 340, 454

1:23 477

4:6 477

빌립보서

2:6-9 306

2:7 453
3:19 330

골로새서
1:15 101
1:15-20 344, 391
1:19 476, 515
1:20 475, 516, 517
1:22 393
3:3-4 495

디모데전서
4:4-5 374, 476

히브리서
1:2-3 341
2:17 304
9:22 302
9:26 303
12:2 303

요한일서
2:2 304
3:14 281
3:14-16 282, 305

요한계시록
19:9 472
21:1 456, 471
21:1-4 393
21:3 372
21:5-22:5 446
21:10 464
21-22장 516
22:1-2 464

옮긴이 **김명희**

연세대학교 영어영문학과를 졸업하고, IVP 편집부에서 일했다. 옮긴 책으로는 《죄의 역사》, 《로마서의 심장 속으로》(이상 비아토르), 《제자도》, 《자유》, 《성경은 드라마다》, 《행동하는 기독교》, 《일곱 문장으로 읽는 구약》(이상 IVP) 등 다수가 있다.

음식과 신앙

노먼 위즈바 지음 | 김명희 옮김

2025년 8월 29일 초판 1쇄 발행

펴낸이 김도완
등록번호 제2021-000048호
　　　　　(2017년 2월 1일)
전화 02-929-1732
전자우편 viator@homoviator.co.kr

펴낸곳 비아토르
주소 서울시 종로구 삼일대로 428, 500-26호
　　　(우편번호 03140)
팩스 02-928-4229

편집 정효진
제작 제이오

서론, 4장 감수 김영웅
인쇄 민언프린텍

디자인 임현주
제본 책공장

ISBN 979-11-94216-21-6　93200　　**저작권자** ⓒ 비아토르 2025